ALIMENTOS
COMPENSATÓRIOS

O GEN | Grupo Editorial Nacional – maior plataforma editorial brasileira no segmento científico, técnico e profissional – publica conteúdos nas áreas de concursos, ciências jurídicas, humanas, exatas, da saúde e sociais aplicadas, além de prover serviços direcionados à educação continuada.

As editoras que integram o GEN, das mais respeitadas no mercado editorial, construíram catálogos inigualáveis, com obras decisivas para a formação acadêmica e o aperfeiçoamento de várias gerações de profissionais e estudantes, tendo se tornado sinônimo de qualidade e seriedade.

A missão do GEN e dos núcleos de conteúdo que o compõem é prover a melhor informação científica e distribuí-la de maneira flexível e conveniente, a preços justos, gerando benefícios e servindo a autores, docentes, livreiros, funcionários, colaboradores e acionistas.

Nosso comportamento ético incondicional e nossa responsabilidade social e ambiental são reforçados pela natureza educacional de nossa atividade e dão sustentabilidade ao crescimento contínuo e à rentabilidade do grupo.

ROLF MADALENO

ALIMENTOS
COMPENSATÓRIOS

Patrimoniais

Humanitários

2ª edição revista, atualizada e reformulada

■ O autor deste livro e a editora empenharam seus melhores esforços para assegurar que as informações e os procedimentos apresentados no texto estejam em acordo com os padrões aceitos à época da publicação, e todos os dados foram atualizados pelo autor até a data de fechamento do livro. Entretanto, tendo em conta a evolução das ciências, as atualizações legislativas, as mudanças regulamentares governamentais e o constante fluxo de novas informações sobre os temas que constam do livro, recomendamos enfaticamente que os leitores consultem sempre outras fontes fidedignas, de modo a se certificarem de que as informações contidas no texto estão corretas e de que não houve alterações nas recomendações ou na legislação regulamentadora.

■ Fechamento desta edição: *15.02.2024*

■ O Autor e a editora se empenharam para citar adequadamente e dar o devido crédito a todos os detentores de direitos autorais de qualquer material utilizado neste livro, dispondo-se a possíveis acertos posteriores caso, inadvertida e involuntariamente, a identificação de algum deles tenha sido omitida.

■ **Atendimento ao cliente:** (11) 5080-0751 | faleconosco@grupogen.com.br

■ Direitos exclusivos para a língua portuguesa
Copyright © 2024 by
Editora Forense Ltda.
Uma editora integrante do GEN | Grupo Editorial Nacional
Travessa do Ouvidor, 11 – Térreo e 6º andar
Rio de Janeiro – RJ – 20040-040
www.grupogen.com.br

■ Reservados todos os direitos. É proibida a duplicação ou reprodução deste volume, no todo ou em parte, em quaisquer formas ou por quaisquer meios (eletrônico, mecânico, gravação, fotocópia, distribuição pela Internet ou outros), sem permissão, por escrito, da Editora Forense Ltda.

■ Capa: Daniel Kanai

■ **CIP-BRASIL. CATALOGAÇÃO NA PUBLICAÇÃO**
SINDICATO NACIONAL DOS EDITORES DE LIVROS, RJ

M151a
2. ed.

Madaleno, Rolf
 Alimentos compensatórios / Rolf Madaleno. - 2. ed. - Rio de Janeiro : Forense, 2024.
 368 p. ; 24 cm.

 Inclui bibliografia
 Índice alfabético-remissivo
 ISBN 978-85-3099-466-2

 1. Alimentos (Direito de família) - Brasil. I. Título.

24-88074
 CDU: 347.615(81)

Gabriela Faray Ferreira Lopes - Bibliotecária - CRB-7/6643

Este livro é dedicado aos meus filhos, os advogados **Ana Carolina Carpes Madaleno** e **Rafael Carpes Madaleno**; à minha esposa e à minha mãe, as advogadas **Katia Carpes Madaleno e Erika Hanssen C. L. Hanssen Madaleno**; aos meus netos, **Guilherme Carpes Madaleno Esteves, Joaquim Madaleno Malhão e Olívia Mabilde Madaleno**, que alimentam minha alma e compensam profundamente a minha existência com a existência deles; e com este livro, do mesmo modo, cultuo a memória do advogado **J. B. B. Madaleno**, meu pai, que me incentivava a perseverar como causídico, quando sucessivamente me dizia que eu *havia sido talhado para a advocacia.*

Rolf Madaleno

SOBRE O AUTOR

ROLF MADALENO

Mestre em Direito Processual Civil pela PUC-RS e advogado com exclusividade na área do Direito de Família e Sucessões em Porto Alegre e em São Paulo. Professor visitante na pós-graduação das Faculdades de Direito da ULBRA, da UNIRITTER e da UNISC (localizadas no Rio Grande do Sul), da UNICENP (em Curitiba-PR), do JusPodivm (na Bahia) e da UNIT (em Aracaju-SE). Professor convidado na pós-graduação em Direito de Família da UNIFOR, da UFBA, das Faculdades Borges de Mendonça, do CESUC (em Florianópolis-SC), da Escola da Magistratura do Estado do Maranhão, da Escola de Magistratura de São Paulo, da Escola de Direito de Campo Grande-MS, na pós-graduação em Direito de Família da UFRGS, na pós-graduação em Direito de Família e Sucessões da Legale Cursos Jurídicos, da Escola Superior de Advocacia e da Escola Paulista de Direito (localizadas em São Paulo). Membro da AIJUDEFA (Asociación Internacional de Juristas de Derecho de Familia). Na UNISINOS, foi professor concursado de Direito de Família e Direito das Sucessões. Foi professor de Direito de Família e Sucessões na graduação da PUC-RS, onde continua lecionando na pós-graduação. Palestrante no Brasil e no exterior. Conselheiro estadual da OAB-RS (2022-2024) e Diretor-Geral da ESA/RS (gestão 2021-2023). Foi Diretor nacional do IBDFAM e conselheiro da Seccional da OAB-RS (gestão 2010-2012); vice-presidente do IARGS (2004-2006 e 2006-2008), conselheiro e diretor-tesoureiro da OAB-RS (no triênio 1995-1997) e juiz eleitoral efetivo do Tribunal Regional Eleitoral do Rio Grande do Sul, na classe dos juristas. Conselheiro federal da OAB-RS (triênio 2013-2015) e conselheiro estadual da OAB-RS (triênio 2016-2018). É diretor-geral da Escola Superior de Advocacia da OAB/RS. Integra a Comissão de Juristas Encarregados da Revisão do Código Civil nomeada pelo Senado Federal. Integra o Conselho Científico Internacional da Revista de Dreptul Familiei da Romênia, tendo publicações de artigos em livros e revistas de direito de família e sucessões no Brasil e no exterior.

NOTA DO AUTOR À 2ª EDIÇÃO

Passado exatamente um ano de quando terminei de escrever este livro dos *Alimentos Compensatórios – Patrimoniais e Humanitários*, vejo-me novamente debruçado sobre ele, desta feita para, com sua revisão, atualização e ampliação, trazer a público a sua 2ª edição, o que faço com profundo agradecimento pela boa acolhida da obra, tanto entre advogados, promotores, juízes e demais pessoas que se interessam pelo tema, mas também pela doutrina e jurisprudência que vêm replicando, disseminando e assentando no sistema jurídico brasileiro a relevância que tem a distinção e a correta aplicação desses dois institutos jurídicos que nascem da vertente única dos denominados alimentos compensatórios – patrimoniais e humanitários, como ao seu modo e compreensão tratou a Terceira Turma do Superior Tribunal de Justiça, no REsp. 1.954.452/SP, em 13 de junho de 2023, na relatoria do Ministro Marco Aurélio Bellizze e cuja inclusão, como texto de lei, foi proposta neste final de ano pela Subcomissão de Direito de Família, a qual tenho a honra de integrar, perante a Comissão de Revisão do Código Civil do Senado Federal.

Porto Alegre, dezembro de 2023.

Rolf Madaleno

PRÓLOGO

Há alguns anos trouxe para discussão doutrinária os alimentos compensatórios, cuja felicidade restou redobrada, não apenas pelo acolhimento doutrinário, com as naturais e compreensíveis dissensões, bem próprias da democracia de ideias, mas, sobremodo, por seu acolhimento pela jurisprudência brasileira, inclusive com assento no Superior Tribunal de Justiça, não sendo nenhum exagero afirmar que o instituto dos *alimentos compensatórios* restou consolidado na vida jurídica nacional, não obstante se ressinta de legislação própria, fato que permitiu terminassem os alimentos compensatórios merecendo diferentes interpretações da doutrina e dos tribunais, cuja dicotomia motivou a criação do presente livro que, anos depois de ter vindo à lume este importante tema dos alimentos compensatórios e depois de este relevante instituto jurídico perpassar pelos tribunais brasileiros, consolidando uma firme jurisprudência, se mostra pertinente trazer este estudo que intenta contar a trajetória jurídica brasileira dos alimentos compensatórios e, se possível, contribuir para sua melhor e maior compreensão e assim fincar por derradeiro as bases que permitam consolidar sob díspares ângulos e diferentes vertentes os *alimentos compensatórios patrimoniais e os alimentos compensatórios humanitários* no direito nacional.

Porto Alegre, dezembro de 2022
Rolf Madaleno

PRÓLOGO

SUMÁRIO

Capítulo 1 – Dos alimentos
1.1. Conceito 1
1.2. Espécies de alimentos 5
    1.2.1. O longo caminho a ser percorrido em prol da igualdade efetiva 7
    1.2.2. Binômio ou trinômio alimentar 9
    1.2.3. Alimentos provisórios 13
    1.2.4. Alimentos regulares ou definitivos 14
    1.2.5. Alimentos em espécie 16
    1.2.6. Alimentos *in natura* 17
    1.2.7. Alimentos do direito de família 19
    1.2.8. Alimentos da responsabilidade civil 21
    1.2.9. Alimentos do direito das sucessões 23
1.3. Alimentos consanguíneos 25
    1.3.1. Reembolso de alimentos e gestão de negócios 26
    1.3.2. Alimentos gravídicos 29
    1.3.3. Alimentos avoengos 30
    1.3.4. Dever genérico de sustento 31
    1.3.5. Conceitos distintos entre dever e obrigação alimentar 32
1.4. Alimentos entre cônjuges e conviventes 34
    1.4.1. Pensão alimentícia 38
        1.4.1.1. Necessidades ordinárias e extraordinárias 39
    1.4.2. Alimentos transitórios 42
    1.4.3. Alimentos compensatórios 44
1.5. Alimentos entre colaterais 47
1.6. A responsabilidade alimentar do Estado 49
1.7. Características da obrigação alimentar 52
    1.7.1. Direito personalíssimo 52
    1.7.2. Transmissibilidade 53

1.7.3.	Divisibilidade	57
1.7.4.	Condicionalidade	58
1.7.5.	Reciprocidade	60
1.7.6.	Alternatividade	60
1.7.7.	Imprescritibilidade	61
1.7.8.	Incompensabilidade	63
1.7.9.	Irrenunciabilidade	64
1.7.10.	Impenhorabilidade	65
1.7.11.	Irrepetibilidade	66

1.8. Alimentos e prisão civil 68

1.8.1.	Protesto por inadimplemento	70
1.8.2.	Outros meios coercitivos	72
	1.8.2.1. *Astreintes*	76

1.9. Alimentos e prestação de contas 79

1.9.1. Prestação de contas nos alimentos compensatórios 82

1.10. Pensão alimentícia e tributação 85

1.11. Revisão de alimentos 90

1.11.1.	Majoração	91
1.11.2.	Redução	93
1.11.3.	Extinção	94
1.11.4.	Exoneração	95
1.11.5.	Renúncia dos alimentos	97
1.11.6.	Artigo 13, § 2.º, da Lei 5.478/1968	100
1.11.7.	Súmula 621 do STJ	102

Capítulo 2 – Compensação econômica patrimonial

2.1. O regime da separação de bens 108

2.2. O esforço comum da Súmula 377 do STF 110

2.3. A doutrina da sociedade de fato 111

2.4. A jurisprudência do STJ 112

2.5. O regime da separação de bens na legislação estrangeira 119

2.6. Princípios que sustentam a comunidade de bens 121

2.7. Novos câmbios sociais, novos direitos matrimoniais 122

2.7.1.	O artigo 1.438 do Código Civil espanhol	124
2.7.2.	Dever de contribuir para os encargos da vida familiar	127

2.8. Quantificação da compensação econômica patrimonial 131

2.9. A jurisprudência argentina sobre a compensação econômica 135

2.10. A jurisprudência brasileira sobre a compensação econômica 136

SUMÁRIO | **XV**

Capítulo 3 – Dos alimentos compensatórios

3.1. Introdução 139

3.2. Conceito de alimentos compensatórios 148

    3.2.1. Natureza jurídica dos alimentos compensatórios 151

    3.2.2. A confusão entre alimentos compensatórios humanitários e patrimoniais e a pensão alimentícia 155

    3.2.3. Da restituição dos alimentos compensatórios 160

3.3. Alimentos compensatórios patrimoniais 163

    3.3.1. A posse exclusiva dos bens comuns rentáveis 173

    3.3.2. Alimentos compensatórios e frutos dos bens comuns 176

    3.3.3. Autonomia privada e alimentos compensatórios 178

    3.3.4. Pacto antenupcial e alimentos compensatórios 183

    3.3.5. A entrega da renda líquida de bens comuns 192

    3.3.6. Bens conjugais rentáveis 193

    3.3.7. A renda líquida dos bens comuns como alimentos compensatórios 195

    3.3.8. A divisão periódica dos lucros do artigo 1.027 do Código Civil 197

    3.3.9. O pagamento de alimentos a cargo da massa comum de bens 198

    3.3.10. Dívidas conjugais 200

    3.3.11. Fraude pelo falso débito 201

    3.3.12. Má administração 202

    3.3.13. Algumas medidas da tutela provisória 203

    3.3.14. Antecipação de tutela 203

    3.3.15. A entrega judicial antecipada da renda líquida de bens conjugais 204

    3.3.16. Alimentos compensatórios sobre rendas de sociedades simples 206

    3.3.17. A natureza jurídica dos lucros e dividendos e sua compensação na partilha 209

3.4. Alimentos compensatórios humanitários 210

    3.4.1. Momento de verificação do desequilíbrio econômico 215

    3.4.2. Limitação temporal dos alimentos compensatórios 218

    3.4.3. Critérios de fixação dos alimentos compensatórios 224

        3.4.3.1. Alimentos compensatórios em forma de capital 225

        3.4.3.2. Alimentos compensatórios em forma de prestações periódicas 227

        3.4.3.3. O regime de bens 228

        3.4.3.4. Alimentos compensatórios e tributação 230

3.5. Natureza jurídica dos alimentos compensatórios 235

    3.5.1. Assistencial 237

    3.5.2. Indenizatória 238

        3.5.2.1. A compensação econômica do direito francês 240

        3.5.2.2. A compensação econômica no direito alemão 241

3.5.2.3.	A compensação econômica do direito espanhol	243
3.5.2.4.	A compensação econômica no direito catalão	245
3.5.2.5.	A compensação econômica do direito cubano	246
3.5.2.6.	A compensação econômica do direito italiano	246
3.5.2.7.	A compensação econômica do direito chileno	247
3.5.2.8.	A compensação econômica do direito peruano	249
3.5.2.9.	A compensação econômica do direito romeno	251
3.5.2.10.	A compensação econômica do direito português	252
3.5.2.11.	A compensação econômica do direito brasileiro	252
3.5.3.	Características dos alimentos compensatórios	254
3.5.3.1.	Renunciabilidade	255
3.5.3.1.1.	Renúncia em pacto antenupcial	255
3.5.3.2.	Momento do estabelecimento	258
3.5.3.3.	Caducidade	260
3.5.3.4.	Substituição	261
3.5.3.5.	Depende de requerimento expresso	262
3.5.3.6.	Revisão	263
3.5.3.7.	Extinção	265
3.5.3.8.	Alimentos compensatórios e novo relacionamento afetivo	268
3.5.4.	Mutação de pensão alimentícia em alimentos compensatórios	269
3.6.	O desequilíbrio econômico	270
3.6.1.	O desequilíbrio perene	272
3.6.2.	O desequilíbrio transitório	275
3.6.3.	A posição econômica dos cônjuges ou companheiros	278
3.6.4.	Os pressupostos dos alimentos compensatórios humanitários	279
3.6.4.1.	O acordo dos cônjuges ou conviventes	280
3.6.4.2.	A idade e o estado de saúde	282
3.6.4.3.	A qualificação profissional e a expectativa de trabalho	283
3.6.4.4.	A dedicação passada e futura	284
3.6.4.5.	A colaboração do consorte no trabalho do parceiro	287
3.6.4.6.	A duração da convivência	290
3.6.4.7.	A perda eventual de pensão alimentícia	291
3.6.4.8.	Qualquer outra questão relevante	292
3.7.	O caráter indenizatório dos alimentos compensatórios	293
3.7.1.	O enriquecimento sem causa	296
3.7.2.	Tratamento tributário da pensão compensatória	297
3.7.3.	Sua cumulação com a pensão alimentícia	301
3.7.4.	Atualização monetária da pensão compensatória	302
3.7.5.	A transmissão dos alimentos compensatórios	303

3.8.		Revisão e extinção dos alimentos compensatórios	305
	3.8.1.	Revisão judicial	308
	3.8.2.	Revisão retroativa	308
	3.8.3.	Exoneração e extinção dos alimentos compensatórios	310
	3.8.4.	Recasamento do credor	311
	3.8.5.	Enriquecimento do credor	311
	3.8.6.	Morte do devedor	312
	3.8.7.	Morte do credor	312
3.9.		Execução dos alimentos compensatórios	313
	3.9.1.	Coação pessoal	315
	3.9.2.	Teses contrárias à prisão civil por alimentos compensatórios	317
	3.9.3.	Teses favoráveis à prisão civil por alimentos compensatórios	322
	3.9.4.	Coação patrimonial	324
	3.9.5.	Cumprimento provisório e caução	324
	3.9.6.	Alternativas executivas	329
	3.9.7.	Prescrição dos alimentos compensatórios	332

REFERÊNCIAS BIBLIOGRÁFICAS 333

ÍNDICE ALFABÉTICO-REMISSIVO 347

Capítulo 1
DOS ALIMENTOS

1.1. Conceito

A sobrevivência está entre os fundamentais direitos da pessoa humana, e o crédito alimentar é o meio adequado para alcançar os recursos essenciais à subsistência de quem não consegue, por si só, prover sua manutenção pessoal, em razão da idade, doença, incapacidade, impossibilidade ou ausência de trabalho. Os alimentos estão relacionados com o sagrado direito à vida e representam um dever de amparo dos parentes, cônjuges e conviventes, uns em relação aos outros, para suprir as necessidades e as adversidades da vida daqueles em situação social e econômica desfavorável.[1]

Escreve Carlos Rogel Vide que a palavra *alimentos* advém do verbo latino *alere*, que significa nutrir, alimentar, criar, qual seja, as coisas que servem para sustentar o corpo, ou tudo aquilo que se dá a uma pessoa para atender, em sentido amplo, sua subsistência material e espiritual.[2] Segundo Nieves Martínez Rodríguez, a palavra *alimentos* se usa na linguagem jurídica para denominar aquela prestação devida a uma pessoa para atender sua subsistência, cujo significado respeita a tudo aquilo que se faz essencial para as necessidades da vida, indo além do mero propósito de nutrição, mas abarcando todas aquelas prestações indispensáveis para o mantenimento e desenvolvimento da vida do ser humano.[3]

O artigo 472 do Código Civil do Peru define como alimentos aquilo que é indispensável para o sustento, habitação, vestuário, educação, instrução e capacitação para o trabalho, assistência médica e psicológica, recreação segundo a situação social e possibilidades da família, incluindo os gastos de gravidez da mãe, desde a concepção até o pós-parto, compreendendo, portanto, em um único dispositivo de lei também os alimentos gravídicos que, no direito brasileiro, foram disciplinados pela Lei 11.804/2008.

O direito aos alimentos é um direito fundamental que se encontra reconhecido na Carta Política brasileira ao dispor em seu artigo 6.º serem direitos sociais a educação, a saúde, a alimentação, o trabalho, a moradia, o transporte, o lazer, a segurança, a previdência social, a proteção à maternidade e à infância, a assistência aos desamparados, na

---

[1] MADALENO, Rolf. *Direito de família*. 12. ed. Rio de Janeiro: GEN/Forense, 2022. p. 979.
[2] VIDE, Carlos Rogel. *Alimentos y auxilios necesarios para la vida*. Madrid: Reus, 2012. p. 11.
[3] MARTÍNEZ RODRÍGUEZ, Nieves. *La obligación legal de alimentos entre parientes*. Madrid: La Ley, 2002. p. 32.

forma da Constituição. É um direito que é acolhido igualmente nos tratados e instrumentos internacionais sobre direitos humanos, incorporando a mesma hierarquia do direito à vida, à saúde, à liberdade de pensamento e de expressão, entre outros direitos reconhecidos e incluídos nos catálogos internacionais de direitos humanos de segunda geração.[4]

Essas garantias sociais asseguram o mínimo existencial da pessoa humana, de forma a assegurar a todos um padrão aceitável de subsistência, na forma do artigo 3.º, inciso III, da Carta Federal. Assinala-se que a Emenda Constitucional 64/2010 incluiu a alimentação como direito social no *caput* do artigo 6.º da Constituição Federal e, nesse contexto, escreve Luís Roberto Barroso em seu voto na Ação Direta de Inconstitucionalidade (ADI) 5.422 do STF (que considerou inconstitucional a tributação da pensão alimentícia): "os alimentos funcionam como prestação que se destina a assegurar a manutenção da dignidade da pessoa humana, com base na solidariedade, sendo, ainda, considerado direito social", estando conectada com o direito à vida e à sobrevivência digna dos que não têm ainda, ou perderam, a capacidade de sustento. Em complemento, o Ministro Luís Roberto Barroso reproduz no bojo de seu citado voto, na ADI 5.422 do STF, entendimento do STJ, no sentido de que os alimentos integram o rol de direitos da personalidade do indivíduo, seu patrimônio moral e não econômico, ainda que a prestação possa ser apreciável economicamente, uma vez que eles são destinados a garantir a subsistência daquele que os recebe.[5]

---

4 GARCÍA, Elizabeth Marlene López. *Nuevo comentario del Código Civil peruano*. Directores Marco Andrei Torres Maldonado y Enrique Varsi Rospigliosi. Lima: Instituto Pacífico, 2021. t. III, p. 721.

5 "Recurso especial. Execução de alimentos fixados *in natura*. Superveniência da morte do alimentando. Direito aos alimentos concebido como direito da personalidade do alimentando, do que decorre seu viés personalíssimo. Intransmissibilidade do direito aos alimentos (ainda que vencidos) aos sucessores do alimentando. Exaurimento da finalidade dos alimentos. Preservação de eventual pretensão da genitora para a reparação dos gastos eventualmente despendidos em favor do alimentário que eram de obrigação do alimentante, proporcionando-lhe enriquecimento indevido. Necessidade. Recurso especial provido. 1. Em conformidade com o direito civil constitucional – que preconiza uma releitura dos institutos reguladores das relações jurídicas privadas, a serem interpretados segundo a Constituição Federal, com esteio, basicamente, nos princípios da proteção da dignidade da pessoa humana, da solidariedade social e da isonomia material –, o direito aos alimentos deve ser concebido como um direito de personalidade do indivíduo. Trata-se, pois, de direito subjetivo inerente à condição de pessoa humana, imprescindível ao seu desenvolvimento, à sua integridade física, psíquica e intelectual, mesmo, à sua subsistência. 2. Os alimentos integram o patrimônio moral do alimentando, e não o seu patrimônio econômico, ainda que possam ser apreciáveis economicamente. Para efeito de caracterização da natureza jurídica do direito aos alimentos a correlata expressão econômica afigura-se *in totum* irrelevante, apresentando-se de modo meramente reflexo, como sói acontecer nos direitos de personalidade. 3. Do viés personalíssimo do direito aos alimentos, destinado a assegurar a existência do alimentário – e de ninguém mais –, decorre a absoluta inviabilidade de se transmiti-lo a terceiros, seja por negócio jurídico, seja por qualquer outro fato jurídico. 4. A compreensão de que o direito aos alimentos, especificamente em relação aos vencidos, seria passível de sucessão aos herdeiros do alimentário (credor dos alimentos), além de se apartar da natureza destes, de seu viés personalíssimo e de sua finalidade, encerra uma inadequação de ordem prática insuperável, sem nenhum respaldo legal. 5. A partir do óbito do credor de alimentos, o conflito de interesses remanescente não mais se relaciona com os alimentos propriamente ditos, já que não se afigura possível suceder a um direito personalíssimo. Remanesce, eventualmente, a pretensão da genitora de, em nome próprio, ser ressarcida integralmente pelos gastos despendidos no cuidado do alimentando que eram de responsabilidade do genitor, propiciando-lhe um enriquecimento sem causa. 6. Extinta a obrigação alimentar por qualquer causa (morte do alimentando, como se dá *in casu*; exoneração do alimentante, entre outras), a genitora não possui legitimidade para prosseguir na execução de alimentos (vencidos), seja na condição de herdeira, seja em nome próprio, por sub-rogação. 7. A intransmissibilidade do direito aos alimentos, como consectário de seu viés personalíssimo, amplamente difundido na doutrina nacional, tem respaldo do Código Civil que, no seu art. 1.707, dispôs:'pode o credor [de alimentos] não exercer, porém lhe é vedado renunciar o direito a alimentos, sendo respectivo crédito insuscetível de cessão, compensação ou penhora'. O Código Civil de 2002, em relação

Por sua vez, Gustavo Tepedino e Ana Carolina Brochado Teixeira ensinam que o direito a alimentos é informado por dois princípios que fundamentam a República, sendo o primeiro deles centrado na dignidade da pessoa humana, inserido na dicção do artigo 1.º, III, da Constituição da República, cujo substrato também tem conteúdo material, pois ninguém é digno quando desprovido de condições materiais de existência, ademais da proteção da família atribuída ao Estado no artigo 226 da Carta Política, afora o dever de ajuda e amparo entre pais e filhos, do artigo 229 da Constituição Federal, e do artigo 1.697 do Código Civil, que estabeleceu a obrigação alimentar entre os parentes. O segundo princípio e fundamento constitucional é o da solidariedade familiar, marcada pela superação dos interesses individuais, devendo prevalecer uma solidariedade recíproca entre os cônjuges e conviventes e, sobremodo, uma reciprocidade alimentar entre pais e filhos.[6]

Diante da globalização dos relacionamentos, fruto da redução das distâncias e deslocamentos das pessoas que buscam novas experiências pessoais, por razões de trabalho, por motivos de segurança ou por puro espírito aventureiro que se associa a uma vontade de conhecer o mundo, cujas distâncias estão cada vez mais curtas pela facilidade e rapidez dos meios de transporte, e pelas oportunidades que muitos países oferecem, é cada vez mais frequente a formação de casais de diferentes origens e nacionalidades, cujas relações afetivas, quando se rompem, provocam a necessidade de intervenção do Direito Internacional, que se movimenta com relação aos alimentos dessas famílias que se desfazem e para solucionar conflitos internacionais que se estabelecem, quando credor e devedor de alimentos passam a residir em países diferentes, ou quando o devedor de alimentos possui bens ou recebe seus ingressos advindos de um país distinto daquele onde reside o credor de alimentos. Tais obrigações derivam do matrimônio, da união estável, do parentesco ou da responsabilidade parental, entre outras fontes de alimentos.[7]

Visando superar dificuldades relativas à prestação de alimentos no exterior ou ao cumprimento de decisões respectivas, explica Yussef Said Cahali, o Brasil firmou, pelo Decreto 56.826, de 02.09.1965, a Convenção sobre a Prestação de Alimentos no Estrangeiro, votada em Nova York em 1956,[8] a Convenção Interamericana sobre Obrigação Alimentar, Convenção de Montevidéu, firmada em 1989 e ratificada pelo Brasil pelo Decreto 2.428/1997, e posteriormente foi editado o Decreto 9.176/2017, que promulga a Convenção sobre a Cobrança Internacional de Alimentos para Crianças e Outros Membros da Família, sem deslembrar o Protocolo sobre a Lei Aplicável às Obrigações de Prestar Alimentos, firmados pela República Federativa do Brasil, em Haia, em 23 de novembro de 2007.

A Convenção de Nova York tem o intuito de facilitar a obtenção de alimentos a serem providos por pessoa que resida em outro país e se guia pelo princípio da complementaridade, escreve Paulo Henrique Gonçalves Portela, pois simplesmente completa, sem substituir, outros meios existentes no Direito Internacional ou interno para a cobrança de alimentos, ao passo que a Convenção Interamericana sobre Obrigação Alimentar visa a determinar o direito aplicável à obrigação alimentar, bem como à competência e à cooperação jurídica

---

ao direito aos alimentos, não inovou quanto à sua intransmissibilidade. 8. Recurso especial provido" (STJ, REsp 1.681.877/MA, 3.ª Turma, Rel. Min. Marco Aurélio Bellizze, j. 19.02.2019).

[6] TEPEDINO, Gustavo; TEIXEIRA, Ana Carolina Brochado. *Fundamentos do direito civil*. Direito de família. Rio de Janeiro: GEN/Forense. 2020. v. 6, p. 337-338.

[7] SCOTTI, Luciana B. *Manual de derecho internacional privado*. 2. ed. Buenos Aires: Thomson Reuters/ La Ley, 2019. p. 561.

[8] CAHALI, Yussef Said. *Dos alimentos*. 6. ed. São Paulo: RT, 2009. p. 823.

quando credor e devedor de alimentos tiverem domicílio ou residência habitual em Estados diferentes.[9]

Como diz Paulo Henrique Gonçalves Portella, o principal objetivo desses tratados é regular a cooperação entre os Estados no tocante à cobrança de alimentos no exterior, garantindo, portanto, a dignidade dos credores de pensões alimentícias, mas que nessa seara ainda prevalece a soberania do direito alimentar interno brasileiro,[10] sendo o Brasil signatário da Convenção de Nova York sobre Reconhecimento e Execução no Estrangeiro de Obrigações de Prestar Alimentos e da Convenção Interamericana sobre Obrigação Alimentar. A Lei de Alimentos brasileira (Lei 5.478/1968), em seu artigo 26, definiu que as funções de autoridade remetente e instituição intermediária foram conferidas à Procuradoria-Geral da República e que cabe à Justiça Federal da capital do Estado brasileiro em que residir o devedor o exame do pedido de alimentos oriundos do exterior, exceto as relativas à homologação de sentenças estrangeiras que condenaram ao pagamento de pensão alimentícia, de competência do STJ (CF, art. 105, I, *i*), uma vez que, na atualidade, as autoridades e instituições intermediárias estabelecem contato direto que dispensa o uso sempre moroso das vias diplomáticas.[11] Diante de casos multinacionais de alimentos, devem ser priorizadas as normas convencionais e, na falta delas, será aplicada a legislação local. Se houver algum conflito entre os tratados firmados, o tema deverá ser resolvido de acordo com o princípio *favor alimentari* e, quando se tratar de credor alimentar menor de idade, será reforçado pelo princípio *favor minoris*, em consonância com o devido respeito ao interesse do menor.[12]

Em geral, as ações de alimentos são propostas no foro do domicílio do credor dos alimentos ou ante o domicílio ou residência habitual do demandado, eis que, de acordo com o artigo 53 do Código de Processo Civil brasileiro, é competente o foro do último domicílio do casal, caso não haja filho incapaz, para a ação de divórcio, separação, anulação de casamento e reconhecimento ou dissolução de união estável, que também pode conter pleito alimentar. Em realidade, a critério da autoridade competente, prevalece o que for mais favorável ao credor, como de forma ilustrativa estabelece o artigo 2.630 do Código Civil e Comercial da Argentina, ao dispor que "o direito a alimentos se rege pelo direito do domicílio do credor ou do devedor de alimentos, aquele que a juízo da autoridade competente resulte mais favorável ao interesse do credor de alimentos".

Enfim, o direito alimentar proveniente do direito de família existe entre cônjuges e companheiros, pelos vínculos de afinidade e de solidariedade, assim compreendida a assistência mútua, de conteúdo econômico, que assegura a subsistência material e mantém obviamente hígida a saúde mental, e os alimentos derivados do parentesco, daquelas pessoas unidas pelos laços de consanguinidade, socioafetividade e adoção, começando pelos ascendentes e descendentes e subsidiariamente pelos irmãos bilaterais e unilaterais, que só estão obrigados se não existirem ascendentes ou descendentes, seguindo a regra de que o grau de parentesco mais próximo afasta o mais distante. É incontroverso que cada vez mais distantes se mostram os alimentos a serem prestados entre os casais – cônjuges ou companheiros – e frequentemente eles

---

[9]   PORTELA, Paulo Henrique Gonçalves. *Direito internacional público e privado*. 4. ed. Salvador: JusPodivm, 2012. p. 746.

[10] PORTELA, Paulo Henrique Gonçalves. *Direito internacional público e privado*. 4. ed. Salvador: JusPodivm, 2012. p. 744.

[11] PORTELA, Paulo Henrique Gonçalves. *Direito internacional público e privado*. 4. ed. Salvador: JusPodivm, 2012. p. 745.

[12] SCOTTI, Luciana B. *Manual de derecho internacional privado*. 2. ed. Buenos Aires: Thomson Reuters/La Ley, 2019. p. 577.

são compelidos a buscar sua própria subsistência, sendo usualmente credores de alimentos transitórios e responsáveis pelas necessidades ordinárias de sua prole, salvo pontuais exceções fáticas que nos dias atuais ainda possam justificar a continuidade dos alimentos sem limitação de prazo.[13]

1.2. Espécies de alimentos

Os alimentos são classificados de acordo com sua *natureza*, como naturais ou necessários e civis ou côngruos, em que aqueles têm a finalidade de satisfazer as necessidades básicas de uma pessoa dependente alimentar que com eles busca a garantia de sua sobrevivência, ao passo que estes últimos têm por escopo manter a condição social vivenciada pelo credor de alimentos na constância de seu relacionamento afetivo. Assim, conforme o artigo 1.694, § 2.º, do Código Civil, "os alimentos serão apenas os indispensáveis à subsistência, quando a situação de necessidade resultar de culpa de quem os pleiteia". Obviamente que as questões relacionadas à existência de culpa do credor de alimentos pelo fim do relacionamento desapareceram com o advento da Emenda Constitucional 66/2010, que afastou a discussão da responsabilidade dos cônjuges pela derrocada matrimonial e que podia importar ao consorte culpado pelo fracasso matrimonial, na perda do seu eventual direito alimentar, devendo ser extraída, doravante, desse dispositivo a figura jurídica da efetiva necessidade, que, a rigor, raramente se afasta do outro elemento fático que respeita à manutenção da condição socioeconômica do consorte ou companheiro dependente alimentar. De qualquer modo, tratava-se da concessão dos alimentos mínimos para o credor culpado pela ruptura matrimonial enfrentar as requisições essenciais de sua sobrevivência, cujos alimentos apenas asseguram um ato matrimonial de solidariedade social e humana.

Os alimentos também são classificados quanto *a sua causa jurídica*, se devidos em razão da lei, de delito ou de manifestação de vontade, sendo legítimos se provenientes da relação familiar de parentesco, casamento ou de união estável, e voluntários se estabelecidos mediante declaração unilateral de vontade ou por convenção *inter vivos*, ou *causa mortis*, se oriundos de legado expresso em testamento e, por fim, *indenizatórios* e que não pertencem ao direito de família.[14]

Com relação aos alimentos derivados da filiação, existe uma maior amplitude de deveres que aparecem vinculados ao poder familiar, enquanto menores e incapazes os filhos, têm seus pais o dever de lhes prestar toda ordem de assistência, moral e material, ou este dever será

---

[13] "Agravo interno no recurso especial. Direito de família. Ação de alimentos. Ex-cônjuges. Regra da temporalidade do pensionamento. Excepcionalidade. Necessidade da alimentanda. Mercado de trabalho. Inserção. Impossibilidade prática. 1. Recurso especial interposto contra acórdão publicado na vigência do Código de Processo Civil de 2015 (Enunciados Administrativos 2 e 3/STJ). 2. O entendimento do STJ é no sentido de que os alimentos devidos entre ex-cônjuges têm caráter excepcional e transitório, salvo se houver particularidades que justifiquem a prorrogação da obrigação, tais como a incapacidade laborativa ou a impossibilidade de se inserir o mercado de trabalho ou de adquirir autonomia financeira. Precedentes. 3. A jurisprudência desta Corte Superior tem admitido a perenidade da obrigação de prestar alimentos entre cônjuges quando a situação fática demonstrar a impossibilidade de um dos cônjuges suprir sua subsistência, sobretudo nos casos em que a idade do ex-cônjuge e o longo período dedicado exclusivamente à família e ao lar configure a impossibilidade prática de sua inclusão no mercado de trabalho. Precedentes. 4. No caso, em virtude da excepcionalidade delineada no acórdão recorrido, deve ser determinada a obrigação de prestar alimentos sem limitação de prazo. 5. Agravo interno não provido" (STJ, REsp 1.951.351/MG, 3.ª Turma, Rel. Min. Ricardo Villas Bôas Cueva, j. 27.06.2022).

[14] MELLO, Cleyson de Moraes. *Direito civil.* Famílias. Rio de Janeiro: Freitas Bastos, 2017. p. 335-336.

atendido mediante a fixação de uma prestação alimentícia com conteúdo bem mais amplo do que teria uma obrigação alimentar entre parentes maiores e capazes.

Quanto à finalidade dos alimentos, existem os alimentos provisórios, fixados no início da lide e previstos pela Lei de Alimentos (Lei 5.478/1968), conquanto exista prova inconteste e inicial do vínculo de parentesco ou da obrigação alimentar, como no caso de um contrato de união estável que faz as vezes da certidão de casamento para demonstrar a existência de um vínculo afetivo próprio de uma entidade familiar. Também existem os alimentos em tutela provisória, que têm por função garantir a subsistência do credor de alimentos durante a tramitação da ação principal de divórcio, de dissolução de união estável ou da ação específica de alimentos, inclusive para o pagamento das despesas judiciais e dos honorários de advogado. Pelo sistema do Código de Processo Civil em vigor, o gênero tutelas provisórias abarca as espécies: (I) tutela cautelar; (II) tutela antecipada; e (III) tutela de evidência, e podem ser pedidas como tutela antecipada em caráter antecedente ou incidental, nos termos e na forma do artigo 294 do Código de Processo Civil.[15] Em contraponto, vigem os alimentos definitivos ou regulares, fixados de forma definitiva, por sentença judicial ou por acordo de vontades, ou mesmo por escritura pública acaso não existam filhos menores ou incapazes, podendo ser revistos a qualquer momento, sobrevindo alteração na situação financeira do alimentante ou do alimentado, sendo possível pedir a exoneração, redução ou majoração do encargo alimentar.

Por fim, quanto ao momento da prestação, os alimentos podem ser pretéritos ou futuros, em que futuros são os alimentos prestados em decorrência da decisão judicial e são devidos desde a citação do devedor. Alimentos pretéritos são os anteriores ao ingresso da ação e que não são devidos por não terem sido requeridos. Assim, os alimentos vencidos são aqueles fixados a partir da propositura da ação, presumindo a lei não existir dependência alimentar quando o credor nada requer, embora não seja descartada a possibilidade de ajuizamento de uma ação de indenização para o ressarcimento de gastos operados com a manutenção de filho comum, mas esse ressarcimento em nada se confunde com a pensão alimentícia.[16]

Ao lado dos alimentos regulares circulam os alimentos *transitórios* ou *temporários*, com maior incidência fática na atualidade, representando uma característica natural dos alimentos porventura devidos entre cônjuges e companheiros, os quais, em regra, têm sido concedidos, no que a doutrina costuma denominar de alimentos na linha horizontal, por prazo determinado. É de anotar que a pensão alimentícia propriamente dita e sempre devida entre cônjuges caminha para sua completa extinção em um futuro bem próximo, atendendo ao preceito constitucional da igualdade dos cônjuges e dos gêneros, dentro e fora do casamento, sabendo os casais de antemão que alimentos entre eles têm sido devidos como exceção, e não mais como regra geral, como sucedia em gerações anteriores.[17]

---

[15]   MADALENO, Rolf. *Direito de família*. 12. ed. Rio de Janeiro: GEN/Forense, 2022. p. 989.

[16]   MADALENO, Rolf. *Direito de família*. 12. ed. Rio de Janeiro: GEN/Forense, 2022. p. 994.

[17]   "A estipulação de alimentos transitórios (por tempo certo) é possível quando o alimentando ainda possua idade, condição e formação profissional compatíveis com sua provável inserção no mercado de trabalho. Assim, a necessidade de alimentos perdura apenas até que atinja a aguardada autonomia financeira, pois, nesse momento, não mais necessitará da tutela do alimentante, então liberado da obrigação (que se extinguirá automaticamente)" (STJ, REsp. 1.025.769/MG, 3.ª Turma, Rel. Min. Nancy Andrighi, j. 24.8.2010) ou no caso reverso, provada a incapacidade: "Incapacidade laboral da alimentanda reconhecida. 1. Assente o entendimento jurisprudencial de que os alimentos devidos entre ex-cônjuges têm caráter excepcional e transitório, salvo quando presentes particularidades que justifiquem a prorrogação da obrigação alimentar, tais como a incapacidade laborativa, a impossibilidade de inserção no mercado de trabalho ou de adquirir autonomia financeira. 2. Diante das peculiaridades fáticas delineadas pelas instâncias ordinárias, justifica-se

Em seu livro sobre alimentos transitórios, Marco Aurélio Gastaldi Buzzi informa que o estabelecimento, em tempo certo, dos alimentos transitórios em favor do cônjuge ou companheiro necessitado encontra fundamentos na nova tendência de ordem moral e legal, no sentido de que não mais se justifica impor a uma das partes integrantes da comunhão desfeita a obrigação de sustentar a outra, de modo vitalício, quando aquela reúne condições para prover sua própria manutenção.[18] A rigor, alimentos só deixarão de ser temporários, e essa tem sido uma tendência do direito de família ocidental, quando arbitrados em favor de quem padece de uma enfermidade grave e preexistente ao divórcio ou à dissolução da união estável e a favor de quem carece de recursos suficientes e da possibilidade razoável de procurá-los.[19]

Prescreve até os dias atuais o artigo 4.º da Lei de Alimentos (Lei 5.478/1968), que "o juiz fixará desde logo alimentos provisórios a serem pagos pelo devedor, salvo se o credor expressamente declarar que deles não necessita", cujo dispositivo, conectado com o artigo 1.704 do Código Civil, ao dispor que, "se um dos cônjuges separados judicialmente vier a necessitar de alimentos, será o outro obrigado a prestá-los mediante pensão a ser fixada pelo juiz, caso não tenha sido declarado culpado na ação de separação judicial", traçava o perfil do então *sagrado* direito alimentar da mulher e cujo sacramento desapareceu lentamente a partir da promulgação da Constituição Federal de 1988.

O Código Civil e Comercial argentino prescreve, em seu artigo 432, que apenas durante o casamento e na separação de fato os cônjuges se devem alimentos, não mais depois do divórcio, salvo se por convenção das partes ou proveniente de decisão judicial precedente, ou seja, é a própria lei que estabelece o caráter provisório dos alimentos, excluindo toda pretensão de alimentos vitalícios e impedindo que se cristalizem as atividades profissionais antes desempenhadas pelos consortes e companheiros e que com o casamento e a separação esbarram em dificuldades transitórias, que com o tempo devem e precisam ser superadas.

Finalmente, o artigo 1.707 do Código Civil brasileiro prescreve ser vedado renunciar o direito a alimentos, que só cessa com o novo casamento, união estável ou concubinato do credor.

1.2.1. *O longo caminho a ser percorrido em prol da igualdade efetiva*

Todos os dispositivos legais antes destacados, interpretados entre si, exaravam o sentimento de o direito alimentar ser sempre devido, especialmente com relação à credora mulher que foi casada ou que viveu em união estável com o devedor dos alimentos, o que é fruto de uma cultura social em que a mulher raramente se dedicava aos afazeres remunerados, tratando de investir unicamente no fator humano do seu relacionamento afetivo.

Por sua vez, o esposo cuidava dos aspectos financeiros e do dever legal e moral de prover as necessidades de subsistência da esposa e dos filhos comuns e para compensar a carga social imposta pela sociedade à mulher do *sacrifício de sua autonomia*, porquanto, seguramente, ela não podia investir em seu trabalho e crescer profissionalmente em sua área ou escolha de atuação laboral. Portanto, jamais poderia recair sobre a mulher qualquer obrigação de ela ter de contribuir com os gastos da família, uma vez que as disposições legais colocavam o marido

---

o afastamento excepcional da transitoriedade da obrigação alimentar. 3. Agravo interno desprovido" (AgInt no REsp 1.911.218/DF, 3.ª Turma, Rel. Min. Paulo de Tarso Sanseverino, j. 1.º.06.2021, *DJe* 08.06.2021).

[18] BUZZI, Marco Aurélio Gastaldi. *Alimentos transitórios*. Uma obrigação por tempo certo. Curitiba: Juruá, 2003. p. 123.

[19] LANDOLFI, Lorena; PONS, Maite; MARELLI, Sandra. Alimentos derivados del matrimonio. *In*: CALLEGARI, Mariana G.; SIDERIO, Alejandro J. (dir.). *Alimentos*. Buenos Aires: Thomson Reuters/La Ley, Directores 2017. p. 226.

como cabeça do casal e chefe da sociedade conjugal, com a tarefa adicional de administrar os bens particulares da mulher, sem necessidade de render contas à esposa. Nesse sentido, lembram Lorena Landolfi, Maite Pons e Sandra Marelli que apenas um pequeno número de mulheres casadas e com desavenças em seu matrimônio que se animavam a confrontar a autoridade marital.[20]

Segundo Andrea Macía Morillo, a regulação do matrimônio sempre foi reflexo da situação social, moral e econômica de determinada época da história, de maneira que as mudanças vivenciadas na sociedade se traduzem nos câmbios de configuração das relações matrimoniais. Nesse sentido, esse cenário passou por uma profunda transformação no último século até sua configuração atual e do qual se distanciava muito, quando comparado com um modelo de família patriarcal, um vestígio do modelo de família romana, em que o pai e marido ocupava uma posição hierarquicamente superior e reunia seus poderes de direção e de organização do grupo familiar. A esposa e mãe era submetida a seu consorte em uma série de dependências que impediam sua livre atuação e que aproximavam sua situação pessoal da dos incapazes. Como consequência do dever de obediência, a mulher estava também obrigada a seguir o marido em suas trocas de domicílios e por vezes até a mudança de países, afetando, inclusive, a lei pessoal aplicável à mulher. Diante da falta do exercício de um trabalho da mulher e sendo o marido quem gozava da capacidade de trabalhar, a ele era atribuída a administração dos bens do casamento. Foram os movimentos sufragistas primeiro e feministas depois que reivindicaram uma equiparação dos direitos civis e políticos das mulheres,[21] assim como proclamado na Carta Política brasileira de 1988. Entrementes, esse enunciado de igualdade resultou praticamente em uma mera declaração de intenções.

O Código Civil brasileiro de 2002 condicionou o direito aos alimentos da esposa à sua inocência pela derrocada conjugal, não podendo partir dela os motivos que levavam à separação judicial causal, exigência essa de inocência que mantinha o secular direito alimentar da esposa. No entanto, a pesquisa da culpa desapareceu com a Emenda Constitucional 66, de 2010, extirpando a discussão da responsabilidade pelo fim do casamento, cuja investigação causal, curiosamente, nunca existiu nas relações de união estável, sendo plausível aduzir que a igualdade constitucional dos consortes e dos gêneros sexuais não estava socialmente consolidada.

Para evitar injustiças, eram, à época, analisados os casos individualmente e, embora tenha sido eliminada a pesquisa da causa separatória, não desapareceram os desequilíbrios e as assimetrias de igualdade que ainda subsistem nos processos de divórcios e de dissoluções de uniões estáveis nos quais as mulheres, em sua quase totalidade, ainda precisam requerer subsídio alimentar por não terem independência financeira, não obstante a Carta Política de 1988 tivesse consagrado formalmente a igualdade dos sexos. Em resposta a esses reclamos processuais, os juízes vêm substituindo os alimentos por prazo indeterminado por alimentos com termo final certo. Mostra a realidade brasileira, ao adotarem os tribunais a tese dos alimentos temporários, que está sendo percorrido judicialmente um caminho sem volta para a supressão total da pensão alimentícia nas relações horizontais, cuja jornada iniciou com a Carta Política de 1988, no encalço de uma igualdade efetiva e não formal.

Calha tomar por exemplo idêntico dessa caminhada rumo à independência financeira dos cônjuges o direito argentino, em cujo artigo 402 do Código Civil e Comercial está

---

[20] LANDOLFI, Lorena; PONS, Maite; MARELLI, Sandra. Alimentos derivados del matrimonio. *In*: CALLEGARI, Mariana G.; SIDERIO, Alejandro J. (dir.). *Alimentos*. Buenos Aires: Thomson Reuters/La Ley, Directores 2017. p. 229.

[21] MORILLO, Andrea Macía. Los efectos personales del matrimonio. *In*: GIMÉNEZ, Gema Diez-Picazo (coord.). *Derecho de familia*. Navarra: Thomson Reuters/Aranzadi/Civitas, 2012. p. 465-466.

Cap. 1 · DOS ALIMENTOS | 9

ordenado que nenhuma norma pode ser interpretada nem aplicada no sentido de limitar, restringir, excluir ou suprimir a igualdade de direitos e obrigações dos integrantes do matrimônio, e os efeitos que este produz, seja esse casamento constituído por duas pessoas de sexo distinto ou igual. No entanto, no artigo 433 do mesmo diploma substantivo argentino, consta que para a quantificação dos alimentos, desde quando desapareceu a presunção de necessidade que sempre beneficiava a mulher que requeria alimentos, deverá provar seu estado de necessidade e o juiz deverá levar em consideração, entre outras pautas: a) o trabalho dentro do lar conjugal, a dedicação aos filhos e educação da prole e sua idade; b) a idade e o estado de saúde de ambos os consortes; c) a capacitação laboral e a possibilidade de aceder a um emprego de quem solicita alimentos; d) a colaboração de um cônjuge nas atividades comerciais, industriais ou profissionais do outro consorte; e) a atribuição judicial ou fática da moradia familiar; f) o caráter de comunhão, próprio ou de terceiro do imóvel sede da vivenda familiar e, no caso de ser alugada, se o aluguel é abonado por um dos cônjuges ou outra pessoa; g) se os cônjuges convivem e o tempo de casamento; h) se os consortes estão separados de fato; o tempo de duração do casamento e o tempo transcorrido desde a separação; i) a situação patrimonial de ambos os cônjuges durante a convivência e durante a separação de fato.

Fácil constatar que ainda influenciam o direito alimentar da mulher um sem-número de situações fáticas procedidas durante as tarefas caseiras que ainda são impostas à mulher e que interferem no estabelecimento ou não do direito alimentar entre consortes. Entretanto, com efeito, já não se vivenciam mais os tempos em que a divisão do trabalho entre o marido encarregado de prover alimentos à família e a mulher se vendo como responsável pela casa e pelos cuidados com os filhos resultava vital para o bom funcionamento da sociedade.

Contudo, se fosse realidade concreta a igualdade de ingressos e de oportunidades dos consortes, certamente seriam prescindíveis as pautas do artigo 433 do Código Civil e Comercial argentino, e a igualdade não seria cogitada, pois alimentos sempre seriam indevidos entre cônjuges e companheiros. Merece registro a observação de Maria Berenice Dias de não ser possível olvidar a dificuldade de acesso da mulher ao competitivo mercado de trabalho, mormente para quem dele se manteve longamente afastado. Essa é a realidade social brasileira, em especial dentro do casamento ou da união estável, em cujas entidades familiares os homens costumam impor que a mulher se afaste do trabalho e dela exigem dedicação exclusiva para com as tarefas domésticas e a criação dos filhos.[22] Ademais, mesmo que paguem funcionários domésticos para a execução das tarefas de casa, delas requerem que estejam livres para viagens e para atividades sociais, compromissos incompatíveis para quem precisa mergulhar em sua profissão. Portanto, só haverá igualdade de obrigações e de direitos coerentes com a autonomia pessoal, quando os homens deixarem de romper e inviabilizar os projetos de vida profissionais das esposas, cujas escolhas ainda têm estado distante das convenções sociais, para que elas pudessem seguir à risca, e sem qualquer intervenção, suas estratégias de projeção pessoal e profissional, sem perpetuar essa situação de dependência econômica em relação a seu parceiro afetivo, com muito mais intensidade e estresse depois que termina o vínculo conjugal.

1.2.2. Binômio ou trinômio alimentar

Consoante redação do § 1.º do artigo 1.694 do Código Civil brasileiro, os alimentos devem ser fixados na proporção das necessidades do reclamante e dos recursos da pessoa obrigada, a chamada regra da proporcionalidade, que sopesa o que o alimentando necessita

---

[22] DIAS, Maria Berenice. *Alimentos aos bocados*. São Paulo: Thomson Reuters/RT, 2013. p. 105.

para sua sobrevivência por depender dos recursos do alimentante e tem como contrapeso os limites das efetivas condições financeiras daquele que tem o dever ou a obrigação de prestar os alimentos. Como mostra Maria Berenice Dias, é invocado o binômio *necessidade-possibilidade*, em que são perquiridas as necessidades do alimentando e as possibilidades do alimentante para se estabelecer o valor equilibrado do pensionamento,[23] imperando técnica de ponderação entre a necessidade daquele que pede os alimentos e a possibilidade daquele que presta os alimentos. É forçoso extrair dessas duas premissas uma única sentença correspondente à quantificação da obrigação alimentar, uma vez que pensão alimentícia é destinada àquele que realmente dela necessita e proporcional ao que pode pagar aquele que é demandado pela solidariedade alimentar.

Ao tempo do Código Civil de 1916 prevalecia o mesmo critério de ponderação reclamado pelo artigo 400 do diploma revogado, em que os alimentos deveriam ser fixados para atender à situação familiar deixada pelo réu no lar do qual se afastou, podendo ser arbitrados alimentos mesmo se a esposa exercesse alguma atividade remunerada, porém insuficiente para a mantença do seu padrão socioeconômico conquistado diante da melhor estratificação social proporcionada durante o casamento pelo marido. O montante desses alimentos pode ser acordado de comum acordo pelos consortes que então reconhecem e admitem suas obrigações, condições e necessidades, ou pode ser objeto intervenção do juiz para que decrete o montante dos alimentos, consoante as provas processuais das necessidades do credor de alimentos e das possibilidades do devedor de alimentos, as quais muitas vezes podem ser identificadas de forma indireta pela chamada exteriorização de riqueza,[24] ante a dificuldade de demonstrar os ingressos do alimentante. Entrementes, o juiz precisa desses elementos de avaliação para equacionar o montante dos alimentos, encontrado o efetivo equilíbrio entre a real necessidade, consoante a padronagem social vivenciada, e o exato arbitramento, que permita manter o mesmo nível social e econômico experimentados durante o casamento pelo destinatário dos alimentos, naquilo que a doutrina e a jurisprudência, por consenso, convencionaram em denominar *binômio* dos alimentos, mas que parte dessa mesma doutrina e da jurisprudência preferiu apelidar de *trinômio alimentar*.[25]

---

[23] DIAS, Maria Berenice. *Alimentos aos bocados.* São Paulo: Thomson Reuters/RT, 2013. p. 44.

[24] Enunciado 573, da VI Jornada de Direito Civil: "Na apuração da possibilidade do alimentante observar-se-ão os sinais exteriores de riqueza". O enunciado teve a seguinte justificativa: "De acordo com o ordenamento jurídico brasileiro, o reconhecimento do direito a alimentos está intrinsecamente relacionado com a prova do binômio necessidade e capacidade, conforme expresso no § 1.º do artigo 1.694 do Código Civil. Assim, está claro que, para a efetividade da aplicação do dispositivo em questão, é exigida a prova não só da necessidade do alimentado, mas também da capacidade financeira do alimentante. Contudo, diante das inúmeras estratégias existentes nos dias de hoje visando à blindagem patrimonial, torna-se cada vez mais difícil conferir efetividade ao art. 1.694, § 1.º, pois muitas vezes é impossível a comprovação objetiva da capacidade financeira do alimentante. Por essa razão, à míngua de prova específica dos rendimentos do alimentante, deve o magistrado, quando da fixação dos alimentos, valer-se dos sinais aparentes de riqueza. Isso porque os sinais exteriorizados do modo de vida do alimentante denotam seu real poder aquisitivo, que é incompatível com a renda declarada. Com efeito, visando conferir efetividade à regra do binômio necessidade e capacidade, sugere-se que os alimentos sejam fixados com base em sinais exteriores de riqueza, por presunção induzida da experiência do juízo, mediante a observação do que ordinariamente acontece, nos termos do que autoriza o art. 335 do Código de Processo Civil, que é também compatível com a regra do livre convencimento, positivada no art. 131 do mesmo diploma processual".

[25] A expressão *trinômio* alimentar foi cunhada pelo desembargador Rui Portanova da 8.ª Câmara Cível do TJRS, quando, por exemplo, dela fez uso, entre outros julgados, na Apelação Cível 5004983-31.2019.8.21.0001/RS, ao consignar que: "Logo, em tese, para a fixação do valor dos alimentos, para além da análise das necessidades e das possibilidades, é de rigor, uma terceira análise, qual seja, um juízo de proporcionalidade entre necessidade e possibilidade. É um essencial juízo de proporcionalidade que vai fundamentar o percentual

Flávio Tartuce entende ser sustentável a ampliação para uma tríade de premissas (*razoabilidade ou proporcionalidade/necessidade/possibilidade*), conforme falam alguns doutrinadores e como pode ser extraído de alguns julgados,[26] cuja expressão também é mencionada por Pablo Stolze Gagliano e Rodolfo Pamplona Filho, que a atribuem a uma doutrina mais moderna.[27] Dela não comunga Leonardo de Faria Beraldo, que a alude ao termo trinômio alimentar como um dado curioso e que é produto da jurisprudência que tratou de desenvolver esta tríade de premissas,[28] mas prontamente defendida por Cleyson de Moraes Mello ao prescrever que os alimentos são estruturados a partir do trinômio *necessidade-possibilidade-proporcionalidade*.[29]

Segundo Maria Berenice Dias, o trinômio seria a mensuração que melhor respeita a diretriz da proporcionalidade, havendo maior propriedade no uso dessa expressão,[30] também acompanhada por Cristiano Chaves de Farias e Nelson Rosenvald ao propugnarem que a fixação do *quantum* alimentar leva em conta a *proporcionalidade* entre a *necessidade do alimentando* e a capacidade *do alimentante*, evidenciando um verdadeiro trinômio norteador do arbitramento da pensão.[31]

Para Conrado Paulino da Rosa, além do binômio necessidade e possibilidade, um terceiro critério deveria ser respeitado, o da *proporcionalidade* ou *razoabilidade*, cometendo ao juiz verificar não só a necessidade do credor de alimentos e a possibilidade do devedor, mas, a rigor, apurar o equilíbrio do *trinômio alimentar* da necessidade-possibilidade e a proporcionalidade, que só teria sentido de ser averiguado em demandas de elevado valor de alimentos,[32] pois, para esses verdadeiros processos de exceção em uma população que basicamente divide pobreza e exterioriza verdadeira impossibilidade de alimentar outrem. Contudo, entre as pessoas mais ricas, em regra, as pensões alimentícias não precisam ser proporcionais à riqueza do devedor, pelo fato de que a possibilidade extrapolaria o critério da necessidade.

Marcos Catalan discute essa proposta jurisprudencial e doutrinária criando um novo paradigma ou parâmetro de estipulação dos alimentos a respeito do chamado *trinômio alimentar* e diz não existir um tríplice parâmetro que possa ser sustentado, sendo preciso desfazer a confusão estabelecida, uma vez que a proporcionalidade, que não se confunde com a razoabilidade, atua como paradigma hermenêutico, e não como referencial dogmático. O autor conta que o problema foi percebido por Paulo Lôbo ao discorrer que o parâmetro sob análise atua como um fator procedimental, devendo ser aferido não apenas se o titular de fato

---

do encargo que deve ser suficiente a suportar as necessidades do alimentado, e ser possível de ser alcançado sopesando as possibilidades financeiras do alimentante".

[26] "Recursos especiais. Direito de família. Ação de alimentos. Ex-cônjuge e filhas do demandado. Excepcionalidade da fixação de alimentos à ex-consorte. *Trinômio alimentar*. Necessidade da alimentada. Aferição. Manutenção da condição social anterior à ruptura da união. Capacidade financeira do alimentante. Vultoso patrimônio familiar. *Quantum* alimentar. Proporcionalidade. Artigos 1.694, § 1.º, e 1.695, do Código Civil. Revisão. Súmula 07/STJ" (REsp 1.872.743, 3.ª Turma, Rel. Min. Paulo de Tarso Sanseverino, j. 15.12.2020). Os grifos não constam no original.

[27] GAGLIANO, Pablo Stolze; PAMPLONA FILHO, Rodolfo. *Novo curso de direito civil*. Direito de família. São Paulo: Saraiva. 2011. v. VI, p. 675.

[28] BERALDO, Leonardo de Faria. *Alimentos no Código Civil*. Belo Horizonte: Fórum, 2012. p. 18.

[29] MELLO, Cleyson de Moraes. *Direito civil*. Famílias. Rio de Janeiro: Freitas Bastos, 2017. p. 172.

[30] DIAS, Maria Berenice. *Manual de direito das famílias*. 12. ed. São Paulo; Thomson Reuters/RT, 2017. p. 629.

[31] FARIAS, Cristiano Chaves de; ROSENVALD, Nelson. *Curso de direito civil*. Famílias. 8. ed. Salvador: JusPodivm, 2016. v. 6, p. 760.

[32] ROSA, Conrado Paulino da. *Direito de família contemporâneo*. 8. ed. Salvador: JusPodivm, 2021. p. 656.

necessita dos alimentos e se o devedor tem condições de honrá-los, para assim ser arbitrado o valor devido.[33]

Os alimentos devem ser proporcionais, vale dizer, o credor deve receber o necessário para sua manutenção e o devedor não deve sacrificar seu próprio sustento, sendo os alimentos fixados na proporção dos rendimentos do alimentante e em conformidade com as necessidades da pessoa alimentada, guardando simetria com a condição social das partes envolvidas na vinculação alimentar. O *caput* do artigo 1.694 do Código Civil ordena devam os alimentos ser fixados de modo a permitir ao alimentando viver de maneira compatível com sua condição social, salvo tenha sido culpado por seu estado de indigência, conforme disposto no § 2.º do artigo 1.694 do Código Civil, ou tenha sido culpado pela separação, conforme dispunha o parágrafo único do artigo 1.704 do Diploma Substantivo Civil, mas cuja discussão da causa perdeu seu objeto com a Emenda Constitucional 66/2010. Por fim, expus que a doutrina e a jurisprudência têm se valido, por vezes, da expressão *trinômio alimentar*, levando em consideração os vetores da proporcionalidade, possibilidade e necessidade, e não mais do binômio possibilidade e necessidade. Entrementes, parece ainda mais bem aplicado o binômio da necessidade do credor dos alimentos em confronto com o da possibilidade do prestador dos alimentos, exatamente porque da conjunção desses dois elementos será extraído o valor da *proporcionalidade*, fato este que não importa em buscar um terceiro elemento do denominado trinômio, mas, sim, no encontro de dois vetores, vale dizer, chegar à sentença a partir das duas únicas premissas.[34]

Esta parece ser a conclusão a que chega Paulo Lôbo, ainda que por outras vias, ao aduzir que esse terceiro requisito da *razoabilidade* é procedimental, pois submete a seu crivo os dois outros:

> *Alguns o denominam de proporcionalidade, com o mesmo propósito. Cabe ao juiz não apenas verificar se há efetiva necessidade do titular, máxime quando desaparecida a convivência familiar, e possibilidade do devedor, mas se o montante exigido é razoável e o grau de razoabilidade do limite oposto a este. O requisito da razoabilidade está presente no texto legal, quando alude a "na proporção das necessidades". A proporção não é mera operação matemática, pois tanto o credor quanto o devedor de alimentos devem ter assegurada a possibilidade de "viver de modo compatível com sua condição social" (art. 1.694).*
>
> *A razoabilidade está na fundamentação, por exemplo, da natureza complementar da obrigação alimentar dos avós, a saber, é razoável que estes apenas complementem os alimentos devidos pelos pais, quando estes não puderem provê-los integralmente, sem sacrifício de sua própria subsistência. Esses requisitos constituem conceitos indeterminados, cujos conteúdos apenas podem ser preenchidos ante cada caso concreto. Não há como, de antemão, indicar todas as situações que possam ser qualificadas como padrões razoáveis, dada a multiplicidade de problemas existenciais que envolvem a definição dos alimentos.[35]*

---

[33] CATALAN, Marcos. A proporcionalidade na fixação da verba alimentar: Desconstruindo o trinômio. Disponível em: www.cidp.pt/revistas/ridb/2012/06/2021-06-3265-3285.pdf. Acesso em: 13 set. 2022.

[34] MADALENO, Rolf. Alimentos processuais. *Revista Brasileira Direito das Famílias e Sucessões*, Porto Alegre, v. 5, p. 47, ago./set. 2008.

[35] LÔBO, Paulo. *Direito civil. Famílias*. São Paulo: Saraiva, 2008, p. 350-351.

1.2.3. *Alimentos provisórios*

Alimentos provisórios eram aqueles fixados durante a tramitação do processo, em qualquer estado em que a demanda se encontrasse, pelo menos até a sentença terminante que trataria de estabelecer os alimentos regulares ou definitivos. Os alimentos provisórios são fixados pelo juiz ao despachar a ação de alimentos proposta pelo rito especial da Lei 5.478, de 25 de julho de 1968 (Lei de Alimentos), e deveriam ser concedidos exclusivamente a quem dispusesse de prova pré-constituída da obrigação alimentar, em decorrência dos vínculos de filiação, parentesco (este até o segundo grau na linha colateral), relação de casamento ou de união estável comprovada por contrato de convivência, ou pelo reconhecimento espontâneo dos companheiros, firmado em documento autêntico, judicial ou extrajudicial. A prova do vínculo parental não se restringia à certidão do registro civil das pessoas naturais, podendo ser suprida por documentos particulares ou escrituras públicas e até confissão, como ao mesmo resultado conduzem as sentenças judiciais de reconhecimento de filiação.[36]

Necessitando de alimentos, o autor da ação pode promover demanda de procedimento sumaríssimo, regulada pelo rito especial da Lei 5.478/1968, embora a prática processual já tenha mostrado ser prejudicial ao alimentando a adoção desse rito sumaríssimo da lei alimentar, sobre o qual já escrevia, em 1979, Sérgio Gischkow Pereira, de que "não se coaduna com o exame em profundidade do conjunto probatório e dos fatos a serem demonstrados",[37] afigurando-se por demais açodada a concentrada fase probatória da Lei 5.478/1968, especialmente diante da hipótese de o prestador de alimentos ser profissional autônomo ou empresário e não perceber seus rendimentos por folha de pagamento, para que sobre ela pudesse incidir o periódico e automático desconto da pensão, como ocorre quando o devedor dos alimentos é empregado ou funcionário público.[38]

Ao lado dos alimentos provisórios e também em substituição aos alimentos provisionais previstos pelo Código de Processo Civil de 1973, com medida cautelar preparatória ou incidental de ações como de separação judicial, divórcio, dissolução de união estável, ou demanda específica de alimentos, tudo demandando a prova do *fumus boni iuris* e do *periculum in mora*, com previsão nos artigos 852 a 854 do Código de Processo Civil agora revogado, para dar surgimento ao Código de Processo Civil de 2015, aos alimentos obtidos pela via da tutela provisória, que é gênero, diz Conrado Paulino da Rosa e do qual serão espécies (a) a tutela de evidência e (b) a tutela de urgência que, de acordo com os artigos 300 e 301 do diploma objetivo civil em vigência, poderá ter natureza cautelar ou antecipada, podendo ser requerida em caráter antecedente ou incidental.[39]

O STJ e respeitável jurisprudência dos tribunais brasileiros afirmavam, antes da edição da Súmula 621 do STJ, que, mesmo diante da superveniência de sentença favorável ao alimentante, reduzindo o valor dos alimentos provisionais, esta não lhe afetava o direito de executar as prestações vencidas e não pagas, porque, do contrário, os devedores seriam motivados ao descumprimento da obrigação alimentar antecipada por despacho proferido no intercurso da lide. Este era o entendimento levantado pelos tribunais que diziam, em regra, que, diante do § 3.º do artigo 13 da Lei de Alimentos (Lei 5.478/1968), ao expressar que os alimentos eram

---

[36] OLIVEIRA, Carlos Alberto Alvaro de. *A tutela de urgência e o direito de família*. São Paulo: Saraiva, 1998. p. 89.

[37] PEREIRA, Sérgio Gischkow. *Ação de alimentos*. Porto Alegre: Síntese, 1979. p. 58.

[38] MADALENO, Rolf. *Alimentos processuais*. In Revista Brasileira de Direito das Famílias e Sucessões. Porto Alegre: Magister/IBDFAM. ago/set 2008. v. 5. p. 27-28.

[39] ROSA, Conrado Paulino da. *Direito de família contemporâneo*. 8. ed. Salvador: JusPodivm, 2021. p. 639.

devidos até decisão final, não era factível premiar o inadimplente devedor, que seria incentivado ao descumprimento da pensão, aguardando o desfecho do processo principal.

1.2.4. *Alimentos regulares ou definitivos*

Os alimentos regulares ou definitivos são aqueles estabelecidos em caráter permanente, ao menos enquanto não houver ação de revisão de alimentos, e que são fixados em substituição aos alimentos provisórios. Portanto, tornados definitivos os alimentos provisórios, seja para a hipótese de ser mantido o valor conferido em provimento liminar, seja reduzindo-os ou majorando-os, o montante final sempre será retroativo à data da citação e os efeitos da sentença passam a valer após sua respectiva publicação (Lei 5.478/1968, arts. 13, § 3.º, e 14; CPC, art. 1.012, II).

Por seu turno, como assinala Lourenço Mario Prunes em seus clássicos ensinamentos, para distinguir alimentos provisórios de definitivos basta levar em conta que os primeiros são concedidos regularmente, por meio de lide contenciosa, que termina, em regra, por sentença, que dá ou nega definitivamente o pedido, enquanto provisórios são os requeridos antes ou no curso da demanda, em caráter liminar, destinando-se a manter o litigante que os solicita até o instante da sentença e a fornecer-lhe recursos para enfrentar as despesas do processo. Sublinha ainda que a expressão *definitivos* é relativa, pois a definitividade se relaciona com a situação fática vivenciada ao tempo daquela demanda,[40] ou com a situação que pode se modificar a qualquer tempo, abrindo caminho para eventual revisão do montante alimentar ordenado em sentença ou mesmo em caráter liminar.

Para melhor compreensão do tema, poderia ser dito que a pensão alimentícia instaurada pela primeira vez em caráter preambular é aquela que vige durante toda a tramitação inicial do processo, salvo tenha sido modificada também por despacho interlocutório judicial no curso da instrução. No entanto, a partir da prolação da sentença do juiz instrutor, ela adquire a característica de pensão alimentícia regular ou definitiva, eis que fixada agora como valor final, depois que o julgador ponderou provas, necessidades e possibilidades e arbitrou, com a criteriosidade que lhe é de dever e prudência, o montante efetivo e peremptório da obrigação alimentar, cujo valor poderá ser modificado em circunstancial recurso, sem com isso perder sua qualidade de alimentos regulares, ou em posterior ação de revisão dos alimentos, sempre que presentes os pressupostos do artigo 1.699 do Código Civil.[41]

Dessarte, os alimentos provisórios encontram-se destinados a valer desde quando solicitados judicialmente até uma vez ditada a sentença na qual o julgador estabelece a cota ordinária, regular ou definitiva, podendo o juiz, como visto, manter o valor provisoriamente fixado, aumentá-lo ou reduzi-lo, tendo a sentença o efeito retroativo proveniente do artigo 13, § 3.º, da Lei 5.478/1968 a contar da citação do devedor dos alimentos. Acaso mantido o montante dos provisórios, a sentença simplesmente torná-los-á definitivos ou, se estabelecido outro valor, essa nova quantificação substituirá os alimentos provisórios.

Pode ocorrer também de o juiz, em sua sentença, rechaçar o pleito alimentar e, nesse caso, a sentença exonerará o devedor dos alimentos provisoriamente quantificados e mandados pagar em provimento liminar, por haver o julgador, por exemplo, acolhido a defesa que

---

[40]   PRUNES, Lourenço Mario. *Ações de alimentos*. 2. ed. São Paulo: Sugestões Literárias, 1978. p. 34.

[41]   Código Civil, art. 1.699. "Se, fixados os alimentos, sobrevier mudança na situação financeira de quem os supre, ou na de quem os recebe, poderá o interessado reclamar ao juiz, conforme as circunstâncias, exoneração, redução ou majoração do encargo."

demonstrou serem indevidos alimentos para o cônjuge ou companheiro autor da demanda, ou porque os filhos já são maiores e financeiramente independentes, ou, ainda, por haver passado durante a tramitação do processo o prazo estipulado para os alimentos transitórios arbitrados em caráter liminar ao credor da pensão alimentícia, tratando a sentença unicamente de exonerar o devedor da obrigação temporal.

O fato é que o juiz pode na sentença revisar seu juízo sobre os alimentos provisoriamente arbitrados, em sede de liminar, deitando suas conclusões finais sobre o material probatório que lhe foi posto para exame durante a instrução do processo, e, portanto, diante de um maior volume de provas, sopesando a plenitude das provas típicas de um processo contencioso, ou até mesmo pelo aporte de novos elementos probatórios antes não existentes, diferindo do valor dos alimentos provisórios ao apreciar esses novos elementos probatórios. Pode o juiz se pronunciar em qualquer direção que passe pela manutenção dos provisórios, por sua redução, majoração ou exoneração, sem prejuízo de outros pronunciamentos inerentes ao restante do pedido inicial e de eventual reconvenção, ou até mesmo considerar possíveis modificações surgidas no decorrer da demanda, como a troca da guarda de filhos, reconciliação dos cônjuges ou conviventes, o que obviamente esvazia o propósito de estabelecimento dos alimentos definitivos.

Com respeito ao estabelecimento dos alimentos regulares ou definitivos, explica Sérgio Gischkow Pereira que "não seria razoável e justo que uma tutela antecipada, concedida com base em cognição precária, prevalecesse sobre o conteúdo sentencial, constituído sobre amplo, profundo e total exame fático-probatório do litígio; basta ver como seria estranho o prosseguimento da obrigação de pagar provisórios depois de uma sentença de improcedência alicerçada em todos os elementos de prova, inclusive exames periciais conclusivos e bem-elaborados!".[42]

Em suma, os alimentos definitivos ordenados por sentença ou dimensionados por acordo entre as partes, uma vez apurados por conclusão judicial ou por consenso entre credor e devedor de alimentos, tratam de resolver, de maneira agora incontroversa, a reestruturação econômica do grupo familiar que se dispersou com a separação dos pais ou de casais com ou sem filhos, de modo que a sentença definitiva resolverá sobre as medidas vinculadas à subsistência dos dependentes, sempre que as partes não tiverem instado em caráter prévio e provisório o montante alimentar, ou sempre que alguma ação revisional busque a revisão liminar e posteriormente definitiva de alimentos precedentemente acordados ou judicialmente arbitrados, porquanto novas circunstâncias tenham concorrido para viabilizar a modificação dos alimentos vigentes.[43]

A sentença que acolher a modificação dos alimentos provisoriamente fixados em qualquer direção (manutenção, majoração, redução ou exoneração) certamente levará em consideração uma mudança substancial de circunstâncias sobre as quais o juiz assentou o arbitramento provisório dos alimentos, de modo tal que ele conclua que a mera manutenção dos alimentos liminares suponha um evidente prejuízo para uma das partes. Para tanto, deverá concorrer razões ou elementos posteriores de prova que justifiquem o arbitramento definitivo dos alimentos iniciais que se tornam regulares, podendo também vir o valor dos alimentos regulares por petição conjunta das partes que terminaram convencidas a promoverem um

---

[42] PEREIRA, Sérgio Gischkow. *Ação de alimentos.* 4. ed. Porto Alegre: Livraria do Advogado, 2007. p. 88.

[43] PEREDA GÁMEZ, Francisco Javier. *Las cargas familiares.* El régimen económico de las familias en crisis. Madrid: La Ley, 2007. p. 662.

acordo de alimentos depois de sopesarem as provas e os desdobramentos surgidos durante a instrução da ação alimentar.

Insta acrescer por último a evidência de que alimentos provisórios comportam execução ou cumprimento provisório para sua satisfação acaso suceda injustificada inadimplência do alimentante, estando prevista a execução dos alimentos provisórios ou definitivos pelo cumprimento de sentença que reconhece a exigibilidade de obrigação de prestar alimentos sob pena de prisão ou de penhora e inserindo na execução as prestações vencidas no curso do processo[44], quando não for possível implementar o desconto em folha de pagamento.

1.2.5. Alimentos em espécie

A prestação dos alimentos devidos pelo alimentante é dirigida à satisfação das necessidades do alimentando e, como tal, deve compreender tudo aquilo que o credor precise para viver e para alimentar seu corpo e seu espírito, assim como, em outro contexto, em que figura como uma pessoa em crescimento e em formação intelectual, sua subsistência também abarca o custo natural e obrigatório de sua instrução.

O artigo 1.701 do Código Civil prescreve que a pessoa obrigada a suprir alimentos poderá pensionar o alimentando, ou dar-lhe hospedagem e sustento, sem prejuízo do dever de prestar o necessário à sua educação, quando menor,[45] e o parágrafo único do mesmo artigo estabelece ser do juiz a competência de fixar a forma do cumprimento da prestação, se as circunstâncias assim o exigirem, tal qual já ordenava o artigo 25 da Lei 5.478/1968 que a prestação não pecuniária estabelecida no artigo 403 do Código Civil (CC/1916) só pode ser autorizada pelo juiz se a ela anuir o alimentando capaz. Tratava-se, como até os dias atuais se trata, de uma faculdade a ser apreciada pelo juiz, segundo as circunstâncias, e o artigo 25 da Lei de Alimentos (Lei 5.478/1968) estendeu essa faculdade à prévia apreciação e concordância do alimentando maior e capaz, não precisando justificar sua eventual recusa.

Paulo Lúcio Nogueira rememora ser faculdade vinculada ao princípio da *alternatividade* ou de forma alternativa de serem prestados os alimentos,[46] embora deva ser desde logo registrado que se trata de uma hipótese rara de ser implementada, pois a regra é que a pensão seja paga mensalmente em dinheiro.

Reporta esse dispositivo aos alimentos denominados *in natura*, também chamados de alimentos próprios e que são aqueles pagos por meio de fornecimento de alimentação, sustento e hospedagem, sem prejuízo do dever de prestar o necessário para a educação dos menores. O artigo 21, §§ 1.º e 2.º, da Lei do Divórcio (Lei 6.515/1977) previa a possibilidade de a pensão alimentícia consistir no usufruto de determinados bens do devedor de alimentos, caso houvesse conivência nesse sentido por parte do credor,[47] inspirado no artigo 17 da Lei 5.478/1968, que previa que, quando não fosse possível o desconto em folha, as prestações poderiam ser cobradas de aluguéis de prédios ou de quaisquer outros rendimentos do devedor e que seriam

---

[44] "Recurso especial. Direito civil e processual civil. Execução de alimentos. Possibilidade de inclusão das prestações alimentícias vencidas no curso do processo. Observância dos princípios da efetividade, celeridade e economia processual" (STJ. Quarta Turma. REsp. 1.846.966/SP. Rel. Min. Antonio Carlos Ferreira. j. 12.09.2023).

[45] A ressalva à menoridade do alimentando não faz sentido quando sabido que filhos maiores também estudam e são credores de alimentos até terminarem sua formação profissional.

[46] NOGUEIRA, Paulo Lúcio. *Lei de alimentos comentada*. Doutrina e jurisprudência. 4. ed. São Paulo: Saraiva, 1994. p. 80.

[47] GAMA, Guilherme Calmon Nogueira da. *Comentários ao Código Civil*: direito privado contemporâneo. Coordenador Giovanni Ettore Nanni. São Paulo: Saraiva, 2019. p. 2087.

Cap. 1 • DOS ALIMENTOS | 17

recebidos diretamente pelo alimentando ou por depositário nomeado pelo juiz.[48] Encontrando na atualidade disposição similar no artigo 912 do Código de Processo Civil.

Os alimentos denominados *impróprios*, ou em *espécie*, dizem respeito ao fornecimento de uma quantia em dinheiro, dando assim maior efetividade ao crédito alimentar e pelo qual o alimentando recebe um valor alimentar mensal e periódico, permitindo que escolha e acesse diretamente suas necessidades alimentares, cuja prática é mais comum e corriqueira.

É viável a adoção, embora de poucos registros fáticos, de uma dupla modalidade e que também tem previsão no artigo 149 do Código Civil espanhol, ao prescrever que "o obrigado a prestar alimentos poderá, a seu juízo, satisfazê-los, ou pagando a pensão fixada, ou recebendo e mantendo em sua própria casa aquele que tem direito aos alimentos. Esta escolha não será possível quando se contrapõe à relação de guarda e convivência determinada para o alimentando pelas normas legais ou por resolução judicial. Também poderá ser rechaçada quando concorra justa causa ou prejudique o interesse do alimentando menor de idade".

Obviamente que, para a legislação e jurisprudência brasileiras, a hospedagem não necessita ser na própria casa do alimentante, até porque, muitas vezes, essa coabitação sob o mesmo teto pode até não ser recomendada pelos mais distintos e ponderáveis motivos, embora possa ser mais econômico para o devedor dos alimentos *in natura* hospedar seu credor em sua residência pessoal. Frustra essa perspectiva se, por exemplo, o credor dos alimentos tem como moradia de referência a casa materna, afigurando-se descabida praticamente forçar a alteração dessa convivência apenas em razão do pagamento *in natura* dos alimentos. Não se pode esquecer que não é possível obrigar quem não quer a ocupar a casa do alimentante, mormente se se tratar de uma relação que reclama cuidados próprios para com o credor da pensão alimentícia, tendo em vista sua idade e dependência psicológica, além de uma relação de mínima afetividade para lograr a convivência.

O cumprimento em dinheiro é realizado mediante o pagamento de uma pensão previamente estipulada ou judicialmente fixada e o credor recebe os alimentos a que tem direito por meio da entrega periódica de uma quantidade em dinheiro, calculada na proporção de suas necessidades e das possibilidades do alimentante. São os alimentos civis em oposição aos alimentos *in natura* ou à chamada prestação natural.

1.2.6. *Alimentos* in natura

Como visto, os alimentos podem ser pagos pelo fornecimento de alimentação, sustento e hospedagem, como são chamados os alimentos *in natura*, aprovisionando o alimentante dos devidos elementos para o atendimento das necessidades do alimentando, recebendo-o e mantendo-o em sua casa, ou fornecendo alimentos que colhe em sua própria horta. Também podem ser combinados, se as circunstâncias exigirem, dependendo, obviamente, da concordância do devedor e do credor, pois não pode qualquer um deles ser forçado a uma convivência hostil, por exemplo, coabitando em uma mesma casa. A prestação natural é levada a cabo mediante a satisfação dos alimentos na casa do alimentante que acolhe e mantém o credor em sua própria residência, atendendo diretamente suas necessidades vitais. Pode igualmente ser acolhido em outro lugar ou em uma hospedagem, com expressa previsão legal, abarcando outras modalidades de prestação natural, como o pagamento direto da escola, a compra dos insumos destinados à alimentação orgânica e que, embora rara sua prática, é uma forma

---

[48] CHINELATO, Silmara Juny. *Comentários ao Código Civil*. Parte especial. Direito de família. São Paulo: Saraiva, 2004. v. 18, p. 486.

perfeitamente válida de cumprimento de obrigação alimentar. Conforme Nieves Martínez Rodríguez, essa modalidade oferece a vantagem de tornar a obrigação menos gravosa para o alimentante, mantendo o credor em sua própria casa, o que pressupõe um gasto menor para o devedor do que a entrega periódica de uma soma em dinheiro.[49] Até há algum tempo, quando no Brasil a pensão alimentícia ainda era considerada renda e, portanto, uma riqueza material nova, e por isso tributada, por vezes era mais vantajoso em certos casos receber alimentos *in natura*, do que em espécie, porém essa preocupação desapareceu depois que, pela ADI 5.422, o STF julgou inconstitucional tributar a pensão alimentícia originária do direito de família. Tirante essa vantagem tributária que deixou de existir com a inconstitucionalidade da tributação da pensão alimentícia, o pagamento dos alimentos naturais se mostra mais interessante para o devedor dos alimentos que pode, dessa forma, exercer um rigoroso controle sobre os gastos e a extensão das reais necessidades do credor de alimentos, gerando, a partir desse indevido monitoramento, uma fonte inesgotável de conflitos, seja pela recusa de compra dos bens ou obrigações a que o credor dos alimentos precisa fazer frente, seja pela recusa no ressarcimento dos gastos adiantados pelo guardião oficial do credor alimentício, seja pela estressante possibilidade de essa forma de estabelecimento de alimentos se tornar fonte de acirradas desinteligências, já não bastasse a dificuldade que seria promover a execução dos alimentos naturais, desaconselhando-se sua prática.

Como refere Nieves Martínez Rodríguez, somente imaginar o fato de que seja muito provável precisar demandar judicialmente o devedor para que cumpra com seus múltiplos deveres familiares e de natureza alimentar direta já faz duvidar acerca da conveniência de realizar a prestação nessa modalidade.[50] Conforta, contudo, ter presente que essa maneira de prestação alimentar depende da concordância do juiz e do credor dos alimentos, o qual tem o direito de optar por uma das duas formas de seus alimentos serem satisfeitos, valendo-se muitas vezes das duas modalidades. É bastante frequente os filhos receberem parte de seus alimentos em espécie, mediante o depósito periódico de certa soma em dinheiro, e parte *in natura*, que corresponde ao abrigo ou à entrega do alimento propriamente dito.

Aparentemente, existiriam unicamente essas duas modalidades de pensionamento, em *espécie* ou *in natura*, e nesse sentido também direcionam o artigo 143 do Código Civil italiano e o artigo 149 do Código Civil espanhol, quando facultam apenas duas modalidades de pensionamento, o pagamento dos alimentos mediante a prestação em dinheiro ou por meio da subministração de moradia e de gêneros alimentícios.

Contudo, existem outras modalidades de pensionamento que não respeitam exatamente as hipóteses abarcadas, por exemplo, pelas legislações brasileira, espanhola e italiana, do pagamento em dinheiro da pensão alimentícia ou da outorga de moradia e da entrega de gêneros alimentícios. Em verdade, existem outras formas de pensionamento muito frequentes na prática brasileira, porém muitas vezes são confundidas com modalidades *in natura* de pensionamento. Isso acontece repetidamente com o pagamento direto de determinadas necessidades igualmente periódicas do alimentando, como as prestações do plano de saúde, da escola ou da universidade.

Quando o credor dos alimentos é ascendente idoso e o devedor dos alimentos se encarrega de custear as mensalidades da clínica geriátrica na qual ele se encontra internado,

---

[49]   MARTÍNEZ RODRÍGUEZ, Nieves. *La obligación legal de alimentos entre parientes*. Madrid: La Ley, 2002. p. 517.

[50]   MARTÍNEZ RODRÍGUEZ, Nieves. *La obligación legal de alimentos entre parientes*. Madrid: La Ley, 2002. p. 518.

não deixa de ser considerado o princípio cada vez mais reconhecido da autonomia privada, não obstante ele seja muito limitado no âmbito dos alimentos, mas somente quando envolve menores ou incapazes. Trata-se, contudo, tanto a prestação alimentar *in natura* quanto essa terceira possibilidade, até mesmo de uso corrente na prática judiciária, de modalidades meramente subsidiárias ao pagamento em dinheiro, não sendo nenhuma delas (fornecimento de moradia e pagamento de estudos ou da clínica geriátrica) direito potestativo do devedor de alimentos, sendo todas elas vistas como meras exceções, que podem ser judicialmente admitidas em benefício do alimentando, sendo regra geral o pagamento dos alimentos em dinheiro, cuja aceitação tem apenas o escopo de tornar mais louvável e menos gravosa a carga daquele que precisa subministrar os alimentos.[51]

Nada impede, por fim, que o juiz fixe diretrizes distintas, por exemplo, que as prestações de alimentos sejam pagas em períodos mais curtos, ou fracionados durante o mês, a cada quinze dias, ou que o devedor, que é agricultor, pague por ocasião de suas safras, desde que satisfaçam as efetivas necessidades do alimentando.

1.2.7. Alimentos do direito de família

Os alimentos vêm de diferentes origens, existindo uma variedade de situações às quais a lei vincula um direito e um dever de alimentos, não possuindo, necessariamente, elementos comuns entre suas diferentes fontes. Todavia, os alimentos originários do direito de família se assentam essencialmente sobre uma relação familiar que gera uma obrigação ou um dever de alimentos entre os parentes ou entre pessoas que formam uma entidade familiar oriunda do casamento ou da união estável, expressando o artigo 1.694 do Código Civil brasileiro que "podem os parentes, os cônjuges ou companheiros pedir uns aos outros os alimentos de que necessitem para viver de modo compatível com a sua condição social, inclusive para atender às necessidades de sua educação".

Os alimentos com base em uma relação familiar representam, com efeito, a razão que mais justifica a imposição do dever de mútua assistência, atribuindo aos membros de uma família a tarefa de fazer frente às necessidades da vida. Nesse sentido, o grupo familiar se apresenta como o espaço que garante a subsistência do indivíduo, tanto na primeira etapa de sua vida, com sua concepção, nascimento e crescimento físico e mental, como, posteriormente, quando as vicissitudes da vida impedem que essa mesma pessoa faça frente a suas necessidades pessoais por seus próprios meios.[52]

Em seara de alimentos como forma de subsistência de pessoas que, em geral, não têm recursos próprios capazes de lhes subsidiarem suas necessidades de sobrevivência, há uma diversidade de fontes que podem dar lugar ao nascimento de uma obrigação alimentícia e, igualmente, uma variedade de extensões desses alimentos, não existindo um conceito ou uma modalidade única de alimentos, sendo definidos os alimentos, no campo jurídico, como tudo aquilo que seja necessário para satisfazer as necessidades da vida, nelas incluídas as necessidades morais e culturais.

Dentro do círculo familiar deve-se diferenciar a obrigação alimentar entre parentes daquele direito alimentar derivado das relações conjugais ou de convivência, pois entre eles

---

[51] MARTÍNEZ RODRÍGUEZ, Nieves. *La obligación legal de alimentos entre parientes*. Madrid: La Ley, 2002. p. 527.

[52] MARTÍNEZ RODRÍGUEZ, Nieves. *La obligación legal de alimentos entre parientes*. Madrid: La Ley, 2002. p. 44.

existem importantes distinções que devem ser consideradas como ponto de partida do estabelecimento judicial de um dever ou de uma obrigação alimentar derivada do direito de família. É imprescindível distinguir os alimentos do direito de família originários dos vínculos de parentes presentes pelo liame biológico ou socioafetivo daqueles alimentos *institucionais* surgidos da relação matrimonial ou convivencial, que não guardam entre si uma relação de parentesco, mas cujo direito surge justamente desse elo afetivo e do qual resultou a constituição de uma entidade familiar. Como consequência direta do matrimônio ou da união estável, o artigo 1.566, inciso III, do Código Civil institui o dever de mútua assistência na constância do relacionamento e, diante da sua ruptura, dá margem à obrigação de alimentos entre consortes e companheiros que deixam de conviver (CC, art. 1.694).

No tocante à satisfação das necessidades dos filhos, recai sobre seus progenitores um dever de alimentarem sua prole em decorrência de seu *status* de detentores do poder familiar, mas cujo dever deriva, em realidade, diretamente do estado de filiação, uma vez que os alimentos são igualmente exigíveis caso tenha algum genitor sido destituído do poder familiar. Na lição de Nieves Martínez Rodríguez, o dever de alimentos dos progenitores é parte de um dever geral de manutenção, derivado da relação paterno-filial e expressão do dever que têm os pais de prestarem assistência de toda ordem aos filhos havidos dentro e fora do casamento.[53]

Isso significa dizer que os alimentos compreendem os recursos indispensáveis para a subsistência de uma pessoa, tendo em conta suas necessidades orgânicas alimentares, como também os meios tendentes a permitirem ao credor dos alimentos um desenvolvimento integral que possibilite ao alimentando crescer e se preparar para competir em um mercado de trabalho cada vez mais exigente. Nesse sentido, o artigo 302 do Código Civil do México dispõe que a expressão alimentos compreende: a comida, a habitação e a assistência em caso de enfermidade; e, com relação às pessoas menores de idade, amplia-se aos gastos necessários para sua educação primária e para proporcionar-lhes algum ofício, arte ou profissão adequada a seu sexo e a suas circunstâncias pessoais.

Conforme Eduardo Oliva Gomez, no direito de família o conceito de alimentos comporta uma ampla fórmula genérica, uma vez que não implica, necessariamente, o tema alimentos nutritivos, pois, ainda quando não exclui a proporção da comida às pessoas que a ela têm direito, vai mais além desses limites, fazendo participar dessa denominação o vestuário, a habitação e a assistência em caso de enfermidade, mas, com relação aos menores, agrega o dever de sua educação para que se prepare para algum ofício profissional.[54]

A obrigação de alimentos consiste em prestar tudo aquilo que for indispensável para a manutenção de uma pessoa, a moradia, o vestuário, a assistência médica e odontológica, os devidos gastos para sua formação, se é menor de idade, e para continuar essa formação depois da idade adulta. Em outros termos, significa cobrir a pessoa de todos os recursos imprescindíveis para sua vida e para seu desenvolvimento biopsicossocial, cuja obrigação alimentícia encontra sua mais profunda essência na preservação de um valor primário, traduzido no constitucional direito à vida, que se constitui, indiscutivelmente, no primeiro de todos os bens de uma pessoa.[55] Sendo os filhos menores e incapazes, esse dever de alimentos dos progenitores diferencia-se porque excede a noção estritamente alimentícia, pois prescinde da situação de necessidade do menor, a qual é, além de tudo, presumida e independe de qualquer

---

[53]   MARTÍNEZ RODRÍGUEZ, Nieves. *La obligación legal de alimentos entre parientes*. Madrid: La Ley, 2002. p. 48.

[54]   GOMEZ, Eduardo Oliva. *Derecho de familias*. México: Tirant Lo Blanch, 2022. p. 281.

[55]   GOMEZ, Eduardo Oliva. *Derecho de familias*. México: Tirant Lo Blanch, 2022. p. 282.

comprovação, cuja presunção segue até sua maioridade. Apresenta, portanto, uma marca diferenciada e preferencial em face dos demais credores de alimentos que são os filhos maiores de idade, irmãos, cônjuges ou companheiros.

Direito à vida que é próprio e inseparável de todo ser humano, que é interesse básico e primordial de toda organização política, jurídica e social e que vige em qualquer etapa histórica e momento social, presente em todo tempo e espaço, em todo direito natural ou em qualquer norma fundamental.[56]

Direito à vida, que deve ser dito, que não se limita ao nascimento ou ao fato de ser concebido e que se impeça a privação da vida daquele já nascido, eis que se trata de um direito legítimo, assevera Eduardo Oliva Gomez, de todo ser humano de viver com dignidade, de viver intensamente e valendo-se do uso e exercício de todas as suas faculdades físicas e mentais, de todas as suas virtudes, de todo o esplendor que o ser humano significa pelo só fato de ser humano; trata-se de um direito à vida que é significativo para o próprio indivíduo, para sua família, para sua sociedade, para seu País.[57]

Para Eduardo Oliva Gomez, existem três ordens distintas de alimentos, consoante a compreensão do artigo 308 do Código Civil do Distrito Federal mexicano, os quais se agrupam da seguinte forma: um primeiro grupo que inclui as necessidades indispensáveis para viver, que são: a comida, o vestuário, a habitação e os relacionados com a saúde; um segundo grupo que persegue a proteção para lograr o desenvolvimento integral da pessoa, como a educação e competências para a vida; e, por último, um terceiro grupo que envolve afetos e sentimentos,[58] denominado na doutrina brasileira de alimentar a alma do credor de alimentos, procurando sempre integrá-lo à família à qual pertence, dentro do espírito de solidariedade e acolhimento entre as diferentes relações e gerações.

1.2.8. *Alimentos da responsabilidade civil*

Além dos alimentos originários do direito de família, a lei prevê outras hipóteses de dívidas alimentares derivadas das mais diversas relações, algumas delas em que o legislador impõe um dever de alimentar, outras provenientes de ato voluntário de assunção de uma obrigação alimentar, como sucede no direito sucessório com relação ao legado de alimentos, ou quando ofertado de forma espontânea, por contrato. Também existem alimentos quando o próprio Estado, por meio de sua seguridade social, por meio da previdência pública assume importante função assistencial prestando pensões previdenciárias.

Os alimentos voluntários são obrigações que têm sua origem em um negócio jurídico *inter vivos*, no qual as partes se vinculam voluntariamente em uma relação de alimentos, ou em negócio *mortis causa*, em que em uma disposição de última vontade alguém decide e ordena a constituição de uma obrigação alimentar e guarda pouca identidade de propósitos com os alimentos devidos entre parentes, cônjuges e conviventes, ainda que nas duas hipóteses o conteúdo seja assistencial.[59]

Ao lado dos alimentos voluntários e também distanciados do direito de família estão os alimentos da responsabilidade civil, também chamados de *alimentos indenizatórios* do ato

---

[56] GOMEZ, Eduardo Oliva. *Derecho de familias*. México: Tirant Lo Blanch, 2022. p. 282.
[57] GOMEZ, Eduardo Oliva. *Derecho de familias*. México: Tirant Lo Blanch, 2022. p. 282.
[58] GOMEZ, Eduardo Oliva. *Derecho de familias*. México: Tirant Lo Blanch, 2022. p. 284.
[59] MARTÍNEZ RODRÍGUEZ, Nieves. *La obligación legal de alimentos entre parientes*. Madrid: La Ley, 2002. p. 37-40.

ilícito. Eles representam uma forma de ressarcir o dano causado pelo delito e são previstos pelos artigos 948, inciso II, e 950 do Código Civil. O ato ilícito impõe uma obrigação pessoal de indenizar o dano provocado e que rompeu o equilíbrio jurídico-econômico antes existente entre o agente e a vítima.[60] A indenização consiste em reparar o desfalque material sofrido pela vítima, além do pagamento do lucro cessante, representado pela perda do ganho econômico-financeiro que a vítima deixa de perceber por haver paralisado ou reduzido sua atividade profissional, ou diante das expectativas de suprimento material a que seus dependentes teriam direito se o provedor não tivesse falecido em decorrência do ato ilícito. Prescreve o artigo 948, inciso II, do Código Civil que, no caso de homicídio, a indenização importa, entre outras reparações, na prestação de alimentos às pessoas a quem o morto os devia, levando em conta a duração de vida provável da vítima.

A indenização é estipulada por meio de uma pensão mensal a ser fixada com base nos ganhos comprovados da vítima, calculada durante sua plausível sobrevida e, no caso de ela sofrer ferimento ou ofensa à saúde que lhe acarrete redução laboral temporária ou permanente, a pensão será estabelecida na proporção da redução de sua capacidade de trabalho, informando Arnaldo Marmitt ser escopo da pensão de alimentos dar subsistência àqueles que viviam às expensas da vítima, que deve ser calculada com base na remuneração mensal auferida pelo extinto, descontadas as parcelas gastas com sua própria subsistência e *status* profissional.[61]

Não devem ser confundidos os alimentos originários do direito de família com a prestação de alimentos da responsabilidade civil, até porque a indenização do artigo 948 do Código Civil não se restringe aos alimentos devidos às pessoas antes sustentadas pela vítima, porquanto serão credores desses alimentos ressarcitórios quaisquer pessoas, independentemente do vínculo de parentesco, conquanto comprovem haver sofrido um dano pessoal, *iure proprio*, porque recebiam assistência exclusiva da vítima. A indenização pelo ato antijurídico tem natureza mista de direito de família e de obrigações, cuja origem é compensatória e não meramente alimentar.[62] Logo, basta considerar que a condenação ao pagamento da pensão alimentícia do ato ilícito é calculada pelos rendimentos da vítima, e não pelas condições do causador do dano, não sendo utilizado o binômio da possibilidade do alimentante.

Lembra Flávio Tartuce que a prestação de alimentos às pessoas a quem o morto os devia, levando-se em conta a duração provável da vida da vítima (CC, art. 948, inciso II), não exclui os danos morais, cuja reparação é comum nos casos de homicídio. Outrossim, o autor atenta que a estimativa de sobrevida da vítima tem variado na jurisprudência dos tribunais estaduais entre os 65 e 70 anos de idade e que, de acordo com o STJ, esse cálculo da vida provável deve ser amparado nos estudos do IBGE, cujas pesquisas têm apontado para uma expectativa de vida em torno de 75 anos para a vítima do sexo masculino. Ademais, se os credores dos alimentos forem filhos menores, a indenização deverá se dar até a idade de 24 ou 25 anos do filho, idade em que geralmente as pessoas constituem suas próprias famílias[63] ou concluem seus estudos profissionalizantes e alcançam sua independência financeira.

---

[60] CAVALIERI FILHO, Sérgio. *Programa de responsabilidade civil*. São Paulo: Malheiros, 1996. p. 24.
[61] MARMITT, Arnaldo. *Perdas e danos*. Rio de Janeiro: Aide, 1987. p. 71.
[62] COSTA, Carlos Celso Orcesi da. *Código Civil na visão do advogado, responsabilidade civil*. São Paulo: Revista dos Tribunais, 2005. v. 3, p. 434.
[63] TARTUCE, Flávio. *Manual de responsabilidade civil*. São Paulo: GEN/Método, 2018. p. 391-393.

1.2.9. Alimentos do direito das sucessões

Os alimentos voluntários que têm regulamentação no direito sucessório concernem ao legado de alimentos, que compreende o sustento, o vestuário, a moradia e a assistência na enfermidade, enquanto o legatário viver, refere a legislação nacional. Por sua vez, o direito argentino ordena que o legado de alimentos alcance a maioridade do legatário, ou até que ele recupere a capacidade, podendo compreender também a instrução adequada para a formação, parecendo mais coerente com a função assistencial de um legado de alimentos que ele cumpra exatamente a função de subsidiar o beneficiário que não disponha de meios próprios de subsistência, cuja necessidade deve, em regra, desaparecer em certas situações claramente previsíveis.

A função do legado de alimentos do artigo 1.920 do Código Civil pode ser inteiramente aproveitada para definir o sentido e o propósito do direito alimentar oriundo do direito de família e regulado pelo Código Civil, nos artigos 1.694 a 1.710, guardadas as particularidades da casuística. Os alimentos regulamentados pelo direito de família são aqueles advindos dos vínculos de parentesco, do casamento e da união estável e buscam atender à mesma finalidade do legado de alimentos, oriundo do direito sucessório. Para fins de melhor compreensão, quando o testador já estabelece no testamento o valor mensal do legado alimentar, tem a faculdade de abstrair por inteiro o exame da condição social do legatário, uma vez que não guarda a função de indenizar rupturas afetivas, e sua concessão não está vinculada à obrigação precedente ou dever alimentar, originada de parentesco ou de relação afetiva.

Muito ao contrário, o legado de alimentos dispensa qualquer laço parental ou vínculo de relação afetiva entre o legatário e o testador, sendo mera faculdade do legante considerar a condição social do legatário para o efeito de arbitrar o montante mensal do legado. Pode, se assim preferir, calcular o valor mensal da deixa, contanto que atenda à finalidade, expressa no artigo 1.920 do Código Civil, de abranger o sustento, a cura, o vestuário e a casa, afora a educação, se o legatário for menor.

Não é ônus do testador assegurar a condição social e econômica do legatário, é o testador quem dá a dimensão do encargo alimentar, pois, ao estabelecer de antemão o valor periódico da deixa alimentar, ele procurou atender às precípuas necessidades de alimentação do legatário, dispensando-se de incluir no legado os gastos voluptuários, quiçá úteis, sem serem estritamente necessários e indispensáveis.[64]

Explica Maria Berenice Dias que, indiferente à inexistência de uma obrigação alimentar, é possível beneficiar alguém com um legado de alimentos, ainda que não exista nenhum vínculo obrigacional, tratando-se, em realidade, de uma obrigação assumida pelo testador de forma voluntária em benefício de um legatário, indicando o artigo 1.920 do Código Civil brasileiro[65] que o legado de alimentos é devido enquanto o legatário viver.

É fato que o legado de alimentos guarda o objetivo de assegurar o sustento, a cura, o vestuário e até a educação do legatário, como antes destacado, mas, na falta de disposição expressa do testador no tocante ao valor legado periodicamente, cabe ao juiz fixar seu valor, aplicando por analogia a regra do § 1.º do artigo 1.694 do Código Civil, pertinente à proporcionalidade entre as necessidades do legatário e às possibilidades do espólio.[66]

---

[64] MADALENO, Rolf. Legados e direito de acrescer entre herdeiros e legatários. *In*: HIRONAKA, Giselda Maria Fernandes Novaes; PEREIRA, Rodrigo da Cunha (coord.). *Direito das sucessões e o novo Código Civil*. Belo Horizonte: Del Rey/IBDFAM, 2004. p. 315.

[65] DIAS, Maria Berenice. *Manual das sucessões*. São Paulo: RT, 2008. p. 394.

[66] MADALENO, Rolf. Legados e direito de acrescer entre herdeiros e legatários. *In*: HIRONAKA, Giselda Maria Fernandes Novaes; PEREIRA, Rodrigo da Cunha (coord.). *Direito das sucessões e o novo Código Civil*. Belo

É intrínseca a função assistencial do legado de alimentos, umbilicalmente atrelado à necessidade do legatário, como Guillermo A. Borda obtempera,[67] pois não são concebíveis alimentos sem precisão, e se o testador quisesse deixar uma prestação mensal ao legatário sem considerar sua finalidade de subsistência, determinaria um legado de renda, e não de alimentos, que, indissociável da necessidade do beneficiário, suspende-se quando este tiver meios próprios e suficientes de vida, sendo retomado se decair novamente no estado de necessidade.[68]

Não parece apropriado tomar o legado de renda vitalícia como sinônimo do legado de alimentos, pois aquele se apresenta completamente desatrelado da necessidade alimentar, até supondo que o legatário tenha renda pelo exercício de eventual atividade laboral, não tem em mira sua subsistência pessoal como acontece no legado de alimentos, pois visa apenas legar renda periódica por prestações.[69]

Para José Fernando Simão o legado de alimentos pode ser pago em uma única parcela ou em quantias periódicas seguindo o roteiro estabelecido pelo testador, e se o valor não foi fixado pelo testador, o juiz deverá fazê-lo, considerando as necessidades do legatário e as forças da herança. Entretanto, se o testador indicou o montante periódico do legado, o juiz não poderá aumentá-lo ou reduzi-lo, pois afrontaria a vontade do testador, e, como se trata de uma dívida de valor, deverá ser anualmente atualizado (CC, arts. 316 e 1.710).[70]

A respeito da diferença entre legado de renda e o de alimentos, Jose Antonio Alvarez Caperochipi escreve:

> *El legado de renta y el de alimentos tienen una gran similitud. La diferencia se centra en la modificabilidad esencial de la obligación de alimentos, y en la facultad que tiene el legatario de alimentos de ejercer los juicios especiales de alimentos provisionales. Parece lógico interpretar en caso de duda que nos encontramos ante un legado de alimentos, pues ello beneficia más al legatario y sirve a la función social del derecho civil.[71]*

Conforme o parágrafo único do artigo 1.928 do Código Civil, as prestações deixadas a título de alimentos devem ser pagas no começo de cada período, sempre que o testador não tenha disposto de modo diverso, sendo impenhorável, inalienável e intransmissível. Não se aplica ao legado de alimentos o artigo 1.700 do Código Civil, uma vez que não se trata de uma obrigação alimentar proveniente do direito de família, mas decorre, sim, de simples ato de liberalidade. Diversamente do direito argentino, cujo artigo 2.509 expressa textualmente que o legado de alimentos tem termo final com a maioridade do beneficiário ou quando ele recupera sua capacidade de autossustento, no direito brasileiro, nada diz o testador acerca do termo final do legado de alimentos, o legado persiste enquanto o legatário viver. Contudo, inclino-me pela orientação do direito argentino que não vê sentido de o espólio ser onerado com o pagamento de um legado de alimentos ao beneficiário que se tornou capaz de subsidiar

---

Horizonte: Del Rey/IBDFAM, 2004. p. 315.

[67] BORDA, Guillermo A. *Manual de sucesiones*. Buenos Aires: Abeledo-Perrot, 1994. p. 421.

[68] MADALENO, Rolf. Legados e direito de acrescer entre herdeiros e legatários. *In*: HIRONAKA, Giselda Maria Fernandes Novaes; PEREIRA, Rodrigo da Cunha (coord.). *Direito das sucessões e o novo Código Civil*. Belo Horizonte: Del Rey/IBDFAM, 2004. p. 315.

[69] MADALENO, Rolf. Legados e direito de acrescer entre herdeiros e legatários. *In*: HIRONAKA, Giselda Maria Fernandes Novaes; PEREIRA, Rodrigo da Cunha (coord.). *Direito das sucessões e o novo Código Civil*. Belo Horizonte: Del Rey/IBDFAM, 2004. p. 315.

[70] SIMÃO, José Fernando. *Código Civil comentado*. Rio de Janeiro: GEN/Forense, 2019. p. 1510.

[71] ALVAREZ CAPEROCHIPI, Jose Antonio. *Curso de derecho hereditario*. Madrid: Civitas, 1990. p. 296.

Cap. 1 · DOS ALIMENTOS | **25**

sua subsistência pessoal, notadamente quando o encargo deve ser pago de acordo com as forças da herança e no limite da porção disponível, cessando o legado se os recursos da herança se exaurirem. Pensa em sentido contrário Maria Berenice Dias ao explicitar ser vedado alterar a natureza do legado unicamente pelo fato de o legatário não mais necessitar de alimentos, porquanto nenhuma mudança na vida do beneficiário autoriza qualquer alteração.[72]

Para Nelson Godoy Bassil Dower é possível garantir o pagamento do legado de alimentos mediante prestações periódicas com "a constituição de renda real gravada em um imóvel, de modo que o herdeiro seja obrigado a pagar as prestações estabelecidas, que poderão consistir em prestação *in natura* (alimentação, assistência médica, hospitalar, habitação etc.) ou em dinheiro, suficiente para atender àquelas necessidades".[73]

Sendo o legado de alimentos um crédito alimentar, torna-se impenhorável por força da Lei 8.009/1990, artigo 3.º, inciso III.

1.3. Alimentos consanguíneos

Quando uma pessoa não pode atender por si própria as necessidades mais básicas para sua sobrevivência, entra em funcionamento o princípio da solidariedade familiar, de tal forma que os parentes mais próximos são chamados pelo direito natural a ajudarem, diz Antonio Javier Pérez Martín. Com o tempo, no correr da história da humanidade, essa obrigação de direito natural se transformou em uma obrigação de direito positivo de uma instituição chamada *alimentos* consanguíneos, ou alimentos entre parentes.[74]

Entre os sujeitos obrigados a se prestarem reciprocamente alimentos, informa o artigo 1.694 do Código Civil, estão os parentes, além dos cônjuges e conviventes. Por seu turno, o artigo 1.696 do mesmo diploma civil estabelece que o direito à prestação de alimentos é recíproco entre pais e filhos e extensivo a todos os ascendentes, recaindo a obrigação no mais próximo em grau, uns em falta de outros, e, na falta dos ascendentes, cabe a obrigação aos descendentes, guardada a ordem de sucessão e, faltando estes, aos irmãos, assim germanos como unilaterais, consoante o artigo 1.697 do Código Civil. Esse preceito legal faz incidir a obrigação entre os parentes em linha reta em toda a sua extensão, sem limitação de grau, sem preferência sobre a linha ascendente ou descendente. O fato é que a obrigação vincula a ascendentes e descendentes, de forma que a relação alimentícia pode surgir entre pais e filhos, avós e netos, bisavós e bisnetos, estando todos reciprocamente obrigados aos alimentos. Todos eles são potenciais devedores e credores de alimentos por estarem reciprocamente obrigados, não se descurando da regra de que a obrigação do mais próximo em grau de parentesco afasta a do mais distante (CC, art. 1.696). O certo é que a pretensão alimentar não pode ser dirigida indistintamente a todos os ascendentes ou descendentes, mas, sim, somente àqueles que estão obrigados em primeiro lugar, ou seja, filhos pedem alimentos aos pais, e não aos avós, pois a lei estabelece um critério de preferência. Apenas quando a prestação não puder ser satisfeita por aqueles que se encontram em primeiro lugar na ordem de parentesco e de obrigação, seja porque não podem satisfazer a obrigação ou porque eles já não mais existem, o necessitando pode pretender alimentos daqueles que se acham em grau mais afastado de parentesco. No entanto, em princípio, é uma obrigação que atinge todos os graus de parentesco na linha reta e

---

[72] DIAS, Maria Berenice. *Manual das sucessões*. São Paulo: RT, 2008. p. 395.
[73] DOWER, Nelson Godoy Bassil. *Curso moderno de direito civil*: sucessões. São Paulo: Nelpa, 2004. p. 202-203.
[74] PÉREZ MARTÍN, Antonio Javier. *Pensiones alimenticias*. Fijación de la pensión. Los libros azules de derecho de familia. Córdoba: Lexfamily, 2022. t. 5, v. 1, p. 475.

só até o segundo grau na linha colateral de parentesco, observado rigorosamente o grau mais próximo de parentesco, uma vez que os de grau mais próximo excluem os de grau de parentesco mais afastado. A obrigação alimentar dos avós em relação a seus netos é claramente subsidiária, pois surge unicamente na falta dos obrigados anteriores, que são os pais do alimentante, demonstrando que os pais não se acham em condições de fazer frente às necessidades alimentares dos netos, filhos destes. Portanto, o Código Civil impõe a ordem de chamamento dos ascendentes ou descendentes de grau mais próximo.

Estando os pais separados, a ação de alimentos costuma ser direcionada ao ascendente que não se encontra residindo com a prole, pois que estabelecida a residência materna como a moradia de referência dos filhos.

Deve ficar estreme de dúvidas que a privação do exercício do poder familiar ou sua suspensão não importa em liberar os pais da obrigação alimentar, e segue hígido, subsistindo inteiramente o dever alimentar do progenitor afastado do exercício parental, até porque entre as atribuições da responsabilidade parental está o dever de sustento da prole, independentemente do exercício efetivo do poder familiar, e, do contrário, o genitor estaria facilmente dispensado de seu sagrado dever de sustento dos filhos e, portanto, castigando o próprio filho.[75]

1.3.1. Reembolso de alimentos e gestão de negócios

O Código Civil trata da gestão de negócios nos artigos 861 a 875 e ela ocorre toda vez que o gestor, imbuído do espírito de solidariedade, dirige ou administra oficiosamente negócio alheio, sem prévio acordo entre o gestor e o dono do negócio, tratando-se de uma situação de fato a que a lei atribui efeitos jurídicos.[76] Ainda, conforme Humberto Theodoro Júnior e Helena Lanna Figueiredo, o gestor inicia sua atuação de modo espontâneo, oficioso, sem qualquer determinação do dono do negócio. Entretanto, por repercutirem na esfera jurídica de terceiro, os atos praticados pelo gestor são regulados pela legislação, no tocante aos efeitos ativos e passivos que podem gerar.[77]

Transportando o tema para o direito de família, em especial para a demanda de alimentos, quando uma pessoa necessita de alimentos e estes não são subministrados pelo alimentante que está obrigado a fazê-lo, é possível que outra pessoa, física ou jurídica, adiante-os, em maior ou menor medida, surgindo, nessas hipóteses e em determinadas circunstâncias descritas no artigo 871[78] do Código Civil brasileiro, a possibilidade de reclamar o reembolso dos valores realizados nesse sentido de quem eram os verdadeiros obrigados.

Se no momento da compra concorrem ambos os cônjuges declarando expressamente que adquirem para a sociedade nupcial regida pelo regime da comunhão parcial, o crédito de caráter privativo empregado na aquisição não determina a mudança da natureza do bem de comum para privativo, porém dará lugar a quem no momento da liquidação do regime de bens inclua-se no passivo uma dívida da sociedade conjugal perante o consorte que aportou tais fundos privativos ao tempo da compra, ainda que não tenha realizado qualquer ressalva, pois a doação não se presume.

---

[75] BELLUSCIO, Claudio. *Prestación alimentaria*. Buenos Aires: Editorial Universidad, 2006. p. 359.
[76] THEODORO JÚNIOR, Humberto; FIGUEIREDO, Helena Lanna. *Negócios jurídicos*. Rio de Janeiro: GEN/Forense, 2021. p. 115.
[77] THEODORO JÚNIOR, Humberto; FIGUEIREDO, Helena Lanna. *Negócios jurídicos*. Rio de Janeiro: GEN/Forense, 2021p. 116.
[78] Código Civil, artigo 871. "Quando alguém, na ausência do indivíduo obrigado a alimentos, por ele os prestar a quem se devem, poder-lhes-á reaver do devedor a importância, ainda que este não ratifique o ato."

Se no momento da compra somente compareceu um dos cônjuges declarando que adquiria o bem para a sociedade conjugal, a posterior declaração de que o bem foi obtido com fundos privativos dará lugar à natureza privativa do bem, sem estabelecer exceção alguma ao princípio da sub-rogação real.

Quando o acréscimo foi oneroso, dará lugar a que no momento de liquidação da sociedade conjugal de comunicação patrimonial inclua-se no passivo da sociedade conjugal um direito de reembolso a favor do cônjuge que realizou o aporte.

De acordo com o artigo 1.358 do Código Civil espanhol: "Quando, conforme este Código, os bens sejam privativos ou comuns, com independência da procedência dos recursos com que se realiza a aquisição, haverá de se reembolsar o valor satisfeito à custa, respectivamente, do fluxo comum ou do próprio, mediante a reintegração de seu valor atualizado ao tempo da liquidação".

A um cônjuge que investe dinheiro privativo procedente de uma herança ou doação na aquisição de um bem comum, ainda que não tenha feito qualquer ressalva, procede igualmente o direito de reembolso do dinheiro privativo aplicado na aquisição do bem.

Segundo María Dolores Azaustre Garrido, o direito ao reembolso é plenamente justo e equitativo, pois nunca vai supor uma surpresa para as partes, pois, desde o momento em que se realiza o aporte, está-se fazendo constar seu caráter oneroso, o que implica o pagamento de uma contraprestação que pode ser feita antes do aporte, simultaneamente ao aporte ou mediante o nascimento de um direito de reembolso a favor do aportante contra a sociedade conjugal.[79]

O direito ao reembolso só prescreve depois de dissolvido o casamento, e não quando foi aportado o dinheiro privativo na sociedade conjugal comum. O fundamento do reembolso consta no Código Civil brasileiro no artigo 187 que regula e proíbe o abuso do direito ou seu exercício antissocial. No mesmo sentido ampara o artigo 7.2 do Código Civil espanhol, salvo tenha transcorrido a prescrição inerente ao processo de divórcio e partilha de bens que, de acordo com o artigo 206 do Código Civil brasileiro, é de dez anos. Trata-se da doutrina conhecida como *Verwirkung* ou da confusão ou embaralhamento dos bens, também nomeada como doutrina do *atraso desleal* ou do exercício atrasado de um direito, pelo qual o tempo transcorrido entre o aporte de um dinheiro privativo e sua cobrança posterior pela ação de reembolso poderia criar um excesso de confiança, cuja inatividade do titular do direito ao reembolso em exercê-lo por um largo período de tempo, em que podia exercitar seu direito, faz pressupor uma deslealdade de comportamento, inclusive contraditório, presumindo-se a existência de uma renúncia tácita. Entrementes, a renúncia há de ser pessoal, clara, terminante e inequívoca, como expressão indiscutível da vontade, sendo admitida a forma escrita ou tácita, porém mediante atos claros, concludentes e incontestáveis.

Comenta Mário Luiz Delgado que, sempre que um terceiro, não importa a relação de parentesco com o credor dos alimentos, vem a suprir a obrigação alimentar em atraso, poderá, em nome próprio, acionar o devedor para cobrar os valores que antecipou. Ele defende que, em certas ocasiões, por exemplo, de uma mãe que paga as mensalidades escolares do filho porque o pai não as atendeu, ela poderia se sub-rogar nos direitos do alimentando e, em vez de promover uma ação de cobrança, deveria estar habilitado, por sub-rogação dos direitos do

---

[79] GARRIDO, María Dolores Azaustre. ¿Es siempre justo el derecho de reembolso? *In*: ASURMENDI, Camino Sanciñena (dir.). *Compensaciones e indemnizaciones en las relaciones familiares*. Navarra: Thomson Reuters Aranzadi. 2021. p. 114.

credor, a realizar diretamente a execução dos alimentos, valendo-se do rito previsto nos artigos 528 a 533 do Código de Processo Civil.[80]

Idêntica disposição consta do artigo 1.894, inciso I, do Código Civil espanhol, ao determinar que: "Quando, sem o conhecimento do obrigado a prestar alimentos, os presta um estranho, este terá direito a reclamá-los daquele, se não constar que os deu por ofício de piedade e sem ânimo de os reclamar".

Contudo, como mostra Carlos Rogel Vide, tal ofício e tal ânimo de piedade, a toda evidência, não se presumem, mas pressupõe-se, pelo contrário, que se está diante de uma antecipação de pagamentos efetuados por um terceiro que, mais tarde, poderá se ressarcir dos valores despendidos, reclamando-os a quem é o real devedor. Pode pagar qualquer pessoa, tenha ou não interesse no cumprimento da obrigação, quer o saiba, aprove ou ignore o devedor, sendo certo que aquele que paga no lugar do outro poderá reclamar do devedor o que pagou.[81] Nesse sentido já se pronunciou o STJ no REsp 1.197.778/SP[82] e no REsp 1.453.838/SP, pelo direito de reembolso do crédito suprido pela genitora.[83]

---

[80] DELGADO, Mário Luiz *et al*. *Código civil comentado*. Doutrina e jurisprudência. Rio de Janeiro: GEN/Forense, 2019. p. 572.

[81] VIDE, Carlos Rogel. *Alimentos y auxilios necesarios para la vida*. Madrid: Reus, 2012. p. 53-54.

[82] "Direito de família. Alimentos. Inadimplemento. Alimentos devidos pelo pai. Suprimento pela genitora. Sub-rogação inexistente. Gestão de negócios. 1. A contradição ensejadora de embargos declaratórios somente é aquela ocorrida no bojo do julgado impugnado, ou seja, a discrepância existente entre a fundamentação e a conclusão. 2. Equipara-se à gestão de negócios a prestação de alimentos feita por outrem na ausência do alimentante. Assim, a pretensão creditícia ao reembolso exercitada por terceiro é de direito comum, e não de direito de família. 3. Se o pai se esquivou do dever de prestar alimentos constituídos por título judicial, onerando a genitora no sustento dos filhos, não é a execução de alimentos devidos o meio apropriado para que ela busque o reembolso das despesas efetuadas, devendo fazê-lo por meio de ação própria fundada no direito comum. 4. Recurso especial desprovido" (STJ, 3.ª Turma, REsp 1.197.778/SP, Rel. Min. João Otávio de Noronha, j. 25.03.2014).

[83] "Recurso especial. Direito de família. Alimentos. Inadimplemento. Genitora que assume os encargos que eram de responsabilidade do pai. Caracterização da gestão de negócios. Art. 871 do CC. Sub-rogação afastada. Reembolso do crédito. Natureza pessoal. Prescrição. Prazo geral do art. 205 do CC. 1. Segundo o art. 871 do CC, 'quando alguém, na ausência do indivíduo obrigado a alimentos, por ele os prestar a quem se devem, poder-lhes-á reaver do devedor a importância, ainda que este não ratifique o ato'. 2. A razão de ser do instituto, notadamente por afastar eventual necessidade de concordância do devedor, é conferir a máxima proteção ao alimentário e, ao mesmo tempo, garantir àqueles que prestam socorro o direito de reembolso pelas despesas despendidas, evitando o enriquecimento sem causa do devedor de alimentos. Nessas situações, não há falar em sub-rogação, haja vista que o credor não pode ser considerado terceiro interessado, não podendo ser futuramente obrigado na quitação do débito. 3. Na hipótese, a recorrente ajuizou ação de cobrança pleiteando o reembolso dos valores despendidos para o custeio de despesas de primeira necessidade de seus filhos – plano de saúde, despesas dentárias, mensalidades e materiais escolares –, que eram de inteira responsabilidade do pai, conforme sentença revisional de alimentos. Reconhecida a incidência da gestão de negócios, deve-se ter, com relação ao reembolso de valores, o tratamento conferido ao terceiro não interessados, notadamente por não haver sub-rogação, nos termos do art. 305 do CC. 4. Assim, tendo-se em conta que a pretensão do terceiro ao reembolso de seu crédito tem natureza pessoal (não se situando no âmbito do direito de família), de que se trata terceiro não interessado – gestor de negócios *sui generis* -, bem como afastados eventuais argumentos de exoneração do devedor que poderiam elidir a pretensão material originária, não se têm como reconhecer a prescrição no presente caso. 5. Isso porque a prescrição a incidir na espécie não é a prevista no art. 206, § 2º do Código Civil – 2 (dois) anos para a pretensão de cobrança de prestações alimentares –, mas a regra geral prevista no *caput* do dispositivo, segundo a qual a prescrição ocorre em 10 (dez) anos quando a lei não lhe haja fixado prazo menor. 6. Recurso especial provido" (STJ, REsp, 1.453.838/SP, 4.ª Turma, Rel. Min. Luis Felipe Salomão, j. 24.11.2015).

1.3.2. Alimentos gravídicos

A Lei 11.804, de 5 de novembro de 2008, dá vida à *teoria concepcionista* ao reconhecer o direito aos alimentos do nascituro, que fica garantido desde sua concepção, e não apenas condicionado a seu nascimento com vida, como é a compreensão da *teoria natalista*, que só confere o direito alimentar com o nascimento do concebido. Venceu, portanto, a evidência do bom senso ao inserir no artigo 1.694 do Código Civil uma nova modalidade de alimentos, consistente no direito alimentar do nascituro, denominados alimentos gravídicos, e disciplinado pela Lei 11.804/2008. Esta já vinha sendo a tendência jurisprudencial e doutrinária brasileira, porque não haveria como atender ao preceito constitucional do fundamental direito à vida, à saúde, à alimentação, quando todas essas necessidades coincidissem com a concepção, e não só depois do nascimento com vida do nascituro.

Os alimentos gravídicos representam uma pensão alimentícia reclamada pela gestante para cobrir as despesas adicionais do período de gravidez e que sejam dela decorrentes no período compreendido entre a concepção e o parto, inclusive as despesas referentes à alimentação especial, assistência médica e psicológica, exames complementares, internações, parto, medicamentos e demais prescrições preventivas e terapêuticas indispensáveis, conforme prescrição médica (Lei 11.804/2008, art. 2.º), pois não seria justo que apenas a gestante arcasse com os custos e as responsabilidades da gravidez. Os alimentos gravídicos são devidos a partir da concepção, e não após a citação do réu, como chegou a ensaiar o texto vigente que nesse ponto mereceu veto presidencial, para obviar manobras que evitassem a citação do devedor alimentar, não podendo a citação ser procedida na pessoa do advogado sem poderes específicos. O juiz deve ser convencido da paternidade por meio da existência de indícios, fixando então os alimentos gravídicos que perdurarão até o nascimento da criança, sendo sopesadas para a fixação do montante alimentar as necessidades da parte autora e, por evidente, as possibilidades financeiras dos genitores, e não somente da parte ré, como sugere o artigo 6.º da Lei 11.804/2008. Até porque o parágrafo único do artigo 2.º estabelece que os alimentos gravídicos devem levar em conta a contribuição que também deverá ser dada pela mulher grávida.

Após o nascimento com vida, os alimentos ficam convertidos em pensão alimentícia em favor do menor até que uma das partes solicite sua revisão. Isso porque os alimentos gravídicos, em regra, não devem ter em vista no período gestacional a condição social do alimentante. Contudo, nada obsta a que esses alimentos possam ser revisados depois do nascimento, agora, sim, também considerando o padrão social, econômico e financeiro do alimentante, desde que haja iniciativa processual para a revisão dos alimentos que deixam de ser gravídicos com o nascimento do credor e se convertem em pensão alimentícia, e esta é associada à condição social do alimentante. Para a fixação dos alimentos gravídicos é suficiente a existência de indícios de paternidade, das chamadas presunções de fato (*hominis*), pelas quais as observações fáticas adquirem certo valor probatório ou dispensam maior segurança na prova efetiva da relação de filiação. Evidentemente, o juiz deve se ater a indícios fortes, capazes de levá-lo à presunção da paternidade, como ocorre com fotografias, escritos públicos e particulares, bilhetes, prova testemunhal, declarações e depoimentos, sendo presumida a paternidade no caso de a gestante ser casada com o réu e em todas as demais hipóteses ventiladas no artigo 1.597 do Código Civil, mesmo quando rompida a sociedade conjugal e nas situações de inseminação artificial homóloga ou heteróloga, existindo prévia autorização do marido. Também passam a ser presumidas, ao menos do companheiro, todas as paternidades advindas de preexistência de uma união estável que possa ser antecipadamente comprovada, por força da presunção de paternidade atribuída a todas as mulheres casadas ou não (Lei 13.112/2015).

É ônus da mulher grávida colacionar os indícios que apontem para a alegada paternidade, diante da impossibilidade de ser exigida prova negativa por parte do indigitado pai. Também foi vetada a realização do exame em DNA durante a gestação, em face do risco imposto ao feto com a retirada de material genético, não obstante existam manifestações médicas afirmando ser possível efetuar o exame de paternidade durante a gravidez por método não invasivo, que pode ser feito após 12 semanas de gestação, calculadas com base na última menstruação.[84] Resta nesses casos, sobremaneira, facilitada a prova da paternidade. Originariamente estava prevista a responsabilidade objetiva da autora da ação pelos danos materiais e morais causados ao réu pelo resultado negativo do exame pericial de paternidade, cujo dispositivo foi vetado por se tratar de norma intimidadora, eis que criaria hipótese de responsabilidade objetiva pelo simples fato de a ação dos alimentos gravídicos não ser exitosa, importando, portanto, na possibilidade de devolução dos valores pagos, entre outras responsabilidades. Entretanto, tal veto não descarta ser apurada a responsabilidade subjetiva da autora da ação, uma vez provado o dolo ou a culpa ao apontar o réu indevidamente como o genitor do nascituro. Caso contrário, retomar-se-iam os abusos da máxima do *ancien droit*, segundo a qual era dado crédito à palavra da mulher grávida, quando ela informava o nome do homem que a engravidara.[85] É de cinco dias o prazo para defesa do réu, contado de sua citação, embora os alimentos sejam devidos desde a concepção, e, se não apresentar defesa, o silêncio enseja a admissão da paternidade, condicionada, evidentemente, ao nascimento com vida do nascituro.

1.3.3. *Alimentos avoengos*

Conforme o artigo 1.698 do Código Civil, se o parente que deve alimentos em primeiro lugar não estiver em condições de suportar totalmente o encargo, serão chamados a concorrer os de grau imediato; sendo várias pessoas obrigadas a prestar alimentos, todas devem concorrer na proporção dos respectivos recursos, e, intentada ação contra uma delas, poderão as demais ser convocadas a integrar a lide. A obrigação alimentar dos avós é de caráter subsidiário ou sucessivo, e não simultâneo com o dever dos pais, de modo que a obrigação dos avós só nasce e se efetiva quando não exista mais nenhum genitor em condições de satisfazer o pensionamento. O dever de alimentos dos pais é consequência natural do poder familiar, ao passo que a obrigação estendida aos avós surge da solidariedade familiar, lembrando Eduardo Ignacio Fanzolato que a expressão *solidariedade* tem múltipla associação, podendo advir de opiniões ou interesses em comum, ou derivar de vínculos familiares, de trabalho, de profissão, instituições desportivas, partidos políticos, religião, nacionalidade ou simplesmente por pertencer ao gênero humano, havendo até solidariedade entre delinquentes e que a solidariedade cega, instintiva ou fatal nada tem a ver com a justiça, tampouco se trata de uma virtude em si mesmo.[86]

Quando um indivíduo carece de recursos pelas mais diferentes circunstâncias como idade, falta de saúde, condições sociais, recessão, altos índices de desemprego e não pode obter alimentos por seu trabalho braçal ou mental, a subsistência desse necessitado deverá ser atendida em primeiro plano pelos familiares próximos, em cumprimento de um dever moral e jurídico de solidariedade familiar, como sucede em relação aos avós, embora desse encargo

---

[84] Disponível em: https://blog.diagnosticodobrasil.com.br/exame-de-dna-na-gravidez/. Acesso em: 30 dez. 2020.

[85] ZANNONI, Eduardo A. *Derecho civil*. Derecho de familia. 2. ed. Buenos Aires: Astrea, 1989. v. 2, p. 358.

[86] FANZOLATO, Eduardo Ignacio. *Derecho de familia*. Córdoba: Advocatus, 2007. t. I, p. 243.

Cap. 1 • DOS ALIMENTOS | 31

sociofamiliar não se desincumbam o Estado e a sociedade, em conformidade com os artigos 6.º e 227 da Constituição Federal e artigo 7.º do Estatuto da Criança e do Adolescente.

Dentro dessa função econômica da família e impossibilitados os pais de alimentarem seus filhos, o chamamento em razão da solidariedade familiar dos avós trata-se, em realidade, de um litisconsórcio passivo necessário, mas que tem sido ajustado pela doutrina e jurisprudência brasileiras como um litisconsórcio facultativo, ficando ao arbítrio do credor da pensão e autor da ação de alimentos demandar contra outros réus, parentes localizados em grau de parentesco imediatamente posterior, como os avós, que concorrem na proporção de seus respectivos recursos.

O artigo 144 do Código Civil espanhol ordena que entre descendentes e ascendentes o pedido de alimentos será regulado pela gradação do parentesco, pela ordem em que são chamados na sucessão legítima e, no artigo 145 seguinte, diz que, quando a obrigação alimentar recair sobre duas ou mais pessoas, ela se repartirá entre todas elas e em quantidade proporcional às condições financeiras de cada um, sem embargo de que, em caso de urgente necessidade e por circunstâncias especiais, poderá o juiz obrigar a uma só delas a que preste provisoriamente os alimentos, sem prejuízo de seu direito de reclamar dos demais obrigados a parte correspondente a cada um deles. Portanto, diante de uma suposição de pluralidade de pessoas obrigadas a prestar alimentos, segundo o direito espanhol, devem todos ser demandados em uma espécie de litisconsórcio passivo necessário, pois somente assim poderá ser determinada a cota correspondente a cada um diante da notória insolvência do potencial alimentante.

Consoante o artigo 1.698 do Código Civil, sendo várias as pessoas obrigadas a prestar alimentos, devem concorrer na proporção dos respectivos recursos, pagando mais quem desfruta de melhor condição econômico-financeira, pagando menos quem recebe menos, e nada pagando de alimentos o parente impossibilitado financeiramente de atender à vindicação alimentar para a qual está sendo chamado, sem prejuízo de seu próprio sustento.

Isso significa dizer que a obrigação alimentar dos avós só nasce quando não existe algum familiar mais perto em grau de parentesco em condições de satisfazer os alimentos, e se esses parentes mais próximos em grau se encontrarem em igualdade de graus, como o pai e a mãe, em comparação com o parente em melhor situação econômica e financeira, recai sobre os pais a satisfação da maior parte da prestação alimentar. O Superior Tribunal de Justiça consolidou o entendimento de que a responsabilidade dos avós, na prestação de alimentos, é sucessiva e complementar à dos pais, devendo ser demonstrado, à primeira, que estes não possuem meios de suprir, satisfatoriamente, a necessidade dos alimentos, editando a Súmula 596.[87]

Não é outra a intelecção extraída do Enunciado 342 da IV Jornada de Direito Civil do STJ ao interpretar o artigo 1.695 do Código Civil, para concluir que, observadas suas condições pessoais e sociais, os avós somente serão obrigados a prestar alimentos aos netos em caráter exclusivo, sucessivo, complementar e não solidário, quando os pais destes estiverem impossibilitados de fazê-lo, caso em que as necessidades básicas dos alimentandos serão aferidas, prioritariamente, segundo o nível econômico-financeiro de seus genitores.

1.3.4. *Dever genérico de sustento*

O Código Civil engloba em um único dispositivo o dever de prestar alimentos, quer entre parentes, cônjuges ou companheiros, pretendendo sempre com esses alimentos, consoante

---

[87] Súmula 596 do STJ. "A obrigação alimentar dos avós tem natureza complementar e subsidiária, somente se configurando no caso de impossibilidade total ou parcial de seu cumprimento pelos pais."

a linguagem colhida do artigo 1.694, que todos possam viver de modo compatível com sua condição social.

Discorrem os mais diversos comentaristas ser diretriz para a fixação dos alimentos a condição socioeconômica do prestador da verba pensional, pois sua estratificação social interfere na quantificação dos alimentos, existindo indissociável correlação na pesquisa do direito alimentar com a riqueza apresentada ao tempo do casamento, ou da estável convivência, não importando decorra do vínculo do parentesco ou da união marital. A proposta legislativa está em assegurar à mulher, em regra, uma pensão para sua mantença, o mais próximo possível das condições em que ela vivia quando coabitava com o parceiro alimentante. Assim, para mensurar a contribuição alimentar, serão considerados o patrimônio e os recursos do casal ao tempo de sua convivência, pois são marcos que exteriorizam a padronagem social e econômica do casal, permitindo aferir com boa margem de segurança a gradação financeira da pensão que deverá ser prestada com a ruptura da união. Deve ficar sempre claro que o ex-cônjuge, ou ex-convivente, não merece ver reforçado seu crédito alimentar se o alimentante só prosperou financeiramente depois da separação, vencendo nos negócios, ou na profissão, sem qualquer auxílio do ex-consorte ou ex-companheiro, o que muitas vezes alcança porque se viu liberto das barreiras de uma relação tumultuária e, por isso mesmo, materialmente improdutiva, especialmente na atualidade em que cada vez mais os alimentos raramente são devidos na linha horizontal dos relacionamentos afetivos e, quando judicial ou consensualmente arbitrados, seguem com termo final previamente estipulado.

1.3.5. Conceitos distintos entre dever e obrigação alimentar

Os ascendentes e os colaterais e os descendentes maiores e capazes, que se encontram fora do poder familiar, bem como cônjuges e companheiros, mantêm entre si e por seus laços de parentesco ou afetivos um dever de solidariedade alimentar. Sobre estes incide uma obrigação alimentar instituída por lei sem impor maiores sacrifícios, pois é direito alimentar atrelado à assistência que respeita os limites das forças dos recursos do alimentante. No tocante aos filhos destituídos do poder familiar, porque alcançaram com os 18 anos de idade a plena capacidade civil, desaparece a presunção de sua necessidade alimentícia, assim como entre os demais parentes ascendentes ou colaterais, cônjuges ou companheiros, também não há presunção automática da dependência alimentar, que precisa ser demonstrada. Acaso presente, emanará um direito limitado de alimentos, observado pelo artigo 1.697 do Código Civil brasileiro, seguindo em parte os princípios do direito sucessório, mas iniciando pelos ascendentes, descendentes; faltando estes, repassa-se a obrigação alimentícia para os irmãos germanos ou unilaterais.[88]

Também pela relação conjugal e pela união estável existe a obrigação alimentar decorrente da mútua assistência preconizada pelo artigo 1.566, inciso III, do Código Civil. Ostenta por seu turno o parágrafo único do artigo 1.704, com as ressalvas adiante apontadas, que o consorte responsável pela separação deve ao outro, se deles necessitar, alimentos imprescindíveis para sua subsistência. Lembram todos, com efeito, quando ainda vigia outra realidade social da mulher brasileira, que a legislação lhe assegurava alimentos em qualquer circunstância, salvo se por expresso consignasse não precisar exercer esse seu direito preexistente por presunção legal. A pensão alimentar despontava obrigatoriamente, bem ao revés da atualidade, em que prevalece a presunção de independência e capacidade de se sustentar, senão

---

[88] MADALENO, Rolf. *Direito de família em pauta*. Porto Alegre: Livraria do Advogado, 2004. p. 197.

de imediato, em curto espaço de tempo no qual serão concedidos como exceção alimentos transitórios.

Coincidindo com a promulgação constitucional da plena igualdade dos gêneros sexuais, iniciou-se intenso movimento na defesa gradativa da independência financeira da mulher, sendo incitada a buscar o trabalho externo e remunerado, galgando condições que lhe garantam a própria subsistência, de modo que passem os pais a sustentar e prover as necessidades de seus filhos comuns.

Com essa mudança no direito alimentar do cônjuge ou companheiro, que deixa de ser vitalício e presumido, transformando-se em uma exceção transitória, podem existir alimentos entre pessoas adultas provenientes de um *dever* genérico de alimentos e que difere do conceito de uma *obrigação* alimentar, cujo traço distintivo reside nessa tênue sutileza de que o *dever* de alimentar deixa de acompanhar circunstancial crescimento financeiro do devedor dos alimentos e se restringe às necessidades ordinárias, sem espaço para as necessidades excepcionais que permanecem e perseguem o devedor de uma *obrigação* de alimentos, podendo ser acionado para atender demandas extraordinárias de um filho menor ou incapaz e que sempre tem sua obrigação alimentar atrelada a seu crescimento econômico e financeiro.

Para Rodrigo da Cunha Pereira o dever ou a obrigação de sustento advém do poder familiar, conforme previsto no artigo 229 da Carta Federal, quando externa que os pais têm o dever de assistir, criar e educar os filhos menores, e os filhos maiores têm o dever de ajudar e amparar os pais na velhice, carência ou enfermidade; além do dever oriundo do inciso IV do artigo 1.566 do Código Civil, ao expor ser dever de ambos os cônjuges o sustento, a guarda e a educação dos filhos, além do artigo 22 do Estatuto da Criança e do Adolescente, que esclarece incumbir aos pais o dever de sustento e educação dos filhos menores.[89] O dever alimentar é originário do vínculo de filiação, sendo presumida sua necessidade durante a menoridade, ao passo que a obrigação alimentar teria origem nos demais vínculos de parentesco distintos do poder familiar, qual seja, dos filhos maiores, entre descendentes e ascendentes, irmãos, cônjuges e companheiros, não recaindo sobre esses vínculos nenhuma presunção de necessidade. Como se pode observar, seguidamente as duas expressões (dever/obrigação) são usadas como palavras sinônimas e até mesmo são constantemente trocadas em suas interpretações, aduzindo alguns que o *dever* alimentar é atinente aos filhos menores e incapazes, enquanto outros informam que a *obrigação* alimentar é destinada aos outros vínculos de alimentos Ainda há outros autores que designam o termo *dever* para alimentos mais restritivos, enquanto a expressão *obrigação* de alimentos abarcaria, em certas ocasiões plenamente justificadas, uma vinculação alimentar ilimitada, que vai adiante dos valores costumeiramente destinados às necessidades ordinárias do alimentando, sem espaço para custos extraordinários ou emergenciais. Logo, somente quando ainda presente a menoridade do credor de alimentos é que seus progenitores têm uma obrigação alimentar mais ampla e que, se preciso, pode compelir os pais a se desfazerem de bens ou recursos de reserva, desatrelados de suas rendas mensais, de modo que seus filhos recebam atendimentos médicos emergenciais, seja para alguma cirurgia, seja para alguma internação psiquiátrica.

Conforme Yussef Said Cahali em sua clássica obra exclusiva sobre alimentos, a obrigação de sustento tem sua causa no pátrio poder (poder familiar), aduzindo o mencionado lente que:

> *Para permitir aos pais o desempenho eficaz de suas funções, a lei provê os genitores do pátrio poder (poder familiar), com atribuições que não se justificam senão por sua finalidade; são direitos*

---

[89] PEREIRA, Rodrigo da Cunha. *Direito das famílias*. Rio de Janeiro: GEN/Forense, 2020. p. 272.

a eles atribuídos, para lhes permitir o cumprimento de suas obrigações em relação à prole; não há pátrio poder senão porque deles se exigem obrigações que assim se expressam: sustento, guarda e educação dos filhos.

O pátrio poder representa nos tempos modernos uma instituição destinada a proteger o filho e, desse modo, certos poderes ou certas prerrogativas são outorgadas aos pais, para com isto facilitar-lhes o cumprimento daqueles deveres. [...]

Quanto aos filhos, sendo menores e submetidos ao pátrio poder, não há um direito autônomo de alimentos, mas sim uma obrigação genérica e mais ampla de assistência paterna, representada pelo dever de criar e sustentar a prole; o titular do pátrio poder, ainda que não tenha o usufruto dos bens do filho, é obrigado a sustentá-lo, mesmo sem auxílio das rendas do menor e ainda que tais rendas suportem os encargos da alimentação: a obrigação subsiste enquanto menores os filhos, independentemente do estado de necessidade deles, como na hipótese, perfeitamente possível, de disporem eles de bens (por herança ou doação), enquanto submetidos ao pátrio poder.[90]

De qualquer sorte, sobre os pais recai a obrigação de alimentarem seus filhos, integrando um conjunto mais amplo de deveres que aparecem vinculados ao poder familiar, mas que derivam diretamente da filiação, pois são igualmente exigíveis ainda que os pais não mais ostentem o poder familiar por sua perda em decisão judicial. Conforme Nieves Martínez Rodríguez, nesse espectro, a obrigação alimentar forma parte de um dever geral de manutenção derivado da relação paterno-filial e expressão da obrigação que têm os pais de prestar assistência integral, de toda ordem aos filhos havidos dentro e fora do matrimônio e durante sua menoridade.[91]

1.4.   Alimentos entre cônjuges e conviventes

Devem entre si os cônjuges e conviventes um dever mútuo de socorro, que obriga a cada um deles atender às necessidades materiais do outro, enquanto conviverem como um casal, cujo dever se materializa por meio de suas respectivas atribuições ou encargos conjugais, deliberando alguns casais que ambos exercerão atividades remuneradas, ou que somente um dos consortes ou conviventes se encarrega de atuar como provedor da família constituída pelo casamento ou pela convivência de fato, sendo inclusive certo que os bens comuns ou individuais de cada consorte ou companheiro responde pelas cargas de manutenção da família comum. Têm ambos os parceiros uma *potestade doméstica*, vale dizer, um poder atribuído por lei aos cônjuges e conviventes de atenderem as necessidades de subsistência com os recursos comuns ou particulares, tanto que o artigo 1.643 do Código Civil prescreve possam os cônjuges, independentemente da autorização um do outro, comprar, ainda a crédito, as coisas necessárias à economia doméstica (inciso I), e obter, por empréstimo, as quantias que a aquisição dessas coisas possa exigir (inciso II), ao passo que o artigo 1.644 ordena que "as dívidas contraídas para os fins do artigo[92] antecedente obrigam solidariamente ambos os cônjuges".

Em nada difere do artigo 1.319 do Código Civil espanhol ao rezar que qualquer dos cônjuges poderá realizar os atos atinentes ao atendimento das necessidades ordinárias da família, encomendadas a seu cuidado, conforme o uso do lugar e as circunstâncias dela, e acrescenta

---

[90]   CAHALI, Yussef Said. *Dos alimentos*. 4. ed. São Paulo: RT, 2002. p. 525.

[91]   MARTÍNEZ RODRÍGUEZ, Nieves. *La obligación legal de alimentos entre parientes*. Madrid: La Ley, 2002. p. 48.

[92]   PEREIRA, Rodrigo da Cunha. *Direito das famílias*. Rio de Janeiro: GEN/Forense, 2020. p. 271.

que pelas dívidas contraídas no exercício dessa potestade responderão solidariamente os bens comuns e os do cônjuge que contraia a dívida e subsidiariamente, os bens do outro cônjuge.

Patente o dever de solidariedade, a Emenda Constitucional 64, de 2010, inclusive, alterou o artigo 6.º da Constituição da República para introduzir a alimentação como um direito social e, portanto, essencial e atributo da dignidade humana. Os alimentos expressam uma solidariedade social e familiar imposta como direito fundamental, e como princípio a solidariedade familiar espraia a obrigação e assegura o direito de cada um à dignidade humana, uma vez que a responsabilidade pela existência e sobrevivência de cada um dos membros que compõem a sociedade brasileira está longe de ser uma atribuição não somente do Estado, mas também da sociedade, principalmente dos integrantes do núcleo familiar.[93]

Segundo Paulo Lôbo, os alimentos constituem obrigação derivada do princípio da solidariedade,[94] mas não se trata d obrigação solidária, uma vez que o dever alimentar, continua Maria Berenice Dias, não tem todas as características do instituto da solidariedade, nem com referência à obrigação que decorre do poder familiar.[95] Como antes referido, os cônjuges são obrigados a concorrer na proporção de seus bens e dos rendimentos de seu trabalho para o sustento e educação de seus filhos (CC, art. 1.568), obviamente na proporção dos ganhos de cada um dos parceiros afetivos. Os alimentos representam uma necessidade familiar de subsistência, que afeta um restrito grupo de pessoas, como condição inerente a que essa família ou esses integrantes desse grupo familiar que depende de seu direito alimentar possam manter sua integridade física e imaterial, partindo esse auxílio motor da dignidade do alimentando da solidariedade e ajuda a partir desse princípio, pelo qual veem satisfeitas suas necessidades básicas de subsistência.

A solidariedade, diz Enrique Del Percio, tem como objetivo atuar por uma causa comum, porém o conflito vem de fora, daqueles que não participam da solidariedade de um casal ou de um grupo solidário que ignora terceiros, em uma espécie de confronto do *nós* contra *eles*, de forma que, entre os solidários não existe conflito, porque entre eles interessa o fim comum.[96] A solidariedade se limita a aderir ou associar-se a uma causa, empresa ou opinião de alguém, e se mostra na figura dos cônjuges ou conviventes unidos pela recíproca proteção, que talvez se desfaça e normalmente termina com a separação dos casais, convertendo a mútua assistência, fruto de um objetivo comum, em um dever de alimentos que não mais se coaduna com o objetivo comum.

Para Rodrigo da Cunha Pereira, a solidariedade como princípio jurídico advém da ideia que traduz uma relação de corresponsabilidade entre pessoas unidas, inclusive por um sentimento moral e social de apoio ao outro; tecnicamente, designa uma obrigação que se deve cumprir por inteiro, ou fracionada por uma ou mais pessoas, tal qual regrado nos artigos 264 a 285 do Código Civil.[97]

A respeito da solidariedade no dever de prestar alimentos, escreve Luis Fernando Lopes de Oliveira que seu fundamento reside na relação de parentalidade ou conjugalidade, decorrendo a primeira do poder familiar, proveniente da obrigação natural dos pais e integrantes da unidade familiar de sustentarem seus filhos e dependentes, e a segunda arrima-se na necessidade da mútua assistência imposta pela união fundada em vínculos afetivos, de tal sorte que os membros de uma mesma família devem apoio moral e material recíprocos, a fim de garantir o bem-estar de todos, fato que deriva do dever moral e jurídico de solidariedade. O dever de prestar alimentos

---

93 ROSA, Conrado Paulino da. *Direito de família contemporâneo*. 9. ed. Salvador: JusPodivm, 2022. p. 657.
94 LÔBO, Paulo. *Famílias*. 4. ed. São Paulo: Saraiva, 2011. p. 379.
95 DIAS, Maria Berenice. *Alimentos aos bocados*. São Paulo: Thomson Reuters/RT, 2013. p. 40.
96 PERCIO, Enrique Del. *Ineludible fraternidad*. Conflicto, poder y deseo. Madrid: Ciccus, 2014. p. 37-41.
97 PEREIRA, Rodrigo da Cunha. *Direito das famílias*. Rio de Janeiro: GEN/Forense, 2020. p. 301.

advém do direito fundamental de preservação da vida com dignidade, assegurando o mínimo existencial a quem deles precisa. Eles são exigidos de quem pode prestá-los em família, em cujo núcleo vicejam valores e princípios de cooperação na subsistência recíproca e divisão de responsabilidades físicas e psicológicas.[98]

O princípio da solidariedade não deve ser confundido com as obrigações solidárias, uma vez que, tirante os alimentos destinados à pessoa idosa, cujo artigo 12 do Estatuto da Pessoa Idosa prevê textualmente a solidariedade familiar,[99] nas demais relações jurídicas de alimentos a obrigação alimentícia é extensiva a todos os parentes do mesmo grau, na proporção dos respectivos recursos. Nesse sentido, seria arbitrário qualquer direcionamento da ação de alimentos somente ao devedor mais bem posicionado financeiramente, haja vista que a solidariedade não se presume, mas resulta da lei ou da vontade das partes (CC, art. 265). É injusto que entre várias pessoas igualmente obrigadas pela alimentação de um credor de alimentos pudesse o juiz impor a obrigação de alimentos apenas a um deles, sem que este pudesse chamar os demais ao processo, como de igual dispõe o artigo 145 do Código Civil espanhol ao prescrever que: "Quando recai sobre duas ou mais pessoas a obrigação de dar alimentos, se repartirá entre elas o pagamento da pensão em quantidade proporcional à sua respectiva riqueza".

Por conta dessa ausência de solidariedade dos alimentos, sua característica real é a *divisibilidade*, ou seja, não sendo a obrigação alimentar solidária, à exceção dos alimentos destinados à pessoa idosa, mas conjunta, essa obrigação alimentar é divisível, ou seja, é proporcional à riqueza de cada alimentante e entre eles fracionada.

De qualquer sorte, no âmbito da obrigação alimentar horizontal entre cônjuges e conviventes, enquanto existente a convivência do par afetivo, carece de sentido falar em necessidade alimentar de qualquer um dos cônjuges ou companheiros, pois a comunidade de vida derivada do matrimônio ou da união estável implica o compromisso legal da mútua assistência. No entanto, unicamente quando se rompe a comunidade de vida é que se pode configurar uma obrigação alimentar independente, regulada pelo artigo 1.694 do Código Civil. Mesmo que o vínculo conjugal continue existindo, o dever de socorro cede espaço para o dever de alimentos, os quais no passado eram sempre devidos, somente não sendo arbitrados alimentos judiciais se a mulher expressamente manifestasse que deles não necessitava, realidade que se encontra completamente desfigurada. Até o advento da Emenda Constitucional 66/2010, ainda importavam para o direito brasileiro a pesquisa e a apuração das supostas autoria e responsabilidade pelo fracasso da sociedade conjugal e, quando examinada a culpa com relação ao direito alimentar, o parágrafo único do artigo 1.704 do Código Civil abrandava seus efeitos na dissolução do casamento para reconhecer ao cônjuge culpado e financeiramente dependente um direito alimentar mais restritivo.

---

[98] OLIVEIRA, Luís Fernando Lopes de. *Direito de família e princípio da solidariedade*. Curitiba: Juruá, 2014. p. 117-118.

[99] Conforme DIAS, Maria Berenice. *Alimentos aos bocados*. São Paulo: Thomson Reuters/RT, 2013. p. 86: "A assertiva é salutar. Como o dever alimentar entre parentes é subsidiário e divisível, a tendência sempre foi reconhecer que não se tratava de obrigação solidária. No entanto, o fato de a lei estabelecer a subsidiariedade do dever concorrente não exclui a solidariedade. Afinal, o encargo entre parentes também tem origem na solidariedade familiar (CC, 1.694), o que autoriza a convocação dos demais obrigados à demanda (CC, 1.698). Primeiro o Estatuto impõe o dever de prestar alimentos a quem tem tal obrigação, nos termos da lei civil (EI 11): cônjuges ou companheiros e parentes (CC, 1694). É necessário respeitar o critério de preferenciabilidade. Assim, primeiro o idoso (a pessoa idosa) deve dirigir o pleito contra os descendentes. Pode eleger qualquer um dos filhos, mas não pode diretamente acionar um irmão. Para desrespeitar a ordem dos obrigados, precisa justificar".

Diante desse importante avanço de eliminação da pesquisa da culpa, instituto exclusivo do casamento, sem similar na união estável, é fato incontroverso que, atualmente, os alimentos entre esposos e conviventes é direito cada vez mais escasso nas demandas judiciais. Nessa linha tem se direcionado o STJ, considerando que, em regra, todos os alimentos entre consortes e companheiros são transitórios, especialmente em decorrência da propalada igualdade constitucional dos gêneros sexuais, reservada a pensão alimentícia para casos pontuais de real necessidade de alimentos, quando o cônjuge ou companheiro efetivamente não dispõe de condições financeiras, tampouco de oportunidades de trabalho, talvez em razão de sua idade ou saúde, ou por conta de sua falta de experiência, assim como faz jus a alimentos quando os filhos ainda são pequenos e dependem da atenção materna. As funções atribuídas aos cônjuges durante o matrimônio vão definir o cumprimento da obrigação alimentar, pois, doravante, o princípio da igualdade precisa ser aplicado casuisticamente, segundo as características de cada grupo familiar, de acordo com as atividades remuneratórias desenvolvidas pelos integrantes do par afetivo, consideradas igualmente as condições de desempenho futuro, quando um dos consortes está estudando, ou cuidando dos filhos ainda pequenos. Também serão levados e conta os ingressos de cada consorte, seus bens particulares, a massa dos bens nupciais, sua administração e valores aportados. A igualdade constitucional não está inteiramente consolidada no plano da existência e, em virtude dessa realidade, ainda é grande o número de ações de alimentos propostas pelas esposas e companheiras, quase todas resultando em alimentos temporários.

O direito alimentar na união estável tem expressa previsão no artigo 1.694 do Código Civil, ao estabelecer o direito de os conviventes poderem pedir uns aos outros os alimentos de que necessitam, embora o direito alimentar dos companheiros já tivesse sido naturalmente gestado com a promulgação da Constituição Federal de 1988, ao reconhecer sua existência como uma entidade familiar merecedora da protestação estatal. Posteriormente, surgiu a Lei 8.971, de 29 de dezembro de 1994, que regulou o direito dos companheiros a alimentos, sobrevindo o artigo 7.º da Lei 9.278, de 10 de maio de 1996, que reconheceu o direito a alimentos àquele convivente que deles precisasse caso fosse dissolvida a união estável.

Cada vez mais equiparados os direitos e as obrigações do casamento com a instituição da união estável, torna-se seguro aduzir que, atualmente, só excepcionalmente a mulher permanece dependente dos alimentos do marido ou companheiro, e raramente o homem será dependente dos alimentos da esposa ou companheira, especialmente em hipóteses relacionadas à idade mais avançada, quando ela se dedicou no verdor de sua vida produtiva exclusivamente às rotinas caseiras, em comum ajuste do casal, porque cônjuges ou conviventes entendiam inadequado privar a prole dos ingentes cuidados maternos, ou porque o esposo preferiu cobrir com seus recursos financeiros e com os riscos calculados de ter de assumir uma vinculação alimentar com a *ociosidade* da mulher. De fato, nada tem de ociosa uma mulher dedicada ao lar, ao marido e aos filhos, e, se também trabalha fora de casa, em regra ainda sacrifica seu crescimento profissional para dar prioridade ao marido ou ao companheiro e aos descendentes comuns, pouco importando se constituíram a família clássica do casamento ou a família informal da união estável.

É fato que os espaços destinados às mulheres continuam limitados e depreciados financeiramente, pois ainda existe um longo caminho cultural a percorrer, aliado às mudanças concretas e efetivas que continuam sendo necessárias programar, mas que por ora o texto constitucional da isonomia ainda não logrou modificar. Contudo, não há como olvidar que cada vez mais os tribunais limitam o direito alimentar entre cônjuges e conviventes, constando esse alerta em trecho da ementa do REsp 1.661.127/DF, datado de 10 de dezembro de 2019, em voto do Ministro Moura Ribeiro, na Terceira Turma do STJ, no sentido de que "a jurisprudência desta eg. Corte Superior, no que diz respeito aos alimentos entre ex-cônjuges, tem orientação dominante no sentido de que a pensão deve ser fixada, em regra, com tempo certo, asegurando ao beneficiário dos alimentos tempo hábil para que ingresse/reingresse ou se coloque/recoloque no mercado de trabalho, possibilitando-lhe a manutenção pelos próprios meios", e cuja decisão do Ministro Moura Ribeiro foi por ele renovada em decisão monocrática na Terceira Turma do STJ, no Agravo Interno no Agravo em Recurso Especial 1.855.776/RJ, datado de 30 de maio de 2023.[100]

1.4.1. *Pensão alimentícia*

A pensão alimentícia é expressão exclusiva dos alimentos pagos em decorrência do direito de família nos termos do artigo 1.694 do Código Civil, quando alude que podem os parentes, os cônjuges ou companheiros pedir uns aos outros os alimentos de que precisem para viver de modo compatível com sua condição social, inclusive para atender às necessidades de educação. Ela não se confunde com outras modalidades de pensões que em nada se identificam com os alimentos do direito de família, como sucede, por exemplo, com a pensão previdenciária, que é uma renda paga a certa pessoa em razão, quiçá, de sua aposentadoria por haver se jubilado perante a previdência social, ou a pensão compensatória que tem caráter indenizatório, e não alimentar. O verbete pensão corresponde a uma renda paga vitaliciamente ou por certo tempo a alguém, ao abrigo de determinado regime jurídico ou como recompensa, como exemplo adicional uma pensão paga por invalidez de quem não mais pode trabalhar, do mesmo modo como alguém pode se tornar credor de uma pensão por morte, que é originária da responsabilidade civil. Portanto, a pensão alimentícia, ou simplesmente os *alimentos*, tem como suporte legal a origem familiar, pois são as relações familiares que justificam a imposição de uma obrigação alimentícia, cuja finalidade é a tarefa de fazer frente às necessidades da vida, desde a primeira etapa da vida do credor de alimentos, uma vez que, mesmo quando ainda se encontra em gestação no útero materno, pode reivindicar os denominados alimentos gravídicos.

Claro que, mesmo dentro do círculo familiar, os alimentos ou a pensão alimentícia não se configuram da mesma forma e devem ser diferenciados, especialmente quando, na atualidade, os alimentos devidos entre cônjuges e companheiros são cada vez mais escassos e menos outorgados, e, quando deferidos, são em regra estabelecidos em caráter eminentemente transitório, permitindo ousar que pensão alimentícia termina sendo um crédito exclusivamente proveniente das relações de parentesco, tanto na linha reta entre pais e filhos, reciprocamente exigíveis, como na linha horizontal quando se trata de alimentos entre parentes colaterais, visto que consortes e conviventes, quando rompem suas relações, terminam sendo credores, salvo raras exceções, de alimentos denominados transitórios, com tempo certo de validade e duração.

---

[100] "Agravo interno no agravo em recurso especial de S.S.V. Família. Alimentos entre ex-cônjuges. Exoneratória. Excepcionalidade à regra da temporalidade e transitoriedade não presente. Incontroversa autonomia financeira adquirida pela alimentada, que recebe pensão há mais de 11 anos. Decisão mantida. Agravo interno não provido. 1. Há entendimento firme no âmbito do STJ de que a pensão entre os ex-cônjuges não está limitada somente à prova da alteração do binômio necessidade/possibilidade, devendo ser consideradas outras circunstâncias, como a capacidade potencial para o trabalho, o tempo decorrido entre o seu início e a data do pedido de desoneração. 2. Na linha da jurisprudência desta Casa, o pensionamento somente deve ser perene em situações excepcionais, como de incapacidade laboral permanente no mercado de trabalho ou de adquirir autonomia financeira. 3. No caso concreto, considerando a inequívoca autonomia financeira adquirida pela alimentanda, que faz doação milionária para as filhas e que recebe pensão há mais de 11 (onze) anos, não é a hipótese de se excepcionar a regra da temporalidade e transitoriedade do pensionamento entre ex-cônjuges. 4. Não sendo a linha argumentativa apresentada capaz de evidenciar a inadequação dos fundamentos invocados pela decisão agravada, o presente agravo interno não se revela apto a alterar o conteúdo do julgado impugnado, devendo ele ser integralmente mantido em seus próprios fundamentos. 5. Agravo interno não provido."

Pensão alimentícia tem sido destinada às relações paterno-filiais, estando a prole integrada em um conjunto mais amplo de direitos e deveres próprios dos vínculos de filiação, ou seja, atrelados ao poder familiar, formando um dever geral de manutenção derivado da obrigação que têm os pais de prestar completa assistência a seus filhos, com presunção de necessidade durante a menoridade, mas cujo direito alimentar prossegue depois da idade adulta, sem uma automática exoneração pelo advento da maioridade, continuando a ser devidos os alimentos se a prole segue seus estudos em complemento de sua formação profissional, como expressamente indica a Súmula 358 do STJ.[101]

1.4.1.1. Necessidades ordinárias e extraordinárias

Não é tarefa simples identificar o que sejam necessidades ordinárias em confronto ou contraste com as necessidades extraordinárias. Entrementes, despesas ordinárias são aquelas reiteradamente requisitadas, com maior ou menor periodicidade, pelo que são mais ou menos previsíveis e defluem de artigos, despesas, custo, elementos ou serviços que se consomem correntemente e por isso são considerados como gastos usuais. Ordinárias devem ser, por exemplo, as despesas com matrícula escolar, livros ou material escolar e uniforme, deixando de sê-lo a contratação de professor particular para reforço do aprendizado com aulas extraclasse e privativas, despesas com psicólogo ou um tratamento dentário não previsto. Portanto, qualquer enumeração, por exaustiva que seja, dos possíveis gastos extraordinários será forçosamente incompleta por ser impossível prever todas as circunstâncias que poderão acontecer na vida futura dos filhos, assim como não é infrequente que os pais discutam e divirjam acerca da interpretação que darão às cláusulas ajustadas.[102]

Adverte ainda María Jesús Monfort Ferrero que, o que parece para uma família uma despesa módica que cobre uma necessidade ordinária pode não o ser em absoluto para outra família, tudo dependendo do lugar e do uso social presente no âmbito espacial de cada família, em que os atos se realizam em conformidade com as condições financeiras de cada grupo familiar.[103]

Portanto, a classificação deverá atender aos recursos da família, o tipo de vida que cada uma leva, seu nível cultural e a posição ou classe social, mas, obviamente, não se deve ingressar nessa classificação de despesas ordinárias mais elevadas, pois, embora para muitos elas pudessem ser excepcionais, insólitas ou inusitadas, para outros podem representar despesas comuns, normais, regulares e encaixadas no cotidiano, como sucede com despesas de origem lúdica ou acadêmica com pós-graduação no exterior. Existem atos efetivamente extraordinários e de caráter urgente, como sucede com alguma despesa cirúrgica ou em atenção a algum acidente que gere gastos não previstos na rotina das requisições, mesmo na hipótese de uma família abonada, eis que esses custos extraordinários são aqueles que ultrapassam o regime ordinário dos alimentos, vestuário, habitação, lazer, saúde e educação e dos quais, de modo algum, os pais podem se eximir de seu atendimento, uma vez que beneficiam os credores da prestação e que são seus próprios filhos.

As necessidades ordinárias em face das necessidades extraordinárias são aquelas que se produzem no dia a dia da vida de uma família, uma vez que, se forem extraordinárias ou

---

[101] Súmula 358 do STJ. "O cancelamento de pensão alimentícia de filho que atingiu a maioridade está sujeito à decisão judicial, mediante contraditório, ainda que nos próprios autos."

[102] ALONSO, Marta Ordás. *La cuantificación de las prestaciones económicas en las rupturas de pareja*. Barcelona: Wolters Kluwer, 2017. p. 88.

[103] FERRERO, María Jesús Monfort. *La responsabilidad de los cónyuges ante las necesidades ordinarias de la familia*. Navarra: Thomson Reuters/Aranzadi, 2004. p. 36.

excepcionais, surgidas de uma ocasião inesperada ou inusual, deixam de ocupar um lugar corriqueiro e ingressam na ordem dos valores extravagantes ou circunstanciais, porque surgem em situações singulares como a de uma viagem, uma internação hospitalar para uma cirurgia médica ou para uma internação psiquiátrica advinda de uma antes inexistente dependência de drogas, caracterizando sempre um custo extra e que não ingressa no cômputo dos valores rotineiros. Não são qualificadas como inusitadas as despesas futuras com o ingresso na escola regular ou na faculdade, sendo considerado como custo extraordinário aquele que se produza por necessidades imprevisíveis e indeclináveis ou imprescindíveis para a saúde ou formação do alimentando e que não carreguem a pecha de supérfluos ou secundários. Como refere Marta Ordás Alonso, uma despesa extraordinária não deve ser um gasto caprichoso, dependendo do acaso ou da extravagância de um dos progenitores, senão que deverá ser canalizada para uma finalidade, que seja a de satisfazer um aspecto do cuidado, da formação ou educação integral do filho, um aspecto que, em todo caso, mesmo que em um primeiro momento não tenha sido necessário, porém, mais tarde, com o transcurso de certo tempo, fez-se preciso para atender às necessidades do filho, facilitando, com sua concessão, seu livre desenvolvimento, tanto em nível intelectual como social, além de repercutir de forma favorável em sua personalidade.[104] Prossegue a referida autora acrescentado que, se chegarem os pais à conclusão de que alguns gastos não são necessários, sendo ordinários ou extraordinários, e sua realização depende de acordo entre os progenitores, se está fora do conceito de alimentos e, portanto, não é preciso nem oportuno um pronunciamento judicial, parece mais acertado simplesmente afirmar que não fazem parte da obrigação de alimentos e que cada progenitor é, portanto, livre para decidir se quer realizá-lo ou não. A autora toma como exemplo os custos da compra de um piano para o filho que estudava música, cuja despesa pode ser um luxo ou perfeitamente compatível com as rendas dos pais, mas que dificilmente representará um custo necessário para o desenvolvimento intelectual do filho.[105]

As despesas ordinárias variam de uma família para outra e dependem também do lugar onde cada uma delas vive, tal qual os auxílios extraordinários dependem de circunstâncias naturais da vida ou provocadas, pendendo algumas delas igualmente das condições financeiras do alimentante, pois existem provedores que podem prestar alimentos extraordinários em forma de viagens ou concessões especiais que estão longe de configurar uma necessidade corriqueira e essencial por representarem simplesmente um luxo ou um excesso atrelado apenas às melhores condições financeiras de uns progenitores em relação a outro. Do mesmo modo, alguns deles poderão prestar financeiramente assistência médica e hospitalar particular e outros, diante de suas carências e dificuldades de ordem financeira, talvez nem sequer consigam custear um plano de saúde.

Para Antonio Javier Pérez Martín, as necessidades da prole podem ser classificadas em três categorias: gastos gerados pela convivência; gastos ordinários ocorridos independentemente se filhos se encontram todo o ou somente parte do tempo com algum dos pais; e gastos extraordinários. Diz que os gastos de convivência e os ordinários são conhecidos ao tempo de fixação dos alimentos e serão considerados quando de seu arbitramento, mas, não obstante esse conhecimento, no futuro podem aparecer novas despesas distintas das ordinárias e que obviamente são totalmente desconhecidas quando ditada a sentença. O autor complementa que as despesas extraordinárias reúnem características bem diferentes dos gastos ordinários;

---

[104] ALONSO, Marta Ordás. *La cuantificación de las prestaciones económicas en las rupturas de pareja*. Barcelona: Wolters Kluwer, 2017. p. 94.

[105] ALONSO, Marta Ordás. *La cuantificación de las prestaciones económicas en las rupturas de pareja*. Barcelona: Wolters Kluwer, 2017. p. 94-96.

são imprevisíveis e não se sabe se serão produzidas nem quando surgirão e, consequentemente, não são periódicas.[106]

Entrementes, o conceito de necessidade ordinária ou extraordinária é relativo, uma vez que despesas de ordem médica e hospitalar podem ser frequentes, ou continuadas, quando o alimentando carrega alguma doença congênita ou permanente e o tratamento médico integra a rotina de seus gastos, como podem ser extraordinários se o alimentante é acometido de alguma fatalidade ou sofre algum acidente que põe em pauta a necessidade antes inexistente de tratamento médico, hospitalar e medicamentoso.

Podem ser consideradas como necessidades ordinárias as despesas com alimentação, vestuário, educação, medicina e farmácia, dentista, gastos domésticos, reparos em eletrodomésticos, água, luz, gás, telefone, condomínio, transporte, serviços domésticos, internet, além da satisfação de certos caprichos pessoais.

María Jesús Monfort Ferrero alerta que a doutrina espanhola discute se devem ser considerados ou não como despesas ordinárias de uma família o aluguel de uma casa ou de um apartamento para uso em período de férias, ou os custos programados para uma viagem de turismo, e responde que para alguns autores esses custos estão incluídos no conceito de necessidades ordinárias. Entretanto, outros entendem que se trata de gastos ou necessidades extraordinárias, quando, em realidade, tudo depende do lugar, das circunstâncias, da riqueza e dos costumes ou hábitos de cada família.[107] Todavia, se o padrão de vida sempre permitiu que a família pudesse usufruir dessas viagens, locações e hábitos próprios de lazer, por evidente que se mostram como inerentes à rotina daqueles que agora se apresentam como credores de pensões alimentícias que podem, e até devem, abarcar esse acréscimo. Contudo, na vida de outros tantos, talvez em sua maioria, jamais poderá ser recepcionado com suas rendas visivelmente menos generosas o custeio dessas opções de lazer que não espelham a realidade familiar experimentada durante o convívio comum e sob o mesmo teto.

No entanto, quando surgem as despesas de fato extraordinárias, mormente no âmbito ou incidência do poder familiar com relação aos filhos menores de idade, para o atendimento de sua saúde, quando se mostra essencial e emergencial, podem os bens comuns e particulares dos pais se sujeitar à alienação ou como garantia para o atendimento dessas necessidades vitais de quem integra o direito alimentar em sua concepção mais abrangente e realmente extraordinária e em qualquer nível social.

Entrementes, quando se trata de filhos maiores de 18 anos, os gastos extraordinários devem ser interpretados com maior restrição, fato que evidentemente não deve ser computado se esse filho é acometido de uma enfermidade crônica e de recente diagnóstico, escapando, portanto, do binômio *previsibilidade/periodicidade*, que serve para considerar como ordinária toda e qualquer despesa que esteja dentro dessas duas premissas.

Surgindo as despesas extraordinárias ou inusitadas, o Código de Direito Foral da Província de Aragón estabelece em seu artigo 82 que os gastos extraordinários necessários dos filhos serão suportados pelos progenitores na proporção de seus recursos econômicos disponíveis e os gastos extraordinários não necessários serão abonados em função dos acordos a que chegaram os pais, e, na falta de acordo, abonará o progenitor que tenha decidido pela realização da despesa. Deve ser tomada como regra de comportamento dos pais a circunstância de que,

---

[106] PÉREZ MARTÍN, Antonio Javier. *Pensiones alimenticias*. Fijación de la pensión. Los libros azules de derecho de família. Córdoba: Lexfamily, 2022. t. 5, v. 2, p. 399-400.

[107] FERRERO, María Jesús Monfort. *La responsabilidad de los cónyuges ante las necesidades ordinarias de la família*. Navarra: Thomson Reuters/Aranzadi, 2004. p. 35.

ocorrendo uma despesa extraordinária, devem os pais chegar, se possível, a um acordo; não existindo este, deve o progenitor que tenha a guarda ou a custódia da moradia de referência buscar a intervenção judicial, só não estando capacitado a promover a despesa de maneira unilateral e depois pretender que seja ressarcido ou imputar o pagamento da conta ao outro ascendente que não tomou parte da decisão.

1.4.2. Alimentos transitórios

Para Marco Aurélio Gastaldi Buzzi,[108] existe uma forte tendência em estabelecer entre cônjuges e conviventes, em que os vínculos parentais não se originam do *jus sanguinis*, um termo transitório para a obrigação alimentar, vazado no fundamento de que, "na atualidade, não mais se justifica impor a uma das partes integrantes da comunhão desfeita a obrigação de sustentar a outra, de modo vitalício, quando aquela reúne condições para prover a sua própria subsistência".

Essa tendência decorre do princípio constitucional da completa igualdade entre o homem e a mulher, dentro e fora do casamento, estando em franco declínio fatal a prática respaldada na modelagem conjugal do Código Civil de 1916 e da Lei 5.479/1968, de o marido ser provedor incondicional da sociedade conjugal e a mulher destinada às tarefas da vivenda nupcial, dedicada apenas aos cuidados caseiros e da prole, ostentando o encargo secundário de mera colaboradora do esposo.

São outros tempos e padrões de conduta vividos pela sociedade brasileira, cujas mudanças sociais e culturais impuseram o trabalho como obrigação também da mulher, ou como justificativa para que arroste parceiros que as preferem confinadas no recesso do lar, sem identidade profissional e sem realização pessoal. Existem inúmeros relacionamentos construídos sob a égide da proteção varonil, em que a esposa ou convivente foi educada, incentivada e até coagida a lançar mão de sua profissão e independência financeira para dedicar-se exclusivamente aos afazeres domésticos, e instruída a confiar no compromisso vitalício de o seu parceiro ser o provedor da família compreendida pela esposa e filhos.

Não existe nenhuma pesquisa ou estudo capaz de indicar com a suficiente certeza e serenidade por quanto tempo devem ser alcançados os alimentos transitórios, sendo sempre aleatório o estabelecimento do termo final dos alimentos transitórios, ordenando alguns juízes que seu pagamento se dê até a conclusão da partilha em regimes de comunidade de bens; ou quando os filhos completarem certa idade ou ingressarem no ensino fundamental; ou por seis meses, um ano ou dois anos; ou até que a alimentanda conclua algum curso superior ou uma pós-graduação, existindo em realidade termos finais aleatórios que nem sempre se conciliam com a efetiva independência financeira da beneficiária dos alimentos temporários.

Como ensina Rodrigo da Cunha Pereira, uma vez atingida a condição ou alcançado o termo estabelecido em sentença ou acordo, automaticamente estará extinta a obrigação alimentar, independentemente de interposição de uma ação exoneratória ou de revisão de alimentos, podendo a parte requerer ao juízo o cancelamento do desconto dos alimentos em sua folha de pagamento.[109]

Tal qual os alimentos compensatórios, os alimentos transitórios não têm nenhuma previsão legal e são fruto da doutrina e de uma maciça jurisprudência que rapidamente implementou sua adoção em resposta ao princípio da igualdade dos gêneros, a qual ainda anda no encalço de sua verdadeira efetivação. Serve a prática do estabelecimento dos alimentos temporários para acelerar esse lento processo de equalização iniciado com a Carta Federal de 1988

---

[108] BUZZI, Marco Aurélio Gastaldi. *Alimentos transitórios*. Uma obrigação por tempo certo. Curitiba: Juruá, 2003. p. 123.

[109] PEREIRA, Rodrigo da Cunha. *Direito das famílias*. Rio de Janeiro: GEN/Forense, 2020. p. 283.

Cap. 1 · DOS ALIMENTOS | 43

e como alerta para as mulheres que já não podem mais investir e apostar todo o seu futuro no ocaso do casamento ou da união estável, que cada vez menos registram relações estáveis e indissolúveis. Muito ao revés, são relações afetivas difíceis de se tornar estáveis e vitalícias, estando as mulheres cientificadas dos riscos que correm quando sacrificam sua ascensão profissional ou que a restringem em detrimento de seu crescimento pessoal porque precisam, querem ou são convencidas de que somente elas têm o dever dessa dupla ou única jornada dedicada à casa, aos filhos e ao parceiro.

Os alimentos temporários ou por prazo certo também podem ser estabelecidos com relação aos filhos que atingiram a maioridade civil, mas que não ingressaram na faculdade, tampouco frequentam algum curso profissionalizante, quando então são arrostados com uma ação paterna de exoneração de seus alimentos, trazendo em sua defesa explicações atinentes a estudos ou projetos próximos de ingresso em curso superior ou profissionalizante. Pode resultar desses fatos um acordo ou uma sentença que estabeleça um prazo certo, um termo final para cancelamento automático dos alimentos que terminam sendo então prorrogados por determinado de tempo ou até o alcance de certo fato.

Os alimentos transitórios se projetam para vigerem por determinado tempo, ou condicionam o direito alimentar à certa circunstância fática, como no exemplo de um filho que se matricula em poucas cadeiras ofertadas a cada semestre de seu curso superior para esticar por várias temporadas a conclusão da faculdade e sua formação profissional e desse modo perpetuar um direito alimentar já extinto por seu componente aético.

O fato é que, diante da separação dos casais, os impactos do divórcio sobre a renda e sobre os recursos financeiros entre homens e mulheres são, em regra, perversamente desiguais. Haley Fischer e Hamish Low estudaram na Inglaterra e País de Gales os efeitos econômicos do divórcio de centenas de casais, fazendo uso de dados coletados durante quinze anos pelo Instituto Britânico de Pesquisas de Domicílios (BHPS) para examinar o tamanho da queda na renda após o divórcio e durante quanto tempo esta persiste. Constataram que após o divórcio o rendimento dos homens aumenta cerca de 23%, enquanto o das mulheres cai substancialmente em 31%. Seus estudos concluem que a força motriz da recuperação da renda das mulheres está no fato de elas encontrarem um novo parceiro, sendo mais afetados pelo divórcio aqueles divorciados mais velhos e aqueles que ficam com as crianças. Ademais, para essas mulheres não há facilidade da *escolha do recasamento*. Tais impactos financeiros não são tão sentidos apenas em países onde a sociedade civil é mais igualitária, por exemplo, a Suécia, onde são altas as taxas de participação feminina no mercado de trabalho. Informam ainda os pesquisadores que mulheres com baixo peso e sem filhos sofrem menos com o divórcio. A recuperação financeira das mulheres divorciadas, para que retomem o seu nível de ganho ao período pré-divórcio, é de cerca de nove anos após a separação para mulheres altamente educadas. Contam como paradigma o casamento da senhora *MacFarlane* para ilustrar aqueles matrimônios em que a mulher deixa de trabalhar para criar e cuidar dos filhos, e, sobrevindo o divórcio, sofre as perdas da ruptura, além de perder o apoio do marido e incorrer em perda de ganhos potenciais que teria se tivesse continuado a trabalhar durante o casamento. Suas avarias seriam mitigadas pela sua participação crescente no mercado de trabalho dentro do casamento. Contudo, dada sua ausência no mercado de trabalho, ela deixou de acumular experiência extra e suas habilidades profissionais foram depreciando pelo decurso do tempo. Tivesse ela continuado a trabalhar e seu potencial de ganho em comparação a de seu cônjuge seria de 66%, cuja posição ela só voltará a recuperar depois de dez anos, dependendo da idade e do nível de escolaridade, sendo maiores as chances para os mais jovens e mais instruídos.[110]

---

[110] FISCHER, Hayley; LOW, Hamish. Who wins, who loses and who recovers from divorce? *In*: MILES, Jo; PROBERT, Rebecca (coord.). *Sharing lives, dividing assets*. An inter-disciplinary study. Oxford: Hart Publishing, 2009. p. 227-256.

Não se confundem os alimentos transitórios com os provisórios da Lei 5.478/1968, nem com os alimentos de tutela antecipada, porque estes últimos apenas adiantam por provimento liminar os alimentos que terminam quantificados em definitivo com a sentença transitada em julgado.

A pensão alimentícia provisória procura amenizar os calamitosos efeitos da morosa tramitação do processo, tratando o julgador de antecipar alimentos em decisão interlocutória, até ser vencida, e à exaustão, a instrução probatória e apurados com maior fidelidade o potencial econômico-financeiro do alimentante e a efetiva necessidade do alimentando. Transitada em julgado a sentença, os alimentos provisórios transformam-se em definitivos, mas continuarão transitórios se a sentença estabelecer prazo certo para sua concessão. Não sendo ordenado termo final para a concessão, a revisão dos alimentos fica condicionada a algum fato novo, futuro e incerto, capaz de justificar o reexame processual da obrigação alimentar. Esse fato novo, futuro e incerto, decidiu a Ministra Nancy Andrighi no REsp 1.388.116/SP, na Terceira Turma do STJ, em voto paradigma datado de 20 de maio de 2014, que pode ser considerado quando demonstrado o pagamento da pensão por lapso temporal suficiente para que o alimentado pudesse ter revertido a condição desfavorável que detinha e, no momento da fixação desses alimentos, simplesmente nada fez, preferindo ficar inerte para receber comodamente alimentos que ingressam em seu orçamento pelo esforço alheio e, por vezes, em volume muito superior ao que o alimentando perceberia se estivesse trabalhando. Nesse caso, é aplicada a denominada prova diabólica do Código de Processo Civil, ordenando o juiz a redistribuição do ônus da prova (CPC, § 1.º, art. 373), quando verifica concretamente que é muito difícil ou até impossível à parte sobre quem recai o ônus probatório provar o fato, e atribui à parte adversa esse ônus, como sucede, por exemplo, na ação de exoneração de alimentos, em que cabe ao alimentando provar que realmente procurou, mas sem êxito, vínculo de trabalho e com ele sua independência financeira. Isso lembra em parte o artigo 545 do atual Código Civil e Comercial argentino, que determina ser tarefa do parente que pede alimentos provar que lhe faltam meios econômicos suficientes e sua impossibilidade de adquiri-los com seu trabalho. Esse mandamento serve tanto para aquele que pede alimentos como para aquele que, depois de certo tempo, segue recebendo alimentos. Esse dispositivo concilia-se com a letra *b* do artigo 434 do Código Civil argentino, ao estabelecer que os alimentos não podem ter uma duração superior ao número de anos que durou o matrimônio.[111]

1.4.3. *Alimentos compensatórios*

Os alimentos compensatórios ou a *compensação econômica* não têm gênero nem devem ser chamados de *pensão*, eis que seu propósito indenizatório procura compensar o cônjuge ou companheiro de qualquer relação hetero ou homoafetiva, na qual o divórcio ou a dissolução do relacionamento afetivo tenha produzido um desequilíbrio econômico em relação à posição do outro parceiro, que implique o agravamento da sua situação anterior durante o casamento, ou à sua convivência estável, quando então terá direito a uma compensação que poderá consistir em um pagamento mensal e transitório ou por tempo indeterminado, ou em uma prestação única, mas sempre no propósito de contrabalançar o desnível econômico surgido com a separação do casal diante do desaparecimento do dever de socorro presente na constância do relacionamento, cujo modelo de atuação permitiu ao cônjuge ou companheiro menos favorecido desfrutar das benesses materiais proporcionadas pelo parceiro mais aquinhoado, podendo ser estabelecida a compensação econômica por acordo do casal ou por sentença judicial.

---

[111] MADALENO, Rolf. *Direito de família*. 12. ed. Rio de Janeiro: GEN/Forense, 2022. p. 1134-1137.

Os alimentos compensatórios não têm lugar tão somente porque um dos consortes ou companheiros deixou de trabalhar e investir em sua independência e autossuficiência, vinculando-se a um emprego, cargo, indústria ou profissão liberal, e que, por necessidade ou acerto com seu par, decidiu cuidar da casa, do parceiro e dos filhos e, assim, assegurar ao outro a retaguarda doméstica e toda a assistência familiar. A compensação econômica (alimentos compensatórios) terá lugar sempre que a separação, o divórcio ou a dissolução da estável convivência produzir um desequilíbrio econômico em relação à posição do outro e que implique o agravamento de sua situação financeira em comparação com o casamento ou com a união estável dissolvida.

Por dessa razão, é de suma importância atentar às observações delineadas por Marta Ordás Alonso quando escreve que para o reconhecimento dos alimentos compensatórios impõe-se a existência de uma situação de desequilíbrio ou desigualdade econômica entre os cônjuges ou ex-cônjuges, que deverá ser apreciada ao tempo em que aconteça a ruptura da convivência conjugal e que deve ter sido a causa da separação, no que diz respeito à situação existente na constância do matrimônio. Logo, esses alimentos compensatórios são o resultado da confrontação entre as condições econômicas de cada um dos consortes em relação àquelas que desfrutavam durante o casamento e considerada a posição que usufruía o outro cônjuge.[112] Dessarte, o único pressuposto para o nascimento do direito a uma pensão compensatória é a constatação do desequilíbrio econômico verificado ao tempo da ruptura das núpcias ou da união estável, tendo em vista que o desequilíbrio implica uma piora financeira de um dos consortes, comparando-se com a condição econômica que ele tinha na constância do matrimônio e com a que segue gozando o outro cônjuge. Essa situação foi deflagrada ao longo das núpcias ou da convivência pelas perdas de oportunidades que incidiram sobre um dos sujeitos da relação afetiva que utilizou seu tempo dedicando-se à família, deixando de se projetar pessoal e profissionalmente, logrando os alimentos compensatórios reequilibrar a situação díspares resultantes da separação, e não no propósito de equiparar patrimônios que por razões diversas podem ser desiguais, ou de perpetuar, à custa de um dos membros do casamento, o nível de vida que o outro vinha desfrutando, mas, sim, no propósito de colocar o consorte prejudicado pelo desfecho das núpcias em uma potencial situação de igualdade de oportunidades laborais e econômicas se não tivesse se dedicado apenas ao casamento.

A compensação econômica difere dos alimentos tradicionais porque estes estão destinados a cobrir as necessidades vitais do alimentando e têm como parâmetro a proporção havida entre a renda do devedor e a necessidade do credor dos alimentos, ao passo que a compensação econômica se propõe justamente a corrigir o desequilíbrio econômico causado com a ruptura do relacionamento.[113] A quantia destinada a compensar o desequilíbrio econômico terá em mira o valor monetário capaz de fornecer ao consorte ou parceiro vulnerável uma adequada estabilidade financeira para que não sinta em suas requisições materiais uma brusca queda no padrão social e econômico experimentado durante a relação afetiva originário de um casamento ou de uma união estável. Nos alimentos compensatórios, não importa, tampouco cabe avocar, o preceito constitucional da igualdade, porquanto seus protagonistas não estão tratando de estabelecer um direito alimentar propriamente dito, mas ajustando uma compensação financeira em benefício de quem tem menos a ser pago por aquele que tem mais. Pode seu valor ser judicialmente arbitrado diante da falta de acordo do casal, devendo o juiz levar em consideração alguns critérios subjetivos, como a idade e o estado de saúde, a

---

[112] ALONSO, Marta Ordás. *La cuantificación de las prestaciones económicas en las rupturas de pareja*. Barcelona: Bosch/Walters Kluwer, 2017. p. 307.

[113] MOZO, Fernando Moreno. *Cargas del matrimonio y alimentos*. Granada: Comares, 2008. p. 51.

qualificação profissional e as probabilidades de acesso a algum emprego; a dedicação dada à família; sua colaboração na atividade profissional do outro cônjuge ou companheiro; a duração do relacionamento; e a eventual perda de uma pensão anterior, além dos recursos e das possibilidades econômicas e financeiras do provedor dos alimentos.

A substancial diferença que na prática ainda não vinha ocorrendo no Brasil até o advento do REsp. 1.954.452/SP, cuja jurisprudência vinha se inclinado apenas pelos alimentos compensatórios *patrimoniais*, em detrimento desses alimentos compensatórios *humanitários* que estão sendo presentemente descritos, é o fato de essas circunstâncias supra mencionadas, serem consideradas em juízo para estipular um típico direito alimentar, condicionado, ainda, a evento futuro e incerto que leve eventualmente à posterior exoneração judicial dos alimentos, e não uma compensação econômica (alimentos compensatórios), que, não mais admite qualquer majoração por mudança de fortuna de quem paga ou daquele que recebe os alimentos, até porque o valor estabelecido considerou e compensou a condição social e econômica vivida ao tempo do relacionamento.

Nisso reside o grande equívoco em confundir a pensão alimentícia, cuja finalidade é cobrir as necessidades de subsistência do credor, com os alimentos compensatórios humanitários, que apenas buscam corrigir o desequilíbrio existente ao tempo da ruptura do relacionamento, para colocar o parceiro alimentando em pé de igualdade com o ex-parceiro. Os alimentos compensatórios *humanitários* desconsideram circunstancial aporte do credor, salvo para reduzir a quantia, mas tão somente arbitram uma verba destinada a compensar o desnível de vida e. Nesse caso, não há que falar em mudança de fortuna, com a intenção de majorar os alimentos em decorrência de acréscimo nos ingressos financeiros do devedor.[114]

Os alimentos compensatórios permitem ao alimentando transitar com segurança pela inevitável passagem que fará, com algum vagar, para experimentar sua nova realidade sociofamiliar, desonerando-se de maiores privilégios ou mordomias acessadas pelo matrimônio. Eles corrigem o desequilíbrio confrontado pelo consorte destituído de recursos materiais e serão fixados em quantidade suficiente para atender aos gastos e alimentos aos quais o cônjuge ou convivente foi acostumado e que ele por si só não tem condições de atingir com o resultado de sua atividade ou labor profissional.[115] Nesse aspecto reside outra grande distância entre a pensão alimentícia e os alimentos compensatórios, porquanto a pensão alimentícia é destinada àquele que não tem recursos próprios de subsistência.

A compensação econômica não guarda uma função permanente e vitalícia de manutenção, pode ser temporária, fixada por determinado tempo, como pode ser revista apenas em razão da capacidade profissional do credor, nunca para majorá-la, pelo casamento ou estabelecimento de união estável de quem recebe, ou diante do sensível empobrecimento do devedor. No entanto, é certo que agrega uma natureza indenizatória de reparar a disparidade financeira surgida do divórcio ou da dissolução de uma união estável, até serem desfeitas as desvantagens sociais.[116]

Embora algumas legislações só adotem os alimentos compensatórios nos regimes de separação de bens, nos quais é mais patente a desproporção econômica, as quais nem sequer contemplam algum regime de comunidade de bens, este não deve ser o único critério para o estabelecimento dos alimentos compensatórios, tampouco se confundem com os alimentos compensatórios *patrimoniais* aplicados pela jurisprudência brasileira pela posse exclusiva de

---

[114] MADALENO, Rolf. *Novos horizontes no direito de família.* Rio de Janeiro: GEN/Forense, 2010. p. 45-47.
[115] MADALENO, Rolf. *Direito de família.* 12. ed. Rio de Janeiro: GEN/Forense, 2022. p. 1140.
[116] MADALENO, Rolf. *Direito de família.* 12. ed. Rio de Janeiro: GEN/Forense, 2022. p. 1140.

bens comuns rentáveis e oriundos do ressuscitamento do parágrafo único do artigo 4.º da Lei 5.478/1968 (Lei de Alimentos).[117]

Existem situações fatuais que justificam a concessão dos alimentos compensatórios com o decreto do divórcio ou da dissolução da união estável, quando, por exemplo, a mulher fica com a guarda dos filhos ainda pequenos, mesmo que apenas como lar de referência; quando ela se encontra em transição pessoal e profissional, pois trabalhava antes do casamento e com o matrimônio abandonou seus afazeres e ficou deslocada do mercado de trabalho, necessitando de um período razoável de adaptação; daquela mulher, mesmo trabalhando, cujas rendas são incapazes de lhe proporcionar o mesmo padrão social e econômico vivenciado durante sua relação afetiva; e das que se encontram na terceira idade e dedicaram a maior parcela de suas vidas aos filhos e ao parceiro.

1.5. Alimentos entre colaterais

Alimentos também são ocasionalmente devidos entre irmãos, mas somente aqueles auxílios essenciais para a vida, cujo conteúdo é indiscutivelmente diferente em sua quantificação e objetivo do que representam os alimentos entre pais e filhos e, eventualmente, entre consortes e companheiros, haja vista que os alimentos entre irmãos têm um caráter menos extenso que os alimentos devidos entre os cônjuges, conviventes e parentes em linha reta. Bastante ilustrativo o artigo 143 do Código Civil espanhol quando estabelece que os irmãos só se devem o auxílio necessário para a vida quando deles precisam por qualquer razão que não seja imputável ao alimentante e se estenderá aos que demandem para sua educação. O direito brasileiro não faz qualquer menção a esses limites de quantificação, mas sua conclusão pode ser extraída por analogia do artigo 1.694, § 2.º, do Código Civil ao dispor que "os alimentos serão apenas os indispensáveis à subsistência, quando a situação de necessidade resultar de culpa de quem os pleiteia".

De qualquer modo, o parentesco na linha colateral vai até o quarto grau (CC, art. 1.592), o que deve ser observado igualmente para os efeitos sucessórios (CC, art. 1.829, inciso IV). Registra Maria Berenice Dias que, apesar de todos reconhecerem que a ordem de vocação hereditária se estende até o quarto grau de parentesco, a doutrina majoritária não admite que a responsabilidade alimentar ultrapasse o parentesco do segundo grau.[118] Aduz Conrado Paulino da Rosa ser impraticável uma interpretação analógica do direito sucessório ao direito alimentar entre colaterais, porque seria taxativo o rol de pessoas obrigadas a alcançar alimentos, consoante o artigo 1.697 do Código Civil, não podendo incluir pessoas não contempladas pelo legislador.[119] É verdade, pois não foram introduzidas pelo legislador como pessoas obrigadas a prestarem alimentos reciprocamente, até o quarto grau de parentesco, embora sejam pessoas inseridas pelo legislador para herdarem de forma direta até o quarto grau de parentesco.

Por descuido ou menor sensibilidade, cria o legislador verdadeira anomalia jurídica, porquanto atribui direitos hereditários ao colateral de terceiro ou quarto grau de parentesco, entrementes extrai-lhe correlata obrigação alimentar que se exaure no segundo grau de parentesco. Aos que se posicionam em contrário ao pleito alimentar contra tios e sobrinhos,

---

[117] Lei 5.478/1968, artigo 4.º, parágrafo único. "Se se tratar de alimentos provisórios pedidos pelo cônjuge, casado pelo regime da comunhão universal de bens, o juiz determinará igualmente que seja entregue ao credor, mensalmente, parte da renda líquida dos bens comuns, administrados pelo devedor."

[118] DIAS, Maria Berenice. *Alimentos aos bocados*. São Paulo: Thomson Reuters/RT, 2013. p. 91.

[119] ROSA, Conrado Paulino da. *Direito de família contemporâneo*. 9. ed. Salvador: JusPodivm, 2022. p. 736.

parentes de terceiro grau ou contra primos do quarto grau não impressiona seja possível herdar no direito sucessório por direito próprio até o quarto grau de parentesco. Em realidade, paira profunda incoerência no direito brasileiro quando no artigo 1.839 do Código Civil chama a suceder os colaterais até o quarto grau, que inclusive concorrem com dois terços da herança na sucessão, em incompreensível vantagem material que não encontra reciprocidade na demanda alimentar e permite com essa restrição sejam os colaterais de terceiro e quarto grau partes ilegítimas na obrigação alimentar.

Estranha conexão de valores que chama os parentes mais distantes a suceder, mas os dispensa do dever de alimentar pelo fato de o direito sucessório não guardar interação direta com o direito familiar, embora o direito civil seja visto como um sistema único, que interage e se interpenetra, cuja leitura deve ser procedida à luz de sua interpretação constitucional, sem esquecer, como faz lembrar Maria Helena Diniz,[120] representar o direito das sucessões um "aspecto patrimonial *post mortem* do direito de família". Logo, o direito sucessório e o direito familiar pertencem ao mesmo sistema jurídico, tanto que o próprio artigo 1.697 do Código Civil manda guardar a *ordem de sucessão* na obrigação alimentar, não se tratando, portanto, de restringir os direitos sucessórios. No entanto, é o caso de ampliar os direitos familiares para permitir também possa a pensão alimentícia ser eventualmente cobrada daquele parente colateral igualmente vocacionado a herdar, pois, se pode e está habilitado a receber, por que realmente haveria de estar impedido de doar, como se solidariedade e parentesco familiar fossem uma via de mão única, especialmente quando sabido que o parente de grau mais distante só será convocado a prestar alimentos se não houver nenhum outro parente de grau mais próximo para custear a subsistência do necessitado? Assim, somente será devedor de alimentos se também vier a ser herdeiro, só tendo chances de ser convocado para prestar alimentos ou para herdar se não existir nenhum outro parente de vínculo parental de grau mais próximo.

Por fim, conforme sensível observação de Nieves Martínez Rodríguez, é lógico que, ao se tratar de um vínculo familiar mais distante ou atenuado em comparação com os parentes em linha reta, o legislador tenha considerado oportuno introduzir uma diferença de tratamento, limitando o *quantum* da prestação.[121] É o pensar adicional de Conrado Paulino da Rosa, ao escrever que a obrigação alimentar entre irmãos deve atender somente ao mínimo existencial, de mera subsistência e jamais alcançar o direito de o postulante auferir o mesmo padrão de vida do irmão alimentante.[122]

Contudo, é de ser consignado que a obrigação alimentar recai sempre, e em primeiro lugar, sobre ascendentes, descendentes, cônjuge ou companheiros, e só na falta ou absoluta impossibilidade destes é que a obrigação incide sobre os irmãos, dispondo o artigo 306 do Código Civil da Capital Federal do México que os irmãos e parentes colaterais têm a obrigação de proporcionar alimentos aos menores ou incapazes, e nesta última hipótese abarca os parentes adultos até o quarto grau, o que permite concluir que para a legislação mexicana os colaterais somente podem reivindicar alimentos se forem menores ou incapazes.

1.6. A responsabilidade alimentar do Estado

---

[120] DINIZ, Maria Helena. *Curso de direito civil brasileiro*. Direito de família. 17. ed. São Paulo: Saraiva, 2002. v. 5, p. 29.
[121] MARTÍNEZ RODRÍGUEZ, Nieves. *La obligación legal de alimentos entre parientes*. Madrid: La Ley, 2002. p. 504.
[122] ROSA, Conrado Paulino da. *Direito de família contemporâneo*. 9. ed. Salvador: JusPodivm, 2022. p. 734.

Embora o texto constitucional brasileiro (CF, art. 227) expresse ser dever da família, da sociedade e do Estado assegurar à criança, ao adolescente e ao jovem, com absoluta prioridade, o direito à vida, à saúde, à alimentação, à educação, ao lazer, à profissionalização, à cultura, à dignidade, ao respeito, à liberdade e à convivência familiar e comunitária, além de colocá-los a salvo de toda forma de negligência, discriminação, exploração, violência, crueldade e opressão, a realidade se mostra bastante distante de seu nobre propósito. Talvez o maior equívoco na interpretação desse dispositivo constitucional que assegura absoluta prioridade à criança, ao adolescente e ao jovem, pelas mãos da família, da sociedade e do Estado, o direito à vida, à saúde e à alimentação, seja o de reconhecer como dever do Estado apenas uma boa intenção, um ato de meros princípios, sem ter realmente presente o efetivo alcance da responsabilidade alimentar do Estado com relação à infância. Não se trata de direitos abstratos e genéricos, mas de direitos fundamentais à dignidade daquele que, ainda menor e incapaz ou jovem, depende, pela própria vulnerabilidade, para sua existência e desenvolvimento, com absoluta prioridade, dos alimentos que, por determinação constitucional, devem-lhe prestar seus pais, a sociedade e o Estado.

É direito primordial da criança, do adolescente e do jovem verem satisfeitas suas necessidades específicas de subsistência e destinadas ao desenvolvimento de sua formação física, mental, espiritual, moral e social, tendo os pais a obrigação primeira de assegurar esse direito, em conformidade com suas possibilidades econômicas e financeiras. Contudo, também o Estado assumiu solidariamente esse dever de adotar medidas capazes de conferir efetividade a esse fundamental direito da criança, do adolescente e do jovem, vulneráveis, dependentes por natureza, destinatários de um incontestável direito social, porque, se da obrigação primeira dos pais não acorrem os recursos necessários à sua manutenção, subsiste esse direito social que o Estado tem o dever constitucional de proteger.

Lembra Cecília Grosman que violam os direitos da criança e do adolescente tanto os pais a quem incumbe a obrigação alimentar quanto o Estado que não assume a responsabilidade pela qual se comprometeu, eis que a proteção da família é um princípio que não se restringe ao direito privado, mas que pertence ao direito público e arremata:

"O amparo da família e de seus integrantes deve, em primeiro lugar, ser coberto com políticas sociais que permitam aos pais ter trabalho, moradia e os ingressos necessários para cuidar de seus filhos. O Estado desatende sua responsabilidade social quando num país a mortalidade infantil alcança altos níveis, quando pais carecem de ocupação e os integrantes das famílias não têm oportunidades de cuidar de sua saúde".[123]

O Estado não pratica nenhuma caridade quando obedece ao comando constitucional e à Convenção sobre os Direitos da Criança, de igual hierarquia constitucional, cujo texto prevê a responsabilidade alimentar do Estado quando os parentes carecem de recursos para atender à subsistência de seus filhos, sendo dever do Estado tomar medidas positivas para garantir que a criança e o adolescente tenham acesso aos direitos fundamentais que assegurem sua vida e alimentação; sua moradia, educação e vestimenta, e de cujos direitos a criança e o adolescente são incondicionais titulares, sendo tarefa estatal desenvolver mecanismos que cumpram esses direitos. E desse propósito não se esquiva o Estado quando se compara com as ações judiciais para acesso a medicamentos, tal qual dispõe a legislação em vigor sobre as condições para a promoção, proteção e recuperação da saúde, organização e o funcionamento dos serviços correspondentes. Essa lei considera a saúde um direito fundamental do ser humano, devendo o

---

[123] GROSMAN, Cecilia P. La responsabilidad del Estado. *In*: GROSMAN, Cecilia P. *Alimentos a los hijos y derechos humanos*. Buenos Aires: Editorial Universidad, 2004. p. 61.

Estado prover as condições indispensáveis a seu pleno exercício, garantindo a saúde, cuja ação consiste na formulação e na execução de políticas econômicas e sociais que visem à redução de riscos de doenças e de outros agravos e no estabelecimento de condições que assegurem acesso universal e igualitário às ações e aos serviços para a promoção, proteção e recuperação da pessoa. Embora o dever do Estado não exclua o das pessoas, da família, das empresas e da sociedade, essa mesma legislação considera que a saúde tem como fatores determinantes e condicionantes, entre outros, a alimentação, a moradia, o saneamento básico, o meio ambiente, o trabalho, a renda, a educação, o transporte, o lazer e o acesso aos bens e serviços essenciais, porquanto os níveis de saúde da população expressam a organização social e econômica do País.

Enfim, é como informa Cecília Grosman ao referir que no campo da obrigação alimentar o Estado assumiu o compromisso internacional, e o Brasil é signatário da Convenção sobre Direitos das Crianças, de garantir os diversos direitos inerentes ao direito alimentar da criança, do adolescente e do jovem, transformando um direito individual em um princípio de solidariedade social, não cabendo ao Estado aguardar o agravamento da condição de penúria do menor carente de recursos financeiros para viver e desse modo exercer uma incômoda e inaceitável posição de abstinência.[124]

A subsistência de uma criança, de um adolescente ou de um jovem ainda incapazes de prover sua manutenção e, por isso, dependentes e vulneráveis não pode ficar à mercê apenas das condições ou das disponibilidades financeiras de seus parentes, omitindo-se o Estado sob esse fácil, mas inconsistente, argumento de ser dever dos pais alimentar sua prole, como se fundamentais direitos da pessoa, sobremodo de um menor dependente e incapaz, pudessem ser violados e como se a vida humana pudesse ser desdenhada pela justificativa de não ser factível transferir ao Estado uma obrigação alimentar tipicamente concernente aos parentes. Segundo Cecília Grosman, seria inoperante a intervenção judicial se o Judiciário não pudesse denunciar uma situação de extrema penúria que afeta a integridade física e mental de uma criança. Embora o tribunal não vá prover os alimentos, deve ordenar aos organismos competentes para que incluam o grupo familiar em programas de efetiva assistência,[125] sem prejuízo, inclusive, de atender financeiramente o alimentando, com posterior direito regressivo contra os progenitores.

Afinal, como concluiu Cecília Grosman, todos os direitos são exigíveis e verificáveis pelos juízes, tanto os direitos civis e políticos como os direitos econômicos, sociais e culturais, para cuja realização o Estado assume obrigações positivas e negativas em maior ou menor medida,[126] mas o que não pode ser aceito é a cômoda posição de omissão estatal por falta de previsão legal, capaz de permitir uma arbitrária agressão ao fundamental direito de viver.

Curiosa omissão do Estado quando também o artigo 3º do Estatuto da Pessoa Idosa estabelece que a família, a sociedade e o Estado têm o dever de amparar as pessoas idosas, assegurando sua participação na comunidade, defendendo sua dignidade e bem-estar e garantindo-lhes o direito à vida. Não obstante, refere-se no artigo 11 do Estatuto da Pessoa Idosa que os alimentos da pessoa idosa serão prestados na forma da lei civil, cuja interpretação mais pertinente seria a de considerar que a responsabilidade alimentar da pessoa idosa deve ser

---

[124] GROSMAN, Cecilia P. La responsabilidad del Estado. *In*: GROSMAN, Cecilia P. *Alimentos a los hijos y derechos humanos*. Buenos Aires: Editorial Universidad, 2004. p. 73-75.

[125] GROSMAN, Cecilia P. La responsabilidad del Estado. *In*: GROSMAN, Cecilia P. *Alimentos a los hijos y derechos humanos*. Buenos Aires: Editorial Universidad, 2004. p. 78-79.

[126] GROSMAN, Cecilia P. La responsabilidad del Estado. *In*: GROSMAN, Cecilia P. *Alimentos a los hijos y derechos humanos*. Buenos Aires: Editorial Universidad, 2004. p. 81.

atribuída primeiro aos parentes, cônjuges e companheiros (CC, art. 1.694), e só na ausência de parentes em condições econômicas é que o encargo recairia sobre o Poder Público, mas somente no âmbito da assistência social (Estatuto da Pessoa Idosa, art. 14). Chama a atenção Maria Berenice Dias para o fato de existir expressa vedação de concessão de tutela antecipada contra a Fazenda Pública, bem como a exigência de reexame necessário da sentença condenatória proferida em seu desfavor, não produzindo efeito antes de confirmada em sede recursal.[127] Trata-se de naturais formas de desestímulo a qualquer demanda buscando responsabilizar o Estado pelos alimentos que não foram encontrados no âmbito familiar.

Olvida-se o Estado que a vida em comunidade exige a autolimitação de certas liberdades, em função do bem comum, é dizer, por meio dos impostos os cidadãos participam de uma comunidade e, em troca, o Estado deve garantir a paz e o bem-estar comum mediante a educação, saúde, segurança e justiça. Prossegue Alejandro J. Siderio dizendo que uma nação representa um conjunto de pessoas que compartilham vínculos históricos, culturais, religiosos, étnicos, ainda que não em uniformidade ou exclusividade, mas têm consciência de pertencerem a um mesmo povo ou comunidade, e geralmente falam o mesmo idioma e compartem um território; também uma comunidade social com uma organização política comum, um território e órgãos de governo próprios, que é soberano e politicamente independente de outras comunidades. Esse vínculo entre os membros da comunidade não pode existir sem o princípio da solidariedade, pois é o elemento de integração a um projeto comum de um país e sem ele não existe comunidade, país ou nação. Então, se o Estado é a representação política e jurídica da nação, a quem os cidadãos concederam liberdade e fortuna para o bem-estar comum, é o próprio Estado o garantidor e principal responsável por administrar recursos e decisões, para que nenhum habitante padeça carências que ponham em risco sua cidadania e sua humanidade. O Estado tem a obrigação ética, política e jurídica de assegurar que nenhum habitante sofra privações que o excluam dos benefícios da comunidade e condenem sua dignidade por passar fome, estar enfermo, ser pobre, carecer de moradia, ser criança, adolescente ou da terceira idade.[128]

Por fim, consoante lições de Jorgelina Fernández Leyton, a França, ainda em 1975, instaurou a *cobrança pública* de toda pensão alimentícia fixada por decisão judicial, cuja cobrança total ou parcial não tenha sido satisfeita mediante a via executiva será abonada pelo Tesouro da França à solicitação do representante do menor. Na Suécia, a Caixa de Previdência Social garante todos os meses uma soma à pessoa que tem o poder familiar do menor e que convive com ele, no caso de o alimentante não pagar ou que tenha pago um valor de alimentos demasiadamente baixo. O artigo 289 do Código Civil suíço estabelece que a pretensão ao pagamento de alimentos passa à comunidade quando esta assume o sustento do menor. Em Quebec, no Canadá, funciona o sistema de adiantamentos que são pagos pelo *Ministère de Revenu*, e cada adiantamento efetivado por esse Ministério é considerado um pagamento de ajuda ao menor, e isso significa que o progenitor vinculado aos alimentos deve compensar ou ressarcir ao Ministério. Por fim, na Alemanha, o Município ou o Estado tem legitimidade para executar os alimentos do beneficiário diante da inadimplência do devedor. Essa sub-rogação implica acionar contra o devedor de alimentos a cobrança das quotas assumidas pelo Estado, ou seja, em todos os países citados, o Estado toma para si o encargo do pagamento dos alimentos e

---

[127] DIAS, Maria Berenice. *Alimentos aos bocados.* São Paulo: Thomson Reuters/RT, 2013. p. 123.
[128] SIDERIO, Alejandro J. Obligaciones del Estado. *In*: CALLEGARI, Mariana G.; SIDERIO, Alejandro J. (coord.). *Alimentos*. Buenos Aires: La Ley, 2017. p. 30-31.

se sub-roga nos direitos do credor para acionar judicialmente o devedor e recuperar o valor adiantado ao representante do menor.[129]

1.7. Características da obrigação alimentar

A obrigação alimentar é um vínculo de direito em virtude do qual uma pessoa, o devedor, está obrigado em relação a outra, o credor, a entregar uma soma em dinheiro ou a cumprir com certas prestações. Portanto, salvo em casos excepcionais em que constitui uma obrigação natural, é uma obrigação civil, criada por lei, é uma obrigação legal. Entretanto, ao ter por finalidade assegurar a existência do credor e por estar fundada sobre o dever de caridade e de solidariedade familiar, está submetida a um regime jurídico muito especial e que apresenta algumas características particulares, atinentes algumas a sua finalidade e outras a seu fundamento.[130]

A obrigação alimentar carrega, portanto, diferentes características que a destoam das demais obrigações civis, diante de sua especial natureza, vinculada à vida da pessoa, atuando em uma faixa de valores fundamentais, havidos por indispensáveis e indisponíveis para a sobrevivência do ser humano, especialmente do incapaz ou vulnerável. Essa sua natureza especial decorre do intrínseco propósito de assegurar a proteção do credor de alimentos, mediante um regime legal específico, e seu crédito visa a cobrir necessidades impostergáveis do credor, cuja satisfação alimentar não pode admitir maiores demoras, razão pela qual o legislador também cercou o direito alimentar de uma série de garantias especiais para afiançar o pronto pagamento dos alimentos,[131] porém mesmo assim outros tantos procedimentos precisam ser urgentemente adotados para garantir a real efetividade do crédito alimentar.

São algumas das particularidades inerentes à obrigação alimentar, das quais, como será visto na sequência, algumas foram repaginadas pela doutrina e jurisprudência que lograram afastar velhas características de seus estágios estanques e mortificados.

1.7.1. Direito personalíssimo

Talvez uma de suas principais características decorra do fato de os alimentos serem personalíssimos, vale dizer, são fixados em razão da pessoa alimentada, ou seja, é um direito *intuitu personae*, pois busca preservar estritamente a vida do indivíduo alimentando, não podendo esse direito ser repassado a terceiros como se fosse um negócio jurídico, embora a obrigação alimentar possa ser transmitida aos herdeiros do devedor (CC, art. 1.700). Segundo Nieves Martínez Rodríguez, a natureza essencialmente pessoal dos alimentos fica evidente tanto do ponto de vista daquele que deve proporcionar os alimentos quanto do destinatário da obrigação, devedor e credor respectivamente, pois são suas particulares circunstâncias pessoais que determinam a existência da relação alimentar.[132]

Esse caráter pessoal dos alimentos deriva de alguns aspectos pontuais. Em primeiro lugar, é personalíssimo enquanto pessoal é o vínculo familiar entre o devedor e credor que compõem os polos da relação obrigacional. O crédito e a dívida são inseparáveis da pessoa,

---

[129] LEYTON, Jorgelina Fernández. *Alimentos*. Buenos Aires: Rubinzal-Culzoni, 2014.

[130] MAZEUD, Henri L.; MAZEUD, Jean. *Lecciones de derecho civil*. Parte primera. Buenos Aires: Ediciones Jurídicas Europa-América, 1976. v. IV, p. 154.

[131] BELLUSCIO, Claudio. *Prestación alimentaria*. Buenos Aires: Editorial Universidad, 2006. p. 52.

[132] MARTÍNEZ RODRÍGUEZ, Nieves. *La obligación legal de alimentos entre parientes*. Madrid: La Ley, 2002. p. 156.

Cap. 1 · DOS ALIMENTOS | 53

porque estão baseados em determinada qualidade que não é transmissível, estão inclusive fora do comércio. Em segundo lugar, são pessoais porque surgem de uma situação concreta das possibilidades de um e das necessidades do outro, e os alimentos só podem ser reclamados por quem está em estado de necessidade e somente são devidos por quem tem meios para atendê-los. Em terceiro lugar, a finalidade dos alimentos não tem caráter patrimonial, não obstante se concretizem em algo material com significado econômico,[133] pois seu estabelecimento e sua fixação têm em mira afiançar a conservação da vida, do cônjuge, companheiro ou parente, atendendo suas vindicações de cunho material e espiritual, qual seja a satisfação de uma necessidade essencialmente pessoal.[134]

1.7.2. Transmissibilidade

A transmissibilidade dos alimentos não havia sido contemplada no Código Civil de 1916, mas, pelo contrário, o artigo 402 do diploma revogado dispunha no sentido inverso de a obrigação de prestar alimentos não se transmitir aos herdeiros do devedor, embora prestações não pagas ainda em vida pelo alimentante pudessem ser cobradas como dívida do espólio do sucedido.

A novidade surgiu com a edição do artigo 23 da Lei do Divórcio, em 1977, ao prescrever ser transmissível a obrigação de prestar alimentos aos herdeiros do devedor, nos termos do artigo 1.796 do Código Civil de 1916.

À luz das mudanças na transmissão da obrigação alimentar colacionadas pela Lei 6.515/1977, escrevera Sérgio Gischkow Pereira estar-se ingressando *em terreno tormentoso e nebuloso*, edificando-se quatro correntes de opiniões: pela *primeira* vertente, a transmissão da obrigação alimentar passaria pura e simplesmente aos herdeiros do alimentante. Uma *segunda* orientação doutrinária entendia ser transmissível apenas o débito existente ao tempo do falecimento do devedor de alimentos.[135] A *terceira* corrente defendia que a dívida alimentar era limitada às forças e destinada a atender qualquer classe de credores, e se o alimentando também fosse herdeiro do sucedido seu crédito alimentar deveria ser subtraído de seu quinhão hereditário. Para Sérgio Gischkow Pereira, uma vez terminada a partilha, desaparecia a obrigação alimentar dos herdeiros, porque eles não podiam ser compelidos a reservarem parte de seus quinhões para atender às demandas de alimentos.[136] Uma *quarta* versão considerava ser transmissível somente a obrigação alimentar devida de um cônjuge para o outro, porque a Lei do Divórcio de 1977 só podia tratar dos direitos dos consortes.

Ainda de acordo com Sérgio Gischkow Pereira,[137] teria prevalecido a quarta opinião, a partir das lições preconizadas por Yussef Said Cahali e Silvio Rodrigues, basicamente pelo fato de a lei divorcista brasileira ter se inspirado na legislação francesa, que só previa a transmissão dos alimentos devidos de um cônjuge a outro.

Sobrevindo o Código Civil de 2002, ecoam as mesmas indagações para saber se a transmissão dos alimentos se dá apenas com relação às prestações vencidas e não pagas, ou se é transmitida aos herdeiros do devedor de alimentos a obrigação alimentar; se essa transmissão

---

[133] ROSPIGLIOSI, Enrique Varsi. *Tratado de derecho de familia*. Derecho familiar patrimonial. Relaciones económicas e instituciones supletorias y de amparo familiar. Lima: Gaceta Jurídica, 2012. t. III, p. 427.

[134] MARTÍNEZ RODRÍGUEZ, Nieves. *La obligación legal de alimentos entre parientes*. Madrid: La Ley, 2002. p. 156-157.

[135] PEREIRA, Sérgio Gischkow. *Ação de alimentos*. Porto Alegre: Síntese, 1979. p. 25.

[136] PEREIRA, Sérgio Gischkow. *Ação de alimentos*. Porto Alegre: Síntese, 1979. p. 30.

[137] PEREIRA, Sérgio Gischkow. *Estudos de direito de família*. Porto Alegre: Livraria do Advogado, 2004. p. 145-146.

deve ser medida na proporção das necessidades do reclamante e dos recursos da pessoa obrigada (CC, art. 1.694, § 1.º); se está limitada às forças da herança (CC, art. 1.792), porque o artigo 1.700 do Código Civil não cogita desse limite, se dentro das forças da herança é devida apenas quando o alimentando também não é herdeiro, pois, se o for, poderá pleitear a ajuda alimentar dos outros herdeiros e demais parentes, com base no dever de solidariedade oriundo da relação de parentesco (CC, art. 1.694); se a obrigação pode ser judicialmente revista diante das forças de produção e dos limites econômico-financeiros do espólio; e, por fim, se o direito alimentar é estendido aos parentes, cônjuges e companheiros, ou se segue prioritariamente endereçado exclusivamente aos cônjuges.

Segundo Bertoldo Mateus de Oliveira Filho: "A obrigação alimentar que se transmite pressupõe o direito preexistente exercido, pois o espólio não pode ser acionado originariamente. Não havendo ação proposta em vida do devedor, inexiste o requisito legal para a transferência obrigacional. Outrossim, a herança deixada pelo *de cujus* deve ser comprovada, porque, sem acervo hereditário, a exigência de alimentos teria como causa jurídica o fato biológico da morte".[138] Por seu turno, Paulo Lôbo diz que: "A pretensão aos alimentos é de natureza personalíssima, ou seja, não pode ser objeto de cessão entre vivos ou de sucessão hereditária. A lei admite, todavia, que o débito de alimentos seja objeto de sucessão, assumindo os herdeiros do devedor o encargo de pagá-lo, no limite das forças da herança, proporcionalmente às quotas hereditárias (CC, art. 1.997). Entende-se que a transmissão é exclusivamente do débito constituído até o falecimento: Tal transmissão é do passivo, e não de alimentos, nem mesmo entre cônjuges. Não se trata, portanto, de uma exceção à regra da intransmissibilidade". Nesse sentido tem decidido o STJ (REsp 509.801) não ser possível o requerimento de ação de alimentos contra espólio de alimentante, se não houver alimentos fixados em acordo ou sentença em seu favor antes do falecimento do autor da herança.[139]

Em nada diverge a doutrina de Sílvio de Salvo Venosa quando obtempera que: "Também parece decorrer do texto legal que esses alimentos transmissíveis são somente aqueles já firmados em decisão judicial ou decorrentes de ação já proposta quando da morte do alimentante". Merece o arremate da lição desse autor quando diz que: "Se o alimentando é herdeiro do falecido, do mesmo modo não subsiste razão para que persista o direito a alimentos após a morte do autor da herança. Da mesma forma, a transmissão da obrigação de alimentar no texto projetado fica restrita apenas aos alimentos decorrentes do casamento e da união estável, o que por si só não se justifica".[140]

Além disso, qual seria o padrão alimentar dos credores do defunto se os serviços prestados pelo sucedido não mais são por ele executados justamente em razão de seu óbito, não mais existindo a fonte que custeava o padrão social e econômico que ele proporcionava? Daí a relevância da esclarecedora lição doutrinária de Renata Raupp Gomes quando informa que: "Sob esse prisma, falecendo o cônjuge na constância da sociedade conjugal, o mesmo não transmite nenhuma obrigação alimentar aos seus sucessores, eis que durante o casamento o casal está submetido ao dever de assistência recíproca, de caráter pessoal e intransferível, sendo a morte motivo de sua extinção, restando, apenas, ao sobrevivente, o direito à pensão previdenciária por morte de seu consorte. Ainda mais claro e coerente se torna tal entendimento, na medida em que o Código Civil atual assegura ao cônjuge sobrevivente amparo suficiente na viuvez, quando não por meação, por participação sucessória efetiva,

---

[138] OLIVEIRA FILHO, Bertoldo Mateus de. *Alimentos e investigação de paternidade*. 4. ed. Belo Horizonte: Del Rey, 2007. p. 35.
[139] LÔBO, Paulo. *Direito civil*. Famílias. 7. ed. São Paulo: Saraiva, 2017. p. 367.
[140] VENOSA, Sílvio de Salvo. *Direito civil*. Família. 17. ed. São Paulo: Atlas, 2017. p. 450.

inclusive em concorrência com os descendentes do falecido (CC, art. 1.829, I), reforçada essa garantia por ocupar agora a categoria de herdeiro necessário. Somente pode se cogitar de transmissão de obrigação alimentar no caso de existência de um ex-cônjuge, já pensionado (por acordo ou decisão judicial) no momento da abertura da sucessão".[141]

Prossegue a referida doutrinadora mostrando que: "Com relação ao filho menor, no falecimento de seu genitor, ou ele herda a universalidade da herança por ser o único sucessor (e nesse caso não se deve cogitar da obrigação alimentar) ou concorre com irmãos ou genitor sobrevivente (cada qual respondendo teórica e autonomamente pela obrigação de sustentá-lo), fazendo jus também a uma pensão previdenciária por morte de seu provedor. Não há sentido em transformar esse filho em credor/devedor de si mesmo (o que dizer do ponto de legitimidade em uma futura revisional de alimentos, quando já encerrado o inventário?). Evidente, pois, que a única hipótese coerente de transmissão da obrigação alimentar diz respeito aos alimentos fixados na dissolução da sociedade conjugal ou união estável, a exemplo da anterior tentativa do artigo 23 da Lei do Divórcio e parcialmente percebida na elaboração do referido projeto de lei em substituição ao atual art. 1.700, de autoria do deputado Ricardo Fiúza, no qual somente a obrigação alimentar decorrente do casamento ou união estável poderá ser transmitida aos sucessores do devedor".[142]

Dessarte, induvidoso que uma obrigação alimentar somente se transmite aos herdeiros, primeiro, nos limites das forças da herança; ao depois, apenas quando o credor dos alimentos não seja ele mesmo herdeiro do falecido, e cujos dependentes muitas vezes também recebem a pensão previdenciária devida pela morte do contribuinte, não havendo nenhum sentido que os coerdeiros sacrifiquem sua herança para preservarem a herança dos credores do defunto.

Na doutrina de Cristiano Chaves de Farias e Nelson Rosenvald: "Posição cautelosa e comedida, à qual aderimos expressamente, sustenta que somente haverá transmissão das obrigações em favor de alimentandos que não sejam herdeiros do espólio deixado pelo falecido, sob pena de violação, por via oblíqua, do princípio constitucional da igualdade entre os filhos. Seria o caso de um irmão que, além de herdeiro, estaria recebendo alimentos do espólio, em detrimento dos demais irmãos, que se restringiriam à qualidade de herdeiros. Assim, o art. 1.700 da Lei Civil 'só pode ter aplicação se o alimentando não é, por sua vez, herdeiro do devedor da pensão', como aduz Zeno Veloso. Levando a situação a uma compreensão prática, considerando que o cônjuge ou companheiro tenha participação na herança do falecido (CC, art. 1.829), não poderá requerer os alimentos do espólio, pois dele já terá um quinhão a título de hereditário. Trata-se de entendimento que obsta um desequilíbrio nos valores recebidos por pessoas que estão, rigorosamente, na mesma situação jurídica".[143]

Consequentemente, desinteressa considerar deveres provenientes da solidariedade e da mútua assistência, que são obrigações estritamente pessoais e se desenvolvem entre cônjuges ou conviventes quando convivendo (nesse caso pela mútua assistência), ou quando se divorciam ou dissolvem sua união estável (nesse caso pela solidariedade), jamais entre consortes ou conviventes com terceiros herdeiros, especialmente quando os pseudoalimentandos do

---

[141] GOMES, Renata Raupp. A (in)transmissibilidade da obrigação alimentar. *In*: LEITE, Eduardo de Oliveira (coord.). *Alimentos no novo Código Civil*. Aspectos polêmicos. Rio de Janeiro: Forense, 2006. v. 5, p. 218. (Grandes temas da atualidade.)

[142] GOMES, Renata Raupp. A (in)transmissibilidade da obrigação alimentar. *In*: LEITE, Eduardo de Oliveira (coord.). *Alimentos no novo Código Civil*. Aspectos polêmicos. Rio de Janeiro: Forense, 2006. v. 5, p. 200-221. (Grandes temas da atualidade.)

[143] FARIAS, Cristiano Chaves de; ROSENVALD, Nelson. *Curso de direito civil*. Famílias. 8. ed. Salvador: JusPodivm, 2016. v. 6, p. 711.

sucedido são igualmente herdeiros, como herdeira deve se apresentar a companheira sobrevivente, se convivente era, vindicando herança, e não alimentos, pois não são os herdeiros que devem honrar valores ou experiências vividas entre o falecido e sua circunstancial parceira.

Calha colacionar a doutrina de Maria Berenice Dias acerca da suposta transmissibilidade do dever alimentar, quando escreve: "Com relação ao dever alimentar entre parentes consanguíneos, a resistência também é grande, sob a alegação de que a transmissibilidade do encargo geraria desequilíbrio na divisão da herança. Por exemplo, falecido o alimentante, ao se transmitir aos filhos maiores a obrigação alimentar em relação ao irmão menor, este perceberia herança em valor superior aos demais, em flagrante quebra do princípio da divisão igualitária dos quinhões".[144]

O que se transmite é a obrigação preexistente por força de uma sentença condenatória ou de acordo judicial ou extrajudicial que tenha imposto ao sucedido, ou que tenha ele espontaneamente se comprometido a pagar alimentos, e quando muito se já existia pelo menos a ação de alimentos em trâmite ainda estando vivo o demandado devedor, sendo descabida a pretensão de acionar a sucessão ou os herdeiros por alimentos que não haviam sido constituídos durante a existência física do autor da herança. Não faz nenhum sentido sacrificar os quinhões hereditários dos coerdeiros do alimentando para alcançar por transmissão de obrigação alimentar a pensão desse mesmo coerdeiro alimentando, maior ou menor de idade, porque, se todos os herdeiros da mesma classe e grau devem receber idênticos quinhões, esse princípio estaria quebrado se a maioria dos coerdeiros precisasse destinar parcela de sua herança para atender aos alimentos do irmão coerdeiro e que se diz credor de alimentos.

Os herdeiros não podem responder com seus bens pessoais, tampouco devem sacrificar sua herança como se existisse um herdeiro com direito maior sobre os demais, devendo ser evitado o enriquecimento sem causa quando o credor dos alimentos tem ou terá meios de prover sua subsistência pessoal. Conforme acenou o aresto 70007905524 da Sétima Câmara Cível do Tribunal de Justiça do Estado do Rio Grande do Sul, é totalmente inconcebível a transmissão ao espólio da obrigação alimentar devida pelo sucedido, sendo preciso apurar, primeiro, as efetivas condições de suporte da sucessão e o montante do quinhão do herdeiro credor de alimentos para verificar se subsiste a mesma possibilidade e se permanece igual necessidade do alimentando herdeiro, uma vez que recebe bens que podem lhe gerar rendimentos, sendo perfeitamente dispensável atribuir aos coerdeiros a transmissão da obrigação alimentar herdada do sucedido, considerando que eles são destinatários de iguais quinhões hereditários, e mesmo porque a transmissão da obrigação alimentar é da herança, e não endereçada aos herdeiros. Caso contrário, haverá fundado receio de o herdeiro alimentando enriquecer em detrimento dos coerdeiros alimentantes, por receber mais que o espólio pode pagar, tendo em vista não mais existir o exercício de atividade rentável do primitivo alimentante, ou por receber dos bens dos outros coerdeiros, que para agravar o quadro fático podem ser coagidos ao pagamento da pensão, inclusive sob a ameaça de prisão, o que é inconcebível na obrigação alimentar transmitida por herança, sem falar que os alimentos vencidos após a morte do primitivo devedor reclamam o prévio exame das condições geradas a partir da morte do obrigado alimentar e cujo valor da prestação alimentícia por ele devida levou em consideração sua remuneração profissional que não mais existe com o óbito do ex-alimentante.

Por fim, resta como suporte adicional o conteúdo do Enunciado 343 do Conselho de Justiça Federal ao dispor que: "A transmissibilidade da obrigação alimentar é limitada às forças da herança".

---

[144] DIAS, Maria Berenice. *Manual de direito das famílias*. 10. ed. São Paulo: RT, 2015. p. 571-572.

1.7.3. Divisibilidade

A solidariedade não é presumida, antes resulta da lei ou da vontade das partes (CC, art. 265), de sorte que cada devedor responde por sua cota. Há solidariedade quando houver pluralidade subjetiva ou unidade objetiva, por cuja medida cada credor tem direito à dívida toda ou cada devedor é obrigado pela totalidade do débito.[145] A solidariedade é exceção técnica afeita à presunção, resultando somente da lei ou de contrato, devendo constar expressões de identificação do vínculo de solidariedade, como *solidariamente* ou *pro indiviso*.

A obrigação alimentar é divisível e, portanto, não pode, por exemplo, um credor neto exigir a pensão por inteiro de apenas um de seus avós, deslembrando-se dos demais, pois, por conta dessa opção processual, sujeita-se, em tese, a receber tão somente uma quarta parte da pensão. A pensão alimentícia deve ser dividida entre todos os coobrigados, só sendo excluído algum codevedor se demonstrar não ter condições econômico-financeiras para atender ao pleito alimentar.

Essa é a disposição constante do artigo 1.698 do Código Civil, ao apontar que, sendo várias as pessoas obrigadas a prestarem alimentos, todas devem concorrer na proporção dos respectivos recursos, e, intentada ação contra uma delas, poderão as demais ser chamadas a integrar a lide. Em outras palavras, o débito alimentar se divide em tantas partes quantos forem os alimentantes devedores, o que não significa dizer, com precisão, que cada um dos devedores deve atender uma mesma cota alimentar, mas deve, sim, acatar em conformidade com sua respectiva possibilidade, pois não é outra a intelecção do § 1.º do artigo 1.694 do Código Civil. Entender ao contrário nesse sentido seria proclamar uma obrigação alimentar igualitária e não proporcional, como prescreve o § 1.º do artigo 1.694 do Código Civil. Ora, se os alimentos são fixados na proporção das necessidades do reclamante e dos recursos da pessoa obrigada, logicamente, se forem vários os devedores, a regra a ser aplicada continua sendo estritamente a mesma, ou seja, de calcular a cota de cada devedor na proporção de sua situação econômica. Como escreve Nieves Martínez Rodríguez, o credor de alimentos não pode exigir de cada devedor mais do que ele pode pagar e, como a obrigação alimentar é divisível, e não solidária, o alimentando deve se dirigir contra cada um dos devedores, sem que possa dividir em cotas iguais se os devedores não possuem os mesmos recursos. Se algum deles nada possuir, for insolvente, falido ou desempregado, os demais arcarão com a proporção maior para preencher a cota de necessidade do credor dos alimentos.[146] Essa é a evidência do caráter de divisibilidade dos alimentos, pois o direito alimentar apenas surgirá se quem é convocado tem meios de atender o pensionamento, mas, se alguns dos chamados ao dever alimentar carecem de meios ou recursos, falta-lhes justamente um dos pressupostos da obrigação alimentícia, o que por igual aconteceria e usualmente ocorre quando apenas um dos genitores trabalha e o outro não possui ingressos próprios de dinheiro, o que faz com que toda a carga alimentar recaia unicamente sobre aquele ascendente que trabalha.

São pertinentes as observações feitas por Carlos Roberto Gonçalves,[147] no sentido de o dispositivo legal criar uma modalidade de intervenção de terceiro, não prevista no Código de Processo Civil, não se tratando de denunciação à lide, mas de direito de regresso, ou chamamento ao processo, porque essas situações só seriam plausíveis se a obrigação fosse solidária.

---

[145] TEPEDINO, Gustavo; BARBOZA, Heloísa Helena; MORAES, Maria Celina Bodin de. *Código Civil interpretado*. Rio de Janeiro: Renovar, 2004. v. I, p. 543.

[146] MARTÍNEZ RODRÍGUEZ, Nieves. *La obligación legal de alimentos entre parientes*. Madrid: La Ley, 2002. p. 191.

[147] GONÇALVES, Carlos Roberto. *Direito civil brasileiro*: direito de família. São Paulo: Saraiva, 2005. v. VI, p. 453.

Portanto, se o parente que deve alimentos em primeiro lugar não estiver em condições de suportar totalmente o encargo, serão chamados a concorrer os parentes de grau imediato, na proporção de seus respectivos recursos, conforme a possibilidade de cada um, com valores desiguais se percebem rendimentos diferentes, não obstante estejam todos no mesmo grau de parentesco.

A divisibilidade alimentar não permite concluir possa o principal devedor de alimentos se escusar de fornecer a totalidade da pensão por existir uma pluralidade de obrigados, mas, pelo contrário, os demais coobrigados só serão convocados se o devedor titular não tiver condições de suportar integralmente o encargo (CC, art. 1.698) e se demonstrar terem sido esgotados todos os meios processuais disponíveis para forçar os pais a cumprirem a obrigação alimentar, tudo isso em razão do caráter excepcional da obrigação avoenga.

A Terceira Turma do STJ tem entendido se tratar de um litisconsórcio facultativo ulterior simples, em uma espécie de intervenção anômala, especial ou atípica, suscetível de instauração por provocação de quaisquer das partes, podendo a iniciativa partir tanto do autor dos alimentos como por provocação do réu e do Ministério Público, quando o credor de alimentos for incapaz.[148]

1.7.4. Condicionalidade

Os alimentos estão condicionados às necessidades do alimentando e às possibilidades do alimentante (CC, art. 1.694, § 1.º) e podem ser revistos se sobrevier mudança na fortuna de quem os supre, ou na de quem os recebe (CC, art. 1.699), com a possibilidade de o interessado reclamar ao juiz, conforme as circunstâncias, a exoneração, redução ou majoração do encargo. O parente, cônjuge ou convivente que demanda por alimentos deve provar que não tem meios próprios de sobrevivência, cuja necessidade é presumida quando o credor é menor ou incapaz, ou deve demonstrar que aquilo que produz com seu trabalho não é suficiente para satisfazer as vitais exigências da vida, seja porque seus ganhos são ínfimos ou porque, sem culpa sua, está desempregado, incapacitado ou enfermo. Presente alguma ou várias das situações ensejadoras do pedido alimentar, é preciso que na outra ponta aquele a quem sejam pedidos os alimentos disponha de meios e recursos que permitam satisfazer, em primeiro lugar, suas próprias necessidades e de seu grupo familiar e que lhe restem meios de atender à alimentação do requerente de alimentos. O demandado por alimentos não está compelido a alienar seus bens para satisfazer a obrigação alimentar atrelada a seu parente maior e capaz, seu cônjuge ou convivente, mas deve responder com suas rendas e demais ingressos financeiros periódicos. Contudo, quando se trata de um dever de alimentos vinculado ao poder familiar, se o devedor não tem ingressos regulares e habituais de recursos, oriundos de salário, honorários, *pro labore*, alugueres e outras rendas assemelhadas, pode ser compelido a se desfazer de seus bens para cobrir os alimentos de seus filhos para atender a eventuais emergências.

Estando os alimentos atrelados ao binômio necessidade e possibilidade, encontram-se por igual sujeitos à variação das circunstâncias factuais, porque as prestações de alimentos são periódicas e devem acompanhar a mudança de fortuna do prestador de alimentos, ou do destinatário da pensão. Contudo, a Terceira Turma do STJ, no REsp 1.624.050/MG, da relatoria

---

[148] "Embargos de declaração no agravo em recurso especial. Ação de alimentos. Obrigação avoenga complementar. Litisconsórcio facultativo ulterior simples. Precedentes da Terceira Turma desta Corte. Embargos de declaração acolhidos, com efeitos modificativos" (STJ, EDcl no Agravo em Recurso Especial 1.721.126-6/DF, Min. Marco Aurélio Bellizze, 3ª Turma, j. 30.11.2021).

da Ministra Nancy Andrighi, datado de 19 de junho de 2018, relativizou o princípio da igualdade alimentar entre filhos, permitindo que algum filho receba mais ou menos alimentos que o outro, quando entre eles existem necessidades diferenciadas.[149]

Não encontra amparo legal a afirmação de não transitarem em julgado os alimentos judicialmente decretados; aqueles ajustados por acordo homologado pelo juiz ou referendado pelo Ministério Público ou pelos Defensores Públicos, os quais podem ser revistos a qualquer tempo (Lei 5.478/1968, art. 15).

A sentença de alimentos ou o acordo judicial transitam em julgado material e formalmente, ao reconhecerem o dever de alimentos e estabelecerem a quantificação alimentar a ser operada em conformidade com as condições econômico-financeiras verificadas ao tempo da sentença do juiz, ou do acordo judicial ou extrajudicial, e nesse sentido não mais será examinado o mérito, salvo se no futuro ocorrer alguma mudança na situação financeira das partes, a exigir a alteração do montante dos alimentos vigentes, quer para mais, quer para menos, quando não for a hipótese de exoneração.

Portanto, é imprópria a alegação do *quantum* da prestação alimentar ser infenso ao princípio da imutabilidade, porque os alimentos variam no tempo, conforme lição de Adroaldo Furtado Fabrício, ao mencionar que "as sentenças proferidas em ações de alimentos, como quaisquer outras, referentes ou não a relações jurídicas 'continuativas', transitam em julgado e fazem coisa julgada material, ainda que – igualmente como quaisquer outras – possam ter a sua eficácia limitada no tempo, quando fatos supervenientes alterem os dados da equação jurídica nelas traduzida. O disposto no artigo 15 da Lei 5.478/1968, portanto, não pode ser tomado em sua literalidade".[150]

Incontroversa a ocorrência da coisa julgada pertinente à demanda ou ao ajuste de alimentos cujo valor e os vínculos da obrigação não mais serão examinados, salvo surgir uma nova situação fática a demonstrar maior disponibilidade financeira do provedor, ou maior necessidade alimentar do credor.

---

[149] "Civil. Processual civil. Ação de alimentos. Diferença de valor ou de percentual na fixação dos alimentos entre filhos. Impossibilidade, em regra. Princípio constitucional da igualdade entre filhos, todavia, que não possui caráter absoluto. Possibilidade de excepcionar a regra quando houver necessidades diferenciadas entre os filhos ou capacidade de contribuições diferenciadas dos genitores. Dever de contribuir para a manutenção dos filhos que atinge ambos os cônjuges. Dissídio jurisprudencial. Cognição diferenciada entre paradigma e hipótese. Premissas fáticas distintas. 1. Ação distribuída em 06.03.2012. Recurso especial interposto em 22.04.2015 e atribuído à relatora em 26.08.2016. 2. O propósito recursal consiste em definir se é ou não admissível a fixação dos alimentos em valores ou percentuais diferentes entre filhos. 3. Do princípio da igualdade entre os filhos – indistintamente – possuem as mesmas demandas vitais, tenham as mesmas condições dignas de sobrevivência e igual acesso às necessidades mais elementares da pessoa humana. 4. A igualdade entre os filhos, todavia, não tem natureza absoluta e inflexível, devendo, de acordo com a concepção aristotélica de isonomia e justiça, tratar-se igualmente os iguais e desigualmente os desiguais, na medida de suas desigualdades, de modo que é admissível a fixação dos alimentos em valor ou percentual distinto entre os filhos se demonstradas a existência de necessidades diferenciadas entre eles, ou, ainda, de capacidades contributivas diferenciadas dos genitores. 5. Na hipótese, tendo sido apurado que havia maior capacidade contributiva de uma das genitoras em relação a outra, é justificável que se estabeleçam percentuais diferenciados de alimentos entre os filhos, especialmente porque é dever de ambos os cônjuges contribuir para a manutenção dos filhos na proporção de seus recursos. 6. Não se conhece do recurso especial por dissídio jurisprudencial quando houver substancial diferença entre a cognição exercida no paradigma e a cognição exercida na hipótese, justamente porque são distintas as premissas fáticas em que se assentam os julgados sob comparação. Precedentes. 7. Recurso especial parcialmente conhecido e, nessa extensão, desprovido."

[150] FABRÍCIO, Adroaldo Furtado. *A coisa julgada nas ações de alimentos*. Porto Alegre: Ajuris, 1991. v. 52, p. 28.

60 | ALIMENTOS COMPENSATÓRIOS – *Rolf Madaleno*

Não se trata da "existência implícita da cláusula *rebus sic stantibus* do artigo 505, inciso I, do Código de Processo Civil, das sentenças alimentares, pois, representando estas dívidas de valor, sujeitam-se à correção",[151] haja vista que o montante alimentar é variável e sofre os influxos financeiros do passar do tempo, e essas variações incidem sobre o credor e o devedor de alimentos.

1.7.5. *Reciprocidade*

Existe reciprocidade porque quem presta alimentos também tem direito a recebê-los se vier a deles necessitar, invertendo-se as posições dos sujeitos da relação jurídica alimentar. Conforme Arnaldo Marmitt,[152] a reciprocidade encontra eco nos artigos 1.694 e 1.696 do Código Civil, porque o devedor de hoje pode ser o credor de amanhã, quanto ao ônus alimentar.

A reciprocidade não significa que duas pessoas devam alimentos entre si,[153] mas tão somente que o devedor de hoje poderá ser o credor do futuro, tampouco se confunde com a reciprocidade das obrigações bilaterais derivadas de um contrato sinalagmático, em que ambos são credores e devedores ao mesmo tempo, pois é impossível em uma relação alimentícia que ao mesmo tempo recaia sobre as mesmas pessoas um dever e um direito de alimentos, pois entra em jogo a situação de necessidade de quem ocupa a posição de credor e a condição de possibilidade daquele que se vê obrigado a prestar os alimentos. Enfim, a fórmula para compreensão da reciprocidade está em ter presente que um potencial credor poderá ser no futuro um potencial devedor de alimentos, dado que a necessidade pode surgir para qualquer um deles. Existe somente nos alimentos do direito de família, derivada dos vínculos de parentesco ou de conjugalidade e afetividade, a causa do dever de solidariedade, podendo desaparecer essa reciprocidade, relativamente a um dos partícipes, quando, por exemplo, o credor tiver comportamento indigno em relação ao devedor (CC, art. 1.708, parágrafo único). Outrossim, desaparece a reciprocidade quando um genitor é destituído do poder familiar, porquanto, embora o pai que tenha perdido o poder familiar siga obrigado a prestar alimentos para o filho, carece da faculdade de reclamá-los, deixando de ser uma obrigação recíproca para se tornar unilateral.[154]

1.7.6. *Alternatividade*

A prestação alimentar pode ser alternativa (CC, art. 1.701), porque a pessoa obrigada a prestar alimentos pode pensionar o alimentando ou dar-lhe hospedagem e sustento, sem prejuízo do dever de prestar o necessário à sua educação, quando menor. O alimentante pode cumprir sua obrigação alimentar em espécie ou, se pagar *in natura*, pode hospedar o alimentando e dar-lhe sustento direto. Os alimentos *in natura* são aqueles prestados de forma direta, quando o alimentante atende pessoalmente ao sustento diário, com alimentos, alojamento, vestimenta e remédios, em vez de prestar sua obrigação mediante o abono mensal em dinheiro. No entanto, os alimentos também podem ser pagos parte *in natura* e parte em espécie, quando, por exemplo, o credor ocupa uma moradia do alimentante.

---

[151] PORTO, Sérgio Gilberto. *Doutrina e prática dos alimentos*. 3. ed. São Paulo: RT, 2003. p. 108.
[152] MARMITT, Arnaldo. *Pensão alimentícia*. Rio de Janeiro: Aide, 1993. p. 28.
[153] CAHALI, Yussef Said. *Dos alimentos*. 3. ed. São Paulo: RT, 1998. p. 130.
[154] MARTÍNEZ RODRÍGUEZ, Nieves. *La obligación legal de alimentos entre parientes*. Madrid: La Ley, 2002. p. 153.

Não se cuida, no entanto, de um direito absoluto do devedor, ficando a critério do julgador encontrar a melhor solução para o caso em concreto, considerando as efetivas e pontuais necessidades do credor, e se o alimentando for maior deverá anuir expressamente em receber os alimentos de forma diversa ou alternativa. Esse é o encaminhamento preconizado pelo artigo 25 da Lei 5.478/1968, ao condicionar o pagamento da pensão *in natura* à concordância do alimentando capaz.

O juiz não está impedido de autorizar, por exemplo, um filho menor a não residir com os pais, se razões de ordem moral ou pessoal influírem na decisão e obstarem a concretização, seja porque o filho resida em outra cidade, ou porque more com os avós, ou, ainda, porque vai prestar o serviço militar obrigatório, tornando-se maior, doravante precisando anuir sobre a prestação alimentar *in natura*.

A pensão alimentícia é considerada alternativa por conter uma modalidade dupla de prestação (CC, art. 1.701), devendo o juiz fixar a forma de cumprimento da prestação (CC, art. 1.701, parágrafo único), não se deslembrando de ser a solução mais prática e dinâmica o recebimento dos alimentos em dinheiro, com parcelas mensalmente depositadas em favor do credor, sem os costumeiros percalços decorrentes de ajustes complementares, permitindo o cumprimento da prestação alimentar *in natura*, com o fornecimento de gêneros, vestuário ou habitação no lugar dos recursos financeiros.

Nada impede, também, que repasse mensalmente o devedor de alimentos para o alimentando, sem prejuízo de outras verbas pontuais, o vale-alimentação recebido de seu empregador, resolvendo em espécie os alimentos propriamente ditos, ou fornecendo alojamento e vestuário no lugar de dinheiro, sendo por vezes admitidos pelos tribunais a compensação de alimentos pagos *in natura* para evitar o enriquecimento indevido do alimentando, não se configurando esse gesto mera liberalidade, quando, por exemplo, o pai paga as mensalidades escolares que, a toda evidência, teriam de ser atendidas com a pensão fornecida em espécie.

1.7.7. *Imprescritibilidade*

O direito de pedir alimentos é imprescritível e pode ser exercido a qualquer tempo por quem passou a demandá-los, ainda que o alimentando nunca tenha exercitado seu direito e por mais tempo que tenha passado. É direito que não se extingue pela falta de seu exercício, o qual simplesmente se renova e persiste diante da situação de necessidade. A reivindicação de alimentos constitui-se uma mera faculdade de o titular dos alimentos reclamá-los em juízo,[155] não havendo como admitir sua prescrição quando o próprio artigo 1.707 do Código Civil estabelece que o credor até pode não exercer o direito a alimentos, mas lhe é vedado renunciá-lo. Aceitar a prescrição do direito alimentar seria uma forma indireta e ilegal de reconhecer a renúncia alimentar. O fato de o alimentando não ter reclamado alimentos em um momento pretérito não é obstáculo para deixar de fazê-lo quando entender que precisa e quando se apresentarem os pressupostos próprios de uma obrigação alimentar.

A obrigação reconhece a *intermitência* como uma das características específicas, o que significa que a pretensão alimentar se renova a cada vez que concorrerem os pressupostos de sua exigência, próprios do binômio entrelaçado pela necessidade de quem precisa e pelas possibilidades do obrigado alimentar, ambos vinculados por um laço familiar. Como prossegue Eduardo Ignácio Fanzolato, "em princípio, não procede reclamar a satisfação de urgências

---

[155] MARTÍNEZ RODRÍGUEZ, Nieves. *La obligación legal de alimentos entre parientes.* Madrid: La Ley, 2002. p. 183.

alimentares do passado, a prescrição começaria continuadamente a correr no momento presente, razão pela qual nunca se poderá tê-la como operada. [...] Assim como se a cada momento fosse nascendo uma nova ação".[156]

É ensinamento que está de acordo com o pensamento também externado por Julio J. López del Carril,[157] quando diz que a imprescritibilidade dos alimentos se justifica pelo fato de a obrigação alimentícia se renovar diariamente, conforme também vão se renovando periodicamente as necessidades do credor. Como a prescrição deve ser computada desde o momento em que o direito se torna exigível, ela jamais poderia ser definitivamente operada, porque a necessidade alimentar recomeça a cada dia.

Prescrevem, no entanto, no prazo de dois anos (CC, art. 206, § 2.º) os alimentos devidos e não pagos, contando o início do prazo do vencimento de cada prestação, que começa a correr a partir da violação do direito, com o descumprimento da prestação.[158] Portanto, prestações vencidas e não pagas prescrevem se não forem executadas judicialmente pelo desinteresse, pela desídia ou pela inércia do credor. Para não haver dúvidas, os alimentos futuros não prescrevem pelo transcurso do tempo, porém as cotas alimentícias já fixadas e atrasadas se perdem pela prescrição, pois a imprescritibilidade é pertinente exclusivamente ao direito de exigir alimentos, mas não de reclamar as pensões fixadas, vencidas e não pagas, pois não se pode confundir o direito de exigir a obrigação estipulada com o direito de solicitar alimentos.

A falta do exercício da ação de cobrança das prestações vencidas e não pagas não importa na automática exoneração do direito alimentar, embora possa representar um forte indicativo de desaparecimento da necessidade alimentar do credor, porque não é crível possa o alimentando deixar de cobrar os alimentos essenciais à sua sobrevivência, devendo a discussão acerca da manutenção dos alimentos ser travada em demanda específica de revisão ou de exoneração alimentar.

Na dicção de Vilson Rodrigues Alves, o Código Civil reduziu o prazo da prescrição da ação de cobrança das prestações de alimentos de cinco anos, como estava previsto no Código Civil de 1916 (art. 178, § 10), para dois anos do Código Civil de 2002 (art. 206, § 2.º).[159]

Pelo comando do artigo 198, I, do Código Civil, a prescrição não corre contra os menores de 16 anos, que são absolutamente incapazes de exercer pessoalmente os atos da vida civil (CC, art. 3.º), sendo forçoso concluir, *a contrario sensu*, não se suspender o prazo de prescrição da cobrança de alimentos não pagos e devidos a menor relativamente incapaz (CC, art. 4.º, inc. I) e concernente aos maiores de 16 anos de idade.

Também não corre a prescrição entre os cônjuges na constância da sociedade conjugal (CC, art. 197, inc. I), devendo ser procedida interpretação analógica à união estável, em simetria de tratamento, por não ter sido expressamente referido pelo legislador.

Para Miguel Maria de Serpa Lopes, ao comentar o inciso I do artigo 169 do Código Civil de 1916, cujo dispositivo foi reprisado no inciso I do artigo 198 do Código Civil de 2002, só ocorrerá com a suspensão da prescrição com relação aos menores de 16 anos e que são os absolutamente incapazes.[160]

---

[156] FANZOLATO, Eduardo Ignacio. *Derecho de familia*. Córdoba: Advocatus, 2007. t. I, p. 256.
[157] CARRIL, Julio J. López del. *Derecho y obligación alimentaria*. Buenos Aires: Abeledo-Perrot, 1981. p. 142.
[158] GOMES, José Jairo. *Direito civil*: introdução e parte geral. Belo Horizonte: Del Rey, 2006. p. 556.
[159] ALVES, Vilson Rodrigues. *Da prescrição e da decadência no novo Código Civil*. Campinas: Servanda, 2006. p. 281.
[160] SERPA LOPES, Miguel Maria de. *Curso de direito civil*. 2. ed. Rio de Janeiro: Livraria Freitas Bastos, 1957. v. I, p. 599.

Por sua vez, para Mário Aguiar Moura, na ação de petição de herança deve ser aplicado o disposto no artigo 169, inciso I (CC/2002, art. 198, inc. I), combinado com o artigo 5.º do Código Civil de 1916 (CC/2002, art. 3.º), enquanto absolutamente incapaz o filho, passando a fluir o prazo de prescrição somente quando atingir os 16 anos.[161]

1.7.8. Incompensabilidade

Os alimentos são insuscetíveis de compensação (CC, art. 1.707) em virtude de sua natureza essencialmente alimentar, pois têm por finalidade assegurar a subsistência do alimentando, não sendo permitido ao devedor proceder a seu talante a compensação com eventuais outros créditos.

O devedor deve pagar integralmente os alimentos acordados ou fixados por provimento judicial provisório ou regular, e não pode deixar de cumprir seu dever alimentar com a desculpa de pretender compensá-los com outros valores de que seja credor, por exemplo, em razão de dívidas do alimentando pagas pelo devedor.

Permitir a compensação seria autorizar o devedor a gerir indiretamente a vida e os interesses dos alimentandos, normalmente representados pela ex-esposa, ou tão somente a prole, porque essa possibilidade retiraria dos credores de alimentos a livre administração de sua vida econômico-financeira e de determinarem o âmbito de suas necessidades pessoais, para dar espaço a uma intolerável e inaceitável intervenção na autoridade do guardião dos filhos. Inadmissível queira o devedor de alimentos promover compensações de liberalidades e de encargos por ele livremente assumidos com a prole, ou apenas porque diverge da orientação do outro ascendente e trata de direcionar os custos e proceder à aquisição de bens e de necessidade que julga serem do interesse da prole. Seria uma inaceitável forma de ingerência sobre a autonomia do ex-cônjuge ou ex-companheiro alimentando e sobre a autoridade que estes detêm em razão da custódia da prole comum.

Nesse sentido aponta o inciso II do artigo 373 do Código Civil, ao ressalvar a compensação de dívida de alimentos e destacar a vinculação personalíssima da pensão alimentícia. O credor de alimentos tem o direito de receber integralmente o valor mensal da prestação alimentícia, sem surpresas com compensações por despesas realizadas pelo livre-arbítrio do devedor da pensão, reduzindo os recursos com os quais o credor de alimentos conta para administrar com independência e autonomia, ou sob a supervisão de seu responsável custodiante seus débitos pessoais.

O alimentante não pode compensar liberalidades que fez para os filhos, ou para a ex--mulher, com a aquisição de vestuário, brinquedos, ou mesmo alimentos, quando tem o dever de aportar mensalmente um valor certo de pensão alimentícia, sendo mais difícil de ser promovida a abusiva compensação se os alimentos sofrerem desconto em folha de pagamento.

Tampouco é admissível o devedor pagar os alimentos diretamente aos filhos, sob o argumento de não confiar na administração da pensão alimentícia pela mãe deles, acusando-a de ser perdulária, má administradora, ou de gastar em seu proveito pessoal os alimentos dos filhos. O crédito de alimentos é destinado a garantir o sustento e a vida do alimentando e não pode ser numerário que fique à disposição do devedor e segundo sua vontade pessoal, podendo constranger a ver sua pensão alimentícia atendendo a pagamentos que não esperava e que tampouco autorizou, comprometendo suas necessidades pessoais e fundamentais, apenas porque o devedor alimentar pretende dar destino próprio ao consumo de alimentos, cuja

---

[161] MOURA, Mário Aguiar. *Tratado prático da filiação*. Porto Alegre: Síntese. t. 2. 1981. p. 275.

avaliação das necessidades e direcionamento das despesas pertence exclusivamente ao credor. Essas despesas realizadas pelo devedor e sem a autorização inequívoca do credor de alimentos devem ser consideradas como meras liberalidades em favor do alimentando, cuja compensação é indevida, pois admiti-la significaria deixar o credor sem meios de subsistência, sujeito a deparar até com um saldo devedor em favor do credor.

Contudo, abusos ocorrem em todas as frentes, muitas vezes praticadas pelo credor dos alimentos, razão pela qual a jurisprudência vem admitindo algumas pontuais exceções à proibição da compensação alimentar, quando, por exemplo, o credor dos alimentos ou o administrador da pensão alimentícia se omite de quitar dívidas que tem o dever de atender com a pensão alimentícia pecuniária e gera com esse gesto abusivo um enriquecimento ilícito.

As situações mais banais decorrem do não pagamento, pelo guardião dos filhos, da escola da prole, expondo o alimentante ao constrangimento de ver sua descendência ameaçada de não mais poder frequentar o colégio, cuja rubrica integra inescusavelmente o montante da pensão alcançada pelo outro genitor, ou deixando de pagar as cotas do condomínio ou o aluguel do imóvel residencial da família, além do IPTU, aproveitando-se do fato de o contrato de locação ou de o imóvel estar registrado em nome do alimentante, forçando assim o devedor alimentar ao duplo pagamento da pensão.[162]

Como dado curioso e para constante reflexão, a segunda parte do artigo 151 do Código Civil espanhol admite a compensação e a renúncia de pensões alimentícias atrasadas e não pagas, porque elas perderam o pressuposto da necessidade premente da vida, e, quando essa exigência desaparece, afigura-se possível exercer a compensação com créditos do devedor de alimentos.

1.7.9. *Irrenunciabilidade*

O direito aos alimentos é irrenunciável (CC, art. 1.707), como igualmente ordenava o artigo 404 do Código Civil de 1916, permitindo a jurisprudência construída ao tempo da codificação revogada apenas o exercício processual da mera *desistência* dos alimentos, os quais, momentaneamente desistidos, poderiam ser retomados a qualquer tempo, de acordo com a Súmula 379 do STF.[163]

---

[162] "Agravo de instrumento. Divórcio. Pretensão de autorização para abatimento, no valor dos alimentos, das despesas de condomínio, IPTU e mensalidades escolares do filho comum aos litigantes. Gastos expressamente ponderados na quantificação dos alimentos provisórios em prol da autora e do filho. Deferimento. No julgamento dos recursos interpostos por ambos os litigantes contra a decisão que fixou os alimentos provisórios, cujo valor foi mantido por este Tribunal, foram ponderadas expressamente as despesas de moradia, além do fato de que o filho comum dos contendores possuía gastos extraordinários, dentre eles as mensalidades da instituição privada de ensino que frequenta. Saliente-se que, além de terem sido sopesadas na quantificação dos alimentos, as despesas relativas ao condomínio, IPTU e mensalidades escolares, não são facultativas e, portanto, é cabível autorizar o abatimento dos valores pagos pelo alimentante para fazer frente a esses gastos, até mesmo porque é ele que figura como responsável financeiro. Logo, eventual inadimplência acarretaria prejuízo ao alimentante – com possível restrição de crédito, inclusão de seu nome em cadastros de devedores e até mesmo execução judicial – Muito embora a obrigação alimentar fosse paga pontualmente e de forma integral; em contrapartida, haveria enriquecimento sem causa do credor de alimentos. Deram provimento unânime" (TJRS, Agravo de Instrumento 5068154-43.2021.8.21.7000, 8.ª Câmara Cível, Rel. Des. Luiz Felipe Brasil Santos, j. 07.10.2021).

[163] Súmula 379 do STF. "No acordo de desquite não se admite renúncia aos alimentos, que poderão ser pleiteados ulteriormente, verificados os pressupostos legais."

A razão de sua irrenunciabilidade estaria centrada no interesse social de o direito aos alimentos, como norma de ordem pública, representar direito personalíssimo e indisponível, identificado com a subsistência da pessoa e com o supremo direito à vida. Sendo o direito a alimentos preceito de interesse de ordem pública, sua renúncia está fora do âmbito da autonomia privada e muito especialmente quando a renúncia prejudica terceiro credor, por exemplo, uma mãe guardiã que, no ímpeto do desgaste psicológico de uma demanda de divórcio litigioso ou de uma ação de alimentos, renuncie ao crédito alimentício da prole por ela representada, ou simplesmente porque o acordo alimentar de renúncia dos alimentos dos filhos fica em segundo plano diante da cláusula que no mesmo acordo tratou da partilha dos bens conjugais.

Entretanto, irrenunciáveis seriam as prestações futuras, não o sendo as prestações passadas, vencidas e não pagas, que podem ser renunciadas, havendo divergência se poderiam ser renunciados alimentos de pessoas menores e incapazes, cujas doutrina e jurisprudência seguem reputando como irrenunciáveis tanto as vencidas como as vincendas, e especialmente irrenunciável é o direito alimentar do incapaz físico ou mental. Não subsistem dúvidas da viabilidade expressa da renúncia dos alimentos vencidos ou vincendos das pessoas maiores e capazes, e entre cônjuges e companheiros, que sempre puderam também na prática passada deixar de exercer o seu direito alimentar, o qual, em tese, depois jamais era restituído, e diferente não se mostra na atualidade em que os alimentos renunciados por pessoas maiores e capazes, ou por consortes e conviventes, são alimentos definitivamente abdicados em caminho sem volta, representando o artigo 1.707 do Código Civil para as pessoas adultas e capazes um retrocesso histórico de toda uma biografia jurisprudencial amplamente favorável à *desistência* definitiva do direito alimentar e que hoje pode e deve ser interpretada como verdadeiro ato de renúncia alimentar.

Dessarte, consideram como irrenunciáveis os alimentos devidos pelos pais aos filhos menores e incapazes, em razão de seu poder familiar, não sendo irrenunciáveis os alimentos devidos entre companheiros e consortes, entre pais e filhos maiores e capazes, ou entre filhos maiores e pais capazes, ou entre irmãos que se encontram na linha colateral de parentesco.

Não é justo garantir duradouro vínculo alimentar e poder ser acionado a qualquer tempo, mesmo depois do divórcio, sempre que ocorrer alguma modificação na estratificação social do eterno credor, enquanto o alimentante nem sequer pode cogitar de sofrer algum insucesso em sua vida profissional. Desde modo, caso o ex-cônjuge ou ex-convivente não tenha sido feliz na condução de sua subsistência pessoal, teoricamente poderia acionar seu ex-parceiro, que não teve nenhuma influência sobre o fracasso financeiro do ex-parceiro, mantendo esse eterno credor de alimentos uma vantagem absurda de poder pedir e revisar seu direito alimentar.

1.7.10. *Impenhorabilidade*

Como direito personalíssimo do alimentando, por não ter trabalho, nem recursos próprios de sobrevivência, tampouco bens capazes de garantir a subsistência, não há como pretender sejam penhoradas as prestações alimentícias correspondentes a seu crédito alimentar e ligados a sua existência, pois em seara de alimentos a lei trata de favorecer exclusivamente a pessoa alimentanda, e não seus credores, buscando evitar que a pensão de alimentos seja utilizada para outros propósitos que não se limitem à função assistencial e de subsistência que cumprem os alimentos e, em consequência, os alimentos não podem ser atacados por demandas de execução por dívidas comuns, salvo se se tratar de débito devido por outra pensão alimentícia.[164]

---

[164] MADALENO, Rolf. *Direito de família*. 12. ed. Rio de Janeiro: GEN/Forense, 2022. p. 1034.

Segundo Rodrigo da Cunha Pereira, são admitidas exceções de impenhorabilidade, como a penhora dos bens adquiridos com o valor da pensão alimentícia e a penhora de parte deles, desde que preservados os alimentos naturais, tendo em vista que estaria inserida no valor total da pensão alimentícia uma parcela não destinada à sobrevivência.[165] A rigor, a ordem de impenhorabilidade da pensão alimentícia provém do inciso IV do artigo 833 do Código de Processo Civil, ao dispor que são impenhoráveis "os vencimentos, os subsídios, os soldos, os salários, as remunerações, os proventos de aposentadoria, as pensões, os pecúlios e os montepios, bem como as quantias recebidas por liberalidade de terceiro e destinadas ao sustento do devedor e de sua família, os ganhos de trabalhador autônomo e os honorários de profissional liberal, ressalvado o § 2.º".

Para Yussef Said Cahali, a penhora também pode recair sobre alimentos recebidos de prestações atrasadas, o que faz sentido, eis que prestações antigas pagas muito tempo depois perdem sua função alimentar e se tornam um crédito comum, tanto que nem sequer é admitida a ordem de prisão pela inadimplência alimentar superior a três meses, a chamada pensão *velha* que contrasta com a pensão *nova* dos três últimos meses anteriores ao processo executivo, sob ameaça de constrição pessoal ou cerceamento da liberdade de ir e vir a que o devedor de alimentos está sujeito. Pensões remotas têm, com efeito, tratamento processual diferente e, embora não exista regra escrita distinguindo a penhora de alimentos recentes em contraste com os alimentos remotos e hodiernamente recebidos, maior sentido sobressai diante da evidência de que podem ser penhorados por dívidas do alimentando, se for considerado que, em realidade, o credor de alimentos não somente recupera suas pensões remotas e quitadas fora do tempo de vencimento, mas também a estas, na maioria das vezes, somam-se os alimentos novos que não deixaram de ser prestados, não devendo o juiz perder sua linha de entendimento e consideração para declarar penhoráveis ou não créditos alimentares do alimentando, verificando se a penhora afeta naquele momento a subsistência regular e efetiva do alimentando que tem sua pensão alimentícia penhorada.

Por essa razão, calha agora atentar exatamente para o § 2.º do artigo 833 do Código de Processo Civil, ao estabelecer que o disposto nos incisos IV e X do *caput* (CPC, art. 833) não se aplica à hipótese de penhora para pagamento de prestação alimentícia, independentemente de sua origem, bem como às importâncias excedentes a 50 salários mínimos mensais, devendo a constrição observar o disposto nos artigos 528, § 8.º, 529, § 3.º.

Significa dizer que a impenhorabilidade da pensão alimentícia não tem um caráter absoluto, dado que, a contar desse § 2.º do artigo 833 do Código de Processo Civil, serão penhoráveis as importâncias que excedam a 50 salários mínimos mensais, isso para fazer face a dívidas de qualquer natureza do executado, presumindo o legislador que 50 salários mínimos são suficientes para alimentar o executado que é ao mesmo tempo credor de pensão alimentícia, fato que igualmente responde ao questionamento da penhora de pensões remotas do alimentando, inserindo-se todo o seu crédito alimentar presente e passado no limite impenhorável de 50 salários mínimos.

1.7.11. *Irrepetibilidade*

Nenhum dispositivo de lei consigna que os alimentos pagos não podem ser devolvidos; contudo, esse tem sido um princípio sedimentado pela tradição doutrinária e jurisprudencial brasileira, no propósito de proteger o alimentando eventualmente sujeito a ter de devolver

---

[165] PEREIRA, Rodrigo da Cunha. *Direito das famílias*. Rio de Janeiro: GEN/Forense, 2020. p. 277.

prestações alimentícias pagas em duplicidade, ou indevidamente prestadas e, por isso mesmo, até mesmo o bom senso permite a compensação dessas despesas que integram o direito alimentar.

Uma vez pagos, os alimentos não são restituíveis, pois quem efetuou o pagamento não pode cobrá-los, mesmo que o alimentando tenha condições de restituí-los, lembrando Renata Barbosa de Almeida e Walsir Edson Rodrigues Júnior que essa característica não é absoluta, e cada vez mais tem sido relativizada diante do desrespeito aos princípios da boa-fé e do enriquecimento ilícito.[166]

A prática vem demonstrando o quanto pode se tornar injusto o princípio da incondicional irrepetibilidade, quando se trata de obrigação alimentar entre parentes maiores e capazes, cônjuges e conviventes, embora o princípio da não devolução de alimentos indevidamente prestados tenha tráfego nas hipóteses de dever alimentar em que os credores de alimentos são menores e incapazes.

São inúmeros os exemplos de pensões indevidas e, quando pagas, enriquecem ilicitamente o credor, como na hipótese de a ex-esposa alimentanda ter casado novamente ou tiver em união estável e ainda assim seguir recebendo alimentos do ex-marido, do qual oculta o fato novo para não perder seu mensal pensionamento. Pode acontecer, também, de o ex-companheiro ter começado a trabalhar, ou o filho alimentando ter casado e continuar recebendo alimentos, ou ter encerrado ou abandonado os estudos e nada expor para não abrir mão da pensão, ou simplesmente se beneficiam da demora da tramitação do processo de exoneração.[167]

Contudo, trata-se de exceção à restituição do *pagamento indevido* (CC, art. 876) e à regra do enriquecimento ilícito, regulado pelos artigos 884 e 885 do Código Civil, que, no entanto, é desconsiderada quando patente a má-fé do alimentando, eis que, no caso de dolo, má-fé e fraude, sua prática na seara alimentar gera, induvidosamente, um enriquecimento ilícito. Trata-se de um princípio de ética de não pactuar com a não repetição dos alimentos havidos em flagrante e maldoso artifício, em que o pseudocredor encobre a causa exoneratória de seu originário direito alimentar.

Entretanto, no direito argentino, Gustavo A. Bossert justifica a prática da irrepetibilidade ou não restituição dos alimentos pela própria natureza assistencial da prestação alimentar, cujo destino é o de serem consumidos os alimentos, e, como foram consumidos, não há como restituí-los.[168]

Mesmo quando arbitrados os alimentos em sede de liminar, a irrepetibilidade será mantida até a eventual modificação judicial do montante alimentar provisório, não sendo devolvidos os valores eventualmente pagos durante a tramitação da ação alimentar, contudo são perdoados e reajustados os valores devidos, mas que não foram pagos durante a tramitação processual, pois, com relação a estes últimos, refere a Súmula 621 do STJ que: "os efeitos da sentença que reduz, majora ou exonera o alimentante do pagamento retroagem à data da citação, vedadas a compensação e a repetibilidade". Portanto, a própria súmula reitera a não restituição dos alimentos eventualmente pagos a mais, mas permite, pela retroatividade da sentença à data da citação da ação de conteúdo alimentar, que o valor antes devido a maior não possa ser cobrado, caso tenha deixado de ser pago pelo alimentante, tampouco, em contrapartida, possa ser compensado com os valores futuros se tiver sido pago.

---

[166] ALMEIDA, Renata Barbosa de; RODRIGUES JÚNIOR, Walsir Edson. *Direito civil*: famílias. Rio de Janeiro: Lumen Juris, 2010. p. 424.

[167] MADALENO, Rolf. *Direito de família*. 12. ed. Rio de Janeiro: GEN/Forense, 2022. p. 1016-1017.

[168] BOSSERT, Gustavo A. *Régimen jurídico de los alimentos*. Buenos Aires: Astrea, 1993. p. 573.

1.8. Alimentos e prisão civil

Como leciona Araken de Assis, são três os mecanismos que tutelam a obrigação alimentar: o desconto, a expropriação e a coação pessoal, existindo um interesse público prevalente da rápida realização forçada do crédito alimentar.[169] Prescreve o artigo 528 do Código de Processo Civil que, no cumprimento de sentença que condene ao pagamento de prestação alimentícia ou de decisão interlocutória que fixe alimentos, o juiz, a requerimento do exequente, mandará intimar o executado pessoalmente, para, em três dias, pagar o débito, provar que o fez ou justificar a impossibilidade de efetuá-los, e, se o executado não pagar ou se a justificativa apresentada não for aceita, o juiz, além de mandar protestar o pronunciamento judicial, decretar-lhe-á a prisão pelo prazo de um a três meses, que será cumprida em regime fechado, devendo o preso ficar separado dos presos comuns (CPC, art. 528, §§ 3.º e 4.º).

Importante consignar que, em conformidade com a Súmula 309 do STJ, o débito alimentar que autoriza a prisão civil do alimentante é o que compreende até as três prestações anteriores ao ajuizamento da execução e as que se vencerem no curso do processo (CPC, art. 528, § 7.º, e art. 911).[170]

Recorda Yussef Said Cahali que a prisão civil não é pena, mas um meio de coagir o devedor a pagar os alimentos que deve, vencendo a má vontade daquele que procura ocultar o que possui, como no mesmo sentido ensinam vários outros doutrinadores, sendo a ordem de prisão um meio de coerção tendente a conseguir vencer a resistência do devedor de alimentos, estando totalmente despojada do caráter punitivo.[171] Tanto isso é verdade que, uma vez paga a dívida, é ordenada a imediata soltura do devedor. Contudo, mais uma vez adverte Yussef Said Cahali, e quem milita nas demandas executivas igualmente atesta, que não existe meio mais eficiente de execução de dívida alimentar contra devedor renitente,[172] acrescendo Maria

---

[169] ASSIS, Araken de. *Da execução de alimentos e prisão do devedor*. 4. ed. São Paulo: RT, 1998. p. 113.

[170] "Recurso ordinário em *habeas corpus*. Execução de alimentos. Prisão civil suspensa pelas instâncias precedentes. Credor da verba alimentar maior de idade, com formação superior em psicologia e inscrito no respectivo Conselho de Classe. Potencial aptidão para desempenho de atividade laborativa remunerada. Saúde física e psicológica do executado que prejudicou o desempenho de seu trabalho. Ausência de atualidade e urgência no recebimento dos alimentos. Recurso ordinário provido. 1. Na linha da jurisprudência do STJ, em regra, a maioridade civil e a capacidade, em tese, de promoção ao próprio sustento, por si só, não são capazes de desconstituir a obrigação alimentar, devendo haver prova pré-constituída da ausência de necessidade dos alimentos. Precedentes. 2. Particularidades, contudo, do caso concreto, permitem aferir a ausência de atualidade e urgência no recebimento dos alimentos, porque (i) o credor é maior de idade (26 anos), com formação superior (psicologia) e inscrito no respectivo Conselho de classe; (ii) a saúde física e psicológica fragilizada do devedor de alimentos, que não consegue manter regularidade no exercício de atividade laborativa; e (iii) a dívida se prolongou no tempo e se tornou gravoso exigir todo seu montante para afastar o decreto de prisão. 2.1. O risco alimentar e a própria sobrevivência do credor, não se mostram iminentes e insuperáveis, podendo ele, por si só, como vem fazendo, afastar a hipótese pelo próprio esforço. 3. A Terceira Turma já decidiu, em caso semelhante, que o *fato de a credora ter atingido a maioridade e exercer atividade profissional, bem como o fato de o devedor ser idoso e possuir problemas de saúde incompatíveis com o recolhimento em estabelecimento carcerário, recomenda que o restante da dívida seja executada sem a possibilidade de uso da prisão civil como técnica coercitiva, em virtude de indispensável ponderação entre a efetividade da tutela e a menor onerosidade da execução, somada à dignidade da pessoa humana sob a ótica da credora e também do devedor* (RHC 91.642/MG, Rel. Min. Nancy Andrighi, *DJe* 09.03.2018. 4. Recurso ordinário em *habeas corpus* provido" (STJ, Recurso em *Habeas Corpus* 160368/SP, 3.ª Turma, Rel. Min. Moura Ribeiro, j. 05.04.2022).

[171] CAHALI, Yussef Said. *Dos alimentos*. 4. ed. São Paulo: RT, 2002. p. 1004.

[172] CAHALI, Yussef Said. *Dos alimentos*. 4. ed. São Paulo: RT, 2002. p. 1004.

Cap. 1 • DOS ALIMENTOS | 69

Berenice Dias ser inquestionável que a ameaça de prisão civil atinge altos índices de eficiência em razão do forte impacto causado sobre o obrigado.[173]

A Constituição Federal manteve o instituto da prisão civil por dívida alimentar proveniente do direito de família como exceção aos meios de execução,[174] proclamando que "não haverá prisão civil por dívida, salvo a do responsável pelo inadimplemento voluntário e inescusável de obrigação alimentícia" (CF, art. 5.º, LXVII), e que se dará em regime fechado, cuja medida coercitiva tem a finalidade de forçar ao pagamento, e não de reabilitar e ressocializar o devedor de alimentos.[175] Merece destaque o artigo 528, § 7.º, do Código de Processo Civil ao estatuir que "o débito alimentar que autoriza a prisão civil do alimentante é o que compreende até as três prestações anteriores ao ajuizamento da execução e as que se vencerem no curso do processo", além da Súmula 309 do STJ ao prever igualmente que: "o débito alimentar que autoriza a prisão civil do alimentante é o que compreende as três prestações anteriores ao ajuizamento da execução e as que vencerem no curso do processo".

Para Paulo Lôbo a prisão civil deve ser decretada com prudência e parcimônia não só por ser remanescente de odiosa tradição, e aqui certamente o autor se recorda dos tempos em que a qualquer dívida civil permitia que o devedor fosse preso, mas também para que não se transforme em instrumento de vingança privada ou mesmo de agravamento das condições de rendimentos do devedor, em prejuízo do próprio credor. O autor acrescenta que a prisão não se justifica diante da real incapacidade econômica do executado, já tendo o STF rejeitado a prisão civil no *Habeas Corpus* 106.079, em caso de devedor de alimentos desempregado, afigurando-se abusivo o pedido de cerceamento da liberdade, e que o STJ no *Habeas Corpus* 38.314 considerou ilegal a prisão de avós por não pagarem pensão a netos, se o pai pode arcar com a obrigação.[176]

Sobre a prisão dos avós por dívida alimentar dos netos diz Márcio Berto Alexandrino de Oliveira ser totalmente irrazoável e desproporcional, pois não faz nenhum sentido eles, depois de criarem os filhos, terem que criar os netos e ainda serem encarcerados por dívidas de alimentos avoengos.[177]

Com relação aos alimentos devidos pela progenitora do credor, a Terceira Turma do STJ admitiu o cumprimento da prisão por dívida de alimentos em regime domiciliar, caso a devedora seja mãe e única responsável por outro filho menor de 12 anos. Ao aplicar, por analogia, o art. 318, V, do CPP, o colegiado considerou que esse dispositivo – instituído pelo Marco Legal da Primeira Infância (Lei 13.257/2016) – tem a finalidade de reduzir os efeitos negativos decorrentes do afastamento materno.[178]

---

[173] DIAS, Maria Berenice. *Alimentos aos bocados*. São Paulo: Thomson Reuters/RT, 2013. p. 278.

[174] MAIA, Roberto Serra da Silva. *Prisão civil de alimentos*. Abolição. São Paulo: LTr, 2013. p. 50-51 escreve: "No Brasil, sob o aspecto constitucional, [...] a Constituição do Império (1824) e a da República (1891), mesmo com as Emendas de 1926, foram omissas acerca da prisão civil por dívida. A Constituição de 1934, por sua vez, proibiu expressamente, qualquer prisão civil por dívida, e a Constituição de 1937 omitiu-se nesse ponto. As Constituições de 1946 e de 1967, assim como a Emenda Constitucional 1, de 1969, estabeleceram a possibilidade de prisão por dívida no caso de depositário infiel ou de responsável pelo inadimplemento de obrigação alimentar, enquanto a atual Constituição (1988), no inciso LXVII de seu art. 5.º, previu a prisão do depositário infiel e a custódia em face do inadimplemento voluntário e inescusável da obrigação alimentícia".

[175] CALMON, Rafael. *Direito das famílias e processo civil*. Interação, técnicas e procedimentos sob o enfoque do novo CPC. São Paulo: Saraiva, 2017. p. 316.

[176] LÔBO, Paulo. *Direito civil*. Famílias. 7. ed. São Paulo: Saraiva, 2017. p. 388-389.

[177] OLIVEIRA, Márcio Berto Alexandrino de. *A prisão dos avós por dívida alimentar e a dignidade humana*. 2. ed. Rio de Janeiro: Lumen Juris, 2022. p. 245.

[178] https://www.stj.jus.br/sites/portalp/Paginas/Comunicacao/Noticias/2023/05052023-Terceira-Turma-admite-prisao-domiciliar-para-devedora-de-alimentos-que-cuida-de-filho-menor.aspx. Acesso em: 5 jan. 2024.

Roberto Serra da Silva Maia defende a abolição da prisão do devedor de alimentos em face dos inúmeros problemas apresentados pela prisão e pelo sistema prisional, tanto no Brasil quanto no cenário internacional. Ele aduz que existe uma tendência mundial de evitar ao máximo a imposição da prisão ou a privação da liberdade do indivíduo, sendo resquício do velho direito romano, tanto que países como Espanha, Portugal, Argentina, El Salvador, França, Itália, Bélgica, Alemanha, Grécia, Luxemburgo, Áustria e Polônia aboliram ou não mantêm previsão da prisão no campo civil. A prisão corporal por dívida alimentar é instrumento gravíssimo e tolhedor do direito fundamental de liberdade, sendo a tendência mundial sua substituição por restrição de direitos, reservando-a para casos gravíssimos. Ademais, não se pode concebê-la, fora do contexto penal, como meio de coação para o recebimento de dívida, seja ela qual for, lembrando que o ordenamento jurídico possibilita outros meios processuais executórios adequados postos à disposição do credor, como a expropriação de bens, inclusive com a penhora sobre saldo da conta do FGTS, desconto em folha, prestações cobradas de alugueres de prédios ou de quaisquer rendimentos do devedor necessários para a garantia do crédito alimentício, inclusive com livre opção de escolha do procedimento executório pelo credor. Além disso, fato da recusa de prestar alimentos em determinadas circunstâncias constitui o crime específico de abandono material, previsto no artigo 244 do Código Penal, com a pena de prisão que varia de um a quatro anos de detenção e multa.[179]

De qualquer sorte, calha ver o que mencionam Diogo Coria e Javier C. Vissagi sobre o sistema argentino e de tantos outros países de não usarem a prisão civil como meio executivo, e sim como reprimenda penal tipificada pelo delito de descumprimento dos deveres de assistência familiar: "[...] têm sido poucos os casos onde se chegou a uma sentença condenatória [...] mas, que, no caso de o devedor realizar atividade remunerada na prisão, poderá ser pedido o embargo de 35% desta sua renda, cuja porcentagem poderá ser ampliada em mais 10%",[180] podendo ser facilmente percebido que ainda é utilizado no Brasil um meio mais efetivo de coerção.

Porém, como registra Claudio A. Belluscio, resulta inadmissível que se reclamem dos avós o pagamento dos alimentos atrasados e que são devidos pelo progenitor, devendo, se for o caso, diante da inadimplência e falta de condições financeiras dos pais e frente à impossibilidade de ser cobrados os alimentos em atraso pelos remédios previstos na legislação processual, ser proposta uma nova ação de alimentos, desta vez em relação aos avós, para o estabelecimento de uma cota alimentar independente daquela estabelecida para o progenitor.[181]

1.8.1. *Protesto por inadimplemento*

Entre as técnicas executivas do Código de Processo Civil para o cumprimento de sentença que reconheça a exigibilidade de obrigação de prestar alimentos, em conformidade com o artigo 528, § 1.º, pode o juiz mandar protestar o pronunciamento judicial, aplicando-se, no que couber, o artigo 517 do Código de Processo Civil. Por sinal, o artigo 517 do Código de Processo Civil permite genericamente o protesto de decisão judicial transitada em julgado, ao passo que a decisão de protesto dos alimentos não se restringe aos definitivos, mas alcança igualmente os alimentos provisórios.

---

[179] MAIA, Roberto Serra da Silva. *Prisão civil de alimentos*. Abolição. São Paulo: LTr, 2013. p. 43-111.
[180] CORIA, Diego; VISSAGI, Javier C. Ejecución de alimentos. *In*: CALLEGARI, Mariana G.; SIDERIO, Alejandro J. (dir.). *Alimentos*. Buenos Aires: La Ley, 2017. p. 516.
[181] BELLUSCIO, Claudio A. Alimentos debidos por los abuelos. Buenos Aires: García Alonso, 2011. p. 77.

Cap. 1 · DOS ALIMENTOS | 71

No entanto, curiosamente, o artigo 911 do Código de Processo Civil menciona ser possível pedir a prisão do devedor alimentar reticente, entrementes, no parágrafo único, ordena que, na execução fundada em título executivo extrajudicial que contenha obrigação alimentar, o juiz poderá ordenar a prisão do devedor reticente, mas afasta o pleito de protesto do título alimentar extrajudicial ao permitir a adoção, no que couber, somente das disposições contidas a partir do § 2.º até o § 7.º do artigo 528 do Código de Processo Civil, afastando, em princípio, o § 1.º do artigo 528 e que faz expressa referência ao protesto do título alimentar judicial.

Por sua vez, o artigo 519 do Código de Processo Civil dispõe que são aplicadas as disposições relativas ao cumprimento da sentença, provisório ou definitivo, e à liquidação, no que couber, às decisões que concederem tutela provisória, e alimentos são concedidos em tutela provisória, fato que permite a utilização dos preceitos contidos no artigo 517 do Código de Processo Civil.

Conforme Flávio Tartuce, eventualmente, se o executado não pagar ou a se a justificativa apresentada não for aceita, o juiz, além de mandar protestar o pronunciamento judicial, decretar-lhe-á a prisão pelo prazo de um a três meses,[182] restando no mínimo inusitado que os alimentos judiciais ou provenientes de escrituras públicas admitem a coação física sendo pensão *nova*, mas não admitem, por literal interpretação da lei, o protesto das execuções provenientes de título extrajudicial, mas tão somente os alimentos de título judicial. No entanto, há doutrinadores que não concordam com qualquer tratamento diferenciado de execução entre as duas modalidades de títulos, entendendo Maurício Giannico que "esta bifurcação procedimental traz mais malefícios do que benefícios ao jurisdicionado, inexistindo razão plausível para que sejam previstos ritos diferentes, com prazos, atos e providências diversas, para se empreender a *mesmíssima atividade executiva*, seja nas execuções fundadas em título judicial ou extrajudicial. Menos confuso e, portanto, melhor que houvesse sido previsto um procedimento único, com a mera especificação das eventuais e poucas diferenças advindas de cada situação".[183]

Com efeito, não existe explicação plausível para um procedimento prever o protesto do título judicial e outro procedimento afastar o protesto tratando-se de extrajudicial, tanto que Arlete Inês Aurelli, comentando o artigo 911 do Código de Processo Civil referente à execução de alimentos por título extrajudicial, afirma peremptoriamente que o § 3.º do artigo 528 é aplicável na hipótese de execução de alimentos por título extrajudicial, se o executado não pagar, não fizer a prova de que o efetuou ou se não apresentar justificativa.[184]

A determinação de protesto pode ser ordenada direta e cumulativamente pelo juiz, ou a evidente requerimento do credor exequente, sendo apenas mais uma forma de coerção, e o protesto será cancelado, também a requerimento do executado, quando comprovada a satisfação integral da obrigação alimentar.[185]

Ao revés do Brasil, muitos países, especialmente da América do Sul, adotam um cadastro específico e exclusivo dos devedores de pensões alimentícias, como sucede na Argentina,

---

[182] TARTUCE, Flávio. *O novo CPC e o direito civil*. Impactos, diálogos e interações. São Paulo: GEN/Método, 2015. p. 434.

[183] GIANNICO, Maurício. *Comentários ao Código de Processo Civil*. Da expropriação de bens até da extinção do processo de execução. Coordenação José Roberto Gouvêa, Luis Guilherme A. Bondioli e João Francisco N. da Fonseca. São Paulo: Saraiva, 2018. p. 218.

[184] AURELLI, Arlete Inês. Comentário ao artigo 911. *In*: BUENO, Cassio Scarpinella (coord.). *Comentários ao Código de Processo Civil*. São Paulo: Saraiva, 2017. v. 3, p. 782.

[185] BUENO, Cassio Scarpinella. *Comentários ao Código de Processo Civil*. Da liquidação e do cumprimento de sentença. Coordenação José Roberto Gouvêa, Luis Guilherme A. Bondioli e João Francisco N. da Fonseca. São Paulo: Saraiva, 2018. t. X, p. 294.

que em 1999 criou, especialmente para a Cidade Autônoma de Buenos Aires, o Registro de Devedores Alimentantes Morosos, estabelecendo diversas consequências que recaem sobre o alimentante inadimplente. De acordo com Roberto D. Campos, o objetivo essencial dessa normativa é o de resguardar o cumprimento dos alimentos dos filhos menores. Essa norma (Ley 269/1999), criada pelo legislativo da Cidade de Buenos Aires, estabeleceu a regulamentação desse registro de devedores de alimentos e as sanções para aqueles que nele se encontram incluídos, sancionando diversas restrições ao inadimplente alimentar, por exemplo, *limitar o acesso mercantil e a atividade laboral do devedor*, impedindo que ele tenha cartões de crédito e que abra contas bancárias em bancos públicos, não obstante possa tê-los em outros bancos privados (contas e cartões de crédito), mostrando-se, nesse aspecto, bastante ineficaz; obstando que possa realizar a transferência de bens, ou transferir a exploração de algum negócio empresarial próprio, atividade ou instalação industrial, enquanto não quite o débito alimentar, sendo outra medida de pouco ou de nenhum impacto coativo, pois, se o devedor é detentor dessas riquezas próprias, será mais fácil penhorá-las para garantir a execução dos alimentos; ou, ainda, a de proibir a expedição ou a renovação da carteira de motorista, à semelhança das medidas atípicas eventualmente aplicadas no Brasil; e, por fim, restringindo o acesso a cargos públicos, cargos eletivos e funções judiciais, o que significa dizer que o devedor alimentar desempregado não poderá trabalhar para regularizar sua dívida alimentar.

1.8.2. Outros meios coercitivos

Associada ao pedido de prisão como forma de coerção de obstinado devedor de alimentos, há, como antes visto, a possibilidade, inclusive cumulativa, de os dados pessoais do executado serem encaminhados ao Cartório do Protesto de Títulos e Documentos (CPC, arts. 528, § 1.º, 782, § 3.º), dando publicidade dessa impontualidade do devedor de alimentos, não deslembrando que a inadimplência põe em risco a subsistência do alimentando,[186] que, além

---

[186] "Processual civil. Direito de família. Execução de alimentos. Recurso ordinário constitucional em *habeas corpus*. Prisão civil de devedor de alimentos. Credor menor ou incapaz. Flexibilização. Nível máximo de exigibilidade dos alimentos à sobrevivência e ao desenvolvimento digno e sadio. Flexibilizações excepcionalmente admitidas em hipóteses que envolvam credores com aptidão para o autossustento. Inadimplemento ininterrupto por oito anos seguido de adimplemento por quatro anos. Execução iniciada em 2011 sob o rito da prisão civil. Possibilidade. Ausência de prova da desnecessidade dos alimentos pela credora cumulada com ausência de prova da absoluta impossibilidade de pagar pelo devedor que, ao tempo do inadimplemento, possuía emprego formal. Ausência de proposta de acordo ou composição. Violação ao princípio da boa-fé. Uso da técnica da coerção pessoal pelo devedor. Atendimento aos seus melhores interesses. Quebra de sigilo bancário para aferição de supostos pagamentos. Impossibilidade. Ausência de medidas de cautela pelo devedor. Inexistência de elementos indiciários mínimos sobre os supostos pagamentos. 1. *Habeas corpus* impetrado em 22/05/2023. Recurso ordinário constitucional interposto em 14/07/2023. 2. Os propósitos recursais consistem em definir se é admissível a flexibilização da prisão civil do devedor de alimentos na hipótese em que o credor é incapaz e se estão presentes, na hipótese, os requisitos legais para a decretação da prisão civil por inadimplemento de dívida de natureza alimentar. 3. Os alimentos devidos aos filhos que sejam crianças e adolescentes ostentam nível máximo de exigibilidade diante de sua impossibilidade de autossustento e também diante das acentuadas necessidades existentes nessas fases da vida, em que os alimentos são indispensáveis à sobrevivência e ao desenvolvimento digno e sadio. Precedentes. 4. Esta Corte apenas tem flexibilizado a prisão civil de devedor de alimentos quando evidente a possibilidade de autossustento do credor, em especial de ex-cônjuges que já iniciaram o processo de recolocação profissional e de filhos maiores, capazes, com curso superior e estabelecidos profissionalmente, não se admitindo a mesma espécie de flexibilização quando estiver em jogo a vida digna e sadia de crianças e adolescentes que não possuam capacidade de autodefesa e de autossustento. Precedentes. 5. Na hipótese em exame, a execução de alimentos se iniciou no ano de 2011 e o devedor de alimentos deixou de adimplir os alimentos por mais de oito anos ininterruptos, de modo que, embora nos últimos quatro anos tenha havido o adim-

Cap. 1 · DOS ALIMENTOS | **73**

de ser suficientemente grave, é constrangido pela inadimplência voluntária do devedor de alimentos, que com esse gesto impede o credor de cumprir seus compromissos financeiros, por não receber os alimentos que lhe são devidos pelo reticente devedor. O fato é que, para forçar o cumprimento da obrigação, o juiz pode impor outras medidas coercitivas, uma vez que existem as medidas executivas atípicas que não foram declinadas na legislação brasileira, cuja concretização se dá com base no poder geral de efetivação conferido ao juiz pelo artigo 139, inciso IV, do Código de Processo Civil.[187] Em regra, as medidas atípicas só poderão ser aplicadas pelo juiz depois de esgotadas as vias típicas de execução, para que não implique mera punição do devedor, asseverando Felipe Cunha de Almeida ser necessário "haver um nexo de casualidade entre o deferimento da medida e a obrigação até então não cumprida pelo devedor. Na verdade, entendemos que o juiz deve discernir acerca do pedido de suspensão, avaliando o seguinte contexto: se o credor está em busca de ver punido o devedor, ou então, e por outro lado, se há resultado prático e eficiente na aplicação da medida, bem como comprovada a má-fé do devedor, aliado à ocultação de patrimônio, por exemplo".[188]

Tampouco será admitida a aplicação das medidas atípicas que inviabilizem o exercício da profissão do executado, como decidiu o TJRS no Agravo de Instrumento 70.082.606.427, da Sétima Câmara Cível, relatoria do Desembargador Sérgio Fernando de Vasconcellos Chaves, datado de 11 de outubro de 2019, em negar a suspensão da CNH do devedor de alimentos, eis que seria medida que extrapolaria as medidas coercitivas processuais, sendo admissível somente em situações excepcionais, pois não é possível limitar o exercício do direito de dirigir do executado, pois tal limitação o impedirá de exercer sua atividade laboral, pois trabalha como motorista profissional.

Assim, por exemplo, na Execução 5090618-43.2020.8.21.0001/RS, da 1.ª Vara de Família, a credora busca a satisfação do débito de 1995 e, portanto, litiga há 27 anos, com inúmeras e infrutíferas tentativas de forçar o pagamento da dívida, tendo esgotado todos os demais meios executórios coativos e sido deferida a suspensão do passaporte do executado até o adimplemento do débito, além da suspensão da Carteira Nacional de Habilitação, até o

---

plemento da pensão alimentícia, não há óbice à cobrança da dívida pelo rito da coerção pessoal.6. Manutenção da cobrança pela via da prisão civil, na hipótese em exame, justifica-se porque: (i) não há prova de que as necessidades da credora para uma vida digna e sadia estão sendo satisfeitas com a pensão alimentícia paga pelo devedor, diante do módico valor fixado e do longo período de inadimplência do devedor; (ii) não há prova de absoluta impossibilidade de quitação da dívida que se avolumou exclusivamente em virtude da ausência de pagamento em tempo e modo adequado pelo devedor; (iii) durante a maior parte do período de inadimplência, o devedor esteve formalmente empregado e, mesmo após o desemprego, não propôs nenhuma espécie de acordo ou de composição que pudesse minimizar os inegáveis prejuízos sofridos pelo credor, o que não se coaduna com a boa-fé; (iv) a via da coerção pessoal é instrumento colocado à disposição do credor de alimentos como forma de obtenção dos valores destinados à sobrevivência digna e sadia, de modo que o exercício regular do direito de crédito mediante a adoção dessa técnica processual atende aos seus melhores interesses; e (v) cabia ao alimentante adotar as medidas de cautela que razoavelmente se espera do devedor de prestações continuadas, em especial a guarda dos supostos comprovantes de pagamento por período minimamente razoável, não podendo se beneficiar da própria torpeza para requerer, mais de uma década após, a quebra de sigilo bancário sobre pagamentos supostamente realizados, sem nenhum indício de que eles tivessem sido feitos. 7. Recurso ordinário constitucional conhecido e não provido" (STJ, RHC 183.989/GO, 3ª Turma, Rel. Min. Nancy Andrighi, j. 22.08.2023).

[187] Código de Processo Civil, artigo 139. "O juiz dirigirá o processo conforme as disposições deste Código, incumbindo-lhe: [...] inc. IV – determinar todas as medidas indutivas, coercitivas, mandamentais ou sub-rogatórias necessárias para assegurar o cumprimento de ordem judicial, inclusive nas ações que tenham por objeto prestação pecuniária."

[188] ALMEIDA, Felipe Cunha de. *Poderes do juiz, obrigação alimentar e medidas atípicas à luz da proporcionalidade*. Londrina: Thoth, 2021. p. 137.

pagamento integral do débito e o concomitante bloqueio de cartões de crédito de titularidade do devedor. Já na Execução 5019754-53.2015.8.21.0001/RS, também da 1.ª Vara de Família, a credora busca a satisfação do débito alimentar desde 2015, sendo realizadas inúmeras tentativas infrutíferas de obrigar o devedor ao pagamento da dívida. Com fundamento no artigo 139, IV, do Código de Processo Civil, foi deferida a adoção de medidas extraordinárias a fim de forçar o adimplemento, com a suspensão do passaporte, suspensão da CNH, até o efetivo adimplemento da dívida e bloqueio dos cartões de crédito, existindo dezenas de idênticos provimentos, inclusive em sede do STJ, por exemplo, no REsp 1.938.665/SP, no corpo do voto tem capítulo da Relatora Ministra Nancy Andrighi, votado na Terceira Turma em 26.10.2021, tratando das *medidas indutivas, coercitivas, mandamentais ou sub-rogatórias* cujo dispositivo (CPC, art. 139, IV) teve o escopo de formalizar o propósito da efetividade, homenageando o *princípio do resultado da execução.*

Por sua vez, no Recurso em *Habeas Corpus* 153.042/RJ, em voto do Ministro Raul Araújo, datado de 27 de agosto de 2021, da Quarta Turma, com a seguinte ementa: "Recurso em *habeas corpus.* Cumprimento de sentença. Medidas atípicas executivas. Apreensão de cartões de crédito e de passaporte. Parcial conhecimento do recurso porquanto, no tocante à apreensão de cartões de créditos, não há violação de direito de locomoção. Devedor que ostenta patrimônio e se furta ao pagamento. Medida subsidiária. Razoabilidade e proporcionalidade verificadas no caso em concreto. Legalidade. Precedentes".

Como tampouco violam o direito constitucional de ir e vir ordens de suspensão de passaporte ou Carteira Nacional de Habilitação (CNH), basta ver que se pode prender para pagar pensão, esta é a maior proibição de locomoção. Por sua vez, a Vigésima Quarta Câmara de Direito Privado do TJSP salientou no Agravo de Instrumento 2246310-85.2019.8.26.0000, da relatoria do Desembargador Salle Vieira, que a suspensão dos cartões de crédito visa ao pagamento de mercadorias básicas, como medicamentos e alimentos, ao passo que o Supremo Tribunal Federal se manifestou sobre o tema, em 9 de fevereiro de 2023, na relatoria do Ministro Luiz Fux, admitindo, por maioria dos julgadores, a adoção dos meios executivos atípicos, sempre que o juiz achar necessário e desde que haja indícios de que o devedor possua patrimônio para o pagamento do débito e que a decisão judicial seja fundamentada e adequada ao caso concreto (ADI 5.941/STF), entendendo constitucional o artigo 139, inciso VI, do Código de Processo Civil e validando a apreensão de CNH (Carteira Nacional de Habilitação), com a correlata suspensão de dirigir, a apreensão do passaporte e a proibição da participação em concurso público.

Na Argentina, existem exemplos mais abrangentes de medidas atípicas e/ou de cobrança dos alimentos não pagos, como a judicial ordem de inclusão da pensão alimentícia na conta de luz e a empresa de energia elétrica transfere mensalmente para conta judicial (problema que prejudica toda a família do devedor). O devedor moroso de alimentos não pode sair do país e está impedido de frequentar o clube social do qual seja sócio. Cassam também sua carteira de motorista. A jurisprudência e a doutrina permitem livres medidas a serem apreciadas pelo juiz, e a voluntária inadimplência configura violência econômica, patrimonial e psicológica contra quem tem o encargo de cuidar da prole.

No Equador, o devedor de pensão alimentícia não pode exercer cargo público, nem ser candidato a cargo eleitoral, tampouco pode usar cartão de crédito, além de ser averbado no registro de devedores de pensão alimentícia, cujas negativas devem ser apresentadas para diversos atos judiciais e extrajudiciais. Por seu turno, nos Estados Unidos, suspende-se a carteira de motorista e, se o alimentante deve mais de cinco mil dólares, não pode emitir ou renovar o passaporte. No Chile, o registro no cadastro de devedores de alimentos é automático

Cap. 1 · DOS ALIMENTOS | **75**

e suspende a devolução do imposto de renda, e a prisão pelo inadimplemento é de pernoite. Em Israel, o Estado paga a pensão e se sub-roga dos direitos do credor, que é implacável na cobrança. Em El Salvador, proíbem-se a migração e a renovação da CNH, bem como de contratar créditos e portar arma, e é havido como delito com prisão de um a três anos, mas no âmbito do direito penal. Na Rússia, tem prisão de até um ano e no Equador, 30 dias de prisão; no caso de reincidência, 180 dias de prisão descontinuada das 22:00 às 6:00.

Importante destaque tem o *Habeas Corpus* 711.194/SP, julgado pela Ministra Nancy Andrighi, na Terceira Turma do STJ, em 21.06.2022, examinando-se pela primeira vez no STJ a manutenção das medidas atípicas, pois, antes, o STJ apenas analisara o cabimento ou seu deferimento, e, para tanto, no caso concreto, o credor exequente: 1. Precisa provar o esgotamento das medidas típicas; 2. Precisa mostrar que elas servem para constranger o devedor, causar incômodos; 3. A medida deve ser capaz de dobrar a renitência do devedor; 4. O fato de o devedor pedir a devolução do passaporte é uma evidência de que está incomodando o devedor; 5. As quotas oferecidas de empresa sem valor econômico demonstram má-fé; 6. Os 30% oferecidos da aposentadoria levariam 50 anos para pagar a dívida; 7. As propostas realizadas na demanda são desrespeitosas e ofensivas à dignidade do credor em troca de um passaporte para o mundo; 8. Intentam conferir um verniz de boa-fé e eticidade, e disponibilidade em cooperar; 9. O juízo deve apurar a manutenção e a efetividade e se estão funcionando; 10. No caso concreto, a devedora maximiza seus próprios problemas e necessidades e minimiza os problemas e as necessidades do credor, que cobra seus honorários há 14 anos.

Luís Eduardo Simardi Fernandes sugere como medidas atípicas: 1. O parcelamento no cumprimento da sentença; 2. O desconto sobre o valor devido; e 3. O desconto nos honorários. Como limites de aplicação das medidas atípicas sugere sejam levadas em consideração as seguintes situações: 1. A dignidade da pessoa humana; 2. O contraditório na aplicação das medidas atípicas; 3. A devida fundamentação para a aplicação das medidas atípicas; 4. Sejam ponderadas a proporcionalidade e a razoabilidade; 5. O princípio da menor onerosidade; 6. A ocorrência do inadimplemento voluntário; 7. A ineficiência precedente das medidas atípicas; 8. A impossibilidade de adoção de medidas que comprometam o exercício da profissão pelo executado; 9. A possibilidade de controle da decisão.

O autor citado entende ainda descabidas as seguintes medidas atípicas: 1. A prisão como medida atípica, evidentemente que não alude à prisão por dívida de alimentos; 2. A suspensão do passaporte do executado, cuja medida tem valor coativo enorme na cobrança dos alimentos; 3. A suspensão do CPF ou CNPJ; 4. O cancelamento ou suspensão do cartão de crédito, que é outra medida eficiente na cobrança dos alimentos inadimplidos; 5. O corte de água ou da energia elétrica, porque atingiria terceiros estranhos à relação de crédito e de débito. No entanto, considera factíveis: 1. A suspensão da CNH; 2. A suspensão de brevê e arrais; 3. A proibição de contratar com o Poder Público; 4. A aplicação de multa coercitiva atípica; 5. A intervenção na pessoa jurídica devedora.[189]

Durante o período da pandemia em razão da Covid-19, a partir da vigência do artigo 15 da Lei 14.010/2020 (Regime Jurídico Emergencial e Transitório das Relações Jurídicas de Direito Privado – RJET), determinou-se o cumprimento da prisão civil na modalidade domiciliar e, dessarte, as medidas coercitivas da prisão e até mesmo as atípicas ficaram muito esvaziadas, primeiro, porque a prisão deveria ser domiciliar e todos cidadãos estavam literalmente presos em seus domicílios; segundo, porque, ao cassar o passaporte, a carteira de habilitação de motorista e inibir o uso dos cartões de crédito, as duas primeiras causavam pouco

---

[189] FERNANDES, Luís Eduardo Simardi. *Poderes do juiz e efetividade da execução civil*. Curitiba: EDC, 2022. p. 213-287.

impacto ou repercussão pessoal, e muitos estavam sem emprego ou trabalho, agravando a crise social e familiar. Como dizia em tom de brincadeira Flávio Tartuce, seria mais eficiente cassar a Netflix, embora houvesse quem solicitasse judicialmente essa medida atípica, tanto que, em São Paulo, a Décima Primeira Câmara de Direito Privado do Tribunal de Justiça, no Agravo de Instrumento 2267788-86.2018.8.26.0000, negou a suspensão do contrato de Net e Sky e serviços de televisão a cabo, por sua nula efetividade, uma vez que o contrato poderia ser assinado em nome de qualquer pessoa. Também o Tribunal de Justiça do Distrito Federal negou o bloqueio dos serviços de telefonia e de internet como forma de coação ao pagamento da pensão alimentícia, porque ultrapassaria os limites da relação jurídico-processual e interferiria na liberdade negocial de terceiros.

1.8.2.1. Astreintes

A multa ou as *astreintes*, diz Edenildo Souza Couto, é técnica de natureza coercitiva e acessória, cujo escopo precípuo é o de pressionar o devedor para que este cumpra a ordem judicial, por meio de ameaça a seu patrimônio, consubstanciada em multa a incidir em caso de descumprimento, a fim de permitir a maximização do princípio da efetividade da tutela jurisdicional.[190]

Para Rafael Caselli Pereira, a multa por tempo de atraso, também chamada *astreinte*, originada do direito francês, não tem por finalidade o enriquecimento do credor, mas agravar a pressão psicológica incidente sobre a vontade do sujeito, mostrando-lhe o dilema entre cumprir voluntariamente o comando contido no direito e sofrer os males que ela representa.[191]

Com finalidade coercitiva e sem prejuízo da indenização por perdas e danos, com as quais não se confundem, assim como não guardam nenhuma correlação com outras sanções pecuniárias, eis que as *astreintes* do artigo 537 do Código de Processo Civil estão direcionadas para trazer maior efetividade para o autor do processo, como técnica de coerção acessória, "que visa a pressionar o réu para que ele cumpra mandamento judicial",[192] mediante ameaça dirigida a seu patrimônio, por meio da multa diária ou não, ou de valor único ou sobre um percentual, mas que sirva como um importante elemento psicológico capaz de induzir o relapso e recalcitrante devedor e adimplir sua obrigação.[193]

Evidentemente que a multa deve exercer um papel de resolução do conflito e não pode se tornar outro gravame capaz de onerar demasiadamente o devedor, ficando longe de produzir o resultado prático desejado de conferir efetividade ao direito do autor. Como bem observa Guilherme Rizzo Amaral, seria uma perda de tempo para as partes e para o Judiciário impor uma multa desmensurada ao demandado, esquecido do juízo de proporcionalidade, porque a utilização de um mecanismo de coerção como a multa diária ou de maior periodicidade para a hipótese de descumprimento de decisão judicial não pode ser manifestamente desproporcional ao valor do bem a ser adimplido, sob pena de configurar um enriquecimento injusto do autor, sob a custódia de evidente erro judicial calcado em uma determinação abusiva e despropositada.[194]

---

[190] COUTO, Edenildo Souza. *Astreintes*: teoria e prática. Rio de Janeiro: Lumen Juris, 2016. p. 23.
[191] PEREIRA, Rafael Caselli. *A multa judicial* (astreinte) *e o CPC/2015*. 2. ed. Porto Alegre: Livraria do Advogado, 2018. p. 31-32.
[192] AMARAL, Guilherme Rizzo. *As astreintes e o processo civil brasileiro*: multa do artigo 461 do CPC e outras. Porto Alegre: Livraria do Advogado, 2004. p. 85.
[193] MADALENO, Rolf. *Novos horizontes no direito de família*. Rio de Janeiro: GEN/Forense, 2010. p. 140.
[194] MADALENO, Rolf. *Novos horizontes no direito de família*. Rio de Janeiro: GEN/Forense, 2010. p. 140.

A multa tem uma função dissuasória e não punitiva e deve ser aplicada com suficiente ponderação, sem perder seu poder de coerção, razão pela qual seu valor não pode ser de todo insignificante, mas também não pode exceder a adequada razoabilidade e proporcionalidade, para não empobrecer o devedor, pois sua aplicação tem em mira a efetividade do comando judicial e nesse aspecto ela se revela como um importante instrumento processual. O preceito cominatório não tenciona compor o ressarcimento dos prejuízos, mas sim obter, coercitivamente, o cumprimento da obrigação de fazer ou de não fazer fungível ou infungível. Busca atuar diretamente sobre a vontade da pessoa obrigada, estimulando a execução específica de sua obrigação, pois toda condenação só pode produzir efeitos se acatada pelo devedor. Figura a pena pecuniária como um elemento de apoio ao convencimento do obrigado relutante, que passa a sofrer uma pressão psicológica pela imposição de multa medida pelo tempo de sua voluntária resistência em cumprir com sua obrigação.

Conforme dispõe o artigo 497 do Código de Processo Civil, na ação que tenha por objeto a prestação de fazer ou de não fazer, o juiz, se procedente o pedido, concederá a tutela específica ou determinará providências que assegurem a obtenção de tutela pelo resultado prático equivalente. É lícito ao juiz conceder a tutela liminarmente ou mediante justificação prévia, conquanto reconheça relevante o fundamento da demanda e haja justificado receio de ineficácia do provimento final. Enfim, criou o legislador o mecanismo de efetividade do processo para evitar que a demora da ação aja contra o credor, antecipando o provimento da sentença e até aplicando multa diária ao réu para coagi-lo ao adimplemento antecipado de sua obrigação.

Enfim, a multa ou as *astreintes* do direito francês destinam-se a garantir o cumprimento das decisões judiciais e tendem a incidir sobre o espírito e estado de ânimo da pessoa obrigada, de forma a exercer pressão psicológica que o demova a cumprir com a determinação judicial. As *astreintes*, como antes dito, não se confundem com as perdas e danos, portanto não têm caráter punitivo, mas a função exclusiva de pressionar o demandado a cumprir a obrigação judicialmente ordenada para ser adimplida no tempo compatível com a própria obrigação. A multa é um meio e não o fim consubstanciado na prestação jurisdicional, é técnica de tutela e, portanto, acessória, não devendo ser fixada em valor capaz de intimidar o devedor a cumprir a decisão judicial, e, consequentemente, proporcional à condição econômica do acionado, sob pena de não surtir qualquer efeito coercitivo. A multa pode e deve ser revista, reduzida e até revogada se não atingir sua finalidade precípua de forçar o cumprimento da ordem judicial, notadamente quando se mostra inoperante perante a renitência do réu e seu excessivo somatório já não abala um insolvente devedor.

O direito alimentar inspira ricos exemplos para aplicação das *astreintes* em todas as variações de demanda, como eficiente método de pressão tanto durante o processo de conhecimento nas ações de arbitramento ou de revisão do crédito alimentar como na ação de cobrança de pensões não saldadas pelo alimentante. Lembre-se de que entre as finalidades da multa está a de obter o resultado prático de específica tutela judicial, como no exemplo de o juiz ordenar a apresentação de determinado documento que se mostra essencial para demonstrar uma fonte de renda do alimentante proveniente de uma sociedade empresária da qual ele participa como sócio oculto ou qualquer outra situação probatória dependente da mostra processual de elementos de prova que estão em mãos do devedor, como as ações ao portador de uma empresa *offshore*, podendo ser imposta a aplicação de multa diária até o efetivo cumprimento da ordem judicial.

No caso de execução sob pena de constrição de bens, o devedor pode ser compelido ao pagamento de multa diária enquanto não indicar ao juiz onde se encontram os bens sujeitos à penhora e seus respectivos valores, independentemente dos efeitos do artigo 774, inciso IV, do Código de Processo Civil, que considera a omissão do devedor ato atentatório à dignidade da Justiça, em razão do qual o juiz aplicará outra multa não superior a 20% do valor atualizado do débito em execução, sem prejuízo das outras sanções de natureza processual ou material (CPC, art. 774, parágrafo único), ou seja, as *astreintes* não se confundem com a multa decorrente de sua desídia processual.

A multa exerce eficiente poder de persuasão sobre aqueles alimentos que refogem à pena de prisão e que vão adiante dos três últimos meses exequíveis pela coação pessoal, conforme Súmula 309 do STJ, que inibe a prisão pela inadimplência de mais de três meses de pensões alimentícias devidas a partir do ajuizamento da execução, cometendo então multar progressivamente o devedor de alimentos e tentar coibir essa sua infinita habilidade de fugir com escusas processuais e arranjos fáticos ao pagamento da pensão alimentícia, que não está atrelada a desconto em folha de pagamento ou a qualquer outra forma direta e eficiente de recebimento do direito alimentar.

A multa não passa de um gravame pecuniário imposto por acréscimo ao devedor renitente como ameaça adicional para demovê-lo a honrar o cumprimento de sua obrigação, consistindo em uma verdadeira sanção processual destinada a desestimular – pela coação psicológica do custo financeiro adicional e progressivo – a obstinada resistência da pessoa obrigada, fazendo com que ela se sinta compelida a cumprir o preceito a que estava obrigada. Chamada de tutela inibitória, pois esse é o sentido da imposição da multa diária, a *astreinte* como instrumento legítimo de pressão psicológica deve ser fixada em valor significativo para o demandado, a fim de que o preceito seja cumprido, pois, se fosse irrisório o valor arbitrado para a multa, certamente ela estaria longe de cumprir sua função de inibir a relutância do devedor. Induvidosamente, o multado deve ter recursos financeiros ou bens que possa temer por perder, sendo isento da multa somente se cumprir a obrigação dentro do prazo marcado pelo julgador, ou se vencer a ação. As *astreintes* arbitradas para forçar o pagamento dos alimentos em atraso não se confundem com a multa do cumprimento da sentença do artigo 523, § 1.º, do Código de Processo Civil, assim como não guarda nenhuma correlação com outras sanções pecuniárias, como a do artigo 77, inciso IV, e § 2.º, do Código de Processo Civil, tampouco constituem-se uma sobreposição de penas, como a multa da litigância de má-fé do artigo 81 do Código de Processo Civil, porquanto a multa diária pode ser estipulada por acordo ou por sentença para o efeito de desencorajar antecipadamente a injustificada inadimplência alimentar.

Seria uma perda de tempo para as partes e para o Judiciário impor uma multa desmensurada ao demandado, esquecido do juízo de proporcionalidade, porque a utilização de um mecanismo de coerção como a multa diária ou de maior periodicidade para a hipótese de qualquer decisão judicial não pode ser manifestamente desproporcional ao valor do bem a ser adimplido, sob pena de configurar um enriquecimento injusto do autor, sob a custódia de evidente erro judicial calcado numa determinação abusiva e despropositada.

A multa tem uma função dissuasória e não punitiva e deve ser aplicada com suficiente ponderação, sem perder seu poder de coerção, razão pela qual seu valor não pode ser de todo insignificante, mas também não pode exceder a adequada razoabilidade e proporcionalidade, para não empobrecer o devedor, pois sua aplicação tem em mira a efetividade do comando judicial e nesse aspecto se revela como um importante instrumento processual. O preceito cominatório tenciona obter, coercitivamente, o cumprimento da pensão alimentícia. Busca atuar diretamente sobre a vontade da pessoa obrigada, estimulando a execução específica de sua obrigação, uma vez que toda condenação só pode produzir efeitos se acatada pelo devedor.

Figura a pena pecuniária como um elemento de apoio ao convencimento do obrigado relutante, que passa a sofrer uma pressão psicológica pela imposição de multa medida pelo tempo de sua voluntária resistência em cumprir com sua obrigação.[195]

Especial cuidado deve ter a fixação das *astreintes* em alimentos compensatórios patrimoniais, arbitrados em caráter liminar até a efetivação da partilha dos bens considerados comuns, nos quais o alimentante contesta em juízo a decantada comunicação patrimonial, eis que pretende demonstrar durante a instrução processual que se trata de bens incomunicáveis e, por conseguinte, deliberadamente deixa de pagar mensalmente os alimentos compensatórios ordenados na suposição de que estaria usufruindo isoladamente dos rendimentos de bens presumidamente comuns e comunicáveis. Ora, diante dessa relutância e sentindo-se afrontado em sua ordem judicial, sem sequer ter andamento processual a fase instrutória da ação de partilha, pelas mais diferentes razões, até mesmo pela não descartável desídia judicial, o julgador impõe o pagamento diário ou mensal de multa ao devedor dos alimentos compensatórios, que assim é dupla e injustamente onerado com alimentos compensatórios decorrentes da falsa ideia de que esteja na posse de bens comuns e da multa adicionada em decorrência de sua justificada resistência em pagar alimentos sobre a renda de bens exclusivamente seus, somando-se aos alimentos as escorchantes *astreintes* que podem terminar sobrecarregando o alimentante e até mesmo destituindo-o da propriedade de seus bens privativos, que acabam sendo atingidos pela penhora e sua alienação ou adjudicação judicial para a injusta satisfação da dívida alimentar.

Portanto, se a partilha é morosa e o prognóstico processual é de que ainda custe muita a ser efetivada, pelas mais diferentes justificativas, é fundamental que as *astreintes* tenham limitação de valor, quantificando o juiz um teto máximo, sob pena de incentivar a morosidade e o enriquecimento indevido, sejam ou não pertinentes os alimentos compensatórios, sejam eles humanitários ou patrimoniais.

1.9. Alimentos e prestação de contas

A ação de exigir contas tem assento nos artigos 550 a 553 do Código de Processo Civil e está dotada pela configuração que lhe foi dada pela ora vigente legislação processual civil, de uma única função, que é a possibilidade de ajuizamento de ação para exigir contas, não mais sendo possível sua propositura para fins de o devedor prestar contas por sua iniciativa, em movimento processual de quem se julgava no dever de prestá-las. A rendição de contas é uma operação contábil efetivada por toda pessoa atuando no interesse de outra, detalhando em juízo os componentes contábeis de débito e crédito exercidos a título de administração, gestão de negócios ou mandato. Tratando-se de alimentos, reiteradamente a jurisprudência vinha decidindo não ser exigível a prestação de contas do guardião do filho credor de pensão alimentícia, em razão da irrepetibilidade dos alimentos, não havendo como o alimentante pretender a eventual restituição de alimentos desviados ou mal-empregados e até mesmo indevidos.

Não obstante a lei reconheça o direito de o genitor fiscalizar a manutenção do filho sob a custódia física do outro progenitor, não poderia exigir prestação de contas de recursos que não lhe pertencem e, nesse sentido, haveria impossibilidade jurídica do pedido, não sendo lícito ao alimentante interferir na administração dos valores alcançados, tampouco o guardião

---

[195] MADALENO, Rolf. *Direito de família*. 12. ed. Rio de Janeiro: GEN/Forense, 2022. p. 1090-1091.

estaria obrigado a prestar contas, sendo carecedora de interesse de agir[196] a parte que busca provimento jurisdicional de rendição de contas.[197]

Nessa seara de alimentos, abusos do direito podem e costumam ser praticados por ambos os progenitores: de um lado, o guardião da prole credora de alimentos que prejudica os alimentandos com desvios ou diante da má gestão de seu crédito alimentar; de outro lado, no outro extremo, o abuso pode existir por parte do devedor de alimentos ao encontrar na prestação de contas uma maneira de aborrecer o ex-cônjuge ou ex-companheiro com reiteradas admoestações processuais, por suspeitas inconsistentes de malversação dos alimentos. Logo, deve ser bem dosada a rendição das contas, em situações específicas na qual ela tem pertinência e cabimento processual, como em outras ocasiões seu processamento é totalmente impertinente e sem qualquer real interesse de agir, de modo que deverá o julgador pesquisar exatamente a pertinência ou não desse *interesse de agir*, não podendo, portanto, dizer sempre que a prestação de contas no âmbito alimentar é inexistente.

Notadamente depois que a Lei 13.058/2014 acrescentou o § 5.º ao artigo 1.583 do Código Civil, dispondo possa o guardião, que não detenha a guarda, supervisionar os interesses dos filhos, e, para viabilizar tal supervisão, qualquer dos genitores sempre será parte legítima para solicitar informações ou a prestação de contas, objetivas ou subjetivas, em assuntos ou situações que direta ou indiretamente afetem a saúde física e psicológica e a educação de seus filhos. Portanto, a partir da vigência do § 5.º do artigo 1.583 do Código Civil, os temas relacionados com a saúde física e psicológica dos filhos e mais aqueles relativos à sua educação autorizam o progenitor alimentante a exigir prestação de contas ou meras informações acerca do destino dos alimentos que paga, pelas simples dúvida, suspeita ou interesse que tenha de,

---

[196] "Recurso especial. Direito de família. Alimentos. Ação de prestação de contas. Devedor. Ausência de interesse de agir. Crédito. Inexistência. Administração. Valores. Guarda. Exclusividade. Irrepetibilidade. Utilidade. Ausência. 1. Recurso especial interposto contra acórdão publicado na vigência do Código de Processo Civil de 2015 (Enunciados Administrativos 2 e 3/STJ). 2. A ação de prestação de contas tem a finalidade de declarar a existência de um crédito ou débito entre as partes. 3. Nas obrigações alimentares, não há saldo a ser apurado em favor do alimentante, porquanto, cumprida a obrigação, não há repetição de valores. 4. A ação de prestação de contas proposta pelo alimentante é via inadequada para fiscalização do uso de recursos transmitidos ao alimentando por não gerar crédito em seu favor e não representar utilidade jurídica. 5. O alimentante não possui interesse processual em exigir contas da detentora da guarda do alimentando porque, uma vez cumprida a obrigação, a verba não mais compõe o seu patrimônio, remanescendo a possibilidade de discussão do montante em juízo com ampla instrução probatória. 6. Recurso especial provido" (STJ, REsp 1.767.456/MG, 3.ª Turma, Min. Ricardo Villas Bôas Cueva, j. 25.11.2021).
"Apelação cível. Direito de família. Ação de prestação de contas de pensão alimentícia. Sentença que extinguiu o feito sem resolução de mérito por ausência de interesse de agir. Recurso do autor. Preliminar. Contrarrazões da apelada. Aventada ofensa ao princípio da dialeticidade. Inviabilidade. Fundamentos de fato e de direito devidamente presentes no apelo. Objeção suficiente aos termos da decisão combatida. Prefacial afastada. Mérito. Alegação de que o genitor tem interesse de agir em buscar a prestação de contas dos valores pagos a título de alimentos com fundamento no art. 1.583, § 5.º, do Código Civil. Não acolhimento, no caso, medida possível em situação excepcional, visando a proteção do bem-estar da prole. Hipótese dos autos que, todavia, não comprova as alegações de possível malversação dos recursos alimentícios por parte da genitora. Ônus que cabia ao apelante, nos moldes do art. 373, I, do Código de Processo Civil. Interesse de agir não evidenciado. Pleito de redução dos honorários fixados na sentença. Descabimento. Arbitramento por equidade cabível na hipótese. Valor que atende aos requisitos legais. Sentença mantida. Fixação de honorários recursais devidos. Inteligência do art. 85, §§ 2.º e 11 do Código de Processo Civil. Recurso conhecido e desprovido" (TJSC, Apelação Cível 5003002-31.2019.8.24.0082, 2.ª Câmara de Direito Civil, Rel. Des. Volnei Celso Tomazini, j. 28.07.2022).

[197] MADALENO, Rolf. *Direito de família*. 12. ed. Rio de Janeiro: GEN/Forense, 2022. p. 1063-1064.

preocupado com o bem-estar de seu filho, ser mais bem informado, de modo inclusive pormenorizado, acerca de como está sendo administrada a pensão alimentícia do filho menor.[198]

Por sua vez, perante a Quarta Turma do STJ, no REsp 1.911.030/PR, julgado em 1.º de junho de 2021, o Ministro Luis Felipe Salomão reconheceu o poder-dever fiscalizatório do genitor que não detém a guarda com exclusividade, aduzindo que, na prestação de contas de alimentos, o objetivo veiculado não é o de apurar um saldo devedor a ensejar eventual execução, diante do caráter de irrepetibilidade dos alimentos, mas de investigar se a aplicação dos recursos destinados ao menor, visando à tutela da proteção de seus interesses e patrimônio, não está sendo mal administrada e que essa ação de exigir contas propicia que os valores alimentares sejam mais bem conduzidos, bem como previne intenções maliciosas de desvio dos alimentos, sugerindo o Ministro Raul Araújo a adoção do rito ordinário para a prestação de contas, e não o rito especial da lei processual (CPC, arts. 550/553[199]), e por sua vez, no REsp. 2.065.782/SC, datado de 8 de maio de 2023, a Ministra Maria Isabel Galloti, deu parcial provimento ao recurso especial para determinar o retorno dos autos à origem para regular processamento da ação de prestação de contas, nos termos dos REsps 1.911.030/PR e 1.814.639/RS.

---

[198] STJ, REsp 1.814.639, 3.ª Turma, Rel. Min. Moura Ribeiro, j. 26.05.2020.

[199] "Direito civil e processo civil. Alimentos. Ação de prestação de contas. Art. 1.583, § 5.º, do CC. Poder-dever de fiscalização dos interesses do menor. 1. A proteção integral da criança e do adolescente, defendida pela Organização das Nações Unidas (ONU) com base na Declaração Universal dos Direitos da Criança e erigida pela Constituição da República como instrumento de afirmação da dignidade da pessoa humana (art. 227), exerce crucial influência sobre o intérprete da norma jurídica infraconstitucional, porquanto o impele a compreendê-la e a aplicá-la em conformidade com a prevalência dos interesses do menor em determinada situação concreta. 2. Com o inequívoco objetivo de proteção aos filhos menores, o legislador civil preconiza que, cessando a coabitação dos genitores pela dissolução da sociedade conjugal, o dever de sustento oriundo do poder familiar resolve-se com a prestação de alimentos por aquele que não ficar na companhia dos filhos (art. 1.703 do CC), cabendo-lhe, por outro lado, o direito-dever de fiscalizar a manutenção e a educação da prole (art. 1.589 do CC). 3. O poder-dever fiscalizatório do genitor que não detém a guarda com exclusividade visa, de forma imediata, à obstrução de abusos e desvios de finalidade quanto à administração da pensão alimentícia, sobretudo mediante verificação das despesas e dos gastos realizados para manutenção e educação da prole, tendo em vista que, se as importâncias devidas a título de alimentos tiverem sido fixadas em prol somente dos filhos, estes são seus únicos beneficiários. 4. A Lei 13.058/2014, que incluiu o § 5.º ao art. 1.583 do CC, positivou a viabilidade da propositura da ação de prestação de contas pelo alimentante com o intuito de supervisionar a aplicação dos valores da pensão alimentícia em prol das necessidades dos filhos. 5. Na ação de prestação de contas de alimentos, o objetivo veiculado não é apurar um saldo devedor e ensejar eventual execução – haja vista a irrepetibilidade dos valores pagos a esse título –, mas investigar se a aplicação dos recursos destinados ao menor é a que mais atende ao seu interesse, com vistas à tutela da proteção de seus interesses e patrimônio, podendo dar azo, caso comprovada a má administração dos recursos alimentares, à alteração da guarda, à suspensão ou até mesmo à exoneração do poder familiar. 6. A ação de exigir contas propicia que os valores alimentares sejam melhor conduzidos, bem como previne intenções maliciosas de desvio dessas importâncias para finalidades totalmente alheias àquelas da pessoa à qual devem ser destinadas, encartando também um caráter de educação do administrador para conduzir corretamente os negócios dos filhos menores, não se deixando o monopólio do poder de gerência desses valores nas mãos do ascendente guardião. 7. O Juízo de piso exerce importante papel na condução da prestação de contas em sede de alimentos, pois, estando mais próximo das partes, pode proceder a um minucioso exame das condições peculiares do aso concreto, de forma a aferir a real pretensão de proteção dos interesses dos menores, repelindo o seu manejo como meio de imissão na vida alheia motivado pelo rancor afetivo que subjaz no íntimo do(a) alimentante. 8. O objetivo precípuo da prestação de contas é o exercício do direito-dever de fiscalização com vistas a – havendo sinais do mau uso dos recursos pagos a título de alimentos ao filho menor – apurar a sua efetiva ocorrência, o que, se demonstrado, pode dar azo a um futuro processo para suspensão ou extinção do poder familiar do ascendente guardião (art. 1.637 combinado com o art. 1.638 do CC). 9. Recurso especial provido."

1.9.1. Prestação de contas nos alimentos compensatórios

Enquanto a pensão alimentícia advinda do direito de família tem sua gênese prevista no artigo 1.694 do Código Civil e visa a assegurar a subsistência daquele que é dependente financeiro do outro cônjuge, companheiro ou de quem guarde parentesco até o segundo grau, os alimentos compensatórios encontram duas distintas vertentes. A primeira delas tem inspiração no direito estrangeiro e considera o fato objetivo de a separação dos cônjuges ou conviventes causar ou não um desequilíbrio no padrão de vida do credor dos alimentos. Essa versão dos alimentos compensatórios, que guarda fidelidade ao direito alienígena, não tem nenhuma relação direta, nem se identifica com a jurisprudência brasileira, que defende a compensação financeira pela administração exclusiva de bens comuns e rentáveis e que apenas procura evitar que um dos cônjuges ou companheiros se veja destituído dos rendimentos percebidos pela administração do patrimônio comum. Tampouco guarda qualquer semelhança com a pensão alimentícia oriunda do direito familiar, cujo escopo é assegurar a subsistência material daquele que não tem meios próprios de sobrevivência.

Enquanto os alimentos compensatórios da legislação e da doutrina estrangeira têm em mira minimizar a brusca queda do padrão socioeconômico do cônjuge ou companheiro por ocasião da dissolução do relacionamento afetivo, os tribunais brasileiros ressuscitaram a figura dos *alimentos compensatórios*, regulados pelo parágrafo único do artigo 4.º da Lei 5.478, de 25 de julho de 1968 (Lei de Alimentos), e que haviam caído em franco desuso.

Primeiro, os tribunais regionais, depois secundados pelo STJ, construíram uma segunda vertente dos alimentos compensatórios, prevista para casais matrimoniados pelo regime da comunhão universal de bens, dado que, com a demora do processo de alimentos, um dos cônjuges seria beneficiado por estar na administração exclusiva dos bens comuns e rentáveis. Natureza totalmente diversa dos alimentos compensatórios da literatura alienígena, que têm um caráter estritamente compensatório ou reparador do desequilíbrio patrimonial ocasionado pela separação, divórcio ou dissolução de uma união estável, diante da excelente posição econômica e financeira conservada pelo outro que trabalhava e gerava rendas.

É gritante a diferença dos alimentos compensatórios da doutrina e jurisprudência transnacional quando confrontada com a jurisprudência e certos setores da doutrina nacional dos alimentos compensatórios devidos pela administração exclusiva de bens rentáveis comuns. Os alimentos compensatórios têm natureza essencialmente patrimonial e não alimentícia para sua concessão e levam em conta as expectativas de bem-estar econômico que a situação matrimonial criou com relação ao cônjuge demandante, tendo como parâmetro as condições materiais desenvolvidas durante a vida conjugal.

Os alimentos compensatórios são fixados em razão da queda brusca do padrão de vida de um dos consorte em confronto com a situação financeira do outro e têm o propósito de corrigir o desequilíbrio financeiro provocado pela ruptura afetiva, deflagrando uma natureza jurídica tipicamente *indenizatória*, porque outorgam ao consorte menos afortunado justamente uma indenização pelas perdas enfrentadas durante o matrimônio, em razão de ter o consorte deixado de investir em sua própria ascensão pessoal e profissional para cuidar dos filhos, do domicílio conjugal e da profissão do esposo, muitas vezes também casando pelo regime da separação convencional de bens.

Por sua vez, nos alimentos compensatórios provenientes da posse e administração exclusiva dos bens conjugais rentáveis por apenas um dos consortes, sua natureza jurídica não é indenizatória, mas literalmente *compensatória*, ou seja, são ressarcidas as perdas causadas pela fruição exclusiva de bens comuns rentáveis. A finalidade de toda sociedade empresária é a obtenção de lucro, sendo este entendido como o sobrevalor que a sociedade pode produzir como resultado da aplicação do capital e outros recursos na atividade produtiva. É cediço que em todos os exercícios sociais em que uma empresa apura lucro existe a necessidade de decidir como este será destinado. Basicamente, há duas possibilidades: (i) distribuição de dividendos aos acionistas; ou (ii) retenção de lucros, seja para constituir reservas ou para compensar prejuízos anteriores, e até mesmo permitir investimentos para o crescimento da empresa.

Dessa forma, os lucros acumulados representam lucros obtidos pela companhia ou sociedade, não distribuídos como dividendos, e, se forem distribuídos, deixam de ser lucros da sociedade e passam a ser dividendos dos sócios. Uma vez transformados em dividendos, ingressam no patrimônio conjugal da comunidade de bens e passam a pertencer a ambos os consortes para serem partilhados na apuração de haveres.

Contudo, a retenção de lucros é uma decisão que as empresas tomam com o objetivo de financiar suas operações futuras. Ao deixarem de distribuir os lucros a seus sócios ou acionistas, as empresas se capitalizam, ou seja, aumentam o seu próprio capital, melhoram sua estrutura de capitais e financiam seu crescimento com recursos próprios. Assim, o lucro apurado em determinado exercício deve ser distribuído aos sócios para representar um efetivo acréscimo patrimonial; em consequência, esse acréscimo patrimonial será passível de comunicabilidade, passando a integrar o acervo comum do casal, o que vale dizer que uma sociedade empresária, percebendo lucros, decide se quer retê-los e aumentar seu capital social ou se prefere partilhar esses lucros com seus sócios pagando-lhes dividendos que ingressam no patrimônio conjugal.

No entanto, se o lucro for destinado à conta de reserva, não sendo distribuído aos sócios, aumenta não só o caixa da sociedade, como o valor das quotas sociais a serem futuramente partilhadas, devendo ficar muito claro que os lucros retidos na empresa são reservas que se prestam à garantia e reforço do capital social, bem como para garantia dos credores, pertencendo esses ingressos financeiros à sociedade, e não aos sócios. Entretanto, os sócios usufruirão indiretamente desses lucros retidos na sociedade empresária ao promoverem a dissolução parcial ou total da sociedade entre cônjuges meeiros e a respectiva apuração de haveres quando se tratar de consorte de sócio.

Quando arbitrados alimentos compensatórios oriundos de uma sociedade empresária, e não de uma sociedade simples, esses alimentos estão sendo judicialmente concedidos, imaginando o magistrado que a empresa faria o pagamento regular de dividendos, ou seja, que distribuiria regularmente os lucros entre seus sócios. No entanto, se esses lucros permanecerem na empresa, toda a antecipação percebida pelo consorte meeiro, a título de alimentos compensatórios provenientes de presumidos lucros, deverá ser compensada na apuração de haveres, sob pena de o cônjuge alimentando ser duplamente beneficiado ao receber alimentos compensatórios de lucros que não saíram da sociedade empresária e que nela ficaram retidos, aumentando, dessarte, seu capital social.

Tendo expandido o capital social com a apuração de haveres, o consorte alimentando que recebeu alimentos compensatórios de lucros que não foram distribuídos receberá novamente o resultado financeiro desses lucros, em um verdadeiro *bis in idem* ao reclamar o pagamento de sua meação sobre as quotas sociais do consorte sócio e que aumentaram com o acréscimo dos lucros retidos.

Necessariamente, deve ser promovida, na apuração de haveres, a compensação com todos os lucros antecipados para o alimentando sob a rubrica de alimentos compensatórios, arbitrados judicialmente para incidirem sobre imaginários lucros que podem ou não ter sido transformados em dividendos, mas que, desafortunadamente, foram pagos ao cônjuge de sócio por ordem judicial, enriquecendo indevidamente esse subsócio, que foi a única pessoa a receber, em nome de alimentos compensatórios, lucros que jamais foram distribuídos aos sócios, porque a sociedade decidiu ou necessitava reinvesti-los na sociedade.

Portanto, os alimentos compensatórios precisam ser ressarcidos ou compensados por ocasião da partilha e uma ação de apuração de haveres que o consorte de sócio precisa promover para receber o valor equivalente à sua meação incidente sobre o patrimônio societário. Contudo, caso, por ser uma prestadora de serviços, a sociedade seja simples e não empresária, com certeza não existem lucros comunicáveis, em conformidade com o artigo 1.659, inciso VI, do Código Civil, tornando claramente impertinente sua cobrança judicial sob a rubrica de alimentos compensatórios.

Caso não ocorra o ressarcimento, haverá um enriquecimento sem causa e seus requisitos de configuração são: (i) o empobrecimento e o enriquecimento correlativos, sendo necessário que um patrimônio tenha enriquecido e que o outro tenha empobrecido, como resultado do mesmo acontecimento; (ii) a ausência de culpa do empobrecido; (iii) a ausência de interesse pessoal do empobrecido; (iv) a falta de causa, vale dizer, a falta de uma fonte de obrigação (contrato, delito).[200]

Não há qualquer dúvida de que os alimentos compensatórios podem implicar um *enriquecimento sem causa,* tanto do devedor como de parte dos destinatários, quando deles não é claramente merecedor, mas mesmo assim se vale da ação judicial para obter um ganho alimentar mensal que pensa ser irrestituível e incompensável, em virtude do caráter de ordem pública imposto pelo artigo 1.694 do Código Civil, mas unicamente aos alimentos do direito de família.

Aquele que alega que alguém enriqueceu deverá provar esse enriquecimento e que foi injustificado, prescrevendo o artigo 884 do Código Civil brasileiro que "aquele que, sem justa causa, se enriquecer à custa de outrem, será obrigado a restituir o indevidamente auferido, feita a atualização dos valores monetários"; acrescendo o artigo 885 e seguinte que "a restituição é devida, não só quando não tenha havido causa que justifique o enriquecimento, mas também se esta deixou de existir"; complementa o artigo 886 do Código Civil que "não caberá a restituição por enriquecimento, se a lei conferir ao lesado outros meios para se ressarcir do prejuízo sofrido".

Importante assinalar que os alimentos compensatórios não equivalem nem se assemelham à pensão alimentícia, cujo escopo é de cobrir as necessidades de um dos cônjuges depois do casamento e assim assegurar sua subsistência, senão o propósito de reparar o desequilíbrio econômico produzido pela dissolução do matrimônio.

Portanto, o pleito judicial dos alimentos compensatórios não busca avaliar necessidades de uma possível pessoa credora de alimentos do direito de família (CC, art. 1.694) e, em especial, os alimentos compensatórios reclamados sob a rubrica de adiantamento dos lucros de sociedades empresárias ou de sociedades *simples* que não são *empresárias,* mas meras prestadoras de serviços, estas com efeito que não geram dividendos conjugais que possam ser judicialmente antecipados e taxados como lucros auferidos isoladamente pelo consorte sócio.

É preciso insistir, fosse uma sociedade empresária e seriam devidos dividendos usufruídos apenas por um dos consortes no curso do divórcio, mas, se esses lucros não se tornaram dividendos e mesmo assim foram pagos ao consorte a título de alimentos compensatórios,

---

[200] ORTIZ, Pablo Omar Venegas; ALFARO, Andrés Alfonso Venegas. *La compensación económica en la nueva Ley de Matrimonio Civil.* Chile: Editorial Jurídica de Chile, 2007. p. 22.

obrigatoriamente precisariam pelo menos ser compensados por ocasião da apuração dos haveres ou antes, por meio de ação de repetição de indébito, sob pena de o credor receber duplamente os lucros vertidos em alimentos compensatórios.

Assim visto, quem busca alimentos compensatórios não reivindica uma típica assistência alimentar, que por sua natureza seria irrepetível e incompensável, mas procura, conscientemente, a compensação de perdas que estaria sofrendo, em pleito destituído de qualquer conotação alimentar que permita escudar na *irrepetibilidade* ou *incompensabilidade* dos valores pagos, uma vez apurada a improcedência do pedido, seja porque se trata de empresa que não podia distribuir dividendos, seja uma sociedade simples, cuja atuação é de conotação personalíssima, sem qualquer característica de sociedade empresarial que permita cogitar de lucros ou dividendos, por serem meros proventos do trabalho (CC, art. 1.659, VI).

De duas uma, se, como concluiu o egrégio Tribunal de Justiça de Santa Catarina, trata-se de sociedade simples em que o alimentante percebe rendimentos que são frutos do seu trabalho e, consequentemente, não se comunicam, ou se são lucros que não foram distribuídos na forma de dividendos. Contudo, foram adiantados pelo alimentante como alimentos compensatórios, com efeito que, por ocasião da apuração de haveres, esse adiantamento judicialmente imposto terminaria remunerando indevida ou duplamente a credora, que deles usufruiu como alimentos compensatórios e deles voltará a usufruir na apuração de haveres de uma sociedade empresária que teve seu capital social aumentado pela retenção dos lucros. O fato é que em qualquer uma das duas hipóteses existem alimentos irrestituíveis, mesmo porque os alimentos compensatórios são e sempre serão passíveis de restituição por ação de cobrança ou em prestação de contas.[201]

1.10. Pensão alimentícia e tributação

Os alimentos do direito de família visam, estritamente, a preservar a vida do indivíduo e guardam diversas características próprias que as desqualificam como renda tributável, uma vez que, em regra, atendem ao mínimo existencial, não se constituindo em renda pois servem à pura subsistência de quem não trabalha e, portanto, não tem meios próprios de sobrevivência, tampouco configuram nova riqueza. Subsidiando uma ação direta de inconstitucionalidade ajuizada pelo Instituto Brasileiro de Direito de Família (IBDFAM), com suporte em tese de minha autoria, contestando a legalidade da tributação da pensão alimentícia, essa ADI 5.422 ingressada no STF foi ajuizada com o intuito de reparar uma injustiça proveniente da tributação da pensão alimentícia oriunda do direito de família, as quais sempre sofreram, por força da Lei 7.713/1988, essa tributação inconstitucional incidente sobre o rendimento bruto percebido pelo credor dos alimentos, sob o argumento legal de que os alimentos e pensões percebidos em dinheiro e os proventos de qualquer natureza configuravam renda, como renda seriam quaisquer outros acréscimos patrimoniais.

---

[201] "Apelação cível. Ação de repetição de indébito. Sentença de improcedência. Recurso do autor. Alimentos compensatórios arbitrados em favor da ex-esposa. Pleito de repetição da quantia paga. Possibilidade. Verba compensatória que não possui natureza alimentar, pois fixada em ação de divórcio, provisoriamente, com finalidade estritamente indenizatória. Posterior decisão em agravo de instrumento, confirmada em sentença de divórcio e partilha que exonerou o apelante da obrigação, sob o fundamento de que se tratava de rendimentos profissionais não partilháveis. Dever de restituição, sob pena de enriquecimento ilícito. Determinação para que a demandada devolva o montante pago indevidamente pelo demandante, em dez parcelas mensais fixas. Sentença reformada. Necessidade de redistribuição dos ônus sucumbenciais. Recurso conhecido e provido" (TJSC, Apelação Cível 0305625-87.2018.8.24.0091/SC, 6.ª Câmara de Direito Civil, Rel. Des. Stanley da Silva Braga, j. 03.08.2021).

Em complemento da cobrança ilegal do imposto de renda sobre a pensão alimentícia, faziam coro os artigos 5.º e 54 do Decreto 3.000/1999, agora revogados, os quais explicitavam que eram passíveis de tributação os rendimentos percebidos em dinheiro a título de alimentos ou pensões em cumprimento de acordo homologado judicialmente ou de decisão judicial, inclusive alimentos provisionais ou provisórios.

Convencido da tirania e inconformado com a injustiça da tributação da pensão alimentícia, escrevi, em 2014, um artigo questionando a constitucionalidade da tributação da pensão alimentícia dizendo que a função dos alimentos está em atender às necessidades básicas daquelas pessoas que não podem provê-las por seus próprios meios, abrangendo os alimentos apenas o mínimo essencial à vida, que integra o dever de solidariedade familiar, permitindo que cônjuges, companheiros e parentes, uma vez desassistidos pela separação física, judicial ou extrajudicial de um casamento ou de uma união estável, acontecia que esses casais deixavam de coabitar, indo os filhos morar com um dos genitores ou nunca em realidade haviam coabitado, e, estando separados, cobravam pensão alimentícia do provedor usual, que antes sustentava mulher e filhos a partir do convívio direto; e, se jamais conviveram sob o mesmo teto, este fato era irrelevante para o direito tributário em razão de que a separação dos pais não retirava o traço comum de que todos dependiam da renda única do alimentante e que já havia sido tributada na origem, quando o provedor recebeu sua renda e com a qual sustenta seus dependentes financeiros.

Portanto, se um dos consortes mantém esposa e filhos com o resultado de sua remuneração pessoal, com a separação da família esta remuneração segue sendo a mesma renda que sempre manteve financeiramente a família constituída pelo provedor. Portanto, não existe nova riqueza passível de tributação se há somente um ingresso familiar, obtido em um único momento pelo mantenedor da família, com cuja renda subsidia as necessidades de sua família, convivendo todos sob o mesmo teto, ou morando em lares diferentes, e que em qualquer hipótese a renda é uma só, mesmo após a separação do casal. Logo, aquela renda familiar já antes tributada será a mesma renda que em pequena parte será entregue aos alimentandos a título de pensão alimentícia a seus dependentes que não têm capacidade de autossustento, cuja sobrevivência minimamente digna depende desse crédito alimentar.

Inexiste qualquer aumento patrimonial que justifique tributar a pensão alimentícia paga pelo alimentante a seus dependentes com os mesmos rendimentos já tributados quando ingressaram no patrimônio do provedor, sucedendo nesses casos uma notória dupla tributação ou, em realidade, um verdadeiro *bis in idem* vedado pelo sistema tributário. É como aduz o Ministro Roberto Barroso em seu voto-vista, que não tem dúvida de que os alimentos não podem ser entendidos como renda, uma vez que não se trata de produto do capital ou do trabalho daquele que os recebe. Ele arremata com argumento indefensável, ao dizer que: "Os alimentos também podem ser pagos *in natura*, através do pagamento direto de despesas, sem que sobre esta modalidade alimentar incida o imposto, não há justificativas para a sua cobrança quando esse pagamento de despesas ocorre de forma indireta, com a entrega do dinheiro ao próprio alimentando ou ao seu responsável legal."

Acrescentei em meu artigo jurídico, o qual serviu de suporte para o ajuizamento, no STF, da ADI 5.422, de que a pessoa humana incapaz de prover sua própria subsistência depende financeiramente daqueles que, por parentesco ou por afetividade, geraram uma entidade familiar, tornando-se seus dependentes financeiros, ou seja, credores de um mínimo existencial, de um direito subjetivo protegido negativamente contra a intervenção do Estado, cujo Estado não deve constranger o cidadão em sua liberdade e em sua autodeterminação, tanto que o

Tribunal Constitucional Federal da Alemanha declarou a inconstitucionalidade da lei do imposto de renda que não garantia o mínimo existencial familiar.

No Brasil, a Carta Política nacional garante às pessoas condições mínimas de existência digna e, portanto, tudo o que integra o *mínimo vital* não constitui renda, nem proventos, e esse mínimo essencial, insuscetível de tributação, deve atender às necessidades básicas do contribuinte provedor e às de sua família, com itens vitais como moradia, alimentação, educação, saúde, lazer, vestuário, higiene, transporte e previdência social.

Dessarte, ao lado do argumento principal de que pensão alimentícia não é renda, e sim subsistência, igualmente pontuou a ADI 5.422, ajuizada perante o STF, a proteção dos direitos constitucionais mínimos, bem como a tese de existir na tributação dos alimentos uma questão de gênero, pois, como disse o Ministro Roberto Barroso em seu voto-vista, a previsão da legislação acerca da incidência do imposto de renda sobre a pensão alimentícia acaba por penalizar ainda mais as mulheres, que, além de criarem, assistirem e educarem os filhos, devem arcar com ônus tributários dos valores recebidos a título de alimentos, os quais foram fixados justamente para atender às necessidades básicas da criança e do adolescente.

A incidência do imposto de renda sobre a pensão alimentícia configura, na compreensão de Roberto Barroso, uma regra discriminatória, que não encontra respaldo no texto constitucional. Esse viés foi igualmente trazido na construção da tese da inconstitucionalidade da tributação da pensão alimentícia, tendo escrito à época serem numerosas as famílias que seguem respondendo ao modelo clássico, pelo qual compete ao homem obter os meios econômicos de sustento e a mulher fica encarregada do trabalho residencial, vinculada aos cuidados com a casa e com os filhos, além de atender a eventuais dependentes agregados ao núcleo familiar.

Esses três argumentos mereceram a acolhida do STF com a procedência da declaração de inconstitucionalidade da tributação da pensão alimentícia originária do direito de família, em votação majoritária (8x3), que, diante da quase totalidade de seus ministros, afastou a incidência do imposto de renda sobre valores decorrentes do direito de família, percebidos a título de alimentos ou de pensões alimentícias quando originárias do direito de família, e não do direito previdenciário, por exemplo, votando contra a inconstitucionalidade somente os Ministros Gilmar Mendes, Edson Fachin e Nunes Marques.

Após a decisão majoritária do STF declarando inconstitucional a tributação da pensão alimentícia proveniente do direito de família, a Advocacia-Geral da União opôs embargos de declaração, pretendendo, além de uma inusitada interpretação restritiva do julgamento, também que a decisão sobre *a não incidência* do imposto de renda ficasse limitada ao piso de isenção do tributo que, ao tempo do julgamento, era de R$ 1.903,98, e propondo que continuassem sendo tributadas as pensões alimentícias com valores superiores a esse teto mínimo de isenção. O pleito dos embargos era totalmente sem nexo, pois acatá-lo seria o mesmo que dizer que nada havia sido julgado e que os oito votos favoráveis nada haviam definido, mesmo porque sempre existiu isenção para quem recebesse até o limite citado dos R$ 1.903,98. Disse o Ministro Dias Toffoli em seu voto ter a Corte considerado que o imposto de renda tem por pressuposto acréscimo patrimonial, hipótese que não ocorre no pagamento da pensão alimentícia proveniente do direito de família, o que já não sucede, por exemplo, na pensão previdenciária do INSS. Os embargos também pretendiam a modulação do julgamento para vetar o ressarcimento pelo Estado dos últimos cinco anos de tributos indevidamente pagos.

Desta feita, pela unanimidade de seus Ministros, o STF rejeitou os embargos e, principalmente, refugou o pedido de modulação dos efeitos jurídicos da decisão, uma vez que a União pretendeu impedir o efeito retroativo da decisão no propósito de evitar a retroatividade da decisão que considerou inconstitucional a incidência do imposto de renda sobre os valores recebidos a título de pensões alimentícias.

Os embargos de declaração gravitaram, conforme o Ministro Dias Toffoli, em torno de saber se: 1) a decisão embargada abrange os alimentos ou pensões alimentícias decorrentes do direito de família firmadas em escrituras públicas; 2) o afastamento da tributação em questão somente deve se referir aos valores pagos a título de pensões ou alimentos dentro do piso de isenção do IRPF – hoje estabelecido no valor mensal de R$ 1.903,98; 3) a Corte incidiu em omissão quanto à alegada necessidade de declarar a inconstitucionalidade por arrastamento das hipóteses de dedução fiscal previstas nos arts. 4.º, inciso II, e 8.º, inciso II, *f*, da Lei 9.250/1995, bem como se discute, nos embargos de declaração, a necessidade ou não de se modularem os efeitos do acórdão embargado, sendo esta a única preocupação séria exarada dos embargos da União, haja vista que os demais itens ventilados nos embargos não tinham a menor consistência legal ou fática e foram pontualmente rejeitados.

Quanto à alegação da Advocacia-Geral da União, de que o afastamento do imposto de renda deveria se limitar ao piso de isenção, tese completamente despropositada, respondeu o Ministro Dias Toffoli que atendê-la seria fazer com que a tributação incidisse sobre todos os valores restantes de pensão alimentícia, contrariando a decisão e as compreensões do Tribunal Pleno, concedendo efeitos infringentes aos embargos de declaração, e com total razão, pois representaria deixar tudo antes e permitir que a tributação da pensão alimentícia prosseguisse sendo devida e considerada uma renda nova de todos alimentados que ultrapassasse um centavo do teto então vigente de isenção tributária de R$ 1.903,98.

Não obstante os aspectos técnicos da decisão unânime do STF, que rejeitou os embargos de declaração da Advocacia-Geral da União, acompanhando todos os Ministros do STF o voto proferido pelo relator Dias Toffoli, o que mais chama a atenção na decisão que rejeitou os embargos foi a negativa de modulação dos efeitos retroativos da ADI 5.422, exaltando o julgado uma interpretação humana, e não política do Ministro Dias Toffoli.

A União pediu a eficácia *ex nunc* ao acórdão, a ser iniciada após o trânsito em julgado da ADI 5.422, ou subsidiariamente, após o julgamento dos embargos de declaração, colacionando, entre outros argumentos, o de que deveriam ser resguardados os atos até então praticados de forma legítima pela Administração Pública, que tributou as pensões alimentícias respaldada na legislação então vigente e sem qualquer declaração de ilegalidade, tutelando, dessarte, o equilíbrio econômico e financeiro das contas públicas. Alertou a Advocacia-Geral da União para o aspecto financeiro das repetições de indébito, no montante de R$ 6,5 bilhões, considerado o exercício atual e os cinco anteriores, além de o julgado provocar a necessidade de retificação e revisão de centenas de milhares de declarações.

Na rejeição aos embargos de declaração da Advocacia-Geral da União, disse o relator Dias Toffoli que, não obstante tenham vigido os dispositivos legais autorizadores da tributação da pensão alimentícia, depois reconhecida como inconstitucional, ela feria direitos fundamentais e atingia interesses de pessoas vulneráveis, tendo sido esse o ponto nodal da decisão de rejeição dos embargos, aplicando o relator um viés humano em sua decisão e de completo respeito às pessoas vulneráveis, ainda que em detrimento da Administração Pública.

Para o Ministro Dias Toffoli, no que diz respeito aos menores, o próprio texto constitucional prevê a necessidade de ser observado o princípio de seu melhor interesse e o de sua proteção integral, até porque também é dever do poder público assegurar, com absoluta prioridade, a efetivação do direito à vida, à saúde, à alimentação, à educação, ao lazer, à profissionalização, à cultura, à dignidade, ao respeito, à liberdade e à convivência familiar e comunitária.

Disse ainda o Ministro Dias Toffoli que, diante da doutrina do melhor interesse, as decisões judiciais, tratando-se de conflitos que envolvem os direitos das crianças e adolescentes, devem sempre ser orientadas para satisfazer inteiramente seus direitos e que os valores devidos às crianças, aos adolescentes e aos jovens, a título de repetição de indébito tributário em razão do recolhimento indevido do imposto de renda, servirão para dar maior efetividade a seu melhor interesse.

No tocante às pessoas idosas, dispõe o artigo 230 da Constituição Federal ser tarefa estatal, além da família, amparar sua dignidade e bem-estar, garantindo-lhes, à semelhança dos menores, o direito à vida, do que em nada diverge o Estatuto da Pessoa com Deficiência, e que a velhice traz, usualmente, acréscimo de gastos com a própria saúde, adicionado de tratamentos médicos e de remédios, o que mostra, dessarte, a relevância da rejeição da negativa de modulação. Por fim, com relação às pessoas com deficiência, credoras de pensões alimentícias, no mais das vezes são elas que acumulam a condição de crianças, adolescentes, jovens, adultos e idosos, tornando o quadro de dependência ainda mais acentuado.

Não obstante o artigo 168, I, do Código Tributário Nacional disponha que deve ser de cinco anos o prazo para o contribuinte pleitear a restituição de tributo pago indevidamente mediante o ingresso da ação de *repetição de indébito*, ou administrativa, é fato que a Receita Federal, talvez temerosa pela quantidade de ações judiciais ou movimentos administrativos que congestionariam o Poder Judiciário ou os Tribunais Administrativos, além da incidência de honorários advocatícios nas demandas judiciais, informou que os valores recebidos de pensão alimentícia deixaram de ser, doravante, tributados pelo imposto de renda e que, portanto, quem nos cinco últimos anos (2018 a 2022) apresentou declarações incluindo esse valor como um rendimento tributável poderia retificar a declaração e fazer o acerto, cuja retificação deveria ser enviada por meio do Programa Gerador da Declaração, no Portal e-CAC, ou pelo aplicativo "Meu Imposto de Renda". Para tanto, deveria o contribuinte informar o número do recibo de entrega da declaração que deveria ser retificada e mantido o modelo de dedução escolhido no envio da declaração, acionando dessa forma uma via mais simplificada de devolução do tributo incidente sobre a pensão alimentícia nos últimos cinco anos.[202]

Embora a Receita Federal se propusesse a devolver de modo ágil os cinco últimos anos de tributos incidentes sobre pagamentos provenientes de pensões alimentícias, pontua-se que, em sua maioria, os alimentos são pagos a filhos menores, quer eles estejam representados por seus progenitores ou não. Trata-se de uma realidade que se impõe e consiste em fazer valer a regra do artigo 198, inciso I, do Código Civil brasileiro, ao dispor que "não corre a prescrição contra os incapazes de que trata o artigo 3.º", e que são os absolutamente incapazes de exercer pessoalmente os atos da vida civil os menores de 16 anos e os que por incapacidade de discernimento forem curatelados, apesar de o Estatuto da Pessoa com Deficiência (Lei 13.146/2015) restringir a incapacidade apenas aos menores de idade. Contudo, consoante precedente encontrando no REsp 1.469.825/RS, da Primeira Turma do STJ, em voto do Ministro Gurgel de Faria, datado de 10 de abril de 2018, concluiu que a legislação tributária não possui dispositivo legal que trate da prescrição relativamente aos incapazes, pois o art. 168, I, do CNT dispõe somente a respeito do prazo para a propositura da ação de repetição de indébitos.

Em tal situação deve prevalecer "o disposto no art. 198, I, do Código Civil, pois a recorrida é pessoa incapaz para os atos da vida civil, submetida à curatela, não ocorrendo contra ela a prescrição, norma que protege, entre outros, os tutelados ou curatelados (REsp. 1.469.825/

---

[202] Disponível em: https://www.gov.br/receitafederal/pt-br/assuntos/noticias/2002/outubro/receita-federal--esclarece-a-nao-incidencia-do-imosto-de-renda-sobre-pensao-alimenticia. Acesso em: 10 out. 2022.

RS)", além de, obviamente, também não correr, como visto, a prescrição com relação aos menores de 16 anos. Ademais, podem ser somados à ação de repetição de indébito os 16 anos imprescritíveis, mais os cinco anos do artigo 168, I, do CNT, totalizando nessa hipótese uma restituição global de 21 anos de pagamento inconstitucional de pensão alimentícia, como neste sentido decidiu o juiz federal Paulo André Espírito Santo Bonfadini, em 1º de agosto de 2023, no procedimento comum nº 5092209-59.2022.4.02.5101 que tramitou pela 20ª Vara Federal do Rio de Janeiro.[203]

1.11. Revisão de alimentos

Os alimentos são sempre suscetíveis de revisão, não apenas aqueles arbitrados em provimento liminar, no caso dos alimentos deferidos em antecipação de tutela, como igualmente os alimentos regulares, fixados em definitivo na sentença ou por acordo dos interessados. Esses alimentos podem ser revistos a qualquer tempo, se houver modificação na situação financeira das partes, ou seja, sempre quando se verificar mudança de fortuna de quem os recebe ou de parte do alimentante, por se tratar de uma relação jurídica continuativa, conforme inciso I do artigo 505 do Código de Processo Civil, nos quais está ínsita a cláusula *rebus sic stantibus* no tocante à quantificação originária dos alimentos.

Essa regra está estatuída no artigo 1.699 do Código Civil, ao admitir a revisão dos alimentos se sobrevier mudança na situação financeira de quem os supre, ou na de quem os recebe, repousando a alteração da pensão alimentícia em uma questão de fato, representada pelas oscilações da vida econômica e financeira dos envolvidos,[204] a permitir a majoração dos alimentos, se ocorrer um enriquecimento do devedor, ou na redução, se ele empobrecer por haver arrostado uma diminuição de seus ganhos. Nem poderia ser diferente partindo da circunstância de os alimentos terem em regra uma longa duração, não se esgotando em um único pagamento; pelo contrário, a obrigação deve ser cumprida por meio de contínuas e periódicas prestações, que requerem sua conformação com o transcorrer do tempo, adaptando sua quantificação segundo as variações, mudanças e oscilações que vão sofrendo as necessidades do credor e a fortuna do devedor.[205]

Qualquer alteração nas indigências do credor ou nas possibilidades do devedor dá azo à revisão dos alimentos, por exemplo, o início dos estudos superiores, ou o surgimento de uma enfermidade e assim também o simples e visível acréscimo de recursos percebidos pelo alimentante, que exercia uma atividade com um ganho muito inferior e, posteriormente, logrou com seu trabalho ou com seus estudos e labor melhorar sua condição social e econômica, devendo seus filhos credores da pensão alimentícia originária acompanhar a evolução e o crescimento financeiro do pai, no limite evidentemente da concreta necessidade dos alimentandos, pois o direito alimentar não outorga ao credor participar, à custa do devedor, de uma vida de luxo, ócio e opulência.

A revisão judicial dos alimentos é uma questão de fato e depende do exame do caso prático, no qual devem estar presentes alguns pressupostos destacados por Nieves Martínez Rodríguez: a) devem existir efetivos fatos novos que não estavam presentes ao tempo do

---

[203] "Diante do exposto, na forma do art. 487, I, CPC, julgo procedente o pedido para condenar a União a restituir à parte autora os valores recolhidos indevidamente a título de imposto de renda incidente sobre a pensão alimentícia recebida, no período de 2009 a 2016, que deverão ser corrigidos exclusivamente pela Taxa SELIC."

[204] PORTO, Sérgio Gilberto. *Doutrina e prática dos alimentos*. 3. ed. São Paulo: RT, 2003. p. 110.

[205] MADALENO, Rolf. *Direito de família*. 12. ed. Rio de Janeiro: GEN/Forense, 2022. p. 1181.

estabelecimento da pensão a ser revisada; b) é essencial que essa nova situação afete o núcleo dos alimentos que são alvo de revisão; c) a alteração deve ser permanente, e não meramente ocasional, ou passageira, pois não justifica a revisão dos alimentos uma necessidade efêmera, tampouco um aumento episódico e excepcional dos ingressos do alimentante, como na hipótese de uma premiação única em dinheiro; d) a modificação fática deve ser imprevisível, que não havia sido considerada quando da fixação originária da verba alimentar, por exemplo, se o devedor de alimentos já mantinha outra união afetiva e, inclusive, sua companheira já se encontrava grávida desse novo filho que nasceu depois do estabelecimento dos alimentos que são objeto de revisão judicial; e) o pedido de aumento dos alimentos não pode ter como causa um ato ou uma necessidade propositadamente criada pelo próprio credor dos alimentos para provocar a majoração de sua verba alimentar.[206]

1.11.1. *Majoração*

Tendo em vista que as ações revisionais de alimentos têm como escopo obter a alteração do valor da pensão alimentícia previamente arbitrada por decisão judicial, ou ajustada por convenção das partes, é fato que a ação específica de majoração dos alimentos tem como finalidade o aumento de seu montante, atento ao primado contido no artigo 1.699 do Código Civil, no sentido de que, "se, fixados os alimentos, sobrevier mudança na situação financeira de quem os supre, ou na de quem os recebe, poderá o interessado reclamar ao juiz, conforme as circunstâncias, exoneração, redução ou majoração do encargo".

Presentes, portanto, três hipóteses distintas de revisão do direito alimentar em vigor, que pode ser sua exoneração, a redução ou seu agravamento, como estabelecia o artigo 401 do Código Civil de 1916, repousa a alterabilidade da prestação alimentar em uma questão de fato, saber e provar se os alimentos que vinham sendo pagos podem ser exonerados, reduzidos ou majorados, cujo dispositivo legal vai ao encontro do artigo 15 da Lei 5.478/1968, ao expor que "a decisão judicial sobre alimentos não transita em julgado e pode a qualquer tempo ser revista, em face da modificação da situação financeira dos interessados". A rigor, toda decisão judicial ou consensualmente homologada sobre alimentos transita, sim, em julgado, e nesse sentido não existe nenhuma dúvida. Não obstante a ocorrência de alguma modificação que importe no aumento da fortuna de quem paga os alimentos ou daquele que os recebe, autoriza, como fato novo que é e sobre cujo fato novo nunca antes existiu qualquer decisão judicial, é sobranceira a possibilidade de ser proposta ação revisional de alimentos. Logo, só se opera o trânsito em julgado com relação às possibilidades e necessidades examinadas e presentes à época do arbitramento ou acordo alimentar, e, se, posteriormente, houver um desequilíbrio desse binômio, novos fatos justificam o reexame judicial do direito alimentar.

É a aplicação da chamada cláusula *rebus sic stantibus*, explica Arnaldo Rizzardo, que tem perfeito cabimento nas decisões emanadas de ações de alimentos, que autorizam a revisão do encargo sempre que se altere a situação econômica, para o aumento ou diminuição, e mesmo para a exoneração, como previsto no artigo 15 da Lei 5.478/1968.[207]

A majoração dos alimentos só terá êxito processual se efetivamente os rendimentos do obrigado alimentar sofreram um incremento de ingressos e aportes que comportam o aumento da verba alimentar. No entanto, de qualquer sorte, consoante o artigo 13, § 2.º, da Lei

---

[206] MARTÍNEZ RODRÍGUEZ, Nieves. *La obligación legal de alimentos entre parientes*. Madrid: La Ley, 2002. p. 490-491.

[207] RIZZARDO, Arnaldo. *Direito de família*. Rio de Janeiro: Aide, 1994. v. II, p. 762.

5.478/1968, os alimentos, uma vez majorados, reduzidos ou exonerados, retroagem à data da citação. Nesse sentido também ordena a Súmula 621 do STJ, que versa sobre a redução, majoração e exoneração da pensão alimentícia e acerca da responsabilidade do alimentante, ordenando que, quando houver revisional da pensão, o pagamento arbitrado na sentença, ou em provimento liminar, retroagirá até a data da citação da respectiva ação revisional e o novo valor estabelecido será devido a partir da citação do alimentante, sendo vedadas pela súmula a compensação e a repetibilidade, de tal modo que, se a sentença majorou os alimentos, o alimentante deverá pagar a diferença devida desde a citação.

Entretanto, depois do divórcio é pouco provável o provimento de eventual ação revisional, pois, melhorando o alimentante sua situação econômica e financeira, esse fato não importa em elevar o montante dos alimentos estabelecidos em favor de seu ex-cônjuge. O mesmo vale para antecedente dissolução de uma união estável, porquanto a pessoa alimentanda em nada contribuiu para a melhoria desse estado socioeconômico, especialmente nos dias atuais em que os alimentos cada vez mais têm sido fixados por prazo certo e, portanto, em caráter transitório.

Conforme antiga lição de Arnoldo Wald, "se o marido melhorou a sua condição econômica, após a separação, sem a colaboração da mulher, não há por que melhorar a pensão desta. É tendência que se firma nos tribunais a de evitar que a mulher separada de um tenente venha a receber uma fração de vencimentos de general. O erro de alguns dos nossos tribunais consistiu em confundir reajustamento com natureza alimentar da dívida, reconhecendo na pensão ora uma dívida alimentar para poder ser reajustada, ora uma dívida não alimentar, pois seria irrenunciável".[208]

Muitos defendem factível pedir alimentos depois do divórcio, o que não é o mesmo que pedir sua majoração. Entrementes, escreve Maria Berenice Dias, ainda que não concorde com esse direcionamento, mas se vê inclinada a reconhecer que "a jurisprudência considera que depois do divórcio, em face da dissolução do vínculo conjugal, não é possível pleitear alimentos, chegando a reconhecer o pedido como juridicamente impossível. Desse modo, os alimentos precisam ser buscados na ação de divórcio. [...] A tendência é considerar que o divórcio produz verdadeira alquimia, mudando a natureza jurídica da obrigação de alimentos. [...] Com isso, além de se exigir maior rigorismo para a revisão do valor da obrigação, veta-se, definitiva e desarrazoadamente, a possibilidade de o cônjuge, muitas vezes sujeito a situação de miséria absoluta, ou acometido de mal incurável, buscar alimentos após o divórcio".[209]

Para essas preocupações externadas por Maria Berenice Dias o Código Civil da Argentina estabelece primeiro, no artigo 432, que: Depois do divórcio, a prestação alimentícia só será devida nas hipóteses previstas neste Código Civil, ou por convenção das partes; na sequência, expressa textualmente o artigo 434 do mesmo Código Civil argentino que: Alimentos posteriores ao divórcio podem ser fixados depois da dissolução do vínculo conjugal se: a) a favor de quem padece de uma enfermidade grave preexistente ao divórcio que a impeça de seu autossustentar e se o alimentante falece, a obrigação se transmite aos seus herdeiros; b) a favor de quem não tem recursos próprios suficientes nem possibilidade razoável de buscá-los. Por fim, a obrigação alimentar não pode ter uma duração superior ao número de anos que durou o casamento e não procede a favor de quem recebe os alimentos compensatórios previstos no artigo 441 do Código Civil da Argentina.

---

[208] WALD, Arnoldo. *Curso de direito civil brasileiro*. Direito de família. 4. ed. São Paulo: RT, 1981. p. 132.

[209] DIAS, Maria Berenice. *Alimentos aos bocados*. São Paulo: Thomson Reuters/RT, 2013. p. 101-102.

Seguindo a lição de Marisa Herrera, a reforma que resultou na redação do artigo 432 do Código Civil argentino recepciona de maneira expressa a possibilidade de os cônjuges, aplicando o princípio da liberdade e autonomia de suas relações, como por igual lhes é reconhecido esse direito no instituto do regime de bens, poderem celebrar convênios sobre alimentos e outros aspectos de conteúdo patrimonial.[210]

Carolina Duprat explica a razão de ser do novo direito argentino que suprimiu o pleito alimentar para depois do divórcio e que limitou sua concessão por período que nunca pode superar o tempo que durou o casamento dos cônjuges, dizendo que os alimentos perderam seu caráter assistencial infinito depois da supressão da discussão da culpa no direito argentino, e diferente não sucedeu no Brasil com a Emenda Constitucional 66/2010. Portanto, essa nova cosmovisão responde, atualmente, a dois motivos centrais: a) a supressão do divórcio causal; b) o princípio de autossuficiência e a recepção do postulado constitucional da igualdade real de oportunidades. Ademais, esses dois fatores conduzem necessariamente à revisão do direito alimentar posterior ao divórcio, uma vez que ao tempo da apuração da culpa o direito alimentar era um fator obrigatório e posteriormente passou a ser um elemento excepcional, quando não inexistente, como sucede no direito brasileiro.

Ao desaparecer a valoração da culpa e da inocência, mostra-se impossível manter um sistema jurídico como o que foi derrogado, devendo ser estabelecido um mecanismo de assistência alimentar sobre bases de pautas absolutamente objetivas, quanto mais as tendências legislativas, mais progressistas consagram o princípio da autossuficiência dos cônjuges, aos quais se impõe o dever de desenvolver estratégias que potencializem a igualdade real de oportunidades para ambos. Lembra a autora que também o direito chileno exclui, no artigo 60 de seu Código Civil, a obrigação alimentar logo depois do divórcio e que, diante dessa nova e moderna filosofia, cada um dos consortes precisa desenvolver as estratégias necessárias para seu próprio sustento em seus novos projetos de vida, sem depender economicamente do outro. Por conseguinte, o direito argentino e, por igual, o direito chileno pretendem evitar as odiosas situações que a dependência econômica gera e que definitivamente repercutem na estigmatização de um dos consortes, dificultando as relações familiares posteriores ao divórcio, especialmente quando existem filhos. Naturalmente, isso não quer dizer que se propicie o abandono do esposo que se encontra em uma situação de vulnerabilidade, senão que se devem garantir as ferramentas para evitar que se consolide essa desigualdade, restando a prestação de alimentos reservada somente aos pressupostos de absoluta exceção e que se encontram declinados no artigo 434 do Código Civil argentino.[211]

1.11.2. Redução

A redução dos alimentos decorre da circunstancial diminuição das necessidades do alimentando, porque, por exemplo, não mais precisa de determinado tratamento médico e da constante medicação por haver recuperado sua saúde. Também tem lugar a redução dos alimentos se o devedor viu diminuída sua remuneração, ou porque surgiram-lhe novos credores, como esposa e filhos de um segundo casamento ou de uma estável relação afetiva. A dispensa de um emprego e um novo trabalho com uma remuneração inferior, ou a crise financeira verificada em sua área de atuação, e até mesmo uma crise sanitária, como sucedeu com o

---

[210] HERRERA, Marisa. Comentario a artículo 432. *In*: LORENZETTI, Ricardo Luis (dir.). *Código Civil y Comercial de la Nación comentado*. Buenos Aires: Rubinzal-Culzoni, 2015. t. II, p. 690.

[211] DUPRAT, Carolina. *Tratado de derecho de familia según el Código Civil y Comercial de 2014*. Directoras Aída Kemelmajer de Carlucci, Marisa Herrera e Nora Lloveras. Buenos Aires: Rubinzal-Culzoni, 2014. t. I, p. 283-285.

coronavírus que durante largo tempo dizimou vidas, manteve as pessoas reclusas em suas casas e sem acesso ao trabalho e sem reais condições de remuneração.

De qualquer forma, deve o julgador ter sempre usual cautela para obviar tentativas de fraude do dever alimentar, mas servindo muitos dos fatos jurisdicionados, como razão de redução fatos imprevistos e excepcionais, e não arranjos feitos entre empregado e empregador para dissimular uma realidade de trabalho que não se modificou na prática, ou até mesmo na troca de atividades em que nem abalou a remuneração do alimentante. Exemplo típico é a situação em que o empregado pede dispensa de seu vínculo de emprego e passa a atender ao mesmo ex-empregador mediante a constituição de uma pessoa jurídica e emissão de notas fiscais, ou meramente como profissional autônomo. Tampouco merece provimento uma ação de redução de alimentos em que o alimentante pede dispensa de seu emprego porque quer trabalhar menos ou se aventurar na iniciativa privada.

O surgimento de uma nova família e o nascimento de outros filhos não são motivos instantâneos e infalíveis de redução da obrigação alimentar preexistente, sendo ônus do devedor provar, satisfatoriamente, que houve substancial alteração em sua capacidade econômica e financeira e que a vinda de nova prole ou a assunção de novo casamento compromete seu orçamento familiar. Assim, quem forma nova família e tem outros filhos tem consciência de que deverá fazer frente a novos encargos de ordem alimentar, chamando a atenção o fato de que, muitas vezes, somente são propostas ações revisionais de alimentos para redução da verba alimentar em razão do nascimento de outro filho, quando o devedor está se divorciando da segunda esposa e se vê compelido a pagar outra pensão alimentícia, e não quando esse seu outro filho nasceu e passou a representar novo encargo material. Em sede de nova família e prole, a jurisprudência não é unânime e existem decisões para prover ou para negar a redução, exigindo os tribunais a prova da efetiva incapacidade de pagar a verba alimentar que é objeto de ação revisional.

A excessiva onerosidade da obrigação alimentar também pode gerar sua revisão judicial, ou de seu índice de atualização monetária, bem como dos parâmetros de fixação, como sucede, por exemplo, quando determinado índice de correção, como aconteceu com o IGPM, excedeu a inflação no mesmo período, tratando os juízes de substituí-lo por outro índice de menor impacto social; ou como também acontece quando os alimentos são fixados em salários mínimos e a atualização dessa unidade de medida se agigante desproporcionalmente diante de quem recebe remuneração fixa calculada em reais.

1.11.3. Extinção

No tocante aos cônjuges e aos conviventes, a extinção do direito alimentar tem previsão legal no artigo 1.708 do Código Civil, ao determinar que, com o casamento, a união ou o concubinato do credor, cessa o dever de prestar alimentos, ao passo que em seu parágrafo único está prescrito que, relativamente ao credor, cessa também o direito a alimentos, se tiver procedimento indigno com relação ao devedor.

Em realidade, o mesmo dispositivo legal abarca as situações de extinção natural do direito alimentar, como a morte do credor de alimentos, e as hipóteses de exoneração do direito alimentar, como, por exemplo o casamento do credor de alimentos. Assim, o novo casamento do credor de alimentos é uma causa de extinção de seu direito alimentar (Lei do Divórcio – Lei 6.515/1977, art. 29), ou a constituição de uma união estável determina por igual a cessação dos alimentos provenientes de anterior relacionamento estável ou nupcial.

É causa de extinção do direito alimentar dos filhos sua maioridade civil aos 18 anos, mas a extinção do poder familiar não gera a extinção automática dos alimentos se a prole estiver estudando ou frequentando a faculdade ou um curso de formação profissional. Nesse sentido são vigentes o Enunciado 344 das Jornadas de Direito Civil do Conselho da Justiça Federal[212] e a Súmula 358 do STJ quando obtemperam que o cancelamento da pensão de filho que atingiu a maioridade está sujeito à decisão judicial, mediante contraditório, ainda que nos próprios autos em que se originaram os alimentos.

Também cessa o direito a alimentos quando o credor da prestação alimentícia mantém relação de concubinato, configurado pelas relações não eventuais entre duas pessoas impedidas de casar, o que conduz diretamente para o adultério quando pessoas casadas mantêm conjunção carnal com terceiro e ausente qualquer separação de fato do amante casado.

No caso de um filho dependente alimentar contrair casamento, ocorre sua emancipação, e sua dependência financeira, se ainda existente, fica naturalmente transferida para seu cônjuge ou companheiro. Entre as causas de cessação do direito a alimentos está o casamento do filho credor dos alimentos, ou que constitui uma união estável, ficando desfeito o vínculo de obrigação alimentar com seu progenitor.

Um dado curioso e até mesmo discriminatório, levantado em palestra por Patrícia Novais Calmon, é a circunstância de que os alimentos transitórios, chegado o termo final, extinguem-se automaticamente, dispensando qualquer ação de prévia exoneração alimentar e se diferenciando dos alimentos pagos aos filhos que completam os 18 anos de idade. Em casos como estes, em que a Súmula 358 do STJ impede o cancelamento automático da pensão alimentícia dos filhos que completam a maioridade civil, deve ser aberto o contraditório, mesmo que nos próprios autos originários da pensão, o que, na prática, tem suscitado a abertura de um processo de exoneração dos alimentos da prole.[213]

No entanto, sem dúvida alguma, há extinção automática dos alimentos em decorrência do falecimento do alimentando, bastando comprovar o passamento com a certidão de óbito a ser juntada nos autos em que foram fixados ou ajustados os alimentos,[214] de modo a fazer cessar eventual desconto em folha de pagamento. Por outro lado, nada disso será necessário realizar se os alimentos eram pagos pelo depósito direto pelo alimentante em conta bancária do credor ou com a entrega do numerário mediante a contraprestação de recibo.

1.11.4. *Exoneração*

O relacionamento afetivo com outra pessoa pela via de um novo casamento ou pela formação de uma união estável são causas peremptórias para a exoneração do primitivo e originário direito alimentar de relação afetiva suprimido pelo divórcio ou pela dissolução de uma união estável, tornando sem efeito o crédito alimentar antecedente; se for o caso, essa obrigação se transfere para o segundo relacionamento (CC, art. 1.709).

No tocante às relações de concubinato identificadas no artigo 1.708 do Código Civil, elas são causas de exoneração dos alimentos e dizem respeito a uma espécie de um furtivo relacionamento, em cuja organização afetiva o casal se apresenta com certa discrição e mantém

---

[212] Enunciado 344: "A obrigação alimentar originada do poder familiar, especialmente para atender às necessidades educacionais, pode não cessar com a maioridade".

[213] NOVAIS, Patrícia. *Terças em família*. Evento da ESA/RS, 31 out. 2022. Disponível em: https//youtu.be/ZVfiOX7Pc7U.

[214] MADALENO, Rolf. Alimentos e sua configuração atual. *In*: PEREIRA, Rodrigo da Cunha (coord.). *Tratado de direito das famílias*. 3. ed. Belo Horizonte: IBDFAM, 2019. p. 660.

duradoura interação familiar, viaja e alterna pernoites na habitação de um deles, sem que qualquer deles se desfaça de sua própria moradia e um deles ou até os dois seguem mantendo sua relação conjugal, vivendo uma relação de concubinato, ou de vidas paralelas, em que um dos partícipes, usualmente o homem, mantém uma segunda relação afetiva estável, desta feita com uma amante de longa duração e de endereço distinto de sua moradia nupcial ou convivencial, afrontando o princípio da monogamia, que em 2015 foi reconhecido pelo STF no Recurso Extraordinário 883.168, originando-se o Tema 526, no sentido de que a monogamia é o princípio estruturante do casamento, sendo incabível o reconhecimento de uma união estável simultânea ao casamento, assim como a partilha de bens em três partes iguais (triação), mesmo que o início da união seja anterior ao casamento.

A tese firmada em 2 de agosto de 2021 sobre o Tema 526 nega qualquer direito previdenciário, familiar ou sucessório aos relacionamentos paralelos, estabelecendo o STF que: "É incompatível com a Constituição Federal o reconhecimento de direitos previdenciários (pensão por morte) à pessoa que manteve, durante longo período e com aparência familiar, união com outra casada, porquanto o concubinato não se equipara, para fins de proteção estatal, às uniões afetivas resultantes do casamento e da união estável".

A exoneração de um direito alimentar também tem como base para seu provimento o comportamento do credor dos alimentos em relação àquele que está obrigado a prover suas necessidades. A atitude indigna do credor de alimentos na medida em que afeta o alimentante é motivo justificado para ordenar judicialmente o desaparecimento do direito alimentar, porquanto o parágrafo único do artigo 1.708 do Código Civil impõe ao credor dos alimentos um código de conduta, que, violado, tem como sanção a perda dos alimentos.

De acordo com Bertoldo Mateus de Oliveira Filho, a indignidade é ato de desapareço consubstanciado em ofensa física, menoscabo ao brio e aos bons costumes, como o atentado à vida, à honra e à liberdade, em desassistência material ou afetiva.[215] Para Ênio Santarelli Zuliani, o comportamento indigno do credor de alimentos agride o senso ético e a moralidade social, com repercussão perniciosa no desenvolvimento da sociedade que se sustenta, observando padrões rígidos de conduta.[216]

Claudio Belluscio cita como exemplo de indignidade alimentar o ex-cônjuge haver exercido atos de violência contra a pessoa do alimentante, com difamações, falsidades verificadas em sede judicial, insultos verbais ou escritos, e qualquer conduta capaz de ferir a suscetibilidade do devedor, tudo isso a ser avaliado segundo o prudente arbítrio do juiz e de acordo com as circunstâncias do caso concreto.[217] Na atualidade, as redes sociais podem servir como um instrumento muito eficaz de ofensa à dignidade alheia, expondo a figura do alimentante a situações claramente vexatórias e de larga difusão social.

Contudo, adverte Nieves Martínez Rodríguez que a injúria ou o insulto verbal não pode ser aquele esporádico, fruto de uma acalorada discussão passageira, em que ambos os contendores ficaram exaltados, não havendo necessidade de uma condenação penal por injúria ou maus-tratos. Devem, no entanto, ser provados tais fatos, não podendo ser deslembrado que os filhos menores não podem ser privados dos alimentos por subjacente comportamento indigno.[218]

---

[215] OLIVEIRA FILHO, Bertoldo Mateus de. *Alimentos e investigação de paternidade*. 4. ed. Belo Horizonte: Del Rey, 2007. p. 232.

[216] ZULIANI, Ênio Santarelli. *Revista de Direito de Família*, São Paulo, p. 109, dez./jan. 2011.

[217] BELLUSCIO, Claudio. *Prestación alimentaria*. Buenos Aires: Editorial Universidad, 2006. p. 565.

[218] MARTÍNEZ RODRÍGUEZ, Nieves. *La obligación legal de alimentos entre parientes*. Madrid: La Ley, 2002. p. 591-592.

Tampouco os filhos menores, quando atingem aos 18 anos a maioridade civil, podem ter seus alimentos automaticamente extintos, pois essa prática é vedada pela Súmula 358 do STJ.[219] Nesse sentido, deve ser aberto o contraditório que, ao fim e ao cabo, significa promover uma ação de exoneração dos alimentos da prole que, ao alcançar os 18 anos de idade e se desvincular do poder familiar, pode continuar sendo credora de alimentos se estiver, por exemplo, estudando e a caminho de sua formação profissional, eis que com a maioridade cessa a presunção de necessidade dos alimentos, que cede espaço para a prova de que não mais precisam da verba alimentar, do ponto de vista do alimentante que postula a exoneração do encargo, ou que, ao revés, continua dependendo dos alimentos de seus ascendentes por estar estudando e, portanto, não se pode ver exonerada de seu direito alimentar.

Por fim, por vezes o pedido inicial de exoneração do direito alimentar pode levar unicamente à redução do montante dos alimentos, eis que nem sempre se apresentam as causas exoneratórias, embora possam se constatar motivos que ao menos autorizem a circunstancial redução dos alimentos originariamente estabelecidos.

1.11.5. Renúncia dos alimentos

Os alimentos são prestações para a satisfação das necessidades vitais de quem não pode provê-las por si,[220] pois carregam em seu bojo o imprescindível sustento à vida da pessoa que precisa atender aos gastos com a sua alimentação, vestuário, habitação, tratamento médico, diversão, com recursos adicionais para sua instrução e educação, se for menor de idade.

Funda-se o dever de prestar alimentos na solidariedade humana reinante nas relações familiares e que tem como inspiração fundamental a preservação da dignidade da pessoa humana, de modo a garantir a subsistência de quem não consegue sobreviver por seus próprios meios, em virtude de doença, falta de trabalho, idade avançada ou qualquer incapacidade que a impeça de produzir meios materiais necessários à diária sobrevida.

Logo, as regras que governam o direito alimentar são de ordem eminentemente pública, inerentes à personalidade da pessoa e relacionadas com a integridade física e psíquica do alimentando. Dizem com o estado familiar da pessoa, tanto que o juiz está autorizado a deixar de homologar um acordo de divórcio com alimentos ou só de alimentos, se o ajuste não preserva adequadamente a subsistência do alimentado, tal qual não está atrelado a valores que se mostrem aviltantes em uma demanda de oferta alimentar, e até mesmo quando compõem um acordo de alimentos. É sabido que a lei confere ao juiz poderes para estabelecer obrigações compatíveis com a dignidade humana capazes de fazer cumprir na íntegra a real função do encargo alimentar, já tendo entendido o STJ que a renúncia parcial de alimentos não justifica, por si só, a nomeação de curador especial para a criança.[221]

Em sede de alimentos, prevalece o conveniente arbítrio do juiz na depuração processual dos valores que vão gerenciar a vida do alimentando, sendo de considerar como de nenhum efeito legal qualquer inclinação de contratar alimentos fora da chancela judicial, abstraída a exceção de terem sido ajustados sob os auspícios do Ministério Público ou da Defensoria Pública. O caráter público da obrigação alimentar impede que o Judiciário seja, em regra,

---

[219] Súmula 358 do STJ: "O cancelamento de pensão alimentícia de filho que atingiu a maioridade está sujeito à decisão judicial, mediante contraditório, ainda que nos próprios autos".
[220] DINIZ, Maria Helena. *Curso de direito civil brasileiro*. Direito de família. 17. ed. São Paulo: Saraiva, 2002. v. 5, p. 458.
[221] Disponível em: https://www.stj.jus.br/sites/portalp/Paginas/Comunicacao/Noticias/2023/29082023-Renuncia-parcial-de-alimentos-nao-justifica--por-si-so--nomeacao-de-curador-especial-para-crianca.aspx. Acesso em: 5 jan. 2024.

afastado do processo de amarração de qualquer início, continuação, revisão, extinção ou exoneração de alguma obrigação alimentar, atuando o juiz como o fiel da balança desse sagrado direito alimentar.[222]

É memorável a lição de San Tiago Dantas acerca da irrenunciabilidade e indisponibilidade do direito alimentar, citando que, a exemplo de ser proibido renunciar à vida, também não se pode renunciar ao direito aos alimentos, ficando sempre ressalvado o restabelecimento do exercício desse crédito alimentício.[223]

Esse preceito está textualmente disposto no artigo 1.707 do Código Civil ao prescrever que "pode o credor não exercer, porém lhe é vedado renunciar o direito a alimentos, sendo o respectivo crédito insuscetível de cessão, compensação ou penhora". Nessa direção já ordenava o artigo 404 do Código Civil de 1916 que era possível deixar de exercer, mas impossível renunciar o direito a alimentos, e assim funcionou durante longos anos. Nesse mesmo sentido também apontava de modo inequívoco a Súmula 379 do STF. A Corte Suprema entendia a cláusula de renúncia como uma manifestação de mera desistência do direito alimentar, o qual poderia ser pedido novamente, uma vez demonstradas a necessidade do alimentando e a possibilidade do alimentante.[224] Tais comandos eram absolutamente pertinentes em um cenário social no qual as mulheres não tinham atividade remunerada e eram inteiramente dependentes de seus esposos, e, não obstante as separações ou desquites fossem mais raros, quando sucediam, cuidava o legislador de assegurar a subsistência das esposas sem fonte renovada de ingressos, e que muitas vezes abria mão dos alimentos empolgada pela partilha que dividia bens quase sempre geradores de custos, e não de finanças.

Certamente a desistência circunstancial dos alimentos que impedia pudesse o cônjuge separando renunciar definitivamente a seu crédito alimentício importou, durante muitos anos, em um involuntário fomento às demandas separatórias causais, pois maridos buscavam provar a culpa da mulher pelo fim do casamento e, como corolário, elas perdiam o direito alimentar, obviamente dificultando separações amistosas cuja cláusula de mera desistência dos alimentos não inibia o pedido alimentar em outro momento fático ou processual. Entretanto, a pesquisa da culpa desapareceu do cenário jurídico brasileiro com a Emenda Constitucional 66/2010, que extirpou do processo brasileiro a pesquisa da culpa pelo fim do casamento, pois somente o decreto judicial declarando o credor de alimentos culpado pela derrocada conjugal tinha a força e gerava o efeito de dispensar em definitivo qualquer obrigação alimentar em favor do consorte culpado pelo fim do matrimônio.[225]

Entrementes, a Súmula 379 não sobreviveu na jurisprudência do STJ, em cuja Corte se mostrava válida e eficaz a cláusula de renúncia a alimentos em separação judicial ou, mais modernamente, no processo ou escritura de divórcio. O STJ admite a dispensabilidade dos alimentos oriundos da relação matrimonial ou de união estável, julgamento próprio de um sentimento cada vez mais presente da equiparação dos gêneros sexuais, restringindo o impulso por disputas judiciais que muitas vezes guardam a marca de um ressentimento que precisaria ser penalizado por meio de um comando judicial que obrigue eternamente a um dever alimentar, que sabidamente perde dia a dia sua razão de ser, vivenciando a realidade dos tribunais brasileiros

---

[222] MADALENO, Rolf. Renúncia a alimentos. In: MADALENO, Rolf. Repensando o direito de família. Porto Alegre: Livraria do Advogado, 2007. p. 171-172.

[223] DANTAS, San Tiago. Direito de família e sucessões. 2. ed. Rio de Janeiro: Forense, 1991. p. 332.

[224] Súmula 379 do STF: "No acordo de desquite não se admite renúncia aos alimentos, que poderão ser pleiteados ulteriormente, verificados os pressupostos legais".

[225] MADALENO, Rolf. Renúncia a alimentos. In: MADALENO, Rolf. Repensando o direito de família. Porto Alegre: Livraria do Advogado, 2007. p. 173.

a exceção da pensão alimentícia entre consortes e companheiros de alimentos transitórios, os quais, quando devidos, são devidos por um curto e específico período de tempo.

Não derivando os alimentos conjugais do vínculo consanguíneo, mas sim da mútua assistência, a tendência consolidada pela doutrina e pela jurisprudência nacionais é a de permitir e até mesmo de incentivar a prévia renúncia do direito alimentar, exaltando os pares a construírem individualmente suas novas vidas como divorciados e, circunstancial e excepcionalmente, ajustando valores de alimentos temporários e que apenas servem como um empurrão inicial daquele consorte ou companheiro que restou afastado do mercado de trabalho.

Além desses fatos, a tese da renunciabilidade alimentar entre pares afetivos tinha sua gêneses na ausência de parentesco, e que, portanto, vidas conjugais desfeitas admitiriam a pacífica renúncia em seara de dissolução de um casamento ou de uma união estável, afinado, contudo, com a evolução da sociedade e do direito de família dessa sociedade civil avançada no tempo, para obviar esse tolo obstáculo para o consenso de um fim judicial ou extrajudicial amistoso, dado que nenhum marido queria correr o risco de ser acionado, posteriormente, por alimentos que acreditava terem sido definitivamente dispensados apenas pela mera afirmação de que a mulher "congelava" no tempo seu direito a alimentos que literalmente hibernava até que fossem judicialmente pleiteados.

Desse modo, somente uma separação litigiosa declarando a esposa culpada pelo fim do matrimônio tinha o condão de desobrigar em definitivo o homem do dever de alimentos em prol da sua ex-esposa, porquanto qualquer cláusula consensual declarando a independência financeira da esposa não inibia futura demanda alimentar. Era muito cômodo garantir por lei (CC, art. 1.707) e por vínculo de um casamento desfeito, às vezes de curta duração, um direito alimentar vitalício, como se fosse um seguro a ser acionado sempre que o ex-cônjuge ou o ex-convivente esbarrasse em dificuldades financeiras, isentando-se dos riscos na condução material de sua própria vida e de sua inteira responsabilidade de responder por suas carências materiais, desde quando se apartou do parceiro, com o qual compartia seu tempo, seus planos e seu espaço. Há muito deixou de parecer justo assegurar duradouro o vínculo alimentar a ser acionado a qualquer tempo, mesmo depois do divórcio, eis que pouco importava tivesse ou não o ex-consorte experimentado de forma frustrante sua independência financeira pelo exercício de um trabalho remunerado.

O atual questionamento que sobreleva diante da efetiva e necessária autonomia privada dos consortes não está unicamente em saber que realmente têm liberdade para renunciarem em definitivo ao direito alimentar recíproco, mas em muito mais do que isso; eles podem renunciar antecipadamente a esse mesmo direito alimentar em cláusula de pacto antenupcial ou em contrato de convivência, não obstante o artigo 1.707 do Código Civil declarar irrenunciável o direito alimentar, mas, limitando essa leitura da legislação às hipóteses de irrenunciabilidade unicamente dos alimentos de filhos menores e incapazes, na linha vertical de relacionamento familiar e biológico, não mais entre pessoas adultas, capazes e que se encontram na linha horizontal das relações pessoais. No entanto, os códigos civis em regra mantêm intactas as cláusulas de irrenunciabilidade dos alimentos, como expressamente dispõe o artigo 234-10.2 do Código Civil da Catalunha ao declarar a ineficácia dos pactos de renúncia a prestação alimentícia, que comprometem a possibilidade de serem atendidas as eventuais necessidades básicas do parceiro que tem direito de pedir alimentos, porém não impede essa mesma renúncia em uma dissolução consensual de casamento (CC da Catalunha, art. 234-6).[226]

---

[226] PÉREZ MARTÍN, Antonio Javier. *Pensiones alimenticias*. Fijación de la pensión. Los libros azules de derecho de familia. Córdoba: Lexfamily, 2022. t. 5, v. 1, p. 463.

Entretanto, e fica o registro desde logo, o direito espanhol admite a pactuação antenupcial da renúncia antecipada aos alimentos compensatórios, considerando eficazes tais cláusulas pactícias, salvo concorrência de vício de consentimento, que nesse caso ingressa no campo genérico das normas contratuais. Afirma Beatriz Saura Alberdi, com escólio na lição de Roca Trías, que o ato precedente da renúncia de alimentos compensatórios em pacto antenupcial constitui-se tão somente da renúncia de uma expectativa de fato, e não da renúncia de uma expectativa de direito, que só nasceria no momento da separação, e se esta produzisse um desequilíbrio econômico, e mesmo porque os alimentos compensatórios têm natureza indenizatória, por dano objetivo, em virtude da qual podem ser excluídas ou renunciadas as ações correspondentes.[227]

Em sentido contrário Flávio Tartuce, ao invocar a regra do artigo 841 do Código Civil, pela qual, apenas quanto a direitos patrimoniais de caráter privado, seria permitida a transação, e, embora seja admitida a transação, ela somente seria acolhida na quantificação dos alimentos, o que não representa renúncia,[228] mas, obviamente, pronunciando-se com relação à pensão alimentícia, e não aos alimentos compensatórios, que não guardam natureza alimentar, e sim indenizatória.

1.11.6. *Artigo 13, § 2.º, da Lei 5.478/1968*

Prescreve o artigo 13, § 2.º, da Lei 5.478/1968 que, "em qualquer caso, os alimentos fixados retroagem à data da citação", como igualmente havia sido consagrado esse mesmo princípio na Súmula 226 do STF: "Na ação de desquite, os alimentos são devidos desde a inicial e não da data da decisão que os concede". Considera, assim, que os alimentos têm efeitos *ex tunc*, ou seja, desde quando fixados, porém, mais exatamente, desde que o alimentante tenha sido cientificado do débito e do valor alimentar, que no curso da ação pode ser alterado para mais ou para menos. Desde a edição da Súmula 621 do STJ,[229] em qualquer circunstância os alimentos finais retroagem e, se por acaso não foram pagos, prevalecerá retroativamente o novo valor, não podendo ser restituídos ou compensados eventuais valores pagos a maior (vide itcm 1.11.7. *supra*).

No entanto, o artigo 733 do Código de Processo Civil de 1973 estabelecia que na execução de sentença ou de decisão, que fixa os alimentos provisionais, o juiz mandará citar o devedor para, em três dias, efetuar o pagamento, provar que o fez ou justificar a impossibilidade de efetuá-lo.

Logo, diferente da Lei 5.478/1968, que considera os alimentos devidos desde a citação, o revogado Código de Processo Civil de 1973, em seu artigo 852, II, permitia que os alimentos fossem cobrados nas ações de alimentos desde sua judicial fixação, ou seja, desde o despacho inicial que fixara os alimentos, e não somente a partir da posterior citação do alimentante. O artigo 528 do vigente Código de Processo Civil repete a mesma regra do Código de Processo Civil de 1973, ao expor que, "no cumprimento de sentença que condene ao pagamento de prestação alimentícia ou de decisão interlocutória que fixe alimentos, o juiz, a requerimento do exequente, mandará intimar o executado pessoalmente para, em 3 (três) dias, pagar o

---

[227] ALBERDI, Beatriz Saura. *La pensión compensatoria*: criterios delimitadores de su importe y extensión. Valencia: Tirant lo Blanch, 2004. p. 253-254.

[228] TARTUCE, Flávio *et al. Código Civil comentado*. Doutrina e jurisprudência. Rio de Janeiro: GEN/Forense, 2019. p. 1340-1341.

[229] "Os efeitos da sentença que reduz, majora ou exonera o alimentante do pagamento retroagem à data da citação, vedadas a compensação e a repetibilidade."

Cap. 1 · DOS ALIMENTOS | 101

débito, provar que o fez ou justificar a impossibilidade de efetuá-lo". No mesmo sentido o artigo 531 do Código de Processo Civil em vigor, cujo § 1.º dispõe que: "A execução dos alimentos provisórios, bem como a dos alimentos fixados em sentença ainda não transitada em julgado, se processa em autos apartados".

A dúvida se impõe até mesmo diante da retroação ou do efeito *ex tunc* dos alimentos, pois eles passariam a ser devidos somente depois da citação concreta do devedor, ou o alimentante deles será devedor desde a data em que o juiz fixou os alimentos liminares em despacho inicial proferido em ação de alimentos, ação de divórcio ou em ação de dissolução de união estável, uma e outra cumuladas com pedido incidental de alimentos.

O tema suscita acirradas controvérsias e previsíveis injustiças, pois, se fixados os alimentos em valor superior às efetivas possibilidades do devedor, pode o credor postergar deliberadamente a citação, uma vez que seu crédito alimentar passou a ser devido desde a fixação inaugural, para depois executar o montante acumulado à revelia do alimentante, tal como pode o devedor ofertar alimentos em valor muito aquém de suas reais possibilidades e das necessidades do credor e protelar sua citação.

Da mesma forma, se os alimentos forem devidos desde a citação, pode o devedor dificultar sua localização judicial e, assim, sua citação por oficial de justiça ou pela via eletrônica. Outrossim, poderia tentar postergar a citação do credor em processo de oferta de alimentos em valor abaixo das necessidades reais do credor e das concretas possibilidades do alimentante.

Maria Berenice Dias chama a atenção para a hipótese de o devedor dos alimentos ser funcionário público, militar, diretor ou gerente de empresa ou empregado sujeito à legislação do trabalho (CPC, art. 529), ou seja, de ter emprego ou vinculação oficial de um trabalho fixo. Nesses casos, os alimentos serão devidos a partir do momento em que oficiado o empregador ou o comando superior, para que se processe o desconto dos alimentos fixados em folha de pagamento,[230] antes mesmo da citação oficial do alimentante, não havendo razões para que devedor autônomo, empresário ou profissional liberal só possa dever os alimentos depois de sua citação judicial, e não pelo mesmo critério da fixação do montante pelo juiz, prevalecendo o princípio da igualdade de tratamento.

Entrementes, nas investigações de paternidade cumuladas com pleito alimentar, a Súmula 277 do STJ diz que: "Julgada procedente a investigação de paternidade, os alimentos são devidos a partir da citação". Nesse caso, os alimentos dependem do reconhecimento em sentença, do vínculo biológico ou socioafetivo de uma paternidade a ser reconhecida em uma sentença declaratória de paternidade e, cumulativamente, condenatória de alimentos, que são definitivos. Portanto, vige a disciplina do artigo 13, § 2.º, da Lei 5.478/1968, com retroação dos efeitos à data da citação.

Tais problemas não são encontrados no direito espanhol, uma vez que o artigo 148 do Código Civil da Espanha é muito claro ao dispor que os alimentos são devidos a partir da data em que foi ajuizada a ação de alimentos, não importando se os alimentos foram arbitrados em caráter liminar ou somente em sentença pelo juiz de primeiro grau, ou pelo respectivo tribunal diante de um recurso de apelação, ou se apenas no Tribunal Supremo espanhol. Contudo, admite a jurisprudência espanhola a compensação de eventuais alimentos voluntariamente pagos durante o período em que nenhum valor foi arbitrado ou que tenha sido arbitrado a maior e o devedor tenha disponibilizado valores inferiores que poderão ser compensados ou

---

[230] DIAS, Maria Berenice. *Alimentos aos bocados*. São Paulo: Thomson Reuters/RT, 2013. p. 138.

abatidos do cômputo final de todo o período entre o ajuizamento da ação de alimentos e a quitação final dos valores devidos retroativamente. Nessa toada pronuncia-se Antonio Javier Pérez Martín, no sentido de que sempre se deve ter em consideração o caráter retroativo desde a data da interposição judicial da ação de alimentos, sem prejuízo de que, na fase executiva, tal como sinaliza o Tribunal Supremo espanhol, sejam descontadas as quantidades que o progenitor alimentante tenha abonado a partir da data de ajuizamento da ação. [231]

1.11.7. Súmula 621 do STJ

Os alimentos provisórios ou oriundos da tutela de antecipação, que objetivam a subsistência daquele que deles tem direito de fruição por não possuir meios próprios de subsistência e precisa ser financeiramente subsidiado no transcurso das demandas de dissolução das relações afetivas, eram devidos até o final da demanda, consoante disposto no artigo 13, § 2.º, da Lei de Alimentos (Lei 5.478/1968), cujo dispositivo sofreu relevante revés com a edição da Súmula 621 do STJ, cujo enunciado foi aprovado no dia 12 de dezembro de 2018, firmando posição a respeito da retroatividade da sentença dos alimentos até a data da citação para todas as hipóteses de fixação, majoração, redução ou exoneração de alimentos e terminando de uma vez por todas com a orientação divergente de que a retroatividade não se aplicava aos processos de redução ou de exoneração dos alimentos Existe consenso no STJ somente com relação à irrepetibilidade e à impossibilidade de compensação dos alimentos, de tal forma que, qualquer decisão, reduzindo, majorando ou exonerando os alimentos, é retroativa à data da citação, só não permitindo que sejam devolvidos alimentos porventura pagos e muito menos que estes sejam objeto de compensação com as parcelas vincendas.

Todos os alimentos de cunho liminar guardam perfeita conexão com a Súmula 621 do STJ, ao externar, portanto, que: "Os efeitos da sentença que reduz, majora ou exonera o alimentante do pagamento retroagem à data da citação, vedadas a compensação e a repetibilidade".

Claro que a Súmula despertou elogios e contrariedades, a depender de quem está sendo judicialmente representado, pois, se os alimentos liminares são majorados, o efeito retroativo aumenta o valor da dívida pretérita que vinha sendo paga no montante mensal vigente até sua majoração. No entanto, se os alimentos foram reduzidos na sentença, e o alimentante pagava pontualmente um valor maior, não poderá reclamar a devolução, tampouco compensar com pensões futuras esse valor pago a maior, fato que induz à inadimplência alimentar de quem aposta na redução dos alimentos provisórios ou em sua exoneração. Contudo, não há como negar que se trata de um enunciado democrático, eis que reporta à data da citação toda e qualquer decisão alimentar definitiva, quer aumente, reduza ou exonere os alimentos, merecendo realce trecho do voto do relator Luis Felipe Salomão nos EREsp 1.181.119/RJ, em que expressa "não ser razoável considerar o mesmo termo inicial para a produção de efeitos da sentença que majora os alimentos, em relação àquela que os reduz ou que exonera o alimentante de tal encargo".

Nesses EREsp 1.181.119/RJ, a Segunda Seção do STJ, em julgamento datado de 27 de novembro de 2013, conheceu dos embargos por maioria e lavrou a seguinte ementa: "Civil e processual civil. Embargos de divergência. Cabimento. Revisão dos alimentos. Majoração, redução ou exoneração. Sentença. Efeitos. Data da citação. Irrepetibilidade. 1. Os efeitos da sentença proferida em ação de revisão de alimentos – seja em caso de redução, majoração ou

---

[231] PÉREZ MARTÍN, Antonio Javier. *Pensiones alimenticias*. Fijación de la pensión. Los libros azules de derecho de familia. Córdoba: Lexfamily, 2022. t. 5, v. 1, p. 369.

Cap. 1 · DOS ALIMENTOS 103

exoneração – retroagem à data da citação (Lei 5.478/1968), art. 13, § 2.º,[232] ressalvadas a irrepetibilidade dos valores adimplidos e a impossibilidade de compensação do excesso pago com prestações vincendas. 2. Embargos de divergência a que se dá parcial provimento".

A respeito dessa matéria já havia me pronunciado em artigo jurídico publicado em livro de textos, dizendo à época que, "sendo os alimentos concedidos com fundamento na lei alimentar, como provisórios ou como provisionais em caráter cautelar (hoje tutela cautelar em caráter antecedente), na primeira hipótese serão devidos até a decisão final, inclusive o julgamento do recurso extraordinário, subsistindo a sua eficácia ainda que a sentença tenha reduzido o valor arbitrado em provimento liminar, principalmente quando observada a função retroativa da sentença alimentar, disposta no § 2.º do artigo 13 da Lei 5.478/1968, ao dispor que, em qualquer caso, os alimentos fixados retroagem à data da citação."[233] E se os alimentos retroagem em qualquer caso à data da citação, como bem lembra Yussef Said Cahali,[234] 'o alimentante deverá responder pelas *diferenças* entre os alimentos pagos a menor e aqueles fixados em quantia maior, quando melhor dimensionados os pressupostos do binômio possibilidade-necessidade; não se exclui, porém, aqui, por equidade e em função das circunstâncias do caso concreto, que diverso critério seja observado, que os alimentos definitivos majorados só sejam devidos a partir da sentença final'. E arremata Cahali: 'Por idêntica razão, *ocorrendo a redução da pensão pela sentença definitiva*, o melhor entendimento orienta-se no sentido de que, uma vez reduzida a pensão provisional (cautelar ou provisória), a redução prevalece desde a data da sentença contra a qual houve apelação com efeito apenas devolutivo: como os alimentos provisoriamente fixados podem ser revistos a qualquer tempo e como, 'em qualquer caso, os alimentos fixados retroagem à data da citação',[235] também aqui a sentença opera a substituição *ex tunc* dos alimentos provisionais ou provisórios pelos definitivos, ressalvada apenas a irrepetibilidade daquilo que já tiver sido pago pelo devedor...'".

Nesse sentido, não há como impor ao alimentante vencedor com a prolação da sentença judicial que reduziu a verba alimentar liminar, mesmo que pendente de recurso, a obrigação de continuar pagando alimentos à parte vencida no patamar em que fixados em sumário plano processual em valor elevado e que cederam lugar aos alimentos definitivos, eis que os alimentos provisórios a própria sentença reconheceu serem indevidos naquele equivocado montante inicial.[236]

Projetando para o plano prático, alimentos provisionais de quinze salários mínimos, que são reduzidos no momento da sentença para dois salários mínimos, exaurida a cognição probatória, não podem ser judicialmente exigidos, inclusive em sede de execução, quando a sentença, mesmo não transitada em julgado, já reconheceu que o alimentante não podia pagar

---

[232] Lei 5.478/1968, art. 13. "O disposto nesta lei aplica-se igualmente, no que couber, às ações ordinárias de desquite, nulidade e anulação de casamento, à revisão de sentenças proferidas em pedidos de alimentos e respectivas execuções. § 1.º Os alimentos provisórios fixados na inicial poderão ser revistos a qualquer tempo, se houver modificação na situação financeira das partes, mas o pedido será sempre processado em apartado. § 2.º Em qualquer caso, os alimentos fixados retroagem à data da citação. § 3.º Os alimentos provisórios serão devidos até a decisão final, inclusive o julgamento do recurso extraordinário."

[233] MADALENO, Rolf. *Revisão dos alimentos liminares*. In MADALENO, Rolf. Direito de família em pauta. Porto Alegre: Livraria do Advogado.2004, p.150.

[234] CAHALI, Yussef Said. *Dos alimentos*. 4. ed. São Paulo: RT, 2002. p. 851.

[235] CAHALI, Yussef Said. *Dos alimentos*. 4. ed. São Paulo: RT, 2002. p. 873.

[236] MADALENO, Rolf. Revisão dos alimentos liminares. *In*: MADALENO, Rolf. *Direito de família em pauta*. Porto Alegre: Livraria do Advogado, 2004. p. 150-151.

essa quantia elevada e quando também foi verificado que era excessivo o valor provisoriamente arbitrado.[237]

O STJ e respeitável jurisprudência dos tribunais brasileiros afirmavam antes da edição da Súmula 621 do STJ que, mesmo diante da superveniência de sentença favorável ao alimentante, reduzindo o valor dos alimentos provisionais, esta não lhe afetava o direito de executar as prestações vencidas e não pagas, porque, do contrário, os devedores seriam incentivados ao descumprimento da obrigação alimentar antecipada por despacho proferido no intercurso da lide. Este era o entendimento levantado pelos tribunais que diziam, em regra, que, diante do § 3.º do artigo 13 da Lei de Alimentos (Lei 5.478/1968), ao expressar que os alimentos eram devidos até decisão final, não era factível premiar o inadimplente devedor, que seria incentivado ao descumprimento da pensão, aguardando o desfecho do processo principal.

Como informa Maria Berenice Dias, "tendo ocorrido a redução ou exoneração – liminar – incidentalmente – passa a vigorar de imediato o novo montante. A decisão produz efeito *ex nunc*, vale com relação às parcelas futuras. Se ocorreu a redução dos alimentos, em face do princípio da irrepetibilidade, indispensável que prestações vencidas sejam atendidas pelo valor provisório. Mas esta não é a lógica do STJ. Ao emprestar efeito retroativo à decisão que reduz ou dispensa os alimentos, incentiva o devedor a deixar de pagar os alimentos ao propor ação revisional e pune quem pagou os alimentos que eram devidos até quando alterado o valor".[238]

Acerca desse tema, escrevi em 2004 não concordar com o entendimento de que os alimentos provisoriamente fixados deveriam ser mantidos, mesmo se reduzidos em sentença e cobrada a diferença a maior caso majorados em decisão terminativa, devendo ser sempre pagos em sua quantificação original, porque senão serviriam de incentivo à inadimplência, uma vez que alimentantes aguardariam sempre o desfecho do processo. Assim entendia desde longa data que, sendo os alimentos arbitrados liminarmente em excesso, não são pagos porque ultrapassam as possibilidades do devedor, assim como extrapolam as necessidades reais do alimentando e atiçam o sentimento de completa inconformidade do devedor, pois é cediço que os alimentos em tutela liminar fixados em cognição sumária podem ser alterados no transcorrer do processo. Sucedendo a majoração da pensão pela sentença final, como os alimentos retrocedem à data da citação, acabam substituindo os valores concedidos em liminar, cometendo ao devedor responder pelas diferenças levantadas entre os valores pagos no curso da lide em caráter preambular e os valores determinados na sentença meritória. Aqui prevalece o interesse natural do credor em receber exatamente o valor alimentar coerente com o binômio da possibilidade e da necessidade e assim reconhecido e quantificado na sentença. Por seu turno, ocorrendo a redução da pensão provisória na sentença, ela deve prevalecer desde a data da sentença e com efeito retroativo à data da citação. É claro que os alimentos provisórios já pagos a maior são irrepetíveis, visto que não podem ser reclamados dado que a decisão final os considerou excessivos, nada há para devolver, foram inclusive consumidos. *A contrario senso*, também não podem ser executados os alimentos que, julgados excessivos, foram reduzidos pela sentença judicial, até porque, sendo liminares, e por essa característica, deveriam ser havidos como revogados ou modificados, porquanto alimentos em tutela antecipada podem ser revistos a qualquer tempo. Assim visto pelo princípio de equidade processual, se em função das circunstâncias do caso concreto a pensão liminar majorada na sentença autoriza cobrar as diferenças pagas a menor pelo devedor, do mesmo modo e por idêntica razão

---

[237] MADALENO, Rolf. Revisão dos alimentos liminares. *In*: MADALENO, Rolf. *Direito de família em pauta*. Porto Alegre: Livraria do Advogado, 2004. p. 151.

[238] DIAS, Maria Berenice. *Manual de direito das famílias*. 14. ed. Salvador: JusPodivm, 2021. p. 865.

mostra-se justo e coerente não só estancar com a sentença qualquer pagamento a maior, ainda que sobre a decisão monocrática ou colegiada paire algum recurso, como também, não tendo sido paga porventura alguma das prestações pensionais vincendas, também aqui a sentença opere *ex tunc* dos alimentos definitivos.[239]

Conrado Paulino da Rosa igualmente concorda com o Enunciado 621 do STJ, que diz estar coerente com o artigo 13, § 2.º, da Lei de Alimentos (Lei 5.478/1968), pronunciando que, em qualquer caso, os alimentos retroagem à data da citação, quer se trate de ação de arbitramento inicial dos alimentos ou de ações de revisão dos alimentos, no propósito de majorá-los ou de reduzi-los na hipótese de obter a exoneração da obrigação alimentar. Em qualquer uma dessas situações a realidade final será retroativa e coerente com a sentença, salvo tenham sido pagos os alimentos provisoriamente estabelecidos, os quais não comportam sua devolução, tampouco sua compensação. No entanto, conclui que, na prática, o STJ terminou estimulando que o credor evite pagar os alimentos liminares na esperança de ser redimido com uma vindoura sentença favorável, e ressalva concordar com o posicionamento salomônico do STJ, ao conciliar a irrepetibilidade dos alimentos com a precariedade das execuções provisórias.[240]

Acerca dessa retroatividade dos alimentos regulares explica Rafael Calmon que durante muito tempo foi questionada a retroatividade relativa, e isso é fato, porque tratei pessoalmente desse tema em 2004, não conseguindo entender por qual motivo somente retroagiam os alimentos em favor do credor no caso de sua majoração, permitindo cobrar a diferença entre o valor inicial e o montante majorado com a sentença, e por que o inverso não era verdadeiro, permitindo, desta feita, que circunstancial redução dos alimentos liminares pudesse ao menos deixar de ser cobrada. Como dizia, Rafael Calmon responde ao explicar que o principal argumento utilizado para essa distorção judicial era o de que a eficácia retroativa poderia infirmar a finalidade assistencial dos alimentos e o caráter tutelar do microssistema estabelecido pela Lei 5.478/1968, em razão de possibilitar que o devedor de alimentos se tornasse credor do verdadeiro destinatário dessa verba, na proporção do valor pago a mais no período compreendido entre a citação e a prolação da decisão final. Além disso, esse quadro poderia estimulá-lo a permanecer inadimplente durante todo o período de tramitação da demanda revisional, apostando na sorte de ter sua pretensão acolhida.[241]

Rafael Calmon aplaude a edição, em 2018, da Súmula 621 do STJ, ao ter pacificado essa inquietante jurisprudência e que, a seu sentir, está correta a referida súmula ao estabelecer que os alimentos provisórios não integram definitivamente o patrimônio jurídico subjetivo do alimentando e que, por via de consequência, o resultado da ação de alimentos ou da revisional e ou exoneração deve repercutir imediatamente sobre a execução dos alimentos provisórios ou definitivos em curso, acarretando: a) sua extinção, se ocorrer a exoneração total da obrigação alimentar, ou se houver a desistência ou improcedência do pedido deduzido na ação de alimentos; b) a impossibilidade de ser decretada a prisão civil do devedor se não for desconsiderada a redução operada nas revisionais para menor; c) a possibilidade de decretação da prisão civil do devedor apenas com base no novo valor dos alimentos fixados em revisionais ou na sentença que os fixa definitivamente na ação de alimentos.[242]

Enfim, patente o acerto da Súmula 621 do STJ ao democratizar a retroatividade dos alimentos definitivos à data da citação, quer a sentença final majore, reduza ou exonere os

---

[239] MADALENO, Rolf. *Revisão dos alimentos liminares*. *In*: MADALENO, Rolf. *Direito de família em pauta*. Porto Alegre: Livraria do Advogado, 2004. p. 152-154.

[240] ROSA, Conrado Paulino da. *Direito de família contemporâneo*. 8. ed. Salvador: JusPodivm, 2021. p. 694-695.

[241] CALMON, Rafael. *Manual de direito processual das famílias*. 2. ed. São Paulo: Saraiva, 2021. p. 523.

[242] CALMON, Rafael. *Manual de direito processual das famílias*. 2. ed. São Paulo: Saraiva, 2021. p. 527-528.

alimentos, pois, se a súmula poderia incentivar a inadimplência, fato menos provável, porque no ato de fixação dos alimentos a discussão em regra é relacionada ao *quantum* alimentar, pretendendo uma parte um valor que a outra considera excessivo e se posiciona em condições de poder pagar somente um valor de menor expressão. Surge em regra, nessas situações muito frequentes, uma inadimplência parcial, cuja diferença será resolvida na sentença ao estabelecer os alimentos definitivos e dar razão ao credor ou ao devedor, e quem for vitorioso pagará a diferença ou será poupado de haver pago aquilo que não podia nem deveria ter pago, por vezes, sob ameaça de sua liberdade pessoal. Logo, ordenando a sentença dos alimentos finais a majoração, a redução ou a exoneração de alimentos, provavelmente a única hipótese de completa inadimplência surgirá dos processos de exoneração, pois estes radicalizam as pretensões, em que, de um lado, o credor quer continuar recebendo os alimentos usuais e o devedor quer se eximir dessa obrigação que alcançou sua extinção e a sentença dirá quem tinha razão e o vitorioso restará com o título judicial de execução daquilo que deixou de receber ou de exoneração daquilo que não deveria pagar. Se houver redução, deixará de ter pago o excesso que não podia ser suportado pela carência demonstrada de seus ingressos financeiros pessoais, ou revelado pelo excesso abusivo dos alimentos pretendidos por aquele que, em realidade, não necessitava da majoração alimentar pretendida, fazendo-se sempre lúcida a adoção da sentença final, sem excessos e sem abusos.

Em suma, vedando a Súmula 621 do STJ a restituição ou a compensação, se a sentença reduziu os alimentos e durante a tramitação do processo o devedor pagou o valor maior, não terá direito à restituição do que pagou a mais; contudo, se a sentença majorou os alimentos, deverá pagar a diferença devida desde a citação, valendo o mesmo com relação à eventual exoneração da obrigação alimentar, ou seja, se pagou alimentos durante o andamento da revisional, nada tem a ser restituído, e se pagou a menos ou nada pagou, sua exoneração será retroativa à data da citação da revisional, interferindo inclusive no circunstancial cumprimento de sentença ou de execução de acordo de alimentos com pedido de penhora ou de prisão.[243]

---

[243] MADALENO, Rolf. *Direito de família*. 12. ed. Rio de Janeiro: GEN/Forense, 2022. p. 1.184.

Capítulo 2
COMPENSAÇÃO ECONÔMICA PATRIMONIAL

A lição ora reproduzida foi extraída do livro de Arián Arrébola Blanco quando chama a atenção para que "o ser humano, desde antigamente, tem desenvolvido no âmbito familiar uma divisão cooperativa de trabalho que encontra sua justificação em razões de eficiência e destreza em cada uma das tarefas a realizar. Neste sentido, enquanto as mulheres suportavam o parto e os cuidados dos recém-nascidos, eram os homens que dispunham de maior liberdade de atuação para empreender os labores da caça. Estas práticas, unidas a condições procedentes da natureza, e promovidas a razão da própria sobrevivência dos indivíduos, conduziram a que com o passar dos séculos conseguissem que os de um e de outro sexo terminassem se especializando em diferentes funções que permaneceriam vinculados a eles até a atualidade. Isto supôs que as mulheres adotaram um determinado papel que ao largo da evolução humana se converteu em valiosa mão de obra para os homens, em detrimento de sua própria projeção pessoal. Se trata de uma realidade que é considerada pelo legislador em diferentes setores do ordenamento jurídico e, sobretudo, ao disciplinar as relações familiares, como pode ser observado à vista da compensação do trabalho desempenhado por aqueles dentro do lar, cujo estudo justifica uma retrospectiva da tradição jurídica".[1]

Daí prossegue a citada autora a respeito do novo marco constitucional do direito civil em matéria de igualdade de gênero, em que a Constituição de 1978 da Espanha reconheceu a igualdade de todos os espanhóis perante a lei, afastando qualquer discriminação em razão de sexo, conferindo a plena igualdade jurídica e desencadeando relevantes consequências econômicas para aqueles que centraram sua atividade produtiva na satisfação das necessidades domésticas, sem gerar nenhuma classe de ingressos. Para estes, o legislador espanhol acudiu com dois remédios: *o regime econômico matrimonial supletório* e a *compensação do trabalho doméstico*.

O *regime econômico matrimonial supletório* constitui-se no primeiro remédio para compensar o desequilíbrio patrimonial experimentado por quem assume as tarefas domésticas e tem sua base construída sobre uma ideia de cooperação e colaboração entre os esposos, estabelecendo um sistema de divisão de aquestos adquiridos durante a vigência do casamento.[2]

A *compensação pelo trabalho doméstico* trata de corrigir as consequências não desejadas de determinado regime econômico matrimonial, por meio da *compensação patrimonial* para

---

[1] BLANCO, Adrián Arrébola. *La compensación del trabajo doméstico en el régimen de separación de bienes.* Madrid: Reus, 2019. p. 27-28.

[2] BLANCO, Adrián Arrébola. *La compensación del trabajo doméstico en el régimen de separación de bienes.* Madrid: Reus, 2019. p. 53-54.

regimes de separação de bens, para o qual o artigo 1.438 do Código Civil da Espanha criou uma compensação adicional.

2.1. O regime da separação de bens

O regime da separação de bens pode ser de livre eleição quando convencionado entre os nubentes e assim está regulado nos artigos 1.687 e 1.688 do Código Civil, ou pode ser um regime legalmente imposto àqueles que de alguma forma, ao casarem, esbarraram em uma das hipóteses previstas no artigo 1.641 do Código Civil.[3] Os dois casos retratam uma situação conjugal caracterizada pela ausência de bens comuns e partilháveis, mas guardam entre eles efeitos jurídicos diferentes, como igualmente díspares são as origens de cada um desses dois exemplos de regimes separatórios. No regime convencional da separação de bens, que precisa ser adotado pela livre e precedente manifestação dos noivos em escritura pública de pacto antenupcial, ou em contrato público ou particular de convivência, prevalece para os pactuantes ou contratantes a expressão máxima da autonomia e liberdade de escolha, pois é inconteste que partiu da recíproca vontade o desejo expresso de afastar da relação afetiva e conjugal qualquer comunicação patrimonial, estipulando consortes e companheiros que cada um deles permanecerá com a administração exclusiva de seus bens pessoais, os quais poderão livremente alienar ou gravar de ônus reais (CC, art. 1.687).

Para Francisco Ferrer, a separação de bens é um regime especial que se justapõe a uma associação de pessoas que externam sua completa dissociação no tocante aos interesses patrimoniais, e somente por isso se explica por que a lei exige uma declaração formal e expressa, como, aliás,[4] é de rigor também nas demais opções de regimes que a comunhão seja universal ou limitada.

Portanto, seguirão como titulares dos bens que possuíam antes do relacionamento e serão titulares individuais dos bens que em nome próprio comprarem durante a existência da entidade familiar por eles constituída formal ou informalmente, tratando-se, a rigor, de um regime com singular natureza, pois, a par de ser uma mistura de desconfiança e de egoísmo, é um regime cujos esposos prudentes elegem para escapar dos riscos econômicos da atividade empresarial dos consortes, ou por cônjuges que querem salvaguardar sua independência profissional,[5] que deve ser consignado ao menos na experiência brasileira, cada vez mais tem sido a livre eleição de uma sociedade que desde a Carta Federal de 1988 vem buscando a paridade dos esposos e dos sexos.

Assim sendo, caso promovam seu divórcio ou a dissolução de sua união estável, nota característica do regime escolhido voluntariamente é de que não existirão bens comuns e partilháveis, pois renunciaram à adoção de qualquer regime de comunicação de bens, conforme as opções presentes na legislação brasileira acerca da comunhão universal, da comunhão parcial e da participação final nos aquestos, que são os três outros regimes primários regulados na legislação brasileira.

Avançando adiante da dissolução do matrimônio durante a existência física dos pares afetivos, sendo o casamento ou a união estável dissolvidos em razão da morte de qualquer um

---

[3]   É tema de Recurso Extraordinário no STF a constitucionalidade do regime da separação obrigatória de bens no casamento de pessoas maiores de 70 anos (CC, art. 1.641, inc. II) e a aplicação dessa regra nas uniões estáveis. A matéria é objeto do Agravo (ARE) 1.309.642, que teve a repercussão geral reconhecida pelo Plenário (Tema 1.236), sendo relator o Ministro Luís Roberto Barroso.

[4]   FERRER, Francisco A. M. *El régimen patrimonial del matrimonio*. Buenos Aires: Rubinzal-Culzoni, 2017. p. 319.

[5]   FERRER, Francisco A. M. *El régimen patrimonial del matrimonio*. Buenos Aires: Rubinzal-Culzoni, 2017. p. 320.

dos partícipes dessas duas entidades familiares, além de não existir qualquer direito à meação do sobrevivente ou dos herdeiros do sucedido, o grande e preocupante efeito jurídico sucessório é que o cônjuge ou o companheiro sobrevivos serão coerdeiros dos bens particulares deixados pelo falecido, cujos bens são representados pela integralidade do patrimônio titulado com exclusividade pelo sucedido, pois em um regime de separação de bens não existem bens comuns, sendo todos eles particulares, e, como é para muitos, temerariamente consabido, o direito sucessório concorrente incide justamente sobre os bens privativos do defunto (CC, art. 1.829, inc. I).

Não é preciso pontuar que se trata de um efeito jurídico que contraria o desejo ou o intento dos partícipes daquelas alianças que pactuaram regimes convencionais de separação de bens, pois são justamente essas as pessoas que não gostariam que seus bens troncais, mesmo quando adquiridos onerosamente na constância do relacionamento, comunicassem-se, em razão do óbito do consorte ou companheiro titular dos bens. E esse é o pior cenário possível, pois justamente em um regime de completa e voluntária separação de bens, em que todo o acervo sucessório representa patrimônio privativo do falecido, ele termina justamente comunicando-se em parte com o parceiro ou cônjuge sobrevivente, e não pelo comando de uma meação regulada pelo direito de família, pois para a renúncia antecipada de uma meação os pactos conjugais têm validade e eficácia, mas por ingerência de um direito sucessório, acriticamente, o artigo 426 do Código Civil brasileiro aparenta proibir a contratação de herança de pessoa viva.

Em paridade com a separação convencional pura ou absoluta de bens caminha a separação obrigatória regrada desde o artigo 258, parágrafo único, do Código Civil de 1916 e revigorada pelo artigo 1.641 do Código Civil de 2002, que assim engessa, em parte, a autonomia da vontade dos consortes e o mesmo se aplica aos conviventes,[6] quando esse dispositivo legal impõe o regime da absoluta separação, e não obstante possa haver a incidência da Súmula 377 do STF, conquanto demonstrada a prova do efetivo esforço comum para a aquisição dos bens, gerando por obra dessa súmula o eventual direito de meação. Entrementes, no campo dos efeitos sucessórios, o artigo 1.829, inciso I, do Código Civil é implacável ao arredar o consorte ou companheiro supérstite da concorrência sucessória.[7]

---

[6] "Civil. Recurso especial. Recurso interposto sob a égide do Código de Processo Civil de 1973. Família. Ação de reconhecimento e dissolução de união estável. Partilha de bens. Causa suspensiva do casamento prevista no inciso III do art. 1.523 do CC/2002. Aplicação à união estável. Possibilidade. Regime da separação legal de bens. Necessidade de prova do esforço comum. Pressuposto para a partilha. Precedente da Segunda Seção. Recurso especial parcialmente provido. 1. Inaplicabilidade do NCPC neste julgamento ante os termos do Enunciado Administrativo 2, aprovado pelo Plenário do STJ na sessão de 09.03.2016: *Aos recursos interpostos com fundamento no CPC/1973 (relativos a decisões publicadas até 17 de março de 2016), devem ser exigidos os requisitos de admissibilidade na forma nele prevista, com as interpretações dadas até então pela jurisprudência do STJ.* 2. Na hipótese em que ainda não se decidiu sobre a partilha de bens do casamento anterior de convivente, é obrigatória a adoção do regime da separação de bens na união estável, como é feito no matrimônio, com aplicação do disposto no inciso III do art. 1.523 c/c 1.641, I, do CC/2002. 3. Determinando a Constituição Federal (art. 226, § 3.º) que a lei deve facilitar a conversão da união estável em casamento, não se pode admitir uma situação em que o legislador, para o matrimônio, entendeu por bem estabelecer uma restrição e não aplicá-la para a união estável. 4. A Segunda Seção, no julgamento do REsp 1.623.858/MG, pacificou o entendimento de que no regime da separação legal de bens, comunicam-se os adquiridos na constância do casamento/união estável, desde que comprovado o esforço comum para a sua aquisição. 5. Recurso especial parcialmente provido" (STJ, REsp 1.616.207/RJ, 3.ª Turma. Rel. Min. Moura Ribeiro, j. 17.11.2020).

[7] "Civil. Processual civil. Recurso especial. Recurso manejado sob a égide do NCPC. Inventário. Regime de separação obrigatória de bens. Partilha. Bens adquiridos onerosamente. Necessidade de prova do esforço

Desses regimes imperativos os cônjuges e companheiros não podem se apartar, retirando dos consortes e conviventes o precioso espaço da autonomia privada e pela qual poderiam sagrar o regime que preferissem entre as alternativas convencionais propostas pela lei, sendo-lhes, aparentemente, proibido adotar qualquer outro regime diverso da impositiva separação legal de bens, embora pudessem esses casais afastar por sua livre e espontânea vontade a eventual incidência da Súmula 377 do STF. Acrescenta-se por pacto antenupcial ou escritura de união estável e, veja-se, somente como ato adicional, e não supressivo, o regime convencional da separação de bens, que faria coro com o regime prevalente da compulsória separação de bens, colacionando, assim, a importante lição de Zeno Veloso de ser factível seguir ao regime da separação obrigatória o regime da separação convencional, quando os cônjuges ou conviventes não querem, em nenhuma hipótese, que haja comunicação de bens, mantendo-se a separação patrimonial de forma absoluta, em todos e quaisquer casos, sem limitação ou ressalva alguma, excluindo expressamente a aplicação da Súmula 377 do STF.[8]

2.2. O esforço comum da Súmula 377 do STF

A Súmula 377 do STF tem sua edição datada do ano de 1964, quando o STF pacificou o entendimento de que, "no regime de separação legal de bens, comunicam-se os adquiridos na constância do casamento". Naquele tempo e durante muito tempo, o esforço comum dos cônjuges para a aquisição dos bens aquestos era presumido, ao passo que, com referência aos concubinos que ocupavam os espaços das relações informais anteriores à Carta Política

---

comum. Incidência da Súmula 568 do STJ. Retorno dos autos à origem. Recurso especial provido" (STJ, REsp 1.863.883/RS, 2.ª Seção, Rel. Min. Moura Ribeiro, j. 19.05.2020).

"Agravo de Instrumento. Inventário. Casamento sob regime da separação obrigatória de bens. Súmula 377 do STF. Direito à meação. Recurso Especial 1.863.883/RS. Provimento. Presunção de esforço comum afastada. Novo julgamento. 1. Na espécie, a agravante e o inventariado casaram-se sob o regime da separação obrigatória de bens (art. 258, parágrafo único, II, do CC/1916), comunicando-se eventuais aquestos, resultado do esforço comum, que, consoante entendimento exarado na decisão monocrática proferida no REsp 1.863.883/RS, deve ser comprovado. 2. No entanto, neste momento, mostra se inviável aferir a ocorrência ou inocorrência de comprovação de esforço comum, porque não houve produção de provas a este respeito, valendo anotar que a decisão fustigada cinge-se em reconhecer que 'o ônus de comprovar quais bens foram adquiridos em comunhão de esforços na constância do casamento – após 30/08/2002' recai sobre o agravante. 3. Assim, em observância ao princípio do duplo grau de jurisdição, por ora, deve ser mantida a decisão fustigada, que oportunizou ao cônjuge sobrevivente a comprovação do esforço comum, seja no bojo do inventário (prova documental, tão somente), seja em ação própria (havendo necessidade de dilação probatória). Agravo de instrumento desprovido" (TJRS, Agravo de Instrumento 7.002.686.809, 8.ª Câmara Cível, Rel. Des. Ricardo Moreira Pastl, j. 10.90.2020).

"Agravo de instrumento. Inventário. Pleito de exclusão do cônjuge meeiro do falecido. Regime da separação obrigatória de bens. Súmula 377 do STF. Necessidade de prova da contribuição específica. Remessa da questão às vias ordinárias. Decisão reformada no ponto. Pedido subsidiário de inclusão de imóvel adquirido pela agravada na constância do casamento na partilha dos bens deixados pelo falecido. Não conhecimento. I – O STJ, na mais atual interpretação da Súmula 377 do STF (EREsp 1.623.858/MG), firmou o entendimento de que, no regime da separação obrigatória de bens, se partilha apenas aquilo sobre o que se provar contribuição específica do outro cônjuge da efetiva participação da agravada às vias ordinárias, nos moldes do artigo 616 do CPC. II. Em relação ao pedido subsidiário de inclusão do imóvel registrado na Matrícula 23.551 do Registro de Imóveis de Santiago na partilha dos bens deixados pelo de cujus, não foi objeto de análise da decisão atacada, não podendo ser agora tratado, sob pena de supressão de instância, restando caracterizada a ausência de interesse recursal, o que enseja o não conhecimento do recurso no ponto. Recurso conhecido em parte e, na parte conhecida, provido" (TJRS, Agravo de Instrumento 70.084.043.702, 8.ª Câmara Cível, Rel. Des. José Antônio Daltoé Cezar, j. 18.06.2020).

8   VELOSO, Zeno. Separação obrigatória de bens. Controvérsias. Doação entre cônjuges. In: VELOSO, Zeno. Direito Civil. Temas. Belém: Anoreg, 2018. p. 249.

de 1988, eventual divisão de bens estava condicionada à prova do efetivo esforço comum para a sua aquisição, prevalecendo naquela época a teoria da *sociedade de fato* da Súmula 380 do STF, no sentido de que, "comprovada a existência de sociedade de fato entre os concubinos, é cabível a sua dissolução judicial, com a partilha do patrimônio adquirido pelo esforço comum".

Havia, então, intenso dissenso jurisprudencial e doutrinário, porque, de um lado, diziam os juristas que o *concubinato*, por si só, não produzia efeitos jurídicos positivos, fazendo-se imperiosa a prova de que existiu vida em comum, durante a qual houve a aquisição de bens com a colaboração de ambos os parceiros, e que com a extinção do concubinato os bens, ou a maior parte deles, ficaram em poder do companheiro, sofrendo o outro companheiro um prejuízo com a recusa de lhe ser entregue sua parte, caracterizando-se, à época, com esse comportamento, um enriquecimento ilícito.

Entretanto, ainda antes das edições das Leis 8.971/1994 e 9.278/1996, havia forte inclinação repudiando a teoria da sociedade de fato, para a qual a(o) concubina(o) tivesse colaborado de maneira efetiva, porque tal atividade só se encontraria nos casos de sociedades de tipo comercial, sujeitas ao direito empresarial, sendo suficiente ao reconhecimento ao direito meatório da concubina sua permanência no lar, com sua ocupação nas lides domésticas, em cooperação útil e, somente por essa razão, já lhe deveriam ser reconhecidos os efeitos patrimoniais, não precisando a companheira comprovar sua participação em trabalho remunerado fora do lar. Não era preciso que a mulher trabalhasse com as ferramentas da oficina, nem com a enxada do campo, sendo admitida sua colaboração no lar, zelando a mulher pelas coisas do companheiro, por sua saúde, dando-lhe alento ao trabalho, tendo mantido o concubino na atividade profissional, sem preocupações outras além de seu negócio; e assim ambos armam o elemento de progresso e de riqueza comum, escrevia Teófilo Cavalcanti Filho em artigo publicado na *Folha de S. Paulo* e citado por Edgard de Moura Bittencourt.[9]

2.3.   A doutrina da sociedade de fato

Guilherme Calmon Nogueira da Gama[10] retrata a diferenciação feita entre companheirismo e sociedade de fato, querela esta que antes não existia, pois, em princípio, bastava a prova da convivência *more uxorio* para se atribuir parte do patrimônio à companheira, até que então surgiu aresto do Ministro Lafayette de Andrada tornando indispensável a comprovação de que fora constituída verdadeira sociedade de fato, não presumida pela simples convivência entre o casal, ou seja, pela simples decorrência da comunhão de vida. Esse entendimento foi consolidado na Súmula 380 do STF,[11] no sentido de que a sociedade de fato se forma não só pela união, coabitação, convivência, mas pelo concurso comum na formação e conservação patrimonial.[12]

Adahyl Lourenço Dias esclarece que "duas alternativas assistiam à companheira nas relações provindas do concubinato: a dissolução da sociedade de fato e se contribuiu com seu trabalho à constituição do patrimônio, adquirido pelo esforço comum; se não houve aquisição, mas houve trabalho, serviços caseiros, ainda que não os prestasse diretamente, neste caso

---

9   BITTENCOURT, Edgard de Moura. *Concubinato*. 3. ed. São Paulo: EUD, 1985. p. 104.

10   GAMA, Guilherme Calmon Nogueira da. *O companheirismo*. Uma espécie de família. São Paulo: RT, 1998. p. 260.

11   Súmula 380: "Comprovada a existência de sociedade de fato entre os concubinos, é cabível a sua dissolução judicial, com a partilha do patrimônio adquirido pelo esforço comum".

12   DIAS, Adahyl Lourenço. *A concubina e o direito brasileiro*. 2. ed. São Paulo: Saraiva, 1975. p. 120.

mantendo empregada doméstica, sob sua direção como patroa, serviços completos de dona de casa, cabe-lhe a indenizatória pelo tempo que para o companheiro trabalhou, proporcionando-lhe tranquilidade, segurança, vivendo em completa união, estável, *amica convictrix*, tida e respeitada em nível e pé de igualdade com a esposa legítima".[13]

Portanto, durante muito tempo, para a doutrina e jurisprudência brasileiras não bastavam a participação nos trabalhos domésticos, nem eventual auxílio na atividade econômica do companheiro, sem nenhum propósito de lucro, porquanto era necessária a cooperação material e eficiente, uma efetiva contribuição exigindo a colaboração real da companheira. Mesmo assim, diversos julgamentos contraditórios propugnavam pela partilha com a presunção de colaboração diante da vida em comum e sob o mesmo teto, culminando com o entendimento que conciliava o direito à meação apenas pela longa existência *more uxorio*, como refere Álvaro Villaça Azevedo ao invocar julgado de Edgard de Moura Bittencourt, no sentido de que, em ambiente "em comunhão de vida e de interesses, dentro do clima de honestidade, estabilidade, compostura, coabitação, respeito recíproco e imposto a terceiros", a sociedade de fato impõe a partilha equitativa dos bens adquiridos pela comum cooperação.[14]

Duas situações distintas terminavam autorizando a divisão dos bens adquiridos onerosamente na constância tanto de um casamento, sobre o qual foi imposto o regime obrigatório da separação de bens (CC/1916, art. 258, parágrafo único; CC/2002, art. 1.641), quanto sobre um concubinato, que, não obstante ainda não merecesse na legislação nacional o *status* de entidade familiar, passou a permitir idêntica partilha igualitária dos bens amealhados durante a convivência, servindo como suporte à partilha duas súmulas editadas pelo STF, sendo a primeira delas a Súmula 377[15] e a segunda a Súmula 380.[16]

2.4.   A jurisprudência do STJ

Como visto, a necessidade da prova do esforço comum foi perdendo força nos tribunais superiores, sendo acolhida a comunicação dos aquestos pela mera presunção do esforço comum, certamente impulsionados pelo espírito da solidariedade como valor fundante, pois cada cônjuge ou companheiro tem um direito de participação sobre a massa comum e, a partir dela, resulta amparado diante de qualquer contingência econômica que porventura possa atravessar ao largo do casamento, da união estável e da vida que segue, mesmo quando separados os casais.

Contudo, como que renovando as cíclicas décadas de 1940 e 1960, nas quais foi exigida pelos tribunais, em especial pelo STF, a efetiva prova do esforço comum na aquisição de patrimônio em regime de separação obrigatória de bens, quando, então, tampouco servia a convivência *more uxorio* dos concubinos para atribuir, em regra à mulher, a qualidade de sócia ou meeira. No entanto, a partir deste século, o STJ principiou a reciclar seus julgamentos para promover a releitura da divisão de aquestos em regime de separação obrigatória de bens de acordo com a Súmula 377 do STF, voltando a exigir para efeitos de partilha a efetiva comprovação do esforço comum para a aquisição do acervo desejado a partilhar.

---

13   DIAS, Adahyl Lourenço. *A concubina e o direito brasileiro*. 2. ed. São Paulo: Saraiva, 1975. p. 111.
14   AZEVEDO, Álvaro Villaça. *Estatuto da família de fato*. De acordo com o novo Código Civil. Lei n.º 10.406, de 10.01.2002. 2. ed. São Paulo: Atlas, 2002. p. 213.
15   Súmula 377 do STF: "No regime de separação legal de bens, comunicam-se os adquiridos na constância do casamento".
16   Súmula 380 do STF: "Comprovada a existência de sociedade de fato entre os concubinos, é cabível a sua dissolução judicial, com a partilha do patrimônio adquirido pelo esforço comum".

Nessa toada, os Embargos de Divergência em REsp 1.623.858/MG, julgados em 23 de maio de 2018, nos quais o Ministro Lázaro Guimarães, como relator, decidiu acerca da subsistência e extensão de aplicação da Súmula 377 do STF, em contexto que permite duas interpretações, em que em uma delas o esforço comum é presumido e na outra o esforço comum precisa ser comprovado. Em seu voto, concluiu o julgador deva ser comprovado o esforço comum, pois a aplicação da mera presunção conduz à ineficácia da separação obrigatória de bens, fazendo menção ao acórdão lavrado pela divergência da Ministra Maria Isabel Gallotti no REsp 1.124.859/MG, de que a presunção legal de esforço comum na aquisição do patrimônio só foi introduzida pela Lei 9.278/1996 e que os bens amealhados no período anterior à sua vigência deveriam ser partilhados proporcionalmente ao esforço comprovado, direto ou indireto, de cada convivente.

O Ministro Lázaro Guimarães, depois de promover em seu voto o cotejo das distintas posições jurisprudenciais adotadas pelo STJ, ora preconizando a prova do esforço comum, ora externando a suficiência da mera presunção, observa que a Lei 9.278/1996 é inaplicável por não estabelecer nenhuma exceção à normatização especial do casamento contraído com desconsideração de causa suspensiva. Por essa razão, caracterizando-se pela prevalência do regime obrigatório da separação de bens, salvo suceda prova do efetivo esforço comum, é então capaz de justificar e de impedir o enriquecimento indevido.[17] Nessa mesma linha de pensamento e com expressa alusão ao precedente do EREsp 1.623.858/MG, da lavra do Ministro Lázaro Guimarães, no Agravo Interno no Agravo Regimental no Agravo em Recurso Especial 233.788/MG, o Ministro Ricardo Villas Bôas Cueva, em julgado datado de 19 de novembro de 2018, concluiu que, para fazer jus à meação pretendida, competia à viúva provar que os bens objeto de pedido de partilha não integravam o patrimônio particular do falecido, bem como demonstrar que aqueles bens adquiridos no interregno da relação resultaram do esforço comum.[18]

---

[17] "Embargos de divergência no recurso especial. Direito de família. União estável. Casamento contraído sob causa suspensiva. Separação obrigatória de bens (CC/1916, art. 258, II; CC/2002, art. 1.641, II). Partilha. Bens adquiridos onerosamente. Necessidade de prova do esforço comum. Pressuposto da pretensão. Moderna compreensão da Súmula 377/STF. Embargos de divergência providos. 1. Nos moldes do art. 1.641, II, do Código Civil de 2002, ao casamento contraído sob causa suspensiva, impõe-se o regime da separação obrigatória de bens. 2. No regime de separação legal de bens, comunicam-se os adquiridos na constância do casamento, desde que comprovado o esforço comum para sua aquisição. 3. Releitura da antiga Súmula 377/STF (*No regime de separação legal de bens, comunicam-se os adquiridos na constância do casamento*), editada com o intuito de interpretar o art. 259 do CC/1916, ainda na época em que cabia à Suprema Corte decidir em última instância acerca da interpretação da legislação federal, mister que hoje cabe ao STJ. 4. Embargos de divergência conhecidos e providos, para dar provimento ao recurso especial."

[18] "Agravo interno no agravo regimental no agravo em recurso especial. Direito de família. Casamento Separação obrigatória de bens (arts. 258, II, do CC/1916 e 1.641, II, do CC/2002). Partilha. Patrimônio. Esforço comum. Prova. Indispensabilidade. Súmula 377/STF. Interpretação. Art. 1.829, I, do Código Civil. Herança. Cônjuge. Descendentes. Concorrência. Impossibilidade. Legislação. Aplicabilidade. Usurpação de competência. Revolvimento probatório. Impossibilidade. Súmula 7/STJ. 1. Recurso especial interposto contra acórdão publicado na vigência do Código de Processo Civil de 1973 (Enunciados Administrativos 2 e 3/STJ). 2. A jurisprudência desta Corte encontra-se consolidada no sentido de que, no regime de separação obrigatória de bens, comunicam-se aqueles adquiridos na constância do casamento desde que comprovado o esforço comum para sua aquisição, consoante interpretação conferida à Súmula 377/STF. 3. O regime da separação convencional de bens, escolhido livremente pelos nubentes, à luz do princípio da autonomia de vontade (por meio do pacto antenupcial), não se confunde com o regime da separação legal ou obrigatória de bens, que é imposto de forma cogente pela legislação (arts. 1.641 do Código Civil de 2002 e 258 do Código Civil de 1916) e no qual efetivamente não há concorrência do cônjuge com o descendente. 4. Eventual direito à divisão de bens objeto de esforço comum depende de prova, o que não pode ser avaliado nesta fase processual por ensejar usurpação de competência e pelo óbice da Súmula 7/STJ. 5. Agravo interno não provido."

À mesma conclusão chegou o Ministro Raul Araújo em seu voto proferido no Agravo Interno do Recurso Especial 1.637.695/MG, julgado em 10 de outubro de 2019, quando mencionou estar pacificada pela Segunda Seção do STJ, desde o julgamento dos Embargos de Divergência no REsp 1.623.858/MG, sob a relatoria do Ministro Lázaro Guimarães, a controvérsia acerca da impossibilidade de comunicação dos bens no regime da separação obrigatória ou legal no casamento quando inexistente a comprovação do esforço comum na aquisição do patrimônio.[19]

Por fim, em decisão monocrática, o Ministro Moura Ribeiro, em 19 de maio de 2020, conferiu provimento ao REsp 1.863.883/RS, dizendo estar assente na Corte Superior (STJ) o entendimento segundo o qual a comunicação dos bens adquiridos na constância do casamento celebrado sob o regime de separação obrigatória de bens está condicionada à prova de que a aquisição se deu por esforço comum, evitando-se, assim, o enriquecimento ilícito de um cônjuge em detrimento do outro.[20]

Em suma, o STJ tem desenvolvido uma orientação de condicionar o direito à meação à prova do efetivo esforço comum empreendido por ambos os consortes para a aquisição onerosa dos bens aquestos, permitindo perceber um retrocesso, especialmente depois dos Recursos Extraordinários julgados pelo Plenário do STF, 646.721/RS e 878.604/MG, e até mesmo do REsp 1.332.773/MS, julgado pelo STJ, cujos julgamentos históricos vedam tratamento diferenciado entre casamento e união estável, nivelando o STJ, portanto, por baixo, ou para menos a Súmula 377 do STF, que vem sendo interpretada em verdadeiro retrocesso com os superados resultados originados da Súmula 380 também do STF.

Logo, porque ofenderia os princípios da igualdade, da dignidade humana, da proporcionalidade, o STJ passou a equiparar o casamento do artigo 1.641 do Código Civil e da Súmula 377 do STF ao concubinato de antes da Carta Federal de 1988 e da Súmula 380 do STF, em verdadeira redução de direitos, por entender que também para os casamentos do artigo 1.641 do Código Civil desapareceria a presunção natural do esforço comum da Súmula 377 do STF, ou seja, passou a exigir também para este matrimônio do artigo 1.641 do Código Civil a prova do efetivo esforço comum para a aquisição dos bens aquestos.

No curso do voto do Ministro Lázaro Guimarães dos Embargos de Divergência no REsp 1.623.858/MG, ele textualmente consigna que: "A Súmula 377/STF, no contexto dessa divergência, pode ser interpretada de duas formas: 1) "No regime de separação legal de bens, comunicam-se os adquiridos na constância do casamento", sendo presumido o esforço comum na aquisição do acervo; e 2) "No regime de separação legal de bens, comunicam-se os adquiridos na constância do casamento", desde que comprovado o esforço comum para sua aquisição.

Para proferir seu voto, o Ministro Lázaro Guimarães buscou inspiração nos Embargos de Divergência em REsp 1.171.820/PR, da lavra do Ministro Raul Araújo, cujo aresto tratou

---

[19] "Agravo interno no recurso especial. Direito de família. Reconhecimento e dissolução de união estável. Companheiro sexagenário. Redação original do art. 1.641, II, do CC/2002. Aplicação. Regime de separação obrigatória de bens. Partilha. Bens adquiridos onerosamente. Necessidade de prova do esforço comum. Agravo interno não provido. 1. De acordo com a redação originária do art. 1.641, II, do Código Civil de 2002, vigente à época do início da união estável, impõe-se ao nubente ou companheiro sexagenário o regime de separação obrigatória de bens. 2. *'No regime de separação legal de bens, comunicam-se os adquiridos na constância do casamento, desde que comprovado o esforço comum para sua aquisição'* (EREsp 1.623.858/MG, Rel. Min. Lázaro Guimarães – Desembargador convocado do TRF 5.ª Região, Segunda Seção, julgado em 23.05.2018, DJe 30.05.2018, g.n.). 3. Agravo interno a que se nega provimento."

[20] "Civil. Processual civil. Recurso especial. Recurso manejado sob a égide do NCPC. Inventário. Regime de separação obrigatória de bens. Partilha. Bens adquiridos onerosamente. Necessidade de prova do esforço comum. Incidência da Súmula 568 do STJ. Retorno dos autos à origem. Recurso especial provido."

da partilha de bens de um caso de união estável de idosos, submetida, portanto, ao regime da separação obrigatória de bens. Entendeu o relator desse aresto, datado de 21 de outubro de 2013, ser mais consentânea com o sistema legal de regime de separação legal de bens a tese da prova efetiva do esforço para a aquisição onerosa dos bens ao tempo da dissolução da união estável, devendo o Enunciado 377 do STF se restringir aos aquestos resultantes da conjugação de esforços do casal, em exegese que se afeiçoa à evolução do pensamento jurídico e repudia o enriquecimento sem causa.

A despeito da aplicação da Súmula 377 do STF, explica Ana Luiza Maia Nevares[21] que a posição da jurisprudência é a aplicação da Súmula com os temperos já referidos e, diante disso, poder-se-ia dizer que não se comunicariam os (i) bens adquiridos por fato eventual; (ii) aqueles adquiridos a título oneroso logo após o início da união estável, uma vez que claramente teriam sido fruto de recurso de apenas um dos consortes; e (iii) os frutos dos bens particulares, uma vez que para sua produção não há esforço comum.

A verdade é que o esforço comum não se restringe à prova do efetivo aporte de dinheiro na aquisição em conjunto de bens titulados somente em nome de um dos cônjuges ou companheiros, cabendo em cada caso concreto a interpretação do que seja ou tenha significado a expressão *esforço comum*.

Merece registro trecho da ementa do REsp 1.124.859/MG, da relatoria da Ministra Maria Isabel Gallotti: "3. A presunção legal de esforço comum na aquisição do patrimônio dos conviventes foi introduzida pela Lei 9.278/1996, devendo os bens amealhados no período anterior à sua vigência, portanto, ser divididos proporcionalmente ao esforço comprovado, direto ou indireto, de cada convivente, conforme disciplinado pelo ordenamento jurídico vigente quando da respectiva aquisição (Súmula 380/STF)".

Para Rodrigo da Cunha Pereira, a relativização da Súmula 377 do STF acerca do esforço comum tem como escopo: "reparar possíveis injustiças decorrentes da não consideração do esforço comum, ainda que indireto. Essa é uma forma de se evitar possível enriquecimento ilícito que decorreria do trabalho invisível, feito historicamente pelas mulheres. Em outras palavras, é uma forma de se atribuir um conteúdo econômico ao desvalorizado e invisível trabalho doméstico".[22]

Nesse mesmo aresto do REsp 1.124.359/MG escreve a Ministra Maria Isabel Gallotti no corpo de seu voto que: "Divirjo, com a devida vênia, do eminente relator, quando entende que, antes da edição da Lei 9.278/1996, havia lacuna legal acerca do regime de bens dos conviventes não casados, passível de suprimento pelo Poder Judiciário, mediante a aplicação retroativa da referida lei para disciplinar a partilha dos bens adquiridos antes de sua entrada em vigor. Até a entrada em vigor da Constituição de 1988, as relações patrimoniais entre pessoas não casadas eram regidas por regras de direito civil estranhas ao direito de família. O entendimento jurisprudencial sobre a matéria encontrava-se consolidado no enunciado 380 da Súmula do STF, assim redigido: 'Comprovada a existência de sociedade de fato entre os concubinos, é cabível a sua dissolução judicial, com a partilha do patrimônio adquirido pelo esforço comum'".

---

[21] NEVARES, Ana Luíza Maia. O regime de separação obrigatória de bens diante do verbete 377 do Supremo Tribunal Federal: Texto revisitado oito anos depois. *Revista IBDFAM Família e Sucessões*, Belo Horizonte, n. 53, p. 66, 2022.

[22] PEREIRA, Rodrigo da Cunha. A mudança de regime de bens da separação obrigatória para comunhão parcial sob o enfoque das nuances das restrições ao direito de amar. *In*: PORTANOVA, Rui; CALMON, Rafael; D'ALESSANDRO, Gustavo (coord.). *Direito de família conforme interpretação do STJ*. Regimes de separação de bens. Indaiatuba: Foco, 2023. p. 38.

Ela encerra seu voto nos seguintes termos: "Em face do exposto, dou parcial provimento ao recurso especial, para determinar que a presunção legal do esforço comum, e, portanto, o direito à meação, limita-se aos bens adquiridos onerosamente após a vigência da Lei 9.278/1996. Quanto ao período anterior, a partilha deverá ser orientada pelo critério do esforço comum, direto e indireto".

Como visto, e outra conclusão descabe, a Lei 9.278/1996 trouxe a presunção do esforço comum para as relações de união estável (antigo concubinato), que no passado dependiam da prova do esforço comum, mas que, na atualidade, é presumido, seja este esforço comum prestado de forma direta ou indireta. Vale dizer, o esforço comum era tese direcionada aos concubinos por obra da Súmula 380 do STF, e nunca a exigência direta do esforço comum fora aplicada ao casamento etário, do artigo 258, parágrafo único, do Código Civil de 1916 e de seu equivalente constante do inciso II do artigo 1.641 do Código Civil de 2002.

A propósito do mesmo tema escrevem Maria Berenice Dias, Ana Paula Neu Rechden e Marta Cauduro Oppermann que:[23] "caberá ao interessado comprovar que teve efetiva e relevante (ainda que não financeira) participação no esforço para aquisição onerosa de determinado bem a ser partilhado com a dissolução da união (prova positiva)". As mesmas autoras sugerem a modulação dos efeitos da nova interpretação da Súmula 377 do STF pelo STJ (CPC, art. 927, § 3.º), o que fez com que todos aqueles casais que julgavam estar favorecidos pela presunção do esforço comum na aplicação da Súmula 377 agora precisem voltar ao passado e procurar provas da mútua colaboração. Também recomendam que aqueles casamentos ou aquelas uniões já antes pautadas pela noção de que não haveria necessidade de comprovação do esforço comum sigam a mesma orientação jurisprudencial.[24]

Outra leitura igualmente atenta deve ser realizada com relação ao acórdão igualmente paradigmático dos Embargos de Divergência em REsp 1.623.858/MG, que foi justamente aquele julgamento do STJ, que destacou a aparente necessidade de uma releitura da Súmula 377/STF, ao exigir a efetiva prova do esforço comum para a partilha dos bens aquestos adquiridos onerosamente na constância do casamento.

O cerne da questão é a prova do esforço comum, sendo de salientar, por seu registro histórico, que a exigência da prova do esforço comum era restrita apenas ao concubinato de antes de 1988 e diante da Súmula 380 do STF, nunca tendo sido exigida a prova do efetivo esforço comum no casamento do regime obrigatório de separação de bens ante os naturais efeitos de presunção originados da corriqueira interpretação da Súmula 377 do STF.

Portanto, a exigência do esforço comum não tinha nenhuma origem no casamento, mas, ao revés, apontava somente para o concubinato, que era uma relação afetiva marginalizada pelo direito e que exigia, até a edição da Lei 9.278/1996, a efetiva prova do esforço comum, embora este já houvesse sido relativizado com a Carta Política de 1988. Logo, essa releitura da Súmula 377 do STF buscou inspiração no concubinato e na Súmula 380 do STF e passou a aplicar uma exigência da prova do esforço comum sem origem e sem identidade de

---

[23] DIAS, Maria Berenice; RECHDEN, Ana Paula Neu; OPPERMANN, Marta Cauduro. A presunção do esforço comum na separação obrigatória e a modulação de efeitos dos EREsp. 1.623.858/MG. *In*: PORTANOVA, Rui; CALMON, Rafael; D'ALESSANDRO, Gustavo (coord.). *Direito de família conforme interpretação do STJ.* Regimes de separação de bens. Indaiatuba: Foco, 2023. p. 7.

[24] DIAS, Maria Berenice; RECHDEN, Ana Paula Neu; OPPERMANN, Marta Cauduro. A presunção do esforço comum na separação obrigatória e a modulação de efeitos dos EREsp. 1.623.858/MG. *In*: PORTANOVA, Rui; CALMON, Rafael; D'ALESSANDRO, Gustavo (coord.). *Direito de família conforme interpretação do STJ.* Regimes de separação de bens. Indaiatuba: Foco, 2023. p. 12.

Cap. 2 · COMPENSAÇÃO ECONÔMICA PATRIMONIAL | 117

propósitos, porque o concubinato marginalizado (anterior à CF/1988) nunca se confundiu com o casamento do obrigatório regime da separação de bens.

No mérito dos Embargos de Divergência em REsp 1.623.858/MG, escreveu o Ministro Lázaro Guimarães: "Como se vê, o teor da Súmula 377/STF não foi usado como razão de decidir nos acórdãos confrontados, sendo mencionado apenas de forma auxiliar. Todavia, tendo em vista a sua importância no debate em evidência, impõe ser examinada, sem perder de vista que a celeuma gira em torno da comunicabilidade dos bens adquiridos na constância do casamento submetido ao regime legal, mas sim se ela depende da comprovação do esforço comum ou se a contribuição conjunta é presumida".

Deve-se assinalar que o princípio da vedação ao enriquecimento ilícito não ajuda no esclarecimento da matéria, porquanto, se, de um lado, evita que um dos pares saia em desvantagem nos casos em que ambos contribuíram para amealhar o patrimônio que foi registrado somente em nome de um deles, por outro lado, presumindo-se o esforço comum, um dos ex-cônjuges pode levar vantagem na distribuição do acervo para o qual não contribuiu, destruindo a essência do mesmo princípio.

Dessarte, a prova do esforço comum nessa revisita da Súmula 377 do STF, utilizando-se de princípios exclusivos do concubinato e sua Súmula 380/STF, os quais só valeram até a edição da Lei 9.278/1996, tinha como propósito evitar o enriquecimento indevido em casamentos obrigatórios de separação de bens de um consorte que, sob forma alguma, havia despendido qualquer esforço para a aquisição de aquestos. Ao mesmo tempo, essa revisão da Súmula 377 do STF tampouco pretende que consortes que tenham contribuído para a aquisição dos bens aquestos sejam vítimas de um empobrecimento sem causa.

Tanto isso é verdade que, por essa razão, escreveu textualmente o Ministro Lázaro Guimarães: "Por sua vez, o entendimento de que a comunhão dos bens adquiridos pode ocorrer, desde que comprovado o esforço comum, parece mais consentânea com o sistema legal de regime de bens do casamento, recentemente adotado no Código Civil de 2002, pois prestigia a eficácia do regime de separação legal de bens. Caberá ao interessado comprovar que teve efetiva e relevante (ainda que não financeira) participação no esforço para aquisição onerosa de determinado bem a ser partilhado com a dissolução da união (prova positiva)".

Ainda no corpo de seu voto proferido como relator dos Embargos de Divergência em REsp 1.623.858/MG, o Ministro Lázaro Guimarães deixa estreme de dúvidas que a mostra do esforço comum não descarta parceiros afetivos que se dedicam às tarefas familiares com os cuidados da casa, dos filhos e por vezes até de terceiros vulneráveis, como sogros e sogras que coabitam no domicílio familiar. Por sinal, a fonte doutrinária de inspiração do referido voto é a lição de Arnaldo Rizzardo, de cujo autor o acórdão reproduz vasto trecho, com especial ênfase para a seguinte passagem:

"Todavia, para caracterizar a sociedade na constituição do capital, importa a participação do cônjuge na atividade de qualquer tipo, mesmo na restrita às lides domésticas. A exigência dos requisitos se assemelha aos estabelecidos para a união estável pura e simples, nunca se olvidando a necessidade de se verificar o esforço comum, que não se constata quando um dos cônjuges não passa de um mero convivente, ou acompanhante, em nada atuando na vida conjugal, sendo sustentado, tudo recebendo, e não aportando com nenhuma contribuição na formação do patrimônio. Isto para evitar o extremo oposto do objetivado pela criação jurisprudencial, consistente na exploração de pessoas que se aproveitam de outras emotiva e afetivamente mais frágeis e carentes".

Fácil constatar a razão da revisão da Súmula 377 do STF de proteger a pessoa idosa e seus herdeiros necessários dos casamentos realizados por interesse estritamente econômico e de curta duração, evitando que esse seja o principal fator a mover o consorte para o enlace (REsp 1.689.152/SC, 4.ª Turma, Rel. Min. Luis Felipe Salomão, j. 24.10.2017, *DJe* 22.11.2017).

O esforço comum guarda um conceito mais extenso e consentâneo com a realidade das relações conjugais e convivenciais, dado que não se limita à noção superada da prova de que os concubinos precisavam demonstrar que haviam despendido dinheiro ou riquezas próprias para a aquisição de bens que se encontravam em nome do outro concubino. Essa era a teoria da sociedade de fato adotada pela Súmula 380 do STF para relações de concubinato puro, as quais foram superadas pela Lei 9.278/1996, que passou a presumir o esforço comum também para a união estável (antigo concubinato puro) e, por conseguinte, a pressupor a comunicação dos aquestos, exatamente como já ocorria desde de 1964 com relação aos casais matrimoniados pelo regime obrigatório da separação de bens, cujos bens aquestos eram comuns e comunicáveis por terem sido adquiridos pelo presumido esforço comum ditado pela Súmula 377 do STF.

A presunção legal de esforço comum na aquisição do patrimônio dos cônjuges ou conviventes foi introduzida pela Lei 9.278/1996 para a relação de companheirismo, cujo conceito foi revisitado para efeito de interpretação da Súmula 377 do STF nos casamentos do artigo 1.641 do Código Civil brasileiro, não havendo como fugir da conclusão de que a presunção de comunicação dos aquestos decorra tanto do esforço comum direto quanto do indireto e que, obviamente, não precisa ser de uma participação financeira. O esforço comum, explica Sérgio Gischkow Pereira, é decorrência da harmonia amorosa, que é presumida se o casal permanece junto, a cujo relacionamento deve corresponder, o mais possível, uma adequação patrimonial, e assim conclui:

"É intuitiva a presunção de que os bens sejam adquiridos com o esforço comum e é presunção razoável a de que, se o casal continua junto, é porque existem condições de afeto para tal. A permanência da compreensão embutida na Súmula 377 permite, por exemplo, abrandar o rigorismo do art. 1.641, II, do Código Civil de 2002, regra por demais severa e até, como vimos antes, considerada inconstitucional por alguns julgamentos de tribunais. Pelo menos, já que não se comunicam os bens anteriores ao casamento, em face da separação obrigatória, existirá a comunicação dos havidos presumidamente pelo esforço comum durante a convivência".[25]

Tampouco se justifica a restrição imposta pelo inciso II do artigo 1.641 do Código Civil aos maiores de 70 anos, que submete o septuagenário à verdadeira *interdição compulsória*, em desapreço ao princípio da igualdade positivado no artigo 5.º, *caput,* da Carta Federal, reconhecendo o Plenário do STF, pelo Relator Ministro Luís Roberto Barroso, o caráter constitucional e a repercussão geral do artigo 1.641, II, do Código Civil brasileiro no Agravo do Recurso Extraordinário (ARE) 1.309.642 – Tema 1.236.

Os próprios julgados que têm servido como paradigmas para a releitura da Súmula 377 do STF deixam claro que a participação do cônjuge/companheiro na aquisição de bens pode ser direta, com o aporte de recursos ou com a entrega de bens pessoais para a compra de um acervo patrimonial que termina registrado ou titulado em nome do outro parceiro, como pode ser igualmente indireta, sem aportes financeiros, mas que se consolida em um princípio assentado na longa duração de um relacionamento afetivo como entidade familiar, pois é nesse espaço que se adéqua o voto do Ministro Lázaro Guimarães, proferido nos Embargos de Divergência em REsp 1.623.858/MG, ao externar que "caberá ao interessado comprovar que

---

[25] PEREIRA, Sérgio Gischkow. Regime de bens. *In*: CAHALI, Yussef Said; CAHALI, Francisco José (coord.). *Doutrinas essenciais*. Edições especiais. 100 anos. São Paulo: RT, 2011. v. V, p. 467-474.

teve efetiva e relevante (ainda que não financeira) participação no esforço para a aquisição onerosa de determinado bem a ser partilhado com a dissolução da união".

Portanto, não é exatamente o dinheiro que importa no esforço indireto, mas o tempo que viveram como entidade familiar e a forma como essa entidade familiar se desenvolveu ao longo dos anos, em comunhão plena de vida (CC, art. 1.511) e comunhão de propósitos, buscando ambos o bem comum e cada um a seu modo, consoante suas habilidades, contribuindo para o efetivo crescimento material e imaterial de uma família em que ambos trabalham e alocam recursos e esforços para a economia doméstica, para a economia dos dois. O que importa, como diz o relator Lázaro Guimarães nos Embargos de Divergência em REsp 1.623.858/MG, valendo-se da lição de Arnaldo Rizzardo, que o propósito da interpretação do que seja esforço comum: "é evitar o extremo oposto do objetivado pela criação jurisprudencial, consistente na exploração de pessoas que se aproveitam de outras emotiva e afetivamente mais frágeis e carentes".[26]

A nova orientação do STJ sobre a Súmula 377 do STF não passa, em absoluto, pela extinção desta, mas, sim, por sua relativização, para que o esforço comum, quer seja ele direto ou indireto, não viabilize o enriquecimento injusto de qualquer uma das partes, ou, na intelecção dos julgados, que sua aplicação não favoreça relações frágeis e carentes, tampouco desfavoreça relações fortes e estáveis, em cujos relacionamentos a companheira/esposa contribui de diversos modos para a formação do patrimônio comum.

Adahyl Lourenço Dias bem dimensiona o esforço da companheira, que diz ser de "larga amplitude, não sendo exigida a prova de que ela ombreou com o companheiro em igualdade de trabalho profissional. O trabalho da companheira equivale ao de esposa, tem lugar no lar, no controle da copa, cozinha, na disposição do movimento caseiro, de costureira, de arrumadeira etc. São esforços dignos de monta, que não podem ser desprezados, ou deixados de levar em conta, como fator influente no enriquecimento do *de cujus*. No mais, o desempenho das lides caseiras e o atendimento da economia doméstica, na divisão dos esforços de um casal, são tarefas que, normalmente, cabem à mulher. Essa aliás é a forma pela qual ela costuma contribuir para a economia comum, prestando serviços indispensáveis e que, por isso mesmo, representam poupança de gastos e de despesas que, não fosse o seu trabalho, necessariamente teriam de ser feitos. Além disso, a organização da vida doméstica, representando a despreocupação por um sem-número de problemas da vida cotidiana, cria para o homem melhores condições de trabalho, contribuindo para o desenvolvimento de seus negócios e melhor proveito de sua atividade".[27]

2.5. O regime da separação de bens na legislação estrangeira

O regime da comunhão parcial de bens tem trânsito nas mais distintas legislações, apontando Esther Gómez Campelo ser comum nos países da *Common Law* (Escócia, Inglaterra e Irlanda), em alguns países latino-americanos e em numerosos estados dos Estados Unidos, na Europa, pela Áustria, Suíça, Finlândia, Turquia e Grécia, além dos ordenamentos de tradição muçulmana, que optam pela separação de bens no âmbito das relações patrimoniais e pela plena capacidade da mulher para administrar e dispor de suas propriedades.[28]

---

[26] RIZZARDO, Arnaldo. *Direito de família*. 8. ed. Rio de Janeiro: Forense, 2011. p. 594-596.
[27] DIAS, Adahyl Lourenço. *A concubina e o direito brasileiro*. 2. ed. São Paulo: Saraiva, 1975. p. 129-130.
[28] CAMPELO, Esther Gómez. *Los regímenes matrimoniales en Europa y su armonización*. Madrid: Reus, 2008. p. 91-92.

Trata-se de um regime que nega toda a associação pecuniária entre os esposos, mas, antes, pressupõe a independência financeira dos consortes, tanto que ambos devem contribuir para o custeio dos encargos da família, como assinala o artigo 1.438 do Código Civil da Espanha. Esse regime tem como propósito dissociar as relações afetivas dos interesses patrimoniais, sendo muito comum sua utilização entre pessoas que casam pela segunda vez, como também tem grande circulação entre as classes sociais de maior poder aquisitivo, encontrando poucas raízes nos setores populares, terminando por atribuir ao regime convencional da separação de bens uma mistura de desconfiança com egoísmo.[29]

No campo do regime impositivo da separação de bens, o artigo 1.720 do Código Civil português seguiu a mesma linha de orientação do artigo 1.641 do Código Civil brasileiro, ao impor o regime obrigatório da separação de bens sempre que: a) o casamento tenha sido celebrado sem precedência do processo preliminar de casamento (casamentos católicos ou civis que, por qualquer razão, tenham sido celebrados sem a realização prévia do processo de publicações e do registro civil competente);[30] e b) o casamento tenha sido celebrado por quem tenha completado 60 anos de idade. Antunes Varela e Pires de Lima explicam se tratar de uma nova doutrina inspirada no direito brasileiro, no intuito de combater o *casamento-negócio*, por ostensivo interesse econômico, visto não ser muito vulgar o casamento por afeição nessas idades relativamente avançadas.[31]

Por sua vez, o direito argentino, assim como a quase totalidade das legislações alienígenas, não prevê o regime obrigatório da separação de bens, tal qual como regulamentado no artigo 1.641 do Código Civil brasileiro e no artigo 1.720 do Código Civil de Portugal, mas a legislação argentina disciplina no artigo 477 do Código Civil e Comercial da Nação a separação judicial de bens, como um regime ordenado por sentença quando requerido por um dos cônjuges se: a) a má administração do outro acarrete o risco de perder sua eventual meação; b) se declarado o concurso (insolvência) preventivo ou a quebra (falência) do outro consorte; c) se os cônjuges estão separados de fato sem vontade de se reconciliarem; e d) se, por incapacidade ou escusa de um dos cônjuges, um terceiro é nomeado curador do incapaz.

É a hipótese que pode ser vislumbrada no fato de um dos consortes promover uma ação de separação de bens sem que suceda a dissolução do vínculo conjugal, não obstante possam os casais optar pelo regime matrimonial da separação convencional, por consenso expressado antes do casamento. A imposição judicial prevista no direito argentino ocorre na constância do matrimônio e por sentença judicial, sempre quando o regime de comunidade de bens se encontra em risco diante de um conjunto de possibilidades que então visam a preservar a meação do esposo promovente da ação preventiva de separação judicial de bens (CCC argentino, art. 477). Essa demanda judicial de separação de bens é uma ação autônoma de caráter preventivo, que tem por finalidade proteger: (i) a integridade da meação; (ii) assegurar o direito que tem o cônjuge de controlar a gestão e de disposição do outro consorte, que ponham em risco sua meação; (iii) para garantir a satisfação das necessidades econômicas da família.[32]

A legislação alemã permite que os cônjuges pactuem seu próprio regime de bens, podendo optar pelo regime supletório da separação de bens, permanecendo as dívidas e os patrimônios independentes durante e depois da vigência do matrimônio e cada consorte conservando

---

[29] FERRER, Francisco A. M. *El régimen patrimonial del matrimonio*. Buenos Aires: Rubinzal-Culzoni, 2017. p. 320.
[30] LIMA, Pires de; VARELA, Antunes. *Código Civil anotado*. 2. ed. Coimbra: Coimbra Editora, 2011. v. IV, p. 417.
[31] LIMA, Pires de; VARELA, Antunes. *Código Civil anotado*. 2. ed. Coimbra: Coimbra Editora, 2011. v. IV, p. 417.
[32] HERRERA, Marisa. *Código Civil y Comercial de la Nación comentado*. Director Ricardo Luis Lorenzetti. Buenos Aires: Rubinzal-Culzoni, 2015. t. III, p. 155.

suas faculdades de livre administração e de disposição dos bens de sua respectiva titularidade.[33]

Em suma, existem regimes de comunidade de bens e regimes de separação de bens, quase todos por livre eleição dos cônjuges ou conviventes, outros, mais raros, por imposição do legislador, nos exemplos das codificações brasileira e portuguesa, cuja intervenção busca afastar casamentos de *interesses*, como salientado na doutrina além-mar, para as hipóteses de proibição de comunidade de bens, ou quando a intervenção tem o propósito diametralmente oposto, tal qual ocorre com a aplicação da Súmula 377 do STF, no sentido de impor uma comunidade patrimonial ora infligindo a prova do esforço comum, ora presumindo sua ocorrência pela própria convivência.

2.6. Princípios que sustentam a comunidade de bens

O princípio da solidariedade econômica tem um importante papel no casamento ou na união estável, em qualquer regime que estabeleça a comunicação patrimonial no pertinente ao dever de solidariedade entre consortes e conviventes e deles para com seus filhos e seus credores, mesmo porque responde cada um deles com a totalidade de seu patrimônio em relação a suas dívidas conjugais, a depender do que motivou o gasto de cada consorte, seja em caráter ordinário ou extraordinário, conquanto se mostre necessário para o cotidiano da vida familiar.

Conforme Adriana Noemí Krasnow, o princípio da comunidade de bens está assentado na igualdade dos cônjuges e nenhuma norma pode limitar, restringir, excluir ou suprimir a identidade de seus direitos e obrigações, cujos efeitos produzidos por essa igualdade, tanto em seu viés pessoal como na dimensão patrimonial, põem em foco a proteção da pessoa humana.[34]

A razão parece estar com José Ángel Martínez Sanchiz quando sustenta que, ao tempo em que o princípio da igualdade entre os cônjuges iguala-os, em realidade diferencia-os, expondo certa ambiguidade, uma vez que o sistema patrocina a diferença existente entre os consortes como polos opostos de uma relação igualitária.[35] Luis Felipe Ragel Sánchez faz interessante abordagem a propósito do sentido da comunidade patrimonial que existe nos regimes de divisão de bens, que se mostrariam mais justos e solidários que os demais regimes, considerando que as pessoas que casam estabelecem uma comunidade de vida, que implica uma comunidade de uso sobre a maioria dos bens, sejam eles comuns ou privativos, sendo por isso também lógico que compartam suas alegrias e suas tristezas, comunicando igualmente suas misérias e suas riquezas, ao contrário do regime de separação de bens que parece expor uma mostra clara do egoísmo humano, em que compartem os riscos, porém não compartilham as riquezas, vislumbrando certo prejuízo social, como se um consorte lançasse ao outro suas desconfianças sobre a retidão de suas intenções.[36]

A razão da existência dos regimes de comunidade sempre foram historicamente a necessidade de compensar economicamente um dos consortes, em regra a esposa, que geralmente não possuía renda própria durante o matrimônio e dedicava todos os seus esforços aos cuidados da moradia nupcial e aos filhos comuns, isto quando também não cuidava dos filhos

---

[33] IZQUIERDO, Alexia Oliva; RODRÍGUEZ, Antonio Manuel Oliva; IZQUIERDO, Antonio Manuel Oliva. *Los regímenes económico matrimoniales del mundo*. Madrid: Fundación Registral, 2017. p. 52.

[34] KRASNOW, Adriana Noemí. *Régimen patrimonial del matrimonio*. Buenos Aires: Erreius, 2019. p. 12.

[35] SANCHIZ, José Ángel Martínez. *Régimen económico matrimonial y comunicación de bienes*. Madrid: Colegios Notariales de España, 2003. p. 113.

[36] SÁNCHEZ, Luis Felipe Ragel. *El régimen de gananciales*. Navarra: Thomson Reuters/Aranzadi, 2017. p. 58.

exclusivos do marido. Embora esses modelos de convivência destacada pelo sacrifício pessoal da esposa não mais representem a realidade familiar de quase todos os povos do mundo ocidental,[37] era, induvidosamente e durante muitos anos, a expressão de um modo familiar de vida, profundamente arraigado na consciência dos povos de quase todos os estratos sociais, ao considerarem em seus ordenamentos jurídicos que a determinação de um regime econômico matrimonial era o primeiro instrumento legal validado para compensar o desequilíbrio patrimonial experimentado por parte de quem assume as tarefas domésticas resultantes do casamento e diante da quase inevitável ruptura pela qual todo matrimônio está cada vez mais sujeito a passar. Na medida em que se foi facilitando o divórcio, as mentes foram sendo levadas a considerar que as núpcias, quando notoriamente infelizes, não mais estavam condenadas a perpetuar no tempo uma relação conjugal que o próprio tempo tratou de corroer as bases dessa fragilizada relação afetiva, sendo certo que a comunidade de bens satisfazia com essas deficiências materiais ao tratar de subverter os ativos unilaterais em bens comuns.

Conforme Arán Arrébola Blanco, historicamente, sempre houve durante a passagem dos séculos uma constante preocupação dentro das estruturas familiares com o porvir das mulheres casadas, quando estas se encontrassem em situação de viuvez ou quando seu matrimônio fosse dissolvido por qualquer causa distinta do falecimento do *chefe da sociedade conjugal* e principal motor econômico da sociedade conjugal. Nesse sentido, foram criados na trajetória dos tempos mecanismos de compensação como o dote, as disposições testamentárias, as doações nupciais, os pactos antenupciais, o usufruto e, mais recentemente, criou o legislador brasileiro a *sucessão concorrente,* e com a doutrina e a jurisprudência vieram as *pensões compensatórias* e a *compensação econômica no regime da separação de bens.*[38]

2.7. Novos câmbios sociais, novos direitos matrimoniais

O direito de família brasileiro mudou radicalmente desde o texto constitucional de 1988, quando passou a regrar uma política de paridade dos sexos, dos consortes ou conviventes, ao lado de um crescente movimento em defesa da autonomia privada dos cônjuges e companheiros, que cada vez mais se submetem aos regimes voluntários da separação de bens, em que cada um dos parceiros é titular exclusivo das aquisições realizadas na constância da convivência informal ou do matrimônio, a não ser que mediasse entre eles alguma doação.

A ruptura da convivência matrimonial ou informal causa, amiúde, consequências negativas, que afetam de forma substancialmente desigual um dos consortes no regime da separação de bens para enfrentar a vida separada. Sobre essa desigualdade na saída do casamento escreve Laura Allueva Aznar que se configura como claramente injusta quando o desequilíbrio se deve, basicamente, a decisões tomadas por ambos os parceiros ao largo do matrimônio no interesse da família, implicando essas escolhas sacrifícios para um dos companheiros no âmbito pessoal e de sua formação profissional. Nesse sentido, distintos ordenamentos jurídicos reagem ante a eventual desigualdade verificada entre os parceiros na crise conjugal, mediante a previsão de prestações econômicas a favor do cônjuge que ficou em pior situação financeira.[39]

---

[37] SÁNCHEZ, Luis Felipe Ragel. *El régimen de gananciales.* Navarra: Thomson Reuters/Aranzadi, 2017. p. 58.
[38] BLANCO, Adrián Arrébola. *La compensación del trabajo doméstico en el régimen de separación de bienes.* Madrid: Reus, 2019. p. 77.
[39] AZNAR, Laura Allueva. *Prestación compensatoria y autonomía privada familiar.* Valencia: Tirant lo Blanch, 2016. p. 34.

Cap. 2 • COMPENSAÇÃO ECONÔMICA PATRIMONIAL | **123**

O fundamento da prestação econômica e seu regime jurídico são muito variados e dependem da concepção do matrimônio de cada país, pois, como informa Laura Allueva Aznar, assim como o entorno socioeconômico e as políticas de cada país em matéria de desigualdade de gênero, proteção social, direitos trabalhistas e atenção à infância, essas variantes guiarão as consequências econômicas da ruptura da convivência, a qual se distinguirá entre o dever de partilhar os bens obtidos ao largo do relacionamento e o dever de compensar as perdas derivadas da maneira pela qual conviveram, além do dever de assistência mútua ou cobertura das necessidades básicas. É ainda incontroverso que os diferentes ordenamentos jurídicos não outorgam o mesmo valor a esses três fundamentos, mas costumam vincular seus efeitos com algumas técnicas jurídicas variadas, a depender do regime matrimonial, direitos como o da atribuição da moradia familiar ou por meio de prestações compensatórias, que podem coexistir com os alimentos dos filhos comuns, compensando as perdas derivadas da maneira como conviveram e contrapesando a disparidade financeira com a cobertura das necessidades básicas.[40]

A pensão compensatória está prevista, por exemplo, no artigo 97 do Código Civil da Espanha e está concebida como uma prestação assistencial, que tem como base de sua concessão a *solidariedade familiar*, um fundamento assistencial que parte da comunidade de vida gerada pelo matrimônio ou também pela união estável, cuja principal consequência é atender a uma série de relações de interdependência que justificam a exigência de uma solidariedade básica para acolher as necessidades familiares.[41]

A par dos alimentos compensatórios, o Código Civil espanhol regulamenta o instituto jurídico da *compensação econômica do trabalho doméstico no regime da separação de bens* ao dispor no artigo 1.438 que: "Os cônjuges contribuirão ao sustento dos encargos do casamento. Na falta de acordo o farão proporcionalmente aos seus respectivos recursos econômicos. O trabalho para a casa será computado como contribuição aos encargos e dará direito a obter uma compensação que o juiz sinalizará, na falta de acordo, à extinção do regime de separação".

Para Pilar Benavente Moreda, examinando os preceitos legais dedicados à composição dos bens que constituem o patrimônio conjugal e do que denomina de *capital humano no regime econômico matrimonial*, suscetível de valoração judicial, esse sacrifício pessoal é como um típico investimento conjugal que precisa ser considerado e computado por ocasião do divórcio e divisão do acervo material dos consortes.[42]

Adrián Arrébola Blanco registra que a maioria dos estados que integram os Estados Unidos da América submete a economia dos casamentos ao princípio separatista mediante o chamado *separate property system*, salvo alguns poucos que copiam os sistemas dos regimes de bens continentais da *community property systems*. Nos regimes de separação, cada cônjuge será titular de suas próprias e exclusivas aquisições realizadas durante o matrimônio, sendo evidente que esse sistema trouxe importantes consequências econômicas para aquelas mulheres dedicadas à atenção e cuidados dos filhos e ao domicílio conjugal e que, por ocasião do divórcio, sofriam o impacto da ausência de algum lastro material, tornando-se dependentes de pensões alimentícias. A partir dos anos 1960 e na raiz do afastamento da culpa

---

[40] AZNAR, Laura Allueva. *Prestación compensatoria y autonomía privada familiar*. Valencia: Tirant lo Blanch, 2016. p. 34-35.

[41] AZNAR, Laura Allueva. *Prestación compensatoria y autonomía privada familiar*. Valencia: Tirant lo Blanch, 2016. p. 37.

[42] MOREDA, Pilar Benavente. Algunas consideraciones en torno al valor del capital humano en el régimen económico matrimonial. *In*: MOREDA, Pilar Benavente. *Estudios jurídicos en homenaje al Profesor Luis Diéz-Picazo*. Madrid: Civitas, 2003. t. III, p. 4427.

dos processos separatórios, os americanos começaram a questionar os efeitos econômicos das rupturas nupciais, passando a substituir pela conhecida doutrina da *equitable distribution*, atribuindo aos juízes amplos poderes para repartirem entre os cônjuges os bens adquiridos ao largo do matrimônio. Essa distribuição equitativa não necessariamente desembocaria em uma divisão igualitária em termos quantitativos, na medida em que as autoridades judiciárias levariam em consideração valores tangíveis, mas também outras circunstâncias intangíveis, como os cuidados dedicados aos filhos e à moradia familiar.[43]

Descrevendo as diferentes possibilidades de inversão do capital humano no casamento, é de ser realçada a hipótese ainda mais usual e presente nas famílias em geral, eis que ao menos na experiência brasileira são muito frequentes aqueles arranjos em que um dos consortes, sem conseguir qualquer trabalho remunerado, é encarregado de realizar ou supervisionar o trabalho doméstico, e para cuja hipótese está previsto o artigo 1.438 do Código Civil espanhol perante o regime de separação de bens, no qual o trabalho caseiro é uma forma de contribuição com os encargos da família, isso quando nesse mesmo regime o cônjuge não exerce dupla jornada de trabalho, um doméstico e o outro de labor externo remunerado, gerando o direito a uma *compensação* econômica que o juiz determinará.

Trata o direito espanhol da hipótese na qual um dos consortes carece de recursos e sua contribuição para os encargos da família consiste precisamente no trabalho que presta no domicílio familiar, ao passo que os gastos em pecúnia ficam ao encargo do outro cônjuge que possui ingressos financeiros. Anota Jose Luis de Los Mozos que a computação do trabalho doméstico tem sua precedência no princípio da *comunidade de vida*, igualmente previsto no direito brasileiro (CC, art. 1.511), que, por sua vez, implica uma igualdade jurídica, mas que desafortunadamente se passa em um ambiente de desigualdade natural, que assim reclama soluções diferentes, acrescentando não ser possível aceitar um princípio e depois negá-lo. Não há dúvidas de que a norma foi concebida em favor da mulher, embora o legislador aja como se o trabalho na casa sempre fosse realizado pela mulher, olvidando-se de que existem muitas coisas que o marido moderno realiza e que tem o mesmo valor, sendo que alguns deles até cozinham melhor, de modo que a compensação do artigo 1.438 do Código Civil espanhol só terá lugar quando existir um enriquecimento por parte do consorte que não prestou seu trabalho doméstico.[44]

2.7.1. O artigo 1.438 do Código Civil espanhol

A compensação foi introduzida no artigo 1.438 do Civil da Espanha pela Ley 11/1981, de 13 de maio, cuja novidade foi colacionada pelo Conselho de Ministros do Conselho da Europa de 27 de setembro de 1978, o qual afirmou que no regime convencional da separação de bens "deverá ser computado o trabalho no domicílio conjugal de qualquer dos cônjuges". O regime da separação de bens espanhol está regulado pelo artigo 1.435, e o artigo 1.438 que trata da compensação patrimonial contém três regras que devem ser consideradas ao tempo do matrimônio: 1.ª regra – É obrigação de ambos os cônjuges contribuir para o atendimento dos encargos do casamento. A separação de bens não exime nenhum dos consortes do dever

---

[43] BLANCO, Adrián Arrébola. *La compensación del trabajo doméstico en el régimen de separación de bienes*. Madrid: Reus, 2019. p. 67-68.

[44] MOZOS, Jose Luis De Los. *Comentarios al Código Civil y compilaciones forales*. Dirigido por Manuel Albadejo. Madrid: Editoriales Revista de Derecho Privado/Editoriales de Derecho Reunidas, 1985. t. XVIII, v. 3, p. 374-378.

Cap. 2 · COMPENSAÇÃO ECONÔMICA PATRIMONIAL | 125

de contribuir.[45] 2.ª regra – Pode-se contribuir com o trabalho doméstico, portanto não é necessário que ambos os consortes aportem dinheiro ou outros bens para sufragar as cargas do matrimônio, senão que o trabalho para a casa é considerado uma forma de aporte aos gastos comuns, quando um dos cônjuges só tem possibilidade de contribuir dessa maneira. 3.ª regra – O trabalho para casa não só é uma forma de contribuição, como também se constitui um título para obter uma compensação no momento de finalização do regime.[46]

Certamente, o trabalho realizado pelos cônjuges para a vivenda matrimonial como contribuição para as cargas é direito que, a respeito do artigo 1.438 do Código Civil espanhol, confere simplesmente a possibilidade de obter uma compensação que o juiz sinalizará, na falta de acordo, a extinção do regime de separação de bens, em cômputo proporcional aos respectivos recursos econômicos, na crença de que ambos contribuíram para o sustento dos encargos do matrimônio, convertendo em comuns os bens privativos de um dos cônjuges.[47]

A jurisprudência espanhola teve igualmente oportunidade de apreciar a compensação patrimonial pela contribuição na atividade profissional do outro consorte, por analogia ao artigo 1.438 do Código Civil espanhol, observando que o artigo 232.5.2 do Código Civil da Catalunha prevê expressamente essa possibilidade de compensação patrimonial pelo trabalho em atividade profissional do outro consorte, sem retribuição ou com remuneração insuficiente, muitas vezes apresentando-se, inclusive, uma dupla jornada, doméstica e profissional, em prol do esposo, uma espécie de *sobre contribuição*. Tal figura jurídica é aceita pelo direito catalão, que contabiliza em duplicidade esse trabalho da esposa nos cuidados da casa e com seu auxílio na profissão exercida pelo marido,[48] com direito, portanto, a uma

---

[45]   Idêntico dispositivo é encontrado no artigo 1.688 do Código Civil brasileiro ao dispor que "Ambos os cônjuges são obrigados a contribuir para as despesas do casal na proporção dos rendimentos de seu trabalho e de seus bens, salvo estipulação em contrário no pacto antenupcial".

[46]   CUENCA, R. M. Andrés *et al. Código Civil con jurisprudencia sistematizada.* Coordinadora Purificación Martorell Zulueta. 3. ed. Valencia: Tirant lo Blanch, 2018. p. 1611.

[47]   CUENCA, R. M. Andrés *et al. Código Civil con jurisprudencia sistematizada.* Coordinadora Purificación Martorell Zulueta. 3. ed. Valencia: Tirant lo Blanch, 2018. p. 1611-1612.

[48]   Nesse sentido, a jurisprudência compilada por: GARRIDO, Amalia Blandino. La compensación por la contribución en la actividad profesional del otro cónyuge. *In*: ZULUETA, Purificación Martorell (coord.). *Código Civil con jurisprudencia sistematizada.* 3. ed. Valencia: Tirant lo Blanch, 2018. p. 1616-1617: "Establece el art. 1.438 del Civil [...] De este precepto se deduce que el trabajo para la casa se considera una contribución al sostenimiento de las cargas del matrimonio (arts. 1.318 y 1.362 del C. Civil). Cuando se introduce el último apartado del art. 1438 en el Código Civil, se hace bajo la reforma de la Ley de 13 de mayo de 1981, que plasma el principio constitucional de igualdad (art. 14 de la Constitución) y ello para evitar cualquier desequilibrio relacional en el sistema matrimonial. La regla sobre compensación contenida en el art. 1438 CC, dirigida a mitigar la desconsideración de que es objeto en el régimen de separación el cónyuge que se dedica de forma exclusiva al trabajo para casa, pudo responder en su origen al presupuesto de quien solo se había dedicado al hogar y no había realizado ninguna suerte de actividad remunerada. En la realidad social actual (art. 3.1. del C. Civil), más allá de aquella inspiración que movió al legislador a introducir una compensación económica para ese cónyuge, parece oportuno atender a la situación frecuente de quien ha trabajado con mayor intensidad para la casa pero, al mismo tiempo, ha colaborado con la actividad profesional o empresarial del otro, fuera por tanto del ámbito estrictamente doméstico, aun cuando medie remuneración, sobre todo si esa colaboración se compatibiliza y organiza en función de las necesidades y organización de la casa y la familia. En el presente caso, es relevante que la esposa trabajó en la casa y, además, en el negocio familiar con un salario moderado y contratada como autónoma en el negocio de su suegra, lo que le privaba de indemnización por despido. Por tanto, esta sala debe declarar que la colaboración en actividades profesionales o negocios familiares, en condiciones laborales precarias, como es el caso, puede considerarse como trabajo para la casa que da derecho a una compensación, mediante una interpretación de la expresión "trabajo para la casa" contenida en el art.1438 CC, dado que con dicho trabajo se atiende principalmente al sostenimiento de las cargas del matrimonio de forma similar al trabajo

compensação patrimonial no momento da extinção do regime matrimonial e afastando qualquer desequilíbrio relacional no casamento,[49] mas sempre que não concorrer uma dedicação homogênea por parte de ambos os cônjuges, porque, nesse caso, seus respectivos créditos serão plenamente compensados.

Merecem integral reprodução os preceitos de Antonio Javier Pérez Martín ao mostrar que a pensão compensatória do artigo 97 do Código Civil espanhol foi introduzida dentro dos parâmetros da *dedicação prestada à família*, e a compensação do artigo 1.438 do Código Civil espanhol se baseia no trabalho para a casa, desenvolvido por um dos cônjuges durante o casamento, tendo sido várias vezes questionado se ambas as pensões são compatíveis ou se excluem mutuamente, máximo quando o legislador designa a ambas o termo *compensação*.

Segue o doutrinador citado asseverando que, apesar da aparente confusão dos institutos, eles são perfeitamente compatíveis, eis que a pensão compensatória é outorgada com independência de qual tenha sido o regime de bens, sempre que existir desequilíbrio econômico para um dos cônjuges em relação ao outro, comparando a situação em que ficou em virtude do divórcio e aquela que tinha na constância do matrimônio, qual seja, sua razão de existência está escorada no empobrecimento sofrido na estratificação que mantinha este consorte. Em contrapartida, a compensação do artigo 1.438 do Código Civil espanhol está destinada a corrigir de forma equitativa os possíveis desequilíbrios que podem determinar o regime econômico de separação de bens, em que não existe comunicação alguma das posses patrimoniais de ambos, para o cônjuge carente de atividade laboral que tenha concentrado sua dedicação aos cuidados dos filhos e do lar conjugal. Só tem em conta o passado da relação matrimonial e não tem nada a ver com desequilíbrios econômicos entre os consortes.[50] Logo, a indenização a que faz referência o artigo 1.438 do Código Civil espanhol não se estabelece em consideração à situação de desequilíbrio gerada pela crise conjugal, mas, sim, exclusivamente em função objetiva da dedicação passada à família e vigente no regime da separação de bens. Por esse motivo, seria perfeitamente compatível com os alimentos compensatórios do artigo 97 do Código Civil da Espanha, como reconheceu o Tribunal Supremo espanhol ao expressar que: "[...] se trata de uma norma de liquidação do regime econômico matrimonial de separação de bens que não é incompatível com a pensão compensatória, ainda que se possa ter em conta o momento de fixar a compensação, que pode se efetivar no momento do divórcio ou em procedimento independente".[51] Sabe-se também de antemão que a compensação econômica considera o desequilíbrio financeiro percebido justamente por ocasião do divórcio, ou em outras diretrizes, dado que, mediante a pensão compensatória, o juiz valoriza a perda de oportunidades profissionais e considera os critérios de dedicação passada e futura à família, ao passo que a compensação econômica do artigo 1.438 do Código Civil espanhol tem como suporte o

---

en el hogar. Con este pronunciamiento, se adapta la jurisprudencia de esta sala, recogida entre otras en sentencias 534/2011, 135/2015, al presente supuesto en el que la esposa no solo trabajaba en el hogar sino que además trabajaba en el negocio familiar (del que era titular su suegra) con un salario moderado y contratada como autónoma en el negocio de su suegra, lo que le privaba de indemnización por despido, criterio que ya se anticipaba en sentencia 136/2017, de 28 de febrero que atiende para denegar el derecho a la compensación económica citada a que la realización de un trabajo fuera del hogar se haya realizado "por cuenta ajena" (S.T.S. 26.0.2017).

[49] RÚA, Ana Belén. Compensación económica por razón de trabajo. *In*: BLANES, Francisco de Paula Puig; NAVAS, Francisco José Sospedra (coord.). *Comentarios al Código Civil de Cataluña*. 3. ed. Navarra: Thomson Reuters/Civita, 2020. t. I, p. 346.

[50] MARTÍN, Antonio Javier Pérez. *La liquidación del régimen de separación de bienes*. Córdoba: Lexfamily, 2020. v. 14, p. 17.

[51] MARTÍN, Antonio Javier Pérez. *La liquidación del régimen de separación de bienes*. Córdoba: Lexfamily, 2020. v. 14, p. 17.

Cap. 2 · COMPENSAÇÃO ECONÔMICA PATRIMONIAL | 127

trabalho doméstico realizado por um dos cônjuges, casado pelo regime da separação de bens, considerando esses afazeres uma contribuição de sustento e manutenção dos encargos familiares. Ademais, a pensão compensatória pode ser ajustada ou concedida em qualquer regime de bens. Uma vez que se analise o desequilíbrio econômico e, por sua parte, a compensação com suporte no artigo 1.438, somente pode ser acordada ou imposta no regime de separação de bens, sendo analisada a situação existente durante as núpcias, e não no momento de sua crise e extinção

2.7.2. Dever de contribuir para os encargos da vida familiar

Entendam-se por encargos da vida familiar as despesas com a alimentação, vestuário, calçado, higiene, limpeza, roupas, diversões, luz, aquecimento, mobiliário, decoração da casa, pagamento a empregados, artigos escolares, colégios dos filhos, médicos, dentistas, planos de saúde, despesas exclusivas da prole etc., não sendo computadas como encargos familiares as despesas provocadas pelos bens particulares de cada cônjuge.

O Código Civil português tem regramento expresso acerca do dever que têm ambos os consortes de contribuírem para os encargos da vida familiar, dispondo nesse sentido o artigo 1.676.º nos seguintes termos: "1. O dever de contribuir para os encargos da vida familiar incumbe a ambos os cônjuges em harmonia com as possibilidades de cada um, e pode ser cumprido, por qualquer deles, pela afetação dos seus recursos àqueles encargos e pelo trabalho despendido no lar ou na manutenção e educação dos filhos. 2. Se a contribuição de um dos cônjuges para os encargos da vida familiar exceder a parte que lhe pertencia nos termos do número anterior, presume-se a renúncia ao direito de exigir do outro a correspondente compensação. 3. Não sendo prestada a contribuição devida, qualquer dos cônjuges pode exigir que lhe seja diretamente entregue a parte dos rendimentos ou proventos do outro que o tribunal fixar".

Segundo Pires de Lima e Antunes Varela, os encargos próprios da vida familiar dependem naturalmente da situação concreta do casal e vão se definindo pouco a pouco, não em harmonia com o acordo global prévio sobre a direção da família que o n.º 2 do artigo 1.671º prevê e nenhum casal em regra elabora, mas com a prática quotidiana dos atos realizados por cada um dos cônjuges, com a aquiescência ou sem a reação do outro.[52]

São diversos os parâmetros legais que devem e podem ser computados a respeito do que representa a contribuição de cada consorte: a) a começar pelo princípio de *proporcionalidade* sobre as possibilidades reais de cada qual dos cônjuges; b) pelas possibilidades econômicas de cada cônjuge, compreendendo seus rendimentos provenientes de frutos do capital, como os proventos do trabalho; c) seguramente deve ser contabilizada a contribuição de cada cônjuge com o trabalho por ele despendido no lar ou na manutenção e educação dos filhos, cuja atividade mutuamente ajustada afasta esse consorte do labor externo remunerado, presume a lei (CC português, art. 1.676.º, n.º 2) que o esposo renuncia ao direito de exigir do outro cônjuge a compensação financeira devida.[53]

A Catalunha foi pioneira em adotar em seu ordenamento jurídico tanto o regime de participação nos aquestos como o direito a perceber uma compensação pelo trabalho desempenhado no lar conjugal durante o regime de separação de bens. De acordo com Adrián Arrébola Blanco, o Código Civil da Catalunha acolhe a doutrina do *enriquecimento injustificado* e utiliza dois grandes sistemas: o primeiro conhecido como "de comparação de patrimônios",

---

[52] LIMA, Pires de; VARELA, Antunes. *Código Civil anotado*. 2. ed. Coimbra: Coimbra Editora, 2011. v. IV, p. 268.
[53] LIMA, Pires de; VARELA, Antunes. *Código Civil anotado*. 2. ed. Coimbra: Coimbra Editora, 2011. v. IV, p. 269.

que consiste em comparar o patrimônio de cada um dos consortes tanto no começo como no final do casamento; o segundo sistema, por sua vez, é qualificado como "de patrimônio único", e se impõe em saber se o trabalho caseiro de uma esposa daria lugar à mesma colaboração por ela prestada na atividade profissional de seu consorte.[54]

O artigo 232.5 do Código Civil da Catalunha é mais explícito ao ordenar que: "1. No regime de separação de bens, se um cônjuge trabalhou para a casa, substancialmente mais que o outro, tem direito a uma compensação econômica por esta dedicação sempre e quando por ocasião da extinção do regime por separação, divórcio, nulidade ou morte de um dos cônjuges ou, no caso de término efetivo da convivência, e o outro tenha obtido um incremento patrimonial superior de acordo com o estabelecido na presente seção. 2. Tem direito à compensação, nos mesmos termos estabelecidos pelo parágrafo 1, o cônjuge que tenha trabalhado para o outro sem retribuição ou com uma retribuição insuficiente. 3. Para determinar a quantia da compensação econômica em razão do trabalho, deve ser levado em consideração a duração e intensidade da dedicação, tendo em conta os anos de convivência e, concretamente, no caso de trabalho doméstico, ao fato da existência de crianças filhos ou a atenção a outros membros da família que convivam com os cônjuges. 4. A compensação econômica em razão do trabalho tem como limite a quarta parte da diferença entre os incrementos dos patrimônios dos cônjuges, calculada de acordo com as regras estabelecidas pelo artigo 232.6. Sem embargo, se o cônjuge credor prova que a sua contribuição foi notavelmente superior, a autoridade judicial pode incrementar esta quantia. 5. No caso de extinção do regime de separação pela morte, o cônjuge superveniente pode reclamar a compensação econômica em razão do trabalho como direito personalíssimo, sempre e quando os direitos que o falecido lhe tenha atribuído, na sucessão voluntária ou em previsão de sua morte, ou aos que lhe correspondam na sucessão legítima, não correspondam ao montante correspondente".

Trata-se, em verdade, de uma indenização que busca compensar ou equilibrar os prejuízos que um dos consortes vivencia por conta do regime de separação de bens e que em uma comparação com o direito brasileiro esse mesmo espírito de mitigação de danos surgiu em 1964, ao tempo da edição da Súmula 377 pelo STF, ao ordenar a divisão dos aquestos no regime obrigatório da separação de bens, com a sutil diferença de que o legislador espanhol dispõe expressamente que o trabalho investido no domicílio familiar dará direito a obter uma compensação que, na falta de acordo, a autoridade judicial indicará por ocasião da extinção do regime de separação de bens, sinalizando então com duas hipóteses, ou o casal convenciona qual será a compensação econômica do cônjuge que investe no lar e na família, ou na falta desta convenção pactuada, o juiz decide por ocasião do divórcio, ou em outros termos, o parceiro que cuida dos filhos e das lides caseiras, terá seu empenho compensado consoante prévio contrato que estabelece as cláusulas e condições dessa compensação financeira, ou será indenizado por decisão judicial.

Tem a finalidade de equilibrar, em certa medida, a principal deficiência do regime de separação de bens que não faz participar a ambos os cônjuges sobre os ganhos materiais do casamento, tendo o legislador espanhol pensado principalmente na mulher que se dedica ao trabalho no domicílio conjugal e, em regra, não realiza nenhuma atividade remunerada[55] ou a realiza com seu pessoal sacrifício profissional. A bem da verdade, doutrina e jurisprudência espanholas produziram duas linhas de resolução em sentenças: uma objetiva, pela qual o

---

[54] BLANCO, Adrián Arrébola. *La compensación del trabajo doméstico en el régimen de separación de bienes*. Madrid: Reus, 2019. p. 100-102.

[55] VARELA, Angel Luis Rebolledo. *Separación de bienes en el matrimonio*. Madrid: Editorial Montecorvo, 1985. p. 435.

direito à compensação surge unicamente quando o cônjuge se dedica às tarefas do domicílio nupcial, com fundamento na perda de expectativas de trabalho ou profissionais, e a outra interpretação entende que deva ser considerado somente o incremento patrimonial do esposo e seu enriquecimento pessoal.[56]

Consoante doutrina e jurisprudência espanholas, a indenização compensatória de maneira alguma pode ser confundida com a pensão compensatória. A primeira é um elemento de correção para salvar a desigualdade patrimonial entre os cônjuges, que pode ser produzida ao ser dissolvido o regime econômico matrimonial de separação de bens por sentença de separação judicial, nulidade ou divórcio, dado que aquele regime não supõe qualquer comunicação de bens de um e outro cônjuge. A segunda, em câmbio, tem seu núcleo na debilitação econômica que pode sofrer um dos cônjuges em consequência da dissolução matrimonial com respeito ao *status* que mantenha durante o vínculo. Mediante a pensão compensatória, quantifica-se o desequilíbrio trazido pelo divórcio para um dos consortes, avaliando a perda de oportunidades profissionais e tendo em conta a dedicação passada e futura à família. A compensação do artigo 1.438 do Código Civil espanhol tem sua base no trabalho doméstico realizado por um dos cônjuges que, em regime de separação de bens, aportou seu trabalho doméstico no patrimônio privativo do outro, sendo certo que a compensação econômica pode ser ordenada em qualquer regime de bens, ao passo que a compensação patrimonial somente tem incidência no regime da separação de bens em que existe incremento patrimonial em prol de só um dos consortes ou conviventes.

Para outros, essa compensação econômica ou a indenização pelo sacrifício ou pela perda das expectativas profissionais insere-se na *teoria das recompensas* que os cônjuges podem ter contra a sociedade conjugal pelas mais variadas possibilidades, mas fundamentalmente para evitar que um deles se beneficie à custa do outro.[57] Por sua vez, como antes visto, a compensação econômica do artigo 1.438 do Código Civil espanhol está destinada a corrigir os possíveis desequilíbrios que possam ser causados pelo regime da separação de bens, em que não existe comunicação alguma nas massas patrimoniais de ambos, em prol do consorte carente de atividade laboral e que tenha centrado sua dedicação aos cuidados dos filhos e da moradia familiar, qual seja, corrige desequilíbrios passados, enquanto a pensão compensatória repara desequilíbrios futuros.[58]

A indenização do artigo 1.438 do Código Civil da Espanha, que guarda certa conexão de propósitos com o artigo 232.5 do Código Civil da Catalunha, não leva em conta a crise matrimonial que será enfrentada pelo consorte mais vulnerável com o divórcio do casal, mas toma, sim, em objetiva consideração a dedicação prestada por esse consorte à família durante o relacionamento matrimonial até sua formal extinção. No entanto, um detalhe diferencia a compensação econômica do direito catalão em comparação com a codificação espanhola, uma vez que o artigo 232.5 do Código Civil da Catalunha eliminou o requisito do enriquecimento injusto e considera unicamente a diferença patrimonial existente entre os cônjuges, fundamentando-se apenas no desequilíbrio entre as economias dos consortes diante do fato de que um deles realiza uma tarefa que não gera rendimentos.[59]

---

[56] GONZÁLEZ, Clara Isabel Asua. El régimen de separación de bienes. *In*: TOLSADA, Mariano Yzquierdo; CASAS, Matilde Cuena (dir.). *Tratado de derecho de la familia*. 2. ed. Navarra: Thomson Reuters/Aranzadi, 2017. v. IV, p. 100.

[57] SAMBRIZZI, Eduardo A. *Régimen de bienes en el matrimonio*. Buenos Aires: La Ley, 2007. t. II, p. 327.

[58] MARTÍN, Antonio Javier Pérez. *La liquidación del régimen de separación de bienes*. Córdoba: Lexfamily, 2020. v. 14, p. 17.

[59] MARTÍN, Antonio Javier Pérez. *La liquidación del régimen de separación de bienes*. Córdoba: Lexfamily, 2020. v. 14, p. 186-187.

Tem, portanto, total compatibilidade com os alimentos compensatórios que olham para o futuro, e não para o pretérito, tanto que a pensão compensatória pode ser ordenada em qualquer regime de bens, contanto que se faça presente um brusco desequilíbrio entre a vida que o cônjuge tinha e a vida que levará a partir da sua separação, enquanto a compensação patrimonial desconsidera o desequilíbrio financeiro, mas busca uma compensação pelo trabalho no domicílio conjugal, seja em sua maior ou menor dimensão.

Como o artigo 1.438 do Código Civil espanhol indeniza o trabalho para a casa, o problema que se impõe está em saber qual a extensão desse labor doméstico, se exige que o consorte se dedique à compra e preparo das refeições da família e das demais tarefas como lavar e passar roupas, limpar a casa, educar os filhos, levá-los ao médico, dentista, ou se ela conta com serviços domésticos que se encarregam de desenvolver todas ou parte destas e de outras tarefas, lembrando Antonio Javier Pérez Martín que também existem funções de direção, supervisão, controle e coordenação necessárias para a boa marcha do domicílio familiar, como também pode variar a intensidade desse trabalho conforme a existência ou não de filhos e a quantidade e idade destes.[60] Não pode ser deslembrado que também existem situações em que essa dedicação à casa, marido e aos filhos pode ter sido integral e depois parcial, na medida em que a prole passa a tomar menos tempo dos pais e se ocupa de suas rotinas com escola, amigos e estudos, como igualmente existem consortes e conviventes que têm justamente uma dupla ou tríplice jornada de atribuições pessoais.

O direito catalão retribui o esforço colateral, não remunerado, realizado por aquele consorte que se dedica às tarefas do lar conjugal, compensando desigualdades sempre que em um regime de separação de bens um deles se dedicou somente ao trabalho doméstico em prol do parceiro e filhos ou que ocupou boa parte de seu tempo na realização dessas tarefas em dedicação substancialmente maior do que o outro que pouco ou que nada se ocupou das lides caseiras, ou que trabalhou para o outro cônjuge sem retribuição financeira ou com uma retribuição pecuniária insuficiente, como sucede no caso da esposa ou do marido que auxilia na atividade profissional de seu consorte ou companheiro.

Logo, comparando os alimentos compensatórios do artigo 97 do Código Civil espanhol com a compensação patrimonial do artigo 1.438 do Código Civil espanhol, trata-se de duas instituições diferentes e ambos os direitos podem coexistir, não se confundindo em seus propósitos e parâmetros, podendo ser distinguidos pelas seguintes características:

Alimentos compensatórios	Compensação patrimonial
1. Dedicação passada à família	1. Considera o trabalho doméstico
2. É concedida em qualquer regime de bens quando há desequilíbrio econômico	2. Corrige o desequilíbrio patrimonial no regime de separação de bens
3. Considera a dedicação futura aos filhos	3. Considera a dedicação passada
4. Corrige desequilíbrios futuros	4. Corrige desequilíbrio do passado
5. É norma de conteúdo alimentar	5. É norma de liquidação patrimonial
6. Valoriza a perda de oportunidades	6. Valoriza o trabalho doméstico

---

[60] MARTÍN, Antonio Javier Pérez. *La liquidación del régimen de separación de bienes*. Córdoba: Lexfamily, 2020. v. 14, p. 39.

2.8. Quantificação da compensação econômica patrimonial

A compensação econômica será paga em dinheiro, conforme prevê o Código Civil da Catalunha em seu artigo 232.8, salvo se as partes acordarem outra coisa, ordenando seu pagamento total ou parcial com bens, podendo o juiz dispor que seu pagamento se faça de forma parcelada, com vencimento máximo de três anos e estabelecimento de uma hipoteca judiciária (CCC, art. 2328.2). Expressa textualmente o artigo 232.10 do Código Civil da Catalunha, e sem similar no Código Civil espanhol, que o direito à compensação econômica em razão do trabalho no domicílio conjugal é compatível com os demais direitos de caráter económico, como na hipótese dos alimentos compensatórios, desde que concorram os pressupostos de ambos os direitos.

Não há regramento similar no artigo 1.438 do Código Civil espanhol, existindo distintos modos de quantificar essa compensação econômica, permitindo, inclusive, que os próprios cônjuges acordem em seu pacto antenupcial que elege o regime da separação de bens, como estabelecerão a quantificação da compensação patrimonial daquele que resultou materialmente sacrificado. Há outros critérios como o do estabelecimento de um salário mínimo profissional se fosse contratada uma terceira pessoa para exercer as obrigações domésticas, ou que fossem calculados os salários ou a remuneração deixada de ser percebida pelo cônjuge que solicita a compensação patrimonial, naturalmente considerando inúmeras variáveis que terminam influenciando a quantificação da compensação, como a duração do matrimônio, número de filhos, idade, ter sido assessorado por funcionários domésticos, patrimônio adquirido durante o casamento, existência e quantificação de pensão compensatória, dedicação total ou parcial ao casamento, perda de expectativas profissionais, colaboração do outro consorte no trabalho de casa.[61]

Não se confundindo com os alimentos compensatórios, a compensação patrimonial tende a ser realizada como uma indenização, e, em consonância com a interpretação doutrinária e jurisprudencial espanhola, representa uma prestação única, ou que ela seja prestada pela entrega de bens ao cônjuge ressarcido, ou pela entrega de metade dos bens, e nesse sentido já se pronunciou a jurisprudência. No direito argentino, em um processo de união de fato foi utilizado o artigo 524 do Código Civil e Comercial argentino, que regula a compensação econômica do convivente que sofre manifesto desequilíbrio que significa uma sensível piora em sua situação econômica em razão da ruptura da relação, cujo dispositivo de lei tem sua versão dirigida também ao casamento no artigo 441 do Código Civil e Comercial argentino, ao dispor que o cônjuge a quem o divórcio produz um desequilíbrio manifesto e que causa uma sensível piora de sua situação, tem direito a uma compensação.

Na compensação patrimonial, estabelecida pelo artigo 1.438 do Código Civil espanhol, já foi cogitada uma indenização na forma de subvenção de uma espécie de salário correspondente a um profissional que tivesse de ser contratado para os serviços caseiros, mas cuja forma de remuneração é descartada por alguns porque não se trata de indenizar qualquer espécie de *lucros cessantes*. Existe uma segunda corrente que propõe estabelecer uma indenização pelas oportunidades profissionais ou acadêmicas perdidas, ou, como interpretação adicional do artigo 1.438 do Código Civil espanhol, a doutrina do enriquecimento injustificado em literal compensação do trabalho investido no domicílio familiar, limitando

---

[61] MARTÍN, Antonio Javier Pérez. *La liquidación del régimen de separación de bienes*. Córdoba: Lexfamily, 2020. v. 14, p. 117.

sua quantificação à comparação de cada um dos patrimônios construídos na vigência da relação afetiva.[62]

Caso os consortes ou companheiros não tenham pactuado a forma e o modo dessa compensação, ela poderá ser determinada por ordem judicial, fixando o montante da compensação econômica tendo em conta: a) o estado patrimonial de cada um dos conviventes no início e no fim da união; b) a dedicação que cada convivente brindou à família e aos filhos; c) a idade e o estado de saúde dos conviventes e dos filhos; d) a capacidade laboral e a possibilidade de o convivente que solicita a compensação econômica ascender a um emprego; e) a colaboração prestada nas atividades empresariais, industriais ou profissionais do outro convivente; e f) a atribuição da vivenda convivencial[63] (CCC argentino,

---

[62] BLANCO, Adrián Arrébola. *La compensación del trabajo doméstico en el régimen de separación de bienes.* Madrid: Reus, 2019. p. 422.

[63] A respeito da atribuição da vivenda familiar ao cônjuge mais vulnerável, e que se encontra na guarda da prole, existe um precedente da Quarta Turma do STJ, no REsp 1.699.013/DF, datado de 4 de maio de 2021, no qual o Relator Ministro Luis Felipe Salomão reproduz a seguinte passagem doutrinária: "Em termos de direito comparado, a impossibilidade de se tratar o tema do ponto de vista meramente econômico-patrimonial, notadamente na hipótese em que o imóvel comum também serve de moradia a filho do ex-casal, ensejou um regramento especial pelo Código Civil argentino aprovado pela Lei 26.994/2014 (artigos 439 a 444), como bem pontua Rolf Madaleno: O vigente Código Civil argentino, no artigo 443 se orienta em satisfazer as necessidades de habitação de um dos cônjuges em situação de maior vulnerabilidade, e, portanto, a atual legislação argentina lhe permite seguir usando de forma exclusiva a antiga vivenda comum, uma vez presentes as seguintes pautas: a) se trata de pessoa a quem se atribui o cuidado dos filhos, sejam eles menores ou maiores, contudo financeiramente dependentes, ou maiores e com capacidade restringida, quer se trate de filhos próprios de um dos cônjuges; b) se trata de pessoa que está em situação econômica desvantajosa para subsidiar uma moradia com seus próprios recursos; c) o juiz considera o estado de saúde e a idade dos cônjuges; d) o juiz considera os interesses de outras pessoas que integram o grupo familiar, não se limitando aos filhos, como no caso da família estendida que busca recompor a vida de todo o conjunto familiar durante e depois da crise matrimonial. Desta forma, um dos cônjuges pode pedir a atribuição da moradia familiar, seja o imóvel próprio de qualquer um dos consortes, comum e, portanto, comunicável em razão do regime de bens, ou se tratar de um imóvel alugado, podendo permanecer até o fim do contrato de locação o cônjuge que não contratou o aluguel. O juiz determina a procedência do pedido, o prazo de duração e os efeitos jurídicos desta concessão, sem prejuízo de eventual acordo entre os cônjuges em transação na qual deliberam o uso da moradia onde está radicada a vivenda familiar. O direito de uso será sempre temporal e o julgador fixará o prazo de ocupação de acordo com os aspectos considerados na legislação argentina (CC argentino, art. 443), sem preferência de gênero e respeitando o princípio cardinal da igualdade dos integrantes do casamento, considerando que a finalidade da norma é a proteção da pessoa humana e dos deveres atinentes à solidariedade familiar que não se extingue com a ruptura do vínculo matrimonial. Não se constitui de um direito real, mas revela uma limitação da faculdade de disposição do proprietário, referindo a doutrina argentina que o conteúdo da sentença que atribui uma posse exclusiva do imóvel familiar ao cônjuge mais vulnerável não concede um direito real, mas um direito de caráter familiar. De qualquer modo, estes favores só surgem depois do trâmite final da separação contenciosa, entre os argentinos, e diferentemente daquilo que ocorre no Brasil, pode transcender ao processo de partilha dos bens, sendo vários os efeitos da atribuição da posse do imóvel, a saber: a) Ex-cônjuge titular único da habitação familiar, como bem próprio ou pela comunhão conjugal. Nesse caso, a sentença que atribui o uso ao outro consorte não titular poderá dispor: 1) uma renda compensatória pela indisponibilidade de uso em prol do ex-cônjuge titular; 2) que o imóvel não seja alienado sem o expresso acordo do consorte beneficiado; 3) o juiz também pode ordenar a indivisão do imóvel, sem prejuízo de atribuição dos demais efeitos; b) Ambos os cônjuges são cotitulares da moradia familiar, como condôminos ou meeiros. Diante disso, também judicialmente poderá ser ordenado o pagamento de uma renda compensatória e a indivisão do condomínio existente sobre a moradia se afetar o interesse familiar; c) Cônjuge titular de parte indivisa, em condomínio com terceiro, seja como bem próprio ou oriundo de meação. Nesse caso, o terceiro coproprietário cedeu durante a convivência dos consortes o uso do imóvel comum ao casal em razão do matrimônio, diante disso não procede a atribuição exclusiva em favor de um dos cônjuges, contudo, se esta cessão de uso é contratual, seus efeitos jurídicos se trasladam ao novo possuidor do bem. Conforme artigo 445, do Código Civil argentino, o direito de atribuição do uso da vivenda familiar cessa: a) pelo decurso do prazo fixado pelo

arts. 442 e 525).[64] Ainda com relação ao direito de uso da vivenda familiar, a exemplo do direito argentino, na mesma direção se espraia o direito espanhol quando externa no artigo 96 do seu Código Civil que: "na falta de acordo dos cônjuges aprovado pelo juiz, o uso da moradia familiar e dos seus objetos de uso ordinário correspondem aos filhos e ao cônjuge em cuja companhia fiquem. Quando algum dos filhos fique na companhia de um e os restantes na do outro, o juiz resolverá a questão. Não havendo filhos, poderá ser acordado o uso de tais bens, pelo tempo que prudencialmente seja fixado e que corresponda ao cônjuge titular, sempre que, atendidas as circunstâncias, assim se fizer aconselhável e seus interesses forem os que mais necessitem de proteção. Para dispor da vivenda e bens indicados, cujo uso corresponda ao cônjuge não titular se requererá o consentimento de ambas as partes, ou, se for o caso, de autorização judicial".

Como diz Marta Ordás Alonso, a moradia conjugal é o ativo mais importante do patrimônio dos consortes e se converte em um dos principais *cavalos de batalha* dos processos judiciais de dissolução do casamento ou da união estável, sendo fonte constante de problemas suscitados entre as partes litigantes, que muitas vezes se veem sufocadas por penúrias econômicas, tornando impossível a manutenção da moradia pela absoluta falta de dinheiro para atender as despesas de locação, de condomínio e para a manutenção da moradia,[65] cujos encargos ficam sob a responsabilidade daquele consorte que se encontra na posse da moradia familiar, sujeitando-se aos constrangimentos provocados pelos vizinhos que ficam inconformados pela inadimplência das cotas condominiais que deixam de ser pagas pelo possuidor, o qual, na guarda da prole e premido pela baixa pensão alimentícia, ou por sua contumaz inadimplência, vê-se às turras com a realidade de um Poder Judiciário lento e quase sempre ineficiente quando se trata de dar corajosa efetividade e solução aos problemas recorrentes que aportam em grande volume nas barras do Judiciário.

No entanto, a citada autora reconhece que existem alguns problemas concretos que não são nada simples de resolver quando se trata de outorgar o uso exclusivo da moradia conjugal para aquele cônjuge ou companheiro em situação mais fragilizada, pois, sendo a guarda assimilada ao uso exclusivo da moradia, fica mais distante, menos flexível e com maior número de problemas ajustar uma guarda compartilhada. A isso se soma a necessidade de ser paga uma pensão em favor da prole, terminando os filhos sendo tratados como chave de acesso para a posse da moradia e ao estabelecimento de uma pensão alimentícia, sendo atrativos os prêmios da pensão e exclusividade da moradia no momento de decidir sobre a custódia compartilhada, onerando financeiramente o cônjuge que custeou o domicílio que se encontra na posse exclusiva de seu ex-parceiro e dos filhos sob sua custódia, sem falar que precisa retornar à casa de seus pais, diante da onerosidade da locação de uma nova moradia, isso quando o imóvel que entrega para ocupação da ex-mulher e filhos não é objeto de financiamento imobiliário, o qual lhe toma boa parcela de seus rendimentos para custeio da hipoteca e do longo

---

juiz; b) pela mudança das circunstâncias que existiam ao tempo de sua fixação; c) pelas mesmas causas de indignidade previstas em matéria sucessória no direito argentino (MADALENO, Rolf. *Direito de família*. 10. ed. Rio de Janeiro: Forense, 2020. p. 587-588)".

[64] De acordo com o artigo 35-A da Lei 11.977/2009, o imóvel adquirido pelo programa "Minha Casa Minha Vida" deverá ser registrado ou transferido à mulher em caso de divórcio, separação ou dissolução de união estável, independentemente da participação financeira da casa ou do regime de bens. Esta Lei protege os interesses dos filhos menores e compensa a desigualdade material que historicamente existe entre homens e mulheres, notadamente que são as mulheres que em regra permanecem com a prole quando rota a sociedade conjugal ou convivencial.

[65] ALONSO, Marta Ordás. *La atribución del uso de la vivienda familiar y la ponderación de las circunstancias concurrentes*. Madrid: Wolters Kluwer/Bosch, 2018. p. 21.

financiamento do imóvel que escapou de suas mãos e que ficou privado do uso de sua própria e, por vezes, exclusiva moradia.

Ocupar a moradia familiar não é um direito de natureza real nem pessoal, o que demonstra que o cônjuge agraciado com o benefício do uso não pode fazer nada com a moradia, além de ocupá-la, dela não dispondo em qualquer outra dimensão jurídica, sem direito de hipotecá-la, de ceder seu uso a terceiros, nem modificar sua destinação, ou alterar sua configuração, usufruindo o beneficiário de um mero direito de caráter familiar concedido mediante sentença por ser estimado que, tendo ficado com os filhos, ostenta um maior interesse e proteção.

Assim complementa Marta Ordás Alonso que, dessa perspectiva, o direito de uso da vivenda é um direito familiar patrimonial correlativo ao empobrecimento que sofre aquele que é privado da moradia, sendo facilmente quantificável seu valor, por exemplo, tomando como parâmetro o aluguel médio de um imóvel com as mesmas características e em idêntico bairro.[66]

Trata-se de um direito de uso que nasce da sentença de divórcio ou de dissolução de uma união estável com conotações tanto de direito real como pessoal, mas, em verdade, um direito *sui generis*, segue Marta Ordás Alonso, precisamente por sua natureza familiar. Direito *sui generis* cujo conteúdo se encontra integrado por dois aspectos: um direito ocupacional que não abarca a integralidade das faculdades dominicais próprias do *ius utendi*, senão tão somente a possibilidade de utilização material da moradia conjugal. Faculdade de uso que não legitima a possibilidade de que o cônjuge a quem é atribuído esse direito de uso possa cedê-lo a título oneroso. Supõe, inclusive, uma limitação de disposição que implica que o titular do domínio da vivenda mão poderá dela dispor sem o assentimento do titular do direito de uso, ou de uma autorização judicial.[67]

O artigo 96 do Código Civil espanhol pressupõe uma guarda atribuída a um dos progenitores com a separação ou o divórcio, embora nada impeça sua adoção em uma guarda compartilhada que, no modelo brasileiro, prevê a moradia de referência que também é usualmente materna. Por sua vez, o artigo 233-20 do Código Civil da Catalunha dispõe que, se existirem filhos, o uso da moradia familiar será atribuído preferencialmente ao consorte a quem tenha sido conferida a guarda da prole.[68]

---

[66] ALONSO, Marta Ordás. *La atribución del uso de la vivienda familiar y la ponderación de las circunstancias concurrentes*. Madrid: Wolters Kluwer/Bosch, 2018. p. 43.

[67] ALONSO, Marta Ordás. *La atribución del uso de la vivienda familiar y la ponderación de las circunstancias concurrentes*. Madrid: Wolters Kluwer/Bosch, 2018. p. 44.

[68] Artigo 233.20 do Código Civil da Catalunha: "1. Os cônjuges podem acordar a atribuição do uso da vivenda familiar com seu enxoval a um deles, a fim de satisfazer, na parte que proceda, aos alimentos dos filhos comuns que convivam com o beneficiário do uso ou da prestação compensatória deste. Também podem acordar a distribuição do uso da vivenda por períodos determinados. 2. Se não existe acordo ou se este não é aprovado, a autoridade judicial deve atribuir o uso da vivenda familiar, preferencialmente, ao progenitor a quem corresponda a guarda dos filhos comuns enquanto esta dure. 3. Não obstante o estabelecido pelo item 2, a autoridade judicial deve atribuir o uso da vivenda familiar ao cônjuge mais necessitado e nos seguintes casos: a) Se a guarda dos filhos resta compartilhada ou distribuída entre os progenitores. b) Se os cônjuges não têm filhos ou estes são maiores de idade. c) Se lhe toca o uso da vivenda por razão da guarda dos filhos é previsível que a necessidade do cônjuge se prolongue depois de os filhos alcançarem a maioridade. 4. Excepcionalmente, ainda que existam filhos menores, a autoridade judicial pode atribuir o uso da vivenda familiar ao cônjuge que não tenha sua guarda se é o mais necessitado e o cônjuge a quem corresponda a guarda tenha meios suficientes para cobrir sua necessidade de vivenda e dos filhos. 5. A atribuição do uso da vivenda a um dos cônjuges, nos casos dos itens 3 e 4, deve ser concedido com caráter temporal e é suscetível de prorrogação, também temporal, se se mantém as circunstâncias que a motivaram. A prorrogação deve ser solicitada, como máximo, seis meses antes do vencimento do prazo fixado e deve tramitar

Cap. 2 • COMPENSAÇÃO ECONÔMICA PATRIMONIAL | **135**

Comum no direito estrangeiro e praticamente inexistente na legislação brasileira, a atribuição do uso da moradia conjugal ao consorte que ficará com a posse e guarda de referência da prole comum é direito de uma importância suprema que, lamentavelmente, é negligenciado na doutrina e na jurisprudência brasileiras, permitindo que a ruptura de um relacionamento familiar possa provocar o desabrigo da mulher e filhos que não têm moradia própria e que na constância do matrimônio ocupavam um imóvel alugado ou de propriedade do outro consorte que simplesmente está legalmente obrigado a pagar pensão alimentícia que pode ou não beneficiar esposa, além dos filhos.

A atribuição da moradia familiar é temporária, mas fundamental e faz parte integral da pensão alimentícia dos filhos ou da compensação econômica da esposa ou companheira, os quais devem continuar usando a moradia familiar. Essa utilização temporária é o que diferencia o direito de uso da vivenda familiar fixado em um processo matrimonial do direito real de uso ou de habitação que se presumem vitalícios. Os critérios de destinação da moradia familiar passam pela guarda dos filhos comuns, ou pelo critério do cônjuge mais necessitado, mesmo quando o casal não tenha tido filhos ou estes já são maiores de idade. Contudo, a mulher ainda não alcançou sua independência financeira ou profissional e, portanto, não tem meios próprios de subsistência.

Assim, em conformidade com o Código Civil espanhol e o Código Civil da Catalunha, apenas para tomar duas experiências legislativas, tanto nos procedimentos de nulidade, separação, divórcio ou dissolução de união estável, com filhos menores, no momento de tomar qualquer decisão que afete um menor, seu superior interesse deve ser priorizado para garantir o desfrute pleno e efetivo que preserve seu desenvolvimento físico, mental, espiritual, moral, psicológico e social e, como tal, participa de uma tríplice natureza. Menciona Marta Ordás Alonso que se trata de um direito, é um princípio e é uma norma de procedimento, de modo que a atribuição do uso da moradia aos filhos menores de idade é uma legítima manifestação do princípio do superior interesse do menor, que não pode ser limitada pelo juiz.[69]

O uso da vivenda familiar é excluído se o cônjuge que seria beneficiário em razão da guarda dos filhos tem os devidos meios para cobrir sua necessidade de moradia e dos filhos; se o cônjuge que deveria ceder o uso pode assumir e garantir suficientemente o pagamento das pensões alimentícias dos filhos, e se a prestação compensatória do outro cônjuge está estabelecida em uma quantia que cubra totalmente as demandas de moradia destes.

2.9. A jurisprudência argentina sobre a compensação econômica

A compensação econômica desenvolvida no direito argentino não se bifurca como acontece no Código Civil espanhol e no Código Civil da Catalunha, com clara distinção entre o conceito de alimentos compensatórios em confronto com a compensação patrimonial, tampouco restringe a compensação econômica com exclusividade ao regime da separação de bens, mas, pelo contrário, admite a compensação econômica em qualquer regime de bens e

---

pelo procedimento estabelecido para a modificação de medidas definitivas. 6. A autoridade judicial pode substituir a atribuição do uso da vivenda familiar por outras residências se são idôneas para satisfazer a necessidade de vivenda do cônjuge e dos filhos. 7. A atribuição do uso da vivenda, se esta pertence no todo ou em parte ao cônjuge que não é beneficiário, deve ser ponderado como contribuição em espécie para a fixação dos alimentos dos filhos e da prestação compensatória que eventualmente receba o outro cônjuge".

[69] ALONSO, Marta Ordás. *La atribución del uso de la vivienda familiar y la ponderación de las circunstancias concurrentes*. Madrid: Wolters Kluwer/Bosch, 2018. p. 120-121.

considera somente a situação patrimonial de cada um dos consortes ou conviventes presente no começo e no fim da relação, e se algum deles levará uma vida de notório empobrecimento, em contraste com a vida experimentada durante o casamento ou na constância da extinta união estável.

Dessarte, conforme os mesmos artigos 441 para o casamento e 524 para a união estável, que no Código Civil e Comercial da Argentina preveem o instituto da *compensação econômica*, seja ela alimentar ou patrimonial, fica à mercê do julgador, na falta de acordo dos casais, decidir como quantificará o crédito do consorte ou companheiro cuja vida financeira piorou com o término de sua relação afetiva. Nesse sentido, o juiz argentino Sebastián Andrés Villegas da cidade de Neuquén, em sentença datada de 17 de março de 2021, decidiu que, diante do término de uma *unión de hecho* e perante a desigualdade patrimonial produzida, o regramento argentino autoriza a aplicação dos princípios gerais relativos ao *enriquecimento sem causa*, e se alguém enriqueceu às custas de outrem a este deve pagar alguma coisa; também que para a extensa colaboração da companheira, sendo de consenso que a compensação econômica pode ser paga em dinheiro, com o usufruto de determinados bens, ou por qualquer outro modo que acordem as partes, ou na falta de acordo decida o juiz, são três as razões fáticas para a compensação econômica: a) que se produza um manifesto desequilíbrio entre um cônjuge/convivente e o outro; b) que esse desequilíbrio implique uma piora de sua condição financeira; c) e que a causa seja a existência de um casamento ou de uma união estável.[70]

Em sua sentença diz o juiz Sebastián Andrés Villegas que "as compensações econômicas tendem a remediar, por exemplo, os prejuízos sofridos pela perda de oportunidades em razão de haver dedicado tempo e esforço à educação dos filhos e ao trabalho doméstico". Vale como critério de procedência da ação a fotografia do estado patrimonial de cada um dos cônjuges ou conviventes ao início e ao término da união, e que atentaria contra o estandarte constitucional da igualdade concluir que a distribuição das tarefas familiares não tenha contribuído para a aquisição dos bens conjugais.

Disse o julgador que o vencido modelo de família de base patriarcal constitui-se um padrão que apenas favorece a acumulação de riqueza do homem, às expensas da mulher, e que esse estereótipo de sociedade patriarcal reproduz desigualdades e com ela diferentes formas de violência, portanto imoral e contrário ao estandarte da igualdade constitucional, fazendo tábula rasa da contribuição da esposa na aquisição dos bens. Dessa forma, o juiz considerou que os bens existentes e comprados durante a convivência dos litigantes também são fruto da contribuição da mulher e por isso fixou a *compensação econômica* da companheira em 50% do valor de todos os bens adquiridos durante a convivência.

2.10. A jurisprudência brasileira sobre a compensação econômica

A jurisprudência brasileira praticamente não enfrentou a questão da compensação patrimonial pelo trabalho doméstico no regime da separação convencional de bens, embora tenha, a seu tempo e modo, desenvolvido largamente esse mesmo espírito de compensação pelo enriquecimento injustificado no regime obrigatório da separação de bens, regulado primeiro no parágrafo único do artigo 258 do Código Civil de 1916 e, depois, pelo artigo 1.641 do Código Civil de 2002, sobrevindo ampla discussão doutrinária e jurisprudencial acerca da vigência da Súmula 377 do STF, ao dispor que no regime legal da separação de bens os bens aquestos

---

[70] Disponível em: https://victoriafamafamilias.blogspot.com/2021/04/compensacion-economica-uniones.html?m=1. Acesso em: 28 jul. 2021.

onerosamente adquiridos seriam considerados comunicáveis, mas sem nenhuma correlação ou aplicação analógica desse mesmo princípio no regime convencional da separação de bens.

Entrementes, embora seja farta a jurisprudência negando a incidência da Súmula 377 do STF nos regimes convencionais da separação de bens, salvo uma única exceção, não consta da jurisprudência, tampouco da doutrina nacional, qualquer outra decisão ou comentários sobre a indenização correspondente a 50% do patrimônio amealhado na vigência do casamento, em compensação da efetiva contribuição do cônjuge mulher na vigência do matrimônio, de modo a evitar o enriquecimento ilícito de um consorte em detrimento do outro.

Trata-se de precedente jurisprudencial único, julgado pela Sétima Câmara Cível do Tribunal de Justiça do Rio Grande do Sul, na Apelação Cível 70016610651, e da qual atuei como advogado, cuja votação unânime aceitou a tese da Relatora Maria Berenice Dias, de ordenar a partilha por metade para cada um dos divorciandos que haviam casado pelo regime convencional da separação de bens para compensar a contribuição da varoa na aquisição dos bens e assim evitar o injusto empobrecimento da mulher.[71]

Em que pese a interposição de recurso especial mostrando a evidente afronta aos artigos 1.687 e 1.688 do Código Civil, diante da voluntária opção dos nubentes pelo regime convencional da total separação de bens, e sem que o direito brasileiro tivesse qualquer norma que se aproximasse da compensação patrimonial dos artigos 352.5 do Código Civil da Catalunha e do artigo 1.438 do Código Civil da Espanha, eis que o aresto simplesmente afastara a incidência do regime convencional da separação de bens, foi negado seguimento ao recurso especial e interposto o Agravo de Instrumento 1.037.617/RS contra essa negativa de seguimento. Assim concluiu o relator, Ministro Aldir Passarinho Junior, pois a apreciação das razões colacionadas no recurso especial implicaria reexame de matéria fático-probatória, o que é vedado pela Súmula 7 do STJ, o que foi igualmente confirmado pelo mesmo relator no Agravo Regimental no Agravo de Instrumento datado de 18 de junho de 2009 e que por seu simbólico e inédito *standard ou leading case*, ou seja, como caso paradigmático ou caso líder na jurisprudência brasileira, deixou sua marca na jurisprudência brasileira e encontra forte inspiração na legislação alienígena. Houve outro precedente oriundo da sentença proferida pela magistrada Ana Florinda Mendonça da Silva Dantas ao julgar, em Alagoas, na 27.ª Vara Cível de Maceió, que condenou o marido FCM a adquirir um apartamento no valor de novecentos e cinquenta mil reais (valores históricos de 2007), ou a entrega de quantia equivalente à esposa, além da aquisição de dois automóveis novos, resultando esse processo no REsp 1.290.313/AL, escrevendo a magistrada, posteriormente, artigo a respeito dessa sua visão doutrinária e jurisprudencial.[72]

---

[71] "Regime da separação total de bens. Prova de esforço comum na aquisição do patrimônio. Necessidade de reconhecimento de direitos. Vedação do enriquecimento ilícito. Em que pese as partes tenham adotado o regime da separação total de bens, revela-se impositivo reconhecer à virago direito a montante correspondente a 50% do patrimônio amealhado na vigência do casamento, porquanto manifestamente comprovada sua efetiva contribuição para a aquisição dos bens, sob pena de enriquecimento ilícito de um cônjuge em detrimento do outro. Violência doméstica. Dano moral. Comprovada a violência doméstica praticada pelo varão contra a ex-mulher, via de regra constitui decorrência lógica de tal atitude; devendo, pois, ser indenizado. Alimentos devidos à ex-cônjuge. Faz jus a alimentos a mulher que, atualmente com 51 anos de idade, não tem formação profissional e, durante todo o casamento, dedicou-se diuturnamente às empresas familiares que atualmente se encontram sob a administração exclusiva do varão. Por maioria, provido em parte o apelo da virago vencido o Des. Ricardo Raupp Ruschel, que o provia em menor extensão. À unanimidade, desprovido o apelo do varão e decretado o divórcio das partes" (Apelação Cível 70.016.610.651, j. 11.04.2007).

[72] DANTAS, Ana Florinda. Alimentos com efeitos reparatórios. *In*: ALBUQUERQUE, Fabíola Santos; EHRHARDT JR., Marcos; OLIVEIRA, Catarina Almeida de (coord.). *Famílias no direito contemporâneo*. Estudos em homenagem a Paulo Luiz Netto Lôbo. Salvador: JusPodivm, 2010. p. 447-462.

Capítulo 3
DOS ALIMENTOS COMPENSATÓRIOS

3.1. Introdução

O direito brasileiro não regulamenta os alimentos compensatórios na modalidade com que são tratados no direito estrangeiro, particularmente com os pressupostos fáticos e jurídicos pelos quais são definidos, especialmente nos países de língua espanhola. Entretanto, no Brasil, os alimentos compensatórios foram divulgados pela doutrina que começou a defendê-los, chamando a atenção da jurisprudência, porém sem lograr sensibilizar o legislador, que se mantinha indiferente e equidistante dos alimentos compensatórios, em evidente contraste com a jurisprudência amplamente favorável à sua incidência, apoiado o julgador em franca e sólida doutrina que se adianta em reconhecer que existem pessoas merecedoras dessa compensação econômica por se encontrarem no fim do casamento, ou de sua união estável, em lastimável situação financeira diante da estratificação social vivenciada no curso do relacionamento afetivo e que se esboroa com a ruptura da sociedade afetiva.

Depois da primeira edição deste livro, a jurisprudência brasileira acolheu, a partir do Recurso Especial 1.954.452/SP, o verdadeiro espírito e a efetiva importância dos alimentos compensatórios, em suas duas distintas diretrizes, que nesta obra foram apelidadas de alimentos compensatórios *patrimoniais* e *humanitários*.[1]

---

[1] "Recurso especial. Direito de família. Negativa de prestação jurisdicional. Não ocorrência. Administração Exclusiva de patrimônio comum bilionário. Alimentos ressarcitórios. Cabimento. Decisão extra petita. Inexistência. Recurso especial conhecido e desprovido. 1. O Tribunal de origem analisou todas as questões relevantes para a solução da lide de forma fundamentada, não havendo falar em negativa de prestação jurisdicional. 2. Os alimentos compensatórios são fruto de construção doutrinária e jurisprudencial, fundada na dignidade da pessoa humana, na solidariedade familiar e na vedação ao abuso de direito. De natureza indenizatória e excepcional, destinam-se a mitigar uma queda repentina do padrão de vida do ex-cônjuge ou ex-companheiro que, com o fim do relacionamento, possuirá patrimônio irrisório se comparado ao outro consorte, sem, contudo, pretender a igualdade econômica do ex-casal, apenas reduzindo os efeitos deletérios oriundos da carência social. 3. Apesar a corriqueira confusão conceitual, a prestação compensatória não se confunde com os alimentos ressarcitórios, os quais configuram um pagamento ao ex-consorte por aquele que fica na administração exclusiva do patrimônio, enquanto não há partilha dos bens comuns, tendo como fundamento a vedação ao enriquecimento sem causa, ou seja, trata-se de uma verba de antecipação de renda líquida decorrente do usufruto ou da administração unilateral dos bens comuns. 4. O alimentante está na administração exclusiva dos bens comuns do ex-casal desde o fim do relacionamento, haja vista que a partilha do patrimônio bilionário depende do fim da ação de separação litigiosa que já se arrasta por quase 20 (vinte) anos, o que justifica a fixação dos alimentos ressarcitórios. 5. Não existe decisão fora dos limites da demanda quando o julgador, mediante interpretação lógico-sistemática da petição ini-

No entanto, justiça deve ser feita ao IBDFAM que organizou o Estatuto das Famílias e contou com o auxílio da Senadora Lídice da Mata que apresentou o Projeto de Lei do Senado 470, de 2013, atualmente arquivado, cujo Estatuto das Famílias tinha por propósito regular os direitos e deveres no âmbito das relações familiares, em cujo artigo 120 previa critérios específicos para a concessão de alimentos compensatórios, a saber: I – o desequilíbrio significativo no padrão econômico; II – a frustração das legítimas expectativas; III – as condições e duração da comunhão de vida; IV – a garantia de um mínimo existencial compatível com a dignidade da pessoa. Por fim, o § 2.º desse artigo 120 do Estatuto das Famílias previa que o pagamento dos alimentos compensatórios poderia consistir em uma única prestação ou em prestações temporárias ou permanentes.

É a costumeira repetição de uma sensível doutrina que encontra resposta e escora em igualmente humanizados juízes que escutam e atendem as justas expectativas daqueles que buscam justiça, ainda que nem sempre a lei a eles conceda, porque foram literalmente esquecidos nessa realidade sociofamiliar que confere esperanças e afere direitos que corrigem distorções ou omissões legislativas.

Consequentemente, ao ser externada a expressão pensão compensatória no âmbito do sistema jurídico brasileiro, é preciso ter redobrados cuidados, uma vez que, na falta de legislação específica que se amolde aos exemplos das versões do direito estrangeiro, vão sendo ajustadas no âmbito dos processos brasileiros duas diferentes versões:

(i) a pensão compensatória pela perda, pelo não exercício, ou pela retenção por somente um dos cônjuges da posse e administração dos bens conjugais comuns e que geram qualquer forma de renda, como aluguéis, arrendamentos, frutos naturais, sociedades empresárias, cuja retenção o consorte ou companheiro mantém com exclusividade até a efetiva partilha desses bens comuns e comunicáveis;

(ii) a pensão compensatória pela queda brusca do padrão econômico e financeiro, especialmente quando quem os reclama tampouco possui bens conjugais ou conviveciais em razão de um regime obrigatório ou convencional de separação de bens.

Essa dicotomia é própria e exclusiva da doutrina e da jurisprudência brasileiras, com uma mescla do direito escrito de alimentos que se identifica no segundo exemplo quando acena com alimentos que bem poderiam ser confundidos com uma clássica pensão alimentícia sem prazo certo ou até mesmo com os alimentos transitórios tão em voga na prática jurisprudencial nos quatro costados brasileiros, os quais, por sinal, tampouco têm previsão legal e mesmo assim são larga e quase que exclusivamente praticados. Por sua vez, a primeira hipótese tem, em verdade, uma fonte legislativa que há muitos anos estava adormecida na experiência jurisprudencial dos juízes e tribunais brasileiros e foi ressuscitada com o advento dos alimentos compensatórios chamados *humanitários*, enquanto os primeiros são alimentos compensatórios que podem ser declinados como *patrimoniais*, cuja fonte legal é o parágrafo único do artigo 4.º da Lei de Alimentos (Lei 5.478/1968), que estabelece alimentos provisórios pedidos pelo cônjuge, casado pelo regime da comunhão universal de bens, em cuja hipótese, em sua linguagem original, permitia ao juiz que determinasse a entrega ao credor de alimentos, de parte da renda líquida dos bens comuns administrados pelo devedor, mas somente para os casamentos legais que na época

---

cial, examina a pretensão deduzida em juízo como um todo, afastando-se a alegação de ofensa ao princípio da adstrição ou congruência. As instâncias ordinárias apreciaram o pedido em concordância com a causa de pedir remota, dentro dos limites postulados na exordial, não havendo falar em decisão extra petita. 6. Recurso especial conhecido e desprovido" (STJ, REsp. 1.954.452/SP, 3ª Turma, Rel. Min. Marco Aurélio Bellizze, j. 13.06.2023).

da edição da Lei dos Alimentos (1968), e em plena vigência do Código Civil de 1916, ainda antes da edição da Lei do Divórcio (1977) que alterou o regime legal de bens para a comunhão parcial, mas que, até então, eram regidos pela comunhão universal de bens.

Como pode ser visto, nem sequer essa inspiração dos tribunais, escorada na antiga Lei dos Alimentos (Lei 5.478/1968), é fielmente baseada no texto legal, simplesmente porque os alimentos compensatórios da atualidade, e aqui denominados *alimentos patrimoniais,* estão apoiados em qualquer regime brasileiro de comunicação de bens, e que são a comunhão parcial, a comunhão universal e o regime da participação final nos aquestos. Em qualquer um desses regimes a moderna interpretação jurisprudencial dos *alimentos compensatórios patrimoniais* anda adiante do texto de lei e estes estão identificados por uma interpretação completamente oposta aos denominados *alimentos compensatórios humanitários,* estes, de inspiração doutrinária e jurisprudencial alienígena, adotado pelas legislações espanhola, francesa, argentina, chilena, pelos austríacos, dinamarqueses, italianos, salvadorenhos e muitos outros povos que caminham à margem da jurisprudência brasileira, eis que, embora sem nenhuma previsão no sistema jurídico brasileiro, estes alimentos compensatórios são adotados por conta de um olhar exclusivamente humanitário, e usualmente destinados aos casais que se divorciam ou que dissolvem sua união estável constituída, em regra, em regime de separação de bens, mas não necessariamente, pois podem ter adotado um regime de comunhão parcial de bens, mas nada sendo, contudo, adquirido onerosamente na constância do relacionamento, fazendo com que o cônjuge ou companheiro reclame os alimentos compensatórios em razão da brusca queda de seu padrão de vida.

A notícia dos alimentos compensatórios colacionada pela doutrina brasileira despertou nos julgadores gaúchos, em primeiro lugar, depois se espraiou pelos demais tribunais nacionais, inclusive com assento no STJ, a revitalização de uma demanda tipicamente brasileira das décadas de 1960, 1970 e 1980, acalentada por uma lei que estava dormente no ordenamento jurídico brasileiro, em total esquecimento, talvez até por influência da Carta Política de 1988, que apregoava uma igualdade dos cônjuges, mas cujo texto normativo previa essa compensação financeira para o consorte isolado das rendas dos bens comuns.

De qualquer modo, nessa incursão doutrinária ora realizada acerca da passagem dos alimentos compensatórios dentro da experiência legal e jurisprudencial brasileiras, separando alimentos compensatórios *humanizados* ou *humanitários* dos alimentos compensatórios *patrimoniais*, incontroverso que sempre haverá espaço para uma ou outra dessas duas diferentes modalidades de alimentos compensatórios nas sentenças e acórdãos da justiça nacional, uns próprios dos regimes que se ressentem de bens comuns, outros muito ao revés, concedidos justamente porque existem bens comuns rentáveis e que se encontram na posse exclusiva de um dos componentes do par afetivo. Portanto, os requisitos são possuir ou não bens comuns, mas deles destituído da posse ou de sua própria existência por nada ter sido adquirido em comum, ou porque adotado um regime matrimonial de separação de bens, também tendo como característica em comum o fato de a separação do casal ter ocasionado para um de seus componentes uma brusca queda do padrão socioeconômico.

Dessarte, por mais paradoxal que possa parecer, não existem diferentes modos de configuração dos alimentos compensatórios, mas somente uma razão para reconhecê-los como devidos, que é a necessidade do beneficiário diante da retenção de sua meação ou diante da total ausência de bens comuns partilháveis e que pudessem minimizar a queda desabrida do arquétipo conjugal vivenciado. É fácil compreender por que somente existem alimentos para quem não mantém sua qualidade de vida por seus próprios meios, para aquele que não tem bens divisíveis, ou quando os ingressos oriundos de sua meação patrimonial se encontram nas mãos do outro cônjuge ou companheiro. O ponto de conexão segue sendo a padronagem social, seja porque o alimentando não possui bens, seja porque os bens que possua se encontram na posse, proveito e administração exclusiva do outro parceiro.

Como será demonstrado ao longo deste livro, os alimentos compensatórios humanitários ou patrimoniais não se confundem com a pensão alimentícia, ou com os alimentos da dependência financeira de subsistência e previstos para o direito de família no artigo 1.694 do Código Civil, ao externar que podem os parentes, os cônjuges ou companheiros pedir uns aos outros os alimentos de que necessitem para viver de modo compatível com sua condição social, inclusive para atender às demandas de sua educação.

Os alimentos compensatórios têm a gênese da indenização e não carregam a função meramente alimentar, tanto que podem ser concedidos mesmo quando seu beneficiário tem emprego, profissão e, portanto, renda própria, assim como podem ser cumulados com o eventual pagamento de pensão alimentícia pelo mesmo devedor dos alimentos compensatórios e não comportam a execução pelo rito prisional.[2] Curioso observar que a legislação e a jurisprudência brasileiras guardam certa resistência à instituição da reparação civil ou da indenização entre cônjuges e companheiros, porque temem a monetarização das relações afetivas entre casais, cujo reconhecimento acrítico poderia se converter em insensíveis e frenéticas dissensões pessoais e financeiras, com baixa tolerância entre os parceiros de uma entidade familiar, criando divergências passíveis de se transformar em alguma forma de compensação econômica por qualquer agravo pessoal de baixo ou média intensidade, porém própria e corriqueira entre casais que se desentendem pelas naturais divergências que surgem da nada fácil experiência de uma vida em comum. Por essa razão é bastante viável falar dos alimentos compensatórios como uma verdadeira exceção, mas não como exceção ao dever de indenizar, mas sim como uma típica compensação de subsistência e equivalência da padronagem social vivenciada ou de reparação dos bens rentáveis que se encontrem sob a posse e administração isolada do outro consorte ou convivente.

---

[2] "Recurso em *habeas corpus*. Prisão civil. Prestação alimentícia fixada em favor de ex-cônjuge. Natureza indenizatória e/ou compensatória dessa verba. Inadimplemento. Execução pelo rito da prisão civil. Descabimento. Concessão da ordem que se impõe. Recurso provido. 1. O propósito recursal consiste em definir se o inadimplemento de obrigação alimentícia devida a ex-cônjuge, de natureza indenizatória e/ou compensatória, justifica a execução sob o rito da prisão civil preconizado no art. 528, § 3.º, do CPC/2015. 2. A prisão por dívida de alimentos, por se revelar medida drástica e excepcional, só se admite quando imprescindível à subsistência do alimentando, sobretudo no tocante às verbas arbitradas com base no binômio necessidade-possibilidade, a evidenciar o caráter estritamente alimentar do débito exequendo. 3. O inadimplemento dos alimentos compensatórios (destinados à manutenção do padrão de vida do ex-cônjuge que sofreu drástica redução em razão da ruptura da sociedade conjugal) e dos alimentos que possuem por escopo a remuneração mensal do ex-cônjuge credor pelos frutos oriundos do patrimônio comum do casal administrado pelo ex-consorte devedor não enseja execução mediante o rito da prisão positivado no art. 528, § 3.º, do CPC/2015, dada a natureza indenizatória e reparatória das verbas, e não propriamente alimentar. 4. Na hipótese dos autos, a obrigação alimentícia foi fixada, visando indenizar a ex-esposa do recorrente pelos frutos advindos do patrimônio comum do casal, que se encontra sob a administração do ora recorrente, bem como a fim de manter o padrão de vida da alimentanda, revelando-se ilegal a prisão do recorrente/alimentante, a demandar a suspensão do decreto prisional, enquanto perdurar essa crise proveniente da pandemia causada por Covid-19, sem prejuízo de nova análise da ordem de prisão, de forma definitiva, oportunamente, após restaurada a situação de normalidade. 5. Recurso ordinário em *habeas corpus* provido" (STJ. Recurso em *Habeas Corpus* 117.996/RS, 3.ª Turma, Rel. Min. Marco Aurélio Belizze, j. 02.06.2020). "Pensão alimentícia. Ex-cônjuge. Prisão do devedor. O inadimplemento dos alimentos compensatórios, porque destinados à manutenção do padrão de vida do ex-cônjuge que sofreu drástica redução em razão da ruptura da sociedade conjugal, não enseja prisão do devedor. Recurso provido" (TJSP, Agravo de Instrumento 2298666-23.2020.8.26.0000, 2.ª Câmara de Direito Privado, Rel. Des. Fernando Marcondes, j. 24.11.2021).

Cap. 3 · DOS ALIMENTOS COMPENSATÓRIOS | 143

A explicação não é tão simples, porém compreensível se vista em todo o seu contexto, abarcando oitenta anos de história jurídica que passa pelo direito penal até o atual direito civil. A cultura criminal brasileira rechaça qualquer penalidade por danos causados entre os integrantes de um matrimônio, com o propósito de conservação do casamento. A partir disso é possível extrair a certeza de que as questões financeiras, lícitas ou ilícitas, não devem interferir na estrutura matrimonial, como seria, por exemplo, a indenização por qualquer dano moral que não seja grave, tudo na expectativa de preservação das núpcias. Sem embargo, os alimentos compensatórios indenizam um casamento já desfeito e, portanto, o legislador assegura ao menos o padrão de vida a que os cônjuges ou companheiros estavam acostumados, ou seja, não evita a ruptura do enlace, porém ameniza seus deletérios efeitos financeiros, inclusive parecendo uma atitude ambígua, pois não indeniza para não romper. Contudo, uma vez rota a relação afetiva, indeniza para equilibrar seus efeitos internos e externos, sendo factível perceber que o direito de família brasileiro carece de profunda atualização em sua estrutura social, cultural e jurídica, corrigindo suas contradições.

Os alimentos compensatórios, como visto, têm como função compensar o menoscabo econômico sofrido por um dos cônjuges ou conviventes que não pôde desenvolver inteiramente uma atividade remunerada, ou daquele que precisou conciliar sua atividade profissional com os afazeres da casa e dedicação aos filhos comuns, assim como minimiza os prejuízos sofridos pela adoção de um regime de separação matrimonial de bens, convencional ou compulsório (CC, art. 1.641). Trata-se na espécie dos alimentos compensatórios humanitários, assim entendidos pela circunstância de não serem comparados com os *alimentos compensatórios patrimoniais*, estes inspirados na Lei de Alimentos (Lei 5.478/1968) e arbitrados em razão da posse exclusiva por um dos cônjuges ou conviventes dos bens comuns rentáveis.

Os alimentos compensatórios *humanitários* respeitam o direito diverso e que assiste a um dos consortes quando da ruptura do matrimônio ou da união estável, para que compense a desabrida queda do padrão econômico e financeiro sofrido por não ter podido desenvolver total ou parcialmente uma atividade remunerada, ou, mesmo que a tenha desenvolvido, subsiste uma severa diferença nas condições de vida e de acesso à estratificação social proporcionada pelo casamento ou estável convivência.

Cristián Lepin Molina põe em debate a natureza jurídica dos alimentos compensatórios, cuja definição reputa ser relevante não apenas como resultado acadêmico, mas para conhecer os limites da instituição e as normas supletórias que sobre eles podem ser aplicados,[3] como sucede, por exemplo, no caso de execução tanto provisória como definitiva dos alimentos compensatórios, tendo em conta que não se confundem em sua natureza jurídica com a pensão alimentícia, com igualmente transcendência no âmbito tributário diante de seu caráter de indenização, e não de renda. Referido autor conta que, inicialmente, foi sugerido no Chile que no lugar dos alimentos compensatórios fosse estabelecido o direito a uma pensão alimentícia por tempo determinado, tese que terminou não vingando com a edição da *Ley de Matrimonio* (*Ley* 19.947/2004), cujo artigo 61 criou a compensação econômica ao ordenar que, "se em consequência de haver se dedicado aos cuidados dos filhos e dos labores próprios do domicílio conjugal, um dos cônjuges não pode desenvolver uma atividade remunerada ou lucrativa durante o casamento, ou o fez em menor medida do que podia e queria, terá direito a que,

---

3   MOLINA, Cristián Lepin. Naturaleza jurídica de la compensación económica en la nueva Ley de Matrimonio Civil Chilena. *In*: MOLINA, Cristián Lepin. *Compensación económica*. Doctrinas esenciales. 2. ed. Santiago de Chile: Thomson Reuters, 2016. p. 460.

quando se produza o divórcio ou se declare a nulidade do matrimônio, lhe seja compensado o menoscabo econômico sofrido por esta causa".

Já o artigo 65 da *Ley de Matrimonio* (*Ley* 19.947/2004) ordena que, na falta de convenção dos consortes, o juiz determinará em sentença o pagamento da compensação econômica, mediante a entrega de uma soma em dinheiro, ações ou outros bens, e, no caso do pagamento em espécie, o montante poderá ser parcelado, fixando o juiz os meios de segurança do pagamento das prestações. Também poderá ser paga por meio da constituição de direitos de usufruto, uso e habitação sobre bens que sejam de propriedade do consorte devedor, contudo prescreve o artigo 66 da respectiva legislação chilena (Ley 19.947/2004) que, sendo fixadas as prestações em pecúnia, os alimentos compensatórios serão considerados uma pensão alimentícia para o efeito de seu cumprimento, a menos que tenham sido oferecidas outras garantias para seu efetivo e oportuno pagamento.

Entrementes, os alimentos compensatórios não se confundem com a pensão alimentícia, pois dela se distanciam e são, inclusive, incompatíveis diante de sua natureza compensatória ou *indenizatória*, tendo em linha de consideração que os alimentos da subsistência estão fundados na solidariedade familiar e os alimentos compensatórios têm sua natureza eminentemente patrimonial, pois sua finalidade é evitar o desequilíbrio que o divórcio ou a dissolução de uma união estável produz em um dos esposos ou conviventes, cujas obrigações da vida matrimonial se diferenciam. Serve a compensação econômica como um *corretivo jurídico*, diz Mariel Molina de Juan, que pretende evitar as injustas desigualdades que a ruptura matrimonial provoca como consequência das diferentes capacidades de obter ingressos que se desenvolveram e consolidaram durante o casamento.[4]

Para o direito argentino, os alimentos compensatórios não se confundem com a prestação alimentícia, sendo duas instituições distintas e com diferentes finalidades, ainda que tenham alguns pontos de conexão e ambas carreguem a expressão alimentos. Os compensatórios ou, mais apropriado, a *compensação econômica* realça sua natureza patrimonial, sendo seguro deduzir que esses pontos de conexão variam para mais próximo ou mais distante da natureza alimentária a depender da legislação de cada país quando regula os pressupostos dos alimentos compensatórios.[5]

No artigo 97 do Código Civil da Espanha, são pressupostos para a concessão judicial dos alimentos compensatórios na falta de acordo dos consortes: 1. Os acordos a que chegaram os cônjuges; 2. A idade e o estado de saúde; 3. A qualificação profissional e as possibilidades de acesso e um emprego; 4. A dedicação passada e futura à família; 5. A colaboração com seu trabalho nas atividades empresariais, industriais ou profissionais do outro cônjuge; 6. A duração do matrimônio e da convivência conjugal; 7. A eventual perda de uma pensão; 8. O cabedal e os meios econômicos e financeiros e as necessidades de um e outro cônjuge; 9. Qualquer circunstância relevante.

Para o direito chileno, o artigo 62 da *Ley de Matrimonio* (*Ley* 19.947/2004) considera como requisito de configuração do menoscabo econômico: 1. A duração do matrimônio e da vida em comum dos cônjuges (convivência); 2. A situação patrimonial de ambos; 3. A boa ou a má-fé; 4. A idade e o estado de saúde do cônjuge beneficiário; 5. Sua situação em matéria de benefícios previdenciários e de saúde; 6. Sua qualificação profissional e possibilidades de

---

4   JUAN, Mariel F. Molina de. *Tratado de derecho de familia según el Código Civil y Comercial.* Directoras Aída Kemelmajer de Carlucci, Marisa Herrera e Nora Lloveras. Buenos Aires: Rubinzal-Culzoni, 2014. t. I, p. 297.

5   JUAN, Mariel F. Molina de. *Tratado de derecho de familia según el Código Civil y Comercial.* Directoras Aída Kemelmajer de Carlucci, Marisa Herrera e Nora Lloveras. Buenos Aires: Rubinzal-Culzoni, 2014. t. I, p. 298.

Cap. 3 • DOS ALIMENTOS COMPENSATÓRIOS | 145

acesso ao mercado laboral; 7. A colaboração que prestou às atividades lucrativas do outro consorte.

A prestação compensatória da Catalunha está regulada no artigo 233.15 do Código Civil da Catalunha, que considera os seguintes requisitos: 1. A posição econômica dos cônjuges por conta de suas atribuições profissionais; 2. As previsíveis situações materiais derivadas da liquidação do regime econômico matrimonial; 3. A realização de tarefas familiares ou outras decisões tomadas no interesse da família durante a convivência e se isso reduziu a capacidade de um dos consortes para obter ingressos financeiros; 4. As previsíveis perspectivas econômicas e financeiras dos cônjuges, tendo em conta sua idade, estado de saúde e a forma pela qual será atribuída a guarda dos filhos comuns.

Segundo o artigo 441 do Código Civil e Comercial da Argentina, aquele cônjuge cujo divórcio produz um desequilíbrio manifesto que signifique um agravamento da sua situação tem direito a uma compensação que pode ser em uma prestação única, em uma renda por tempo determinado ou, excepcionalmente, por prazo indeterminado, que pode ser paga em dinheiro, com o usufruto de determinados bens ou de qualquer outro modo acordado pelas partes ou decidido pelo juiz. E complementa o artigo 442 do Código Civil e Comercial argentino que, na falta de acordo dos consortes, o juiz pode determinar o pagamento da compensação econômica considerando as seguintes hipóteses: 1. O estado patrimonial de cada um dos cônjuges no início e no término da vida matrimonial; 2. A dedicação que cada consorte brindou à família, aos filhos e à educação da prole durante a convivência e a que ainda deve prestar depois do divórcio; 3. A idade e o estado de saúde dos cônjuges e dos filhos; 4. A capacitação laboral e a possibilidade do cônjuge que pede alimentos compensatórios de aceder a um emprego; 5. A colaboração prestada às atividades mercantis, industriais ou profissionais do outro cônjuge; 6. A atribuição da moradia familiar e se ela recai sobre um bem comum, um bem próprio, ou sobre um imóvel alugado e, nesse caso, que paga os aluguéis. A ação para reclamar a compensação econômica caduca em seis meses depois de ter sido decretado o divórcio.

Por seu turno, o artigo 270 do Código Civil francês estabelece que um dos cônjuges pode ser obrigado a pagar ao outro um benefício destinado a compensar, na medida do possível, a disparidade que o rompimento do casamento cria nas respectivas condições de vida. Esse benefício é de natureza fixa e toma a forma de um capital cujo valor é determinado pelo juiz. Já o artigo 271 ordena que o subsídio compensatório deve ser fixado de acordo com as necessidades do cônjuge a quem é pago e os recursos do outro, levando em conta a situação no momento do divórcio e sua evolução em um futuro previsível. Para tanto, o juiz considerará: 1. A duração do casamento; 2. A idade e o estado de saúde dos cônjuges; 3. Sua qualificação e situação profissional; 4. As consequências das escolhas profissionais feitas por um dos cônjuges durante a vida em conjunto para a educação dos filhos e o tempo que ainda terá de ser dedicado à prole ou para promover a carreira de seu cônjuge em detrimento da própria; 5. Os bens estimados ou previsíveis dos cônjuges, tanto em capital quanto em renda, após a liquidação do regime matrimonial; 6. Seus direitos existentes e previsíveis; 7. Sua respectiva situação com relação às aposentadorias, tendo estimado, na medida do possível, a redução dos direitos previdenciários que podem ter sido causados para o credor do cônjuge do abono compensatório. O pagamento será em uma quantia em dinheiro ou pela atribuição de propriedade ou direito temporário ou vitalício de uso, habitação ou usufruto (CC francês, art. 274). Independentemente da hipótese legal ou judicial, o juiz pode exigir que o cônjuge devedor dê garantia ou constitua um capital (CC francês, art. 277), podendo ser parcelada a cota em até oito anos, cuja prestação será indexada com as regras aplicáveis aos pagamentos de manutenção (alimentos).

Cada legislação tem seus próprios fundamentos para reconhecer o direito aos alimentos compensatórios e quase todos os pressupostos se assemelham, não obstante possam variar em algum detalhamento de um país para outro, ficando, contudo, estreme de dúvidas que a compensação econômica não reclama como o cônjuge ou companheiro beneficiário se encontre em um estado efetivo de necessidade, carecendo de recursos próprios para sua própria sobrevivência, reportando-se as hipóteses à súbita perda de um arquétipo socioeconômico daquele consorte ou convivente que enfrentou com o divórcio ou fim do casamento uma disparidade em suas condições de vida, sendo certo que a instituição dos alimentos compensatórios pretende compensar uma expectativa econômica que o consorte ou companheiro renunciou para se dedicar em tempo integral, ou ao menos em maior parcela do tempo à família comum.

Tem uma natureza claramente indenizatória, sem qualquer conotação com um dever de alimentos, em uma espécie de prolongamento do dever de socorro que existe entre os casais. Necessariamente, o destinatário dos alimentos compensatórios não objetiva cobrir suas necessidades de subsistência, mas busca, sim, reparar o desequilíbrio econômico produzido pelo casamento ou pela união estável que se dissolve, bastando se façam presentes os critérios desenvolvidos conforme a legislação de cada país acerca dos alimentos compensatórios, haja vista que cada ordenamento jurídico acrescenta a seu texto de lei características diversas,[6] que em sua essência não se diferenciam demasiadamente.

María Victoria Peppegrini descarta de plano qualquer natureza alimentícia da pensão compensatória. Não obstante possa existir alguma semelhança com os alimentos de subsistência, sua finalidade e forma de cumprimento são diferentes, eis que se distanciam de todo o conteúdo assistencial e até mesmo da antiga noção de culpa e de inocência que se fazia presente também no direito brasileiro e que somente foi extinta com a Emenda Constitucional 66/2010. Para o estabelecimento dos alimentos compensatórios não importam quais foram os fatos que levaram ao divórcio, e sim as consequências financeiras produzidas pelo divórcio, implicando a apuração apenas de uma causa objetiva e de fácil aferição e que consiste no recrudescimento das condições econômicas e financeiras de um dos cônjuges em razão da ruptura do matrimônio.[7]

O pressuposto para procedência dos alimentos compensatórios está na existência de um desequilíbrio produzido a partir do divórcio, sendo desse modo compensado o sacrifício sofrido por um dos consortes ou conviventes com o fim do relacionamento, por exemplo, aquele parceiro que abandonou sua carreira profissional pela família, com dedicação à casa, esposo e filhos, ou porque acompanharam a carreira do marido/esposa pelo interior do Estado, país ou no exterior, como aqueles que adotaram um regime de separação de bens ou que ocuparam seu tempo dedicando-se a colaborar para o crescimento profissional de seu cônjuge ou convivente. Nesse caso, os alimentos compensatórios têm o caráter humanitário e compensam o sacrifício realizado e que será compensado pelo outro cônjuge beneficiado, em figura fática notoriamente distinta da dos alimentos compensatórios patrimoniais decorrentes da posse e fruição exclusiva por um dos cônjuges ou companheiros dos bens rentáveis comuns.

Flávio Tartuce lembra que o STJ acolheu a fixação dos alimentos compensatórios em sua versão patrimonial, em recurso de *Habeas Corpus* 28.853/RS, na relatoria da Ministra Nancy Andrighi, da Terceira Turma, mas cujo voto vencedor foi o do Ministro Massami Uyeda,

---

6   CHACANA, Carlos Garrido. *Compensación económica en término de matrimonio y acuerdo de unión civil.* Santiago de Chile: Metropolitana, 2017. p. 59.

7   PELLEGRINI, María Victoria. *Tratado de derecho de familia según el Código Civil y Comercial.* Directoras Aída Kemelmajer de Carlucci, Marisa Herrera e Nora Lloveras. Buenos Aires: Rubinzal-Culzoni, 2014. t. I, p. 432.

julgado em 1.º de dezembro de 2011, afastando a possibilidade de prisão pela falta de pagamento dos alimentos compensatórios, justamente porque a verba não se destina à subsistência do credor, consistindo, na prática, em uma antecipação da futura partilha.[8]

Simples perceber quando se distanciam os alimentos compensatórios da natureza alimentar da figura jurídica da pensão alimentícia, que busca cobrir necessidades nitidamente famélicas, ao passo que os alimentos compensatórios procuram cobrir derrocadas materiais, danos ou prejuízos vivenciados com a súbita ruptura matrimonial e o enfrentamento de uma acentuada queda no modo de vida até então levado com a convivência afetiva. Existindo bens comuns, os alimentos compensatórios indenizam o eventual enriquecimento indevido, reparando essa disparidade material, ou representando, na visão do STJ, uma antecipação da partilha, o que não se afigura correto, considerando que o direito aos frutos dos bens comuns é decorrência natural da comunidade patrimonial e de modo algum antecipa a partilha, haja vista que os frutos devem ser pagos e são exigíveis durante o casamento e enquanto não partilhados os bens.

Contudo, Maurício Luis Mizrahi confere uma natureza jurídica *autônoma* aos alimentos compensatórios, porque não se conciliam com nenhuma das hipóteses antevistas e que atribuem uma natureza assistencial, indenizatória ou de mera evitação ao enriquecimento indevido, tanto que a pensão alimentícia pode ser cumulada com os alimentos compensatórios diante da diversidade de suas finalidades, sendo escopo dos alimentos tradicionais do direito de família suprir uma posição de efetiva necessidade de subsistência, sendo de tal monta a relevância do estado de necessidade que a pensão alimentícia tem previsão de provimento liminar e podem ser revistos a todo tempo, sendo extintos caso o alimentando constitua nova entidade familiar. Por sua vez, os alimentos compensatórios ou a compensação econômica propriamente dita não atende a nenhum desses pressupostos, mas se sustenta unicamente na verificação do desequilíbrio patrimonial.[9]

No entanto, maior aderência se apresenta pela natureza indenizatória dos alimentos compensatórios se considerado como ponto de partida o desmedro econômico que a separação provoca, tanto em sua versão humanitária, daquele consorte que investiu seu tempo e suas forças unicamente no matrimônio, quanto em sua versão patrimonial, diante da indevida absorção por apenas um dos cônjuges dos rendimentos comuns. Nas duas modalidades, fazem-se igualmente presentes o pleito da compensação econômica e o evidente desequilíbrio econômico de um, porque perde o acesso e a fruição de um elevado estilo de vida, e, do outro, porque vê cerceado seu acesso aos frutos incidentes sobre os bens de propriedade comum. Nas duas versões, o cônjuge ou companheiro vê agravar sua situação econômica no momento da ruptura do relacionamento familiar e, em razão desse rompimento, que pode ser objetivamente comprovado, estabelece-se o nexo de casualidade entre o fim da relação afetiva e o consequente agravamento da condição social e econômica do consorte que sofreu essa arrebatada queda de vida, mesmo porque, não existindo esse desequilíbrio, não há que ser falado em compensação econômica.

A identidade entre as duas formas de compensação econômica está no fato de ambas acarretarem prejuízos patrimoniais e morais, de modo que os alimentos compensatórios de alguma maneira reparam os danos provocados pela ruptura do relacionamento, porquanto justamente esse desmedro financeiro e moral foi levado em consideração para a fixação dos

---

[8] TARTUCE, Flávio. *Direito civil*. Direito de família. 16. ed. Rio de Janeiro: GEN/Forense, 2021. v. 5, p. 672-673.
[9] MIZRAHI, Mauricio Luis. *Divorcio, alimentos y compensación económica*. Buenos Aires: Astrea, 2018. p. 143-144.

alimentos compensatórios, mesmo quando intentam simplesmente evitar o indevido empobrecimento do consorte que ficou em pior colocação social e o enriquecimento daquele que sempre esteve em melhor posição social.

Guillermo J. Borda, com escólio em Ugarte, assevera que, com a compensação econômica, intenta-se superar uma perda injusta provocada pelo divórcio em um dos cônjuges, razão pela qual deve a ele ser reconhecido o caráter indenizatório por dano objetivo.[10] Cristián Lepin Molina, citando Encarna Roca, afirma se tratar de um ressarcimento por concorrência de um dano objetivo produzido pela ruptura do matrimônio e em decorrência da perda de expectativas que desaparecem como consequência do divórcio, compensando quem mais perde com o fim do relacionamento.[11]

Os alimentos compensatórios não restituem um valor perdido pelo seu equivalente exato, como ocorre na responsabilidade civil com a indenização patrimonial, mas se trata apenas de oferecer uma compensação econômica que mitigue a situação financeira desmedrada pelo postulante.[12] Enfim, trata-se de uma forma de ressarcimento de uma inegável perda verificada pelo fato de o consorte ou companheiro haver dedicado seus esforços aos cuidados dos filhos e às tarefas do domicílio conjugal e se privado em razão dessas ocupações domésticas de buscar algum resultado econômico que lhe permitisse encontrar sua independência financeira e sua realização pessoal e, assim, podendo encarar a vida futura, uma vez extinto o casamento ou a união estável, e compensando quem mais perde com o divórcio por razões de equidade, independentemente de dolo ou culpa.

3.2.   Conceito de alimentos compensatórios

Sob a ótica do artigo 97 do Código Civil espanhol, os alimentos compensatórios são devidos ao cônjuge sobre o qual, em razão do divórcio ou da separação, produziu-se um *desequilíbrio econômico* em relação à posição do outro consorte, e que implique a piora ou o agravamento de sua situação econômico-financeira anterior ao matrimônio, circunstância que lhe dará direito a uma compensação que poderá consistir em uma pensão temporária ou por tempo indeterminado, ou em uma prestação única, conforme seja acordado por consenso dos cônjuges ou na sentença judicial.

Ana Laura Cabezuela Arenas afirma representar os alimentos compensatórios um direito pessoal do cônjuge ou ex-consorte, com relação ao qual a separação ou o divórcio significou um agravamento de seu *status* econômico anterior, sem nenhuma vinculação com a ideia da responsabilidade decorrente da culpa,[13] mas que vincula a um direito concreto, sob a ótica de uma responsabilidade objetiva que pende exclusivamente da verificação da ocorrência de uma efetiva queda brusca do padrão socioeconômico de um dos cônjuges ou conviventes em decorrência do divórcio, separação ou da dissolução de uma união estável na versão fática

---

[10]   BORDA, Guillermo J. *Código Civil y Comercial de la Nación comentado*. Director José María Curá. 2. ed. Buenos Aires: La Ley, 2016. t. II, p. 183.

[11]   MOLINA, Cristián Lepin. Naturaleza jurídica de la compensación económica en la nueva Ley de Matrimonio Civil Chilena. *In*: MOLINA, Cristián Lepin. *Compensación económica*. Doctrinas esenciales. 2. ed. Santiago de Chile: Thomson Reuters, 2016. p. 472-473.

[12]   MOLINA, Cristián Lepin. Naturaleza jurídica de la compensación económica en la nueva Ley de Matrimonio Civil Chilena. *In*: MOLINA, Cristián Lepin. *Compensación económica*. Doctrinas esenciales. 2. ed. Santiago de Chile: Thomson Reuters, 2016. p. 471.

[13]   ARENAS, Ana Laura Cabezuela. *La limitación temporal de la pensión compensatoria en el Código Civil*. Navarra: Aranzadi, 2002. p. 17.

brasileira que atribui os mesmos efeitos jurídicos materiais do casamento ao instituto da estável convivência.

O Código Civil da Catalunha regulamenta a *prestação compensatória* no artigo 233.14 do Código Civil, ao estabelecer que o cônjuge, cuja situação econômica em razão da ruptura da convivência resultar mais prejudicada, tem direito a uma prestação compensatória que não exceda o nível de vida do qual ele gozava durante o matrimônio, e que se perde o direito de reclamar prestação econômica se ela não for requerida no primeiro processo matrimonial ou acordo que regulamente as relações conjugais desfeitas. Trata-se de uma prestação pela qual se busca compensar os prejuízos gerados pela separação do casal, causando uma situação de desequilíbrio financeiro relativamente à situação em que se encontra o outro cônjuge. É uma prestação personalíssima, endereçada exclusivamente ao consorte, ou companheiro, na versão brasileira, e que se extingue com a morte do cônjuge credor. É distinta dos alimentos, uma vez que, com a pensão compensatória, trata-se de compensar a dedicação dada à família e para evitar as situações de desequilíbrio. Seu estabelecimento independe do regime matrimonial, pois sua essência não é outra senão constituir uma fórmula que torne possível, em caso de separação, divórcio ou nulidade do casamento, ao cônjuge mais prejudicado financeiramente aceder a uma parte equitativa dos benefícios que podem ser compensados pelo outro consorte, ou uma indenização para reparar a desigualdade econômica resultante da instituição matrimonial desfeita.[14]

Conforme Roberto Campos, a pensão compensatória nasceu à luz do divórcio sem culpa, de um divórcio direto, objetivo e não causal, que no Brasil ganhou corpo com a Emenda Constitucional 66/2010, tendo como finalidade restaurar o equilíbrio patrimonial entre os cônjuges e cuja desigualdade não aparecia pelo direito de uso, bem próprio da comunidade de vidas.[15] Embora, segundo Laura Allueva Aznar, a primeira finalidade dos alimentos compensatórios foi identificada em seu propósito assistencial, considerando que sua principal função era substituir o dever de socorro mútuo presente entre as obrigações conjugais, porém, uma vez que o matrimônio estava dissolvido, sua finalidade passou a ser a de reequilibrar, reparar e reabilitar de forma razoável o desequilíbrio causado pelo término do casamento e ruptura da convivência, em uma espécie de prolongamento da solidariedade matrimonial, de forma a reestruturar o mais equânime possível a situação econômica em que se vê o consorte mais prejudicado financeiramente pela separação, colocando o cônjuge prejudicado em uma situação de potencial igualdade de oportunidades, mas que na prática não se trata de equiparar riquezas.

A pensão compensatória não é um efeito automático do divórcio ou da dissolução de uma união estável, como sucede com os alimentos devidos aos filhos menores e incapazes e que precisam ser ajustados com a custódia e a convivência, mas, sim, um efeito secundário, eventual, cuja apreciação tem pertinência em alguns casos e em outros não, conforme concorram ou não, em cada caso concreto, os pressupostos de fato previstos para a concessão dos alimentos compensatórios que procuram reequilibrar ou compensar o desequilíbrio financeiro produzido em razão da ruptura da convivência, ao passo que a pensão alimentícia objetiva cobrir as necessidades vitais do alimentando,[16] como constou do corpo do voto do desembargador João Pazine Neto, proferido na Apelação Cível 1005715-05.2020.8.26.0099, da 3ª Câmara de Direito Privado do Tribunal de Justiça de São Paulo, julgado em 5 de novembro de 2021, em que consignou: "No que respeita ao pedido

---

14 BLANES, Francisco de Paula Puig; NAVAS, Francisco José Sospedra. *Comentarios al Código Civil de Cataluña*. 3. ed. Navarra: Civitas/Thomson Reuters, 2019. t. I, p. 433.

15 CAMPOS, Roberto. *Alimentos entre cónyuges y para los hijos menores*. Buenos Aires: Hammurabi, 2009. p. 89-90.

16 AZNAR, Laura Allueva. *Prestación compensatoria y autonomía privada familiar*. Valencia: Tirant lo Blanch, 2016. p. 52-53.

de alimentos compensatórios, não comporta acolhida. Não existe prova da incapacidade laboral da ré, pessoa que continua em plena atividade profissional. É certo que os alimentos compensatórios possuem caráter indenizatório, portanto não são alimentos propriamente ditos. Têm a finalidade de compensar o desequilíbrio entre casais em processo de divórcio. No entanto, somente poder-se-ia pensar em alimentos compensatórios se a ré tivesse abandonado a carreira profissional para se dedicar aos afazeres domésticos e, com isso, o autor tivesse se enriquecido, o que não é o caso, considerando que a ré tem formação profissional na área da saúde (enfermagem) e sempre laborou na área, de modo que possui plenas condições de manter a própria subsistência".

Somente em parte o voto supratranscrito é fiel à efetiva teoria dos alimentos compensatórios humanitários, uma vez que são devidos em razão do evidente desequilíbrio econômico acarretado pelo divórcio com relação ao outro consorte ou convivente, e esse desequilíbrio não decorre do fato de o pretendente aos alimentos compensatórios trabalhar ou não, até porque o padrão socioeconômico não caiu em virtude de qualquer desemprego, mas da diferença dos ganhos percebidos por um cônjuge em confronto com o outro, agravada a condição econômica e financeira pela adoção adicional de um regime de separação de bens, no que importa dizer que tampouco esse alimentando teria direito aos alimentos compensatórios patrimoniais em razão de nem sequer existirem bens comuns rentáveis que se encontrariam na posse e administração exclusiva do outro parceiro. A existência de uma relação de emprego não é razão suficiente e ponderável para afastar o direito aos alimentos compensatórios humanitários, primeiro porque não são alimentos de mera subsistência, e sim alimentos de equilíbrio do estilo e padrão de vida experimentado durante o matrimônio ou a união estável em decorrência das melhores ou excepcionais condições econômicas e financeiras do devedor dos alimentos compensatórios.

Dessarte, a pensão compensatória ou compensação econômica resulta claramente diferenciada da habitual pensão alimentícia, porque *põe em xeque* o patrimônio e os ingressos financeiros de ambos os cônjuges, tendo os alimentos compensatórios o propósito específico de evitar o estabelecimento de uma disparidade econômica entre os consortes. Os alimentos compensatórios estão à margem de qualquer questionamento causal do divórcio dos cônjuges e da dissolução da união estável e ingressam unicamente as circunstâncias pessoais da vida matrimonial ou afetiva, na qual importa apurar a situação econômica enfrentada com o advento do divórcio. Caso um dos cônjuges tenha ficado em uma situação patrimonial e financeira desfavorável em relação à vida que levava durante o matrimônio, os alimentos compensatórios corrigem essa distorção e restabelecem o equilíbrio material,[17] indiferentemente ao exercício de qualquer emprego ou profissão que garantem unicamente a subsistência do credor dos alimentos compensatórios, desaparecendo esse desequilíbrio se passados mais de seis meses depois de ditada a sentença de divórcio. Nesse espaço de tempo, há muito o cônjuge alimentando se adaptou a suas novas condições materiais[18] e, nesse sentido, o Código Civil e Comercial da Argentina expõe que caduca em seis meses a ação para reclamar a compensação econômica depois de decretado o divórcio (CCC argentino, art. 442).

---

[17] MADALENO, Rolf. *Direito de família*. 11. ed. Rio de Janeiro: GEN/Forense, 2021. p. 1100-1101.

[18] "Agravo de instrumento. Ação de divórcio litigioso cumulada com alimentos e partilha de bens. Fixação de alimentos compensatórios em favor da ex-mulher. Descabimento. Separação fática ocorrida há mais de dez anos. Probabilidade do direito alegado não evidenciada em sede de cognição sumária. Necessidade de dilação probatória. Decisão que indefere o pleito em sede de antecipação de tutela que resta mantida" (TJRS, Agravo de Instrumento 5166085-46.2021.8.21.7000, 7.ª Câmara Cível, Rel. Roberto Arriada Lorea, j. 26.11.2021).

3.2.1. *Natureza jurídica dos alimentos compensatórios*

Existe uma clara dicotomia dos alimentos compensatórios surgidos no Brasil em razão da sua instituição doutrinária em confronto com sua implementação jurisprudencial, porquanto, embora não previstos expressamente na legislação brasileira, os alimentos compensatórios *humanitários* foram recepcionados pela doutrina e, ao revés, os alimentos compensatórios *patrimoniais* foram largamente reconhecidos pela jurisprudência dos tribunais estaduais, depois respaldados genericamente pelo STJ, sendo um fato incontroverso que a doutrina e a jurisprudência construíram duas versões distintas de *alimentos compensatórios*.

Alimentos significam as coisas que servem para sustentar o corpo, trata-se de um direito cujo conteúdo consiste na satisfação das necessidades da vida. A pensão alimentícia advinda do direito de família tem sua origem prevista no artigo 1.694 do Código Civil e visa a assegurar a subsistência daquele consorte dependente financeiro do outro cônjuge, companheiro ou de quem guarde parentesco até o segundo grau, existindo inclusive uma divisão entre alimentos naturais e civis, cuja diferença fundamental entre uns e outros radica na circunstância que os alimentos civis levam em conta a posição social da família. No campo dos alimentos compensatórios, por sua vez, encontram-se duas distintas vertentes, em que a primeira dessas vertentes tem inspiração no direito estrangeiro e considera o fato objetivo de a separação dos cônjuges ou conviventes causar um repentino desequilíbrio no padrão de vida do credor desses alimentos compensatórios.

Essa versão dos alimentos compensatórios pela súbita perda do padrão de vida é a que guarda fidelidade com o direito estrangeiro, mas não tem nenhuma relação direta nem se identifica com a jurisprudência e parte da doutrina brasileira, que defendem a compensação financeira pela administração exclusiva por um dos cônjuges ou conviventes de bens comuns rentáveis e que, em razão dessa administração isolada de bens rentáveis comuns, esses alimentos compensatórios *patrimoniais* procuram evitar que um dos cônjuges ou companheiros se veja repentinamente desprovido ou destituído dos rendimentos percebidos em decorrência dos bens ou de empreendimentos conjugais comuns, mas cuja administração se apresenta de forma unilateral, pois apenas um dos consortes segue na gerência exclusiva desses bens comuns e que somente a ele geram renda, quer se trate de bens imóveis alugados, quer se trate de sociedades empresárias geradoras de lucros e dividendos, bem como propriedades rurais que produzem renda agropecuária.

Esses alimentos compensatórios *patrimoniais* têm mais trânsito e aceitação na jurisprudência brasileira, embora não guardem qualquer afinidade com os alimentos compensatórios *humanitários*, estes decorrentes da súbita queda do padrão de vida, como consequência direta da ruptura da relação matrimonial ou convivencial, muito menos se identificam em sua natureza jurídica com a clássica pensão alimentícia proveniente do dever de assistência presente entre os casais, originada do direito de família, cuja função precípua é exatamente a de assegurar a sobrevivência daquele parceiro que não dispõe de meios próprios de subsistência material. Por seu turno, os alimentos compensatórios, tanto os *patrimoniais* como os *humanitários*, estão assentados em uma relação de equilíbrio econômico-financeiro, objetivando a recomposição de perdas pelo fracasso das expectativas lançadas ao longo da relação (*humanitários*),[19] ou pelas perdas pelo embolso isolado dos rendimentos comuns (*patrimoniais*).

Enquanto os alimentos compensatórios da legislação e da doutrina estrangeira têm em mira minimizar a precipitada queda do padrão socioeconômico do cônjuge ou companheiro

---

[19]   RIBEIRO, Julio Cesar Garcia. *Manual de direito da família*. Florianópolis: Habitus, 2021. p. 310-311.

em razão e por ocasião da separação, os tribunais brasileiros, simpáticos à ideia da compensação alimentar, recordaram e ressuscitaram a figura jurídica dos longevos *alimentos compensatórios*, os quais eram e permanecem regulados, até os dias atuais, pelo parágrafo único do artigo 4.º da Lei 5.478, de 25 de julho de 1968 (Lei de Alimentos), e que há muito haviam caído no esquecimento e em franco desuso.[20]

Os tribunais estaduais, depois secundados pelo STJ, ressuscitaram essa segunda via legal e doutrinária dos alimentos compensatórios, com assento no parágrafo único do artigo 4.º da Lei de Alimentos de 1968 e, por conseguinte, há muito tempo presente na legislação brasileira para assegurar as rendas provenientes de bens comuns. Contudo, era originariamente endereçada aos casais matrimoniados pelo regime da comunhão universal de bens, pois a costumeira demora dos processos, com a qual o jurisdicionado brasileiro convive até os dias atuais, permitia que o cônjuge que estivesse na posse e na administração dos bens conjugais rentáveis fosse beneficiado por essa administração exclusiva ao reter durante meses ou anos a fio os lucros incidentes sobre a meação da esposa, pois era uma época (1968) em que o marido era chamado de *chefe da sociedade conjugal*, competindo-lhe a administração dos bens conjugais comuns, e o regime legal do casamento era o da comunhão universal de bens. Portanto, todos os bens, aprestos e aquestos eram comuns e pertenciam por metade a cada um dos cônjuges, não existindo nenhuma dúvida acerca da plena comunicação patrimonial, nem havia necessidade de demonstrar que os bens rentáveis pertenciam ao acervo conjugal, prática diametralmente oposta diante do regime legal da comunhão parcial de bens, quando somente os aquestos são do casal e que sobre eles não incide nenhuma sub-rogação de bem privado.

Natureza totalmente diversa dos alimentos compensatórios da literatura alienígena, com caráter estritamente compensatório ou reparador de um desequilíbrio patrimonial ocasionado pela separação, divórcio ou pela dissolução de uma união estável, deita sobre os alimentos compensatórios importados da legislação estrangeira e que tem pertinência sempre quando um dos consortes se depara com uma situação de sensível restrição financeira em conferência com a excelente posição econômica e financeira conservada pelo outro cônjuge que trabalhava, gerava rendas e sempre foi o provedor da família.

É flagrante a diferença dos alimentos compensatórios da doutrina e da jurisprudência transnacionais, quando confrontada com a jurisprudência dos alimentos desenvolvidos pelos tribunais brasileiros, os quais admitem o estabelecimento judicial de alimentos compensatórios devidos apenas em decorrência da administração exclusiva por um dos consortes ou conviventes dos bens comuns rentáveis, em qualquer regime matrimonial, e não mais somente no regime da comunhão universal de bens, como textualmente ordenado na Lei de Alimentos (Lei 5.478/1968).

Dessa classe de alimentos compensatórios destoam os denominados alimentos compensatórios que buscam evitar que a ruptura, ou que a cessação da vida conjugal ou convivencial, implique, para um dos cônjuges ou conviventes, uma vertiginosa queda do nível de vida usufruído durante a relação matrimonial, independentemente da maior ou menor e até da inexistente condição de necessidade do credor de alimentos, uma vez que os alimentos compensatórios não guardam qualquer relação com o estado de necessidade do alimentando, mas pretendem, unicamente, impedir uma acentuada perda no padrão socioeconômico do alimentado. Nesse sentido, ocorre frequente confusão de conceitos na jurisprudência nacional,

---

[20] Art. 4.º "[...] Parágrafo único. Se se tratar de alimentos provisórios pedidos pelo cônjuge, casado pelo regime da comunhão universal de bens, o juiz determinará igualmente que seja entregue ao credor, mensalmente, parte da renda líquida dos bens comuns, administrados pelo devedor."

Cap. 3 · DOS ALIMENTOS COMPENSATÓRIOS | **153**

em que são misturados princípios doutrinários dos alimentos compensatórios *humanitários* com os princípios doutrinários e legais dos alimentos compensatórios *patrimoniais*, nos quais sucede unicamente a entrega de uma parcela dessa renda ao cônjuge ou companheiro que não se encontra na posse e na administração dos bens comuns rentáveis, cujo fato não depende de quaisquer pressupostos cautelares, mas, exclusivamente, da prova de que existem bens comuns que geram renda, a qual tem sido embolsada pelo alimentante.[21]

Esses alimentos compensatórios regulados pelo direito estrangeiro têm natureza essencialmente econômica e financeira e não alimentícia, pois trata-se de alimentos humanizados, devidos simplesmente pelo critério de mantença do nível de vida experimentado durante a relação afetiva e familiar, e não dependem da existência de rentáveis bens comuns que estejam sendo financeiramente explorados pelo alimentante. Sua concessão leva em conta as expectativas de um acostumado bem-estar econômico que a estratificação social e correlata situação matrimonial proporcionava ao cônjuge demandante na constância do relacionamento conjugal, tendo como parâmetro para a fixação da compensação alimentar a contumaz preexistência dessas facilidades, regalias e singulares condições materiais regularmente concedidas durante a vida conjugal.

Os alimentos compensatórios não podem ser entendidos como um direito de nivelação ou de equiparação de riquezas, descansando sua gênese, em realidade, na: (i) existência de um claro desequilíbrio patrimonial entre os esposos; (ii) e no fato de que essa situação econômica desvantajosa para um dos consortes está diretamente vinculada ao evento da separação, divórcio ou dissolução da convivência estável.

Para apreciar o desequilíbrio econômico é preciso partir da situação pessoal dos cônjuges antes do matrimônio e compará-la com a condição em que ambos se encontram em razão da separação ou do divórcio, compensando aquele que tenha sido impedido ou desfavorecido, durante as núpcias ou ao longo da união estável, de alcançar sua independência patrimonial e financeira, porque, por exemplo, precisou abandonar seu trabalho remunerado e sua trajetória profissional; ou porque perdeu suas expectativas de formação e de qualificação profissional, ou ainda porque precisou se dedicar exclusivamente aos filhos, à casa e ao marido, ou simplesmente porque o próprio esposo ou esposa não via qualquer sentido em seu consorte trabalhar se suas despesas pessoais podiam ser facilmente subsidiadas pelo maior provedor.

Em verdade, qualquer situação fática análoga ou até mesmo o fato de o consorte subsidiado trabalhar, embora seus rendimentos não assemelhem aos ingressos financeiros do cônjuge provedor, nem guardem, portanto, nenhuma correlação com os alimentos compensatórios ressuscitados pelos tribunais brasileiros devidos pela administração e fruição exclusiva dos bens comuns rentáveis, a perda do padrão de vida é suficiente para justificar o pagamento dos alimentos compensatórios.

---

[21] Agravo interno, AGT 10000211169719002/MG, de 09.02.2022: "Agravo interno. Agravo de instrumento. Ação de alimentos compensatórios c/c pedido liminar de alimentos provisórios compensatórios. Desequilíbrio econômico-financeiro não comprovado. Direito de repasse de meação. Necessidade de dilação probatória. Probabilidade do direito e perigo pela demora. Não demonstração. Suspensão da decisão agravada. Manutenção. Recurso não provido. 1. O arbitramento de alimentos compensatórios provisório pende da demonstração de indícios de que configurado o desequilíbrio econômico das partes, após o término da sociedade conjugal, o que, por ora, não se pode concluir devido à percepção de rendimentos dos bens do casal pela recorrente. 2. Necessária dilação probatória para demonstração do direito ao repasse de quantia referente à meação, até o ajuizamento da ação quando demonstrado o usufruto de valores comuns pelas partes. 3. Ausentes os requisitos autorizadores da tutela de urgência, quais sejam probabilidade do direito e perigo na demora, deve ser mantida a decisão que atribuiu efeito suspensivo ao recurso para suspender a decisão agravada".

Com relação aos alimentos compensatórios patrimoniais, da fruição isolada dos bens rentáveis comuns, calha alertar que haverá ocasiões nas quais será mais vantajoso ao cônjuge meeiro reivindicar judicialmente o montante exato dos lucros mensais provenientes dos bens comuns, em vez de requerer o arbitramento judicial de uma pensão compensatória patrimonial proveniente da utilização exclusiva dos bens comuns rentáveis, pois, como mencionou o desembargador Rui Portanova, no Agravo de Instrumento 700.755.844.235, da Oitava Câmara Cível do Tribunal de Justiça do Rio Grande do Sul, em julgamento datado de 8 de março de 2018: "Os alimentos compensatórios não são nem alimentos e nem compensatórios. São, em sentido estrito, adiantamento de partilha. Considerando que se está em sede de medida antecipatória, tem-se que o pedido carece – em princípio – de urgência em fixar os alimentos compensatórios. Para que tenha vez a fixação de alimentos compensatórios, é indispensável sopesar qual o valor real e concreto dos frutos e rendimentos gerados pelo patrimônio comum que esteja sendo usado ou administrado de forma exclusiva por um, para só depois se estabelecer o valor a ser compensado".

Desse modo, o requerente dos alimentos compensatórios patrimoniais, para contrabalançar a fruição isolada dos bens comuns, pode incorrer no erro de receber menos do que teria direito, pois, se sua pretensão processual forem alimentos compensatórios em valores que terminarão sendo aleatoriamente arbitrados em juízo, pode suceder que sejam fixados em menor medida do que seriam os efetivos créditos relativos à meação dos frutos e rendimentos dos bens comuns, e que, nessa modalidade de requerimento expresso de pagamento da meação das rendas, deveria ser apurado o montante das rendas comuns, verificada a exata quantia que representa mensalmente o líquido desses rendimentos, que serão então depositados pelo cônjuge ou convivente administrador em favor de seu parceiro, afastando todo e qualquer enriquecimento ilícito do administrador. Por seu turno, no pedido aleatório de alimentos compensatórios existe uma forte probabilidade de os alimentos compensatórios serem fixados em valor inferior à metade líquida e efetiva das rendas comuns, gerando um enriquecimento do consorte ou convivente administrador, que pagará a pensão compensatória com parcela menor dos próprios recursos de seu parceiro, embolsando a diferença a maior. Outrossim, pode ocorrer o oposto, que gerará o enriquecimento indevido do credor dos alimentos compensatórios, quando o valor judicialmente arbitrado for superior à efetiva renda líquida dos bens comuns.

Quando são conhecidas as fontes de renda e os bens comuns partilháveis que geram recursos, perde sentido requerer judicialmente um valor estimativo e aleatório de *alimentos compensatórios* em troca da fruição isolada do patrimônio comum, salvo quando se trata dos alimentos compensatórios *humanitários*, que são originários do desequilíbrio econômico-financeiro suportado pelo consorte, o qual é inteira ou parcialmente dependente da riqueza adversa.

A expressa formulação processual dos alimentos compensatórios incidentes sobre as rendas auferidas sobre os bens comuns é fundada no direito que tem o cônjuge destituído da posse e da administração de sua meação patrimonial, quer recaia sobre imóveis alugados ou sobre lucros e dividendos de empresas comuns, cuja pretensão jurídica é balizada pela Lei 5.478/1968.

Importante considerar que os alimentos compensatórios *humanitários*, inspirados do direito estrangeiro, são fixados unicamente em função da acentuada queda do padrão de vida experimentado durante a vida conjugal, como antes descrito, em confronto com a situação financeira do outro consorte ou companheiro, para corrigir o desequilíbrio material provocado pela ruptura afetiva, deflagrando sua natureza jurídica *indenizatória*, diante do fato de outorgar ao consorte menos afortunado uma compensação pelas perdas enfrentadas durante um matrimônio em que um dos cônjuges deixou de investir em sua pessoal e profissional ascensão, pois se dedicou a cuidar dos filhos, da vivenda nupcial e do esposo e, muitas vezes, até

Cap. 3 • DOS ALIMENTOS COMPENSATÓRIOS | 155

de sua profissão, agravadas essas especificidades com a nada incomum eleição de um regime da separação convencional de bens.

Sobre a gênese desses alimentos compensatórios *humanitários,* Julio Cesar Garcia Ribeiro esclarece não serem alimentos voltados para atender à subsistência, mas que, em realidade, destinam-se à recomposição do equilíbrio econômico entre os ex-cônjuges e ex-conviventes, tanto que são passíveis de cumulatividade com os alimentos obrigacionais, não detendo nenhuma natureza alimentícia, mas carga de uma inarredável finalidade indenizatória.[22]

Por sua vez, os alimentos compensatórios *patrimoniais,* provenientes da posse e administração exclusiva dos bens comuns por um só dos cônjuges ou conviventes, guardam uma natureza jurídica *compensatória,* porque indenizam os danos causados pela fruição isolada dos bens comuns e pela perda dos rendimentos do cônjuge ou consorte alienado da administração e posse desses ingressos financeiros, pois, do contrário, haveria um enriquecimento injusto do consorte possuidor e administrador à custa do correspondente administrador, que embolsaria os lucros incidentes sobre a meação de seu consorte. Os alimentos compensatórios *patrimoniais,* como visto, não decorrem do fato de um dos cônjuges haver se dedicado aos filhos, ao cônjuge/convivente e às tarefas do domicílio conjugal, mas da circunstância de não ter acesso aos ingressos financeiros comuns, amargando, portanto, um prejuízo por não lhe serem repassados os rendimentos comuns e comunicáveis.

3.2.2. *A confusão entre alimentos compensatórios humanitários e patrimoniais e a pensão alimentícia*

Embora, inicialmente o Superior Tribunal de Justiça tenha se orientado corretamente acerca dos alimentos *compensatórios* humanitários, como pode ser conferido no REsp. 1.655.689/RJ,[23] é bastante frequente deparar com a confusão que fazem os julgados proferidos pelos mais diferentes tribunais regionais, e mesmo nas instâncias superiores nos julgados do STJ, quando constam de seus votos passagens como a desta ementa do Recurso em *Habeas Corpus* 117.996/RS: "Na hipótese dos autos, a obrigação alimentícia foi fixada, visando indenizar a ex-esposa do recorrente pelos frutos advindos do patrimônio comum do casal, que se encontra sob a administração do ora recorrente, [...]". Essa parte da ementa é própria dos chamados alimentos

---

[22] RIBEIRO, Julio Cesar Garcia. *Manual de direito da família.* Florianópolis: Habitus, 2021. p. 310-311.

[23] Neste REsp. 1.655.689/RJ, da Terceira Turma do STJ, datado de 12 de dezembro de 2017, o Ministro Paulo de Tarso Sanseverino escreveu em passagem de seu voto que: "Os alimentos compensatórios, ou prestação compensatória, não possui previsão expressa no ordenamento jurídico brasileiro, embora já reconhecidos há muito tempo pela legislação estrangeira (França, Áustria, Dinamarca, Reino Unido, Itália, El Salvador e Espanha). Doutrinariamente valho-me das lições de **Rolf Madaleno** ("Curso de Direito de Família". 4ª ed. Rio de Janeiro. Editora Forense. 2011, p.952) para melhor compreensão desse instituto: (...) Em síntese, conforme a construção doutrinária, a pensão compensatória busca restabelecer o desequilíbrio econômico gerados pelo divórcio, recompensando um dos cônjuges pelos eventuais prejuízos provenientes da ruptura da sociedade conjugal. Até o presente momento, o tema foi pouco enfrentado pelo Superior Tribunal de Justiça. Apreciando situações excepcionais, a 4ª Turma do STJ, por duas ocasiões, já teve a oportunidade de reconhecer a possibilidade de fixação de alimentos compensatórios. Apreciando caso emblemático, a 4ª Turma houve por bem manter os alimentos compensatórios fixados pelas instâncias ordinárias por entender ter havido uma grave injustiça na mudança abrupta do padrão de vida de um dos cônjuges que, por ter sido casada em **regime de separação total de bens**, ficaria completamente desprovida de bens e de meação após a dissolução do casamento.(....) Em julgado mais recente, ressaltando a excepcionalidade do primeiro precedente, cujo requisito indispensável seria justamente o fato de um dos cônjuges se ver, ao final da união, **desprovido de bens e de meação**, a 4ª Turma manifestou-se da seguinte maneira:"

compensatórios *patrimoniais*, eis que buscam compensar a fruição isolada pelo varão dos frutos ou rendas geradas pelos bens comuns que estão em sua posse exclusiva.

Contudo, a frase colhida da ementa desse citado Recurso em *Habeas Corpus* 117.996/RS, da Terceira Turma do STJ, datado de 2 de junho de 2020, prossegue nestes termos: "[...] bem como a fim de manter o padrão de vida da alimentanda, revelando-se ilegal a prisão do recorrente/alimentante, a demandar a suspensão do decreto prisional...".

Como se observa, a segunda parte do mesmo parágrafo da ementa sob comento faz alusão agora à queda do padrão de vida da alimentanda, fato inteiramente atinente aos alimentos compensatórios *humanitários*, porquanto neles a compensação econômica é simplesmente devida porque houve brusca queda do padrão de vida vivenciado pela alimentanda, que tem direito aos alimentos compensatórios para compensar a perda do padrão de vida, e não a posse exclusiva dos bens comuns, sendo notória a diferença entre as duas classes de alimentos compensatórios, em que um deles compensa a posse exclusiva dos bens rentáveis comuns e outra compensa a maior dedicação pela esposa ao marido, aos filhos e ao lar conjugal, em detrimento de seu crescimento pessoal e profissional, tendo pertinência esses alimentos compensatórios *humanitários,* inclusive, no regime da separação de bens.

O mesmo equívoco sucedeu na Apelação Cível 70.084.065.218, da Sétima Câmara Cível do Tribunal de Justiça do Rio Grande do Sul, ao constar da respectiva ementa, datada de 30 de setembro de 2020, a confusão feita entre a pensão alimentícia e os alimentos compensatórios *patrimoniais,* como se verifica pela leitura de dois trechos da respectiva ementa da relatoria da desembargadora Sandra Brisolara Medeiros, quando é essencial a compreensão de que alimentos compensatórios não se destinam à subsistência da pessoa, mas servem como um meio de evitar a súbita perda do padrão socioeconômico: "2. Os alimentos devem ser fixados em observância ao binômio necessidade-possibilidade, de forma a atender às necessidades básicas de quem os pleiteia e conforme as possibilidades de quem os alcança [...] 3. Considerando a natureza dos alimentos compensatórios, cuja finalidade é o restabelecimento do equilíbrio financeiro rompido com o término do casamento/união estável, em que um dos cônjuges/companheiros usufrui com exclusividade o patrimônio comum, que produz renda, frutos, caso em comento, pertinente a fixação em prol da virago, contudo, em menor extensão que a fixada na origem".

Não foi diferente no Agravo de Instrumento 70.078.458.965, da Sétima Câmara Cível do Tribunal de Justiça do Rio Grande do Sul, sendo relatora também a Desembargadora Sandra Brisolara Medeiros, em aresto datado de 31 de outubro de 2018, em cuja ementa está dito que: "A finalidade dos alimentos compensatórios é restabelecer o equilíbrio financeiro rompido com o término do casamento/união estável, em situações nas quais somente um dos cônjuges/companheiros permanece usufruindo o patrimônio comum, que produz frutos, renda, situação que está satisfatoriamente demonstrada nos autos pela parte agravante, assim como a extensão e rentabilidade desse patrimônio, razão pela qual deve ser retificada a decisão agravada para restabelecer o encargo compensatório provisório outrora fixado, embora em valor reduzido, tendo em vista o conjunto probatório até então reunido nos autos. Decisão agravada reformada. Agravo de instrumento parcialmente provido". Típicos alimentos compensatórios *patrimoniais* que em tudo divergem dos *humanitários* atinentes aos casais cuja relação foi estruturada em regime de separação obrigatório ou convencional de bens, ou cujos bens não geram quaisquer rendas ou rendas absolutamente irrisórias.

Igual tumulto pode ser verificado em trecho da Apelação Cível 5022575-88.2019.8.21.0001, da Sétima Câmara Cível do Tribunal de Justiça do Rio Grande do Sul, na qual o relator, juiz de direito Roberto Arriada Lorea, em regime de convocação para atuar no tribunal, escreve em

Cap. 3 • DOS ALIMENTOS COMPENSATÓRIOS | 157

seu voto datado de 30 de novembro de 2022 que:[24] "os alimentos compensatórios, com amparo no art. 4.º, parágrafo único, da Lei 5.478/1968, têm por objetivo equilibrar o padrão de vida do casal", quando essa é exatamente a função dos alimentos compensatórios *humanitários*, e não dos *patrimoniais*, eis que estes simplesmente evitam o enriquecimento indevido do consorte que se encontra na posse e administração exclusiva dos bens conjugais comuns e rentáveis. Tanto que o trecho realçado, na sequência, registra que, "compensando o desequilíbrio econômico causado pela repentina redução do padrão socioeconômico gerado pelo rompimento da relação de um dos cônjuges/companheiros". Esse texto ora destacado mais uma vez é exclusivamente atinente aos alimentos compensatórios *humanitários*, pois a súbita redução do padrão socioeconômico é decorrência usual de um regime de separação de bens, ou de comunicação de bens, que só gera despesas e não rendas, sucedendo de o cônjuge ou companheiro que se dedicou à família e aos filhos não ter renda própria ou de sua renda ser escassa e, com a ruptura repentina, vê-se em extremas dificuldades financeiras. De modo diferente ocorre com os alimentos compensatórios patrimoniais, em que apenas o consorte ou convivente meeiro não tem acesso momentâneo aos rendimentos proporcionados por sua meação incidente sobre bens rentáveis que estão na administração isolada do outro parceiro. Não é por outra razão que a terceira parte do trecho do voto ora recortado para efeitos didáticos continua se referindo que, "na hipótese de apenas um dos cônjuges/companheiros usufruir dos frutos advindos de negócios constituídos na constância do casamento/união estável ou de imóveis adquiridos neste período". Consolida-se, assim, a notória percepção de que os alimentos compensatórios dos tribunais brasileiros foram projetados apenas para relacionamentos afetivos em que existem bens comuns rentáveis, não havendo nenhuma previsão e aplicação jurisprudencial desses alimentos compensatórios para entidades familiares constituídas em regimes de separação convencional ou obrigatória de bens, ou nem sequer para aquelas relações afetivas nas quais os bens eventualmente comunicáveis não geraram bens rentáveis, ou para as hipóteses nas quais um dos consortes ou conviventes se dedicou mais às atividades domésticas, ao parceiro e aos filhos, e não se dedicou, ou se dedicou em menor medida, a seu crescimento profissional.

Idêntica confusão pode ser observada no Agravo de Instrumento 1.0000.21.039337-7/002 da Quinta Câmara Cível do Tribunal de Justiça do Estado de Minas Gerais, julgado em 17 de fevereiro de 2022, na relatoria do Desembargador Carlos Levenhagen, em que em um primeiro trecho da ementa aduz que: "Os alimentos compensatórios revestem-se de natureza indenizatória e visam recompor eventual desequilíbrio econômico-financeiro entre os conviventes, pela ruptura da união estável, indenizando o cônjuge afastado dos rendimentos e administração dos bens comuns, até que ocorra a partilha, tal como previsto no parágrafo único do art. 4.º da Lei 5.478/1968", sendo que somente com o REsp 1.954.452/SP, da relatoria do Ministro Marco Aurélio Bellizze, da 3ª Turma do STJ, datado de 13 de junho de 2023, foi que o Superior Tribunal de Justiça retomou os verdadeiros rumos que diferenciam as duas espécies de alimentos compensatórios que, no presente livro são distinguidos entre *humanitários* e *patrimoniais*.[25]

---

[24] Eis o trecho recortado *supra* reproduzido na íntegra: "Os alimentos compensatórios, com amparo no art. 4.º, parágrafo único, da Lei 5.478/1968, têm por objetivo equilibrar o padrão de vida do casal, compensando o desequilíbrio econômico causado pela repentina redução do padrão socioeconômico gerado pelo rompimento da relação a um dos cônjuges/companheiros, na hipótese de apenas um dos cônjuges/companheiros usufruir dos frutos advindos de negócios constituídos na constância do casamento/união estável ou de imóveis adquiridos neste período".

[25] "Agravo de instrumento. Ação de reconhecimento e dissolução de união estável. Nulidade. Fundamentação. Obrigação alimentar entre ex-conviventes. Alimentos compensatórios. Administração. Bens. Varão. Desequilíbrio econômico. Probabilidade do direito. Obrigação fixada. Observados os limites do pedido inicial

Logo, o propósito de recompor eventual desequilíbrio econômico-financeiro é típico e exclusivo dos alimentos compensatórios *humanitários*, em que sucedeu brusca queda do padrão de vida apenas em decorrência da ruptura do relacionamento conjugal, usualmente naquela modelagem de adoção do regime convencional ou obrigatório da separação de bens, mas no qual, em regra, o consorte se dedica ao lar, ao marido e aos filhos e nada investe ou investe muito pouco em sua ascensão profissional. Por sua vez, nos alimentos compensatórios patrimoniais existe um regime de comunidade de bens, e justamente são bens comuns que geram rendas, que se encontram sob a administração exclusiva de um dos cônjuges, privando o meeiro dessas rendas que, por direito de meação, a ele pertencem, tudo se desenvolvendo em notório enriquecimento injusto do cônjuge administrador.

Como ensina Judith Solé Resina, a pensão compensatória pretende evitar que o prejuízo que possa produzir a convivência isolada recaia somente sobre um dos cônjuges, e para isso é preciso ter em consideração o que ocorreu durante a vida matrimonial e, basicamente, a extensão da dedicação dada à família e a eventual colaboração com as atividades do outro cônjuge, o regime de bens a que se sujeitaram os consortes e que seja capaz de compensar determinados desequilíbrios, devendo a pensão compensatória se distinguir dos alimentos, pois a primeira não está baseada na concorrência da necessidade, senão que trata de solucionar o desequilíbrio decorrente da ruptura do casamento.[26]

A disparidade econômica entre ambas as partes será muito mais evidente se um deles possui bens e o outro não; se o marido, por exemplo, desenvolveu uma carreira profissional exitosa e ela não tem estudos, ou, se os tem, abafou seu crescimento pessoal e profissional em prol do marido e filhos, tendo se dedicado ao domicílio familiar que muitas vezes abriga uma família extensa que transcende ao casal e filhos, sem ingressos ou recursos próprios de pouca expressão, tampouco expectativas certas de ascender a um emprego. Portanto, os alimentos compensatórios podem ser estabelecidos independentemente de o credor ter recursos para a sua subsistência e que com eles tenha suas necessidades pessoais satisfeitas, devendo ser provado que o credor dos alimentos compensatórios sofreu uma piora em sua situação econômica ao tempo da ruptura conjugal em comparação com a posição financeira que desfrutava durante o matrimônio.

É como informa Herminia Campuzano Tomé ao pontuar que a obrigação de alimentos e a pensão por desequilíbrio econômico são instituições distintas que respondem a pressupostos e fundamentos diferentes. A primeira obedece a critérios de necessidade; nasce com o fim de prover o indispensável para atender às exigências vitais, tomando como base de outorgamento as demandas daquele que a solicita e os recursos do obrigado a entregar os alimentos. De forma distinta, a pensão encontra sua razão de ser no desequilíbrio econômico experimentado por

---

e atendidos os requisitos estabelecidos nos incisos I a III do art. 489 do CPC, rechaça-se a agitada nulidade da decisão recorrida. Os alimentos compensatórios revestem-se de natureza indenizatória e visam recompor eventual desequilíbrio econômico-financeiro entre os conviventes, pela ruptura da união estável, indenizando o cônjuge afastado dos rendimentos e administração dos bens comuns, até que ocorra a partilha, tal como previsto no parágrafo único do art. 4.º da Lei 5.478/1968. A extensão do termo final do encargo alimentar devido à convivente varoa, para a ultimação da partilha dos bens comuns, tem o condão de reconhecer que a impugnada pensão alimentar reveste-se, também, de feição compensatória – já que iria recompor eventual desequilíbrio econômico-financeiro entre os ex-conviventes, frente à ruptura da união estável, proporcionando condição financeira para prover o sustento próprio, até o implemento da referida condição resolutiva."

[26] RESINA, Judith Solé. Ni contigo ni sin ti: la difícil relación entre la pensión de viudedad y la pensión compensatoria. *In*: LASARTE, Carlos; CERVILLA, María Dolores (dir.). *Ordenación económica del matrimonio y de la crisis de pareja*. Valencia: Tirant lo Blanch, 2018. p. 619.

algum dos esposos como consequência da separação ou do divórcio. Tal desequilíbrio constitui um pressuposto mais amplo que a necessidade, enquanto destinado a cobrir não somente as necessidades vitais, senão também, e fundamentalmente, a restabelecer ou reparar o prejuízo econômico derivado da ruptura da vida conjugal.[27]

Tampouco na Alemanha é diferente, dispondo o artigo 1.569 do BGB que, somente em caso de não poder sufragar sua própria manutenção, o cônjuge poderá exigir do outro uma pensão alimentícia. Por conseguinte, os artigos seguintes (1.570 a 1.576 do BGB) contêm a tipificação daqueles pressupostos nos quais, por impossibilidade derivada do matrimônio de exercer uma ocupação remunerada, nasce o direito a perceber uma pensão alimentícia concorde com o nível de vida matrimonial.[28]

Por sua vez, os alimentos compensatórios *patrimoniais* intentam entregar à mulher, em regra, "uma parte da renda líquida dos imóveis comuns que se encontram alugados, que deve ser feita pelo marido, que é o administrador desses bens, como expressa o art. 233, II, do CC/1916, e não diretamente pelos respectivos locatários", como dizia o Ministro Antonio Neder, no Recurso Extraordinário 75.194/SP, julgado em 29.10.1974.[29]

Podem ser pontuadas algumas diferenças entre a pensão alimentícia, os alimentos compensatórios *humanitários* e os alimentos compensatórios *patrimoniais*:

Pensão alimentícia	Alimentos compensatórios *humanitários*
Garante a sobrevivência	Evitam o desequilíbrio econômico
Tem natureza alimentar	Têm natureza indenizatória
Pode atender o padrão socioeconômico	Comparam as riquezas
Cobre as necessidades vitais	Não dependem da prova de necessidade
Pode ser revista (CC, art. 1.699)	Não podem ser revistos para majorar Podem ser revistos para reduzir
Está atrelada à dependência financeira	Estão atrelados ao desequilíbrio financeiro
São prestações mensais	Podem ser de um valor único Podem ser pagos pela entrega de bens Podem ser pagos pela constituição de capital Podem ser pagos em prestações
O credor, em regra, não trabalha	Credor até pode trabalhar
Pode ser cumulada com a compensatória	Podem ser cumulados com alimentos
Pode ser pedida na separação de fato	Devem ser pedidos em razão do divórcio
Em tese é irrenunciável	Podem ser renunciados
Pode renunciar pensões atrasadas	Permitem renúncia prévia
Sofre atualização monetária	Sofrem atualização monetária
Autoriza a prisão civil	Proíbem a prisão civil
Pode pedir depois da separação	Caducam depois da separação

---

[27] TOMÉ, Herminia Campuzano. *La pensión por desequilibrio económico en los casos de separación y divorcio*. Barcelona: Bosch, 1994. p. 16-17.

[28] BAS, Ignacio Zabalza. *La prestación compensatoria en el derecho matrimonial alemán*. Barcelona: PPU, 1987. p. 39.

[29] BOMFIM, Edson Rocha. *A ação de alimentos no Supremo Tribunal Federal*. São Paulo: RT, 1982. p. 119.

Pensão alimentícia	Alimentos compensatórios *humanitários*
Era atrelada à culpa	Não se vinculam à culpa
Prescrição de dois anos (CC, art. 206, § 2.º)	Prescrevem em três anos (CC, art. 206, § 3.º, inc. V)
Extingue-se com novo matrimônio	Se extinguem por conta de outra relação

Fonte: elaborado pelo autor.

Alimentos compensatórios *patrimoniais*
Compensam a posse exclusiva dos bens rentáveis comuns por um dos meeiros
Têm natureza indenizatória
Não autorizam a prisão civil por seu caráter indenizatório
Evitam o enriquecimento sem causa
Devem ser requeridos em função do divórcio e da partilha dos bens comuns
Extinguem-se em regra com a partilha dos bens comuns rentáveis
Sofrem atualização monetária
Não se extinguem com a morte do meeiro se não realizada a partilha
Prescrevem em três anos (CC, art. 206, § 3.º, inc. IV)

Fonte: elaborado pelo autor.

3.2.3. Da restituição dos alimentos compensatórios

Os alimentos compensatórios em sua versão internacional compensam o menoscabo econômico sofrido por aquele cônjuge que não pôde realizar uma atividade remunerada ou lucrativa, ou a faz em menor medida do que queria e podia, pelo fato de ter se dedicado ao cuidado dos filhos, do cônjuge e dos labores próprios do domicílio familiar durante o matrimônio. Na legislação francesa, por seu turno, eles compensam o desequilíbrio de patrimônios, caracterizando as duas versões legais uma *indenização* para aqueles que empobreceram com o divórcio, por haver velado por seus filhos comuns, pelo consorte e pelos cuidados da casa, enriquecendo um dos esposos à custa do outro.

O enriquecimento sem causa provém de uma lesão injusta e suscita aos olhos legais e doutrinários uma verdadeira ação *in rem verso*, qual seja, uma espécie de restituição de bens ao cônjuge mais débil, por parte do outro que enriqueceu injustamente à custa do primeiro. Seus requisitos de configuração são: (i) o empobrecimento e o enriquecimento correlativos, sendo necessário que um patrimônio tenha enriquecido e que o outro tenha empobrecido, como resultado do mesmo acontecimento; (ii) ausência de culpa do empobrecido; (iii) ausência de interesse pessoal do empobrecido; (iv) falta de causa, vale dizer, falta de uma fonte de obrigação (contrato, delito).[30]

Não há qualquer dúvida de que os alimentos compensatórios podem implicar um *enriquecimento sem causa*, tanto do devedor deles como de parte dos destinatários dos alimentos

---

[30] ORTIZ, Pablo Omar Venegas; ALFARO, Andrés Alfonso Venegas. *La compensación económica en la nueva Ley de Matrimonio Civil*. Santiago de Chile: Editorial Jurídica de Chile, 2007. p. 22.

Cap. 3 · DOS ALIMENTOS COMPENSATÓRIOS | 161

compensatórios, quando deles não é claramente merecedor, mas mesmo assim se vale da ação judicial para obter um ganho alimentar mensal que pensa ser irrestituível e incompensável em virtude do caráter de ordem pública imposto pelo artigo 1.694 do Código Civil unicamente aos alimentos do direito de família.

Aquele que alega que alguém enriqueceu deverá provar esse enriquecimento e que foi injustificado, prescrevendo o artigo 884 do Código Civil brasileiro que "aquele que, sem justa causa, se enriquecer *à* custa de outrem, será obrigado a restituir o indevidamente auferido, feita a atualização dos valores monetários"; acrescentando o artigo 885 seguinte, que "a restituição é devida, não só quando não tenha havido causa que justifique o enriquecimento, mas também se esta deixou de existir". Complementa o artigo 886 do Código Civil de que "não caberá a restituição por enriquecimento, se a lei conferir ao lesado outros meios para se ressarcir do prejuízo sofrido".

Como mencionado *supra*, os alimentos compensatórios advindos do menoscabo econômico são o movimento processual criado pela lei estrangeira e pela jurisprudência e doutrina brasileiras para que o cônjuge ou convivente sejam ressarcidos diante da brusca queda de seu padrão de vida, sobrevindo o divórcio ou a dissolução de sua união estável. Caso a lei ou a jurisprudência estabeleçam a compensação econômica, não procede a ação *in rem verso* como meio de ressarcimento do cônjuge empobrecido (CC, art. 886), o que não significa dizer que o devedor que tenha empobrecido diante de uma injusta ou ilícita ação de alimentos compensatórios não possa obter sua restituição.

Diferentes da pensão alimentícia do artigo 1.694 do Código Civil, os alimentos compensatórios não se destinam à subsistência do alimentante, mas visam impedir o empobrecimento daquele que se dedicou aos cuidados dos filhos, ou dos labores domésticos, e que não pôde desenvolver atividade remunerada lucrativa, ou que, como na hipótese ventilada no presente parecer, objetivam recompensar a retenção, por um dos consortes ou conviventes, dos lucros auferidos pelos bens comuns que deveriam gerar renda para o casal.

Conforme Carlos Garrido Chacana, os alimentos compensatórios podem ser examinados à luz de diversas perspectivas: (i) a que os explica como uma instituição que consagra o rechaço ao enriquecimento sem causa, quando o trabalho de um consorte significa o enriquecimento injusto ou sem causa do outro; (ii) como indenização de um dano, que necessariamente não precisa ser ilícito, uma vez que a lei contempla hipóteses em que é perfeitamente possível que atividades lícitas gerem a necessidade de indenizar, como sucede com os alimentos compensatórios pagos pelo menoscabo econômico; (iii) como prestação ressarcitória dos alimentos indenizatórios nos casos de responsabilidade civil por morte ou perda e redução da capacidade de trabalho; e (iv) na sua versão tradicional e pura do direito de família, como um mero direito de alimentos do cônjuge ou companheiro necessitado, e mesmo nestes existe a relativização de sua irrepetibilidade.[31]

Importante assinalar que os alimentos compensatórios não equivalem nem se assemelham à pensão alimentícia, cujo escopo é o de cobrir as necessidades de um dos cônjuges depois do casamento e assegurar, assim, sua subsistência, senão o propósito de reparar o desequilíbrio econômico produzido pela dissolução do matrimônio. Portanto, o pleito alimentar não busca avaliar necessidades futuras de uma possível credora de alimentos do direito de família (CC, art. 1.694), tampouco trata de reivindicar típicos alimentos compensatórios devidos pelo sacrifício pessoal de haver se dedicado aos filhos, à casa e ao cônjuge durante o matrimônio. Pela rubrica de alimentos compensatórios, muitas vezes o promovente da ação intenta buscar o adiantamento dos

---

[31]   CHACANA, Carlos Garrido. *Compensación económica en término de matrimonio y acuerdo de unión civil*. Santiago de Chile: Metropolitana, 2017. p. 50.

lucros de sociedades profissionais, prestadoras de serviços, que eram e são sociedades *simples*, e não *empresárias*. Por serem meras prestadoras de serviços, não geram dividendos conjugais que possam ser judicialmente antecipados e taxados como lucros auferidos isoladamente pelo outro cônjuge, como prevê a Lei de Alimentos (Lei 5.478/1968).

É preciso insistir, fosse uma sociedade empresária, e não uma prestadora de serviços, seriam devidos dividendos usufruídos apenas por um dos consortes no curso do divórcio. No entanto, se esses lucros não se tornaram dividendos e mesmo assim, por ordem judicial, foram pagos ao cônjuge a título de alimentos compensatórios, obrigatoriamente precisam pelo menos ser compensados por ocasião da apuração dos haveres, ou antes, por meio de ação de repetição de indébito, sob pena de o credor receber duplamente os lucros vertidos em alimentos compensatórios.

Tratando-se de uma sociedade simples prestadora de serviços, como concluiu o ilustre desembargador relator, Dr. Stanley Braga, no Agravo de Instrumento 4018894-20.2017.8.24.0000, datado de 21 de novembro de 2017 e julgado pela Sexta Câmara de Direito Civil do Tribunal de Justiça de Santa Catarina, não existem bens comuns que produzam rendimentos, pois não há comunhão sobre os proventos do trabalho pessoal de cada cônjuge (CC, art. 1.659, VI). Portanto, todo e qualquer valor recebido pela ex-esposa a título de alimentos compensatórios das clínicas médicas deve ser restituído por não deter nenhum caráter assistencial próprio do instituto da pensão alimentícia; tampouco por se identificar com os alimentos compensatórios advindos do menoscabo econômico sofrido pelo cônjuge que se dedicou aos filhos e à casa; também não se identifica com os alimentos compensatórios decorrentes da administração de uma sociedade empresária que gera dividendos comuns, e sim com a sociedade simples que presta serviços profissionais que produzem incomunicáveis proventos do trabalho. Os valores pagos vinte e cinco meses para a ex-esposa do consulente trata-se de uma verba compensatória indevida, provinda do trabalho, e não de lucros ou dividendos empresariais, cuja verba não detinha qualquer natureza alimentar ou verdadeiramente indenizatória, mas tais pagamentos permitiram o injusto enriquecimento da ex-esposa do consulente, a qual se apresentou judicialmente, ao arrepio do artigo 1.659, VI, do Código Civil, como credora dos proventos dos salários do ex-marido.

Como pode ser depreendido do julgamento relatado pelo desembargador Stanley Braga, a recorrida buscava nos *alimentos compensatórios* compensar uma expectativa econômica sobre os rendimentos do ex-esposo, advindos de suas clínicas prestadoras de serviços, nas quais ele titula como sócio anestesista, imaginando se ver ressarcida de uma perda patrimonial sem nenhum caráter alimentar. Não buscava uma típica assistência alimentar, a qual, por sua natureza, seria irrepetível e incompensável, mas visou, conscientemente, a compensação de perdas que sabia, como advogada e professora universitária, que não estava sofrendo, tendo a plena consciência de que seu pleito judicial se tratava de uma pretensão jurídica vedada pelo artigo 1.659, VI, do Código Civil.

Era um pedido destituído de qualquer conotação alimentar que permitisse se escudar na *irrepetibilidade* ou *incompensabilidade* dos valores pagos e destituídos de qualquer conotação empresarial que possibilitasse cogitar de lucros ou dividendos empresariais que, por não serem proventos do trabalho, pudessem ser liquidados e compensados na apuração de haveres.

De duas uma, se, como concluiu com acerto o Tribunal de Justiça de Santa Catarina, o alimentante percebe nas clínicas médicas os rendimentos de seu trabalho de anestesista, estes são frutos de seu trabalho e, consequentemente, não se comunicam. Contudo, se tais rendimentos fossem retidos nas sociedades, por ocasião da apuração de haveres, terminariam remunerando duplamente a alimentada, que deles usufruiu como alimentos compensatórios e deles voltaria a usufruir na apuração de haveres de uma sociedade simples que aumentou seu capital social ao manter em caixa os lucros da atividade profissional personalíssima.

Cap. 3 · DOS ALIMENTOS COMPENSATÓRIOS | 163

Como se trata de proventos do trabalho, o Tribunal de Justiça de Santa Catarina concluiu que a ex-esposa deve restituir os valores indevidamente recebidos (CC, art. 1.659, VI),[32] e na mesma direção, como se trata de alimentos compensatórios, o Tribunal de Justiça do Rio Grande do Sul entendeu que sua execução provisória sujeita o credor exequente à prestação de caução idônea e suficiente pela exequente, caso pretenda adjudicar os bens penhorados,[33] exatamente porque se sujeita à sua inquestionável repetição. Entretanto, posteriormente, de forma surpreendente, em Embargos de Declaração n. 70085421493, julgados em 23 de fevereiro de 2022, o mesmo relator da Sétima Câmara Cível do TJRS, sendo as mesmas partes e o mesmo processo, concedeu efeitos infringentes e reverteu sua própria decisão anterior, dizendo que seu voto e o acórdão precedente havia sido lançado com base em premissas equivocadas, confundindo os alimentos compensatórios com pensão alimentícia e como a exequente já havia adjudicado os bens penhorados, não teria cabimento a determinação de prestação de caução idônea, que deveria ser dispensada pela aplicação das disposições dos artigos 520, § 4º e 521, inc. III, do CPC, que tratam, obviamente, de pensão alimentícia e não de alimentos compensatórios,[34] e sendo os alimentos compensatórios de caráter indenizatório e não alimentar, nenhuma premissa equivocada poderia permitir a consolidação da penhora em adjudicação e execução provisória que terminou se tornando definitiva, como se alimentos fossem e como se alimentos compensatórios não pudessem ser restituídos se verificado oportunamente que não eram devidos.

3.3. Alimentos compensatórios patrimoniais

Os alimentos compensatórios *patrimoniais* têm sua gênese exatamente no parágrafo único do artigo 4.º da Lei 5.478/1968 (Lei de Alimentos), ao dispor que, "se se tratar de alimentos provisórios pedidos pelo cônjuge, casado pelo regime da comunhão universal de bens, o juiz determinará igualmente que seja entregue ao credor, mensalmente, parte da renda líquida dos bens comuns, administrados pelo devedor". Logo, independentemente de haver sido

---

[32] "Apelação cível. Ação de repetição de indébito. Sentença de improcedência. Recurso do autor. Alimentos compensatórios arbitrados em favor da ex-esposa. Pleito de repetição da quantia paga. Possibilidade. Verba compensatória que não possui natureza alimentar, pois fixada em ação de divórcio, provisoriamente, com finalidade estritamente indenizatória. Posterior decisão em agravo de instrumento, confirmada em sentença de divórcio e partilha, que exonerou o apelante da obrigação, sob o fundamento de que se tratava de rendimentos profissionais não partilháveis. Dever de restituição, sob pena de enriquecimento ilícito. Determinação para que a demandada devolva o montante pago indevidamente pelo demandante, em dez parcelas mensais fixas. Sentença reformada. Necessidade de redistribuição dos ônus sucumbenciais. Recurso conhecido e provido" (TJSC, Apelação Cível 0305625-87.2018.8.24.0091, 6.ª Câmara de Direito Civil, Rel. Des. Stanley da Silva Braga, j. 03.08.2021).

[33] "Cumprimento provisório de sentença. Prosseguimento. Adjudicação de bens penhorados, necessidade de prestação de caução idônea pela exequente. 1. Tendo em mira que os alimentos compensatórios fixados em favor da ex-companheira foram mantidos, e que o alimentante está inadimplente, correta a decisão que deu prosseguimento ao cumprimento provisório de sentença. Inteligência do art. 520 do CPC. 2. Tendo em mira que pende de análise o recurso especial interposto pelo varão contra a decisão que indeferiu o seu pedido de substituição dos bens inicialmente constritos pelo imóvel da praia, é necessária a prestação de caução idônea e suficiente pela exequente, caso pretenda adjudicar os bens penhorados, incumbindo ao juízo de origem arbitrá-la. Recurso provido em parte." (TJRS. Sétima Câmara Cível. Agravo de Instrumento n.70084863331. Relator. Desembargador Sérgio Fernando Silva Vasconcellos Chaves. Julgado em 20 de outubro de 2021).

[34] "Embargos de declaração. Erro de fato. Premissa equivocada. Efeito infringente. Constatando-se existência de erro de fato no voto lançado, que conduziu a uma solução equivocada. Imperiosa sua correção, ainda que implique na concessão de efeito infringente. Já que resta alterado o resultado do julgamento. Embargos de declaração acolhidos."

estabelecida prévia ordem de pagamento de uma pensão alimentícia, o consorte ou companheiro que se encontra na administração isolada dos bens comuns, tanto no regime da comunhão universal como no regime da comunhão parcial ou no regime da participação final nos aquestos, e que detém a integralidade da renda líquida dos bens comuns, pode ser compelido a repassar parte da renda líquida para o consorte ou companheiro do qual está se separando.

Sucede ainda muita confusão entre a natureza jurídica dos alimentos compensatórios *humanitários*, estes provenientes da drástica queda do padrão de vida do consorte ou companheiro destinatário dos alimentos compensatórios, e os denominados alimentos compensatórios *patrimoniais*, estes originários da existência de bens comuns que geram renda, mas que se encontram sob a livre e unilateral administração do cônjuge ou companheiro judicialmente acionado, não existindo nessa hipótese qualquer exigência de grave alteração no padrão de vida de um cônjuge em detrimento do outro. Com efeito, trata-se de um pressuposto exclusivo dos alimentos compensatórios *humanitários*, cuja subjetividade deverá ser avaliada pelo julgador, ao passo que os alimentos compensatórios *patrimoniais* reclamam exclusivamente a existência de bens comuns rentáveis e que estejam sob a administração exclusiva do outro consorte ou convivente e nada mais.[35]

Entrementes, a confusão ocorre com frequência e há longo tempo,[36] como se o direito líquido e certo ao crédito proveniente das rendas dos bens comuns realmente necessitasse do pressuposto do *reequilíbrio financeiro* do outro cônjuge ou companheiro, quando é direito incontestável que está ao alcance indevido do consorte ou convivente administrador dos bens comuns, o qual está embolsando a renda líquida incidente sobre a meação do parceiro que não está na livre administração dos bens comunicáveis. não fazendo sentido, portanto, julgamento proferido no Tribunal de Justiça de Goiás, ao se reportar ao elemento fático do reequilíbrio financeiro da companheira que se viu afastada da administração dos bens comuns e em valor capaz de recompor o nível econômico em que vivia ao tempo da união. São evidentemente duas situações completamente distintas e que não têm como se misturar; a uma, porque os alimentos compensatórios *patrimoniais* simplesmente tiram das mãos do consorte administrador a renda líquida que pertence de direito ao outro cônjuge, ao passo que somente os alimentos compensatórios *humanitários*, usualmente aplicados em regimes de separação de bens, é que avaliam eventual queda brusca do padrão social e econômico, cujo critério é eminentemente subjetivo, para então conceder alimentos compensatórios destinados exatamente ao reequilíbrio do nível econômico vivenciado na constância do relacionamento. Trata-se, no âmbito dos alimentos

---

[35] "Agravo de instrumento. Ação de divórcio. Alimentos compensatórios. Desequilíbrio econômico-financeiro. Demonstração. Os alimentos compensatórios visam reduzir os efeitos do desequilíbrio econômico-financeiro entre o casal, quando uma das partes fica na administração exclusiva dos bens comuns ou quando há grave alteração no padrão de vida de um cônjuge em detrimento do outro. Demonstrada nos autos situação flagrantemente desvantajosa da autora em relação ao requerido, há que se fixar os alimentos compensatórios pleiteados no presente agravo de instrumento" (TJMG, Agravo de Instrumento 1.0000.21.197935-6/001, 6.ª Câmara Cível, Rel. Des. Edilson Olímpio, j. 14.12.2021).

[36] "Agravo de instrumento. Ação de divórcio. Alimentos compensatórios. Ex-mulher. Cabimento. Redução do valor anteriormente fixado no grau de origem. A finalidade dos alimentos compensatórios é restabelecer o equilíbrio financeiro rompido com o término do casamento/união estável, em situações nas quais somente um dos cônjuges/companheiros permanece usufruindo o patrimônio comum, que produz frutos, renda, situação que está satisfatoriamente demonstrada nos autos pela agravante, assim como a extensão e rentabilidade desse patrimônio, razão pela qual deve ser retificada a decisão agravada para restabelecer o encargo compensatório provisório outrora fixado, embora em valor reduzido, tendo em vista o conjunto probatório até então reunido nos autos. Decisão agravada reformada. Agravo de instrumento parcialmente provido" (TJRS, Agravo de Instrumento 70.078.458.965, 7.ª Câmara Cível, Rel. Des. Sandra Brisolara Medeiros, j. 31.10.2018).

Cap. 3 · DOS ALIMENTOS COMPENSATÓRIOS | 165

compensatórios *patrimoniais*, de um pressuposto objetivo e único, que é a circunstância de um dos cônjuges ou conviventes ter efetivo acesso à parcela da renda líquida gerada pela sua meação e incidente sobre os bens comuns, evitando que o percentual atrelado à sua meação fique em mãos de seu parceiro em flagrante enriquecimento injusto.[37]

Contudo, esses alimentos compensatórios *patrimoniais* não se confundem, com o direito sobre dividendos distribuídos pelas sociedades empresárias, nem mesmo sobre pró-labores pagos aos sócios que trabalham nas sociedades empresárias que se comunicam e nas quais um dos cônjuges exerce sua atividade como empresário.[38] Conforme Maria Berenice Dias e Felipe Matte Russomanno, a obrigação de dividir os frutos e rendimentos dos bens comuns é determinada pelo artigo 4.º, parágrafo único, da Lei 5.478/1968, e deixam claro não se tratar de verba de natureza alimentar, tampouco teria caráter de provisoriedade,[39] o que de início não confere, pois a divisão da renda líquida dos bens rentáveis comuns tem justamente um caráter nitidamente provisório, uma vez que dura enquanto não ocorre a liquidação dos bens comunicáveis com a efetivação da partilha desses bens comuns. Logo, diferente dos alimentos compensatórios *humanitários* que podem ou não ter caráter transitório, os alimentos compensatórios *patrimoniais* terão sempre vida útil condicionada, em regra, à realização da partilha dos bens comuns, mas uma coisa são frutos e outra são os rendimentos.

Frutos são os benefícios ou as vantagens obtidas, ainda que provenham de bens próprios, por surgirem da atividade de qualquer dos cônjuges em razão da comunidade de vidas, sendo alcançados os frutos naturais ou industriais, à medida que são separados ou colhidos, e os civis são adquiridos quando forem arrecadados ou cobrados. Os pendentes no momento da dissolução da relação afetiva, apesar de não terem sido recebidos, eles se mantêm dentro da massa comum porque dela não saíram, tornando-se frutos pendentes.[40] Frutos, produtos, benfeitorias, acessões e rendimentos perseguem o principal, são todos eles coisas acessórias, mas não são exatamente a mesma coisa, sabendo-se que os frutos são as utilidades que a coisa produz periodicamente, mantendo intacta a substância do bem, ao passo que *parte da renda líquida dos bens comuns*, ordenada pagar. Os rendimentos são os chamados rendimentos de capitais e os dividendos são os frutos civis, as prestações periódicas em dinheiro e, por sua

---

37 "Agravo regimental em agravo de instrumento. Ação de reconhecimento e dissolução de união estável. Alimentos compensatórios. Reequilíbrio financeiro da companheira sobreviva. Fixação da pensão em valor capaz de recompor o nível econômico em que vivia ao tempo da união. Ausência de fato novo. 1. Os alimentos compensatórios servem ao reequilíbrio econômico do companheiro que, após o fim da vida conjugal, ficou afastado da administração dos bens comuns, não tendo acesso aos seus frutos. 2. O valor da pensão compensatória deve ser suficiente para proporcionar ao consorte, um nível de vida semelhante àquele que tinha quando da constância da união. 3. Nega-se provimento ao agravo regimental quando este apenas renova a discussão ocorrida no recurso de agravo de instrumento, não tendo sido apresentado pela agravante fundamento novo a ensejar a alteração do entendimento anteriormente firmado. Recursos conhecidos e desprovidos" (TJGO, Agravo de Instrumento 448090-94.2013.8.09.0000, 4.ª Câmara Cível, Rel. Des. Sergio Mendonça de Araújo, j. 21.08.2014).

38 "Apelação cível. Divórcio. Partilha. Indenização pelo uso exclusivo do imóvel. Pagamento de verba indenizatória (impropriamente denominada de 'aluguel') é devida ao cônjuge que não usufruiu do bem comum ao casal, a título de indenização/compensação. [...] 2. Alimentos compensatórios. Como sócia da empresa, a autora tem direito a pró-labore, que pode ser questionado no âmbito do Direito Empresarial. Logo, não se cogita de alimentos compensatórios no âmbito desta demanda) [...]" (TJRS, Apelação Cível 70081827792, 8.ª Câmara Cível, Rel. Des. Luiz Felipe Brasil Santos, j. 12.9.2019).

39 DIAS, Maria Berenice; RUSSOMANNO, Felipe Matte. Alimentos compensatórios e divisão dos frutos e rendimentos dos bens comuns: não dá para confundir! *In*: ANAIS DO IX CONGRESSO DE DIREITO DE FAMÍLIA. *Famílias*: pluralidade e felicidade. Belo Horizonte: IBDFAM, 2014. p. 298.

40 MADALENO, Rolf; MADALENO, Ana Carolina Carpes; MADALENO, Rafael. *Fraude no direito de família e sucessões*. 2. ed. Rio de Janeiro: GEN/Forense, 2022. p. 30.

vez, acessão é tudo o que se incorpora natural ou artificialmente a uma coisa.[41] Acrescenta Carrazza que renda não é, juridicamente, o mesmo que *rendimento*. Este é qualquer ganho, isoladamente considerado; enquanto aquela é o excedente de riqueza alcançado num dado período de tempo, deduzidos os gastos necessários à sua obtenção e mantença.[42]

Dessarte, rendas e proventos têm a mesma acepção, mas destoam do conceito de frutos, de modo que alcançam dinheiro, remunerações, valores, quantias, recebidos de qualquer espécie, de qualquer origem, sem que derivem necessariamente do trabalho, do capital e da aposentadoria.[43] Se bem vistos, os alimentos compensatórios *patrimoniais* da Lei de Alimentos incidem exclusivamente sobre os rendimentos oriundos dos bens comuns, podendo, a rigor, ser reclamados os frutos, independentemente dos rendimentos sob o viés de *alimentos compensatórios*, tanto que, a despeito dos alimentos, o meeiro pode reivindicar que lhe sejam entregues direta ou indiretamente os rendimentos proporcionados pelos bens rentáveis que se encontrem sob a administração exclusiva do outro esposo, tanto que terminam os citados autores assim escrevendo: "[...] a divisão dos frutos e rendimentos de bens comuns, como o próprio nome indica, é devida pelo uso exclusivo de bens partilháveis que geram rendas (mas rendas têm uma concepção mais ampla), percebidas por apenas um dos seus titulares. Cabe, então, a entrega da metade da receita auferida àquele que foi alijado da posse do seu patrimônio. Já os compensatórios *humanitários* se justificam pela ausência de bens comuns e pela presença de patrimônio individual, que mesmo assim propiciou diferenciado padrão de vida à família".[44]

Os alimentos compensatórios *patrimoniais* devem ser sobre a renda líquida, visto que os bens comuns rentáveis geram, obviamente, custos que precisam ser abatidos, por exemplo, imóveis de propriedade do casal e que estão alugados. Além de suscitarem ganhos financeiros, ocasionam despesas para sua manutenção, imprescindível para os fins de sua locação, impostos e custos outros de responsabilidade dos proprietários, e não dos inquilinos, não podendo, portanto, ser ordenada a entrega da renda bruta, embora a legislação específica faça referência à *parte* dessa renda líquida, e não à sua totalidade. A confusão se mostra evidente, uma vez que ambos são alimentos compensatórios, sendo *patrimoniais* aqueles originados da posse exclusiva dos bens comuns (Lei de Alimentos) e *humanitários* são aqueles alimentos estabelecidos em regra, diante da ausência de bens comuns, ainda que não necessariamente, devendo ser apurada a causa relativa à súbita e brusca queda do padrão de vida do credor dos alimentos compensatórios.

Conforme Yussef Said Cahali, esse dispositivo contido na Lei de Alimentos continua vigendo depois da promulgação do Código Civil, ainda que nele sua redação não tenha sido reproduzida, pois trata-se de dispositivo atrelado a um diploma legal que disciplina o processo da ação especial de alimentos.[45] Citando Silvio Rodrigues, Cahali informa que a hipótese principal, contemplada no texto legal, é a do litígio entre marido e mulher, simplesmente designados como cônjuges ou companheiros na atualidade, comportando relações hetero ou

---

[41] MADALENO, Rolf; MADALENO, Ana Carolina Carpes; MADALENO, Rafael. *Fraude no direito de família e sucessões.* 2. ed. Rio de Janeiro: GEN/Forense, 2022. p. 31.

[42] CARRAZZA, Roque Antonio. *Imposto sobre a renda* (perfil constitucional e temas específicos). 3. ed. São Paulo: Malheiros, 2009. p. 39.

[43] CARRAZZA, Roque Antonio. *Imposto sobre a renda* (perfil constitucional e temas específicos). 3. ed. São Paulo: Malheiros, 2009. p. 58.

[44] DIAS, Maria Berenice; RUSSOMANNO, Felipe Matte. Alimentos compensatórios e divisão dos frutos e rendimentos dos bens comuns: não dá para confundir! *In*: ANAIS DO IX CONGRESSO DE DIREITO DE FAMÍLIA. *Famílias*: pluralidade e felicidade. Belo Horizonte: IBDFAM, 2014. p. 305.

[45] CAHALI, Yussef Said. *Dos alimentos.* 4. ed. São Paulo: RT, 2003. p. 489.

homoafetivas, em que um deles, por fora do regime de bens (comunhão parcial, universal ou participação final nos aquestos), administra o patrimônio comum, não sendo, no passado, nada infrequente o varão procrastinar o desfecho do litígio para assim desfrutar a renda dos imóveis comuns, e até mesmo de sociedades empresárias comunicáveis. Dessarte, havendo sido condenado a uma pensão alimentícia razoável, convinha-lhe manter tal situação o mais longamente possível,[46] não raras vezes pagando a pensão alimentícia apenas com parte das rendas comuns, as quais por metade e por direito pertenciam ao outro parceiro. São rendas que não se confundem com os alimentos, nem são rendas oriundas do salário, vencimento ou outros frutos diretos do trabalho do devedor, mas se trata de rendas retiradas como frutos civis, naturais ou industriais e que defluem dos bens comuns, ficando claro que não são rendas provenientes das atividades do esposo provedor, mas que correspondem à renda dos imóveis ou empresas pertencentes a ambos os consortes ou companheiros e que são devidas enquanto não realizada a partilha desse acervo comum e comunicável.

Yussef Said Cahali, citando Edson Rocha Bomfim, ressalta que, "apesar do princípio da comunicabilidade, o legislador não se refere à metade, mas à *parte* dos rendimentos líquidos dos bens comuns, administrados pelo devedor, certamente prevendo a necessidade do exame das circunstâncias de cada caso concreto".[47] Entendem-se nessa averiguação casuística os aspectos e características individuais de cada renda, que pode existir ou não, estando os imóveis em locação ou não, bem como levando em consideração os custos de manutenção, administração, conservação e tributação incidente sobre as rendas auferidas sobre os bens comunicáveis, e atentando-se inclusive para a hipótese de que os bens comunicáveis podem ter uma forma patrimonial esquálida.

Com referência aos regimes patrimoniais, suscita Carlos Garrido Chacana que se cria uma espécie de direito de crédito gerado logo depois de terminado o respectivo regime. Sabe-se que na doutrina e jurisprudências brasileiras esse regime de comunicação de bens termina no exato momento em que se dá a separação de fato ou de corpos dos cônjuges ou conviventes, independentemente da posterior realização e oficialização do divórcio ou da dissolução judicial ou extrajudicial dos consortes e companheiros.[48] Esse crédito não guarda nenhuma correlação com os alimentos compensatórios do direito chileno, espanhol, francês, argentino e demais legislações alienígenas, tendo em conta que o preceito originário no ordenamento brasileiro do parágrafo único do artigo 4.º da Lei 5.478/1968 visa unicamente evitar o enriquecimento indevido, sem nenhum caráter de indenização, que é próprio da natureza dos alimentos compensatórios *humanitários*. Esse provimento alimentar incidente sobre a renda líquida dos bens comuns busca apenas sanar o prejuízo provocado pela posse e o embolso exclusivo por um dos parceiros afetivos de bens comuns rentáveis.

Conforme ainda Yussef Said Cahali, na aplicação do parágrafo único do artigo 4.º da Lei de Alimentos, "devem ser observados alguns critérios: *a)* na aferição da renda líquida partilhável, como é óbvio, deverão ser cumpridamente deduzidas todas as despesas que o comunheiro-varão tiver tido na administração dos bens comuns: *b)* na fixação dos alimentos provisórios a serem acrescentados à parte da reclamante deve ser rigorosamente examinada a repercussão desse acréscimo na aferição da necessidade da alimentada e da remanescente capacidade econômica do marido.[49]

---

[46] CAHALI, Yussef Said. *Dos alimentos*. 4. ed. São Paulo: RT, 2003. p. 490.
[47] CAHALI, Yussef Said. *Dos alimentos*. 4. ed. São Paulo: RT, 2003. p. 491.
[48] CHACANA, Carlos Garrido. *Compensación económica en término de matrimonio y acuerdo de unión civil*. Santiago de Chile: Metropolitana, 2017. p. 77.
[49] CAHALI, Yussef Said. *Dos alimentos*. 4. ed. São Paulo: RT, 2003. p. 491.

Entretanto, na experiência processual brasileira, os alimentos compensatórios *patrimoniais* nunca levam realmente em consideração as rendas efetivamente percebidas pela exploração econômica dos bens comuns e partilháveis, uma vez que nem sempre se trata de uma mera operação aritmética que compute os ingressos líquidos percebidos pelos bens conjugais, mesmo quando se trata exclusivamente da percepção de aluguéis, tendo em com conta que dos aluguéis mensais precisariam ser abatidos os custos mensais provenientes de equações comuns relacionadas às despesas, como as comissões da imobiliária encarregada de administrar a locação, acrescidos de valores devidos a título da tributação incidente sobre rendimentos pessoais, além das despesas extraordinárias de condomínio e de todos os custos presentes quando os imóveis não estão alugados. Essa é outra dificuldade adicional de que nem sempre os bens comuns estão gerando renda, pois amiúde pode produzir apenas custos, dado que seria necessário aferir o montante efetivo da renda líquida partilhável, deduzindo pontualmente as despesas suportadas pelo consorte ou companheiro administrador, o qual se encontra na posse dos bens comuns.

Dessarte, costuma ser da prática forense o arbitramento aleatório dos alimentos compensatórios *patrimoniais*, que estão longe de representar a aferição fiel dos rendimentos líquidos, cujo cálculo até poderia ser mais fácil se os rendimentos comunicáveis fossem apenas oriundos de contratos locativos. No entanto, geralmente não se restringem às locações e abrangem outras fontes como colheitas e dividendos, sendo mais corrente a existência de outra importante classe de bens, como sociedades empresárias que originam outra sorte de rendimentos, como dividendos que podem ou não ser distribuídos pelas empresas, ou se trata de lucros que são simplesmente reinvestidos por deliberações assembleares, não gerando dividendos, cujas decisões são usualmente tomadas sob o comando do consorte ou companheiro, sócio majoritário e que enfrenta processo de divórcio ou de dissolução de sua união estável e não tem nenhuma propensão de pagar dividendos que terminariam nas mãos de seu desafeto conjugal.

Mauricio Luis Mizrahi escreve que a determinação da cifra concreta de uma compensação econômica, ou dos alimentos compensatórios, gera uma grande insegurança aos litigantes, porque joga uma carga enorme de subjetivismo do julgador, não podendo ser descartado que, em circunstâncias muito semelhantes, os montantes dos alimentos podem diferir de modo significativo, conforme seja o juiz ou o tribunal ao qual toca decidir, mas cuja situação pode ser evitada, com grande benefício para os jurisdicionados, conquanto tenham as partes uma maior informação sobre o possível resultado dos pleitos que se estabelecem. Ademais, essas questões nem sempre são resolvidas com o emprego de uma fórmula matemática, dando-se conta o decisor de que muitas vezes a realidade supera esses cálculos pela complexidade que apresenta o caso, de modo que o princípio do devido processo legal e a preservação da segurança jurídica impõem, ao menos, que o julgamento brinde uma explicação sobre bases objetivas,[50] porquanto, se o juiz se aprofunda um pouco mais no assunto, resultará que seu pronunciamento vai avaliar mais acertadamente a realidade de cada caso em concreto, como deveria suceder sempre nos processos de alimentos compensatórios *patrimoniais* incidentes sobre as rendas líquidas comunicáveis, eis que evitaria valores aleatórios judicialmente arbitrados na falta de informações concretas e seguras sobre o montante líquido da renda mensal produzida pelo patrimônio conjugal comunicável.

Dissolvida a qualquer título a sociedade conjugal ou a estável convivência e feita a partilha, cada qual dos cônjuges ou companheiros assume a administração dos bens que lhe

---

[50] MIZRAHI, Mauricio Luis. *Divorcio, alimentos y compensación económica*. Buenos Aires: Astrea, 2018. p. 174-175.

foram atribuídos e só então o dispositivo da legislação dos alimentos deixa de justificar sua aplicação.[51]

Tratando-se unicamente de rendas conjugais provenientes de aluguéis, nada impede que o juiz ordene e defira ao consorte despojado da posse direta ou indireta dos bens comuns rentáveis o direito de receber, diretamente dos locatários ou da imobiliária que administra as locações, a metade líquida dos aluguéis dos prédios ou imóveis pertencentes ao casal, não cometendo que seja repassada a metade da renda bruta, pois seria injusto e inadequado que ao consorte possuidor e administrador dos bens comuns coubesse pagar os impostos, inclusive o imposto de renda, as despesas de conservação e de manutenção dos imóveis alugados, custos da imobiliária que se encontra na administração oficial dos bens comuns. Se assim fosse permitido, esse consorte ou companheiro estaria recebendo mais da metade da renda líquida, parecendo a Silvio Rodrigues, citado por Yussef Said Cahali, que a melhor solução seria a de continuar o marido recebendo os aluguéis, com a obrigação mensal de prestar contas e entregar ao consorte sua parcela na renda líquida.[52]

Os alimentos compensatórios patrimoniais não têm assento na realidade jurídica estrangeira, que os identifica sob um olhar completamente diverso e com nascente em uma reparação financeira por prejuízos sofridos durante o matrimônio ou a união estável, e não com origem no dever mútuo de socorro ou de solidariedade pela dependência financeira do cônjuge ou companheiro que não trabalhou nem tem rendas pessoais, até porque os alimentos compensatórios se diferenciam da pensão alimentícia cujo propósito é o de suprir eventual estado de indigência de um dos consortes ou conviventes.

É bastante comum no direito alienígena em regime de bens comunicáveis que os alimentos compensatórios sejam devidos até a liquidação oficial dos bens comuns, a partir de cujo momento é havido como extinto o desequilíbrio entre os cônjuges, embora existam jurisprudência e doutrinas que não compreendem que o desequilíbrio desapareça automaticamente com a partilha dos bens e, portanto, estimam que o direito aos alimentos compensatórios subsista mesmo depois da partilha. E assim deve ser, porque os alimentos compensatórios *patrimoniais* do direito brasileiro (Lei 5.478/1968, art. 4.º, parágrafo único) consideram a existência de bens comuns geradores de renda, bens que representem ingressos financeiros pertencentes ao casal, mas que estão sendo usufruídos exclusivamente por somente um dos consortes, ao passo que a existência de um regime de comunicação de bens não basta para suspender o direito de o credor receber parte dessa renda líquida do acervo de bens comuns, eis que amiúde os bens comuns podem estar representados exclusivamente por imóveis que apenas geram despesas para sua conservação.

Os alimentos compensatórios patrimoniais ressuscitados pela jurisprudência nacional têm sua origem nos exatos termos colhidos do parágrafo único do artigo 4.º da Lei de Alimentos (Lei 5.478/1968) ao estabelecer que, "se se tratar de alimentos provisórios pedidos pelo cônjuge, casado pelo regime da comunhão universal de bens, o juiz determinará igualmente que seja entregue ao credor, mensalmente, parte da renda líquida dos bens comuns, administrados pelo devedor".

Como deflui com toda a clareza do respectivo artigo 4.º da Lei de Alimentos, ao despachar o pedido, o juiz fixará desde logo alimentos provisórios a serem pagos pelo devedor, o que respeita à ação de alimentos por necessidade de subsistência e, prevalecendo o regime da comunhão universal de bens, que era o regime legal de casamento ao tempo da edição da Lei

---

[51] CAHALI, Yussef Said. *Dos alimentos*. 4. ed. São Paulo: RT, 2003. p. 492.

[52] CAHALI, Yussef Said. *Dos alimentos*. 4. ed. São Paulo: RT, 2003. p. 493.

5.478/1968, de forma concomitante, estando um dos consortes na administração dos bens comuns, recebe também, mensalmente, parte da renda líquida dos bens comuns administrados pelo devedor. Comentando o respectivo dispositivo legal, aduz Paulo Lúcio Nogueira que, "além dos alimentos provisórios devidos, não se pode olvidar o disposto no parágrafo único do art. 4.º, que prevê ainda uma parte da renda líquida dos bens comuns, quando o casamento for pelo regime de comunhão universal de bens e estes forem administrados pelo marido".[53] Entretanto, qual o percentual que deveria ser entregue à mulher casada pelo regime da comunhão universal de bens, quando nada inclusive justificava que o mesmo direito de titular as rendas conjugais é critério que deveria igualmente ser aplicado à mulher casada pelo regime da comunhão parcial de bens, ou sob qualquer regime matrimonial que consignasse a existência de bens rentáveis comuns? Nessa linha de pensamento se pronuncia Lourenço Mário Prunes, ao citar Amaral Gurgel, que defende que a regra da entrega de parte da renda líquida pudesse ser aplicada a qualquer regime de bens, como na realidade contemporânea tem sido aplicada, e em qualquer direção, e não só do marido, devendo alimentos compensatórios para a esposa, pois que essa e cada vez mais nova realidade é encontrada entre os casais atuais, em que a mulher possui bens próprios advindos de seu trabalho ou oriundos de doações ou herança, ainda que averbados com a cláusula de incomunicabilidade dos bens. Afiança Lourenço Mário Prunes que o marido também tem direito aos alimentos compensatórios.[54]

Calha considerar, ao menos para efeito de reflexão, que, em princípio, os frutos dos bens particulares se comunicam na constância do casamento[55] e, no século passado, a partir do ano de 1968, quando da publicação da Lei de Alimentos, até que em 1988 foi promulgada a vigente Carta Política, era firme a interpretação doutrinária e jurisprudencial que considerava como constância do casamento a existência formal do matrimônio, ao menos enquanto não fosse oficialmente dissolvida a relação conjugal, mesmo diante da circunstancial ocorrência de uma separação de fato presente entre o casal, porquanto a simples separação de fato dos cônjuges, unilateral ou convencionada, não tinha o condão de dissolver a sociedade conjugal, uma vez que remanescia íntegro o vínculo que resulta do casamento.[56]

Embora a meação patrimonial permita concluir que o ideal da renda a ser entregue à esposa fosse o correspondente à metade dos rendimentos mensais dos bens comuns, por primeiro seria preciso apurar a renda líquida, livre das despesas de conservação dos bens e dos tributos, para só assim poder ser encontrado o montante efetivamente líquido.

Regramento próprio daqueles tempos em que a esposa, em sua quase generalidade, não exercia qualquer trabalho remunerado fora de casa e todos os bens ficavam sob a inteira e livre administração do esposo, em particular os bens geradores de ganhos, como empresas e imóveis postos em locação. Concluiu a jurisprudência contemporânea que, após o *desquite*, a mulher tinha direito a uma parte do rendimento, cujo percentual não representava obrigatoriamente a metade dos lucros líquidos dos bens comuns, indicando outra jurisprudência que deveriam representar ao menos um terço da renda líquida se o marido trabalhasse na empresa.

Arnaldo Marmitt alerta para a circunstância de que nem sempre ocorria essa cumulação da pensão alimentícia com a entrega mensal de parte da renda líquida dos bens comuns, dependendo sempre do caso concreto, na medida em que, existindo vultosos rendimentos, estes bastariam para assegurar o amplo sustento da esposa, dispensando-se a pensão alimentícia

---

[53] NOGUEIRA. Paulo Lúcio. *Alimentos, divórcio, separação*. Doutrina e jurisprudência. 3. ed. São Paulo: Saraiva, 1987. p. 14.
[54] PRUNES, Lourenço Mario. *Ações de alimentos*. 2. ed. São Paulo: Sugestões Literárias, 1978. p. 149.
[55] Artigo 1.660, inciso V, do Código Civil de 2002 e artigo 271, inciso V, do Código Civil de 1916.
[56] CAHALI, Yussef Said. *Dos alimentos*. 6. ed. São Paulo: RT, 2009. p. 184.

adicional do cônjuge mulher.[57] Por exemplo, se o casal que ainda não promoveu a partilha dos bens comuns que seguem sob a administração exclusiva do varão, nada impede que a esposa, que até pode exercer qualquer atividade laboral remunerada e, portanto, não necessita de pensão alimentícia, pode simplesmente requerer o pagamento mensal de alimentos atinentes à parcela da renda líquida dos bens comuns que se encontram sob a posse e a administração do marido, visto que esses compensatórios não têm nenhuma finalidade alimentar, e sim de reparação ou equalização dos rendimentos que são comuns e por isso devem ser destinados a ambos os consortes ou companheiros.

Também pode suceder de a mulher não possuir nenhuma renda própria e nem por isso ser credora de pensão alimentícia, tendo em vista que os rendimentos auferidos com os bens comuns são suficientes para a sua integral e digna subsistência. Há, contudo, o cuidado de apurar se o cônjuge que está na administração dos bens não termina sendo francamente favorecido diante da diferença que ainda resta em seu favor, por conta do montante judicialmente fixado a título de alimentos compensatórios, porquanto, se os bens comuns geram uma renda mensal, exemplificativa, de cem mil reais e os alimentos compensatórios mensais da esposa foram arbitrados em vinte mil reais, o cônjuge ou companheiro administrador ainda retém oitenta mil reais mensais, dos quais, trinta mil reais pertencem a seu consorte ou companheiro meeiro, mas que se perderam diante da baixa ou aleatória fixação judicial dos alimentos compensatórios. Nesse sentido, é fundamental a prévia quantificação das rendas líquidas comuns, para que, de posse dos números reais, o pedido de alimentos compensatórios seja em quantidade equivalente à meação líquida das rendas do requerente dos alimentos compensatórios.

Complementa Arnaldo Marmitt dizendo ser objetivo do dispositivo legal evitar injustiças para quem está fora da administração do patrimônio, ou que o administrador não desfrute sozinho dos rendimentos comuns, por longo tempo, mediante a procrastinação no desfecho do processo de divórcio, lembrando que era comum o varão permanecer na administração do patrimônio, postergando o desfecho do litígio e valendo-se de todos os recursos capazes de procrastinar a partilha dos bens, dilatando o encerramento da causa mediante tolas e perpétuas discussões usualmente vinculadas à pesquisa de uma suposta culpa e uma decantada inocência e que permitia ao administrador dos bens usufruir das rendas comuns vertidas dos bens conjugais.[58]

Com o passar do tempo, sobrevindo a Lei do Divórcio (Lei 6.515/1977) e, posteriormente, o atual Código Civil brasileiro (Lei 10.406/2002), a legislação alimentícia foi perdendo seu protagonismo perante muitos juízos que deixaram de se valer de seu rito sumário e passaram a ordinarizar as ações de alimentos. Mesmo entre aqueles juízes e tribunais que mantiveram presente a adoção do rito da Lei 5.478/1968, é fato incontroverso que o parágrafo único de seu artigo 4.º foi gradativamente perdendo sua importância no cenário processual, citando Sérgio Gischkow Pereira que esse importantíssimo artigo nem sempre é lembrado pelos profissionais do direito e que alguns confundem essa verba com os alimentos provisórios, embora tenha natureza distinta e não se confunde com os alimentos. É igualmente induvidoso que as duas verbas podem ser cumulativamente solicitadas, e recomenda que a renda líquida dos bens comuns deva ser judicialmente apurada, lembrando que, tratando-se de renda oriunda da locação de imóveis comuns, é fácil reunir a metade líquida, porém a dificuldade surge quando os ingressos são indeterminados.[59]

---

[57]   MARMITT, Arnaldo. *Pensão alimentícia*. Rio de Janeiro: Aide, 1993. p. 45.
[58]   MARMITT, Arnaldo. *Pensão alimentícia*. Rio de Janeiro: Aide, 1993. p. 45.
[59]   PEREIRA, Sérgio Gischkow. *Ação de alimentos*. 4. ed. Porto Alegre: Livraria do Advogado, 2007. p. 81-82.

Enfim, com o desenvolvimento doutrinário dos alimentos compensatórios humanitários, os julgadores passaram a se recordar do adormecido artigo 4.º, parágrafo único, da Lei 5.478/1968, iniciando seus julgados com o provimento dos denominados *alimentos compensatórios*, porém em sua versão ressuscitada da esquecida legislação alimentar, que passou a ser aplicada para matrimônios e uniões estáveis de qualquer regime de comunicação de bens, e não apenas, conforme o texto original, para os enlaces titulados pela comunhão universal.

Um sem-número de julgados de todos os tribunais brasileiros passou a reconhecer o direito aos *alimentos compensatórios patrimoniais*, e disso é exemplo o Agravo de Instrumento 5132212-55.2021.8.21.7000, da Sétima Câmara Cível do TJRS, julgado em 26 de novembro de 2021, em cujo voto consta a seguinte passagem: "Com efeito, os alimentos compensatórios, com amparo no art. 4.º, parágrafo único, da Lei 5.478/1968, têm por objetivo equilibrar o padrão de vida do casal, compensando o desequilíbrio econômico causado pela repentina redução do padrão socioeconômico gerado pelo rompimento da relação a um dos cônjuges/companheiros, na hipótese de apenas um dos cônjuges/companheiros usufruir dos frutos advindos de negócios constituídos na constância do casamento/união estável ou de imóveis adquiridos neste período".

Em verdade, a decisão mistura os diferentes conceitos que deitam sobre os alimentos compensatórios *humanitários*, aos quais respeita a primeira parte do julgado anteriormente reproduzido, uma vez que foram previstos justamente para compensar o desequilíbrio surgido em desfavor de um dos consortes em razão da súbita separação e divórcio ou dissolução da união estável de um casal, independentemente da existência de bens, bem como em virtude da inexistência de bens comuns e comunicáveis, que até podem existir, mas que nem sempre se trata de bens que conferem rendas. É muito curial que casais possuam bens que gerem unicamente despesas, como a moradia familiar e alguma residência na praia ou uma casa de campo. Também se incluem nessa categoria pares afetivos que optaram por um regime convencional de separação de bens, ou quando esse regime foi a eles imposto por força do artigo 1.641 do Código Civil, pois o que importa, ao fim e ao cabo, é a percepção de um dos membros da relação afetiva que se viu em piores condições sociais e econômicas em comparação ao tempo da união e coabitação do casal.

E justamente a segunda parte do trecho descrito é atinente exclusivamente aos *alimentos compensatórios patrimoniais*, estes, sim, originários da reativação do artigo 4.º, parágrafo único, da Lei de Alimentos, modalidade na qual os alimentos compensatórios são deferidos em razão da administração isolada dos bens comuns rentáveis que se encontram com o outro cônjuge ou companheiro, sejam imóveis destinados à locação, como qualquer exploração econômica de uma sociedade empresária, não de uma sociedade simples, a qual apresenta enorme diferença, pois não gera frutos comuns por ser escorada exclusivamente na atividade profissional personalíssima do consorte ou convivente que presta seus serviços pessoais e não pode ser tributado com alimentos compensatórios incidentes sobre seu labor profissional. Este não tem a mesma origem dos lucros das instituições empresariais e dos dividendos que elas pagam, uma vez que honorários ou estipêndios alcançados por serviços prestados em caráter personalíssimo pelas sociedades simples não se confundem com os dividendos distribuídos pelas sociedades empresárias. Em outras palavras, uma vez que alimentos compensatórios patrimoniais são provenientes dos frutos oriundos do patrimônio comum do casal e não são frutos oriundos do trabalho pessoal de um dos cônjuges ou conviventes, eles não refletem o futuro pagamento das quotas sociais de qualquer sociedade empresária ou simples, e sim, e com exclusividade, os dividendos que devem ser distribuídos a partir dos lucros de uma empresa, e estes não se confundem nem podem ser equiparados aos proventos, salários ou honorários recebidos pelo cônjuge ou companheiro que administra uma sociedade simples como mera prestadora de serviços.

3.3.1. *A posse exclusiva dos bens comuns rentáveis*

Importa considerar, no âmbito do direito de família, que detém a posse dos bens conjugais comuns aquele que tem de fato o poder sobre a coisa, não interessando para este trabalho maiores tergiversações acerca dos mais aprofundados conceitos sobre a posse e sem que ela tenha o *status* de direito real, goza de eficácia jurídica em favor daquele que pode invocá-la, trazendo vantagem para quem mantém a posse em sua esfera de domínio. O Código Civil classifica a posse descrevendo ser possuidor todo aquele que tem de fato o exercício, pleno ou não, de algum dos poderes inerentes à propriedade (CC, art. 1.196).

Tupinambá Nascimento vê na posse o poder que a pessoa tem, no momento que queira, de assumir a apreensão física da coisa, e a posse pode perfeitamente estar destituída da propriedade, como também estas podem estar vinculadas. É fato curial de a posse ser, no mais das vezes, exercida pelo proprietário, mas em sua caracterização mais tradicional; o elemento material da posse decorre da disponibilidade que se tenha, e a qualquer tempo, sobre a coisa.[60]

Prescreve o artigo 1.223 do Código Civil que a posse é perdida quando cessa, embora contra a vontade do possuidor, o poder sobre o bem, seja em face da impossibilidade do exercício do direito, seja diante do não exercício do direito por tempo suficiente para que prescreva.[61] No casamento e ao tempo do regramento da codificação civil de 1916, cometiam ao marido a posse e a administração dos bens comuns e também sobre os bens particulares da esposa. Embora na constância da sociedade conjugal os esposos tivessem em comum a posse e a propriedade de todos os bens que ingressam na comunhão, lembrando que até 1977 o regime legal de bens era o da comunhão universal, era ao marido que competia a administração dos bens e a esposa somente os administraria por autorização do esposo ou nos casos especiais.

Dizia Pontes de Miranda que, a despeito do artigo 6.º, inciso II, do Código Civil de 1916, ainda antes da Estatuto da Mulher Casada de 1962, a mulher casada não é incapaz, relativamente a certos atos, ou à maneira de os exercer, ao menos enquanto subsiste a sociedade conjugal, no entanto, na falta do marido, ela assume o papel que é maior do que aquele que exerce o marido, quando lhe cabem a direção e a administração do casal, completando o revogado artigo 251 do Código Civil de 1916 competir à mulher a direção e a administração do casal, quando o marido: I. Estiver em lugar remoto, ou não sabido; II. Estiver em cárcere por mais de dois anos; III. For judicialmente declarado interdito. E prossegue dizendo: "Impedido o marido de assentir, porque ele mesmo está inibido de praticar os atos em que assentiria, judiciais ou extrajudiciais, pode a mulher tomar a direção e a administração do casal".[62] Logo, só assim seria direito seu. Embora, na atualidade, seja diversa a redação do artigo 1.651 do Código Civil de 2002, correspondente ao artigo 251 do Código Civil de 1916, prescreve o dispositivo em vigor que, somente quando um dos cônjuges não puder exercer a administração dos bens que lhe incumbe, segundo o regime de bens, caberá ao outro.

Não obstante, em virtude da Lei 6.515/1977 (Lei do Divórcio), a mulher tenha assumido com o casamento a condição de companheira, consorte e colaboradora do marido nos encargos de família, cumprindo-lhe velar pela direção material e moral de sua família conjugal, tornando a administração patrimonial comum e equivalente, certamente aspectos culturais de longa prática e tradição continuam travando a efetiva participação da mulher na direção e administração dos bens comuns, que segue sendo influenciada e se inclinando para uma

---

60 NASCIMENTO, Tupinambá Miguel Castro do. *Posse e propriedade*. 2. ed. Porto Alegre: Livraria do Advogado, 2000. p. 15.

61 RIZZARDO, Arnaldo. *Direito das coisas*. Rio de Janeiro: Forense, 2004. p. 76.

62 PONTES DE MIRANDA, Francisco Cavalcanti. *Tratado de direito privado*. Rio de Janeiro: Borsoi, 1955. t. VIII, p. 175.

direção e administração masculina dos bens conjugais, mesmo não sendo o esposo o único provedor e ambos os consortes exercendo atividades profissionais que produzem ingressos financeiros. Observa Antonio Chaves ser difícil o direito acompanhar a realidade social e seus novos valores quando preconceitos enraizados na discriminação e coisificação da mulher nem sempre são mecanicamente combatidos pela legislação.[63]

Conquanto seja referência colacionada na doutrina da década de 1990, calha transcrever passagem extraída da obra de Antonio Chaves, ao referir que "a lei, por si mesma, não significa garantia de mudança, porém a existência de uma lei igualitária para homens e mulheres é fundamental para dar respaldo a uma mudança efetiva da condição social feminina na medida das conquistas realizadas, a duras penas, através dos séculos".[64]

Não passaram séculos, mas dezenas de anos, depois de presumida a igualdade fática em sincronia com a igualdade legislativa, ainda permanece esse ranço da administração masculina dos bens comuns e, cessando o casamento, infelizmente, na experiência processual, somente depois da partilha dos bens comuns é que a esposa administrava de fato e de direito os bens que comporão a meação. Não existia no sistema jurídico brasileiro, e continua não existindo, o direito de ser extinta a comunhão de bens requerida pela mulher, quando a desordem dos negócios do marido fazia temer que ela pudesse ser prejudicada.[65] Geralmente, ela terminava sendo extremamente prejudicada, uma vez que o esposo seguia na livre administração dos bens enquanto não concretizado e transitado em julgado o processo de partilha do acervo conjugal, sendo praxe na época, e muito não diverge dos dias atuais, que o esposo prorrogasse a discussão primeiro da culpa dos consortes sobre o fim do matrimônio para que, somente depois de esgotada essa fase de inútil caça a um culpado pelo fracasso do matrimônio, os contendores iniciassem nova e longa discussão judicial acerca da divisão dos bens comunicáveis, mantida, e sempre, a administração patrimonial pelo varão, que obviamente enriquecia absorvendo os frutos e rendimentos percebidos dos rentáveis bens comuns, apenas suprindo as necessidades da esposa e dos filhos com o arbitramento judicial de uma pensão alimentícia que, em regra, terminava sendo paga com menor parcela das rendas originárias do próprio acervo conjugal, especificamente sendo abstraídos os alimentos da meação da esposa alimentanda e desprovida da posse e da administração de sua meação.

Os homens ainda se prevalecem dessas distorções sociais e afetivas para imporem esta que não deixa de ser uma inequívoca violência patrimonial, na medida em que se socorrem do processo litigioso de partilha para prolongarem no tempo e postergarem, até quando lhes seja possível, a divisão quase nunca igualitária dos bens conjugais ou convivenciais, sendo equivocada qualquer interpretação doutrinária ou jurisprudencial que conclua exista um condomínio sobre bens comuns ainda não partilhados, apenas porque o casal se divorciou ou dissolveu sua união estável. Em realidade, os bens comuns, enquanto não forem formalmente divididos, seguem representando duas meações indistintas que, em um todo, continuam na livre direção e administração de um dos ex-consortes, mas frequentemente na posse do homem que se prevalece dessa situação e trata de protelar o processo de partilha dos bens conjugais. Como menciona Rafael Calmon, trata-se de um estado jurídico nominado de *mancomunhão*, na qual os consortes ou companheiros continuarão exercendo a propriedade e a posse sobre a totalidade do patrimônio comum, mas unicamente de forma abstrata para um desses parceiros.[66] Assim, na mais pura realidade, somente o outro exercerá de forma concreta a posse e administração

---

63 CHAVES, Antonio. *Tratado de direito civil*. São Paulo: Revista dos Tribunais, 1991. v. 5, t. 1, p. 318.
64 CHAVES, Antonio. *Tratado de direito civil*. São Paulo: Revista dos Tribunais, 1991. v. 5, t. 1, p. 318.
65 ESPINOLA, Eduardo. *A família no direito civil brasileiro*. Rio de Janeiro: Gazeta Judiciária, 1954. p. 326.
66 CALMON, Rafael. *Manual de direito processual das famílias*. 2. ed. São Paulo: Saraiva, 2021. p. 469.

dos bens comuns e ainda não oficialmente partilhados. Ademais, essa mancomunhão, que segue mesmo depois do divórcio ou durante a tramitação do divórcio ou da dissolução de uma união estável, respeita a uma situação tanto fática como jurídica, a qual era aceita na constância e harmonia do relacionamento, mas que passa a incomodar diante da ruptura dessa relação afetiva, eis que cada consorte ou convivente quer e precisa estar no comando de sua meação para gerir suas próprias e individuais rendas advindas da posse, administração e exploração da massa de bens que, por conta de um interminável litígio, segue juridicamente indivisível, independentemente de terem sido adquiridos em nome de um ou do outro cônjuge ou convivente, e nesse estado de fato os bens terminarão favorecendo somente aquele consorte que os tem sob sua posse, direção e administração.

Merece ser reproduzido outro importante trecho que retrata a realidade das demandas litigiosas de divórcio, dissolução de união estável e correlatas partilhas, porquanto, como refere Rafael Calmon, "até que a partilha seja efetivamente levada a efeito – *algumas vezes isso nem ocorre em vida, pois ela não é obrigatória (CC, art. 1.581)* –, diversos episódios podem envolver esses bens, fazendo com que eles eventualmente se tornem litigiosos, tenham que ser vendidos ou gravados com ônus reais, ou ainda inseridos naquele estado [...] de serem ocupados exclusivamente por um só dos ex-componentes da união".[67]

O uso exclusivo dos bens comuns costuma não gerar nenhum efeito jurídico na jurisprudência brasileira, só sendo arbitrado aluguel a um dos consortes pelo uso exclusivo de bem imóvel comum do casal depois de efetuada a partilha dos bens conjugais, e o outro siga residindo no imóvel, pois trata-se de bens que não geram nenhuma renda e seu estado de mancomunhão ou de indivisão impede estabelecer, em teoria, quais bens tocarão a cada meeiro para comporem sua futura meação. Dispõe o artigo 1.663 do Código Civil que a administração do patrimônio comum compete a qualquer dos cônjuges e, induvidosamente, enquanto não dividido formalmente o acervo conjugal, a regra de direito substancial segue válida, porquanto os bens conjugais ainda são comuns porque o ex-casal ainda não logrou sua efetiva partilha para romper o estado de mancomunhão e identificar a parcela de bens que de modo inequívoco coube a cada um dos ex-parceiros.

Entretanto, esses bens comuns caminham figurativamente em duas direções, em que em uma delas geram débitos e as dívidas dos bens comuns devem ser suportadas pelo casal (CC, art. 1.664), mas também podem gerar créditos e estes ingressos também deveriam reverter na mesma proporção das meações aos coproprietários dos bens que proporcionam um regular ativo. Contudo, desse detalhe se olvidou o legislador civil, salvo quando dispõe sobre o dever de reparar daquele que abusa de seu direito (CC, art. 187), como na hipótese do possuidor e administrador dos bens rentáveis e com este seu agir enriquece ilicitamente (CC, arts. 884 e 885), tendo o dever de prestar contas,[68] independentemente do cometimento de irregularidades na gestão dos bens.

---

67 CALMON, Rafael. *Manual de direito processual das famílias*. 2. ed. São Paulo: Saraiva, 2021. p. 470.
68 "Recurso especial. Direito de família. Patrimônio comum do casal. Posse exclusiva de um dos ex-cônjuges. Aluguéis. Pendência de partilha. Indenização afastada. Dever de prestação de contas. Locupletamento ilícito. Vedação. Momento processual oportuno. 1. O arbitramento de aluguel, bem como o ressarcimento pelo uso exclusivo de bem integrante do patrimônio comum do casal, somente é possível nas hipóteses em que, decretada a separação ou o divórcio e efetuada a partilha, um dos cônjuges permaneça residindo no imóvel. 2. A ruptura do estado condominial pelo fim da convivência impõe a realização imediata da partilha, que, uma vez procrastinada, enseja a obrigação de prestar contas ao outro cônjuge alijado do direito de propriedade no momento processual oportuno. 3. A administração do patrimônio comum da família compete a ambos os cônjuges (arts. 1.663 e 1.720 do CC), sendo certo que o administrador dos bens em estado de mancomunhão tem o dever de preservar os bens amealhados no transcurso da relação conjugal, sob pena de locupletamento ilícito. 4. Recurso especial conhecido e provido" (STJ, REsp 1.470.906/SP, 3.ª Turma, Rel. Min. Ricardo Villas Bôas Cueva, j. 06.10.2015).

Admitem os tribunais o estabelecimento de uma indenização pelo uso abusivo dos bens comuns ainda não partilhados, quando existe uma notória e maliciosa procrastinação do processo de partilha. Entrementes, esse uso exclusivo pode resultar no pagamento de uma prestação pecuniária a título de alimentos compensatórios, destinados a indenizar mês a mês, enquanto não concluída a divisão oficial dos bens, o uso exclusivo dos bens comuns e que terminam dispensando qualquer pleito de prestação de contas, uma vez que o valor judicialmente arbitrado a título desses alimentos compensatórios *patrimoniais* está exatamente contrabalançando a posse exclusiva do outro consorte.

Silvio Rodrigues conta um pouco da origem do artigo 4.º, parágrafo único, da Lei de Alimentos (Lei 5.478/1968), dizendo que não era infrequente, no passado, o varão procrastinar o desfecho do litígio, pois, desfrutando da renda dos imóveis (mas também de empresas) comuns e havendo sido condenado a uma pensão alimentícia razoável, era de todo conveniente manter a situação mais longamente possível,[69] pagando a pensão alimentícia com a própria renda atinente à meação da esposa. A mesma regra é aplicável à união estável, havendo patrimônio comum, pois onde está a mesma razão deve ser aplicado o mesmo direito.[70]

3.3.2. Alimentos compensatórios e frutos dos bens comuns

Frutos, em regra, são tudo o que uma coisa produz periodicamente, sendo os rendimentos tratados no direito brasileiro como frutos civis, estes consistentes em prestações periódicas em dinheiro e decorrentes da concessão do uso e gozo ou da remuneração pelo exercício de uma atividade. No que diz respeito ao direito de família, o interesse nos frutos reside no resultado patrimonial gerado pelos bens dos cônjuges ou companheiros no casamento e na união estável, concluindo Ana Florinda Dantas serem os frutos gênero, do qual os rendimentos são espécie, sem prejuízo de sua substância.[71]

Em conformidade com o artigo 95 do Código Civil, apesar de ainda não separados do bem principal, os frutos e os produtos podem ser objeto de negócio jurídico, caracterizando-se pela periodicidade, pela não alteração da substância e por serem separáveis do bem principal. Quanto ao seu estado, os frutos podem ser *pendentes*, porque ainda não foram colhidos e estão armazenados; *percipiendos* são os que deveriam ter sido colhidos, mas não o foram; e os *consumidos* são aqueles que não mais existem.[72] Os frutos se distinguem dos produtos porque, uma vez gerados, deixam intacto o bem que os produziu, enquanto os produtos, quando retirados, acabam por diminuir-lhe a quantidade, pois não é de sua natureza que se reproduzam periodicamente. Quanto às benfeitorias do artigo 97 do Código Civil, trata-se de melhoramentos ou acréscimos sobrevindos ao bem, tendo como traço distintivo a necessária intervenção do proprietário, possuidor ou detentor, dependendo a divisibilidade do atendimento aos requisitos nele presentes. As acessões, como bens que incorporam o principal, natural ou artificialmente, ao inverso do que ocorre com os produtos, geram para o proprietário o direito de acrescer, como modo originário de aquisição, alterando a substância do bem adicionado, no que também difere dos frutos. Por fim, pertenças são bens que, não constituindo parte

---

[69] RODRIGUES, Silvio. *Direito civil*. Direito de família. 12. ed. São Paulo: Saraiva, 1985. v. 6, p. 396.

[70] BRUM, Jander Maurício. *Comentários à Lei de Alimentos*. Rio de Janeiro: Aide, 1997. p. 96.

[71] DANTAS, Ana Florinda. A divisibilidade dos frutos no regime de bens do casamento e na união estável: O que são frutos? *In*: X CONGRESSO BRASILEIRO DE DIREITO DE FAMÍLIA. *Anais...* Belo Horizonte: IBDFAM, 2016. p. 31.

[72] MADALENO, Rolf; MADALENO, Ana Carolina Carpes; MADALENO, Rafael. *Fraude no direito de família e sucessões*. 2. ed. Rio de Janeiro: GEN/Forense, 2022. p. 30-31.

integrante, destinam-se ao uso, ao serviço ou ao aformoseamento do bem principal, de modo que os negócios jurídicos que dizem respeito ao bem principal não abrangem as pertenças, salvo se o contrário resultar da lei, da manifestação de vontade, ou das circunstâncias do caso. Nesse caso, presumem-se indivisíveis, salvo disposição em contrário.[73]

Contudo, são os frutos o resultado econômico extraído de determinados bens comuns e que, sendo rentáveis, produzem frutos ou rendimento, dispondo o artigo 1.660, inciso V, do Código Civil que os frutos dos bens comuns, e dos bens particulares percebidos na constância do casamento, ou pendentes ao tempo de cessar a comunhão, entendam-se as expressões *constância* do matrimônio e, enquanto não cessar a *comunhão*, como designatórias de um estado de efetiva coabitação, ausente qualquer separação de fato do casal.

Por sua vez, o artigo 1.232 do Código Civil estabelece que os frutos e mais produtos da coisa pertencem, ainda quando separados, a seu proprietário, mas não somente os frutos, e sim todos os rendimentos civis, produtos e benfeitorias realizados em uma coisa pertencem a seu proprietário, e proprietários são os cônjuges quando o regime matrimonial de bens os torna comuns e comunicáveis, de modo que será comum toda renda produzida pelos bens comuns, como também serão comuns os dividendos obtidos das empresas e explorações econômicas.

São frutos extraídos da exploração dos bens comuns, como a locação, ou rendimentos provenientes dos lucros e dividendos extraídos da atividade empresarial, e essa entrega dos frutos dos bens comuns, prevista no parágrafo único do artigo 4.º da Lei 5.478/1968, a jurisprudência brasileira denomina de *alimentos compensatórios*, mas de cujo termo diverge a doutrina, pois Maria Berenice Dias apelida os frutos dos bens comuns de alimentos provisórios, embora os identifique em sua essência como alimentos compensatórios, tornando contraditória sua doutrina, especialmente quando complementa que esses alimentos provisórios, em verdade *alimentos compensatórios*, carregam um nítido caráter indenizatório.[74] A autora explica que os alimentos compensatórios não se confundem com os alimentos provisórios dos frutos e rendimentos dos bens do casal que estão na posse exclusiva de um deles, porque os alimentos compensatórios não se compensam, enquanto os frutos recebidos a título de alimentos provisórios devem ser alvo de compensação quando da partilha. Ademais, eventual inadimplemento dos alimentos compensatórios só permite sua cobrança pelo rito da expropriação, enquanto o não pagamento dos frutos dos bens comuns deve ensejar o uso da via da prisão, mas reconhece não ser essa a posição predominante da jurisprudência.[75] É gritante a confusão estabelecida, pois, com certeza, os alimentos oriundos dos frutos dos bens comuns dizem respeito sim a alimentos compensatórios, com natureza claramente indenizatória, eis que o deferimento de sua cobrança evita o enriquecimento ilícito por apenas um dos cônjuges ou conviventes que se vê em posição de vantagem e dela abusa embolsando a totalidade dos frutos extraídos dos bens comuns e que pertencem por metade para cada consorte ou companheiro.

Assim, se esses alimentos evitam o prejuízo, estão longe de caracterizar uma pensão alimentícia ou alimentos provisórios passíveis de execução sob coação pessoal, estando certas doutrina e jurisprudência divergentes, assim como são claramente passíveis de compensação, eis que esta é a característica adicional dos alimentos compensáveis ou compensatórios, não necessariamente porque terão de ser devolvidos e compensados na partilha final, como

---

[73] DANTAS, Ana Florinda. A divisibilidade dos frutos no regime de bens do casamento e na união estável: O que são frutos? *In*: X Congresso Brasileiro de Direito de Família. *Anais...* Belo Horizonte: IBDFAM, 2016. p. 32.

[74] DIAS, Maria Berenice. *Alimentos aos bocados.* São Paulo: Thomson Reuters/Revista dos Tribunais, 2013. p. 115.

[75] DIAS, Maria Berenice. *Alimentos aos bocados.* São Paulo: Thomson Reuters/Revista dos Tribunais, 2013. p. 114.

menciona Maria Berenice Dias,[76] mas, sim, porque poderão ser compensados ou devolvidos se ao final resultarem indevidos. Por exemplo, quando são arbitrados alimentos sobre sociedade simples prestadora de serviços e incidente sobre rendimentos do profissional liberal e que foram confundidos como se tratasse de rendimentos de uma sociedade empresária que deveria gerar dividendos a serem repassados aos cônjuges cuja partilha ainda não se efetivou e os bens seguem sendo administrados exclusivamente por um dos cônjuges que embolsa isoladamente os frutos dos bens notoriamente rentáveis e comuns. Nesse sentido, não se presta a hipótese do artigo 4.º, parágrafo único, da Lei 5.478/1968 para arbitrar alimentos compensatórios, simplesmente porque um dos consortes se encontra na posse de bens que não geram nenhuma renda, mas somente despesas, ou, como ocorreu com o julgado do Tribunal de Justiça do Rio Grande do Sul, que arbitrou esses alimentos compensatórios *patrimoniais* apenas porque o marido estava usufruindo dos bens conjugais ainda não partilhados, em uma espécie de arbitramento de aluguel pela posse e fruição de bens que estariam em condomínio, por exemplo, do apartamento conjugal, cuja hipótese não se aproxima em nada dos alimentos compensatórios patrimoniais oriundos da Lei de Alimentos (Lei 5.478/1968, art. 4.º, parágrafo único).[77] Tampouco bens comuns que não foram ainda legalmente partilhados se encontram em condomínio, em vez da mera continuidade da mancomunhão, tendo em conta que o condomínio só existe depois de efetivada legalmente a partilha dos bens que, mesmo assim, permanecerão em condomínio porque não foi possível fazer a compensação entre os bens levados à divisão conjugal. A compensação alimentar decorre da fruição isolada de bens comuns rentáveis, geradores de renda, como imóveis alugados e empresas conjugais que seguem na gestão e administração de um dos consortes em detrimento do outro meeiro, e não condômino, exatamente porque podem ter se divorciado, dissolvido sua união estável, porém seus bens comuns ainda não foram oficialmente divididos ou partilhados e, portanto, a meação de cada um permanece nas mãos e na livre administração de apenas um dos consortes ou conviventes que assim enriquece ilicitamente ao embolsar os frutos dos bens em mancomunhão.

Entretanto, se existem bens conjugais que não produzem qualquer rendimento, mas somente despesas de manutenção, e que ainda não foram partilhados e estão sendo usufruídos de maneira exclusiva por somente um dos meeiros, pode ser pleiteado em juízo o arbitramento de um valor a título de aluguel pelo uso exclusivo da meação do outro e enquanto não realizada a partilha, o que não tem sido acatado pela majoritária jurisprudência que não encontra respaldo legal no arbitramento de locativos sobre bens ainda em estado de indivisão, o que só seria factível depois de promovida a partilha oficial dos bens conjugais e em cuja hipótese, sim, os bens deixarão de ser identificados como meras meações, passando os ex-cônjuges ou ex-conviventes a ser condôminos diante da formal e efetiva divisão de suas meações.

3.3.3. Autonomia privada e alimentos compensatórios

Um elemento fático que precisa ficar registrado condiz da circunstância de que a escolha do regime de bens é feita livremente pelos cônjuges em período antecedente às núpcias em

---

[76] DIAS, Maria Berenice. *Alimentos aos bocados*. São Paulo: Thomson Reuters/Revista dos Tribunais, 2013. p. 115.

[77] "Agravo de instrumento. Declaratória de união estável. Pedido de fixação de aluguel pelo uso exclusivo de patrimônio comum. Alimentos compensatórios. Cabimento. Cabível a fixação de alimentos compensatórios a ser repassados pelo companheiro que, depois de rompida a relação, permanece na administração do patrimônio e usufruindo dos bens comuns, de forma exclusiva, como forma de compor eventual desequilíbrio patrimonial, o que se verifica na hipótese dos autos. Deram provimento" (TJRS, Agravo de Instrumento 70.064.477.797, 8.ª Câmara Cível, Rel. José Pedro de Oliveira Eckert, j. 16.07.2015).

Cap. 3 · DOS ALIMENTOS COMPENSATÓRIOS | **179**

pacto antenupcial, ou podem os conviventes acordar a franca eleição do regime matrimonial que regerá seu companheirismo em contrato de convivência, sendo igualmente factível possam os casais ou companheiros alterar a qualquer tempo e com efeito *ex nunc*, ou seja, a partir da mudança do regime patrimonial, mediante requerimento judicial e consensual das pessoas casadas, ou a partir do novo contrato particular, ou por escritura pública dos conviventes de uma união estável, salvo para as exceções daqueles que casaram ou formalizaram sua união estável sob a proteção do regime obrigatório da separação de bens do artigo 1.641, inciso II, do Código Civil, com as restrições da idade dos 70 anos. Nessa única hipótese (inc. II do art. 1.641, CC) é vetada a possibilidade de alteração do regime de bens, e, se vetada, consoante reiterada jurisprudência do STJ, qualquer alteração do regime de bens com efeito *ex tunc*, ou seja, retroativo ao início do relacionamento afetivo.[78]

Há muito o sistema jurídico brasileiro conseguiu se desprender da velha premissa e do verdadeiro dogma da proibição da celebração de contratos entre os cônjuges. Segundo Aurelio Barrio Gallardo, trata-se de uma teoria herdada do direito romano, como se o casamento interditasse completamente os esposos,[79] exatamente como no direito brasileiro, em que a liberdade contratual dos noivos terminava com a celebração das núpcias, quando então todas as suas vontades precisavam passar pelo crivo judicial. Derrogadas as antigas proibições, especialmente depois dos primeiros passos dados a partir da Carta Política de 1988 e com a sanção da Lei 11.441/2007, permitindo os inventários, separações e divórcios extrajudiciais, estabeleceu-se um crescente distanciamento entre a total falta de liberdade dos cônjuges para na direção oposta ser alcançada cada vez mais sua autonomia privada, quando praticamente estão autorizados quaisquer contratos entre cônjuges, com independência de seus interesses, não obstante as ressalvas apontadas por Renata Vilela Multedo, no sentido de que uma das "grandes dificuldades encontradas pelos contratos do direito de família decorre da necessária compatibilização de instrumentos tipicamente patrimoniais (contratos) a situações existenciais (família)".[80]

Segundo Maurício Bunazar, "é a possibilidade de escolha que define se alguém é livre ou não, e é a possibilidade de escolha que permite julgar moralmente um ato como bom ou mau".[81] No entanto, logo adverte que a liberdade transcende ao direito, ao passo que a autonomia privada é um poder tipicamente jurídico, podendo ser lembrado no campo da liberdade que no direito brasileiro de família, até pouco tempo atrás, a única liberdade realmente existente dizia respeito à escolha do futuro cônjuge, visto que, depois disso, todas as relações conjugais passavam obrigatoriamente pelo crivo do Poder Judiciário, o que já poderia ser considerado um grande progresso se observar que, mesmo nos dias atuais, ainda

---

[78] "Civil. Recurso especial. Recurso interposto sob a égide do NCPC. Família. União estável. Ação declaratória de nulidade de nulidade de escritura pública. Atribuição de efeitos retroativos ao regime de bens. Impossibilidade. Precedentes do STJ. Acórdão reformado. Recurso especial conhecido e provido" (STJ, REsp 1.843.825/SP, 3.ª Turma, Rel. Min. Moura Ribeiro, j. 15.12.2020).
"Civil. Recurso especial interposto sob a égide do NCPC. Família. União estável. Regime de bens estipulado em escritura pública. Aplicabilidade da regra do art. 1.725 do CC/2002 e do regime da comunhão parcial, na ausência de disposição expressa e escrita das partes. Submissão ao regime de bens impositivamente estabelecido pelo legislador. Celebração de escritura pública de incomunicabilidade patrimonial com eficácia retroativa. Impossibilidade. Precedentes de ambas as Turmas. Integrantes da eg. 3.ª Seção desta Corte. Recurso especial provido" (REsp 1.954.098/RS, 3.ª Turma. Rel. Min. Moura Ribeiro, j. 02.12.2021).

[79] GALLARDO, Aurelio Barrio. *Autonomía privada y matrimonio*. Madrid: Reus, 2016. p. 125.

[80] MULTEDO, Renata Vilela. *Liberdade e família*. Limites para a intervenção do Estado nas relações conjugais e parentais. Rio de Janeiro: Processo, 2017. p. 311.

[81] BUNAZAR, Maurício. *A invalidade do negócio jurídico*. 2. ed. São Paulo: Revista dos Tribunais, 2022. p. 32.

existem sociedades nas quais os esposos são determinados por interesses políticos, sociais, religiosos, econômicos e até mesmo diplomáticos.

Renata Vilela Multedo reconhece que o espaço da autonomia privada vem sendo ampliado no sistema jurídico brasileiro, mas ressalta que no campo da autonomia existencial devem ser considerados os princípios informadores da legalidade constitucional, para conciliar a liberdade individual com a tutela dos valores existenciais, os quais, especialmente na comunidade familiar, devem ser preservados e privilegiados.[82] Logo, há liberdade no tocante aos interesses *patrimoniais* dessa liberdade, tendo como norte a Constituição Federal, em face dos interesses existenciais, como sucede, por exemplo, no campo dos alimentos compensatórios, textualmente lembrados pela autora, que neles enxerga, e com razão, a nítida e pertinente intervenção estatal, fundamentada no princípio da solidariedade, e com o intuito de diminuir o desequilíbrio entre as partes ao fim da sociedade conjugal regida pelo regime da separação convencional de bens.[83]

O centro do sistema jurídico é o indivíduo, a pessoa sujeita de direitos, em que na realidade constitucional se vivencia uma sociedade de indivíduos, e não mais de famílias, existindo, inclusive, várias formas de constituir família, e as funções que cada uma delas presta a seus componentes, não sendo a família um fim, mas o meio a serviço da pessoa, qual seja, cumprem os distintos modelos de família, como grupos ou instituições sociais, sua missão em benefício do cidadão. A família, em suas diferentes modelagens, é o instrumento que se põe a serviço da pessoa, que o dignifica, e não é o ser humano que é posto a serviço da família.[84]

Prossegue Aurelio Barrio Garrido ser a família a que se acha subordinada aos fins de seus membros, cujos interesses sempre são prioritários, e nunca o contrário, pois o sujeito jamais sacrifica sua personalidade em sede de um hipotético interesse superior e mais elevado, tanto que o regramento impositivo do antigo direito de família já não está orientado a proteger um modelo unitário de família, porquanto a dignidade humana e o desenvolvimento da personalidade constituem o epicentro do sistema jurídico e é dele que emana a liberdade individual como valor superior do ordenamento.[85] No novo sistema constitucional, a sociedade é uma sociedade de indivíduos, não de famílias; a família não é um grupo especial, com objetivos próprios, que persegue fins distintos de seus integrantes, acrescenta Aurelio Barrios Gallardo. Os direitos são reconhecidos em favor do indivíduo e o Estado não se imiscui na esfera da vida privada da pessoa. De todas essas premissas podem ser extraídas duas consequências: a) existe uma liberdade de opção entre os vários modelos de família; b) por detrás dessa liberdade de escolha, surgiu um incremento da autorregulação que afastou o caráter imperativo que dominava a compreensão de um direito de família sem qualquer autonomia privada. A superada instituição familiar centra-se, na atualidade, nos negócios jurídicos de família, que faz do matrimônio um contrato privado.

Têm servido a esses propósitos dos negócios de família os contratos antenupciais e os contratos de instituição de uniões estáveis, abordando não apenas questões econômicas, mas também pessoais, inclusive com a ambição de criar novos deveres personalíssimos, a cujo descumprimento se agregam sanções privadas, sendo uma prova viva dessa liberdade

---

[82] MULTEDO, Renata Vilela. *Liberdade e família*. Limites para a intervenção do Estado nas relações conjugais e parentais. Rio de Janeiro: Processo, 2017. p. 277.
MULTEDO, Renata Vilela. *Liberdade e família*. Limites para a intervenção do Estado nas relações conjugais e parentais. Rio de Janeiro: Processo, 2017. p. 310.

[84] GALLARDO, Aurelio Barrio. *Autonomía privada y matrimonio*. Madrid: Reus, 2016. p. 194.

[85] GALLARDO, Aurelio Barrio. *Autonomía privada y matrimonio*. Madrid: Reus, 2016. p. 194.

Cap. 3 · DOS ALIMENTOS COMPENSATÓRIOS | **181**

de atuação o constante crescimento das relações afetivas informais, cuja adoção revela certa insatisfação com a regulação legal do casamento, acresce Aurelio Barrio Gallardo.[86]

A privatização do direito de família também tem encontrado eco nos propalados alimentos compensatórios, quando convenções matrimoniais introduzem algum mecanismo de proteção do cônjuge prejudicado pela dissolução do vínculo conjugal, de modo a equilibrar a desigualdade econômica que se dispõe a manter o nível de vida semelhante ao que o consorte beneficiário desfrutava antes da separação oficial do relacionamento afetivo, e que a certa medida compensa a perda de expectativas, por exemplo, de trabalho, daquele que se dedicou ao lar conjugal e aos filhos, em benefício do conjunto da família.[87] Além dos citados alimentos compensatórios *humanitários* atinentes aos regimes de separação total de bens, existem os alimentos compensatórios *patrimoniais* devidos pela administração unilateral dos bens comuns rentáveis, circunstâncias que permitem concluir, com toda a serenidade, que cônjuges e conviventes não estão impedidos de contratar em suas convenções matrimoniais ou de companheirismo o pagamento ou a dispensa de alimentos compensatórios em caso de ruptura afetiva, pois esse é o propósito e o alcance da autonomia privada no âmbito do direito de família, como têm se posicionado doutrina e jurisprudência, conforme pode ser vislumbrado neste trecho do voto do desembargador Luiz Felipe Brasil Santos, na Apelação Cível 70.006.235.287, da Sétima Câmara Cível do Tribunal de Justiça do Rio Grande do Sul, julgada já no distante dia 16 de junho de 2004, e citado na obra de Renata Vilela Multedo:

> *"O Estado-Juiz deve ter um certo pejo para intervir na vida privada das pessoas e dizer que, embora não tenham casado, obtiveram os efeitos plenos de um casamento. Antes e acima de tudo, deve ser respeitada a opção das pessoas, a liberdade individual de cada um constituir a forma de relacionamento que melhor lhe aprouver, indagando, com muita cautela, as razões pelas quais essas pessoas teriam optado por não casar, podendo fazê-lo, mas não o fazendo. E, por isso, só reconhecendo a união estável em situações em que ela esteja palpitante na prova dos autos, nunca em situações dúbias, contraditórias, em que a prova se mostre dividida, porque, assim, estar-se-á casando de ofício quem não o fez motu proprio".*

Fácil perceber essa luta que ainda se desenvolve acerca do reconhecimento e da aplicação judicial da efetiva liberdade de cônjuges e conviventes contratarem e que possam fazer suas próprias opções em contratos patrimoniais de família, sem mais a exagerada ingerência estatal, lembrando e consignando que *ordem pública* é aquela voltada ao interesses de todos, e não aos de duas pessoas, que simplesmente ajustam entre elas um negócio jurídico qualquer, mesmo que as partes contratantes estejam vinculadas por sentimentos afetivos que não necessariamente as tornam pessoas vulneráveis, eis que há longo tempo o direito de família vem se afastando daquelas relações jurídicas disciplinadas por normas legais imperativas e que excluíam qualquer intervenção proveniente da autonomia privada, pois dizia-se que para ela não havia lugar no direito de família.[88]

Novo olhar deita sobre os contratos conjugais que devem observar o regramento contido no artigo 104 do Código Civil, acerca dos pressupostos de: (i) agente capaz; (ii) objeto lícito, possível, determinado ou determinável; (iii) forma prescrita ou não defesa em lei, o que Rute Teixeira Pedro refere se tratar de um processo de *desinstitucionalização* do direito de

---

[86]   GALLARDO, Aurelio Barrio. *Autonomía privada y matrimonio*. Madrid: Reus, 2016. p. 196.

[87]   GALLARDO, Aurelio Barrio. *Autonomía privada y matrimonio*. Madrid: Reus, 2016. p. 171.

[88]   FERRI, Luigi. *La autonomía privada*. Santiago de Chile: Ediciones Olejnik, 2018. p. 254.

família e sua substituição pela *constitucionalização* do direito de família, dando protagonismo ao interesse individual de seus membros em permutação da anterior primazia do interesse comum familiar e proporcionando amplas possibilidades para a interferência da vontade dos cônjuges sobre o destino da relação matrimonial.[89] Enquanto no passado só havia referência às *convenções antenupciais*, com a maior autonomia dos consortes e conviventes há que ser ressaltada a possibilidade cada vez mais crescente e necessária de poderem os cônjuges e companheiros firmar *convenções matrimoniais*, no que respeita à natural possibilidade de os cônjuges, por mútuo consentimento, atualizarem os termos por eles convencionados em seus pactos antenupciais, à medida que a comunhão de vida se desenvolve e as circunstâncias em que formaram o primitivo acordo vão se alterando, devendo ser reconhecido, como defende Rute Teixeira Pedro, a cada um dos consortes um poder idêntico de introduzir alterações nos acordos anteriormente formulados e em homenagem à liberdade que ambos têm, quando curial a existência de um natural desencontro que se verifica entre o momento da formação da convenção antenupcial e o momento em que o teor acordado deverá produzir efeitos.[90]

Observa Rute Teixeira Pedro não ser ponderável exigir daqueles que contratam antes das núpcias uma apreciação exata daquilo que enfrentarão no correr do casamento, uma vida imprevisível e que não permite operar uma distribuição dos riscos patrimoniais e das vicissitudes da vida matrimonial no curso dos anos, e que essa imprevisibilidade retira a ideia de igualdade que pode onerar uma das partes, sendo em regra a mulher o consorte mais atingido. Prossegue a autora aduzindo não poderem os cônjuges se descurar das marcas que o tempo produzirá no equilíbrio convencional inicialmente delineado e que a evolução da relação poderá importar na afetação da igualdade, podendo ceder o princípio do *pacta sunt servanda* ou de que os pactos devem ser cumpridos, qual seja, devem, mas podem ser ponderados, e disso não se libertam, sem que eventuais mudanças ponderáveis pudessem continuar servindo como tola proibição genérica de os noivos, cônjuges e conviventes livremente negociarem entre eles. Daí acrescer a referida jurista "que os acordos que visem conformar antecipadamente os efeitos do divórcio devem poder ser alterados por acordo dos cônjuges a todo momento, durante a vigência da relação matrimonial, sem necessidade de concretização de um mecanismo precípuo do controle material do seu conteúdo".[91]

Prova dessa incontestável liberdade de negociar e correções de rumo sempre poderão ser implementadas pela mesma via ou por intervenção judicial. Ainda dentro do direito comparado pode ser visto o artigo 1.323 do Código Civil da Espanha, cuja redação atual decorre da *Ley* 13, de 1.º de julho de 2005, ao permitir aos cônjuges celebrarem entre eles toda classe de contratos, prescrevendo o respectivo texto legal indicado que "os cônjuges podem transmitir por qualquer título bens e direitos e celebrar entre eles toda classe de contratos". Tal dispositivo consagra o princípio da liberdade de contratar entre cônjuges, ou, como expressa o artigo 215.1 do Código Civil aragonês, no sentido de que são os consortes que de comum acordo decidem se um bem é comum ou privativo, sendo mantidos, quando for o caso, os remédios judiciais de anulação e de inoponibilidade dos negócios jurídicos contratados entre os cônjuges, quando demonstrado que houve efetiva captação da vontade entre os cônjuges, gerando uma formação irregular do consentimento e que vicia a manifestação de vontade exarada.

---

[89] PEDRO, Rute Teixeira. *Convenções matrimoniais*. A autonomia na conformação dos efeitos patrimoniais do casamento. Coimbra: Almedina, 2018. p. 124.

[90] PEDRO, Rute Teixeira. *Convenções matrimoniais*. A autonomia na conformação dos efeitos patrimoniais do casamento. Coimbra: Almedina, 2018. p. 726-727 e 742.

[91] PEDRO, Rute Teixeira. *Convenções matrimoniais*. A autonomia na conformação dos efeitos patrimoniais do casamento. Coimbra: Almedina, 2018. p. 743-744.

Cap. 3 · DOS ALIMENTOS COMPENSATÓRIOS | 183

Paralelamente, o artigo 1.458 do Código Civil espanhol estabelece que *os cônjuges poderão vender reciprocamente bens entre si*, e, se podem vender bens entre eles, obviamente também os podem doar, com a possibilidade de celebrar toda classe de contratos, seja sobre bens exclusivos, seja sobre seus bens comuns, tampouco encontrando qualquer obstáculo para que constituam sociedades simples ou empresárias entre eles e, em realidade, sobre qualquer tipo social. Entende a jurisprudência espanhola não ser possível privar a duas pessoas, apenas pelo fato de estarem casadas entre si, o poder de realizarem os atos que a quaisquer outras pessoas é permitido, mesmo porque desapareceu há muito uma relação de subordinação da mulher ao marido, que deu lugar a uma relação de paridade. Isso porque a condição de casados dos contratantes não permite deduzir, *a priori*, a existência de maiores perigos e lesões aos interesses de terceiros ou do próprio cônjuge, os quais são naturalmente protegidos pelo ordenamento jurídico, como de igual ocorre no sistema jurídico brasileiro em que regramentos de ordem geral são aplicados ao direito contratual.

3.3.4. *Pacto antenupcial e alimentos compensatórios*

Os pactos antenupciais e os contratos de convivência não mais se ocupam exclusivamente das escolhas dos regimes matrimoniais primários, com aqueles textos-padrão e de nenhuma importância maior que não fosse a de registrar a necessidade legal de serem pactuados regimes diversos do regime legal de adoção da comunhão parcial diante do silêncio dos futuros cônjuges, ou perante a falta de contrato expresso dos conviventes que, em escritura pública ou contrato particular, elegem algum dos três outros regimes patrimoniais primários regulados pela legislação brasileira. Merece registro a pontual afirmação de Luciana Faísca Nahas quando escreve que, "acentuada a natureza jurídica contratual do casamento, o pacto antenupcial – negócio jurídico acessório – assume central importância para que as partes possam manifestar o exercício pleno de sua vontade, amadurecendo os efeitos que pretendem à sua união".[92] E complementa a autora dizendo que a realização de pacto antenupcial é o resgate da autonomia das partes, que têm o poder de predeterminar e conservar a respeito dos efeitos de seus relacionamentos conjugais, ampliando a transparência e a responsabilidade de seus compromissos e de suas escolhas, gerando a necessária estabilidade e segurança em um relacionamento que amiúde considera e aposta nos sacrifícios que serão praticados pelos casais e conviventes.[93]

O fato é que as atuais questões econômicas dos casais ou conviventes não mais se restringem à mera escolha de um regime primário de bens, mas, antes disso, avançam bem mais fundo, não apenas mesclando esses regimes com as mais variadas formas de compensação de bens, com inclusão ou abstração de cláusulas que progridem ou recuam no tocante à comunicação patrimonial, como por igual, e cada vez mais presente nas convenções matrimoniais ou convivenciais, têm surgido cláusulas renunciando ou ajustando alimentos entre esposos e companheiros que terminam seu relacionamento, muitas vezes, inclusive em compensação da eleição de regimes matrimoniais de separação convencional de bens.

---

92 NAHAS, Luciana Faísca. Pacto antenupcial – O que pode e o que não pode constar? Reflexões sobre cláusulas patrimoniais e não patrimoniais. *In*: PEREIRA, Rodrigo da Cunha; DIAS, Maria Berenice (coord.). *Famílias e sucessões*. Polêmicas, tendências e inovações. Belo Horizonte: IBDFAM, 2018. p. 229.

93 NAHAS, Luciana Faísca. Pacto antenupcial – O que pode e o que não pode constar? Reflexões sobre cláusulas patrimoniais e não patrimoniais. *In*: PEREIRA, Rodrigo da Cunha; DIAS, Maria Berenice (coord.). *Famílias e sucessões*. Polêmicas, tendências e inovações. Belo Horizonte: IBDFAM, 2018. p. 245.

Esta é, ao fim e ao cabo, a finalidade dos pactos e contratos de convivência, no propósito de regularem o fim do relacionamento afetivo e seus efeitos materiais justamente incidentes em tempos de crise conjugal. Os alimentos trazem rico portfólio a ser considerado no momento de pactuar um futuro casamento ou contratar uma relação de união estável, porquanto não mais se restringem à clássica pensão alimentícia que era sempre devida à esposa, que nem sequer podia renunciar ao direito de alimentos, cuja regra segue contraditoriamente mantida no artigo 1.707 do Código Civil ao prescrever que o credor pode não exercer, porém lhe é vedado renunciar o direito a alimentos, sendo o respectivo crédito insuscetível de cessão, compensação ou penhora.

Os contratos podem tratar de alimentos transitórios ou definitivos, da incidência apenas dos alimentos originados da previdência social e até mesmo de uma previdência privada, bem como dos alimentos compensatórios, tanto em sua versão *humanitária* como *patrimonial*, pronunciando-se a doutrina unicamente com relação ao direito alimentar puro da pensão alimentícia entre cônjuges, direito cada vez mais raro e escasso e com forte propensão à sua transitoriedade. No entanto, alude Francisco Cláudio de Almeida Santos que são vetadas quaisquer cláusulas que impliquem renúncia a alimentos e direitos como o usufruto legal dos bens dos filhos e ao direito real de habitação.[94]

Não assim, contudo, com relação aos alimentos derivados da compensação, cuja natureza é nitidamente indenizatória, , de caráter ressarcitório ou previdenciário e cujos ajustes interessam e muito, especialmente àquele consorte ou companheiro que se vê compelido a renunciar no todo ou em parte sua atividade e seu crescimento profissional, buscando por intermédio da convenção matrimonial ou convivencial assegurar suas necessidades básicas e até mesmo certo estilo de vida que evite sofra um dos cônjuges ou conviventes uma queda acentuada da padronagem de vida a que foi acostumado a experimentar em decorrência das núpcias ou da união estável.

María Dolores Hernández Diaz-Ambrona é categórica ao pontuar a especial natureza indenizatória da pensão compensatória, plenamente sujeita ao princípio dispositivo de ser validamente renunciada, tanto que também só é concedida quando expressamente solicitada, sendo por isso mesmo totalmente identificada com a autonomia da vontade, e somente na falta de acordo contratual válido terá assento em uma ordem judicial de seu estabelecimento e quantificação em consonância com as hipóteses aventadas a partir do número 2 do artigo 97 do Código Civil espanhol. Na experiência espanhola, depois de promulgada a reforma levada a efeito pela Lei de Jurisdição Voluntária 15, de 8 de julho de 2005, passou a dar preferência aos acordos dos cônjuges, com independência da existência de desequilíbrio econômico, sob o amparo da autonomia privada dos consortes, visto que a pensão compensatória trata de um direito disponível e que, portanto, os próprios cônjuges podem pactuar aquilo que considerem mais conveniente sobre a regulação de suas relações e que surgem como consequência de um divórcio, e que podem ser convencionadas em um precedente pacto antenupcial ou na posterior dissolução judicial ou extrajudicial do casamento ou da união estável.[95]

Retomando os ensinamentos de Luciana Faísca Nahas, ela enxerga ser viável assumir antecipadamente a obrigação alimentar, em qualquer de suas vertentes, embora possa ser mais difícil quantificar o montante desses alimentos futuros, mas nada impede, conclui a autora,

---

[94] SANTOS, Francisco Cláudio de Almeida. O pacto antenupcial e a autonomia privada. *In*: BASTOS, Eliene Ferreira; SOUSA, Asiel Henrique de (coord.). *Família e jurisdição*. Belo Horizonte: Del Rey, 2006. p. 207.

[95] DÍAZ-AMBRONA, María Dolores Hernández. *Estudio crítico de la pensión compensatoria*. Madrid: Reus, 2017. p. 42.

Cap. 3 · DOS ALIMENTOS COMPENSATÓRIOS

sejam contratados alimentos voluntários, compensatórios, que por sua natureza contratual ou indenizatória tratam de tema patrimonial.[96] Para ilustrar sua afirmação de a pensão compensatória respeitar a um direito plenamente disponível pela parte a qual pode afetar e sobre a qual rege o princípio da autonomia da vontade de quem reclama ou renuncia os alimentos compensatórios, explica María Dolores Hernández Díaz-Ambrona que os cônjuges estão absolutamente livres para convencionarem aquilo que considerem mais conveniente para regulamentação das relações que surgem como consequência de um divórcio ou de uma separação.[97] E conclui acrescendo que os cônjuges podem celebrar convênios sobre questões suscetíveis de livre disposição, estando entre elas as questões econômicas ou patrimoniais. Ademais, esses acordos constituem autênticos negócios de direito de família, para cuja validade devem concorrer os pressupostos estruturais com caráter geral do artigo 1.261 do Código Civil espanhol (consentimento dos contratantes; objeto certo; causa da obrigação), além das formalidades especiais prescritas e exigidas pela lei para determinados atos de disposição.[98]

Nessa senda, o artigo 97 do Código Civil espanhol é categórico ao estabelecer que o convênio regulador, equivalente ao acordo dos cônjuges ou companheiros que se divorciam ou que dissolvem sua relação estável, pode se valer dessa peça processual para ajustar o montante da pensão compensatória, quer o acordo se dê em juízo ou perante um notário. São acordos que nascem na crise conjugal, mas nada impede sejam ajustados por ocasião do estabelecimento do matrimônio ou de uma união estável, celebrando antes da crise um acordo que ressarça o maior sacrifício de um cônjuge ou companheiro em comparação a seu parceiro, buscando versar no pacto antenupcial ou no contrato de convivência sobre direitos que ainda não nasceram e entre contratantes que tampouco conhecem os efeitos da dissolução de seu relacionamento afetivo, mas que estão livres e aptos a intuírem os maléficos resultados de um eventual desequilíbrio financeiro causado pela ruptura de uma relação igualmente desequilibrada em matéria de ingressos financeiros e de oportunidades profissionais.

O sistema jurídico espanhol acolhe os pactos antenupciais e contratos conjugais sobre alimentos compensatórios, celebrados antes ou mesmo durante as núpcias, ainda que sejam desconhecidas as circunstâncias sobre as quais terminará o relacionamento e em quais condições fáticas incidirá a futura eficácia. Assim, embora os contratantes possam intuir as condições possíveis em que se extinguirá sua relação conjugal, não haverá nenhuma segurança de que atuaram no respectivo contrato com total acerto, pois seus resultados podem pender para todas as direções. É incontestável que o desfecho do casamento e o maior ou menor acerto do contrato só no futuro serão de fato conhecidos, diante da efetiva ruptura do relacionamento. Entretanto, o desconhecimento do futuro incerto não se torna um empecilho para os cônjuges contratarem, concedendo ou renunciando alimentos compensatórios, desde que respeitem os termos do artigo 6.2 do Código Civil espanhol, no sentido de que o afastamento de uma lei aplicável e a renúncia dos direitos reconhecidos na respectiva lei só serão termos válidos quando não contrariarem o interesse público nem prejudicarem terceiros. Certamente, a renúncia de alimentos compensatórios futuros não afeta a ordem pública, pois contratada entre pessoas maiores e capazes, tampouco prejudica terceiros. Esse contrato encontra amparo legal

---

[96] NAHAS, Luciana Faísca. Pacto antenupcial – O que pode e o que não pode constar? Reflexões sobre cláusulas patrimoniais e não patrimoniais. *In*: PEREIRA, Rodrigo da Cunha; DIAS, Maria Berenice (coord.). *Famílias e sucessões*. Polêmicas, tendências e inovações. Belo Horizonte: IBDFAM, 2018. p. 243.

[97] DÍAZ-AMBRONA, María Dolores Hernández. *Estudio crítico de la pensión compensatoria*. Madrid: Reus, 2017. p. 43.

[98] DÍAZ-AMBRONA, María Dolores Hernández. *Estudio crítico de la pensión compensatoria*. Madrid: Reus, 2017. p. 47.

no artigo 1.271 do Código Civil espanhol ao ordenar que "podem ser objeto de contrato todas as coisas que não estejam fora do comércio dos homens, mesmo as futuras", cujo dispositivo está em completa sintonia com a progressiva compreensão doutrinária e jurisprudencial de autorregulação dos cônjuges, que cada vez mais podem reger diversos aspectos de sua relação matrimonial e as consequências surgidas com sua crise, ajustando em pactos e contratos as consequências desse colapso conjugal, dotando-se de regramentos próprios que vão criando um regime supletório exatamente como podem criar um regime supletório de bens, agregando ou suprimindo direitos que há muito deixaram de ser impositivos. Em realidade, os casais cada vez mais se aproximam de um plano não só legal, como fático de uma igualdade, favorecendo a possibilidade de que sejam eles quem decidam como querem enfrentar sua relação matrimonial e seu futuro e circunstancial desfecho.[99]

Portanto, os termos acordados no pacto antenupcial sobre uma futura crise conjugal terão força vinculante no momento da ruptura do casamento e podem implementar sua eficácia para fora do processo, como qualquer contrato, ou ser levados à esfera judicial para sua respectiva homologação, ou podem ser revistos dentro da teoria de uma compreensível imprevisibilidade para ajustes de longa duração. A respeito desse tema escreve Rute Teixeira Pedro que qualquer um dos cônjuges pode, unilateralmente, desvincular-se de um acordo sobre encargos da vida familiar de longa duração, porquanto, na medida que a comunhão de vida se desenvolve e as circunstâncias em que formaram o acordo vão se alterando, deverá ser reconhecido a cada um deles um poder idêntico de introduzir alterações nos acordos anteriormente formados. A autora cita como exemplo um acordo em que os cônjuges convencionam que um deles será o provedor e o outro cuidará das atividades domésticas, não podendo ser impedido de que este recue e decida voltar a trabalhar, tampouco poderia ser inviabilizada a hipótese contrária se o provedor decidisse se dedicar à vida do lar, rompendo o acordado. Para as duas hipóteses a resposta se apresenta igual, em homenagem à liberdade que ambos têm e devem conservar, de modo que, em qualquer uma dessas situações, não podem ser levantados obstáculos à desvinculação unilateral por parte de um dos consortes com relação às convenções matrimoniais ajustadas. No entanto, atenta-se que essa liberdade de se desvincularem unilateralmente deve ser compatibilizada com a confiança que o compromisso assumido gerou no outro cônjuge. Assim, sempre que um dos cônjuges exercer o poder de se desvincular sem que, para tal, tenha um justo motivo, deverá suportar as consequências de seu ato que afeta a legítima confiança que seu consorte construiu com base na convenção matrimonial. Desse modo, caberá ao julgador pronunciar-se sobre a questão de saber se a razão apresentada pelo cônjuge que se desvinculou torna inexigível a continuação de sua vinculação ao acordado, legitimando sua ruptura.[100]

A ordem pública nos contratos nupciais deve refletir o interesse do Estado em proteger a instituição matrimonial, mas no direito de família diz respeito exclusivamente àquelas obrigações recíprocas que derivam do próprio texto legal, não servindo como embaraço ao contrato sobre alimentos compensatórios invocar a pensão alimentícia proveniente do direito de família, cujos institutos não se confundem. Está bastante claro que a pensão alimentícia advém do dever de socorro dos cônjuges ou conviventes e a pensão compensatória guarda seu viés indenizatório e não está obrigatoriamente vinculada à necessidade dos alimentos como item

---

[99] GUTIÉRREZ, Vicente Guilarte; MARTÍN-CALERO, Cristina Guilarte; ESCRIBANO, Celia Martínez; SASTRE, Nuria Raga. Las capitulaciones matrimoniales. Las donaciones por razón de matrimonio. *In*: TOLSADA, Mariano Yzquierdo; CASAS, Matilde (coord.). *Tratado de derecho de la familia*. Los regímenes económicos matrimoniales. Navarra: Aranzadi/Thomson Reuters, 2011. p. 485.

[100] PEDRO, Rute Teixeira. *Convenções matrimoniais*. A autonomia na conformação dos efeitos patrimoniais do casamento. Coimbra: Almedina, 2018. p. 725-730.

de subsistência e sobrevivência pessoal, de modo que a pensão alimentícia pode se aproximar do conceito de ordem pública, notadamente se for considerado que o artigo 1.707 do Código Civil proíbe sua renúncia ou cessão, mas cuja indisponibilidade vem sendo costumeiramente rechaçada por se tratar de direito alimentar relativizado. Ademais, sua renúncia ou cessão em nada se identifica com o caráter eminentemente ressarcitório dos alimentos compensatórios, quer decorram da posse unilateral de bens comuns rentáveis, quer intentem evitar uma queda brusca do padrão de vida.

Como a pensão compensatória não tem caráter assistencial, a toda evidência que sua incidência projetada por ocasião da crise matrimonial pode ser contratualmente ajustada entre casais, não existindo qualquer resquício de dúvidas de que tanto a pensão compensatória *humanitária* de um regime usual de separação de bens quanto a pensão compensatória *patrimonial* de um regime de comunidade de bens que estão sendo unilateralmente explorados revelam uma natureza ressarcitória que não se compatibiliza com a natureza assistencial da pensão alimentícia e que mesmo esta tem sido passível de renúncia contratual no sistema jurídico brasileiro.

Conta Ignacio Fernández Chacón que a pensão compensatória do artigo 97 do Código Civil espanhol foi inicialmente projetada pela jurisprudência espanhola para ter um caráter vitalício, mas que foi progressivamente sendo limitada no tempo e admitida como exceção, e não como regra geral, muito em parte como consequência da crescente autonomia privada dos cônjuges ou companheiros, não somente no tocante à sua configuração, quantificação e modulação, mas também com referência à sua possível renúncia antecipada em contrato antenupcial ou em convenção matrimonial subsequente, tudo viabilizado pelo artigo 1.323 do Código Civil espanhol.[101]

Portanto, consoante o artigo 1.325 do Código Civil espanhol, nas capitulações matrimoniais os cônjuges podem estipular, modificar ou substituir o regime econômico de seu casamento ou quaisquer outras disposições decorrentes do casamento, e de longa data o Tribunal Supremo espanhol avaliza os acordos de natureza patrimonial celebrados à margem de qualquer homologação judicial, os quais são catalogados como negócios jurídicos atípicos plenamente válidos e eficazes entre os contratantes. É nesse contexto admitida a renúncia antecipada da pensão compensatória, conquanto não contrarie a ordem pública e fique ausente de lesão a direitos de terceiros, uma vez observada a forma prescrita em lei (CC, art. 104). Entendem alguns não ser viável a renúncia antecipada de alimentos compensatórios diante de sua natureza incerta, cujo reconhecimento ao respectivo direito deve ser avaliado quando se produz a crise conjugal, sendo levados em consideração todos os pressupostos alinhavados no artigo 97 do Código Civil espanhol, como a idade e o estado de saúde dos consortes, sua qualificação profissional e probabilidades de acesso a um emprego, a dedicação passada e futura à família, a colaboração nas atividades comerciais, empresariais ou profissionais do outro cônjuge, a duração do casamento e da convivência conjugal, ou a eventual perda de um direito de pensão, a riqueza e os meios econômicos, além das necessidades dos cônjuges.

Seriam requisitos unicamente aferíveis ao tempo da ruptura nupcial e que impedem uma precedente renúncia da pensão compensatória justamente quando se inicia o relacionamento afetivo, ou, em outras palavras, não haveria como renunciar a um direito que ainda não existe e que não passa de mera expectativa de um possível direito, um direito futuro que

---

[101] CHACÓN, Ignacio Fernández. Validez de la renuncia anticipada a la pensión compensatoria. *In*: CHACÓN, Ignacio Fernández. *Compensaciones e indemnizaciones en las relaciones familiares*. Navarra: Thomson Reuters/Aranzadi, 2021. p. 191-192.

ainda não nasceu, pois só seria possível compreender como renunciável um direito que desde logo se pudesse exercê-lo, nunca antes, o que não se mostra uma forma mais correta de compreensão, porquanto os cônjuges ou conviventes renunciam a uma expectativa de fato e o fazem dentro de sua autonomia privada, abrindo mão de um eventual direito que ao tempo do pacto antenupcial ainda representa uma mera expectativa de fato e o fazem em previsão de que um dia poderiam querer ou não exercer esse direito *ex ante* renunciado, ou, como explica Manuel García Mayo, não se trata de uma renúncia antecipada de um direito, mas sim de uma renúncia à lei aplicável, o que supõe excluir voluntariamente, mediante um negócio jurídico, o regime regulador de determinado direito, implicando a prévia renúncia de direitos que ainda não ingressaram no patrimônio do eventual titular.[102]

O argumento não se mostra consistente a ponto de impedir a prévia renúncia de um direito futuro e claramente mensurável, haja vista que unicamente os noivos renunciam de forma voluntária e dentro do espaço de sua autonomia privada, no âmbito de seu pacto antenupcial à incidência de um direito previsto em lei e que poderia ser aplicado no futuro se presentes seus pressupostos legais. Sucede que não se trata de renúncia ao texto legal, mas de renúncia ao exercício de uma prerrogativa de um direito determinado, como pode ser mais bem examinado no direito brasileiro na hipótese dos alimentos compensatórios patrimoniais do parágrafo único do artigo 4.º da Lei 5.478/1968, em que existe a previsão dos alimentos compensatórios *patrimoniais*, mas nada obsta que seu circunstancial beneficiário desde logo renuncie a seu exercício, e a Lei de Alimentos não proíbe por igual, tampouco considera sua aplicação cogente.

Como registra Ignacio Fernández Chacón, os alimentos compensatórios tratam de um direito de natureza patrimonial, o que os converte desde logo em um direito disponível e renunciável da parte do cônjuge ou do companheiro beneficiário,[103] tal qual o cônjuge renuncia nesse mesmo pacto antenupcial a um eventual regime de comunidade de bens, e essa renúncia só seria considerada inválida se fosse contrária ao interesse de ordem pública ou se resultasse prejudicial para terceiros, como expressamente estabelece o artigo 6.2 do Código Civil espanhol ao dispor que "a exclusão voluntária de lei aplicável e a renúncia aos direitos por ela reconhecidos, só serão válidos quando não contrariem a ordem pública e nem prejudiquem terceiros".

No direito brasileiro, a seu modo, o artigo 104 do Código Civil não deixa dúvidas de que entre pessoas adultas e capazes é absolutamente pertinente que renunciem aos alimentos, eis que se trata de objeto lícito, possível, determinado ou determinável, servindo-se as partes da forma prescrita, e não defesa em lei, mormente sobre alimentos compensatórios de caráter indenizatório. Se com relação à própria pensão alimentícia vem sendo admitida sua renúncia entre cônjuges e companheiros, apesar de em contrário ordenar o artigo 1.707 do Código Civil e só aceitar a dispensa de seu eventual exercício, há muitos anos essa dispensa vinha sendo interpretada como um ato de irreversível renúncia. Portanto, a pensão compensatória pode ser serenamente renunciada de forma antecipada em pacto antenupcial ou em contrato de união estável, como pode ser no caminho inverso antecipadamente contratada. Com efeito, não seria válida a renúncia dos alimentos de terceiros, como no caso dos filhos, obrigando essa prole a recorrer a outros sujeitos públicos ou privados para satisfazerem suas necessidades

---

[102] MAYO, Manuel García. Pactos prematrimoniales y compensación. *In*: VERDA Y BEAMONTE, José Ramón de (dir.); MATAMOROS, Pedro Chaparro; BIOT, Álvaro Bueno (coord.). *La compensación por desequilibrio en la separación y divorcio*. Tratado práctico interdisciplinar. Valencia: Tirant lo Blanch, 2021. p. 143.

[103] CHACÓN, Ignacio Fernández. Validez de la renuncia anticipada a la pensión compensatoria. *In*: CHACÓN, Ignacio Fernández. *Compensaciones e indemnizaciones en las relaciones familiares*. Navarra: Thomson Reuters/ Aranzadi, 2021. p. 197.

de subsistência, até porque os alimentos dos filhos menores e incapazes são por natureza irrenunciáveis, incompensáveis e imprescritíveis.[104]

No direito argentino, a renúncia está regulada pelos artigos 944 a 954 do Código Civil e Comercial, os quais, sinteticamente, consideram a renúncia (i) um ato abdicativo voluntário e lícito que possui a finalidade imediata de aniquilar direitos e deve reunir os requisitos de capacidade, objeto e forma; (ii) pode ser onerosa ou gratuita; (iii) se onerosa, será bilateral; e (iv) deve ser interpretada restritivamente e não pode ser presumida, mas sempre expressa, como também consta do artigo 1.806 do Código Civil brasileiro.

O Código Civil e Comercial da Argentina prescreve em seu artigo 1.644 ser proibido transigir sobre direitos em que está comprometida a ordem pública e sobre direitos irrenunciáveis, tampouco os direitos sobre as relações de família ou sobre o estado das pessoas, exceto se se tratar de direitos patrimoniais, sendo certo, portanto, que casais e conviventes podem abandonar seus direitos particulares e que não afetem a ordem pública. Acresce Mariel F. Molina de Juan que existem direitos patrimoniais que podem ser pessoais, reais ou intelectuais e passíveis de renúncia, seja o direito em si mesmo ou as faculdades que dele emergem, por exemplo, o direito a uma prescrição já ocorrida, ou da cobrança de alimentos vencidos e não pagos, ou o direito de colacionar dentro dos limites da legítima, somente sendo indisponíveis os direitos personalíssimos e as ações de estado de família, ou que, em suma, quanto mais o direito está próximo da ordem pública, menos espaço ele encontra para que sejam abdicadas as prerrogativas concedidas por lei.[105]

As vozes que se opõem à renúncia antecipada dos alimentos compensatórios afirmam que eles encontram seu fundamento na solidariedade familiar e, como ferramenta com perspectiva de gênero, sua abdicação comprometeria a ordem pública, portanto a renúncia antecipada atentaria contra o princípio da igualdade e agravaria as diferenças que usualmente existem entre os casais. Ademais, permitir negociar a pensão compensatória terminaria prejudicando a parte mais fraca da relação, cuja margem de negociação quase sempre é limitada, propiciando que se abrissem as portas para a manipulação do mais forte sobre o mais vulnerável, e, por fim, não se poderia renunciar a um direito que ainda não existe.[106]

Encarna Roca Trias está entre as vozes que se inclinam a aceitar a possibilidade de renúncia prévia dos alimentos compensatórios, a começar pelo fato de não se tratar de uma pensão vinculada à necessidade, carecendo de natureza alimentar, tendo em realidade uma natureza ressarcitória, proveniente de um dano objetivo, derivado do divórcio, com conteúdo do direito das obrigações. Não obstante surja de fato da responsabilidade civil, embora com seu marcado caráter familiar, toda e qualquer indenização é passível de renúncia prévia.[107] Ainda em favor da renúncia antecipada da pensão compensatória, dizem ser prático o uso do pacto antenupcial, que se antecipa à crise conjugal futura, gerando segurança, e brindam os casais valorizando suas decisões, externando a própria realidade dos relacionamentos afetivos atuais, que acompanham as transformações da sociedade e da família contemporânea, que fez desaparecer as figuras de outrora de um sexo frágil e outro forte,

---

[104] MAYO, Manuel García. *Pactos prematrimoniales y compensación. In*: VERDA Y BEAMONTE, José Ramón de (dir.); MATAMOROS, Pedro Chaparro; BIOT, Álvaro Bueno (coord.). *La compensación por desequilibrio en la separación y divorcio*. Tratado práctico interdisciplinar. Valencia: Tirant lo Blanch, 2021. p. 141-142.

[105] JUAN, Mariel F. Molina de. *Compensación económica*. Teoría y práctica. Buenos Aires: Rubinzal-Culzoni, 2018. p. 271-272.

[106] JUAN, Mariel F. Molina de. *Compensación económica*. Teoría y práctica. Buenos Aires: Rubinzal-Culzoni, 2018. p. 278-279.

[107] ROCA TRIAS, Encarna. *Comentarios a las reformas del derecho de familia*. Madrid: Tecnos, 1984. v. I, p. 644.

favorecendo a mudança das tarefas de cada cônjuge ou companheiro no domicílio conjugal e com relação à economia doméstica, revertendo os papéis de provedor e dependente e fugindo assim de um sistema paternalista. Descartam a ordem pública que não existe nas relações patrimoniais entre adultos, sendo todas disponíveis, como sucede, por exemplo, quando escolhem abandonar um regime de comunicação de bens, que é o regime previsto em lei, e optar por um regime de separação de bens. Ademais, não se confundem os alimentos compensatórios com a pensão alimentícia, sendo possível renunciar a prerrogativas que ainda não nasceram ou direitos que ainda não existem, mesmo porque são expectativas de fato, e não expectativas de direito, externando o artigo 13 do Código Civil e Comercial argentino ser possível renunciar aos efeitos da lei.[108]

Os ajustes de renúncia sobre alimentos compensatórios são vinculantes entre os acordantes cônjuges, se o adotaram no livre exercício da faculdade de sua autorregulação, aduzindo o artigo 232-20 do Código Civil da Catalunha que os pactos de previsão de ruptura matrimonial, sendo antenupciais e tratando de exclusão ou limitação de direitos, devem ter caráter recíproco e precisar com clareza os direitos que limitam ou renunciam, assegurando-se o cônjuge de que a outra parte tenha no ato da escritura as informações suficientes sobre o patrimônio, ingressos financeiros e expectativas econômicas, sempre que essa informação seja relevante com relação ao conteúdo do pacto.

Sucede que o direito catalão compara os alimentos compensatórios para efeitos de renúncia à pensão alimentícia e por isso o artigo 231.10 do Código Civil catalão exige prudência e intervenção notarial na consecução do pacto com previsão de ruptura para capítulos que importem em renúncia ou limitação de direitos. Todavia, com efeito, enquanto a pensão compensatória trata de reequilibrar as condições econômicas dos cônjuges, a pensão alimentícia cuida de compensar a necessidade alimentar, a subsistência de um consorte sem condições próprias de sobrevivência, não sendo, portanto, ferida qualquer ordem pública quando há renúncia prévia de uma pensão compensatória de caráter indenizatório e não alimentar. A ordem pública no cenário do direito familista circunscreve-se à determinação da guarda dos filhos, regime de convivência, pensão alimentícia e outros temas próprios e específicos de um direito de família efetivamente indisponível não com relação à pensão compensatória, dado seu caráter disponível e que não afeta nenhum interesse puro e de caráter irrenunciável, não existindo no ordenamento jurídico brasileiro nenhum dispositivo legal que torne um direito irrenunciável pela só circunstância de ser um direito futuro.

Para parte da doutrina estrangeira, ordem pública é aquela que impede que um cônjuge ou companheiro lance mão de um mínimo indisponível destinado a cobrir suas necessidades básicas, e se esse acordo antenupcial gerar efeitos, a manutenção desse consorte ou convivente que renunciou a seu mínimo existencial tornar-se-á um encargo dos poderes públicos, em prejuízo da sociedade e, portanto, contrário ao interesse público. Nesse cenário, existem razões que justificam excluir do âmbito da autonomia privada dos cônjuges e conviventes o mínimo alimentar existencial, mas, fora essa hipótese, a renúncia à compensação por desequilíbrio econômico é válida como parecem entender os tribunais espanhóis. Vale dizer, não será aprovado pelo juiz qualquer acordo pré ou pós-nupcial de renúncia de alimentos compensatórios que deixe o cônjuge renunciante em estado de precariedade econômica, havendo expressa disposição contida no artigo 1.328 do Código Civil espanhol que proíbe introduzir pactos que vulnerem a igualdade de direitos dos consortes. Assim, a utilização dos pactos sobre a futura

---

[108] JUAN, Mariel F. Molina de. *Compensación económica*. Teoría y práctica. Buenos Aires: Rubinzal-Culzoni, 2018. p. 280.

crise conjugal que retirem a subsistência digna e devida não são tolerados, entrementes não protegem aqueles matrimônios em que um dos cônjuges justamente contrai casamento para adquirir uma série de direitos sobre o patrimônio do outro diante de uma posterior ruptura. Nos Estados Unidos são muito frequentes os pactos nos quais uma pessoa muito rica fixa uma quantidade de dinheiro, bens e recursos em prol do outro consorte por vezes muito mais jovem e com um nível econômico muito inferior, restando a controvérsia se o pacto converte o casamento em um instrumento para obter certos ingressos econômicos e financeiros ou unicamente para reconhecer um direito coerente com a condição patrimonial dos esposos.[109]

Antonio Cabanillas Sánchez traz interessante ponderação acerca da viabilidade da renúncia dos alimentos compensatórios em contratos antenupciais, cuja validez admite, porém, sua eficácia vai depender do caso concreto por ocasião da crise e ruptura conjugal, que pode se encontrar em um estado de necessidade, em verdadeira situação de indigência, que produz uma alteração substancial das circunstâncias econômicas que alcança a renúncia efetuada. Entende, dessarte, que induvidosamente, diante desse quadro fático, a renúncia antecipada dos alimentos compensatórios pronunciada em pacto antenupcial é nula, como será nula qualquer modulação a despeito desse direito, porque quebra o equilíbrio que precisa existir entre os dois consortes, e não somente com relação a um deles. Para tanto, o autor invoca o artigo 231.20 do Código Civil da Catalunha, dispondo que "os pactos de exclusão ou limitação devem ter caráter recíproco e que os pactos de previsão de ruptura, no momento em que se pretende a dissolução da relação conjugal, não serão eficazes se o seu cumprimento for gravemente prejudicial para um consorte, se sobrevieram circunstâncias relevantes, que não foram previstas e nem podiam ser razoavelmente previstas ao tempo da outorga do pacto. O mesmo autor adverte, e é bom que reste consignado, que uma cláusula pactícia, estabelecendo que no regime da separação de bens os cônjuges devem concorrer para os gastos de qualquer espécie e em qualquer circunstância, não implica renúncia por vontade de ambos os esposos dos alimentos compensatórios".[110] No entanto, *a contrario sensu*, seguramente poderá ser revista e cancelada a cláusula pactícia que onerava um dos consortes ou conviventes, imputando-lhe o pagamento de alimentos compensatórios em previsão de ruptura, não obstante existisse ao tempo do rompimento um razoável equilíbrio financeiro entre os esposos que se divorciam.

Em segundo plano, também tem sido dito que a renúncia antecipada da pensão compensatória poderia conter vício de consentimento diante do desconhecimento das circunstâncias futuras, precisando ser unicamente assegurado que a manifestação das partes tenha ocorrido de forma livre, voluntária e isenta de vícios, sendo possível, mas não provável, que os contratantes desconheçam as circunstâncias futuras, quando, por exemplo, um dos parceiros se junta ao outro que já mantém uma vida rica e confortável. Portanto, essa não é uma justificativa que permita intuir que a vontade expressada o tenha sido de forma viciada, nem quando ao tempo da manifestação de vontade não existisse um quadro de riqueza e de estabilidade financeira, pois esta é igualmente possível prever.

Em complemento, alude Manuel García Mayo, quem pretende deixar sem efeito a renúncia antecipada da pensão compensatória realizada em pacto antenupcial, tem se socorrido frequentemente de um dos princípios que limitam a autonomia privada das partes – a igualdade

---

[109] GUTIÉRREZ, Vicente Guilarte; MARTÍN-CALERO, Cristina Guilarte; ESCRIBANO, Celia Martínez; SASTRE, Nuria Raga. Las capitulaciones matrimoniales. Las donaciones por razón de matrimonio. *In*: TOLSADA, Mariano Yzquierdo; CASAS, Matilde (coord.). *Tratado de derecho de la familia*. Los regímenes económicos matrimoniales. Navarra: Aranzadi/Thomson Reuters, 2011. p. 488-499.

[110] SÁNCHEZ, Antonio Cabanillas. Las capitulaciones matrimoniales. *In*: GIMÉNEZ, Gema Díez-Picazo (coord.). *Derecho de familia*. Navarra: Aranzadi/Thomson Reuters, 2012. p. 600.

entre os cônjuges, afirmando o autor declinado que, não obstante o argumento da igualdade possa ser endereçado a qualquer um dos consortes ou companheiros, só se reconhece o direito aos alimentos compensatórios a um deles, e, obviamente, considerando aqueles pressupostos presentes no momento de firmarem o pacto antenupcial, em cuja[111] ocasião seja perfeitamente possível prever quem será o beneficiário. Logo, tem pouca transcendência a renúncia de quem não é potencial beneficiário, não podendo, pois, ser considerada uma quebra ao princípio da igualdade a renúncia unicamente de quem realmente tinha probabilidade de ser beneficiário dos alimentos compensatórios, não existindo nenhuma vulneração ao princípio da igualdade e reciprocidade das relações conjugais patrimoniais e econômicas dos consortes, tanto que, adotando certos e determinados regimes de bens, estão precisamente aceitando e prevendo a pior situação econômica que a esposa podia se ver diante da futura ruptura do casamento, sem olvidar de que se trata de uma renúncia recíproca, sendo ambos os futuros consortes plenamente conscientes do acordo econômico a que chegaram.

3.3.5. A entrega da renda líquida de bens comuns

Conforme Sérgio Gischkow Pereira, a renda líquida dos bens comuns deve corresponder à metade da renda líquida, resultando a dificuldade prática em apurar seu valor, pois, sendo bens imóveis alugados, é fácil a apuração, que deve abstrair o recolhimento do imposto de renda, com a certeza de que existirão momentos nos quais o locador terá de atender despesas extraordinárias e de conservação dos imóveis alugados. O problema maior surge quando se trata de levantar os valores correspondentes aos dividendos a serem distribuídos a partir dos lucros aferidos pela sociedade empresária, e o controle dessa distribuição dos dividendos diante do mau uso societário e a maliciosa retenção dos dividendos que terminam estrategicamente não sendo distribuídos aos sócios com a intenção de sonegar a renda líquida atinente ao cônjuge de sócio. De acordo com Sérgio Gischkow Pereira, diante da indeterminação do valor, não haverá como escapar de um procedimento prévio de cálculo daquela renda líquida, quando serão usados os critérios de liquidação de sentença do artigo 509 do Código de Processo Civil. Contudo, em razão da complexidade do procedimento, o citado doutrinador recomenda seja empregado, por analogia com o artigo 13, § 1.º, parte final, da Lei 5.478/1968, o processamento em apartado,[112] um verdadeiro incidente processual que tramitará conectado à ação de alimentos compensatórios, fato hoje totalmente dispensável, porquanto os alimentos compensatórios podem e devem ser requeridos no corpo da ação de divórcio, ou de dissolução de união estável, isso quando não forem objeto complementar de uma ação de alimentos (pensão alimentícia de subsistência), cumulada com alimentos compensatórios.

Belmiro Pedro Welter menciona interessante passagem do voto do desembargador paulista Ênio Santarelli Zuliani, no Agravo de Instrumento 120.074-4/7, julgado em 14.09.1999, cujo acórdão foi publicado na *Revista dos Tribunais* 771/235, em que referiu que "a renda líquida de imóveis comuns decorre do direito real de propriedade e de renda, um atributo da eficácia *erga omnes* do domínio. As primeiras razões do indeferimento são inconsistentes, justamente porque o direito da mulher não depende de partilha e/ou de ação própria. As razões seguintes (que o valor da renda líquida repercutia no *quantum* dos alimentos provisórios) são

---

[111] MAYO, Manuel García. Pactos prematrimoniales y compensación. *In* VERDA Y BEAMONTE, José Ramón de (dir.); MATAMOROS, Pedro Chaparro; BIOT, Álvaro Bueno (coord.). *La compensación por desequilibrio en la separación y divorcio.* Tratado práctico interdisciplinar. Valencia: Tirant lo Blanch, 2021. p. 146-147.

[112] PEREIRA, Sérgio Gischkow. *Ação de alimentos.* 4. ed. Porto Alegre: Livraria do Advogado, 2007. p. 82.

insustentáveis pelo simples fato de que o valor da renda é incógnito e jamais poderia servir para compor o critério de arbitramento (art. 400 do CC/1916)".[113]

Belmiro Pedro Welter diverge, contudo, da compreensão externada por Sérgio Gischkow Pereira, observando que o atual Código Civil não citou o direito à renda líquida dos bens comuns como um direito alimentar, mas que nada obsta que em demanda cautelar , como direito real de propriedade e de renda, reivindicar parte desta renda proveniente dos bens comuns rentáveis, já que o direito *à renda líquida do patrimônio* do cônjuge não depende de prévia partilha dos bens, sob pena de se estar acobertando o enriquecimento ilícito de um cônjuge em detrimento do outro.[114]

Para Jander Maurício Brum, a mesma regra deveria ser aplicada à união estável, havendo patrimônio comum, por força da Lei 9.278/1996, desde quando a Carta Política de 1988 a reconheceu como uma entidade familiar,[115] fato que não subsiste na atualidade, qualquer dúvida de que os alimentos compensatórios patrimoniais têm incidência em qualquer uma das duas entidades familiares biparentais exaltadas pela Carta Federal, sejam elas hétero ou homoafetivas, e em qualquer regime de comunidade de bens, menos no regime da separação convencional ou obrigatória de bens, uma vez que nesse regime bifurcado tem total pertinência a aplicação dos alimentos compensatórios humanitários, conquanto, obviamente, presentes os demais pressupostos. É como também pensa Imaculada Abenante Milani ao expor que a existência de bens comuns, obviamente rentáveis, quer no casamento, quer na união estável, gera o direito à metade da renda líquida deles advinda.[116]

3.3.6. *Bens conjugais rentáveis*

Surgem com as núpcias vários efeitos, focalizados no campo das relações sociais, econômicas e pessoais. Lenta história construída no seio da evolução da jurisprudência brasileira também permitiu identificar, dentro das relações de estável convivência, esses mesmos efeitos econômicos previstos no casamento e depois estabelecidos na união estável, mediante sólida e irreversível legislação surgida na esteira da Constituição Federal de 1988. Assim visto, sob o viés econômico das relações de afeto, efeitos de cunho material são gerados na união estável, do mesmo modo que no casamento, emergindo não apenas dos vínculos existentes entre os consortes ou conviventes, mas também deles para com terceiros que com eles se relacionam na área econômica.

Logo, matrimônio e união estável criam uma comunidade de vida e ao mesmo tempo uma comunidade de interesses econômicos, denominada regime matrimonial de bens. Regimes que transitam em uma variação entre a total separação de bens, em que nenhum patrimônio se comunica, mantendo cada parceiro sua massa particular de bens, quer tenham sido adquiridos antes ou durante o casamento, passando pelo regime da comunicação parcial, formada por três diferentes massas: uma particular de cada um dos parceiros e uma terceira comum ao casal, construída ao longo da relação conjugal. Por fim, podem eleger o regime da total comunicação de seus bens à imagem daqueles casamentos ungidos à luz do sacramento com vínculos que só devem ser rompidos pela vontade da natureza.

---

[113] WELTER, Belmiro Pedro. *Alimentos no Código Civil.* Porto Alegre: Síntese, 2003. p. 149.

[114] WELTER, Belmiro Pedro. *Alimentos no Código Civil.* Porto Alegre: Síntese, 2003. p. 149-150.

[115] BRUM, Jander Maurício. *Comentários à Lei de Alimentos.* Rio de Janeiro: Aide, 1997. p. 96.

[116] MILANI, Imaculada Abenante. *Alimentos.* O direito de exigir e o dever de prestar. São Paulo: Juarez de Oliveira, 2005. p. 64.

Dentro dessas modelagens, não se mostra tarefa árdua entender por que, durante tantas gerações, os casamentos eram invariavelmente selados pelo regime da comunhão universal de bens, diante do frequente silêncio dos nubentes, casando sob o velado impacto do constrangimento social de induzir à crença de os noivos estarem firmando pactos vitalícios, em que ungiam amor, bens e, sobretudo, renúncias. Outra característica natural dessas uniões abençoadas pelas juras de vinculação para toda a vida era a certeza depositada pela sabedoria popular da época de que somente o homem estava capacitado a atuar como administrador do patrimônio matrimonial, aprumando-se como incontestável representante da massa de bens conjugais.

Por decorrência desse culto à administração masculina do patrimônio conjugal, o esposo estava totalmente dispensado de render contas de sua absoluta e isolada gerência dos bens comunicáveis, só devendo prestá-las depois de formalmente dissolvida a sociedade conjugal por meio de um processo judicial de divórcio. Dever e hábito de prestar contas estavam descartados da prática conjugal brasileira, por obra de uma exceção de consenso, em que o cônjuge não era tido como um mandatário comum. Discorre Borda que o marido maneja os bens de ambos os cônjuges como se fossem próprios, na maior parte do tempo no interesse comum e até em benefício exclusivo de seu consorte. Entretanto, acrescenta Borda, far-se-ia absurda e impraticável a confiança recíproca que deflui naturalmente do casamento, se o esposo tivesse que apresentar contabilidade perfeita de todos os gastos familiares e os respectivos comprovantes das despesas por ele procedidas.[117]

Contas de gestão conjugal só poderiam ser rendidas com a cessação da própria sociedade nupcial, não sendo, no entanto, esquecida a responsabilidade civil do esposo administrador pelos prejuízos culposos ou dolosos que deliberadamente pudesse causar à esposa. Afora essa remota possibilidade de ainda ser acionado pela possível administração ruinosa dos bens, caso a mulher tivesse a fortuna de provar em uma ação cível de reparação a linha divisória entre o acaso e a imperícia, o mais comum seria a esposa conformar-se, depois de longa e penosa trajetória processual, em deparar-se com um inventário de bens deteriorados e desvalorizados.

Esse antigo desenho da família patriarcal foi apagado da legislação brasileira com o advento do artigo 226, § 5.º, da Carta Constitucional de 1988, dispondo que os direitos e deveres referentes à sociedade conjugal seriam exercidos igualmente pelo homem e pela mulher. Portanto, passou a ser correto defender dali em diante a cogestão conjugal dos bens, porquanto revogados todos os privilégios que os diversos dispositivos do Código Civil atribuíam à competência exclusiva do varão na representação legal da família, de administrar o patrimônio nupcial e, também, os particulares da mulher. Sendo encarregado da manutenção da família, fácil dimensionar o imenso território pelo qual o marido trafegava livre e isento de aferir contas enquanto legalmente casado, mesmo durante a tramitação do divórcio. Cônjuges são sujeitos regrados pelo régio princípio da paridade e, portanto, dentro desse modelo de regência conjugal estão vedados da prática isolada de qualquer ato de disposição de bens que individualmente, ou no seu todo, importem em condenável disposição dos bens da massa conjugal. Atos dessa envergadura e que passam a ser praticados por um dos consortes sem a vênia do outro, cuja consulta é propositadamente dispensada, acarretam o contrário do passado, imediato direito à prestação de contas.

Mostravam os exemplos práticos das demandas de divórcio de partilha de bens nupciais quão rentável se fazia a sagacidade do varão administrador, perpetuando no tempo a

---

[117] BORDA, Guillermo A. *Manual de derecho de familia*. 11. ed. Buenos Aires: Abeledo-Perrot, 1993. p. 209.

dissolução de seu casamento, cujo processo, enquanto infindo, escusava-o de partilhar bens comuns, ou mesmo do natural dever de adiantar os frutos e as rendas resultantes do ativo nupcial. Ativo financeiro esse com origem em imóveis alugados, dinheiro aplicado em carteira de poupança ou em fundos de renda fixa, ações de empresas que geram frutos, lucros, dividendos e toda a gama de créditos destinados aos consortes por obra de suas riquezas comuns e, portanto, de direitos conjugais comunicáveis.

3.3.7. *A renda líquida dos bens comuns como alimentos compensatórios*

Para o direito brasileiro, não constitui nenhuma novidade ensejar ao cônjuge que não está na posse e administração dos bens comuns e rentáveis o direito aos agora denominados alimentos compensatórios *patrimoniais* para haver judicialmente parte da renda líquida do acervo comunicável, conforme determina, desde 1968, o parágrafo único do artigo 4.º da Lei 5.478/1968.[118] Prescreve esse dispositivo inserto em legislação promulgada há mais de cinco décadas e meia, que na ação de alimentos, ou mesmo em demanda autônoma, quando da fixação da pensão provisória pedida pelo cônjuge casado pelo regime da comunhão universal de bens comuns, administrados pelo devedor, pode o cônjuge que não se encontra na posse destes bens comuns requerer uma parcela dos rendimentos oriundos destes bens comuns rentáveis.

Há controvérsias a propósito da porcentagem dos rendimentos a ser entregue ao cônjuge afastado da administração do acervo conjugal, sob o argumento de o marido precisar fazer frente às despesas de conservação desses bens, além da responsabilidade com o pagamento de impostos, inclusive sobre as rendas, lembra Arnaldo Marmitt[119] com escólio em Silvio Rodrigues. Embora muitas vozes sustentem cometer ao magistrado arbitrar o índice mais razoável, depois de balancear os custos de manutenção dos bens e tributos incidentes, parece sem sentido ordenar qualquer redução que não contemple exatamente a metade líquida das rendas conjugais, considerando ser líquido o que remanesce depois de satisfeitas as despesas incidentes. É provimento judicial que, de certo modo, apenas antecipa a partilha dos resultados líquidos dos bens conjugais.

Seguindo o espírito da Lei de Alimentos, trata-se de pura faculdade posta a benefício do cônjuge que demanda alimentos provisórios e que não se encontra à testa da gestão dos bens conjugais. O exercício desse direito pressupõe um casamento procedido pelo regime da comunhão universal e independe do direito à pensão de alimentos a ser provisoriamente fixada pelo juiz, embora, e sem a menor sombra de dúvida, o montante da renda líquida a ser mensalmente repassado ao alimentando exercerá relevante influência no deferimento da pensão alimentícia e em sua quantificação judicial, podendo importar até no improvimento da pensão alimentícia, considerando que o credor poderá subsistir perfeitamente dessas rendas advindas dos bens conjugais. Como menciona Sérgio Gischkow Pereira, é estranha a restrição legal de só ser possível obter da renda líquida dos bens comuns quando o regime de bens do casamento for o da comunhão universal. Para ele, deveria ser estendida a renda líquida dos

---

[118] "Art. 4.º Ao despachar o pedido, o juiz fixará desde logo alimentos provisórios a serem pagos pelo devedor, salvo se o credor expressamente declarar que deles não necessita. Parágrafo único. Se se tratar de alimentos provisórios pedidos pelo cônjuge, casado pelo regime da comunhão universal de bens, o juiz determinará igualmente que seja entregue ao credor, mensalmente, parte da renda líquida dos bens comuns, administrados pelo devedor."

[119] MARMITT, Arnaldo. *Pensão alimentícia*. Rio de Janeiro: Aide, 1993. p. 46.

bens comuns também no regime da comunhão parcial de bens,[120] que passou a ser o regime legal na falta de adoção de regime diverso em pacto antenupcial, estando pacificado ter pertinência em qualquer regime que reporte alguma comunicação patrimonial, como decidem reiteradamente os tribunais na atualidade.

Para Moura Bittencourt, o direito à parte das rendas líquidas dos bens administrados por um dos cônjuges é, fora de dúvida, consequência das regras da comunhão ou do condomínio,[121] o que torna incoerente o texto legal, ao limitar a entrega da renda líquida dos bens comuns apenas àqueles casados pelo regime da comunhão universal de bens. É conclusão sem sentido e, além disso, totalmente injusta, porquanto, tendo por princípio as regras da comunhão ou do condomínio, afigura-se óbvio estender essa mesma faculdade àqueles que casam pelo regime da comunhão parcial de bens, partilhando o líquido da renda gerada pelos aquestos comuns.

Inquestionável reconhecer a precedência desse direito no sistema jurídico brasileiro, como reiteradamente vêm decidindo os tribunais estaduais, para conferir a entrega da renda conjugal sem pré-exclusão do crédito alimentar, pois são pleitos de origem diversa, em que rendimentos recolhidos das riquezas materiais do casal não se confundem com a pensão alimentícia. Não era, à época, uma posição doutrinária de consenso, porquanto, por exemplo, para Oliveira e Cruz,[122] apoiado em Nélson Carneiro, a renda líquida entregue ao cônjuge tem indiscutível cunho alimentar, tanto que o texto em exame só abrange os alimentos provisórios. Entretanto, tal posição doutrinária e jurisprudencial mudou radicalmente e passou a considerar a entrega da renda líquida como um direito indenizatório que evita o enriquecimento indevido do consorte ou convivente que se encontra usufruindo unilateralmente dos frutos produzidos pelos rentáveis bens comuns.

Curiosamente, esse poderoso mecanismo de proteção das rendas hauridas pela meação do cônjuge afastado da administração da massa matrimonial não havia feito carreira na jurisprudência brasileira, sendo incompreensivelmente abandonada dos processos pátrios, cujas requisições judiciais costumavam limitar-se apenas à discussão do crédito de alimentos, talvez pelo receio de alertar o julgador de que o requerente gozava de crédito próprio, capaz de exonerá-lo do direito alimentar, circunstância radicalmente modificada na contemporaneidade, haja vista que os alimentos compensatórios vertidos em razão do uso isolado dos rentáveis bens comunicáveis invariavelmente comportam seu judicial deferimento. O mesmo princípio presta-se ao relacionamento estável, em todos os seus matizes, até porque o juiz, ao deferir a antecipação da entrega da renda líquida dos bens comuns administrados pelo cônjuge ou pelo convivente, agiria na esteira simples da antecipação da própria partilha dos bens comunicáveis dos litigantes, imaginavam os doutrinadores do passado.

Por fim, desapareceu do cenário jurídico brasileiro aquele péssimo costume de favorecer o consorte que se encontrava na posse e na administração dos bens nupciais pela isenção de prestar contas, uma vez que todos os bens do casal permaneciam indivisíveis na propriedade comum dos cônjuges, durante a existência jurídica e formal da sociedade conjugal. Rendimentos conjugais advêm de aluguéis, aplicações financeiras, créditos de poupança, dividendo de ações, lucros de sociedades empresárias. Moderno processo de família aceita perícia contábil ou auditoria societária a qualquer momento, independentemente da cessação formal do casamento ou da união estável, sepultando de uma vez por todas aquele

---

[120] PEREIRA, Sérgio Gischkow. *Ação de alimentos*. 4. ed. Porto Alegre: Livraria do Advogado, 2007. p. 83.
[121] BITTENCOURT, Edgard de Moura. *Alimentos*. 5. ed. São Paulo: Edição Universitária de Direito, 1986. p. 65.
[122] CRUZ, João Claudino de Oliveira e. *A nova ação de alimentos*. 5. ed. Rio de Janeiro: Forense, 1981. p. 31.

Cap. 3 · DOS ALIMENTOS COMPENSATÓRIOS | **197**

odioso expediente de procrastinar o desfecho do litígio para permanecer na administração do patrimônio, à testa da empresa comum, usufruindo sozinho das rendas, de seus lucros e de suas vantagens, sem precisar alcançar para o sócio conjugal sua porção sobre essa mesma riqueza que geralmente acabava, muitas das vezes, servindo para pagar os alimentos da esposa com seus próprios recursos e quase sempre com pequena parcela da meação de suas rendas sobre os bens comuns.

3.3.8. *A divisão periódica dos lucros do artigo 1.027 do Código Civil*

Há uma importante analogia que pode ser encontrada no artigo 1.027 do Código Civil ao prescrever que os herdeiros do cônjuge de sócio, ou o cônjuge do que se separou judicialmente (leia-se que se divorciou ou dissolveu sua união estável), não podem exigir desde logo a parte que lhes couber na quota social, mas concorrer à divisão periódica dos lucros, até que se liquide a sociedade. Por evidente que não se trata dos alimentos compensatórios *patrimoniais*, uma vez que estes incidem sobre todas as rendas comuns e não apenas sobre aquelas oriundas de sociedades empresárias, mas se trata de dispositivo legal que, sem dúvida alguma, reforça e convalida a procedência dos alimentos compensatórios *patrimoniais* que representam a entrega ao cônjuge ou companheiro que não está na administração dos bens comuns, a renda líquida produzida pelo patrimônio comum rentável. O dispositivo legal em exame tem em mira a preservação da empresa no interesse dos demais sócios, dos empregados e da comunidade na qual a sociedade empresária atua,[123] contudo, morto um dos sócios, ou tendo ele se divorciado ou dissolvido sua união estável, seus herdeiros, seu ex-cônjuge ou ex-companheiro tem o direito de participarem nos lucros proporcionais ao montante dos recursos que o sócio detém ou detinha na sociedade até a sua liquidação ou a apuração de haveres.[124]

Conforme lição de Alfredo de Assis Gonçalves Neto, o cônjuge que se divorcia, recebendo em partilha parte da quota social que seu consorte possui numa sociedade, embora nada impeça que reivindique esses mesmos lucros na constância do processo de divórcio ou de dissolução de união estável, não tem direito de se tornar sócio, se sócio já não for. Este cônjuge ou companheiro recebe, exclusivamente, os direitos patrimoniais inerentes à quota social de seu esposo ou companheiro sócio. Isso significa que a sociedade passará a pagar os dividendos na

---

[123] VERÇOSA, Haroldo Malheiros Duclerc. Curso de direito comercial. Teoria geral das sociedades. As sociedades em espécie do Código Civil. São Paulo: Malheiros, 2006. v. 2, p. 339.

[124] "Apelação cível. Família. Julgamento conjunto de ações de divórcio c/c partilha de bens. Sentença uma de procedência parcial. Inconformismo do ex-cônjuge varão. Tese de que a participação na divisão periódica dos lucros, pela ex-cônjuge mulher, deve ocorrer até a data da separação de fato. Rejeição. Apelada que tem direito a participar da divisão dos lucros líquidos de pessoas jurídicas, partilhadas em divórcio, até a liquidação da sociedade empresarial. Exegese do art. 1.027, CC. Ponto mantido. Argumento de que a partilha envolvendo a sociedade em conta de participação deve ocorrer através das quotas sociais. Inacolhimento. SCP que não se trata de um tipo societário propriamente dito, pois não tem personalidade jurídica e sua natureza é oculta, situação que se assemelha a um contrato de investimento, cujos lucros dos sócios participantes estão atrelados ao risco empresarial. Empreendimento que ainda não alcançou seu fim. Mera expectativa de direito. Partilha em metade que deve incidir, portanto, sobre os lucros a serem aferidos após a conclusão do empreendimento. Divisão readequada. Tese de que os juros de mora devem fluir a partir da interpelação do devedor na fase de cumprimento de sentença. Insubsistência. Termo inicial a partir da citação (art. 405, CC). Precedentes deste Tribunal Catarinense. Alteração de ofício, todavia, da fluência dos juros de mora em relação à partilha dos automóveis, a fim de que incidam igualmente a partir da citação. Sentença modificada. Honorários recursais incabíveis. Recursos conhecidos e parcialmente providos" (TJSC, Apelação Cível 5014690-26.2020.8.24.0091, 6ª Câmara de Direito Civil, Rel. Des. Eduardo Gallo Jr., j. 08.08.2023).

proporção devida ao ex-cônjuge ou ex-companheiro, podendo buscar, oportunamente, consoante o parágrafo único do artigo 600 do Código de Processo Civil, o direito de apuração de haveres, à conta das quotas que tenha havido de seu parceiro sócio em razão da dissolução do casamento ou da união estável.[125] E até a efetivação da apuração de haveres e enquanto o sócio permanecer no quadro social tem direito a participar dos lucros e na sua esteira seu ex-cônjuge ou ex-companheiro em sendo as quotas sociais comunicáveis, e de receber os juros sobre o capital próprio, conforme artigo 608 do Código de Processo Civil. Contudo, a partir do momento em que se rompeu a relação com a sociedade ou procedida a apuração de haveres com relação à participação financeira do ex-consorte sobre as quotas sociais comuns e comunicáveis, cessam os pagamentos de distribuição de lucros e juros sobre o capital próprio.[126]

3.3.9. O pagamento de alimentos a cargo da massa comum de bens

Dispõe o artigo 1.408 do Código Civil espanhol que "da massa comum dos bens se darão alimentos aos cônjuges ou, se for o caso, ao sobrevivente e aos filhos enquanto se realiza a liquidação do monte mor inventariado e até que se lhes entregue seus quinhões ou haveres, mas que serão reduzidos destes na parte que excederem dos frutos e rendimentos". Conforme Antonio Javier Pérez Martín, o fundamento não pode ser mais racional, pois os alimentos são pagos dos produtos da massa comum, na qual estão compreendidos os capitais privativos do cônjuge sobrevivente e do falecido e com sua morte os bens de seus filhos, além dos bens comuns. Enquanto tramita a liquidação e até que cada cônjuge, no divórcio, receba sua meação, herdeiros e consortes estão privados de seu capital e nada mais lógico que esses frutos se destinem à alimentação daqueles que são ou serão seus proprietários.[127]

Originariamente, esse dispositivo era regido pelo artigo 1.430 do Código Civil espanhol, depois alterado pela *Ley* 11/1981, de 13 de maio, eis que apenas reconhecia o direito sobre os frutos incidentes no processo de inventário, pela morte de um dos titulares, sendo ampliada e alterada sua numeração para o atual artigo 1.408 do Código Civil, estendendo o direito aos alimentos para cônjuge sobrevivente e filhos e incidentes sobre os bens liquidados em inventário ou em processo de divórcio ou de separação, no que se aproxima em propósitos do que dispõe a Lei 5.478/1968 em seu artigo 4.º, parágrafo único, que cuida dos alimentos compensatórios *patrimoniais*.

Essa espécie de pensão alimentícia do artigo 1.408 do Código Civil espanhol em nada se confunde ou se compara com a pensão alimentícia do direito de família, e que está regulada pelos artigos 146 e seguintes do Código Civil da Espanha. Trata-se simplesmente de um adiantamento da conta da parte dos bens comuns que cada cônjuge deve receber no divórcio ou em sua separação, ou que os filhos vão receber como sucessores de um dos consortes, e que se justifica pela usual demora dos processos de partilha. Igualmente sucede com relação aos alimentos compensatórios *patrimoniais* que são regulados pelo artigo 4.º, parágrafo único, da Lei 5.478/1968, cujo propósito era assegurar um recurso financeiro oriundo dos bens comuns e que usualmente fica em mãos do consorte que está na posse e na administração dos bens comuns que produzem renda.

---

[125] GONÇALVES NETO, Alfredo de Assis. Direito de empresa. 11. ed. São Paulo: Revista dos Tribunais, 2023. p. 327.

[126] BARIONI, Rodrigo. Comentários ao código de processo civil. São Paulo: Saraiva. Coord. GOUVÊA, José Roberto E.; BONDIOLI, Luis Guilherme A.; FONSECA, João Francisco N. da. 2020. v. XI. p. 373.

[127] MARTÍN, Antonio Javier Pérez. *Aspectos procesuales de la liquidación de la sociedad de gananciales*. Córdoba: Lexfamily, 2019. v. 10, p. 391.

Da mesma forma que no direito brasileiro, os alimentos incidentes sobre as rendas dos bens comunicáveis do direito espanhol são limitados ao tempo de tramitação do processo de partilha dos bens, tendo em conta a efetiva liquidação e adjudicação dos bens na meação de cada cônjuge ou com o pagamento dos quinhões dos herdeiros, servindo, como igualmente também serve no Brasil, como um incentivo para que a partilha não seja postergada indefinidamente, o que usualmente acontece quando o cônjuge nada paga ao meeiro ou os herdeiros nada recebem enquanto o administrador ou o inventariante se enriquece injustamente protelando a partilha e embolsando os recursos advindos de bens que não lhe pertencem em sua totalidade. É evidente que o cônjuge que não percebe esses rendimentos não se mostra nem um pouco satisfeito e concorde com eventual procrastinação da partilha que, em tese, consolidada a adjudicação dos bens, só então é que passaria a receber os frutos de seus próprios bens.

Entrementes, o requisito básico inicial para que sejam fixados esses alimentos do artigo 1.408 do Código Civil espanhol é de que tenha iniciado o processo de liquidação dos bens comuns, a saber, a demanda de partilha, o que se distancia dos alimentos compensatórios *patrimoniais* brasileiros, os quais permitem sua cobrança desde a separação de fato do casal ou desde a início de qualquer ação de separação judicial, divórcio, dissolução de união estável ou até mesmo de partilha dos bens. Não exige, como faz o direito espanhol, a abertura do processo de partilha, o que, a rigor, representa um desnecessário prejuízo financeiro, uma vez que incentiva a procrastinação do processo inicial de separação, divórcio ou de dissolução de união estável que ficam discutindo efeitos jurídicos paralelos que terminam atrasando a liquidação efetiva dos bens e enriquecendo injustamente aquele consorte ou companheiro que está na posse e administração dos bens rentáveis comuns e que tudo fará para procrastinar no tempo a partilha judicial, que já é naturalmente demorada, não fazendo nenhum sentido ter de aguardar a sentença de dissolução da sociedade afetiva.

Obviamente que essa ação regulada pelo artigo 1.408 do Código Civil espanhol não poderá ser proposta se, apesar de existirem bens comuns, mesmo assim não se trata de bens geradores de renda, como sucede com bens que somente ocasionam despesas, como a moradia conjugal, alguma casa de campo ou praiana e que não são postos em locação, até porque não se trata de uma ação de alimentos, mas de um pedido específico de entrega de valores decorrentes da existência de bens comuns rentáveis. Há quem defenda na jurisprudência e doutrina espanholas a hipótese de que, não produzindo renda, mesmo assim poderia ser requerida a venda de bens comuns para que o produto dessa venda gerasse os alimentos, assim como há quem na mesma linha sustente a possibilidade de divisão antecipada de saldos comuns de contas e investimentos.

Esses alimentos do artigo 1.408 do Código Civil espanhol, que encontram certa semelhança com os alimentos compensatórios do artigo 4.º, parágrafo único, da Lei 5.478/1968 (Lei de Alimentos), terão como parâmetro o montante das rendas geradas pelos bens e o nível de vida vivenciado pelos cônjuges, não tendo qualquer importância eventual o estado de necessidade do credor desses alimentos incidentes sobre os bens comuns, porque, como visto, não se trata de uma pensão alimentícia, tampouco se confundem com a pensão compensatória do artigo 97 do Código Civil espanhol, cujo pressuposto básico é o desequilíbrio econômico, e não o enriquecimento ilícito pela retenção dos bens comuns.

A jurisprudência espanhola não faz registro de qualquer compensação financeira em favor do consorte que se encontra na administração dos bens rentáveis, como se fosse uma espécie de remuneração pelo seu trabalho, até porque, tanto no direito alienígena como no caso dos alimentos compensatórios *patrimoniais* do artigo 4.º, parágrafo único, da Lei 5.478/1968, os valores usualmente fixados pelos juízes são aleatórios e raramente correspondem à exata metade das rendas comuns, que muitas vezes podem ser desconhecidas, tratando o juiz de arbitrar um valor fortuito como se de uma pensão alimentícia se tratasse e que ora pode ser vantajosa, ora desfavorável, pois, se a renda arbitrada a título de compensação dos bens comuns rentáveis for inferior a seu valor real, o consorte devedor pagará os alimentos com o próprio dinheiro de seu parceiro e ainda embolsará a diferença que fica em sua posse, porque a ordem judicial mandou que pagasse menos do que a meação das rendas do credor.

3.3.10. Dívidas conjugais

A sociedade conjugal não tem personalidade própria, não se trata de um ente com representação jurídica, senão que se faz representar pelos cônjuges e deles para com terceiros que com eles contratam. Entra em cena o consorte, que se coloca por consenso à frente da administração econômica do acervo dos bens conjugais ou convivenciais. Sem personalidade jurídica, sem identidade própria, a sociedade conjugal não é proprietária de quaisquer bens e, por conseguinte, também não é responsável por quaisquer dívidas, delas sendo devedores os esposos ou os conviventes. Logo, quem contrai dívida é um dos cônjuges e, se assim ele age no interesse da sociedade conjugal, é o acervo dos esposos que responde pela garantia desses débitos, constituindo-se em dívida comum, porque contratada em proveito da comunidade conjugal. Portanto, devem ser distinguidas as dívidas pessoais daquelas tidas como comuns aos cônjuges e conviventes. Importante ter em linha de prioridade a revolução procedida pela Constituição Federal de 1988, ao sufragar todas as regras de isonomia conjugal, por cujo princípio restaram soterrados todos os privilégios de chefia administrativa do marido e, em contrapartida, também a mulher assumiu a responsabilidade de contribuir financeiramente para a manutenção do lar, sempre que exercer atividade remunerada. Dentro desse regramento ético dos cônjuges, banindo autoridade conferida por decreto, a mulher perdeu a posição, por vezes cômoda, de colaboradora do esposo e assumiu o ônus moral e legal de participar com as despesas e, se caso ela não detiver rendas de trabalho extralar, havendo dívidas contraídas em prol da família, ela se torna codevedora por se tratar de débito conjugal, e não dívida particular do marido.

Portanto, o princípio assente no tocante às dívidas contraídas pelos cônjuges é o de o marido responder com seus bens pessoais quando ele assumir débitos provenientes de suas próprias aquisições. Quando as dívidas são contratadas pela mulher, a responsabilidade recai somente sobre seus bens pessoais, pois, segundo José Luis Pérez Lasala, o elemento de tipificação reside na ausência de qualquer responsabilidade do patrimônio individual de um cônjuge pelas dívidas do outro, pois não são dívidas de comum incidência.[128]

Encargos da sociedade conjugal e convivencial são: a) os gastos com a manutenção da família e dos filhos comuns; b) os custos com reparos, a conservação e os tributos dos bens particulares dos esposos; c) todas as dívidas e obrigações contraídas durante o casamento e em favor da família; d) as despesas com a formação e educação dos filhos; e) compra de vestimentas, honorários médicos e odontológicos, farmácia, planos de saúde e outros seguros contra enfermidades ou acidentes pessoais; f) salários e encargos dos funcionários domésticos. Enfim, não esgotadas nessas referências as hipóteses de despesas consideradas como dívidas comuns do casal, sendo bem mais amplo o campo jurídico de sua aplicação.

Importa, sim, considerar, como faz María Josefa Méndez Costa, devam esses custos conjugais ser mantidos à margem do abuso em combate intenso contra a tentação da fraude, para

---

[128] LASALA, José Luis Pérez. *Liquidación de la sociedad conyugal por muerte y partición hereditaria*. Buenos Aires: Depalma, 1993. p. 109.

Cap. 3 • DOS ALIMENTOS COMPENSATÓRIOS | **201**

onde o cônjuge resvala com certa facilidade ao tentar pelo ganho desonesto, ou motivado apenas pelo vingativo ressentimento, fraudar os créditos da esposa, contratando com terceiros só em aparência e, em outras vezes, procedendo com incontida e inaceitável prodigalidade. E, quando aflora a fraude, mais se impõem as cautelas judiciais na ânsia de preservar o melhor possível, não apenas a justa meação do cônjuge ou companheiro que está longe da administração econômica dos bens comuns, mas para que ele também não seja vítima silente e impotente da injuriosa expropriação de seus rendimentos pessoais.[129]

3.3.11. *Fraude pelo falso débito*

Elucidativos subsídios já de longo tempo haviam sido prestados por Adahyl Lourenço Dias ao recordar que, na vigência anterior ao Estatuto da Mulher Casada (Lei 4.121/1962), o patrimônio conjugal respondia por todas as dívidas contraídas pelo marido, servindo como fértil meio de disposição realizado pelo esposo administrador em fraude aos direitos da mulher. Desprotegida de quaisquer mecanismos legais capazes de resguardar sua meação, era comum deparar com execuções cambiárias decorrentes de emissões e avais do marido, maus negócios, ou fraude articulada em artimanha contra a esposa, via de falsas cambiais por ele emitidas para simular débitos, avais, fianças e até endossos, comprometiam todos os bens e todas as rendas conjugais, e a mulher perdia, da noite ao amanhecer, todo o seu esforço e trabalho.[130] Foi a Lei 4.121/1962 que impôs importantes restrições aos poderes dispositivos do marido, permitindo, finalmente, que os direitos da mulher casada recebessem proteção jurídica, pondo a sua meação a salvo desses artifícios construídos pelo marido com a ajuda de seus complacentes amigos, sempre dispostos a emprestar seus nomes na titulação de falsos créditos, que, depois de executados e judicialmente leiloados os bens conjugais, retornavam geralmente em pecúnia ao domínio exclusivo do marido então já separado. O Estatuto da Mulher Casada permitiu estabelecer uma clara linha divisória nas relações econômicas conjugais, mantendo o regime da comunicação de bens, mas sem a comunicação de dívidas, salvo se contraídas por ambos os consortes ou em inquestionável benefício da célula familiar. Não que os bens conjugais deixem de responder pelas dívidas de um casal, mas estão ressalvados quando contraídos por impulso do cônjuge administrador para fraudar os direitos e as rendas de seu consorte.

Quando o marido frauda a meação ou os créditos da esposa, agravando seus recursos financeiros com negócios jurídicos de indiscutível burla às expectativas creditícias da esposa, deve ser acionado em virtude dos meios ilícitos por ele empregados, desestimulando esse odioso impulso ao enriquecimento indevido, sempre debitando à custa do patológico ressentimento pela ruptura conjugal. Quando as dívidas contraídas pelo marido também aproveitam à mulher ou à família, descabe à esposa querer excluir sua meação da responsabilidade pelo resgate do débito, porque haveria nesse caso um enriquecimento sem causa, apenas cometendo aos credores provarem que a mulher experimentou vantagens com a importância dos débitos e a extensão dessas vantagens.[131]

Caso contrário, flagrante o dano causado pela quebra da confiança que cônjuges se creditam durante a vigência de suas relações patrimoniais, é preciso disponibilizar meios jurídicos capazes de desmobilizar a fraude conjugal. Danos causados por negócios onerosos e até gratuitos, indicando evidente e maliciosa subtração do ativo conjugal, desequilibrando a

---

[129]   COSTA, María Josefa Méndez. *Las deudas de los cónyuges*. Buenos Aires: Astrea, 1979. p. 160.
[130]   DIAS, Adahyl Lourenço. *O desquite no direito brasileiro*. São Paulo: Max Limonad, 1974. p. 370.
[131]   RODRIGUES, Silvio. *Direito civil*. Direito de família. 16. ed. São Paulo: Saraiva, 1989. v. 6, p. 168.

equação ativo e passivo. Vitorioso o vício da fraude, deixa a esposa de ser ressarcida com a devida contraprestação material destinada ao natural equilíbrio do orçamento conjugal.

Diante desse quadro, só não seria razoável impor ao cônjuge fraudado aguardasse, pacientemente, a longa trajetória de dissolução de seu matrimônio ou de sua união estável, para só depois invocar a fraude e demandar por sua reparação, quando talvez já nem mais fosse possível impugnar atos de uma ruinosa gestão e reparar o rastro de uma catastrófica e irreversível insolvência, que já sepultou nessa quadra dos acontecimentos a mais remota esperança de igualização econômica do dano causado.

3.3.12. Má administração

O problema do surto de dívidas corriqueiramente verificadas em um cenário litigioso de rompimento da relação conjugal precisa ser enfrentado com menos romantismo e maior pragmatismo judicial, permitindo ser acionada a instituição processual da tutela provisória, direcionada a restringir essa fraude destinada a corroer rapidamente o patrimônio conjugal. Há alguma resistência judicial em adiantar cautelas e créditos conjugais pelo argumento de que, em sede de plena vigência da sociedade conjugal, introduzir procedimentos que impugnam e suspeitam as contas do marido administrador seria inserir um elemento de discórdia entre os esposos, submetendo-se aos caprichos da desconfiança, e instalar um lamentável clima de insegurança aos atos jurídicos celebrados por pessoas casadas.[132]

Conforme Lidia Basset, a lei não obriga à proposição de qualquer ação judicial contra a fraude, mas ao contrário, porque muito provavelmente a demanda surja exatamente das torpes manobras praticadas pelo administrador, na contramão de suas responsabilidades como gestor conjugal, em ruinosos negócios que esvaziam e desequilibram a real divisão dos créditos e bens pertencentes à meação da esposa. Portanto, a discórdia não advém da demanda judicial destinada a adiantar os créditos nupciais, mas justamente da deliberada má administração desse acervo matrimonial. Assim constatado, sentencia Lidia Basset em arremate doutrinário que devem ser intentados os mecanismos disponibilizados pela lei para devolver um mínimo de ética nas relações patrimoniais dos consortes, desestimulando os negócios fraudulentos, ao tutelar os direitos do cônjuge prejudicado, porquanto é o malicioso esposo administrador aquele que realmente se postou como autêntico gerador da desavença matrimonial e sua impunidade seria um mau exemplo de que nenhuma legislação pode descuidar.[133]

Nem se apresenta cauteloso permitir efetivar eventuais compensações futuras ou recompensas que somente pudessem ser reconhecidas ao tempo da sentença definitiva de dissolução do casamento ou da união estável. Ilustrativo exemplo pode ser recolhido da legislação argentina, cujo artigo 473 de seu Código Civil e Comercial outorga aos cônjuges a faculdade de poderem arguir de fraude qualquer ato ou contrato anterior à demanda de separação de bens, valendo-se do princípio de objeção a qualquer forma de fraude. Por sinal, na esteira da útil comparação com o direito argentino, passo mais firme foi dado pelo artigo 477 do Código Civil e Comercial outorgando a qualquer dos consortes solicitar a separação judicial dos bens: a) se a má administração do outro acarrete o perigo de perder seu eventual direito à meação sobre os bens comuns; b) se for declarado o concurso preventivo de quebra do outro cônjuge;

---

[132] A preocupação é externada por Guaglianone e Mazzinghi, segundo observação captada por Lidia N. Makianich de Basset, em seu artigo intitulado "Fraude entre cónyuges", publicado na *Revista Interdisciplinaria de Derecho de Familia*, Buenos Aires n. 8, p. 27, 1992.

[133] BASSET, Lidia N. Makianich de. Fraude entre cónyuges. *Revista Interdisciplinaria de Derecho de Familia*, Buenos Aires n. 8, p. 27, 1992.

Cap. 3 • DOS ALIMENTOS COMPENSATÓRIOS | 203

c) se os cônjuges estão separados de fato sem vontade de reconciliar; d) se por incapacidade ou escusa de um dos cônjuges é designado curador do outro ou um terceiro. Esse preceito legal argentino permite ao cônjuge antecipar a própria separação de bens quando o concurso da má administração do outro consorte acarrete perigo de perder o direito de sua meação sobre os bens comunicáveis, além das outras hipóteses legalmente previstas.

3.3.13. *Algumas medidas da tutela provisória*

A legislação brasileira é fértil na oferta de medidas preventivas autorizando a qualquer um dos cônjuges a travar a dolosa dilapidação dos bens matrimoniais, causada pelos desmedrados atos de disposição realizados por seu parceiro. São atos promovidos com o intuito de extorquir os créditos e a meação daquele que não ficou à frente da administração dos bens, que tanto podem ser comuns e comunicáveis quanto provenientes do cabedal particular da esposa, bens aprestos, mas confiados à única gerência do marido. São normas processuais autorizando a adoção de determinadas medidas cautelares criadas para proteger a dissipação dos bens conjugais. Existem frisantes exemplos, como arrolamento preventivo de bens, sequestro, anotação do litígio no registro imobiliário, cautelas de interdição de bens móveis e de valores em contas-correntes ou de aplicações financeiras, proibição de transferência de quotas e ações de empresas, vistorias *ad perpetuam rei memoriam* e intervenção de um administrador judicial, compondo essas hipóteses o quadro das principais tutelas provisórias. Quanto ao bloqueio do dinheiro, tem sido prática judiciária deferir somente o embargo de 50% de seu valor, respeitante à meação do cônjuge autor da tutela preventiva. Sem embargo desse costume, Augusto Cesar Belluscio sugere a ampliação dessa porcentagem até seu montante total, sempre quando existirem circunstâncias excepcionais, especialmente nas hipóteses de alienações fraudulentas ou manobras de ocultação de bens, permitindo essa interdição garantir a compensação dos bens desviados. Por certo, trata-se de medida preventiva aforada para acautelar o equilíbrio final das contas do ativo conjugal partilhável.[134]

O provimento cautelar está sustentado no receio subjetivo, enquanto perdurarem os riscos e, se esses temores desaparecem, já não mais se justifica a tutela antecipada. Na busca das garantias que assegurem a efetividade e o irrestrito direito de o cônjuge receber e administrar na plenitude os recursos de sua meação patrimonial, com efeito que seu maior argumento é a certeza do direito à meação dos bens comunicáveis e dos frutos e dividendos gerados por essa metade conjugal. Solução judicial eficiente está em antecipar a prestação jurisdicional, deferindo a pretensão de receber os créditos da meação o mais rápido e íntegros possível. De nada adianta esperar a desgastante travessia de uma morosa ação de dissolução da união conjugal ou convivencial e deparar ao final do processo com seus direitos bastante burlados.

3.3.14. *Antecipação de tutela*

A atual sociedade civil, mais do que nunca, inquieta e indócil, procura respostas imediatas para a solução jurídica proferida com tardança, carece de sentido e presta um desserviço ao jurisdicionado, que tende a descrer das resoluções judiciais. Bem serve o conhecido aforisma da pressa ser a inimiga da perfeição, mas também não é desejável postergar para a eternidade a solução e a efetividade imediata de determinados provimentos judiciais, apenas porque é tarefa do direito compatibilizar primados constitucionais como o da ampla defesa

---

[134] BELLUSCIO, Augusto Cesar. *Derecho de familia*. Buenos Aires: Depalma, 1981. t. III, p. 414.

e o devido processo legal. Razoável espaço de tempo decorre no intervalo verificado entre o pedido inicial e a entrega definitiva da prestação judicial, assegurando o exercício pleno do contraditório e o direito da mais ampla defesa. No entanto, essa espera quase nunca é agradável, principalmente para o proponente da ação, por decorrência natural da ansiedade de quem já se vê prejudicado pelo próprio descumprimento voluntário do direito. Outras vezes, e não são poucos os exemplos, a demora é incompatível com a natureza do direito reivindicado, como acontece na esfera dos alimentos, mesmo tratando-se de compensatórios. Também pode mostrar-se altamente prejudicial a demorada tramitação de um processo de partilha dos bens conjugais, sem nenhuma chance de receber previamente os recursos possivelmente gerados por esse mesmo cabedal.

Para Teori Zavascki, os efeitos da tutela cautelar estão na sentença onde o verbo *antecipar* significa adiantar no tempo, fazer antes do tempo previsto.[135] Esses efeitos da tutela seriam os mesmos decorrentes do provimento judicial concedido por ocasião do julgamento de mérito da ação, mas antecipados por conta da forte probabilidade de ser causado dano irreparável pela demora do processo, ou pela insidiosa protelação da ação, convencendo-se o magistrado da conveniência de antecipar o pedido, porquanto, em sua concepção, os fatos mostram-se coerentes com o direito e convergem para sua ratificação na sentença de mérito que coincide com o pedido definitivo. Assim entende Flávio Oliveira ao expor que a decisão final deve guardar total correlação com a petição inicial em que o limite é a estreita relação entre o provimento provisório e o pedido final.[136]

3.3.15. A entrega judicial antecipada da renda líquida de bens conjugais

Alguns direitos de família ainda são considerados indisponíveis no ordenamento jurídico brasileiro e visam a proteger os mais caros valores amealhados dos vínculos de parentesco, mas não mais no casamento e na união estável, cujos relacionamentos eminentemente patrimoniais passaram a respeitar o princípio da autonomia privada dos cônjuges e companheiros, alterando, significativamente, política legislativa que até pouco tempo considerava indisponíveis quaisquer direitos familiares em gritante confronto com a liberdade de disposição presente no direito contratual e das obrigações. Vivendo nova realidade, não há segredo algum que cônjuges e conviventes têm livre disposição patrimonial no âmbito de suas relações familistas, embora essa mesma liberdade não encontre eco no direito das sucessões, com especial referência ao acrítico artigo 426 do Código Civil.

Elder Gomes Dutra critica essa velha praxe do direito cogente que aproximava o direito de família do direito público e a excessiva intervenção estatal, cuja intervenção foi sendo gradativamente afastada para dar lugar à autonomia dos cônjuges e conviventes e das pessoas adultas e capazes de modo geral, tanto em seu aspecto patrimonial como existencial, superando o dogma da indisponibilidade das situações jurídicas originadas da família, apenas justificando-se a intervenção estatal para a proteção de sujeitos de direito vulneráveis, diz o autor, como a criança, o adolescente, a mulher vítima de violência doméstica e o idoso.[137]

Maior mostra dessa autonomia pode ser vista no artigo 1.513 do Código Civil que proíbe a intervenção do Estado e de qualquer pessoa na comunhão de vida das entidades familiares, o

---

[135] ZAVASCKI, Teori Albino. *Antecipação da tutela*. São Paulo: Saraiva, 1997. p. 25.

[136] OLIVEIRA, Flávio Luís de. *A antecipação da tutela dos alimentos provisórios e provisionais cumulados à ação de investigação de paternidade*. São Paulo: Malheiros, 1999. p. 23.

[137] DUTRA, Elder Gomes. *Premissas para um direito sucessório mínimo*. Londrina: Thoth, 2021. p. 66-67.

Cap. 3 · DOS ALIMENTOS COMPENSATÓRIOS | 205

que a doutrina tem denominado de *convenções processuais*, ou negócios jurídicos processuais (CPC, art. 190), ampliando-se essa disponibilidade dos direitos para o plano das convenções processuais sobre direitos, que antes seriam inteiramente indisponíveis, e facultando possam os próprios cônjuges ou conviventes convencionar a antecipada partilha dos bens comuns, ou ajustar a divisão dos rendimentos. Caso essa convenção não encontre acolhida pela resistência de algum dos contendores, mostra-se muito mais coerente que trate o juiz da causa de antecipar os efeitos da futura sentença de divórcio, dissolução de união estável e partilha, bem como os efeitos materiais da comunhão patrimonial, ordenando seja repassada ao consorte ausente da posse e da administração dos bens rentáveis comuns a parcela líquida dos respectivos rendimentos e que deveriam chegar a suas mãos desde a separação fática do casal, cujo exato momento físico importa na automática revogação do mandato tácito que tem um dos esposos de administrar os bens comuns.

Tampouco faria sentido fosse o cônjuge ou convivente administrador beneficiado pelo embolso das rendas comuns dos bens comunicáveis, apenas favorecido por força da morosa tramitação do processo de dissolução da relação afetiva, sendo direito garantido por lei a entrega antecipada da renda líquida dos bens comuns, como consequência natural, para ser deferida tão só pela presença de dois pressupostos, existência de bens comuns e processo de divórcio, dissolução de convivência estável ou ação específica de alimentos compensatórios, cumulados ou não com pedido eventual de pensão alimentícia.

Em verdade, o pedido de entrega de parte da renda líquida dos bens comuns tem procedência pelo só fato de o patrimônio estar sendo gerido pelo outro cônjuge ou convivente e enquanto não realizada a partilha, assistindo ao credor o direito de reclamar sua participação na renda líquida dos bens comuns, abatidos os tradicionais custos de gestão e enquanto não realizada a divisão do patrimônio dos litigantes. Fato conclusivo para o deferimento incondicional de entrega de parcela da renda líquida dos bens comuns aos consortes ou companheiros que não atuam como administradores desses bens é deparar com a insofismável constatação de que dita renda líquida emanada dos bens comuns constitui, como conclui Nestor José Forster, parte da meação do cônjuge e, como tal, a renda não lhe pode ser sonegada.[138]

Esse provimento antecipado da entrega de parcela da renda comum dos cônjuges e conviventes resulta em importante instrumento de democratização judicial, literalmente enterrando no passado o tratamento diferenciado que vicejava nos processos de dissoluções conjugais, construindo um regime de efetiva repartição dos direitos e das funções de cada um dos integrantes do par afetivo. Assinala Bertoldo Mateus de Oliveira Filho que o parágrafo único do artigo 4.º da Lei de Alimentos simplesmente assegura ao cônjuge parte das rendas que na realidade lhe pertencem pelo só fato de o patrimônio estar sendo gerido pelo outro consorte,[139] isso porque, em sede de bens conjugais, onde existe pedido expresso e antecipado de entrega de renda líquida dos rendimentos desses mesmos bens comuns, o pleito é incontestável e incontroverso e dele o decisor há de estar exaustivamente convencido da verossimilhança entre o requerimento e a pretensão, dado que os lucros pretendidos advêm da própria composição dos bens formadores da meação do cônjuge ou convivente afastado da administração, sendo por certo praticamente nula a margem eventual de erro ou de precipitação do julgador ao adiantar a tutela de entrega de metade líquida das rendas comuns. Merece destaque a advertência feita por Rogéria Dotti Doria de que a tutela antecipada não foi criada apenas para

---

[138] FORSTER, Nestor José. Alimentos e rendas de bens comuns. *Revista Ajuris*, Porto Alegre, n. 20, 1980.
[139] OLIVEIRA FILHO, Bertoldo Mateus de. *Alimentos e investigação de paternidade*. 3. ed. Belo Horizonte: Del Rey, 1999. p. 138.

situações de emergência,[140] especialmente quando a meação representa exatamente a parte incontroversa da demanda de um casal que se encontra sob o abrigo de um regime de comunidade de bens, salvo a hipótese de os bens não serem comuns ou de as rendas por eles geradas estarem comprometidas por dívidas comuns ao casal. Contudo, nesse caso o provimento liminar pode ser revogado e eventuais danos causados ao administrador sempre podem ser reparados na partilha final dos bens que permanecem intocados.[141]

3.3.16. *Alimentos compensatórios sobre rendas de sociedades simples*

O Código Civil, ao regular o direito de empresa e definir a figura do empresário, excluiu desse enunciado as pessoas que se dedicam à profissão intelectual, de natureza científica, literária ou artística, ainda que contem com o concurso de auxiliares ou colaboradores e, consequentemente, esse profissional não será considerado empresário (CC, parágrafo único do art. 966) por maior que seja sua infraestrutura, sujeitando-se a tratamento jurídico diferente também daquele que exerce profissionalmente outros serviços.

A profissão intelectual é vista como sinônimo de profissão liberal, profissões consideradas como dignas do homem livre e para as quais são exigidos registros especiais, diferenciando-se das outras empreitadas por seu valor social decorrente da natureza intelectual do serviço prestado. São atividades inspiradas na premissa do decoro da profissão, incompatíveis com os sistemas de concorrência próprios da atividade empresarial, em que ocorre a produção em massa e a obra não é explorada diretamente pelo artista ou intelectual. Portanto, para bem conhecer a extensão e o alcance da regra contida no parágrafo único do artigo 966 do Código Civil, a profissão intelectual deve ser entendida como toda aquela atividade realizada por uma pessoa humana, que decorra de sua capacidade criadora na produção de serviços inerentes às profissões regulamentadas e, de modo geral, de obras literárias, artísticas, inventivas e científicas.

Ainda que, por exemplo, clínicas médicas e os escritórios profissionais de advocacia, contabilidade, engenharia, guardem semelhança com a estrutura empresarial e atuem com um espírito empreendedor típico de uma empresa, valendo-se de conceitos de clientela e aviamento, não se trata de uma sociedade empresária, tampouco elas se encaixam no antigo conceito de contrato de locação de serviços do Código Civil de 1916, como também não integram o nome de *prestação de serviços* do artigo 593 do Código Civil de 2002. Não obstante se amoldarem na autoridade de uma sociedade simples, é sabido que os profissionais liberais estão cada vez mais distantes de uma atividade laboral isolada e, em verdade, nem mais exercem um ofício eminentemente artesanal, sendo até mesmo incontroverso que a sociedade simples testemunhe importantes transformações no exercício das atividades intelectuais e de prestação de serviços dos profissionais liberais.[142]

O profissional que se emoldura no elenco do parágrafo único do artigo 966 do Código Civil, ainda que exerça sua atividade de forma organizada e com o concurso de auxiliares ou colaboradores, não será empresário e, consequentemente, não estará sujeito ao respectivo regime jurídico empresarial, pouco importando o volume de negócios que realize ou

---

[140] DORIA, Rogéria Dotti. *A tutela antecipada em relação à parte incontroversa da demanda*. São Paulo: RT, 2000. p. 84-85.

[141] MADALENO, Rolf. *Novas perspectivas no direito de família*. Porto Alegre: Livraria do Advogado, 2000. p. 79-100.

[142] MADALENO, Rolf. O fundo de comércio do profissional liberal na meação conjugal. *In*: MADALENO, Rolf. *Novos horizontes no direito de família*. Rio de Janeiro: Forense, 2010. p. 9.

Cap. 3 · DOS ALIMENTOS COMPENSATÓRIOS | 207

a quantidade de colaboradores ou auxiliares de que se utilize.[143] Isso porque determinadas profissões não têm o condão de se caracterizar como atividades de natureza empresária, embora possam consistir em uma atividade de cunho econômico, de que são alguns exemplos, antes citados, as profissões dos médicos, advogados, arquitetos, engenheiros, químicos, farmacêuticos, escritores, músicos, profissionais dedicados ao desenho artístico ou de modas e fotógrafos; inclusive, quando organizados sob a forma de sociedades, elas são consideradas sociedades simples.[144]

Os profissionais liberais estão cada vez mais se despersonalizando nas grandes metrópoles com a socialização de seus serviços, migrando para sociedades prestadoras de serviços, atendendo a uma tendência e exigência cada vez maior de os profissionais liberais precisarem se associar com outros colegas de profissão. E essa sociedade prestadora de serviços vai construindo com o tempo trabalho personalizado e o talento de seus sócios, gerando uma *carteira de clientes* que trará fama e correspondentes benefícios financeiros, agregando valor patrimonial à sociedade.[145]

Explica Sérgio Campinho que, por exemplo, as sociedades de advogados serão sempre sociedades simples, sendo registrados na Ordem dos Advogados do Brasil seus atos constitutivos, cujo objeto social é a prestação de serviços de advocacia por seus membros e as procurações são outorgadas individualmente aos advogados, e não à sociedade, que apenas será indicada na procuração.[146] Também a sociedade dos médicos será simples, cujo objeto social se limita ao exercício da atividade da profissão intelectual de cada sócio, ainda que se acerquem de inúmeros auxiliares, embora seja completamente oposta a situação das casas de saúde e dos hospitais, onde a execução da profissão intelectual se apresenta como um dos elementos do exercício da empresa.[147]

Conforme Alfredo de Assis Gonçalves Neto, todas as sociedades de exercício de profissão liberal têm a peculiaridade de não exercer a atividade para a qual é exigida a habilitação; são sociedades de meios constituídas para facilitar o exercício profissional dos sócios ou das pessoas a tanto habilitadas, e que a ela se vinculam na consecução do objeto social. A rigor, caracterizam-se pela finalidade precípua de apoiar e facilitar o exercício de determinada profissão intelectual por pessoas naturais a tanto devidamente credenciadas. Na obtenção dos resultados econômicos para sua atuação, assume relevo o patrimônio intelectual dos profissionais que as integram (sócios ou não), ficando em segundo plano os investimentos em recursos materiais. Nessas sociedades, é o trabalho que sobressai em confronto com o capital, pois os sócios participam mais com seus *esforços* pessoais do que com *recursos* materiais, em que a figura do sócio de trabalho ou de indústria, prestador de serviços, encontra agasalho adequado para exercê-los.[148]

---

[143] GONÇALVES NETO, Alfredo de Assis. Sociedade para o exercício de trabalho intelectual. *In*: ADAMEK, Marcelo Vieira von (coord.). *Temas de direito societário e empresarial contemporâneos*. São Paulo: Malheiros, 2011. p. 43-44.

[144] CAMPINHO, Sérgio. *O direito de empresa à luz do novo Código Civil*. 3. ed. Rio de Janeiro: Renovar, 2003. p. 14 e 41.

[145] MADALENO, Rolf. O fundo de comércio do profissional liberal na meação conjugal. *In*: MADALENO, Rolf. *Novos horizontes no direito de família*. Rio de Janeiro: Forense, 2010. p. 9.

[146] MADALENO, Rolf. O fundo de comércio do profissional liberal na meação conjugal. *In*: MADALENO, Rolf. *Novos horizontes no direito de família*. Rio de Janeiro: Forense, 2010. p. 42.

[147] MADALENO, Rolf. O fundo de comércio do profissional liberal na meação conjugal. *In*: MADALENO, Rolf. *Novos horizontes no direito de família*. Rio de Janeiro: Forense, 2010. p. 42.

[148] GONÇALVES NETO, Alfredo de Assis. Sociedade para o exercício de trabalho intelectual. *In*: ADAMEK, Marcelo Vieira von (coord.). *Temas de direito societário e empresarial contemporâneos*. São Paulo: Malheiros, 2011. p. 47-48.

Por seu turno, nos termos do artigo 966 do Código Civil, considera-se empresário quem exerce profissionalmente atividade econômica organizada para a produção ou a circulação de bens ou de serviços, abstraído desse conceito, como antes visto, aquele que exerce profissão intelectual (CC, parágrafo único do art. 966), sendo empresário a pessoa física ou jurídica que exerce com habitualidade e escopo de lucro atividade econômica organizada para a produção ou a circulação de bens ou de serviços no mercado.[149]

Assim sendo, empresário é o titular da empresa, pessoa natural ou jurídica, que assume o risco da atividade para lucrar ou para responder pelos prejuízos causados a terceiros, sendo a sociedade empresária a pessoa jurídica constituída de acordo com os tipos previstos em lei (sociedade em conta de participação, sociedade em nome coletivo, sociedade em comandita simples, sociedade limitada, sociedade anônima e sociedade em comandita por ações).[150]

Portanto, a sociedade pode ser simples ou empresária, de acordo com a natureza da atividade que explore, e a partir de sua formação ela se torna titular de direitos e deveres, não devendo ser confundida com o estabelecimento, nem com a empresa, nem com a *firma*, tampouco com os sócios.[151]

Sociedade empresária será, portanto, toda aquela atividade econômica voltada para a produção ou a circulação de bens ou de serviços, com exceção da atividade econômica intelectual (científica, literária, artística ou cultural), pois esta é uma sociedade simples, correspondente à anterior *sociedade civil*, desde que essa atividade científica, literária, artística ou cultural seja predominante, e não apenas um elemento da empresa. Como esclarece Haroldo Verçosa, na medida em que uma atividade econômica intelectual cede seu lugar de evidência dentro de outra atividade voltada para a produção ou a circulação de bens ou de serviços, ela fica integrada a uma empresa que, por seu turno, tutela essa atividade que perde sua proeminência.[152]

Vale mais uma vez recorrer à lição de Alfredo de Assis Gonçalves Neto, quando diz que, figurando no contrato social que determinada sociedade tem por objeto o exercício de atividade intelectual, ela será uma sociedade simples, pouco importando seu tipo social, qual seja, a opção por outro tipo social não afasta a natureza simples da sociedade, consoante o Enunciado 57 da Comissão de Direito de Empresa[153] (I Jornada de Direito Civil do STJ – setembro de 2002).[154] Na III Jornada de Direito Civil já foram editados os novos Enunciados 193, 194 e 195 e que seguiram a mesma direção, distinguindo a atividade intelectual realizada em sociedade da atividade do empresário.[155] O fundamental é a dedicação do sujeito, sua vinculação ao serviço prestado, sendo meramente acessórios os elementos ou os bens dos quais ele se utiliza e precisa para desenvolver sua atividade, até o ponto em que os frutos de seu negócio são os

---

[149]   CAMPINHO, Sérgio. *O direito de empresa à luz do novo Código Civil*. 4. ed. Rio de Janeiro: Renovar, 2004. p. 14.
[150]   VERÇOSA, Haroldo Malheiros Duclerc. *Curso de direito comercial*. São Paulo: Malheiros, 2004. v. 1, p. 155.
[151]   VERÇOSA, Haroldo Malheiros Duclerc. *Curso de direito comercial*. São Paulo: Malheiros, 2004. v. 1, p. 155.
[152]   VERÇOSA, Haroldo Malheiros Duclerc. *Curso de direito comercial*. São Paulo: Malheiros, 2006. v. 2, p. 61-62.
[153]   Enunciado 57. "Art. 983. A opção pelo tipo empresarial não afasta a natureza simples da sociedade."
[154]   GONÇALVES NETO, Alfredo de Assis. Sociedade para o exercício de trabalho intelectual. *In*: ADAMEK, Marcelo Vieira von (coord.). *Temas de direito societário e empresarial contemporâneos*. São Paulo: Malheiros, 2011. p. 49-50.
[155]   Enunciado 193. "Art. 966. O exercício das atividades de natureza exclusivamente intelectual está excluído do conceito de empresa."
Enunciado 194. "Art. 966. Os profissionais liberais não são considerados empresários, salvo se a organização dos fatores de produção for mais importante que a atividade pessoal desenvolvida."
Enunciado 195. "Art. 966. A expressão 'elemento de empresa' demanda interpretação econômica, devendo ser analisada sob a égide da absorção da atividade intelectual, de natureza científica, literária ou artística, como um dos fatores da organização empresarial."

mesmos que os rendimentos de seu trabalho pessoal e que terminam por se confundir de tal forma que, se não fosse pelo seu esforço, esses ingressos financeiros não se produziriam. Salienta-se que não se comunicam seus resultados financeiros, como muito bem disse o agravo de instrumento que descartou a pretensão aos alimentos compensatórios da ex-mulher do consulente, concluindo que as sociedades das quais ele participa são todas elas prestadoras de serviços médicos, que não geram rendimentos partilháveis, pois são frutos de seu trabalho na função de médico anestesista.

3.3.17. A natureza jurídica dos lucros e dividendos e sua compensação na partilha

A finalidade de toda sociedade comercial é a obtenção de lucro, sendo este entendido como o sobrevalor que a sociedade pode produzir como resultado da aplicação do capital e outros recursos na atividade produtiva, sendo cediço que, em todos os exercícios sociais em que uma empresa apura lucro, existe a necessidade de decidir como esse lucro será destinado. Basicamente, há duas possibilidades: (i) distribuição de dividendos aos acionistas; ou (ii) retenção de lucros (para constituir reservas ou compensar prejuízos anteriores). Dessa forma, os lucros acumulados representam lucros obtidos pela companhia ou sociedade, não distribuídos como dividendos. Caso sejam distribuídos, deixam de ser lucros da sociedade e passam a ser dividendos dos sócios, e, uma vez transformados em dividendos, ingressam no patrimônio conjugal de comunidade de bens e passam a pertencer a ambos os consortes para serem partilhados na apuração de haveres.

Contudo, a retenção de lucros é uma decisão que as empresas tomam com o objetivo de financiar suas operações futuras, e, ao deixarem de distribuir os lucros a seus sócios ou acionistas, as empresas se capitalizam, ou seja, aumentam seu próprio capital, melhoram sua estrutura de capitais e financiam seu crescimento com recursos próprios. Assim, o lucro apurado em determinado exercício deve ser distribuído aos sócios para representar um efetivo acréscimo patrimonial e, em consequência, esse acréscimo patrimonial será passível de comunicabilidade, passando a integrar o acervo comum do casal, o que vale dizer que uma sociedade empresária, percebendo lucros, decide se quer retê-los e aumentar o seu capital social ou se prefere partilhá-los com seus sócios, pagando-lhes dividendos que ingressam no patrimônio conjugal.

No entanto, se o lucro for destinado à conta de reserva, não sendo distribuído aos sócios, aumenta o caixa da sociedade e eleva o valor das quotas sociais a serem futuramente partilhadas. Deve ficar muito claro que os lucros retidos na empresa são reservas que se prestam a garantia e reforço do capital social, bem como para garantia dos credores, pertencendo esses ingressos financeiros à sociedade, e não aos sócios. Contudo, os sócios usufruirão indiretamente desses lucros retidos na sociedade empresária quando promoverem a dissolução parcial ou total da sociedade entre cônjuges meeiros e a respectiva apuração de haveres quando se tratar de cônjuge de sócio.

Trazendo isso para a realidade dos alimentos compensatórios sobre as rendas usufruídas isoladamente por um dos cônjuges ou conviventes e oriundos de uma sociedade empresária, e não de uma sociedade simples, esses alimentos estão sendo judicialmente concedidos, imaginando o magistrado que a empresa faria o pagamento regular de dividendos, ou seja, que distribuiria regularmente os lucros entre seus sócios. Contudo, se esses lucros permanecerem na empresa, toda a antecipação percebida pelo consorte meeiro, a título de alimentos compensatórios provenientes de presumidos lucros, deverá ser compensada na apuração de haveres, sob pena de o cônjuge alimentando ser duplamente beneficiado ao receber alimentos compensatórios de lucros que não saíram da sociedade empresária e que nela ficaram retidos, aumentando, dessarte, seu capital social.

Tendo expandido o capital social, com a apuração de haveres o consorte alimentando, que recebeu alimentos compensatórios de lucros que não foram distribuídos, receberá novamente o resultado financeiro desses lucros, em um verdadeiro *bis in idem* ao reclamar o pagamento de sua meação sobre as quotas sociais do cônjuge sócio e que aumentaram com o acréscimo dos lucros retidos. Necessariamente, deve ser promovida na apuração de haveres a compensação com todos os lucros antecipados para o alimentando sob a rubrica de alimentos compensatórios, arbitrados judicialmente para incidirem sobre imaginários lucros que podem ou não ter sido transformados em dividendos, mas que, desafortunadamente, foram pagos ao cônjuge de sócio por ordem judicial, enriquecendo indevidamente esse subsócio, que foi a única pessoa a receber, em nome de alimentos compensatórios, lucros que jamais foram distribuídos aos sócios, porque a sociedade necessitou e decidiu reinvesti-los na sociedade.

Portanto, também sob essa ótica, os alimentos compensatórios precisam ser ressarcidos ou compensados por ocasião da partilha em uma ação de apuração de haveres que o consorte de sócio precisa promover para receber o valor equivalente à sua meação incidente sobre o patrimônio societário. Entretanto, se por ser uma prestadora de serviços a sociedade for simples, e não empresária, com certeza não existem lucros comunicáveis, em conformidade com o artigo 1.659, VI, do Código Civil, tornando claramente impertinente sua cobrança judicial sob o título de alimentos compensatórios.

3.4. Alimentos compensatórios humanitários

Os alimentos compensatórios se caracterizam por constituírem um direito de crédito que ostenta o cônjuge em relação ao cônjuge ou companheiro sobre o qual recai com o divórcio ou a dissolução da união estável um desequilíbrio econômico, o que implica uma piora nas condições econômicas e financeiras que esse consorte ou convivente desfrutava durante o matrimônio ou a convivência estável, indiferente ao regime de bens que os cônjuges ou companheiros adotaram para seu relacionamento afetivo. Essa pensão compensatória, de caráter nitidamente *humanitário*, não se confunde ou tampouco se equipara aos alimentos compensatórios patrimoniais bem próprios do direito brasileiro e que vêm sendo usualmente adotados pelos tribunais estaduais, inclusive pelo STJ, no propósito de compensar o uso exclusivo por um só dos cônjuges ou conviventes dos bens comuns rentáveis. São alimentos compensatórios de diferentes matizes, tendo os alimentos compensatórios *humanitários* inspiração no direito estrangeiro, mas sem regulamentação no sistema jurídico brasileiro. Eles têm previsão no direito alienígena e larga prática doutrinária e jurisprudencial. Originariamente presentes no direito alemão, os alimentos compensatórios foram depois absorvidos pelas legislações francesa e espanhola, ambas servindo de fonte para a doutrina e jurisprudência argentina, cujo direito nasceu à luz do divórcio sem causa, com a finalidade de restaurar o equilíbrio patrimonial entre os cônjuges, cuja desigualdade era ocultada pela comunidade de vida.[156]

Na Espanha, surgiu com a reforma do *Derecho de Família* em 1981, pela *Ley 30*, de 7 de julho, e posteriores reformulações vindas com a *Ley 15/2005*, e que, de acordo com Encarna Roca Trias, diante da adoção do divórcio, a *ruptura* parte-se da base de que não existe direito à pensão como regra geral e somente excepcionalmente, e por circunstâncias concretas se reconhece a um dos consortes o direito de reclamar os alimentos, à semelhança do dever de

---

[156] MADALENO, Rolf. *Direito de família*. 11. ed. Rio de Janeiro: GEN/Forense, 2021. p. 1096.

Cap. 3 · DOS ALIMENTOS COMPENSATÓRIOS | 211

assistência quando os cônjuges eram cônjuges, tratando-se os alimentos compensatórios de um direito pessoal do cônjuge que se ache nas circunstâncias pessoais que a ele provocam o desequilíbrio econômico.[157] Os alimentos compensatórios *humanitários* surgem por necessidades econômicas em função do fim da convivência ou da dissolução do matrimônio ou da união estável, podendo ser estabelecidos em concorrência com a pensão alimentícia, ou mesmo quando não exista um direito alimentar puro, relacionado exclusivamente à subsistência de quem não dispõe de recursos próprios para sua digna e necessária sobrevivência. Os alimentos compensatórios *humanitários* só serão creditados, à luz, por exemplo, do artigo 97 do Código Civil espanhol, quando ocorrer uma situação de desequilíbrio econômico, direito que em tudo se diferencia da pensão alimentícia que somente era devida ao cônjuge inocente quando carecesse de bens próprios capazes de atenderem a sua subsistência e que tampouco desfrutasse de trabalho remunerado que a dispensasse da pretensão alimentar.

Ao contrário da pensão alimentícia, os alimentos compensatórios centram sua incidência em torno da existência de um *prejuízo econômico*, afastando de uma vez por todas aquela surrada cultura em não mais premiar o cônjuge inocente pelo fato de ser inocente, mas sim intentar uma reparação dos prejuízos econômicos causados pela dissolução do matrimônio ou pela cessação da vida em comum, perdendo os alimentos compensatórios a natureza alimentar da pensão alimentícia. O propósito dos alimentos compensatórios é indenizar por algum tempo ou não o desequilíbrio econômico causado pela repentina redução do padrão socioeconômico do cônjuge desprovido de bens e meação, bem ao contrário dos alimentos compensatórios *patrimoniais* (Lei 5.478/1968), que simplesmente indenizam a fruição isolada dos bens rentáveis comuns. Desequilíbrio econômico com relação ao outro consorte que implique uma piora da situação anterior, sem que tenha de ocorrer um estado de necessidade, já que pode apenas provocar uma alteração substancial do nível de vida existente antes da separação ou divórcio. As razões antigas de culpa e inocência baseadas na punição pelo comportamento de um dos cônjuges deram lugar ao ressarcimento de um dano objetivo, consolidado no *desequilíbrio econômico*, consequência, e não causa do divórcio.[158] Serve a pensão compensatória para compensar a perda do padrão social sofrido como decorrência do divórcio ou da dissolução de uma união estável, agregando uma fisionomia visivelmente indenizatória, fundada em pauta objetiva, para eliminar até onde possível o desnível econômico que se estabelece em razão da ruptura do casal e do empobrecimento do credor, buscando reequilibrar as condições sociais afetadas com a crise conjugal. Os alimentos compensatórios intentam impedir que o nível de vida dos esposos não se veja alterado em relação ao que mantinham durante a convivência, e não porque devem seguir vivendo da mesma forma, mas porque um dos consortes não pode descer em sua condição econômica enquanto o outro mantém idêntico padrão de vida existente antes da separação.[159]

É o confronto das desigualdades resultantes da equiparação das condições econômicas de cada uma das partes antes e depois da ruptura, sendo fácil concluir que essa desigualdade se apresenta muito mais contundente nos regimes matrimoniais de completa separação de bens e nos quais reluz com muito mais evidência a debilidade financeira de um dos cônjuges, que se vê golpeado pela súbita ruptura do seu relacionamento, no qual tais diferenças de nível de vida não apareciam porque desfrutava das riquezas naturalmente disponibilizadas em um único e compartilhado ambiente de convivência. Com a separação dos cônjuges ou conviventes, é bruscamente eliminado o dever de socorro, que desparece e realça as circunstâncias anteriores que deixam de ser oportunizadas e a debilidade financeira fica evidenciada pela real

---

[157] ROCA TRIAS, Encarna. *Comentarios a las reformas del derecho de familia*. Madrid: Tecnos, 1984. v. I, p. 616.
[158] ROCA TRIAS, Encarna. *Comentarios a las reformas del derecho de familia*. Madrid: Tecnos, 1984. v. I, p. 618.
[159] AZPIRI, Jorge O. *Régimen de bienes en el matrimonio*. Buenos Aires: Hammurabi, 2002. p. 29.

situação de desvantagem econômica, quando são comparadas as condições em que doravante se encontra cada um dos consortes.

Segundo Encarna Roca Trias, o dano que dá direito à pensão surge do agravamento da situação econômica anterior, acrescido do desequilíbrio econômico que se instala com a separação física ou jurídica do casal. Diante desse cenário, impõe-se o direito à indenização e assevera se tratar de um direito com caráter indenizatório, distanciado da conexão da culpa, mas por seu viés objetivo de haver a separação causado um desequilíbrio econômico diante da extinção de uma relação estritamente pessoal como o matrimônio ou a união estável, cujo direito se extingue com o falecimento do credor.[160]

A pensão compensatória permite ao cônjuge ou companheiro alimentando transitar com segurança pela inevitável passagem que fará, com algum vagar, para experimentar sua nova realidade sociofamiliar, desonerando-se de maiores privilégios ou mordomias acessadas pelo matrimônio. A pensão corrige o desequilíbrio confrontado pelo cônjuge ou convivente destituído de recursos materiais e será fixada em quantidade suficiente para atender aos gastos e alimentos aos quais o cônjuge ou companheiro foi acostumado e que ele por si só não tem condições de atingir com o resultado de sua atividade ou labor profissional. Nesse aspecto, fica clara sua distinção da pensão alimentícia tradicional, pois esta é devida para aquele parceiro que não tem meios próprios de subsistência, ou que esteja desarvorado de qualquer ingresso financeiro. Os alimentos compensatórios *humanitários* do direito alemão, francês e espanhol não guardam uma função permanente e vitalícia de manutenção, pode ser temporária, estabelecida por certo tempo, como pode ser revista em razão da capacitação profissional do credor, pelo recasamento de quem recebe; ainda na hipótese de a pessoa instituir uma união estável, ou diante do sensível empobrecimento do devedor, é certo que agrega uma natureza indenizatória de reparar a disparidade financeira surgida do divórcio ou da dissolução da convivência, até serem desfeitas as desvantagens sociais, ficando aqui também claramente diferenciada dos alimentos compensatórios *patrimoniais*, que simplesmente indenizam a falta de acesso do credor meeiro ao produto financeiro de seus bens conjugais rentáveis e que se encontram sob a posse e administração exclusiva de seu consorte.

Embora algumas legislações só adotem a pensão compensatória nos regimes de separação de bens, nos quais é mais patente a desproporção econômica e naquelas legislações que nem sequer contemplam algum regime de comunidade de bens, este não deve ser o único critério para o estabelecimento dos alimentos compensatórios, havendo situações factuais que justificam a concessão dos alimentos compensatórios com o decreto do divórcio ou da dissolução da união estável, quando a mulher fica com a guarda dos filhos ainda pequenos; quando ela se encontra em transição pessoal e profissional, pois trabalhava antes do relacionamento familiar e, com o casamento, abandonou seus afazeres e ficou afastada do mercado de trabalho, necessitando de um período razoável de adaptação; e dos que se encontram na terceira idade e dedicaram maior parcela de suas vidas aos filhos e ao parceiro, sendo dessarte denominados de alimentos compensatórios *humanitários*.[161]

Consoante doutrina de José Ramón de Verda y Beamonte, o desequilíbrio econômico a ser compensado identifica-se com a diminuição do nível econômico em decorrência da separação ou do divórcio, e que um dos cônjuges sofre ao ser comparada a relação que tinha antes da ruptura com a verificada depois da separação, e, se porventura resultarem ambos os consortes ou companheiros em uma posição econômica assemelhada, não haverá nenhum

---

[160] ROCA TRIAS, Encarna. *Comentarios a las reformas del derecho de familia*. Madrid: Tecnos, 1984. v. I, p. 620-621.
[161] MADALENO, Rolf. *Direito de família*. 11. ed. Rio de Janeiro: GEN/Forense, 2021. p. 1099-1100.

Cap. 3 · DOS ALIMENTOS COMPENSATÓRIOS | 213

desequilíbrio compensável, ainda que um deles tenha agravado sua posição. Contudo, ao contrário, se as posições econômicas forem notoriamente díspares, o cônjuge ou parceiro que se encontrar objetivamente em uma situação financeira mais gravosa, terá direito de ser compensado, com o propósito de ver diminuída essa disparidade.[162]

Para Beatriz Saura Alberdi, existe desequilíbrio econômico, objetivamente falando, quando concorre a circunstância objetiva de existir uma diminuição patrimonial em prejuízo de um dos cônjuges, produzida depois da separação ou do divórcio, sempre que tal diminuição se produza em comparação com a posição do outro consorte e com a situação desfrutada durante o casamento.[163]

O artigo 97 do Código Civil espanhol permite intuir o desequilíbrio econômico de forma mais ampla, abarcando tanto a circunstância objetiva da diferença patrimonial quanto outra série de elementos de caráter subjetivo e pessoal dos cônjuges ou conviventes, como podem ser *a idade e o estado de saúde; a qualificação profissional e as possibilidades de acesso a um emprego; a dedicação passada e futura à família; a colaboração com seu trabalho nas atividades comerciais, industriais ou profissionais do outro cônjuge; a duração do matrimônio e da convivência conjugal; a perda eventual de um direito de pensão.* De acordo com Beatriz Saura Alberdi, serão essas circunstâncias, em conjunção com a diferente situação econômica em que se encontram os consortes, que darão lugar à existência do desequilíbrio econômico e, portanto, a um direito aos alimentos compensatórios, garantindo o possível acesso à escala social que desfrutava por ocasião de seu matrimônio.[164]

A rigor, a concepção de desequilíbrio econômico pouco a pouco vai considerando um critério objetivo da diminuição patrimonial e vários critérios subjetivos que se revelam como fruto de sacrifícios que um dos consortes suportou durante o matrimônio, cujo somatório dá lugar aos alimentos compensatórios. A jurisprudência espanhola passou a se inclinar por fazer uma avaliação subjetiva do desequilíbrio econômico, levando também em conta esses fatores pessoais presentes no conjunto familiar e que dependem de um conjunto de fatores familiares, laborais, econômicos e sociais do beneficiário em relação ao devedor dos alimentos compensatórios, precisando estar presente o conjunto de fatores objetivos do agravamento da condição financeira em confluência com os outros fatores descritos no artigo 97 do Código Civil da Espanha.[165]

Esses parâmetros que conformam uma decisão judicial de alimentos compensatórios são: a) *os acordos a que tivessem chegado as partes*, respeitando a um eventual acordo firmado entre os cônjuges e conviventes projetado para circunstancial momento de crise conjugal e de ruptura do relacionamento afetivo, ajustando desde logo, se possível, o direito ao recebimento e o montante dos alimentos compensatórios, cometendo ao juiz arbitrar contingente exoneração, redução ou complemento dos alimentos antecipadamente pactuados em convenção matrimonial, aprovando ou não, ou criando uma nova versão; b) *a idade e o estado de saúde* que possa tanto significar a impossibilidade como a necessidade de seu pagamento, ponderando

---

[162] VERDA Y BEAMONTE, José Ramón de. Presupuestos de la compensación (la noción de desequilibrio económico). *In*: VERDA Y BEAMONTE, José Ramón de (dir.); MATAMOROS, Pedro Chaparro; BIOT, Álvaro Bueno (coord.). *La compensación por desequilibrio en la separación y divorcio. Tratado práctico interdisciplinar.* Valencia: Tirant lo Blanch, 2021. p. 27.

[163] ALBERDI, Beatriz Saura. *La pensión compensatoria*: criterios delimitadores de su importe y extensión. Valencia: Tirant lo Blanch, 2004. p. 54.

[164] ALBERDI, Beatriz Saura. *La pensión compensatoria*: criterios delimitadores de su importe y extensión. Valencia: Tirant lo Blanch, 2004. p. 54.

[165] AZNAR, Laura Allueva. *Prestación compensatoria y autonomía privada familiar.* Valencia: Tirant lo Blanch, 2016. p. 62-63.

o julgador a capacidade de trabalhar de qualquer um dos consortes e seu estado de saúde, se goza da plenitude de sua higidez física e mental ou se, enfermo, encontra restrições laborais tanto para quem será convocado a pagar os alimentos compensatórios como daquele que será deles o beneficiário; c) *a qualificação profissional e as possibilidades de acesso a um emprego* também são critérios subjetivos a serem ponderados pelo juiz, porquanto, se presentes as condições sobradas de trabalho e de equilíbrio de rendas entre os cônjuges ou conviventes que se apartam fisicamente, não se faz, teoricamente, defensável o pleito dos alimentos compensatórios, salvo se trate daquelas situações de riquezas diferenciadas e sobre cujo manto econômico e financeiro o beneficiário foi acostumado a viver dentro desse diferenciado estado de riqueza. Ademais, não faz nenhuma diferença se o consorte beneficiário dos alimentos compensatórios trabalha e tem renda própria diante da absurda e descomunal riqueza do devedor dos alimentos compensatórios, pois, nesse caso, serão as circunstâncias anteriores e presentes na constância do relacionamento que tratarão de justificar o direito aos alimentos compensatórios estabelecidos no intuito de evitar uma brusca queda no padrão socioeconômicos do consorte ou convivente beneficiário; d) *a dedicação passada e futura à família*, cujo critério decorre da dedicação feita à família e que impede o acesso a um posto de trabalho, que, se pudesse obter, eliminaria o desequilíbrio econômico; e, se o tempo vai envelhecendo e reduzindo as oportunidades daquele que dedicou muito tempo de sua vida à vida dos outros – filhos e cônjuge –, mais ainda se justifica esse critério subjetivo;[166] e) *a colaboração em seu trabalho e nas atividades comerciais, industriais ou profissionais do outro cônjuge* – nesse pressuposto, o legislador espanhol levou em consideração a colaboração prestada diretamente pelo consorte às atividades profissionais de sua cara-metade, usualmente sem qualquer contrapartida, mas apenas em nome do casamento ou da união estável e de sua estabilidade financeira, independentemente de existir um regime de comunidade de bens, mas computando também a atividade da esposa na economia doméstica; f) *a duração do matrimônio e da convivência conjugal* – o tempo de duração do casamento tem relevo especial no estabelecimento da indenização pelos alimentos compensatórios, sendo compreensível que, quanto maior o tempo de convivência, maior o valor dos alimentos, podendo ser negada se, *a contrario sensu*, foi curta ou mínima a convivência do casal;[167] g) *a perda eventual de um direito de pensão*, a qual pode ser atinente à pensão previdenciária ou a um crédito alimentar de um casamento ou de uma relação estável precedente e que se perde em função do novo envolvimento afetivo e da construção de outra entidade familiar; h) *os ingressos e meios econômicos e as necessidades de um e do outro cônjuge* – a depender do regime de bens escolhido entre os cônjuges ou conviventes, pode existir um acervo de bens comuns e comunicáveis, cujo resultado econômico e financeiro certamente terá reflexo no direito aos alimentos, especialmente porque, existindo bens comuns, o cônjuge terá participação nos ganhos dos bens comunicáveis, supondo a existência de um equilíbrio entre os patrimônios de ambos os consortes e que pode fazer desaparecer o desequilíbrio econômico, o que será mais difícil se entre eles reger um regime de completa separação de bens, devendo também ser considerado o patrimônio próprio de cada consorte;[168] i) *outras circunstâncias*, que serão indicadas pelo juiz no momento de determinar a quantia dos alimentos compensatórios, por exemplo, reduzindo o montante dos alimentos compensatórios, se o alimentante cedeu a utilização da moradia de sua propriedade para o uso do beneficiário dos alimentos, ou se o alimentante já está comprometido com o pagamento de

---

[166] ROCA TRIAS, Encarna. *Comentarios a las reformas del derecho de familia*. Madrid: Tecnos, 1984. v. I, p. 625.
[167] ROCA TRIAS, Encarna. *Comentarios a las reformas del derecho de familia*. Madrid: Tecnos, 1984. v. I, p. 625.
[168] ROCA TRIAS, Encarna. *Comentarios a las reformas del derecho de familia*. Madrid: Tecnos, 1984. v. I, p. 626.

Cap. 3 · DOS ALIMENTOS COMPENSATÓRIOS | 215

outra pensão alimentícia oriunda de um precedente casamento ou de uma antecedente união estável, cujos fatos refletem na renda do devedor de alimentos.

Portanto, como visto, a simples diferença patrimonial ou o agravamento das condições socioeconômicas acusadas entre as partes não possuem motivação suficiente para gerar o direito aos alimentos compensatórios *humanitários*, se não tiver a confluência dos demais fatores,[169] mas basicamente diferencia-se dos alimentos compensatórios *patrimoniais* porque são devidos em razão de pressupostos estritamente subjetivos e imateriais, e não por conta da retenção de bens comuns rentáveis e administração isolada pelo outro cônjuge ou convivente, que assim embolsa as rendas auferidas sobre os bens que são comuns em virtude da adoção de um regime matrimonial de comunhão patrimonial, cujas rendas pertencem por metade ao cônjuge ou companheiro beneficiário dos alimentos compensatórios intitulados de *patrimoniais*.

3.4.1. *Momento de verificação do desequilíbrio econômico*

Tecnicamente, os alimentos compensatórios podem nascer de uma cláusula contida em um pacto antenupcial, ou de um contrato de união estável, assim como podem ser acordados em uma escritura pública ou da homologação de um divórcio ou de uma dissolução de uma união estável, ou podem surgir de uma sentença final ou de um despacho inicial de reconhecimento ao direito de um dos cônjuges ou companheiros pelo reconhecimento ou pela verificação de que o beneficiário desses alimentos compensatórios *humanitários* se encontra em incontestável situação de desequilíbrio econômico decorrente da ruptura da relação afetiva de um casal. Entrementes, a existência ou não de um desequilíbrio econômico é uma questão de fato, decorrente da constatação de uma queda brusca no padrão social e econômico daquele que, com a separação ou o divórcio, reivindica os alimentos compensatórios *humanitários*, os quais serão conciliados com outros pressupostos de cunho subjetivo e que no direito espanhol têm previsão expressa no artigo 97 do Código Civil, bem como tem regulamentação no artigo 233.15 do Código Civil da Catalunha, entre outras várias legislações estrangeiras que regulamentam os alimentos compensatórios ou a prestação alimentar compensatória.

Como visto, os alimentos compensatórios buscam compensar os prejuízos de ordem econômica gerados pelo divórcio ou pela dissolução de uma união estável, tratando, portanto, de compensar esses danos que justamente sucedem no momento em que se estabelece a ruptura do relacionamento afetivo e os corpos que antes coabitavam se afastam e cada qual dos componentes da precedente união busca seu próprio e isolado caminho. Nesse sentido, servem os alimentos compensatórios para garantirem uma igualdade de situação entre os cônjuges ou conviventes, uma vez produzida a ruptura matrimonial ou convivencial. Outrossim, deve-se registrar que os alimentos compensatórios não são incompatíveis com a pensão alimentícia, pois, diferentes deste último instituto jurídico, os alimentos compensatórios procuram restabelecer certo conforto ou um bem-estar econômico que implique a concessão de valores ou a posse de bens suficientes para garantir uma digna manutenção de toda uma estratificação social experimentada na constância do relacionamento, independentemente do regime de bens matrimonial, pois sua essência não é outra senão a de constituir uma fórmula que torne possível, por ocasião do divórcio ou da dissolução de uma relação afetiva formal ou informal, que o cônjuge ou companheiro mais prejudicado possa aceder a uma parte

---

[169] AZNAR, Laura Allueva. *Prestación compensatoria y autonomía privada familiar*. Valencia: Tirant lo Blanch, 2016. p. 63.

equitativa dos benefícios do outro consorte ou convivente ou receber uma indenização que repare a desigualdade econômica resultante da ruptura da instituição familiar.

O direito aos alimentos compensatórios surge no exato momento em que se dá a ruptura do relacionamento, tanto que, por exemplo, no direito da Catalunha o credor dos alimentos compensatórios perde o direito de reclamar a prestação compensatória que caduca, se não a solicita no primeiro processo de cunho matrimonial ou se a estabelece em um acordo de divórcio ou de separação. A prescrição guarda coerência com a própria configuração do direito que surge do desequilíbrio produzido no momento da ruptura da convivência com relação à situação vivenciada ao tempo da coabitação ou plenitude das núpcias, não existindo qualquer espaço para eventuais vicissitudes da vida surgidas depois da separação de fato ou do divórcio, devendo guardar exata conexão com o modelo social e econômico experimentado pelo casamento que se desfaz, nunca por causas posteriores à separação ou ao divórcio, muito menos quando o suposto credor dos alimentos compensatórios já se havia resignado e estava acostumado com sua nova padronização social.

Nessa mesma direção segue o direito chileno, quando proíbe a revisão daquilo que denomina de compensação econômica depois de acertado seu montante por acordo ou em decorrência de decisão judicial, porquanto as mudanças posteriores de fortuna dos consortes não incidem na compensação econômica já decretada ou acordada, cuja força vinculante se encontra na máxima *pacta sunt servanda*. Deve ser repudiada qualquer atuação em contrário, presumindo esse princípio, salvo a ocorrência de má-fé, que as partes de um contrato ou de uma convenção tenha ajustado e mensurado livremente os riscos e as consequências jurídicas do conteúdo da declaração que efetuaram um ao outro, num e em outro sentido, e que, por isso, os direitos que emanam dessa convenção seriam intangíveis. Isso implica afirmar que, salvo novo acordo das partes, elas não podem revisar as cláusulas de seu acordo, devendo ser considerado que a oportunidade para reivindicar os alimentos compensatórios é a do momento da separação, divórcio ou dissolução de uma união estável e quando se verifica a queda do padrão socioeconômico.[170] Assim, a incapacidade superveniente do cônjuge ou companheiro, seja por incapacidade absoluta ou relativa, sujeita-se às regras pertinentes ao direito alimentar, sendo obviamente cabível uma revisão por causas subsequentes como o enriquecimento do alimentando ou o empobrecimento ou a insolvência do alimentante.

Dessarte, assevera Encarna Roca Trias que o desequilíbrio econômico aferível deve existir no momento da separação ou do divórcio, visto que as circunstâncias posteriores não dão direito aos alimentos compensatórios, conforme faz ver o artigo 100 do Código Civil espanhol,[171] de forma que o desequilíbrio é estabelecido definitivamente no momento em que se produz o fato que provoca o fim da convivência, e a existência de necessidades posteriores não dá direito a reclamar a pensão. Nesse sentido Mauricio Luis Mizrahi, ao referir que o desequilíbrio econômico somente pode ser medido quando cessou a vida em comum.[172] E assim realmente ordena o artigo 441 do Código Civil e Comercial argentino, ao dispor textualmente sobre a compensação econômica em favor do cônjuge a quem o divórcio produz um desequilíbrio manifesto que signifique uma piora de sua situação e que tenha por causa adequada o vínculo matrimonial e sua ruptura. Essa mesma compensação econômica, e pelos mesmos

---

[170] CHACANA, Carlos Garrido. *Compensación económica en término de matrimonio y acuerdo de unión civil.* Santiago de Chile: Metropolitana, 2017. p. 274-275.

[171] Código Civil espanhol, art. 100. "Fixada a pensão e as bases de sua atualização na sentença de separação ou de divórcio, somente poderá ser modificada por alterações substanciais na fortuna de um ou do outro cônjuge."

[172] MIZRAHI, Mauricio Luis. *Divorcio, alimentos y compensación económica.* Buenos Aires: Astrea, 2018. p. 154.

Cap. 3 • DOS ALIMENTOS COMPENSATÓRIOS | **217**

propósitos e no mesmo tempo de aferição, sucede com relação à união estável ou *união de fato* do direito argentino, ordenando o artigo 524 do Código Civil e Comercial da Argentina que, cessada a convivência, o convivente que sofrer um desequilíbrio manifesto que signifique uma piora de sua situação econômica relacionada à convivência e sua ruptura tem direito a uma compensação econômica, sendo incontroverso que esse desequilíbrio econômico deve ser medido ao tempo exato da ruptura do relacionamento afetivo conjugal ou convivencial.

Assim, bem-vistos, os alimentos compensatórios *humanitários* estão escorados em três pressupostos, a saber: (i) a prévia existência de um casamento ou de uma união estável; (ii) a separação, dissolução ou o divórcio; (iii) o desequilíbrio econômico causado pela separação, dissolução da união estável ou pelo divórcio.

O artigo 97 do Código Civil espanhol pressupõe a existência de um matrimônio, mas a jurisprudência e a doutrina espanholas não se mostram favoráveis em estender analogicamente seus efeitos às uniões fáticas, uma vez que se trataria de institutos jurídicos com realidades diferentes, ao contrário da jurisprudência e da doutrina brasileiras, que consideram justamente o matrimônio e a união estável como entidades familiares que merecem idêntica proteção jurídica. De qualquer forma, para o direito espanhol, como não tem cabimento a aplicação analógica dos alimentos compensatórios, a doutrina e jurisprudência acenam para a teoria do enriquecimento ilícito e, dessarte, uma indenização financeira seria a forma de reparar o prejuízo que o ex-convivente experimenta como consequência da ruptura do relacionamento informal e por ter se dedicado ao trabalho doméstico e colaborado nas atividades profissionais do outro convivente, sem ter recebido nenhuma retribuição financeira para tanto.[173] Isso se mostra uma demasia da interpretação da doutrina e jurisprudência espanholas, haja vista que, ao fim e ao cabo, acaba sucedendo exatamente o que acontece com a doutrina e a jurisprudência brasileiras, que aplicam sem nenhuma restrição à união estável os mesmos efeitos jurídicos pertinentes ao casamento, até porque, ao conceder os alimentos compensatórios no propósito de evitar o enriquecimento ilícito de um convivente em relação a seu companheiro, faz com que este obtenha exatamente os mesmos direitos de reparação concedidos ao consorte oficial, pois, se bem pensado, a regra geral é nada mais nada menos o súbito empobrecimento de um dos cônjuges ou companheiros que no decorrer da vida em comum, durante largo tempo ou todo o tempo, dedicou-se exclusivamente ou de modo prioritário à vida familiar, cuidando da casa, dos filhos e do parceiro, e, por vezes, até mesmo colaborando sem qualquer remuneração nas atividades profissionais do cônjuge ou companheiro provedor. Na alma dessa realidade tão comum nos lares nacionais e internacionais, pulsa o princípio geral da proibição do enriquecimento injusto, quer ela tenha o apelido de alimentos compensatórios, compensação econômica ou de indenização por enriquecimento indevido.

O segundo pressuposto, portanto, é a existência de um casamento ou de uma união estável que se desfaz, seja pela separação judicial ou extrajudicial, cada vez mais rara, senão praticamente extinta, pelo divórcio ou pela dissolução de uma união estável, tanto amistosa como litigiosa, só procedendo os alimentos compensatórios nas hipóteses de nulidade ou de anulação de casamento em favor do cônjuge de boa-fé. Por fim, o terceiro pressuposto é o desequilíbrio econômico causado pela separação, divórcio ou dissolução da união estável, eis que a função dos alimentos compensatórios é a de permitir ao cônjuge ou companheiro mais desfavorecido seguir desfrutando de um nível econômico similar ao que levava durante a

---

[173] VERDA Y BEAMONTE, José Ramón de. Presupuestos de la compensación (la noción de desequilibrio económico). *In*: VERDA Y BEAMONTE, José Ramón de (dir.); MATAMOROS, Pedro Chaparro; BIOT, Álvaro Bueno (coord.). *La compensación por desequilibrio en la separación y divorcio*. Tratado práctico interdisciplinar. Valencia: Tirant lo Blanch, 2021. p. 36.

etapa de normalidade conjugal ou convivencial. Adverte José Ramón de Verda y Beamonte que não se compensa qualquer desequilíbrio econômico, mas tão somente aquele que tem como causa a dedicação exclusiva ou prioritária de um dos cônjuges (ou conviventes) aos cuidados da família ou em sua colaboração desinteressada nas atividades profissionais ou empresariais do outro, sempre que como consequência dessa dedicação tenha sofrido uma perda de expectativas econômicas ou de crescimento profissional ou laboral.[174]

A pensão por desequilíbrio, devido a seu caráter indenizatório, é fixa no tempo, uma vez que sua finalidade é a de ressarcir o desequilíbrio que se produz no momento do divórcio ou da separação, e não na manutenção do cônjuge credor. As causas pelas quais, excepcionalmente, pode ser procedida alguma modificação da pensão são sempre de caráter objetivo e não se devem basear jamais nas circunstâncias pessoais dos implicados,[175] ou seja, o caráter nitidamente indenizatório dos alimentos compensatórios proíbe, inibe e impede sua constante atualização financeira caso ocorram substanciais mudanças de fortunas dos cônjuges, o que não significa dizer que a verba ajustada ou judicialmente fixada a título de compensação econômica não deva ser monetariamente atualizada para evitar a natural corrosão inflacionária do poder de compra da moeda nacional (CC, art. 1.710).[176] No entanto, como se viu, não há nenhum espaço para a revisão do montante como se fosse uma pensão alimentícia que se sujeita à revisão judicial diante de alguma modificação substancial na fortuna de quem paga ou de quem recebe uma pensão alimentícia, como expressamente prevê o artigo 1.699 do Código Civil brasileiro, ao dispor que, uma vez fixados os alimentos, se sobrevier mudança na situação financeira de quem os supre, ou na de quem os recebe, poderá o interessado reclamar ao juiz, conforme as circunstâncias, exoneração, redução ou majoração do encargo, cujo regramento não se aplica aos alimentos compensatórios de natureza indenizatória e não alimentar. Contudo, mais uma vez, para que não passe minimamente despercebido, mesmo à vista das considerações presentemente desenvolvidas, sempre será admissível uma revisão dos alimentos compensatórios, em caso de aumento substancial na fortuna do cônjuge ou companheiro credor, ou uma alteração substancial de redução da fortuna do consorte ou convivente devedor, hipóteses, por sinal, expressamente previstas no n.º 3 do artigo 84 do Código de Família da Catalunha, ao dispor ser factível sua revisão, se quem recebe passa à melhor fortuna ou se quem a paga passa à pior fortuna.

3.4.2. Limitação temporal dos alimentos compensatórios

Existe uma tendência doutrinária e jurisprudencial que espelha um fenômeno atual e uma tendência certamente irreversível de os alimentos entre cônjuges e conviventes serem concedidos por prazo determinado. Entre nós, com relação à tradicional pensão alimentícia, são chamados de *alimentos transitórios*. Significa transformar o que antes era tido religiosamente como eterno em temporário, deixando a pensão alimentícia de ser uma renda vitalícia, que era perfeitamente compreensível para os idos de 1968, quando editada a Lei de Alimentos (Lei 5.478/1968), porém inaceitável ou incompreensível para os dias atuais, de sucessiva e crescente independência

---

[174] VERDA Y BEAMONTE, José Ramón de. Presupuestos de la compensación (la noción de desequilibrio económico). *In:* VERDA Y BEAMONTE, José Ramón de (dir.); MATAMOROS, Pedro Chaparro; BIOT, Álvaro Bueno (coord.). *La compensación por desequilibrio en la separación y divorcio.* Tratado práctico interdisciplinar. Valencia: Tirant lo Blanch, 2021. p. 44-45.

[175] ROCA TRIAS, Encarna. *Comentarios a las reformas del derecho de familia.* Madrid: Tecnos, 1984. v. I, p. 626 e 639.

[176] Código Civil brasileiro, art. 1.710. "As prestações alimentícias, de qualquer natureza, serão atualizadas segundo índice oficial regularmente estabelecido."

Cap. 3 · DOS ALIMENTOS COMPENSATÓRIOS | 219

e autonomia financeira dos cônjuges e companheiros, alcançando o vínculo alimentar um conceito de auxílio temporário, concedido por algum tempo e até que seu credor retome, conquiste ou reative suas próprias linhas de crédito e de subsistência pessoais.

Se antes o direito aos alimentos da mulher era havido como um direito irrenunciável e vitalício, uma eterna sanção proveniente da ruptura das núpcias, hoje pesa sobre o credor temporário dos alimentos um dever de se esforçar para ser, o mais rápido possível, inteiramente responsável por sua subsistência alimentar, merecendo unicamente um auxílio temporal. Nada disso é diferente no âmbito dos alimentos compensatórios, quer se trate dos alimentos compensatórios *patrimoniais*, que devem ser concedidos enquanto não procedida a partilha dos rentáveis bens comuns, quer se trate dos alimentos compensatórios *humanitários*, os quais, na falta de bens comuns geradores de renda, são fornecidos por acordo ou por tutela judicial para compensar a brusca queda de determinado padrão de vida e cuidando o julgador de impor limites de tempo para a sua concessão. Tempo que, aliás, pode ser objeto de expressa negociação dos cônjuges ou dos companheiros quando da lavratura de uma escritura pública de pacto antenupcial ou da instituição de uma formal união estável.

A temporalidade dos alimentos que passam a ser regra geral dependerá das circunstâncias em que se encontrem os cônjuges ou companheiros, de modo que, quanto pior estejam, maior será o número de anos ou de duração dos alimentos, devendo o juiz ponderar a situação presente e projetar o futuro para ordenar a duração dos alimentos. É incontroverso que os alimentos por prazo indeterminado constituem a exceção, ocorrendo somente quando concorram circunstâncias muito concretas, por exemplo, uma relação de longa duração, e estando os consortes já com avançada idade ou em delicado estado de saúde.

Os alimentos compensatórios *patrimoniais* ou *humanitários* estão vinculados ao princípio da *rogação*, ou seja, dependem de expresso requerimento do credor, pois não podem ser deferidos de ofício ou por iniciativa do juiz, não obstante o magistrado não esteja impedido de atribuir uma limitação temporal ao provimento dos alimentos compensatórios, tampouco estaria proibido de estabelecer uma limitação quantitativa, concedendo menos do que foi pedido pelo credor dos alimentos e por menos tempo do que tenciona o alimentando. No entanto, no direito espanhol é claro o artigo 97 de seu Código Civil, quando externa que a pensão compensatória poderá ser temporária ou por tempo indefinido, obviamente a depender da idade e do estado de saúde do credor; de sua qualificação profissional e de suas probabilidades de acesso a um emprego ou ao exercício de uma profissão; duração do casamento ou da relação estável e da eventual perda de um direito de pensão precedente.

Disso não difere o direito argentino, cujo Código Civil e Comercial dispõe em seu artigo 441, para os cônjuges, e no artigo 524, para os conviventes, uma compensação econômica que pode ser de uma prestação única, ou uma renda por tempo determinado e, excepcionalmente, por prazo indeterminado, aduzindo que a pensão compensatória pode ser paga em dinheiro, com o usufruto de determinados bens ou por qualquer outro modo que acordem as partes ou decida o juiz. Sucede que o direito argentino não dispensa o mesmo tratamento para o casamento e para a união estável, de forma que na união estável o artigo 524 é mais restritivo, pois veda a compensação econômica por prazo indeterminado e proíbe o juiz de que conceda a compensação econômica por mais tempo do que tenha durado a convivência de fato. Entretanto, como o pagamento da compensação econômica por prazo indeterminado é excepcional, aplicada em raras exceções, praticamente se identificam os dois institutos jurídicos, casamento e união estável em termos finais e absolutos de proteção financeira.

Mauricio Luis Mizrahi sugere, inclusive, que, se houvesse a ideia de pagar valor igual ao do casamento na compensação econômica da união estável, bastaria considerar a mesma quantidade de parcelas. Contudo, se atribuir maior valor às parcelas destinadas aos relacionamentos estáveis, ambos os institutos terminarão recebendo o mesmo tratamento jurídico em seu resultado final, observando o referido doutrinador que os alimentos compensatórios do direito argentino só têm previsão na hipótese de ruptura do relacionamento em vida, não sendo reconhecida a compensação econômica no caso de dissolução pelo evento da morte, devendo o consorte viúvo requerer seus direitos hereditários. No entanto, ele chama atenção para a possibilidade de o sobrevivente nada herdar e, nesse caso, a injustiça de seu menoscabo econômico se mostraria evidente.[177]

Claro que a limitação temporal pode ser ordenada desde o início, quando apurado o desequilíbrio conjuntural, fato que permitiu ao julgador conceder alimentos compensatórios desde o começo da separação do casal, com a determinação de um prazo que estabeleça a duração dos alimentos compensatórios, mas que o juiz presume que sejam dificuldades financeiras que serão superadas com o transcurso do tempo, como pode deixar por tempo indeterminado até que sua extinção se realize em um momento futuro e incerto, quando sobrevierem fatos novos denunciando a superação do desequilíbrio econômico que existia inicialmente e cujos fatos foram alterados com relação às circunstâncias fáticas iniciais. Fácil é concluir que pensões fixadas por prazo indeterminado tendem a gerar certa letargia laboral daquele que foi beneficiado pelos alimentos, sejam eles oriundos de uma pensão alimentícia ou de alimentos compensatórios, especialmente quando seus valores são generosos ou inusuais e desafiam sua indesejada exoneração diante da conquista de uma relação de trabalho com ganhos materiais inferiores ao montante mensal dos alimentos compensatórios.

Consoante lição de María Victoria Pellegrini, a finalidade da compensação econômica é favorecer aquele cônjuge cuja situação econômica se desequilibra em razão da ruptura matrimonial para que logre sua autonomia e independência econômica e evitar a perpetuação de uma situação mais ligada ao conceito assistencial – como é a prestação alimentícia – e a dependência entre os que foram consortes, dificultando tanto a reinserção em um novo plano de vida para o ex-cônjuge credor como para o devedor. Finalizada a vida em comum, cada qual deverá procurar um meio autônomo de subsistência, e, para lográ-lo, a norma brinda com uma ferramenta àquele que se encontra em piores condições de autonomia, por causa da vida matrimonial que desenvolveu, ferramenta destinada a favorecer uma maior igualdade real que formal. Assim, sem embargo prevendo a concorrência de circunstâncias fáticas particulares, admite-se com caráter excepcional o pagamento por tempo indeterminado, seja porque assim acordaram ou porque tenha sido judicialmente determinado, mas, se excepcional, exige uma adequada fundamentação que sustente a procedência da compensação econômica a ser paga por prazo indeterminado.[178]

A alteração temporal das circunstâncias econômicas e financeiras vivenciadas ao tempo do arbitramento temporal dos alimentos compensatórios é fato incontroverso que o juiz deve considerar quando, por iniciativa do credor dos alimentos, estabelece seu montante, em regra, por tempo determinado, salvo circunstâncias excepcionais apontarem e indicarem para sua concessão por tempo indeterminado, mas como exceção e nunca como regra geral, especialmente se o juiz considerar que as incursões do credor de alimentos no mercado de trabalho começam a estar dotadas de maior solidez e probabilidade se ele arbitrar os alimentos compensatórios por um prazo determinado. Tal fato força o credor dos alimentos a realmente ir

---

[177] MIZRAHI, Mauricio Luis. *Divorcio, alimentos y compensación económica.* Buenos Aires: Astrea, 2018. p. 183.

[178] PELLEGRINI, María Victoria. *Tratado de derecho de familia según el Código Civil y Comercial.* Directoras Aída Kemelmajer de Carlucci, Marisa Herrera e Nora Lloveras. Buenos Aires: Rubinzal-Culzoni, 2014. t. I, p. 463-464.

atrás de seu próprio e obrigatório sustento, o que seria diferente se a pensão compensatória fosse arbitrada por prazo indeterminado, gerando a seu credor uma inaceitável zona de conforto ao saber que sua exoneração alimentar dependeria de fatores que refogem ao controle do alimentante e que favorecem um clima de eternização de alimentos sem prazo certo de extinção e sujeito à eventual prova de mudança de fortuna de um ou do outro ex-cônjuge ou companheiro. Essas situações novas, que implicam alterações substanciais de circunstâncias, requerem um novo processo, e, se o legislador assim tivesse previsto como única solução processual, certamente forçaria o alimentante a penar na efetiva extinção de sua indeterminada obrigação alimentar, poupando o credor de seu esforço pessoal de se tornar responsável por sua efetiva supressão pessoal de alimentos, justificando-se com sobras de compreensão as vantagens de uma limitação temporal dos alimentos compensatórios.

Teresa Marín Garcia de Leonardo é objetiva dizendo que a função da pensão compensatória não é a de nivelar, no sentido de uma equiparação econômica, senão de reduzir, na medida do possível, os desequilíbrios engendrados pela separação, pois a prática tem demonstrado que o desfrute de algumas pensões alimentícias, principalmente se são de quantias elevadas, termina como forma de o credor não se molestar em recuperar seu nível de qualificação profissional depois de ter ficado algum tempo alijado da atividade profissional, descurando-se da reciclagem de seus conhecimentos, acomodado com o cômodo pagamento dos alimentos, não se figurando nada lógico deixar nas mãos de apenas um dos ex-consortes para que ele se movimente para cambiar sua condição socioeconômica e se liberte de sua comodidade, ou de sua zona de conforto, sendo conveniente adotar medidas que evitem situações abusivas e prevejam possíveis condutas fraudulentas, eternizando um direito alimentar.[179]

Desde que reconhecidas, com a reforma de 8 de julho de 2005, no direito espanhol ampla liberdade e maior transcendência aos cônjuges para vazão de suas vontades, quando não mais desejam seguir vinculados ao casamento, desapareceram as causas da separação e do divórcio, assim como no Brasil que, por efeito da Emenda Constitucional 66/2010, passou-se a admitir o divórcio como opção de solução efetiva da crise matrimonial. Nesse sentido, justamente esse câmbio social influiu no âmbito da pensão compensatória e, evidentemente, inclinou a balança para a temporalidade da pensão compensatória à vista de que os tribunais não mais se conformaram com uma ideia de um direito permanente de conservar a mesma posição econômica mantida durante o casamento por prazo indeterminado. Uma vez extinto o casamento, ambos os consortes dependem individualmente de seu próprio esforço pessoal, além da noção do caráter indenizatório dos alimentos compensatórios, no propósito de reparar o prejuízo econômico causado como consequência da separação, mas sem incidentes de imputação de responsabilidade baseada na culpa, fugindo de clichês como a solidariedade pós-conjugal ou de algum caráter assistencial. Portanto, não é propósito dos alimentos compensatórios perpetuar um equilíbrio de casais divorciados, mas, em verdade, sua finalidade é restabelecer um momentâneo desequilíbrio que surge com a separação.

Conforme Teresa Marín García de Leonardo, a temporalidade da pensão compensatória previne a possível passividade do credor de se abster de tentar conseguir um posto de trabalho para, dessarte, seguir recebendo a pensão compensatória, como também evita possíveis situações de fraude do credor da pensão, uma vez que em algumas ocasiões em que é concedida de forma indefinida esses credores, a fim de seguirem percebendo os alimentos compensatórios, levam a cabo atividades informais que são difíceis de provar que estão trabalhando,

---

[179] LEONARDO, Teresa Marín García de. *Comentarios a las reformas de derecho de familia de 2005*. Coord. José Ramón de Verda y Beamonte. Navarra: Thomson/Aranzadi, 2006. p. 213-219.

eliminando os estímulos de recuperação do credor de seus próprios esforços, pois, se os alimentos compensatórios fossem uma renda absoluta e ilimitada no tempo, ela seria uma carga insuportável para o devedor ter de aboná-la e um enriquecimento injusto daquele que recebe a pensão compensatória.[180] A temporalidade dos alimentos compensatórios fomenta em seu credor a consciência de que deverá procurar, em tempo breve, sua autonomia financeira, devendo o julgador pesquisar e analisar os fatores que constituem os pilares do desequilíbrio, podendo chegar a duas conclusões: uma delas consiste em perceber que o desnível do padrão de vida tende a se prolongar no tempo, sem que o julgador possa prever qualquer solução imediata ou próxima, com o que os alimentos compensatórios terão de ser concedidos com caráter atemporal; a outra, pelo contrário, quando o juiz verifica que os obstáculos que afetam a autonomia financeira do credor resultam facilmente superáveis, em um período de tempo mais ou menos breve, com o que será possível acolher uma medida de compensação econômica com limitação temporal.[181]

Portanto, e a rigor, nenhuma concessão de alimentos compensatórios pode ser legalmente considerada vitalícia, eis que todas elas estão sempre sujeitas à futura extinção. Quando a relação de desequilíbrio resultar superada, haverá um termo certo para sua extinção, como, por sinal, consigna o artigo 233-17.4 do Código Civil da Catalunha, ao dispor que "a prestação econômica em forma de pensão se outorga por um período limitado salvo que concorram circunstâncias excepcionais que justifiquem fixá-la com caráter indefinido", bem como em situações em que o credor realmente não mais pode aceder ao mercado de trabalho, visto que se encontra com uma idade avançada, tendo vivenciado muitos anos de casamento, além da falta de qualificação profissional ou a depender de um debilitado estado de saúde. Em realidade, fica a juízo do julgador a valoração da presença de circunstâncias que justifiquem a excepcionalidade dos alimentos compensatórios por prazo indeterminado.

Passado o tempo da prestação compensatória, verdadeiro rito de passagem do casamento desfeito para a vida solo, cada um dos cônjuges procurará seus próprios meios de subsistência e seu próprio nível de vida, que, evidentemente, poderá ser distinto daquele que mantinha durante a convivência.[182]

Tirante as exceções, mostram-se estreitos os caminhos tanto para a sua eventual prorrogação como para a sua antecipada exoneração, cujos efeitos jurídicos estão condicionados à súbita alteração tanto para o melhor dos fatos que permitem dispensar os alimentos compensatórios quanto para uma piora na relação econômica e financeira exsurgida da separação do casal, cujo fato justifica a concessão prefacial de uma compensação econômica "que poderá ser temporária ou por tempo indefinido", como ordena o artigo 97 do Código Civil espanhol, desde a reforma de seu Código Civil introduzida pela *Ley* 15/2005, ao trocar a pensão compensatória vitalícia como regra geral para a transitória e a compensação econômica sem delimitação de tempo como exceção, uma vez que não cabe desconhecer que em muitas situações a única forma possível de compensar o desequilíbrio econômico produzido pelo divórcio ou pela dissolução de uma convivência estável é a compensação vitalícia. No entanto, certamente

---

[180] LEONARDO, Teresa Marín García de. *Comentarios a las reformas de derecho de familia de 2005*. Coord. José Ramón de Verda y Beamonte. Navarra: Thomson/Aranzadi, 2006. p. 223.

[181] ARENAS, Ana Laura Cabezuela. *La limitación temporal de la pensión compensatoria en el Código Civil*. Navarra: Aranzadi/Thomson, 2002. p. 59.

[182] RESINA, Judith Solé. La prestación compensatoria en el derecho catalán. *In*: VERDA Y BEAMONTE, José Ramón de (dir.). *La compensación por desequilibrio en la separación y divorcio*. Tratado práctico interdisciplinar. Valencia: Tirant lo Blanch, 2021. p. 355.

Cap. 3 · DOS ALIMENTOS COMPENSATÓRIOS | **223**

já se foram aqueles tempos em que uma dona de casa conjugal tinha o direito de continuar sendo dona de casa pelo resto de sua vida.[183]

De qualquer forma, embora o direito espanhol não estabeleça uma preferência por uma ou outra modalidade de compensação econômica (temporária ou por prazo indeterminado), a regra geral tem sido no sentido de que a prestação compensatória tende a compensar a disparidade das condições de vida entre ambos os consortes, criadas pelo divórcio, mas pelo tempo necessário para o cônjuge que perdeu ou diminuiu suas oportunidades de trabalho a fim de possa voltar a adquiri-las e restabelecer o desequilíbrio que se produz com relação ao nível de vida do outro e que foi mantido durante o relacionamento afetivo. Além do fato de que os alimentos compensatórios não podem se converter em uma renda vitalícia, sobremodo quando a esposa é jovem e goza de boa saúde, tendo possibilidades concretas de desenvolver sua própria atividade profissional e de obter seus próprios ingressos financeiros, de outra parte, a fixação de um prazo constitui em inestimável estímulo para que ela busque seus meios de subsistência, fugindo de condutas preguiçosas do credor da compensação financeira que desembocavam em uma autêntica profissionalização do casamento de quem poderia entrar no mercado de trabalho e não o faz por oportunismo e ociosidade, afastando de uma vez por todas condutas indolentes e de comodidade financeira, verdadeiras condutas fraudulentas bem típicas de uma excessiva condescendência alimentar de um desequilíbrio perpétuo.

Consoante ensinamentos de Marta Ordás Alonso, o prazo fixado deve estar em consonância com a previsão de superação do desequilíbrio, para o que o julgador deverá atuar com prudência e ponderação, sem prejuízo de aplicar, quando oportuno diante das circunstâncias concorrentes, prazos mais flexíveis ou generosos, ou adotar medidas ou cautelas que evitem a total desproteção. Tem vocação de perpetuidade a situação do alimentando que tem notórias dificuldades de obter seus próprios ingressos, em especial, daquelas pessoas de avançada idade, cujo estado de saúde gera cuidados e atenções, reportando um casamento de longa duração, e que nele a pessoa se dedicou aos cuidados da família, restando evidente a dificuldade que teria para superar, com o transcurso dos anos, a relação de desequilíbrio em que se viu com a cessação da convivência.[184]

Ao estabelecer a duração dos alimentos compensatórios, o juiz não pode abstrair as circunstâncias fáticas que rodearam o matrimônio, ponderando enfermidades, dedicação, tempo de conjugalidade, existência e dedicação exclusiva aos filhos e familiares. Dado que somente situações especiais justificam a perpetuação da compensação econômica, eis que a tendência inequívoca é a de extirpar de uma vez por todas, tanto no tocante à pensão alimentícia quanto em sede de alimentos compensatórios, a antiga e superada tendência do que a comunidade jurídica convencionou denominar de *profissionalização do casamento.*

Lembra por fim Ana Laura Cabezuela Arenas o que na Alemanha foi chamado de *cláusula do casaco de vison* (casaco de pele) e critica a posição daqueles que estranham que uma esposa de origem humilde que, casualmente, contrai casamento com um burguês endinheirado e que, à mercê desse enlace conjugal, agora se perpetua no nível de vida alcançado graças à pensão. Embora seja mais cômodo e relaxado viver da pensão de um ex-marido rico do que ganhar a vida como secretária, como era habitual antes de casar, é fundamental estabelecer uma comparação entre as condições de trabalho que a alimentanda vivia antes de casar e aquelas que detém depois

---

[183] ALONSO, Marta Ordás. *La cuantificación de las prestaciones económicas en las rupturas de* pareja. Barcelona: Bosch/Wolters Kluwer, 2017. p. 462-465.

[184] ALONSO, Marta Ordás. *La cuantificación de las prestaciones económicas en las rupturas de* pareja. Barcelona: Bosch/Wolters Kluwer. 2017. p. 470.

do casamento, não se mostrando pertinente um pensionamento perpétuo e que a ex-esposa não possa retomar a vida laboral que sempre teve, pois é patente que a pensão compensatória não tem como pressuposto estabelecer uma igualdade econômica entre pessoas que apresentam desigualdades socioculturais e profissões completamente distintas.[185]

Dessarte, passado o prazo de concessão da prestação compensatória, cada um dos cônjuges procurará viver com seus próprios meios e manter seu próprio nível de vida que, evidentemente, poderá ser diferente daquele que tinham na constância do relacionamento.

3.4.3. Critérios de fixação dos alimentos compensatórios

Alimentos compensatórios *humanitários* não são destinados às pessoas que conseguem se sustentar e manter o mesmo ou um nível de vida próximo ao do que ela tinha antes da crise conjugal, tampouco são indicados aos relacionamentos afetivos de curta duração e sem filhos, em que ambos têm carreiras profissionais consolidadas, devendo pôr fim em definitivo a seus passados e a quaisquer dependências econômicas entre os cônjuges, para que livres de amarras refaçam suas vidas sem se verem presos ao acontecido em tempos pretéritos.

A prestação compensatória pode ser paga na forma de *capital* ou na configuração de uma *pensão*, ou seja, de acordo com o direito espanhol, existem duas modalidades de prestação compensatória, entregando ao credor bens ou dinheiro em uma prestação única, passando a ser denominada como *pensão* se a opção for a do recebimento em prestações mensais por prazo determinado ou indeterminado. Os alimentos compensatórios podem ser acordados pelo abono ao cônjuge dos rendimentos de um bem posto em locação, pela constituição de um capital, ou de um fundo de investimentos que gere determinada rentabilidade, e até mesmo quando originário dos lucros obtidos de ações de uma determinada sociedade.

Em essência, o critério de escolha de uma das duas modalidades de pagamento da compensação econômica decorre ou da vontade das partes, ou diante da falta de recursos do cônjuge obrigado, que nesse caso opta pelo parcelamento, adotando a modalidade periódica de prestações mensais em forma de pensão, tornando-se normal na prática judicial espanhola o modo de parcelamento e excepcional a entrega de um bem ou de um capital. Essa excepcionalidade do pagamento dos alimentos compensatórios pela constituição de um capital pode ser verificada no artigo 99 do Código Civil espanhol, quando estabelece que, "a qualquer momento, poderá ser acordada a substituição da pensão fixada judicialmente em conformidade com o artigo 97 pela constituição de uma renda vitalícia, o usufruto de determinados bens ou na entrega de um capital em bens ou em dinheiro".

Por sua vez, o artigo 233.17.1 do Código Civil da Catalunha dispõe que a prestação compensatória pode ser atribuída na forma de capital, seja em bens ou dinheiro, ou na forma de pensão ou de prestação mensal. Conforme o artigo 233-17.2 do Código Civil da Catalunha, no caso de fixação de capital (bens ou dinheiro), a autoridade judicial, a pedido do devedor, poderá autorizar que o pagamento se faça a prazo, com um vencimento máximo de três anos, para facilitar o pagamento da prestação econômica que, nessa modalidade, torna-se menos gravosa, cujas prestações devem ser pagas em dinheiro e com mensalidades que deverão ser depositadas antecipadamente a cada mês, podendo ser impostas garantias pessoais ou reais pelo juiz para o cumprimento efetivo do parcelamento (CCC, art. 233.17.3).

---

[185] ARENAS, Ana Laura Cabezuela. *La limitación temporal de la pensión compensatoria en el Código Civil*. Navarra: Aranzadi/Thomson, 2002. p. 54.

Cap. 3 • DOS ALIMENTOS COMPENSATÓRIOS | 225

Obviamente, a modalidade de prestação única diminui a litigiosidade, pois ajuda os cônjuges a se desvincularem de eventuais demandas que teriam lugar em sede de revisão ou execução das prestações porventura inadimplidas, embora a prestação única possa carregar a desvantagem de impactar um desembolso relevante se a prestação econômica for de alto valor.

3.4.3.1. Alimentos compensatórios em forma de capital

A dotação de um capital teve sua origem no direito francês, que utilizava a expressão *manutenção*, sugerida por Carbonnier em um anteprojeto de lei de 1975, que introduzia os alimentos compensatórios no direito francês. Surgiu como alternativa à proposição da palavra *dotação*, rejeitada pelo Conselho de Estado, que preferiu adotar a palavra *capital*, embora ainda seja comum na França a utilização da nomenclatura *maintenance* proposta por Carbonnier, que significaria manter na medida do possível a situação econômica do esposo divorciado.[186] Esse capital pode ser de bens ou por uma quantidade de dinheiro que tenha em conta o índice de vida provável do cônjuge credor ou do tempo de duração de seus alimentos compensatórios.

O artigo 233-17.2 do Código Civil da Catalunha cuida da possibilidade do pagamento da prestação compensatória na forma de capital, seja em bens ou em dinheiro. Trata-se de uma faculdade de caráter restritivo concedida ao devedor, mas que está condicionada à aprovação da autoridade judicial. Para o cálculo da quantia desse capital, ou dos bens que vão compô-lo, serão tomados em conta os parâmetros do artigo 233-16 do Código Civil da Catalunha, que trata dos pactos matrimoniais e se reporta ao artigo 231-20 também do Código Civil da Catalunha, que, por seu turno, determina que esses pactos sejam lavrados em escritura pública. O pagamento pode ser feito em uma única parcela, ou em várias, desde que não exceda a três anos, não prevendo o direito catalão a possibilidade de fixar garantias, no que difere do parcelamento do direito chileno que considera para efeito de garantia do pagamento a equiparação dessas parcelas a uma pensão alimentícia e, portanto, sua injustificada inadimplência pode suscitar a prisão civil do devedor recalcitrante. Agora, nada impede no direito catalão que sejam estabelecidas garantias para o parcelamento da prestação econômica.

A forma normal de satisfação dos alimentos compensatórios no direito francês, conforme o artigo 270 do Código Civil francês, é pelo sistema da formação de um capital, seja pela entrega de uma soma em dinheiro, seja pelo abono de bens, móveis ou imóveis, que serão entregues em usufruto ao credor da compensação econômica, ou ainda pelo depósito de rendas em mãos de um terceiro que se encarrega de entregar ao credor da compensação econômica durante o prazo fixado, pretendendo com essa modalidade facilitar o recebimento pelo credor de seus alimentos compensatórios, mas que, em verdade, é uma preferência pouco realista, uma vez que na maioria dos casos a constituição de um capital exige do devedor que ele possua uma elevada capacidade econômica titulada pelo devedor da obrigação, embora tenha a vantagem de eliminar a execução forçada de prestações não atendidas dos alimentos compensatórios. É o juiz quem, à vista da capacidade econômica dos cônjuges, decide qual será a modalidade de pagamento pela constituição de um capital, entre as três previstas no artigo 275 do Código Civil francês. A primeira delas, a entrega de soma em dinheiro, constitui a forma de pagamento em capital por excelência, pela qual é conferida ao esposo credor a possibilidade de dispor no momento do divórcio de um capital, qual seja, uma soma em dinheiro

---

[186] TOMÉ, Herminia Campuzano. *La pensión por desequilibrio económico en los casos de separación y divorcio*. Barcelona: Bosch, 1994. p. 149-150.

com a qual pode atender a suas necessidades imediatas e futuras se souber bem administrar esse capital.[187]

Como uma variante dessa modalidade, existe a possibilidade de ser entregue pelo devedor uma soma de dinheiro a um fundo de investimentos ou a uma companhia de seguros que se encarregam de subministrar uma renda mensal ao esposo credor durante um período de tempo limitado ou a título vitalício. Como esclarece Herminia Campuzano Tomé, com essa modalidade aparece a possibilidade de fazer chegar ao cônjuge credor da prestação compensatória, indiretamente, uma soma em dinheiro previamente entregue pelo devedor a uma entidade financeira que tratará de administrar esse capital,[188] de forma que vá para as mãos do credor sem desperdício, no tempo e valores certos ou adequados às necessidades projetadas.

O conceito de capital responde à ideia de uma prestação única e de cumprimento imediato, podendo ser ordenada a constituição de uma hipoteca ou outras garantias em favor do cônjuge credor, como também essa prestação única pode se concretizar mediante a entrega de determinados bens, como no Brasil sucedeu de forma pioneira em decisão proferida pela juíza Ana Florinda Mendonça da Silva Dantas, na separação litigiosa que tramitou pela 27.ª Vara Cível de Maceió, ao condenar o marido FCM a adquirir um apartamento no valor de novecentos e cinquenta mil reais (estimativa de 2007), e, enquanto não realizada a aquisição do imóvel, ou a entrega da quantia equivalente e a efetiva instalação da esposa, ficava assegurada a ocupação da moradia que servia de domicílio conjugal. Considerando ainda a necessidade de locomoção da mulher, condenou o varão a adquirir para a mulher dois automóveis novos, afora uma pensão alimentícia de trinta salários mínimos, resultando esse processo no REsp 1.290.313/AL.[189]

O artigo 276 do Código Civil francês situa que, na falta de capital, ou se este não é suficiente, a prestação compensatória toma a forma de uma renda, prevendo o artigo 276-1 a duração desta, que deve ser igual ou inferior à vida conjugal, e será fixada de maneira uniforme durante todo o tempo que durar.

Com relação ao Código Civil espanhol, uma das reformas que a *Ley* 15/2005 introduziu no texto do artigo 97 do Código Civil espanhol foi a possibilidade de estabelecer uma pensão compensatória consistente em uma prestação única, ordenando o artigo 99 do Código Civil espanhol que, em qualquer momento, poderá ser convertida a parcela única pela constituição de uma renda vitalícia, ou substituída pelo usufruto de determinados bens, ou ainda a entrega de bens ou de dinheiro, não existindo nada similar ao parcelamento máximo de três anos previsto no direito civil da Catalunha. Ajustado o parcelamento de um valor único, qualquer causa posterior de extinção, por exemplo, o cônjuge credor dos alimentos compensatórios, constitui novo relacionamento. Esse fato não interfere na redução do montante previamente ajustado ou ordenado a pagar, mesmo que em prestações mensais que se mantêm hígidas e exigíveis. Nada impede englobar no conceito de prestação única a entrega de bens ou o reconhecimento de determinados direitos, como a constituição de um usufruto temporário ou vitalício sobre um imóvel.[190]

---

[187] TOMÉ, Herminia Campuzano. *La pensión por desequilibrio económico en los casos de separación y divorcio.* Barcelona: Bosch, 1994. p. 151.

[188] TOMÉ, Herminia Campuzano. *La pensión por desequilibrio económico en los casos de separación y divorcio.* Barcelona: Bosch, 1994. p. 151.

[189] MADALENO, Rolf. *Direito de família.* 12. ed. Rio de Janeiro: GEN/Forense, 2022. p. 1131.

[190] ALONSO, Marta Ordás. *La cuantificación de las prestaciones económicas en las rupturas de pareja.* Barcelona: Bosch/Wolters Kluwer, 2017. p. 408.

3.4.3.2. Alimentos compensatórios em forma de prestações periódicas

O pagamento em forma de pensão ou em prestações periódicas, que, na Catalunha, não podem superar os três anos, contempla a segunda modalidade de pagamento da prestação compensatória. Trata-se de uma prestação pecuniária, que deve ser satisfeita por mensalidades e que terão uma duração limitada. O direito catalão limita as prestações a um período máximo de três anos, entrementes não descarta a possibilidade dos alimentos compensatórios por prazo indeterminado, com vocação de perpetuidade, conforme se trate de uma situação de exceção, haja vista que em regra geral a compensação econômica tem a função da transitoriedade. Essa nota de temporalidade em matéria de pensão, tanto para a pensão alimentícia como para os alimentos compensatórios, carrega uma expectativa de recuperação e de readaptação do cônjuge ou companheiro credor, ao passo que, em sentido contrário, o caráter ilimitado dos alimentos faz com que naturalmente desapareça o interesse do credor de tentar melhorar sua situação pessoal e financeira, sabendo que, enquanto não incorrer em alguma das causas de extinção dos alimentos, terá garantido um seguro permanente de subsistência à custa alheia.

As prestações devem ser monetariamente atualizadas e o parcelamento pode ser acordado entre as partes ou ordenado pelo juiz a pedido do devedor, de modo a manter o poder de compra dos valores parcelados em decorrência da inflação pela qual atravessam as economias, evitando que o credor receba dinheiro desvalorizado e assim acentue o desequilíbrio econômico que justamente os alimentos compensatórios procuram afastar. A pensão compensatória parcelada pelo direito chileno converte as parcelas em pensão alimentícia e autoriza o pleito prisional em caso de inadimplência, dado o caráter assistencial que o parcelamento do montante que deveria ser em uma prestação única adquire como medida de garantia criada pela legislação chilena.

O Código Civil espanhol não estabelece idêntico prazo de três anos para o parcelamento da compensação econômica, mas a jurisprudência oscila entre um ano e três anos de parcelamento, reservando prazos mais curtos para matrimônios menos duradouros.

Para decidir a forma de prestação da pensão compensatória, o juiz deverá avaliar a aptidão do credor para superar o desequilíbrio econômico em um tempo concreto e alcançar a convicção de que não é preciso prolongar sua percepção por mais tempo, atendendo as circunstâncias do artigo 97, inciso II, do Código Civil espanhol, quando ordena que, na falta de acordo dos cônjuges, o juiz, em sentença, determinará o montante da compensação econômica, tendo em conta as seguintes circunstâncias: 1.º Os acordos a que chegaram os cônjuges; 2.º A idade e o estado de saúde; 3.º A qualificação profissional e as probabilidades de acesso a um emprego; 4.º A dedicação passada e futura à família; 5.º A colaboração com seu trabalho nas atividades mercantis, industriais ou profissionais do outro cônjuge; 6.º A duração do matrimônio e da convivência conjugal; 7.º A eventual perda de um direito de pensão; 8.º A riqueza e os meios econômicos e as necessidades de um e outro cônjuge; 9.º Qualquer outra circunstância.

Dessarte, essas circunstâncias descritas no Código Civil espanhol se convertem em critérios para determinar a existência do desequilíbrio compensável e sua quantia, em uma espécie de juízo prospectivo, que deve ser realizado com prudência e ponderação, acrescido de certeza ou potencialidade real, tomando distância de qualquer adivinhação.[191] Logo, o prazo de duração da compensação econômica temporal deve estar em consonância com a previsão

---

[191] VERDA Y BEAMONTE, José Ramón de; BIOT, Álvaro Bueno. Formas de satisfacción de la compensación. *In*: VERDA Y BEAMONTE, José Ramón de (dir.). *La compensación por desequilibrio en la separación y divorcio*. Tratado práctico interdisciplinar. Valencia: Tirant lo Blanch, 2021. p. 69.

de superação do desequilíbrio, pelo que o juiz atuará com prudência e ponderação, como em realidade ele deve atuar em todas as suas apreciações judiciais, sem prejuízo de aplicar, quando oportuno, prazos flexíveis ou generosos, ou adotar as medidas ou cautelas que evitem a total desproteção, como com acerto procedeu o juiz espanhol em um caso concreto, ao estabelecer um prazo de dois anos e três meses para uma pensão compensatória destinada a uma credora de 40 anos de idade, cuja capacitação profissional justifica presumir que ela não terá dificuldades para aceder ao mercado de trabalho em um futuro mais ou menos próximo, principalmente quando a idade do filho já não exige um cuidado tão imediato e ainda quando ela somente depende de uma reciclagem de conhecimentos para recuperar os vários anos de afastamento de sua atividade profissional.[192]

3.4.3.3. O regime de bens

A existência de um regime de comunicação de bens, como a comunhão parcial (CC, arts. 1.658-1.666), a comunhão universal (CC, arts. 1.667-1.671), ou a participação final nos aquestos (CC, arts. 1.672-1.686), poderá excluir, atenuar e nem sequer interferir no arbitramento judicial dos alimentos compensatórios, uma vez que induvidosamente afeta no cômputo do patrimônio e dos meios econômicos e nas necessidades financeiras dos cônjuges ou conviventes, uma vez que os alimentos compensatórios *humanitários* são estruturados na circunstância de que um dos parceiros sofre, com a separação, divórcio ou dissolução da união estável, uma sensível queda em seu padrão socioeconômico, e se ele é detentor de uma meação que gera rendas, dependendo do montante das rendas geradas, essa circunstância pode dar lugar simplesmente aos alimentos compensatórios *patrimoniais*, que têm pertinência jurídica diante da retenção dessas rendas pelo outro consorte que se encontra na posse e na administração dos bens comuns. Entretanto, também pode suceder de a meação dos bens comuns ser composta exclusivamente por bens que somente geram despesas, por serem todos de utilização doméstica, como imóveis de moradia e de lazer, os quais produzem unicamente encargos. Portanto, nessa hipótese, a existência de bens comuns não terá nenhum reflexo no arbitramento judicial ou no ajuste consensual de alimentos compensatórios, tanto *humanitários* como *patrimoniais,* haja vista que os bens meatórios não guardam nenhum impacto econômico ou financeiro capaz de autorizar a dispensa ou exclusão dos alimentos compensatórios, até porque receber a meação dos bens comuns termina unicamente causando maiores despesas.

Segundo Mauricio Luis Mizrahi, se os ex-cônjuges acordaram o regime da separação de bens, surgindo o divórcio a compensação econômica deve ser aplicada com todo o rigor, uma vez presentes seus pressupostos de operatividade, porque em tais circunstâncias o consorte que resultou afetado pelo desequilíbrio manifesto não teria qualquer outra opção senão a de aplicação incondicional do instituto dos alimentos compensatórios,[193] denominados nesse caso, especificamente, de *humanitários*, não se tratando de anular o regime de bens convencionado entre as partes, mas, sim, de um mecanismo que busca atenuar um empobrecimento injusto. Lembre-se que nos regimes de comunidade de bens, em regra, essa mancomunhão patrimonial atua em si mesma como um mecanismo compensatório, mas desde que a meação evite a disparidade econômica e financeira resultante da separação do casal. Nesse caso, a comunidade de bens desempenha um papel compensador e de reequilíbrio do padrão

---

[192] VERDA Y BEAMONTE, José Ramón de; BIOT, Álvaro Bueno. Formas de satisfacción de la compensación. *In*: VERDA Y BEAMONTE, José Ramón de (dir.). *La compensación por desequilibrio en la separación y divorcio.* Tratado práctico interdisciplinar. Valencia: Tirant lo Blanch, 2021. p. 69.

[193] MIZRAHI, Mauricio Luis. *Divorcio, alimentos y compensación económica.* Buenos Aires: Astrea, 2018. p. 156.

econômico e financeiro, evitando a ocorrência da injustiça de compensar duas vezes um dos cônjuges, primeiro ao lhe conferir uma meação de bens amealhados com o casamento, e além disso outorgar a esse mesmo consorte um enriquecimento injusto, impróprio e indevido de uma pensão compensatória, passando a um segundo plano a escassa capacitação e potencialidade profissional de quem pretende ainda assim reclamar alimentos compensatórios, mesmo partindo da premissa de que ela carece de habilidades para o manejo de seu patrimônio.[194]

É de ser igualmente lembrado que os alimentos compensatórios indenizam ou compensam na prática os ingressos procedentes da lide doméstica e das atenções familiares realizadas pelo consorte ou companheiro que, justamente em razão dessa dedicação maior ou integral às tarefas do domicílio conjugal, ficou sem rendimentos de seu trabalho que não pôde exercer durante o relacionamento em que se dedicou aos cuidados da família, servindo os alimentos compensatórios *humanitários* para eliminar ou minimizar os prejuízos causados pela perda das expectativas de um exercício ou crescimento profissional, ou da dificuldade ou impossibilidade de ascender a postos de trabalho depois da separação, divórcio ou da dissolução da união estável, seja em razão da idade, saúde, desatualização, falta de experiência profissional ou até mesmo da falta de qualificação e especialização que não pôde ser perseguida em virtude do casamento, sendo fácil intuir que, para esse cônjuge ou companheiro alijado do mercado de trabalho e com pouca, rasa ou nenhuma formação, terá pouca ou nenhuma habilidade até para conservar, muito menos aumentar, os ativos percebidos de sua meação, que prontamente será sacrificada para permitir a subsistência do meeiro que foi despojado de alimentos compensatórios humanitários por ser, em tese, detentor de uma meação patrimonial.

De nada serve entregar a meação patrimonial do cônjuge que não trabalhou ou que trabalhou muito pouco durante o matrimônio, se a composição dos bens de sua meação vai unicamente gerar gastos adicionais, tendo o outro cônjuge ou companheiro ficado com a propriedade exclusiva de uma fábrica, comércio ou de qualquer outro empreendimento que lhe proporcione rendimentos exclusivos, ou que simplesmente tenha tido durante o relacionamento o tempo, a liberdade e as condições de exercer em tempo integral sua atividade profissional, podendo nela investir para a conquista de seu crescimento pessoal e, em razão disso, ter se tornado um profissional de nomeada e socialmente reconhecido e financeiramente exitoso em sua profissão, ao passo que seu consorte, por sua falta de experiência e reduzida formação profissional, além do fato de sua idade, falta de maior experiência, ficou em completa desvantagem em comparação com seu parceiro que cultivou e fomentou um patrimônio profissional intangível.

A dedicação prioritária ou exclusiva ao casamento, durante longo tempo de matrimônio, e do qual, em regra, o consorte mulher esteve apartado do mundo laboral, faz concluir que são razoavelmente escassas as reais possibilidades de a esposa obter em um prazo concreto um emprego que lhe permita de gozar de meios próprios para sua subsistência, e esse fato, por si só, gera ela um curial direito a uma pensão alimentícia. Entrementes, mais do que dinheiro para a sua humana subsistência, podem as mesmas circunstâncias fáticas dar vazão aos alimentos compensatórios *humanitários*, no propósito de restabelecer ou até mesmo evitar, pelo menos por um segundo, o desequilíbrio econômico vislumbrado com a separação, divórcio ou dissolução de uma união estável, sendo certo que, se quem reclama a compensação econômica encontra-se em situação de poder, reincorporar-se facilmente a seu posto profissional e, nesse sentido, aproximar-se dos rendimentos percebidos pelo parceiro afetivo, sem sentir os efeitos da brusca queda do padrão social a que estava acostumado, não haverá que falar em desequilíbrio econômico, muito menos em concessão dos alimentos compensatórios.

---

[194] MIZRAHI, Mauricio Luis. *Divorcio, alimentos y compensación económica*. Buenos Aires: Astrea, 2018. p. 159.

Dessarte, a simples existência de um regime de comunidade de bens não é causa que se basta para excluir os alimentos compensatórios, podendo ou não a existência de uma meação atenuar o montante dos alimentos compensatórios e até mesmo dispensá-los, se a liquidação efetiva dos bens comuns, uma vez entregues ao cônjuge alimentando, permitir-lhe viver depois da liquidação dos bens, em uma situação econômica desafogada e sem necessidade de trabalhar, mas lembrando que a pensão compensatória não é um mecanismo igualador de economias.[195]

Quando existem bens rentáveis que se encontram em processo de partilha e de liquidação, como em regra, medeia um considerável espaço de tempo até a efetiva liquidação e adjudicação da meação conjugal, especialmente tratando-se de uma partilha litigiosa, durante a tramitação processual, ficam os bens na posse exclusiva e na administração isolada de apenas um dos consortes, e essa circunstância origina um grande prejuízo ao cônjuge ou companheiro que carece de ingressos periódicos provenientes de sua meação e com os quais lograria subsistir. Para evitar esse dano diante da esperteza do parceiro que se encontra na administração exclusiva dos bens rentáveis, e até mesmo para forçar ou agilizar o processo de partilha, os tribunais brasileiros, cuja iniciativa ou pioneirismo dessa reativação iniciou-se pelo Tribunal de Justiça do Rio Grande do Sul, ressuscitaram o parágrafo único do artigo 4.º da Lei de Alimentos (Lei 5.478/1968), ordenando o pagamento mensal dos alimentos compensatórios *patrimoniais*, que costumam viger até a efetiva partilha dos bens e entrega da meação e das rendas ao consorte ou convivente que estava distanciado da posse e da administração dos bens comunicáveis, sendo de bom alvitre que o juiz faça um cálculo apurado e sério do que realmente representam os ingressos originados da meação dos bens do consorte que reivindica os alimentos compensatórios *patrimoniais*, pois pode ocorrer de o valor judicialmente arbitrado de alimentos compensatórios *patrimoniais* pela posse e administração exclusiva dos bens comuns rentáveis ser vantajoso para esse cônjuge devedor, uma vez que a renda mensal da meação da esposa pode ser em montante mais elevado, disso resultando sobras mensais que terminam sendo embolsadas pelo alimentante.

Para José Ramón de Verda y Beamonte, aos olhos do direito espanhol, esses alimentos que compensam a posse exclusiva dos bens rentáveis comuns desvirtuam a natureza da compensação dos alimentos compensatórios do artigo 97 do Código Civil da Espanha e passam a cumprir uma função própria de uma pensão alimentícia, ao remediarem uma situação de necessidade provisória de quem os recebe,[196] pois, se bem visto, em realidade nada indeniza, senão que estabelece um prazo determinado, dentro do qual sucederá a partilha dos bens, permitindo apressá-la enquanto são adiantados os ingressos que por direito pertencem à meação do credor dos alimentos.

3.4.3.4. Alimentos compensatórios e tributação

Tanto os alimentos compensatórios *humanitários* como os *patrimoniais* guardam entre eles uma incontestável semelhança, que concerne à sua natureza indenizatória ou compensatória, e não alimentar. Muito já foi tratado a respeito, inclusive da inconstitucionalidade da tributação da pensão alimentícia, sob o argumento de que ela não é nem pode ser considerada

---

[195] VERDA Y BEAMONTE, José Ramón de. Presupuestos de la compensación (la noción de desequilibrio económico). *In*: VERDA Y BEAMONTE, José Ramón de (dir.); MATAMOROS, Pedro Chaparro; BIOT, Álvaro Bueno (coord.). *La compensación por desequilibrio en la separación y divorcio.* Tratado práctico interdisciplinar. Valencia: Tirant lo Blanch, 2021. p. 52.

[196] VERDA Y BEAMONTE, José Ramón de. Presupuestos de la compensación (la noción de desequilibrio económico). *In*: VERDA Y BEAMONTE, José Ramón de (dir.); MATAMOROS, Pedro Chaparro; BIOT, Álvaro Bueno (coord.). *La compensación por desequilibrio en la separación y divorcio.* Tratado práctico interdisciplinar. Valencia: Tirant lo Blanch, 2021. p. 53.

Cap. 3 · DOS ALIMENTOS COMPENSATÓRIOS | 231

como renda, porquanto a renda, para fins de tributação, pressupõe um *acréscimo patrimonial* e a pensão alimentícia em sua acepção tradicional não é renda nova, muito menos representa qualquer acréscimo patrimonial, pois se trata de renda tributada quando ingressou no acervo patrimonial do provedor, que por seu turno repassa como verba de subsistência, e não como nova riqueza, para seus dependentes financeiros – seus alimentandos. Nesse sentido vem se pronunciando o STF na ADI 5.422 e que considera inconstitucional a tributação da pensão alimentícia originária do direito de família, mesmo porque quem é credor de pensão alimentícia é porque não tem renda própria e destinatário, em regra, apenas de um mínimo existencial, tratando-se, inclusive, de uma questão de gênero na medida que tributaria, em regra, a mulher alimentanda, cujas rendas costumam ser mais baixas e até mesmo inexistentes.

Nessa ADI 5.422, o Ministro Relator Dias Toffoli aduz que o imposto de renda só pode incidir uma única vez sobre a mesma realidade, sob pena de incorrência de *bis in idem* vedado pelo sistema tributário, e que alimentos ou pensão alimentícia oriunda do direito de família não é renda nem provento de qualquer natureza do credor dos alimentos, mas simplesmente montantes retirados dos rendimentos (acréscimos patrimoniais) recebidos pelo alimentante para serem dados ao alimentado, destacando lições de Rolf Madaleno:

> *"Sendo o fato gerador do imposto de renda o aumento no patrimônio do contribuinte, nada justifica a tributação da pensão alimentícia cuja renda já foi devidamente tributada quando ingressou no acervo do devedor dos alimentos, quando de fato estes recursos estão duplamente tributados em sequela da separação oficial dos cônjuges ou conviventes, e tudo por que a mulher e os filhos foram residir em moradia diversa do alimentante, não obstante todos, mulher e filhos, sempre fossem financeiramente dependentes do varão provedor e tivessem vivido e dependido da única renda percebida pelo provedor.*
>
> *Induvidosamente, mesmo após a separação formal do casal, como sempre ocorreu, continua tratando-se de um único ingresso familiar, obtido em um único momento pelo mantenedor da família, cujos rendimentos serviam para sustentar sua família de forma direta, se todos vivessem em harmonia e em plena coesão familiar, como igualmente deveriam servir para manter os mesmos dependentes de maneira indireta, através da instituição da pensão alimentícia, sem que seja possível cogitar de qualquer incremento patrimonial capaz de caracterizar acréscimo patrimonial experimentado pelos credores de alimentos.*
>
> *Inexiste qualquer aumento patrimonial que justifique tributar a pensão alimentícia paga pelo alimentante aos seus dependentes com os mesmos rendimentos já tributados quando ingressaram no patrimônio do provedor, quem, com a mesma fonte de custeio, se transformou em devedor de alimentos, até porque garantir as condições mínimas de existência dos dependentes financeiros com rendimentos tributados quando ingressaram no patrimônio do alimentante é renda insuscetível de mais uma tributação, verdadeira bitributação, pois, como doutrina Roque Antonio Carrazza, rendas e proventos de qualquer natureza devem representar ganhos ou riquezas novas, pois do contrário não será atendido o princípio da capacidade contributiva.*
>
> *Ingressos ou receitas que não traduzem acréscimos patrimoniais não configuram renda ou provento de qualquer natureza, como o repasse da verba alimentícia não constituiu nenhum aditamento patrimonial adicional, pouco importando sua transferência ao cônjuge ou convivente separado e aos filhos comuns do casal, quando todos dependem da única renda familiar já devidamente tributada por ocasião de seu ingresso no orçamento familiar por das mãos do mantenedor da família. [...]*

> *Segue o cônjuge mantenedor com o dever jurídico de custeio de seus dependentes e estes permanecem com o direito de receber os recursos familiares necessários à sua sobrevivência, substituindo a prestação pecuniária da mútua assistência conjugal pela contrapartida ou compensação dos alimentos. [...]".*[197]

Os alimentos compensatórios *patrimoniais* pagam, a rigor, as rendas auferidas pela meação do cônjuge ou convivente que não se encontra na posse de seus bens rentáveis, e, quando existe ordem judicial de simplesmente repassar a renda líquida dos bens comuns e por metade ao consorte destituído da posse e da administração de seus bens, essa ordem judicial está longe de configurar a determinação deduzida do parágrafo único do artigo 4.º da Lei de Alimentos (Lei 5.478/1968), ordem que pode inclusive ser cumprida por intimação pessoal dos inquilinos, na hipótese de locativos de imóveis ou de arrendamento de terras para cultivo e que usualmente são pagos mediante a entrega de sacas. Nessa linha de atuação, o consorte simplesmente está recebendo por ordem judicial a antecipação dos frutos ou dos rendimentos gerados pela meação líquida de seus bens meatórios e, portanto, há, sim, incidência inequívoca do imposto de renda, pois se trata de riqueza nova, com previsão de tributação no artigo 43 do Código Tributário Nacional, a rezar que o imposto sobre a renda e proventos de qualquer natureza tem como fato gerador a aquisição da disponibilidade econômica ou jurídica: I – de renda, assim entendido o produto do capital, do trabalho ou da combinação de ambos; II – de proventos de qualquer natureza, assim entendidos os acréscimos patrimoniais não compreendidos no inciso anterior.

Contudo, se, a título de *compensação* dos rendimentos líquidos de seus bens, na forma do parágrafo único do artigo 4.º da Lei 5.478/1968, o credor dos alimentos compensatórios *patrimoniais* reivindica justamente uma verba indenizatória ou que compense o fato de não estar na posse e na administração de sua meação conjugal, ele tampouco está recebendo esses rendimentos líquidos, sujeitando-se, em realidade, a receber um valor aleatório arbitrado pelo juiz como alimentos compensatórios, que servem para reparar o prejuízo de quem está destituído da posse de seus bens rentáveis e como verba *indenizatória* ou *compensatória*. Esses alimentos compensatórios não são substitutivos, tampouco compatíveis com a pensão alimentícia, e sobre estes alimentos compensatórios não há, inquestionavelmente, qualquer incidência de tributação, porquanto se trata de valores provenientes de indenizações pessoais, sabido que não incide o imposto sobre a renda sobre indenizações pessoais, eis que sobre elas se mostra de todo ausente qualquer acréscimo patrimonial, pois, no dizer de Roque Antonio Carrazza: "nas indenizações transparece a vocação meramente compensatória ou reparatória por perdas sofridas por uma pessoa em decorrência do fato de outra haver se portado contrário ao devido. Com efeito, o descumprimento, por parte de alguém, de seu dever jurídico faz nascer em favor de outrem, que, em razão deste episódio, sofreu prejuízos, o direito de ser indenizado, ou seja, de receber o equivalente pecuniário ao dano sofrido [...] Portanto, as indenizações não são fontes de enriquecimento, já que não proporcionam, a quem os recebe, vantagens pecuniárias. Nelas não há geração de acréscimos patrimoniais, de riquezas novas disponíveis. Há de revés, reparações pecuniárias pelas lesões de direitos causadas, por isso que não podem integrar a base de cálculo do IR (que, como vimos, no caso das pessoas físicas é a renda líquida recebida; no caso das pessoas jurídicas, o lucro obtido). [...] Por igual modo, o dano passível de indenização pode advir daquilo que a doutrina, com muita propriedade, denomina 'perda de chance', fruto da ação ou omissão que implica privação do desfrute de um direito".[198]

---

[197] MADALENO, Rolf. *Direito de família*. 11. ed. Rio de Janeiro: GEN/Forense, 2021. p. 1166.
[198] CARRAZZA, Roque Antonio. *Imposto sobre a renda* (perfil constitucional e temas específicos). 3. ed. São Paulo: Malheiros, 2009. p. 192-193.

Convém colher o conceito de encargos do matrimônio para fins de abatimento ou de redução da carga tributária, sabido que até certo limite podem ser deduzidas despesas com os filhos no imposto de renda, contudo nenhuma dedução poderá ser realizada em razão do pagamento de alimentos compensatórios, cuja única finalidade é a de evitar o desequilíbrio econômico causado pela separação, pelo divórcio ou pela dissolução de uma união estável, tendo caráter exclusivamente indenizatória e, portanto, em nada se confunde em sua natureza e fundamento jurídico com a pensão alimentícia e as deduções que o provedor pode realizar como contribuinte tributário.

Sem acrescentamento patrimonial não há de ser falado em tributação por meio de imposto de renda, e um bom exemplo da inconstitucionalidade da tributação do imposto de renda sobre a pensão alimentícia pode ser extraído dos alimentos compensatórios. A pensão compensatória é prestada por um cônjuge ou companheiro em favor do outro na ocasião de o divórcio vincular ou da dissolução da união estável, em que se produziu um desequilíbrio econômico em comparação com o estilo de vida experimentado durante a convivência matrimonial ou informal, compensando desse modo a disparidade social e econômica com a qual se depara o alimentando em função da dissolução de seu relacionamento afetivo, comprometendo o divórcio e a dissolução da união estável suas obrigações materiais, seu estilo de vida e sua subsistência pessoal. O propósito da pensão compensatória é de indenizar o desequilíbrio econômico causado pela redução do padrão socioeconômico do cônjuge ou companheiro desprovido de bens e de regra, também de meação, e, sem pretender a igualdade econômica do casal, procura reduzir os efeitos deletérios surgidos com a separação do casal.

A finalidade dos alimentos compensatórios *humanitários* não é a de cobrir as necessidades de subsistência do credor, como acontece com a pensão alimentícia, e sim corrigir a desproporção existente no momento do divórcio ou da dissolução da entidade familiar. Os alimentos compensatórios inclusive não dependem da prova da necessidade, porque o consorte ou o companheiro pode ser credor dos alimentos compensatórios mesmo com meios suficientes para sua manutenção pessoal, sendo seu escopo reparar o passado cuidando para que ela não falte no futuro, tendo a toda evidência um propósito tipicamente indenizatório.

E, sabidamente, no campo das indenizações não existe, sob forma alguma, qualquer acréscimo patrimonial, tampouco a indenização se constitui em renda ou vantagem econômica. Nas indenizações apenas transparece a vocação meramente compensatória ou de reparação por perdas sofridas por uma pessoa em decorrência do divórcio ou dissolução de união estável e da brusca queda do padrão socioeconômico e faz nascer em favor do cônjuge ou companheiro desguarnecido o direito de ser indenizado e de receber o equivalente pecuniário ao dano sofrido.

O credor de alimentos compensatórios, mesmo que trabalhe e gere renda própria, no entanto insuficiente para a mantença de seu padrão econômico conjugal ou convivencial, perdido em decorrência da dissolução do vínculo afetivo, principalmente se unido em regime de separação convencional de bens, e com mais razão ainda, se permaneceu ocupado com as tarefas caseiras, perdendo a chance de investir em seu próprio capital humano, cobrirá seus prejuízos com a periódica prestação pecuniária, que também pode ser em uma prestação única, dos alimentos de caráter compensatório, como dívida moral que em nada aumentará sua riqueza econômica, mas tratará somente de substituir a perda suportada.

Se porventura o credor dos alimentos compensatórios tem renda própria, sobre esta incide o competente imposto de renda, pois sobre essa renda ele tem capacidade colaborativa, na proporção de seu inegável enriquecimento, nunca sobre a indenização alimentar, e todo direito alimentar carrega em seu âmago essa natureza indenizatória, de forma que tributar por meio de imposto de renda a pensão recebida termina por desfalcá-la injustamente, cortando sensivelmente sua função alimentar, configurando o imposto incidente sobre a pensão alimentícia um inquestionável e inconstitucional confisco.

Mais uma vez é preciso recorrer à lição de Roque Antonio Carrazza, quando mostra que tributar uma indenização que meramente compensa uma injusta perda de direito acaba por lhe diminuir o montante, levando ao empobrecimento sem causa do contribuinte,[199] não podendo o imposto de renda incidir sobre o mínimo imprescindível à sobrevivência do declarante. A pensão alimentícia, efetivamente, só atende ao mínimo existencial, como mencionou o Ministro Luís Roberto Barroso no item 58 de seu *voto-vista* proferido na ADI 5.422, distribuída pelo IBDFAM ao STF:

> *"Os alimentos são destinados a satisfazer as necessidades mais básicas de um indivíduo que, sem aquela prestação, não poderá prover seu próprio sustento. Assim, é parcela que assegura a dignidade da pessoa humana, por meio do mínimo existencial, integrando o rol de direitos da personalidade, com todos os consectários próprios. Nesse contexto, o ingresso dos alimentos na esfera de disponibilidade do indivíduo não representa acréscimo patrimonial, uma vez que a verba será integralmente destinada à satisfação de suas necessidades básicas do alimentando, sendo fixada com base nelas, conforme preconiza a legislação civil".*

Curioso posicionamento tomou o ordenamento jurídico espanhol com relação aos aspectos tributários da pensão alimentícia, pois a *Ley* 35/2006, de 28 de novembro, isentava os filhos alimentandos da tributação porque têm eles, com relação a seus pais, um direito de manutenção ou de subsistência, porém essa mesma lei considerava os alimentos compensatórios da esposa como um rendimento dela, isenta apenas até o montante de 14.000 Euros anuais e, por isso, acima desse limite tributável, e aquele que deve abonar a compensação econômica terá direito a uma redução em sua base tributável.

De qualquer sorte, o sistema tributário espanhol descartava que a pensão compensatória (*humanitária*) tivesse um caráter indenizatório e, mais, considerava que a pensão alimentícia dos filhos e os alimentos compensatórios da esposa tinham fundamentos, finalidades e critérios de determinação claramente diferentes, pois para o consorte seriam rendimentos dos trabalhos desenvolvidos no âmbito doméstico verdadeira ficção do legislador espanhol, ou para o outro cônjuge, que está em uma situação patrimonial desigual e, por isso, passível de tributação, além de permitir ao cônjuge que satisfizesse os alimentos compensatórios e a pensão alimentícia, ao direito de deduzir parte desses alimentos em sua declaração de renda.[200]

Entretanto, a *Ley* 26, de 27 de novembro de 2014, modificou a *Ley* 35/2006, de imposto de renda sobre as pessoas físicas, alterando a letra *d* do artigo 33 da *Ley* 35/2006, para ordenar que, "na extinção do regime econômico matrimonial de separação de bens, quando por imposição legal ou resolução judicial se produzam compensações, monetárias ou mediante a adjudicação de bens, por causa distinta da pensão compensatória entre cônjuges. Estas compensações a que se refere a alínea *d* não darão direito de redução da base de imposto imposta ao pagador (alimentante) e nem constituirá renda para o receptor (alimentando)".

---

[199] CARRAZZA, Roque Antonio. *Imposto sobre a renda* (perfil constitucional e temas específicos). 3. ed. São Paulo: Malheiros, 2009. p. 196.

[200] DÍAZ-AMBRONA, María Dolores Hernández. *Estudio crítico de la pensión compensatoria*. Madrid: Reus, 2017. p. 294-299.

Cap. 3 • DOS ALIMENTOS COMPENSATÓRIOS | 235

Dessarte, o ordenamento jurídico espanhol afastou a incidência de tributo também sobre os alimentos compensatórios, reconhecendo textualmente que não existe qualquer rendimento oriundo de trabalho ou como se um trabalho fosse daquele cônjuge casado em regime de separação de bens e que recebe alimentos compensatórios nos termos do artigo 97 do Código Civil espanhol, que poderá consistir em uma pensão temporária ou por tempo indefinido, ou em uma prestação única e com a opção do artigo 99 do mesmo diploma civil, ao prescrever que em qualquer momento poderá ser conveniada a substituição da pensão fixada judicialmente ou por acordo judicial formalizado nos termos do artigo 97, pela constituição de uma renda vitalícia, pelo usufruto de determinados bens ou entrega de um capital em bens e dinheiro, tudo no propósito de para indenizar circunstancial queda brusca do padrão de vida causada pelo divórcio ou pela separação dos casais.

O Chile tampouco considera a pensão alimentícia e os alimentos compensatórios como renda, a começar que os alimentos não estão afeitos ao imposto e, em particular, os alimentos compensatórios são tratados como uma indenização de prejuízos, cuja compensação econômica só será qualificada como *alimentos* para o efeito de seu não cumprimento no caso de seu pagamento ser fixado em prestações periódicas, na hipótese de o devedor não ter bens suficientes para entregar uma soma única em dinheiro, ações ou bens, e que tampouco estivesse em condições de constituir direitos de usufruto, uso ou habitação sobre bens de sua propriedade. Nesse sentido, o artigo 66 da *Ley* 19.947/2004 (*Nueva Ley de Matrimonio Civil*) estabelece que: "Se o devedor não tiver bens suficientes para solucionar o montante da compensação mediante as modalidades a que se refere o artigo anterior,[201] o juiz poderá dividi-lo em quantas quotas sejam necessárias. Para isso, tomará em consideração a capacidade econômica do cônjuge devedor e expressará o valor de cada quota em alguma unidade reajustável. A quota respectiva será considerada alimentos para o efeito de seu cumprimento, a menos que se tenham oferecido outras garantias para seu efetivo e oportuno pagamento, o que será declarado na sentença".

Para Pablo Omar Venegas Ortiz e Andrés Alfonso Venegas Alfaro, a pensão compensatória só é considerada como *alimentos* se dividida em quotas mensais, as quais, se não forem quitadas, permitirão a prisão noturna por quinze dias, pois o legislador chileno privou a compensação econômica de um caráter alimentício, tendo sido necessário declarar que somente em face de seu descumprimento de qualquer quota será possível prender o devedor. Vale-se o juiz das mesmas medidas concedidas pela *Ley de Abandono de Familia y Pago de Pensiones Alimenticias*, em até quinze dias, que podem ser renovados diante da contumácia do devedor, sendo certo que o *Decreto Ley* 824/1975 expressamente não considera como renda as indenizações de prejuízos declarados judicialmente.[202]

3.5. Natureza jurídica dos alimentos compensatórios

Os alimentos compensatórios apresentam características que lhes são próprias e que as distinguem de outras figuras jurídicas, como inclusive divergem em sua natureza jurídica de

---

[201] "Artículo 65. En la sentencia, además, el juez determinará la forma de pago de la compensación, por lo cual podrá establecer las siguientes modalidades: 1.- Entrega de una suma de dinero, acciones u otros bienes. Tratándose de dinero, podrá ser entregado en una o varias cuotas reajustables, respecto de las cuales el juez fijará seguridades para su pago. 2.- Constitución de derechos de usufructo, uso o habitación, respecto de bienes que sean de propiedad del cónyuge deudor. La constitución de estos derechos no perjudicará a los acreedores que el cónyuge propietario hubiere tenido a la fecha de su constitución, ni aprovechará a los acreedores que el cónyuge beneficiario tuviere en cualquier tiempo."

[202] ORTIZ, Pablo Omar Venegas; ALFARO, Andrés Alfonso Venegas. *La compensación económica en la nueva Ley de Matrimonio Civil*. Santiago de Chile: Editorial Jurídica de Chile, 2007. p. 40-41.

um país para outro, sendo concebidos de maneiras distintas quando comparados seus pressupostos com o direito francês, argentino, chileno, alemão, português e brasileiro.

Como bem pondera Laura Allueva Aznar, a ruptura da convivência matrimonial comporta, em geral, uma série de efeitos econômicos negativos aos membros de um casal, em razão do incremento de seus gastos decorrentes do fato de precisarem ter dois lares e abonarem outras despesas associadas ao rompimento da relação, assim como enfrentam a perda de suas economias com a eventual partilha ou não de bens comuns. No entanto, justamente essas perdas é que podem afetar de forma substancialmente desigual um dos membros do casal, se existe uma disparidade importante nos recursos econômicos de um e outro para enfrentarem a vida separada ou respectivamente à aptidão que um e outro terão para obter seus ingressos financeiros pessoais. Essa saída do casamento com caráter desigual configura-se como claramente injusta quando ela se deve a decisões tomadas em comum por ambos os consortes ao longo do casamento no interesse da família, havendo essas decisões implicado sacrifícios para um dos consortes no âmbito pessoal, na sua formação intelectual e profissional. E é nesse sentido que os distintos ordenamentos jurídicos reagem ante a eventual desigualdade na saída do casamento mediante a previsão de prestações econômicas a favor do cônjuge que ficou em pior situação.[203]

O fundamento dessas prestações econômicas e seu regime jurídico dos alimentos compensatórios são muito variáveis e dependem da concepção de casamento de cada país, assim como de seu entorno socioeconômico e das políticas de cada país em matéria de igualdade de gênero, proteção social, direitos trabalhistas e atenção à infância, assevera Laura Allueva Aznar, mas o que há de comum entre todas as legislações é o fato de elas compartirem um ideal de justiça que deverá se guiar pelas consequências econômicas surgidas da ruptura da convivência e que distinguirá entre o dever de partilhar os bens obtidos durante o matrimônio e o dever de compartilhar as perdas derivadas do modo pela qual tenham convivido, aliado ao dever de assistência mútua ou o dever de dar cobertura às necessidades básicas.[204] Apresenta-se muito clara a noção dos alimentos compensatórios *humanitários* ou *patrimoniais*, uma vez que sempre haverá de os casais compartilharem os efeitos jurídicos da sociedade afetiva que experimentaram ao longo dos anos de convivência, ora compartilhando os bens hauridos em comum, se o regime matrimonial assim permite, ora compartilhando os sacrifícios que precisam ser compensados ao tempo da ruptura.

A pensão compensatória não tem caráter alimentício nem a finalidade de cobrir as necessidades da vida futura do cônjuge, senão que se trata de uma indenização para compensar o decréscimo do nível de vida causado pela ruptura da convivência afetiva matrimonial ou convivencial, quando um dos cônjuges ou companheiros fica, comparativamente, em uma posição desfavorável em relação ao outro.[205]

Em síntese, compensa o cônjuge ou convivente, que ficou em pior situação econômica com o fim de seu relacionamento afetivo, as perdas derivadas do modo pelo qual conviveram e com a cobertura das necessidades vivenciadas e cujos alimentos compensatórios resultam em uma natureza jurídica mista de *assistencial* e *compensatório* ou *indenizatório*.

---

[203] AZNAR, Laura Allueva. *Prestación compensatoria y autonomía privada familiar.* Valencia: Tirant lo Blanch, 2016. p. 34.

[204] AZNAR, Laura Allueva. *Prestación compensatoria y autonomía privada familiar.* Valencia: Tirant lo Blanch, 2016. p. 35.

[205] DÍAZ-AMBRONA, María Dolores Hernández. *Estudio crítico de la pensión compensatoria.* Madrid: Reus, 2017. p. 72-73.

3.5.1. Assistencial

Ainda em consonância com os ensinamentos vertidos por Laura Allueva Aznar, a concepção da prestação compensatória como uma prestação assistencial tem como base o imperativo da solidariedade familiar. Nesse sentido, o fundamento assistencial se escora no fato de que a comunidade de vida originada do casamento ou da união estável tem como principal consequência o surgimento de uma série de relações de independência que justificam a exigência de uma solidariedade básica para atender às necessidades dessa família que se cria a partir do matrimônio.[206] Essa solidariedade se manifesta no curso da convivência marital, no dever de contribuição dos gastos familiares, porquanto ambos os consortes têm responsabilidades recíprocas em atenção a essas necessidades, que no Código Civil brasileiro estão plasmadas no artigo 1.566, de mútua assistência, sustento, guarda e educação dos filhos e respeito e consideração mútuos, atuando ambos no interesse da família e da corresponsabilidade doméstica. Não obstante a solidariedade seja exigência da coabitação marital, obviamente que ela se prolonga mais adiante da convivência mútua e se manifesta com o fim do relacionamento com a partilha dos bens comuns e no caso de serem compensados os investimentos pessoais de cada cônjuge. Persiste, mesmo depois da dissolução dos vínculos afetivos, um dever de manutenção, em que a ajuda pós-matrimonial ver-se-ia justificada pelo argumento da equidade, conforme o qual a parte que goza de uma melhor situação econômica deve ajudar a que se encontra mais desfavorecida.

E conclui Laura Allueva Aznar dizendo que, não obstante essa natureza assistencial, os alimentos compensatórios hão de se compatibilizar com o princípio da autossuficiência, segundo o qual os cônjuges separados devem lutar por sua autonomia e independência, devendo, portanto, ser os alimentos compensatórios arbitrados, quando devidos, levando o julgador em consideração as perspectivas econômicas dos cônjuges para a quantificação e duração da prestação, para assim viabilizar a reabilitação pessoal e profissional de eventual beneficiário.[207]

Entretanto, adverte que nos casamentos de curta duração essa ideia de solidariedade pós-conjugal não se encaixa tanto por ser provavelmente difícil que tenha havido um amplo protagonismo e que o sacrifício ou os investimentos realizados não tenham chegado a ponto de colocar um dos cônjuges em uma situação de necessidade e merecedor de certo auxílio por parte do outro parceiro diante da ruptura, mesmo quando uma das partes tenha renunciado totalmente à sua carreira profissional, pois a juventude e a curta duração do casamento permitem, na maioria dos casos, uma rápida recuperação desse sacrifício, reinserindo-se no mercado de trabalho.[208]

A compensação econômica é fixada uma vez e para sempre, não sendo possível sua revisão por nenhum motivo, salvo para redução ou exoneração, porquanto o monte assistencial fixado compensa um prejuízo relacionado ao passado e sem relação com a situação patrimonial ou financeira futura dos cônjuges.

Também no Chile divide-se a doutrina acerca da natureza jurídica dos alimentos compensatórios, pendendo boa parte dos doutrinadores chilenos para uma natureza jurídica *assistencial* que leva em conta a capacidade econômica do cônjuge devedor e que, para fixar o

---

[206] AZNAR, Laura Allueva. *Prestación compensatoria y autonomía privada familiar.* Valencia: Tirant lo Blanch, 2016. p. 37.

[207] AZNAR, Laura Allueva. *Prestación compensatoria y autonomía privada familiar.* Valencia: Tirant lo Blanch, 2016. p. 42.

[208] AZNAR, Laura Allueva. *Prestación compensatoria y autonomía privada familiar.* Valencia: Tirant lo Blanch, 2016. p. 42-43.

montante dos alimentos compensatórios, considera a situação patrimonial do outro, sendo devidos em compensação à dedicação do credor aos cuidados dos filhos e dos afazeres domésticos, e não ao estado de necessidade do alimentário, não sendo alterado o valor depois de fixados os alimentos compensatórios, ainda que variem as circunstâncias existentes ao tempo de sua fixação. Esse arbitramento dos alimentos compensatórios decorre da percepção de que existe o enriquecimento de uma parte à custa do correlato empobrecimento da outra parte, compensando, portanto, a sua fixação judicial ou através de acordo das partes, a perda do estândar de vida experimentado durante o relacionamento conjugal.[209]

3.5.2. *Indenizatória*

A natureza reparadora dos alimentos compensatórios é defendida pelo direito norte-americano, cuja doutrina questiona se deve ser priorizada a cobertura das necessidades ou ser compensadas as perdas (*needs vs losses*), mostrando-se prioritária a ideia de compensar as perdas. Assim, prossegue Laura Alluena Aznar, trata-se, mediante a prestação compensatória, de pagar pelos investimentos específicos realizados durante o matrimônio, cuja ruptura deixa sem equivalência a parte que realizou as tarefas da casa e se ocupou dos filhos, eis que nos casamentos tradicionais os cônjuges costumam realizar investimentos assimétricos em que na maioria das ocasiões as mulheres costumam renunciar a sua carreira profissional ou a uma maior promoção para ter filhos e cuidar deles e para assumir uma maior proporção das tarefas domésticas, enquanto o marido se beneficia dos cuidados prestados por sua esposa para a família, sem que ele deixe de cuidar de sua carreira profissional. Portanto, os investimentos e benefícios de um e outro se produzem em momentos distintos. Continua a citada autora: "a mulher realiza um sacrifício inicial que pode produzir relevante diminuição de capital humano ou perdas econômicas em troca de benefícios futuros, e o marido obtém benefícios de início e assume os encargos mais tarde, cuja situação incentiva condutas oportunistas do marido em tempos de crise conjugal."[210]

Dotada de certo viés de gênero, a ruptura do casamento costuma ser mais cara para as mulheres do que para os homens. Citando Ira Mark Ellman, diz Laura Allueva Aznar existir uma enorme divergência entre o valor que as mulheres e os homens obtêm de seus investimentos específicos durante o casamento. Assim, enquanto para o marido seus ativos continuam sendo rentáveis fora do casamento, pois permitem-lhe ascender em sua posição profissional que segue ocupando desde a separação, para a mulher, seus investimentos realizados nos melhores anos de sua vida carecem de valor fora do matrimônio, se é que são valorizadas pela família conjugal. A esses fatores pode ser acrescentada sua maior dificuldade de reinserção no mercado de trabalho, como consequência de haver renunciado à sua carreira profissional. Em segundo lugar, destaca a presença de fatores de caráter social que incrementam o prejuízo que comporta a ruptura da convivência para as mulheres, eis que para elas é mais complicado contrair um novo matrimônio ou constituir uma nova união estável e sua capacidade reprodutiva igualmente decresce à medida que a idade aumenta, e se ela tem filhos do anterior relacionamento, este fato pode também contar negativamente.[211]

---

[209] BARRA, Christian Alberto Varela. *Procedimiento de cumplimiento de la compensación económica*. Chile: Hammurabi, 2018. p. 66-67.

[210] AZNAR, Laura Allueva. *Prestación compensatoria y autonomía privada familiar*. Valencia: Tirant lo Blanch, 2016. p. 44-45.

[211] ELLMAN, Ira Mark. The theory of alimony. *Law Review*, California, v. 77, n. 1, p. 43-44, 1989.

Em face dessas realidades, continua Laura Allueva Aznar, os partidários dessa postura, influenciados pelo direito norte-americano, entendem que a perda sofrida pelo cônjuge que resulta mais prejudicado diante da ruptura da convivência – e que habitualmente é a mulher – deve ser compensada, além de considerarem que os alimentos compensatórios são um bom instrumento para tal finalidade indenizatória. Não obstante, a natureza compensatória dos alimentos compensatórios se vê limitada pelo parâmetro máximo do nível de vida desfrutado durante a convivência, portanto não é possível reivindicar uma situação melhor do que aquela ostentada durante a subsistência das núpcias, nem o alimentante é obrigado ao pagamento dos alimentos compensatórios em uma situação que não possa manter economicamente. Nesse sentido, a regra do nível de vida estabelece, por um lado, um limite máximo da prestação compensatória e, por outro, configura-se como um pressuposto de exigência da prestação, na medida em que, para reclamá-la, será preciso ter perdido a possibilidade de manter o mesmo padrão de vida anterior como consequência do rompimento da vida em comum.[212]

Segundo Christian Alberto Varela Barra, entre compensar e indenizar existe uma relação de gênero e espécie, porém com um elemento em comum: a reparação de um dano por parte de um responsável como sujeito obrigado a compensar o menoscabo econômico sofrido, como consequência de ter se privado do exercício de uma atividade remunerada, ou que a realizou em menor medida do que queria e podia, por haver se dedicado ao cuidado dos filhos e do domicílio conjugal. Para o referido autor, trata-se de uma responsabilidade objetiva, que não reclama culpa ou negligência do autor, restando configurada pela mera relação causal entre o fato do demandado e o dano sofrido pelo demandante, dispensando efetuar qualquer juízo de valor a respeito da conduta do cônjuge demandado, bastando demonstrar os pressupostos objetivos e subjetivos que se resumem à existência de um *menoscabo econômico* sofrido por um dos consortes, reconhecido no direito chileno no artigo 61 da *Ley* 19.947/2004 (*Nueva Ley de Matrimonio Civil*) e que instituiu naquele país a compensação econômica como forma de indenização.[213]

Ainda a respeito do direito chileno, para Pablo Omar Venegas Ortiz e Andrés Alfonso Venegas Alfaro o fundamento da compensação econômica é de caráter ressarcitório de certos prejuízos ocasionados pela dedicação aos cuidados dos filhos e dos afazeres domésticos do domicílio conjugal, e se referem principalmente às perdas econômicas derivadas de não ter podido, durante o casamento, um dos consortes ter se dedicado a uma atividade remunerada.[214]

No entanto, para Carlos Beltrá Cabello, se bem que a natureza dos alimentos compensatórios é essencialmente reparadora do desequilíbrio patrimonial que produz a quebra da vida conjugal, deverá ser levado em conta o destino que o beneficiário outorgue aos alimentos. Nesse sentido, se durante o matrimônio os ingressos provinham do trabalho pessoal de um

---

[212] AZNAR, Laura Allueva. *Prestación compensatoria y autonomía privada familiar*. Valencia: Tirant lo Blanch, 2016. p. 46-47.

[213] "Artículo 61. Si, como consecuencia de haberse dedicado al cuidado de los hijos o a las labores propias del hogar común, uno de los cónyuges no pudo desarrollar una actividad remunerada o lucrativa durante el matrimonio, o lo hizo en menor medida de lo que podía y quería, tendrá derecho a que, cuando se produzca el divorcio o se declare la nulidad del matrimonio, se le compense el menoscabo económico sufrido por esta causa.
Artículo 62. Para determinar la existencia del menoscabo económico y la cuanta de la compensación, se considerará´, especialmente, la duración del matrimonio y de la vida en común de los cónyuges; la situación patrimonial de ambos; la buena o mala fe; la edad y el estado de salud del cónyuge beneficiario; su situación en materia de beneficios previsionales y de salud; su cualificación profesional y posibilidades de acceso al mercado laboral, y la colaboración que hubiere prestado a las actividades lucrativas del otro cónyuge."

[214] ORTIZ, Pablo Omar Venegas; ALFARO, Andrés Alfonso Venegas. *La compensación económica en la nueva Ley de Matrimonio Civil*. Santiago de Chile: Editorial Jurídica de Chile, 2007. p. 35.

dos cônjuges, o objetivo da pensão não é outro senão atender às necessidades alimentícias do beneficiário, é dizer, teria uma finalidade assistencial. Contudo, se o beneficiário dos alimentos compensatórios tem cobertas suas necessidades e o nível de vida durante o matrimônio era superior ao normal, o propósito da pensão compensatória por desequilíbrio será compensar esse cônjuge para que a separação ou o divórcio não lhe impeça, dentro do possível, de seguir mantendo o nível de vida anterior.[215]

3.5.2.1. A compensação econômica do direito francês

Conforme Beatriz Saura Alberdi, depois de os alimentos compensatórios terem sido introduzidos no Código Civil francês por reforma legislativa realizada em 1975, que previa, no início, uma prestação única com a entrega de determinado capital ao cônjuge desfavorecido, ainda que a quitação pudesse ser fracionada, a Lei 596, de 30 de junho de 2000, instituiu a modalidade da pensão compensatória como renda periódica vitalícia e modificável, criando a possibilidade de revisão, suspensão ou supressão da pensão compensatória e aproximando-a da figura lendária da pensão alimentícia. O artigo 270 do Código Civil francês, em sua versão original, incorporou um direito de reclamar uma prestação compensatória destinada a compensar a disparidade que a ruptura do casamento produzia nas respectivas condições de vida, vindo a substituir o direito aos alimentos, com a peculiaridade de que, uma vez fixada, não mais poderia ser revista, salvo situações de especial gravidade (CC francês, art. 273), sobrevindo a *Ley* 439, de 26 de maio de 2004, que suprimiu definitivamente o dever alimentar pós-conjugal e a substituiu pela prestação compensatória.[216]

Em conformidade com as lições de Pablo Omar Venegas Ortiz e Andrés Alfonso Venegas Alfaro, são dois os fundamentos encontrados no direito francês para articular a prestação compensatória, sendo o primeiro deles para: a) assegurar a subsistência do cônjuge que obteve o divórcio, cujos meios foram insuficientes, como prolongação do dever de socorro e indenização; b) como restabelecimento do equilíbrio das condições pecuniárias de vida dos consortes, uma vez que a Lei 75.617, de 11 de julho de 1975, estabeleceu um novo texto ao artigo 301 do *Code Civil*, que fez desaparecer a concepção dos alimentos como um prolongamento do dever conjugal de socorro e o fundamento do caráter indenizatório resultante da dissolução do casamento.[217]

Dessarte, com o novo texto legal da Lei 439/2004, o direito francês, com o divórcio, punha fim ao dever de socorro, porém ressalvava a circunstancial obrigação de um dos consortes prestar ao outro uma pensão destinada a compensar, enquanto fosse possível, a disparidade que a ruptura do matrimônio tivesse causado nas condições de vida de cada um deles, apagando a tradicional pensão causal e implementando os alimentos escorados na discrepância das condições de vida dos divorciandos e gerada pelo fim do relacionamento, com o único propósito de compensar essa eventual disparidade.[218]

Portanto, dispõe o artigo 270 do Código Civil francês que o divórcio põe fim ao dever de assistência entre os cônjuges, mas um deles pode ser obrigado a pagar ao outro uma prestação

---

[215] CABELLO, Carlos Beltrá; ARENAS, Ana Laura Cabezuelo. Pensión compensatoria. *In*: FUENTE, María Linacero de La (dir.). *Tratado de derecho de familia*. Aspectos substantivos. Valencia: Tirant lo Blanch, 2016. p. 811.

[216] JUAN, Mariel F. Molina de. *Compensación económica*. Teoría y práctica. Buenos Aires: Rubinzal-Culzoni, 2018. p. 29.

[217] ORTIZ, Pablo Omar Venegas; ALFARO, Andrés Alfonso Venegas. *La compensación económica en la nueva Ley de Matrimonio Civil*. Santiago de Chile: Editorial Jurídica de Chile, 2007. p. 25-26.

[218] ORTIZ, Pablo Omar Venegas; ALFARO, Andrés Alfonso Venegas. *La compensación económica en la nueva Ley de Matrimonio Civil*. Santiago de Chile: Editorial Jurídica de Chile, 2007. p. 26-27.

destinada a compensar, na medida do possível, a disparidade que a ruptura do casamento cria nas respectivas condições de vida. Pelo artigo 271, o subsídio compensatório é fixado em função das necessidades do cônjuge a quem é pago e dos recursos do outro, tendo em conta a situação verificada à data do divórcio e sua evolução no futuro previsível. Para o efeito da fixação dos alimentos compensatórios, o juiz toma em consideração a duração do casamento, a idade e o estado de saúde dos cônjuges, sua qualificação e situação profissional, as consequências das escolhas profissionais feitas por um dos cônjuges durante a vida em comum para a educação dos filhos e o tempo que ainda terá de lhes dedicar ou de promover a carreira do cônjuge em detrimento da sua, o patrimônio estimado ou previsível dos cônjuges, tanto em capital como em rendimentos, após a liquidação do regime matrimonial, seus direitos existentes e previsíveis, eventual perda ou redução de pensão .

Como pode ser apurado, nos alimentos compensatórios do direito estrangeiro, em especial de sua fonte de nascença, não existe qualquer alusão de compensação pela posse e administração exclusiva dos bens comuns rentáveis, eis que os alimentos compensatórios *humanitários* indenizam a queda do padrão de vida em decorrência da ruptura do relacionamento, em contraponto aos alimentos compensatórios *patrimoniais* de criação legal e jurisprudencial brasileiros que indenizam ou compensam a retenção dos rendimentos comuns por apenas um dos consortes ou conviventes.

Pelo artigo 274 do Código Civil francês, o juiz decidirá os termos em que será executada a prestação compensatória em capital entre as seguintes formas: (i) o pagamento de quantia em dinheiro, que poderá ficar subordinada à constituição das garantias previstas no artigo 277 (penhora, fiança ou contrato garantindo o pagamento da renda ou do capital); (ii) a atribuição de bens ou de direito temporário ou vitalício de uso, habitação ou usufruto. Quando o devedor não puder pagar o capital, o juiz poderá estabelecer o pagamento em prestações periódicas no período de oito anos, indexadas de acordo com as regras aplicáveis à pensão alimentícia. O devedor poderá requerer a revisão das condições de pagamento em caso de alteração material de sua situação financeira. Nesse caso, o juiz pode autorizar, por decisão especial e fundamentada, o pagamento do capital em um período total superior a oito anos. Pelo artigo 276 do Código Civil francês, excepcionalmente, quando a idade ou o estado de saúde do credor não lhe permitir satisfazer suas necessidades, o juiz pode fixar a indenização compensatória em renda vitalícia. Pelo artigo 276-3, a revisão da compensação econômica não pode ter por efeito elevar para valor superior ao inicialmente fixado pelo juiz. Com a morte do devedor, o pagamento da indenização compensatória é deduzido do patrimônio deixado pelo autor da herança e no limite dos bens da herança (CC, francês art. 280). Por último, de acordo com o artigo 285-1 do Código Civil francês, se o local que serve de moradia à família pertencer direta ou pessoalmente a um dos cônjuges, o juiz poderá cedê-lo em regime de arrendamento ao cônjuge que, isoladamente ou em conjunto, exerça o poder parental sobre um ou mais de seus filhos quando residam habitualmente nessa acomodação e seus interesses assim o exigirem. O juiz fixa a duração do arrendamento e pode renová-lo até a maioridade dos filhos mais novos.

3.5.2.2. A compensação econômica no direito alemão

Enquanto no Brasil somente em 2010, com a Emenda Constitucional 66, a legislação nacional passou de um sistema de separação por culpa para um divórcio exclusivamente pelo *fracasso* da relação matrimonial, na Alemanha, desde 1977, essa mudança se deu abaixo da Primeira Lei de Reforma do Direito Matrimonial e de Família (*Gesetz zur Reform des Ehe und Familienrechts* – 1. Ehe R.G), sendo o fracasso conjugal a única causa do divórcio e desaparecendo o conceito de culpa. Foi necessário modificar o sistema de pensões alimentícias, explica

242 | ALIMENTOS COMPENSATÓRIOS – *Rolf Madaleno*

Ignacio Zabalza Bas, uma vez que a culpa influenciava o âmbito do direito alimentar, não se dando conta da injustiça praticada ao não considerar toda a dedicação da mulher aos filhos e ao domicílio conjugal, mesmo que tivesse sido culpada por uma única infração matrimonial que a deixaria desamparada economicamente, em uma desproporção de efeitos inenarrável, pois que por uma culpa a mulher perdia toda a sua renda alimentícia, ao passo que também por uma única culpa o homem não suportaria mais que a cobrança de um percentual de sua renda, que se transformaria em uma pensão alimentícia.[219]

Tendo desaparecido o sistema da culpa, o legislador alemão se antecipou à consciência social e criou e introduziu novos e revolucionários conceitos em matéria de divórcio e de subsistência alimentar, trazendo para sua realidade social novas figuras jurídicas. Não obstante, para o sistema jurídico alemão, diante do princípio da igualdade dos sexos dos cônjuges e conviventes, cada um deles deve seguir seu próprio caminho como forma de alcançar a plena equiparação da mulher, assegurado o tratamento igualitário. Contudo, refere Ignacio Zabalza Bas que, no tocante aos alimentos compensatórios (*Versorgungsausgleich*), é mais difícil estabelecer posturas tão contundentes.[220]

De acordo com o artigo (§) 1.569, com o divórcio, incumbe a cada cônjuge procurar por si mesmo seu sustento [...]; artigo (§) 1.570 (1) um cônjuge pode exigir uma prestação de alimentos do outro pelos cuidados com a educação de um filho comum pelo menos durante os três anos posteriores ao parto [...]; (2) A duração da pretensão de alimentos se prorroga tomando em consideração a organização e guarda do filho e a atividade econômica durante o casamento, assim como a duração do matrimônio; artigo (§) 1.571 – Um cônjuge divorciado pode exigir alimentos ao outro [...] em razão da sua idade; artigo (§) 1.572 – Um cônjuge divorciado pode exigir alimentos ao outro [...] em razão de enfermidade, outras doenças ou debilidade de sua capacidade física ou mental e não se pode esperar que desenvolva uma atividade econômica; artigo (§) 1.573 [...] (4) O cônjuge divorciado pode também reclamar alimentos se cessam os ingressos procedentes de uma adequada atividade econômica porque, apesar de seus esforços, não conseguiu garantir de forma duradoura seu sustento mediante a atividade econômica depois do divórcio e se logrou assegurar de forma parcial seu sustento, então pode exigir a diferença entre a quantidade assegurada e o complemento do seu sustento.

Prescreve o artigo (§) 1.587 do Código Civil alemão (*Bürgerliches Gesetzbuch*): (1) proceder uma compensação de pensão entre os cônjuges divorciados na medida em que criaram ou mantiveram, durante o matrimônio, para ambos ou para um deles, expectativas ou esperanças de uma pensão em razão da idade ou da redução da capacidade de trabalho, das espécies contempladas no § 1.587 *a*, apartado 2. Não se levam em consideração as expectativas ou esperanças que não se tenham fundado ou mantido com a ajuda do patrimônio, tampouco com o trabalho dos cônjuges. (2) A duração do matrimônio a que se referem as disposições relativas à compensação de pensões compreende desde o primeiro dia do mês em que se contraiu o casamento até o dia final do mês em que se produziu o litígio da demanda de divórcio. (3) Aplicam-se exclusivamente as disposições e expectativas seguintes; as disposições do regime de bens não são aplicáveis.

O artigo (§) 1.587 *g* do Código Civil alemão dispõe que: (1) O cônjuge, cuja pensão compensável é superior à do outro cônjuge, deve satisfazer o outro como compensação com

---

[219] BAS, Ignacio Zabalza. *La prestación compensatoria en el derecho matrimonial alemán*. Barcelona: PPU, 1987. p. 12-15.

[220] BAS, Ignacio Zabalza. *La prestación compensatoria en el derecho matrimonial alemán*. Barcelona: PPU, 1987. p. 29.

Cap. 3 · DOS ALIMENTOS COMPENSATÓRIOS | 243

uma pensão em dinheiro (pensão compensatória), cuja quantia representa a metade daquela diferença que é superior. A pensão só pode ser exigida se ambos os cônjuges obtiveram uma pensão ou se o cônjuge obrigado a compensar tenha alcançado uma pensão e o outro consorte não possa exercer por tempo indefinido uma atividade econômica que lhe é exigível segundo sua formação e capacidade, como consequência de uma enfermidade ou de outras doenças ou debilidades físicas ou mentais, ou se alcançou os 65 anos de idade.

Por fim, em arremate, escreve Ignacio Zabala Bas que a prestação compensatória tem como fundamento básico as expectativas de uma previdência social, concedida por motivos de incapacidade laboral prematura ou pela velhice e que correspondam por igual a ambos os cônjuges, indiferente a qual deles tenha gerado a previdência e seja seu legítimo credor, resultando sua divisão na aplicação dos princípios decorrentes do artigo (§) 1.356 do Código Civil alemão, no sentido de que a direção da moradia conjugal corresponde a ambos os cônjuges; se essa direção é confiada a um deles que o dirige sob sua própria responsabilidade; se o outro consorte exerce atividade remunerada, deve levar em conta os interesses do outro cônjuge e os da sua família, cujo dispositivo proclama a equiparação da atividade doméstica à de qualquer outra ocupação remunerada; se confiou a direção da casa a um dos consortes, a este cumpre a obrigação de trabalhar para o sustento daquele que exerceu as tarefas domésticas (§) 1.360. O princípio que rege a pensão compensatória alemã é muito simples, prossegue Ignacio Zabalza Bas, pois, quando um dos cônjuges adquiriu durante o casamento expectativas de previdência social pela velhice ou invalidez, o outro cônjuge, que nada adquiriu ou adquiriu em menor valor ditas expectativas, deve participar das expectativas previdenciárias daquele, conforme assinalado no artigo (§) 1.587.[221]

3.5.2.3. A compensação econômica do direito espanhol

A pensão compensatória, os alimentos compensatórios ou a pensão por desequilíbrio econômico nos casos de separação ou de divórcio também são tema relativamente recente no direito espanhol, que foi agregado ao Código Civil espanhol, pela *Ley* 30/81, nos artigos 90 de forma consensual e, em sua versão litigiosa, no artigo 97, sempre então por decisão judicial diante da falta de acordo dos cônjuges. No Código Civil da Catalunha, em que está regulada pelos artigos 233.14 e seguintes, foi apelidada de *prestação compensatória* e é concedida a um dos cônjuges que possa ver prejudicada sua situação econômica como resultado da ruptura matrimonial, servindo a prestação para compensar os prejuízos porventura causados pelo término das núpcias e que tenha deixado esse consorte em situação mais fragilizada, em desequilíbrio financeiro, se comparado a seu parceiro afetivo. Trata-se de uma prestação personalíssima, que somente o cônjuge que se encontra nessa relação de desequilíbrio financeiro é que pode reclamar. Difere completamente dos alimentos, uma vez que seu propósito é o de compensar a dedicação prestada à família e aos filhos e a de evitar as situações de desequilíbrio que afastem o consorte menos favorecido de seu padrão econômico e financeiro em que se encontrava na constância do casamento. Dessarte, seu deferimento é evitar essa queda abrupta do nível de vida e permitir reparar as desigualdades que se instalariam em função da separação ou do divórcio.

Na Catalunha, a pensão compensatória pode ser estabelecida com independência do regime de bens ao qual o casamento está vinculado, porquanto, em sua essência, trata-se de uma fórmula que torna possível que, em caso de separação, divórcio ou nulidade do casamento, o

---

[221] BAS, Ignacio Zabalza. *La prestación compensatoria en el derecho matrimonial alemán*. Barcelona: PPU, 1987. p. 46.

cônjuge mais prejudicado pode aceder a uma parte equitativa dos benefícios do outro cônjuge ou bem a uma indenização que repara a desigualdade econômica resultante da instituição matrimonial, podendo essa situação ser gerada em qualquer espécie de regime de bens, faltando bens ou sendo os bens comuns de débil valor econômico e geradores de despesas, e não de ingressos.

De acordo com o artigo 233.15 do Código Civil da Catalunha, para determinar o montante e a duração da *prestação compensatória*, o juiz vai considerar: a) a posição econômica dos cônjuges diante da ruptura do matrimônio e como ficará cada um dos consortes em razão da separação e da eventual partilha de bens comuns, se não casaram pelo regime da separação patrimonial; b) a realização de tarefas familiares ou outras decisões tomadas no interesse da família durante o relacionamento, levando em conta a dedicação do consorte à família (esposo e filhos), não sendo compensado o passado, mas sim o futuro de quem viverá em condições materiais inferiores diante da ruptura do par conjugal; c) as perspectivas econômicas previsíveis dos cônjuges, tratando de compensar a situação de desequilíbrio causada pela separação quando comparada ao modo de vida experimentado durante o casamento e como este cônjuge beneficiário se encontra depois da ruptura; d) a duração da convivência, sendo pouco provável o estabelecimento da pensão compensatória se a união conjugal foi de curta permanência; e) os novos gastos familiares, qual seja, a pensão compensatória tem sua finalidade voltada para indenizar o futuro, e não o passado do beneficiário, eis que o montante a ser arbitrado levará em conta os novos parâmetros de necessidade que surgirão com a separação e cuidando para que não ocorra um flagrante desequilíbrio entre a vida passada e a vida futura.

A *Ley* 30/81 trazia regramentos para a adoção do divórcio no direito espanhol e, como complemento, trouxe igualmente em seu texto a pensão compensatória inspirada no direito francês. A pensão compensatória ou indenizatória colacionada pela *Ley* 30/81, que originariamente tratava do divórcio, anexou em sua bagagem legislativa os alimentos compensatórios, cuja finalidade sempre foi completamente distinta da preexistente pensão alimentícia, pois o intento da pensão compensatória é o de compensar o desequilíbrio econômico produzido pela ruptura do relacionamento afetivo e a pensão alimentícia tem como propósito garantir o imprescindível recurso financeiro para a subsistência de uma pessoa. A partir da promulgação da *Ley* 30/81, passaram a existir dois tipos distintos de pensões, sendo uma delas a *pensão alimentícia* e outra a *pensão compensatória*, cujo precedente espanhol foi inspirado nos artigos 270 e seguintes do Código Civil francês, introduzido no direito francês pela reforma legislativa do divórcio, realizada em 1975. Os alimentos compensatórios do direito espanhol buscaram seguir uma tendência que, no Brasil, surgiu com grande atraso somente com a Emenda Constitucional 66 de 2010, mas cuja tendência já se adiantava, e com larga margem de tempo, nos principais países da Europa, como Suíça, Dinamarca, Alemanha, Inglaterra e País de Gales, cujo teor dos alimentos compensatórios variava em seus efeitos, basicamente adotando alguns países as prestações contínuas e outros as prestações únicas ou a própria política de entrega de bens, mas sua essência era a tendência socialmente verificada de afastar o caráter litigioso dos alimentos que eram fundados na culpa, para somente serem deferidos ao consorte inocente, terminando com esse desgaste do reproche conjugal e separando definitivamente a pensão compensatória da pensão alimentícia e assim deitando uma pá de cal sobre o surrado hábito da dramatização culposa do divórcio.

O direito espanhol admite a possibilidade de modificação da pensão compensatória, no artigo 100 do Código Civil, diante da ocorrência de substanciais alterações na fortuna de um ou do outro consorte e, inclusive, agrega a possibilidade de substituir a pensão compensatória por uma renda vitalícia, pelo usufruto de determinados bens ou pela entrega de um capital composto por bens ou por dinheiro (CC espanhol, art. 99), extinguindo-se esse direito

Cap. 3 · DOS ALIMENTOS COMPENSATÓRIOS | 245

e cessando a causa que a motivou, ou por haver o beneficiário contraído novo relacionamento afetivo (CC espanhol, art. 101), mais se aproximando de uma verdadeira pensão alimentícia.

3.5.2.4. A compensação econômica no direito catalão

A compensação econômica está regulada no Código Civil da Comunidade Autônoma da Catalunha nos artigos 233-14 a 233-19, substituindo os artigos 84 a 86 do Código de Família da revogada *Ley* 9, de 15 de julho de 1998. A nova lei (Código Civil da Catalunha) segue os princípios da norma derrogada, a qual, por seu turno, observava os princípios do artigo 97 do Código Civil da Espanha, com tratamento distinto e independente da pensão alimentícia. A prestação compensatória do direito catalão tem a finalidade de compensar o cônjuge que cuidou da casa e dos filhos comuns em prejuízo de sua atividade, desenvolvimento profissional e perda de oportunidades econômicas, partindo da base de que tradicionalmente tem sido a mulher quem se dedica em maior medida às responsabilidades domésticas e familiares.[222]

Informa Judith Solé Resina que, não obstante os alimentos compensatórios sejam direcionados em favor de qualquer dos cônjuges, no Código Civil da Catalunha a prestação compensatória se justifica e se mantém como uma medida positiva especialmente dirigida contra a discriminação da mulher. Uma das principais mudanças com relação ao derrogado Código de Família da Catalunha foi a terminologia substituindo a expressão pensão compensatória por *prestação compensatória*, dispondo de um caráter essencialmente temporal da prestação que se satisfaz em forma de uma pensão mensal, salvo se concorrerem circunstâncias excepcionais que aconselhem acordá-la ou ordená-la em caráter indefinido.[223]

Em sua essência e diante de sua característica de transitoriedade, a prestação compensatória busca facilitar a readaptação do cônjuge credor à nova situação pelo tempo que resulte necessário para que adquira as oportunidades de trabalho perdidas, exigindo que atue de forma proativa para procurar seu próprio sustento sem dependência do outro cônjuge.

O artigo 233-14 do Código Civil da Catalunha prescreve que: "1. O cônjuge cuja situação econômica, como consequência da ruptura da convivência, resulte mais prejudicado tem direito a uma prestação compensatória que não exceda o nível de vida de que gozava durante o casamento nem do qual possa vir a manter o cônjuge obrigado ao pagamento, tendo em conta o direito de alimentos dos filhos, que é prioritário. Em caso de nulidade do casamento, tem direito à prestação compensatória o cônjuge de boa-fé, nas mesmas circunstâncias. 2. Se perde o direito a reclamar a prestação compensatória, se não se a solicita no primeiro processo matrimonial ou se estabelecer no primeiro acordo de separação. 3. Se um dos cônjuges morre antes de que passe um ano desde a separação de fato, o outro, nos três meses seguintes ao falecimento, pode reclamar aos herdeiros seu direito à prestação compensatória. A mesma regra deve se aplicar se o procedimento matrimonial se extingue pelo falecimento do cônjuge que deveria pagá-la".

A exemplo da compensação econômica do artigo 97 do Código Civil da Espanha, o artigo 233-15 do Código Civil da Catalunha estabelece os critérios que devem ser atendidos para determinar a quantia e a duração da prestação compensatória: a) a posição econômica dos

---

[222] RESINA, Judith Solé. La prestación compensatoria en el derecho catalán. *In*: VERDA Y BEAMONTE, José Ramón de (dir.). *La compensación por desequilibrio en la separación y divorcio*. Tratado práctico interdisciplinar. Valencia: Tirant lo Blanch, 2021. p. 334.

[223] RESINA, Judith Solé. La prestación compensatoria en el derecho catalán. *In*: VERDA Y BEAMONTE, José Ramón de (dir.). *La compensación por desequilibrio en la separación y divorcio*. Tratado práctico interdisciplinar. Valencia: Tirant lo Blanch, 2021. p. 334.

cônjuges e levando em consideração o acesso ao mercado de trabalho e a eventual partilha de bens; b) a realização de tarefas familiares ou outras decisões tomadas no interesse da família durante a convivência, e se isso reduziu a capacidade de um dos cônjuges de obter rendimentos; c) as perspectivas econômicas previsíveis dos consortes, em função de sua idade e estado de saúde, e a forma como será atribuída a guarda da prole; d) a duração da convivência; e) os novos gastos familiares do devedor; embora não haja previsão expressa no artigo 233-15 do Código Civil da Catalunha, também deve ser considerada a distribuição do uso da vivenda familiar, e se ela pertence no todo ou em parte ao devedor da prestação compensatória.

3.5.2.5. A compensação econômica do direito cubano

Em 22 de julho de 2022, Cuba aprovou seu *Código de las Familias*, referendado pela Presidente da República em 26 de setembro de 2022, externando em sua exposição de motivos que a sociedade cubana evoluiu e as características das famílias mudaram substancialmente em relação a outros momentos precedentes, influenciadas por vários fatores sociodemográficos, pelas transformações do modelo econômico, a visão desde os direitos de fundar e de viver em família, da infância, das pessoas maiores e adultas, das pessoas em situação de deficiência e daquelas que se encontram em situação de vulnerabilidade, assim como as transformações no âmbito caseiro, que dizem respeito a uma distribuição mais equitativa do trabalho doméstico e de cuidado, tudo de acordo com os princípios de igualdade e de não discriminação, fazendo-se imprescindível introduzir as modificações que integram as experiência obtidas depois de 47 anos desde a promulgação do revogado Código de Família.

No capítulo IX do Código de Família de Cuba, que trata do *divórcio*, no artigo 276 regulamenta a *compensación económica* , pela dedicação ao trabalho doméstico e de cuidado, em que, independentemente do direito de pensão alimentícia regulamentada no artigo antecedente (art. 275), o cônjuge que tenha se dedicado ao trabalho doméstico e de cuidado tem o direito de exigir uma compensação econômica que ressarça a desvantagem patrimonial em que se encontre em razão do divórcio por não haver realizado atividade remunerada ou lucrativa durante o casamento. Para fixar essa compensação econômica, também deve ser levado em consideração, se for o caso, o tempo que os cônjuges conviveram previamente em união estável.

No tocante à união de fato (união estável) dispõe o artigo 327 do Código das Famílias de Cuba ser factível determinar uma pensão de alimentos ou uma *compensação econômica* ao convivente que se encontre em situação de vulnerabilidade se ocorrerem as condições previstas nos artigos 275 (para pensão alimentícia) e 276 (para compensação econômica) do Código das Famílias.

3.5.2.6. A compensação econômica do direito italiano

No direito italiano, o *assegno divorzile* foi regulado pela Lei 898, de 1.º de dezembro de 1970, modificada pela Lei 74, de 6 de março de 1987, cujos fundamento e natureza eram diferentes do *assegno de separacione* ou de *mantenimiento*, no caso de separação regulada no artigo 156 do *Codice Civile*. O marco histórico da compensação econômica italiana foi a reforma de 1987, pois antes dela prevaleciam os critérios vinculados às condições econômicas dos cônjuges e seu preceito assistencial, bem como os motivos da cessação do casamento, gerando alimentos pela culpa, com caráter indenizatório relacionado ao conceito de culpa.

Entretanto, a partir de 1987, prevalece o fundamento da tutela assistencial que decorre da solidariedade familiar, mesmo quando o cônjuge assistido goze de adequados ingressos próprios de recursos.[224] Conforme Beatriz Saura Alberdi, no direito italiano, distingue-se entre a pensão de mantimento proveniente da separação, como uma extensão da obrigação de assistência entre os cônjuges, e a pensão compensatória que procede em sede de divórcio.[225] Segundo a mesma autora, o teor da reforma legislativa italiana, ao estabelecer a pensão compensatória para o divórcio, segue com seu caráter assistencial e se fundamenta no desequilíbrio dos meios econômicos entre os cônjuges, em comparação com sua situação anterior ao casamento. Tal desequilíbrio deverá ser avaliado no momento do divórcio, mas, em qualquer caso, para determinar a procedência ou não do direito à pensão compensatória, deverão ser valoradas as condições de vida anteriores à separação ou ruptura da convivência e as existentes no momento do divórcio.[226]

3.5.2.7. A compensação econômica do direito chileno

A Lei de Matrimônio Civil do Chile (*Ley* 19.947/2004) estabeleceu em seu artigo 61, com fonte no direito francês e espanhol, a compensação econômica para reparar o prejuízo sofrido por aquele cônjuge que se dedicou ao domicílio familiar e aos cuidados dos filhos e que, em razão dessa dedicação, não desenvolveu nenhuma atividade remunerada ou lucrativa, ou o fez em menor medida daquela desejada, de modo que, se durante o casamento um dos consortes postergou seu próprio desenvolvimento laboral, por haver se ocupado das tarefas domésticas, terá direito à compensação, sempre que, com o divórcio, esse sacrifício pessoal aflore na forma de seu menoscabo econômico.[227]

A compensação econômica da legislação chilena é uma indenização que rechaça o enriquecimento sem causa nas hipóteses de nulidade do casamento ou de divórcio, não abrangendo a separação judicial. A compensação econômica chilena contrapesa o *menoscabo* econômico sofrido em razão do divórcio, o que teoricamente seria diferente da legislação francesa, que compensa o *desequilíbrio* de patrimônios, ou seja, compara em tese dois patrimônios, mas o fato de existirem dois patrimônios conjugais em um regime de comunhão parcial realmente em nada interfere na concessão dos alimentos compensatórios em qualquer uma das duas legislações ora consideradas. Portanto, em sua essência, o regime de comunhão parcial de bens é totalmente indiferente, haja vista que, para dar margem à pensão compensatória, deve existir uma substancial diferença entre os dois patrimônios, pouco importando não existir nenhum bem de quem optou pelo regime da completa separação de bens, ou de quem elegeu um regime matrimonial de comunhão parcial de bens, mas nada ou muito pouco patrimônio tenha sido amealhado na constância do casamento. Em realidade, a riqueza do alimentante foi substancialmente construída antes do matrimônio.

A Lei do Matrimônio Civil introduziu no ordenamento jurídico chileno o instituto da compensação econômica, que impõe a um dos consortes a obrigação com relação ao cônjuge mais débil em virtude do menoscabo sofrido pelo beneficiário, por não ter trabalho remunerado, ou cujo labor deixou em função do casamento e, na vigência do matrimônio, ou em função

---

[224] ORTIZ, Pablo Omar Venegas; ALFARO, Andrés Alfonso Venegas. *La compensación económica en la nueva Ley de Matrimonio Civil*. Santiago de Chile: Editorial Jurídica de Chile, 2007. p. 27-28.

[225] ALBERDI, Beatriz Saura. *La pensión compensatoria*: criterios delimitadores de su importe y extensión. Valencia: Tirant lo Blanch, 2004. p. 43.

[226] ALBERDI, Beatriz Saura. *La pensión compensatoria*: criterios delimitadores de su importe y extensión. Valencia: Tirant lo Blanch, 2004. p. 46.

[227] JUAN, Mariel F. Molina de. *Compensación económica*. Teoría y práctica. Buenos Aires: Rubinzal-Culzoni, 2018. p. 31.

do casamento, precisou renunciar aos seus estudos ou à sua profissão. A legislação chilena afastou os alimentos compensatórios do instituto da separação judicial porque, nesse caso, subsiste o matrimônio que não se dissolve, mantendo o vínculo conjugal. Segundo a Comissão de Constituição do Senado do Chile, seguiriam hígidos os efeitos econômicos do direito alimentar entre os cônjuges e os direitos hereditários, o que não ocorre no divórcio e na nulidade do casamento, conforme pode ser lido no artigo 33 da *Ley de Matrimonio Civil* do Chile ao estabelecer que: "A separação judicial deixa subsistentes todos os direitos e obrigações pessoais que existem entre os cônjuges, com exceção daqueles cujo exercício seja incompatível com a vida separada de ambos, tais como os deveres de coabitação, de fidelidade, que se suspendem, referindo-se ao fato de que a separação judicial mantinha o direito sucessório recíproco entre os cônjuges na legislação chilena e mantinha em aberto o direito aos alimentos, de maneira que a compensação econômica prevista somente para o divórcio chileno e a nulidade do casamento também ressarciam as perdas destes direitos de herança e de alimentos, como itens atinentes ao menoscabo sofrido por um dos cônjuges no período compreendido entre a celebração do matrimônio e seu término no pelo divórcio ou diante da nulidade do casamento e dentre outras perdas como o direito a um sistema de saúde; a perda do direito de receber uma pensão ante o eventual falecimento do cônjuge; e a perda de outros benefícios sociais".[228]

Não obstante, o efetivo menoscabo existe quando o consorte ou convivente tenha experimentado uma série de prejuízos como: a) o cônjuge deixou de perceber ou ganhar alguma remuneração própria, como consequência de não ter desenvolvido uma atividade lucrativa ou a ter desenvolvido em menor medida do que queria ou podia; b) o prejuízo consistente no custo de oportunidade laboral, por não ter podido se preparar e desenvolver profissionalmente para manter ou incrementar suas possibilidades e potencialidade de acesso ao trabalho consoante as exigências do mercado. De acordo com o artigo 62 da *Ley de Matrimonio Civil* do Chile, devem ser levados ainda em consideração outros fatores como: a duração do casamento, a duração da vida em comum, a situação patrimonial de ambos, a boa ou má-fé, a idade do cônjuge beneficiado, o estado de saúde do cônjuge beneficiado, sua situação legal ante os benefícios previdenciários do cônjuge credor, a qualificação profissional do consorte beneficiário, as possibilidades de acesso ao mercado de trabalho do cônjuge credor, a colaboração prestada pelo consorte credor nas atividades lucrativas do outro cônjuge.[229]

Para Carlos Garrido Chacana, como o artigo 62 da Ley 19.947/2004 do Chile considera em especial os pressupostos ditados no respectivo dispositivo legal, não sendo, portanto, taxativo, o termo *especialmente* admite outras circunstâncias como: a) o sexo mais frágil do convivente; b) sua colaboração na atividade lucrativa do outro consorte; c) existência de alimentos prévios; d) cumprimento bilateral dos pressupostos da compensação econômico em momentos distintos do matrimônio etc.[230]

Informam Pablo Omar Venegas Ortiz e Andrés Alfonso Venegas Alfaro que o artigo 65 da *Ley de Matrimonio Civil* chilena (*Ley* 19.947/2004) sinaliza as modalidades existentes de compensação econômica, que podem se dar por uma única soma em dinheiro, ainda que dividida em prestações; pela entrega de ações ou outros bens; e pela constituição de direitos como o de usufruto, uso e habitação com relação a bens particulares do cônjuge devedor. Não

---

[228] ORTIZ, Pablo Omar Venegas; ALFARO, Andrés Alfonso Venegas. *La compensación económica en la nueva Ley de Matrimonio Civil.* Santiago de Chile: Editorial Jurídica de Chile, 2007. p. 48-49.

[229] ORTIZ, Pablo Omar Venegas; ALFARO, Andrés Alfonso Venegas. *La compensación económica en la nueva Ley de Matrimonio Civil.* Santiago de Chile: Editorial Jurídica de Chile, 2007. p. 52.

[230] CHACANA, Carlos Garrido. *Compensación económica en término de matrimonio y acuerdo de unión civil.* Santiago de Chile: Metropolitana, 2017. p. 321-322.

é possível revisar a pensão compensatória por qualquer motivo, por mais excepcional que se apresente, mesmo diante da precariedade da situação econômica do devedor surgida depois do divórcio, cuja diretriz legislativa põe termo final ao hábito das ações de revisão das pensões alimentícias, cuja costumeira viabilidade processual terminava perpetuando o conflito familiar com demandas revisionais para aumentar, reduzir ou extinguir a pensão alimentícia estabelecida por ocasião do divórcio ou da separação dos casais.[231]

Por fim, a compensação econômica do direito chileno pode ser objeto de acordo ou de convenção pré-nupcial dos futuros consortes, mediante acordo que conste em escritura pública. Se não houver acordo ou não tenha sido convencionada em pacto antenupcial, poderá ser requerida sua fixação e forma de pagamento na petição inicial de divórcio ou de nulidade do casamento ou na peça reconvencional, sendo descartada a eventual prisão pelo inadimplemento voluntário de alimentos compensatórios que não guardam caráter alimentar, e sim indenizatório.

3.5.2.8.   A compensação econômica do direito peruano

O direito peruano não tem propriamente um regramento voltado especificamente para os alimentos compensatórios, como tem sido visto nas diferentes legislações alienígenas, mas consigna, por exemplo, no artigo 474 do Código Civil peruano que os cônjuges se devem reciprocamente alimentos, que permitem mesclar aspectos pessoais e patrimoniais da obrigação alimentar, a depender da significação social da família, cumprindo, nesse caso, finalidades de ordem pública que sobrepassam a satisfação das necessidades individuais.[232]

Entrementes, refere Christian Hernández Alarcón um problema ainda sem solução na doutrina peruana relativo à natureza jurídica da obrigação alimentar e se ela tem alcance patrimonial ou pessoal, ou, em outros termos, se os alimentos têm caráter humanitário ou patrimonial,[233] pois não poderia carregar duas naturezas distintas, como claramente distintos são os alimentos compensatórios *patrimoniais* originados da retenção por um dos consortes ou companheiros do bens comuns rentáveis, em contraponto aos alimentos compensatórios *humanitários* originados usualmente de um regime de separação convencional de bens, mas que se destinam a minimizar a brusca queda do padrão de vida que se fez presente na constância do relacionamento afetivo.

Dessarte, o *princípio da igualdade* proclamado pelo artigo 234 do Código Civil peruano contrapõe-se aos papéis socialmente assinados aos homens e às mulheres, em que majoritariamente as mulheres se dedicam aos afazeres domésticos e os homens, ao trabalho externo remunerado:

> *"Em tal sentido, uma apreciação da igualdade dos cônjuges no momento de solicitar os alimentos sem a apreciação dos papéis que desempenha cada um no lar conjugal, pode parecer irrelevante o trabalho doméstico ao serem fixados os alimentos unicamente na existência do estado de necessidade do alimentando. Esta valoração, com os parâmetros delimitados, deixa de lado muitas situações existentes na vida conjugal, durante e depois do casamento".*

---

[231]   ORTIZ, Pablo Omar Venegas; ALFARO, Andrés Alfonso Venegas. *La compensación económica en la nueva Ley de Matrimonio Civil*. Santiago de Chile: Editorial Jurídica de Chile, 2007. p. 46.

[232]   ALARCÓN, Christian Hernández. *Código Civil comentado*. Coord. Manuel Muro Rojo e Manuel Alberto Torres Carrasco. Lima: Gazeta Jurídica, 2020. t. III, p. 172.

[233]   ALARCÓN, Christian Hernández. *Código Civil comentado*. Coord. Manuel Muro Rojo e Manuel Alberto Torres Carrasco. Lima: Gazeta Jurídica, 2020. t. III, p. 171.

Sem embargo, existem situações em que a valoração do estado de necessidade adquire um matiz distinto daquele exigido pelo artigo 473 do Código Civil, que se restringe à incapacidade física ou mental de a pessoa se manter. É o caso da transferência da obrigação de sustentar a família a um dos cônjuges quando o outro se dedica exclusivamente ao trabalho doméstico e aos cuidados dos filhos (art. 291 do CC). Nessa hipótese, o trabalho doméstico adquire uma valoração econômica em favor daquele que se dedica à manutenção do lar conjugal e cuja atividade igualmente cumpre com o dever de assistência, considerando que o cônjuge solicitante de uma compensação financeira, além de provar o labor doméstico que realiza e que por isso não percebe ingressos fora do domicílio, para ser destinatário de um suporte financeiro, deve comprovar que não tem bens próprios capazes de produzir rendas ou que, por sua idade e capacidade, não está em condições de obter trabalho remunerado, pois, de outro modo, estaria sendo amparada uma atitude abusiva de um dos cônjuges ao onerar o outro com sua integral manutenção. Portanto, deverá comprovar o estado de necessidade que tem em função do rol das atividades que desempenha dentro da habitação conjugal.[234]

Obviamente, a legislação peruana não tem nada que se aproxime dos alimentos humanitários particularmente regulamentados pelo direito francês, espanhol, chileno, argentino etc., contudo traz em linha de consideração os mesmos pressupostos subjetivos presentes, por exemplo, no artigo 97 do Código Civil espanhol e que são ponderados para o arbitramento de alimentos compensatórios decorrentes de uma brusca queda do padrão de vida. Certamente, essa queda está presente e acentuada quando o direito peruano põe em xeque as atividades desempenhadas pelo cônjuge alimentando durante o casamento e como ele será ou não amparado com o término do relacionamento, cujo estado de indigência ou de um brusco desequilíbrio pode sim representar uma atitude abusiva da parte do outro consorte.

Esse mesmo espírito de propósito pode ser encontrado no artigo 481 do Código Civil do Peru, com os acréscimos colacionados pela *Ley* 30.550, de 14 de março de 2017, que, a seu tempo e modo, cuidou de criar essa ação reparatória, quando reconhece que nos processos judiciais sobre pensão de alimentos deve ser considerado como "um aporte econômico o trabalho doméstico não remuncrado realizado por algum dos obrigados para o cuidado e desenvolvimento do alimentando". Ao incorporar o critério do trabalho doméstico não remunerado, o juiz precisa analisar se algum dos obrigados está assumindo esse trabalho doméstico não remunerado e outorgar-lhe um valor econômico pelos cuidados da esposa voltados aos filhos e às tarefas da casa, quando sabidamente a mulher sacrifica suas aspirações pessoais e profissionais e seu tempo com jornadas extras de labor interno. Nessa modelagem, não existe nenhuma igualdade de gêneros e de responsabilidades, sendo propósito da lei peruana eliminar as desigualdades ou brechas de gênero e evitar que esse elevado sacrifício recaia somente sobre a mulher.

Como minuta, Elizabeth Marlene López Garcia trata de reconhecer o esforço do progenitor que se encontra responsável pelos cuidados de formação e desenvolvimento dos filhos, o que significa uma quantidade de tempo real e que se traduz em um valor econômico, devendo o juiz estabelecer uma prestação de alimentos que justamente compense essa maior dedicação aos filhos e ao outro consorte. A intenção da lei é valorizar as horas de trabalho que a progenitora destina à casa, aos cuidados da prole, com a formação e segurança dos filhos de maneira permanente, cujas tarefas, na maioria das vezes, nem são valorizadas pelo outro progenitor,

---

[234] ALARCÓN, Christian Hernández. *Código Civil comentado*. Coord. Manuel Muro Rojo e Manuel Alberto Torres Carrasco. Lima: Gazeta Jurídica, 2020. t. III, p. 174.

supervalorizando os ingressos financeiros do provedor, como o dinheiro fosse a única coisa que um filho requer para seu desenvolvimento, formação e integral desenvolvimento.[235]

Para Claudia Cecilia Morán de Vicenzi, o segundo parágrafo acrescido pela *Ley* 30.550/2017 ao artigo 481 do Código Civil peruano teve por finalidade primordial de revalidar o trabalho doméstico não remunerado que realizam as mulheres dentro do lar conjugal, com relação aos cuidados e atenções aos filhos e a outras pessoas do grupo familiar (adultos maiores, pessoas enfermas ou incapazes), mesmo que fosse o varão que exercesse essas tarefas, em aplicação ao princípio da igualdade. Esse seria um compromisso do Estado peruano de ratificar a Convenção sobre a Eliminação de Todas as Formas de Discriminação contra a Mulher de 1982,[236] tratando-se de uma questão de gênero e, ao mesmo tempo, uma forma de reequilibrar as bruscas diferenças causadas no âmbito de uma família em crise conjugal quando existe um profundo abismo entre os ingressos de cada um dos consortes ou conviventes.

3.5.2.9. A compensação econômica do direito romeno

O Código Civil da Romênia trata da prestação compensatória a partir dos artigos 385 a 395 do Código Civil romeno (Lei 287/2009), quando dispõe da compensação econômica como um dos efeitos patrimoniais da dissolução do matrimônio. Conforme o artigo 390, o côn-juge que não for culpado pelo divórcio pode se beneficiar de uma prestação compensatória caso ocorra um desequilíbrio significativo em razão do divórcio. Dispõe os três incisos desse artigo 390 do Código Civil da Romênia que o consorte credor da prestação compensatória não pode reclamar a seu cônjuge uma pensão alimentícia, em razão da natureza subsidiária da compensação econômica. Ela tem um caráter *intuitu personae* que pode ser extraído do artigo 395 do Código Civil romeno, o qual estabelece que cessa a prestação compensatória com a morte de um dos cônjuges, por novo matrimônio do credor, ou quando este obtém recursos capazes de lhe proporcionarem uma vida similar ao do casamento, sendo passível de revisão de seu montante segundo os câmbios que se produzem nas necessidades do credor, ou nas possibilidades de pagamento do devedor.

O artigo 390 do Código Civil da Romênia determina os pressupostos para admitir a prestação compensatória: a) o divórcio seja pronunciado por culpa do cônjuge demandado, mantendo-se o direito à prestação compensatória se estipulada por acordo, ou se a culpa for recíproca, ou quando não sucedeu a culpa de qualquer um dos consortes, ou em decorrência do estado de saúde, haja vista que na Romênia é possível obter o divórcio que no Brasil já foi chamado de *divórcio remédio*; b) no momento em que o tribunal de primeira instância tenha decretado o divórcio, tenha decorrido um matrimônio de pelo menos 20 anos de duração. Comenta o professor Bogdan Dumitru Moloman acerca do caráter injusto desse dispositivo que ignora matrimônios de longa duração, com cerca de 10, 15 ou 19 anos e que não poderão ser destinatários da prestação compensatória; c) deve existir um desequilíbrio significativo nas condições de vida do esposo inocente, no sentido de sofrer uma deterioração inesperada e apreciável do nível de vida alcançado durante esse casamento de mínimos 20 anos.[237]

---

[235] GARCÍA, Elizabeth Marlene López. *Nuevo comentario del Código Civil peruano.* Directores Marco Andrei Torres Maldonado y Enrique Varsi Rospigliosi. Lima: Instituto Pacífico, 2021. t. III, p. 781.

[236] VICENZI, Claudia Cecilia Morán de. *Código Civil comentado.* Coord. Manuel Muro Rojo e Manuel Alberto Torres Carrasco. Lima: Gazeta Jurídica, 2020. t. III, p. 201.

[237] MOLOMAN, Bogdan Dumitru; URECHE, Lazar-Ciprian. *Codul civil.* Cartea a II-a. Despre família. Art. 258-534. Comentarii, explicatii si jurisprudenta. 2. ed. rev. e ampl. por Bogdan Dumitru Moloman. Bucaresti: Universul Juridic, 2022. p. 615-616.

Ainda na lição de Bogdan Dumitru Moloman, a prestação compensatória só pode ser reclamada no processo de divórcio na primeira instância, como um pedido acessório do pleito de dissolução do casamento, devendo o juiz, em conformidade com o artigo 391, parágrafo 2, do Código Civil romeno, ao determinar o montante da prestação compensatória, ter em conta: (i) os recursos do cônjuge que solicita a prestação compensatória; (ii) os meios do cônjuge demandado existentes no momento da ruptura do matrimônio; (iii) os efeitos da liquidação do regime matrimonial de bens; (iv) circunstâncias que possam influir no estado civil dos consortes que se divorciam e nas condições materiais de cada um deles; (v) além de fatores como a idade, a saúde do cônjuge, a contribuição financeira que presta aos filhos menores de idade, a capacitação profissional dos cônjuges, a possibilidade de empreender atividades geradoras de ingressos financeiros, ou outros critérios ainda que não expressos.[238]

Por fim, o Código Civil da Romênia estabelece expressamente em seu artigo 395 as situações em que termina a prestação compensatória e que se dá: a) pela morte de um dos cônjuges; b) por novo matrimônio do cônjuge credor; c) obter o esposo credor algum recurso que lhe possa proporcionar condições de vida similares às do matrimônio.[239]

3.5.2.10. A compensação econômica do direito português

No direito português está prevista a possibilidade de uma indenização por prejuízos causados pela separação, o que o artigo 1.792.º do Código Civil português denomina *reparação de danos não patrimoniais*, ao prescrever que: "1. O cônjuge declarado único ou principal culpado e, bem assim, o cônjuge que pediu o divórcio com fundamento da alínea *c* do artigo 1.781.º, devem reparar os danos não patrimoniais causados ao outro cônjuge pela dissolução do casamento. 2. O pedido de indenização deve ser deduzido na própria ação de divórcio". Sobre essa novidade então trazida pela Reforma de 1977, escrevem Pires de Lima e Antunes Varela tratar-se de uma indenização pelos danos morais causados a um dos cônjuges pela dissolução do casamento e que não se confunde, em sua substância, nem em seu espírito, com o direito a alimentos de que trata o artigo 2.016.º, nem sequer com as *prestações compensatórias* previstas e reguladas nos artigos 270 e seguintes do Código Civil francês. Aduzem em complemento que essa *reparação de danos não patrimoniais* caduca se não for requerida no corpo do próprio processo de divórcio, já não podendo ser solicitada em ação autônoma.[240]

3.5.2.11. A compensação econômica do direito brasileiro

O direito brasileiro não tem nenhuma regulamentação acerca dos alimentos compensatórios humanitários, não obstante os tribunais nacionais tenham desenvolvido a teoria dos alimentos compensatórios *patrimoniais* originários do parágrafo único do artigo 4.º da Lei de Alimentos (Lei 5.478/1968), ao dispor que: "Se se tratar de alimentos provisórios pedidos pelo cônjuge, casado pelo regime da comunhão universal de bens, o juiz determinará igualmente que seja entregue ao credor, mensalmente, parte da renda líquida dos bens comuns, administrados pelo devedor".

---

[238] MOLOMAN, Bogdan Dumitru; URECHE, Lazar-Ciprian. *Codul civil*. Cartea a II-a. Despre família. Art. 258-534. Comentarii, explicatii si jurisprudenta. 2. ed. rev. e ampl. por Bogdan Dumitru Moloman. Bucaresti: Universul Juridic, 2022. p. 619-620.

[239] MOLOMAN, Bogdan Dumitru; URECHE, Lazar-Ciprian. *Codul civil*. Cartea a II-a. Despre família. Art. 258-534. Comentarii, explicatii si jurisprudenta. 2. ed. rev. e ampl. por Bogdan Dumitru Moloman. Bucaresti: Universul Juridic, 2022. p. 619-620.

[240] LIMA, Pires de; VARELA, Antunes. *Código Civil anotado*. 2. ed. Coimbra: Coimbra Editora, 2011. v. IV, p. 567-568.

Ora, nas ações de separação e de divórcio, a situação de necessidade de um cônjuge era relativizada mediante o estabelecimento de uma pensão alimentícia, prevendo a Lei de Alimentos, em paralelo, desde que o regime de casamento fosse o da comunhão universal, que era o regime legal ao tempo da edição da Lei de Alimentos, a possibilidade de serem entregues ao consorte destituído da posse dos bens rentáveis parte da renda líquida desses bens comuns, contudo, administrados unilateralmente, e em regra, pelo cônjuge varão. Ademais, em nada se confunde com o direito alimentar assistencial, mas, unicamente, com a entrega pura e simples de parte das rendas auferidas pelos bens comuns, evitando desse modo o enriquecimento injusto do consorte administrador dos bens comuns, que embolsava os créditos de aluguéis ou da exploração comercial ou industrial de sociedades empresárias comuns aos esposos.

Com essa prática que não era comum de ser adotada no passado, eram raras as decisões judiciais deferindo a entrega de parte da renda líquida dos bens comuns, uma vez que o cônjuge mulher já recebia invariavelmente sua pensão alimentícia, contentando-se juízes e tribunais com o pagamento da pensão alimentícia ao cônjuge alimentando. No entanto, nos últimos anos, e essa é uma tendência presente em quase todo o mundo ocidental, o direito de pensão alimentícia entre cônjuges e conviventes foi paulatinamente desaparecendo, abrindo espaço ao revés, justamente para os alimentos compensatórios ou para a compensação econômica, destituída do valor assistencial do passado. Na atualidade, a paridade dos sexos tem colocado a mulher no mercado de trabalho, tirando-a do direito antes sagrado e incontroverso de ser beneficiária de uma pensão alimentícia vitalícia e passando o consorte ou a companheira mulher a serem beneficiárias de alimentos compensatórios, com caráter nitidamente indenizatório e não mais assistencial, com o propósito apenas de evitar o desequilíbrio econômico temporário surgido com o término das núpcias.

Cada vez mais distanciado o direito aos alimentos pela necessidade e por seu viés assistencial, passaram os tribunais brasileiros, a começar pelo do Estado do Rio Grande do Sul, a ressuscitar os alimentos compensatórios *patrimoniais* desse parágrafo único do artigo 4.º da Lei 5.478/1968, não mais porque casados pelo regime da comunhão universal de bens como originariamente previsto pela Lei de Alimentos, mas agora incidente sobre qualquer regime de comunicação matrimonial, eis que o cerne da compensação econômica de características tipicamente brasileiras é o da compensação pela posse e fruição exclusiva de rendas comunicáveis, cujos alimentos compensatórios *patrimoniais* começaram a ser deferidos em larga escala jurisprudencial e que compensam a administração singular ou unilateral de bens comuns rentáveis, tendo decidido o desembargador Luis Felipe Santos, no Agravo de Instrumento 70.078.428.596, da Oitava Câmara Cível do TJRS, em acórdão de 28.02.2019, que: "[...] Apesar de não serem expressamente previstos na legislação pátria, os alimentos compensatórios são admitidos pela doutrina e pela jurisprudência com o objetivo de equilibrar o padrão de vida do casal, compensando o eventual desequilíbrio gerado pelo rompimento da relação na hipótese de apenas um dos cônjuges/companheiros usufruir dos frutos advindos dos negócios constituídos na constância do casamento/união estável ou de imóveis adquiridos neste período, sobre os quais incida direito de meação".

É nítida a confusão que se estabeleceu na jurisprudência brasileira entre os alimentos compensatórios *patrimoniais*, que são exclusivamente decorrentes da compensação pela fruição isolada ou unilateral dos bens conjugais comuns e rentáveis, proveniente do parágrafo único do artigo 4.º da Lei de Alimentos. Obviamente, esse dispositivo somente pode ser aplicado aos bens comuns sob a administração unilateral, e não sob o regime de separação de bens, muito menos se não existirem bens comuns geradores de renda, como dividendos e locativos. Logo, a noção de desequilíbrio pela ruptura do casamento pode sim dar azo aos alimentos compensatórios *humanitários*, mas estes em nada se identificam com os valores repassados ao consorte que não está usufruindo dos resultados de sua meação, tendo em conta que a compensação econômica de cunho humanitário tem em mira evitar a brusca queda do padrão socioeconômicos vivenciado durante o relacionamento afetivo e que compensa a perda de oportunidades. Sua natureza é a de reparar essas chances perdidas pelo consorte que se dedicou com maior ou menor medida às atividades domésticas, cuidando dos filhos, da casa, do marido e descuidando de seu próprio crescimento profissional, muitas vezes casando em regime de separação de bens.

Esses alimentos compensatórios não cuidam nem se vinculam ao regime de bens e ao usufruto dos bens comuns ainda não partilhados e que se encontram sob a administração isolada do outro esposo ou convivente, nos exatos termos descritos por Rodrigo da Cunha Pereira, ao escrever que as desvantagens que estão sendo compensadas são aquelas originárias de um pacto conjugal, no qual um dos cônjuges abdica um pouco mais que o outro de seus sonhos pessoais, com a finalidade de construir uma sólida estrutura familiar e, enquanto um cresce profissionalmente, o outro se estagna em nome da família.[241]

Na França, os alimentos compensatórios estão regulados no artigo 270 do Código Civil ao estabelecer que "um dos cônjuges pode ser obrigado a pagar ao outro uma prestação compensatória destinada a compensar, tanto quanto possível, a disparidade que a ruptura do casamento cria dentro das condições de vida respectivas". Portanto, como pode ser claramente visto, distanciam-se dos alimentos compensatórios tratados pela jurisprudência brasileira, que se olvida da realidade de que muitos casais ainda mantêm arranjos de divisão desigual de tarefas, fiando-se os homens nas renúncias femininas de seus crescimentos pessoais como profissionais, e não apenas como mães e esposas, pois são estas que precisam ser compensadas por tais renúncias que fazem de suas projeções pessoais e de seu crescimento profissional e financeiro. São indenizadas por esse vazio pessoal que deixam em suas vidas em troca de uma dedicação única e desigual aos filhos, à vivenda nupcial, por vezes aos familiares em grupos mais extensos e vulneráveis que são igualmente cuidados pelas esposas e, sobretudo, ainda amiúde experimentam regimes de injusta separação de bens.

É justamente nessa senda que a jurisprudência brasileira precisava evoluir e ampliar o espectro de alimentos compensatórios que, a toda evidência, não podem ser reservados unicamente em seu viés *patrimonial*, compensando a retenção unilateral dos rendimentos que são comuns, mas expandindo suas fronteiras para a compensação também dos alimentos *humanitários*, pois estes indenizam regimes de separação de bens e matrimônios ou convivências de renúncias unilaterais, como já procedeu em sua jurisprudência mais longeva, conforme mostra o acórdão do REsp 1.290.313/AL, da Quarta Turma do STJ, da lavra do Ministro Antonio Carlos Ferreira e julgado em 12 de novembro de 2013, em cuja ementa consta: "5. Os chamados alimentos compensatórios, ou prestação compensatória, não têm por finalidade suprir as necessidades de subsistência do credor, tal como ocorre com a pensão alimentícia regulada pelo art. 1.694 do CC/2002, senão corrigir ou atenuar grave desequilíbrio econômico-financeiro ou abrupta alteração do padrão de vida do cônjuge *desprovido de bens e de meação*". O acórdão não faz nenhuma alusão aos ora denominados alimentos compensatórios *patrimoniais* do parágrafo único do artigo 4.º da Lei de Alimentos.

3.5.3. *Características dos alimentos compensatórios*

A compensação econômica ou alimentos compensatórios em sua versão *humanitária* têm por finalidade compensar a constatação de um desequilíbrio financeiro entre os cônjuges, mas não representam uma garantia vitalícia de sustento, ou uma medida que permita ao

---

[241] PEREIRA, Rodrigo da Cunha. *Direito das famílias*. Rio de Janeiro: GEN/Forense, 2020. p. 305.

cônjuge credor perpetuar o nível de vida que desfrutava antes da crise conjugal, nem cabe para equiparar os patrimônios, até porque o credor não precisa provar sua necessidade, mesmo que tenha meios suficientes de subsistência, e sim provar apenas que sofreu uma piora em sua situação econômica em relação àquela que desfrutava na constância do relacionamento. Tampouco trata-se de equiparação de patrimônios, como inclusive não se cuida de um mecanismo puro e simples de indenização pela ruptura da convivência, senão o de colocar o cônjuge prejudicado pela ruptura em uma situação de potencial igualdade de oportunidades laborais e econômicas em relação às que usufruía durante o vínculo conjugal.

A pensão compensatória não se confunde com a pensão alimentícia, embora possam existir semelhanças entre elas, tanto que no artigo 99 do Código Civil espanhol está prescrito que a qualquer momento pode ser conveniada a *substituição* da pensão fixada judicialmente, conforme o artigo 97 (do Código Civil espanhol), pela constituição de uma renda vitalícia, o usufruto de determinados bens ou a entrega de um capital em bens ou em dinheiro, cuja disposição é própria dos alimentos compensatórios.

Estabelecidos os alimentos compensatórios à vista do desequilíbrio econômico que o divórcio ou a dissolução da união estável produziu na posição econômica do casal, é viável sua revisão, mas sempre quando os fatos novos obedeçam à redução da fortuna do devedor dos alimentos compensatórios, mas não como incremento para aumento do valor dos alimentos em função do crescimento da fortuna do devedor, pois o maior enriquecimento do devedor não vai favorecer o credor dos alimentos compensatórios, embora o aumento da riqueza do credor possa afetar o direito da compensação econômica do credor. No entanto, se o crédito resultasse de uma pensão alimentícia, certamente a revisão para mais ou para menos seria autorizada em qualquer direção.

Assim, existem diversas outras características que são específicas dos alimentos compensatórios e que não se encontram no instituto da pensão alimentícia, mas o fato de os alimentos compensatórios serem estabelecidos em regra por um tempo delimitado não significa que eles não possam ser objeto de modificação ou de extinção antes de vencido o prazo pactuado ou judicialmente ordenado.

3.5.3.1. *Renunciabilidade*

Diferente da pensão alimentícia, existe absoluta disponibilidade dos alimentos compensatórios, não obstante o artigo 1.707 do Código Civil brasileiro disponha ser possível deixar de exercer, embora não se possa renunciar ao direito dos alimentos, na prática judiciária é considerada como renúncia a dispensa dos alimentos entre cônjuges e companheiros ou entre pessoas adultas maiores e capazes. A liberdade contratual dos cônjuges e conviventes permite que contratem livremente em demanda consensual de divórcio ou de dissolução de união estável a dispensa de alimentos compensatórios, e até mesmo de forma antecipada por meio de pacto antenupcial ou em escritura ou contrato de declaração de existência de uma união estável, isso porque os alimentos compensatórios não carregam o viés da necessidade, e sim uma roupagem de cunho nitidamente indenizatório, de efetiva compensação por um desequilíbrio econômico verificado em razão do rompimento da relação afetiva.

3.5.3.1.1. Renúncia em pacto antenupcial

Dispõe o artigo 1.655 do Código Civil brasileiro ser nula a convenção ou cláusula em pacto antenupcial, que dela contravenha disposição absoluta em lei. Em outros termos, seria nula qualquer disposição pactícia que contrariasse a ordem pública, como no exemplo de uma cláusula antecipada em pacto antenupcial ou em escritura ou contrato de convivência na qual os futuros cônjuges ou os conviventes renunciassem aos alimentos compensatórios.

Durante muito tempo, foi debatida na Espanha a disponibilidade do direito regulado no artigo 97 do Código Civil espanhol nos pactos de previsão de ruptura ou de renúncia *ex antes* das pensões, diante de suas repercussões que na ordem econômica dos componentes de uma sociedade afetiva teriam diante de eventual crise matrimonial.[242]

O tema ganhou maior relevância social e jurídica diante do elevado números de pessoas que rompem e renovam seus relacionamentos afetivos e, em suas novas experiências amorosas, procuram se cercar de cláusulas que afastam as surpresas e as armadilhas financeiras surgidas de partilhas de bens e obrigações de pensionamentos de casamentos e uniões precedentes. Em seus novos relacionamentos, pessoas já calejadas pelo impacto patrimonial experimentado em outras experiências buscam em suas famílias reconstruídas pactuar convenções capazes de afastar a repetição dos mesmos resultados financeiros negativos a que estiveram ou que, no mais comum das vezes, continuam atrelados. Por essa razão, é facilmente compreensível o natural desejo que essas pessoas têm de preservar o que ainda possuem, ou que reiniciaram a construir, de suas indesejáveis consequências que elas experimentaram por não terem previsto ou se acautelado dos efeitos jurídicos patrimoniais decorrentes de suas primeiras experiências brotadas das precedentes rupturas afetivas.

E suas cautelas não se restringem à escolha de regimes de total separação de bens, mas estendem suas preocupações e prevenções a cláusulas igualmente onerosas, como pode ser a incidência de compensações econômicas de consortes ou companheiras que deixaram de investir em seu crescimento pessoal ou que mesmo diante da subscrição de um regime pactuado de separação de bens, ao término da relação conjugal, reivindicam as indenizações pelos danos causados pela brusca quebra do padrão socioeconômicos desfrutado na constância da convivência afetiva.

Trata-se da renúncia em pacto antenupcial em ato meramente preventivo de um direito que nem sequer ainda existe, eis que a avença se dá como pré-estreia de um relacionamento que ainda está em seu porvir, ao passo que, para muitos, primeiro deveria nascer o direito aos alimentos compensatórios a partir da efetiva ruptura da relação conjugal ou convivencial, quando só então nasce e pode ser aferido o eventual direito à compensação econômica.

No moderno direito de família catalão, o artigo 233-16 dispõe que: "1. Em previsão de ruptura matrimonial, se pode pactuar sobre a modalidade, quantia, duração e extinção da prestação compensatória, de acordo com o artigo 231-20. 2. Os pactos de renúncia não incorporados a um pedido consensual de separação ou de divórcio (convênio regulador) não são eficazes naquilo em que comprometem a possibilidade de atender às necessidades básicas do cônjuge credor".

Como visto, é estreme de dúvidas que podem ser pactuados no direito catalão as compensações econômicas, assim como seu montante e sua duração e extinção, e todas as avenças relativas à limitação, exclusão ou renúncia de direitos devem ser de caráter recíproco e precisar com clareza os direitos que estão sendo renunciados. Contudo, ressalva o dispositivo do direito catalão sob comento que é irrenunciável um mínimo existencial, que seria nulo de pleno direito se a pessoa renunciasse a seu direito mínimo vital. Em verdade, um mínimo digno

---

[242] ARENAS, Ana Laura Cabezuelo. Pactos preventivos sobre la pensión compensatoria. *In*: ARENAS, Ana Laura Cabezuelo. *Autonomía privada, familia y herencia en el siglo XXI. Cuestiones actuales y soluciones de futuro.* Navarra: Thomson Reuters/Aranzadi, 2014. n. 33, p. 41.

Cap. 3 · DOS ALIMENTOS COMPENSATÓRIOS | 257

de subsistência, fato que causa certa perplexidade, pois termina confundindo os institutos jurídicos da pensão alimentícia com a da compensação econômica, haja vista que os alimentos compensatórios compensam a brusca queda do padrão de vida e não se aproximam em nada da dignidade assistencial.

Portanto, no direito catalão, desapareceu qualquer receio da validade da renúncia dos alimentos compensatórios em sede de convenção antenupcial. Entrementes, a polêmica se estabeleceu no direito espanhol, defendendo uma corrente o argumento de não ser possível renunciar a um direito que ainda não nasceu; e uma segunda corrente que invoca estudos de precedentes norte-americanos que resolvem questões similares, aceitando que as partes convencionem sobre as condições fáticas existentes ao tempo da pactuação e que os cônjuges já estimavam os termos de sua futura vida conjugal e a possibilidade das renúncias do crescimento profissional de um deles em detrimento do marido e da família., Logo, tinham ciência da magnitude de suas renúncias, como certamente têm ciência da importância de suas renúncias patrimoniais quando elegem em pacto pré-matrimonial um regime de separação de bens.

Daí radica a importância de um pacto antenupcial descrever com riqueza de detalhes a exata ou mais próxima dimensão das riquezas que estão sendo renunciadas, tanto em termos de comunicação de bens como em seara de compensação econômica, além da descrição das renúncias pessoais de ascensão profissional e tarefas que serão assumidas pelo consorte renunciante no âmbito das expectativas de uma atuação eminentemente familiar. Não deve ser ocultada qualquer informação relevante que depois pudesse ser invocada em sede de anulação da cláusula pactícia, porque teriam sido omitidas informações de ativos patrimoniais e de assunções de tarefas caseiras que retirariam inteiramente a mulher da estrada que ela deveria percorrer para alcançar sua independência financeira e conquistar sua própria riqueza material.

Nesse sentido, as cláusulas de renúncia de futura compensação econômica em que os consortes são inteiramente informados da dimensão dos efeitos de suas renúncias são inteiramente válidas, e essa avença só deixaria de ser eficaz se foram falseadas informações, ocultando bens e ativos, ou fingindo um estado de dívidas inexistentes. Portanto, é condição de validade e eficácia do pacto antenupcial a completa honestidade e transparência, como no sentido inverso também teria validade a cláusula pactícia que ajustasse o prévio pagamento futuro de uma compensação econômica, mesmo que depois o cônjuge credor dispensasse esses recursos em razão de sua boa condição econômico-financeira.

Pactuaram os consortes um típico negócio jurídico de família e que deve ser respeitado se as partes calibraram em sua avença em toda a sua extensão, nada sendo entre elas ocultado para estabelecer, por exemplo, uma compensação mais reduzida, ou permitindo que o acordo só fosse assinado porque uma das partes desconhecia as verdadeiras dimensões do patrimônio do outro cônjuge, em cujas hipóteses a validade da renúncia poderia ser judicialmente questionada pelo erro no consentimento. Logo, é livre a manifestação das partes adultas e capazes, seja renunciando futura compensação econômica, seja estipulando seu montante para pagamento em tempo de ruptura afetiva, eis que se utilizam do direito de regularem suas relações privadas, como permite a autonomia privada, e, consequentemente, alimentos compensatórios pactuados ou alimentos compensatórios renunciados são cláusulas que têm validade e eficácia jurídica.

Embora não seja exatamente o caso, induvidosamente a cláusula pactícia de renúncia não teria validade e eficácia caso prejudicasse os filhos, ou terceiros que não participaram da avença, mostrando-se, no entanto, difícil imaginar que uma renúncia de alimentos compensatórios destinados exclusivamente à quebra da padronagem de vida do outro cônjuge pudesse impactar direta ou indiretamente os filhos, quando eles são titulares e destinatários de seus próprios e irrenunciáveis alimentos.

Por fim, para fazer frente ao argumento daqueles que esgrimam pela impossibilidade de renúncia a um direito que ainda não existe, como seriam os alimentos compensatórios, cujo desequilíbrio material precisaria ser verificado ao tempo da crise conjugal, a jurisprudência espanhola tem se manifestado de forma majoritária, no sentido de que não se trata de renúncia antecipada de um direito, mas sim de uma renúncia à lei aplicável e que isso supõe excluir prévia e voluntariamente, mediante um negócio jurídico, determinado direito que ainda não ingressou e que desde logo está sendo repudiado pelos futuros cônjuges em seu pacto antenupcial. Talvez, e mal comparando, como por vezes nesse mesmo pacto antenupcial rejeitaram ou renunciaram a um regime de comunicação patrimonial de bens que ainda não existiam e, se adquiridos, pertencerão unicamente ao titular nominal deles.

3.5.3.2. Momento do estabelecimento

Os alimentos compensatórios *humanitários* devem ser requeridos em concomitância com o processo de divórcio ou de dissolução de uma união estável, pois é nesse momento que deve ser aferida a queda brusca do padrão de vida que o consorte ou companheiro credor vivenciava em decorrência do casamento ou da sua relação afetiva de companheirismo. Seguramente, é o processo de dissolução da relação afetiva que faz nascer eventual direito à compensação econômica por determinação judicial que comporta provimento em tutela antecipada, mas cuja sentença tratará de fixar o valor final e a duração do montante dos alimentos compensatórios *humanitários*. Nada impede, logicamente, que o casal cuide de ajustar consensualmente os alimentos compensatórios que valerão desde a assinatura da petição amistosa, a qual depois será judicialmente homologada, ou a partir da assinatura de uma escritura pública de divórcio, ou de dissolução de uma união estável. Portanto, é razoável considerar que os alimentos compensatórios são devidos desde que pactuados de comum consenso ou quando liminarmente deferidos pelo juiz em demanda de dissolução da relação afetiva.

O prejuízo verificado na ruptura do relacionamento, comparando a situação econômica de um e outro cônjuge ou companheiro, para o reconhecimento e concessão da compensação econômica, está vinculado à demanda de separação, divórcio ou de dissolução da união estável e a constatação da ocorrência de um desequilíbrio econômico, que implique o agravamento de sua situação vivenciada durante o relacionamento. A leitura que deve ser feita é no sentido de apurar se a ruptura da relação afetiva afetou algum dos parceiros e se o outro pode satisfazer as necessidades ou minimizar a disparidade econômica sofrida pelo outro.

Consequentemente, a regra do nível de vida apurada ao tempo da ruptura da entidade familiar constitui o requisito para o provimento da compensação econômica, de modo que, para reclamá-la, é preciso haver perdido a possibilidade de manter o nível de vida existente no curso do relacionamento e que piorou em razão do rompimento do casamento ou da união estável. Basta, obviamente, comprovar a ocorrência do desequilíbrio financeiro, e não a existência de necessidade, para que o consorte que foi menos favorecido com a separação se torne credor da compensação econômica, ainda que disponha de meios suficientes para se manter por si mesmo. De acordo com Laura Allueva Aznar, existem duas classes de desequilíbrio econômico: o desequilíbrio perpétuo e o desequilíbrio conjuntural, sendo perpétuo aquele que permanece para sempre e, por isso, tem a vocação de permanência no tempo, pois as repercussões do desequilíbrio retiram do consorte credor qualquer expectativa de ela abrir um

Cap. 3 · DOS ALIMENTOS COMPENSATÓRIOS | 259

caminho para que em curto ou médio prazo possa obter seus próprios ingressos financeiros, englobando pressupostos fáticos como a avançada idade, a saúde precária agravada pelos anos de trabalho no recesso do lar, com dedicação à família e, mais grave ainda, se teve a seu encargo filhos incapazes ou inválidos, ou se estiver sofrendo de alguma enfermidade. No entanto, é cada vez menos habitual entre as novas gerações encontrar casais que sigam esse modelo superado de relacionamento familiar.[243]

Por seu turno, o desequilíbrio conjuntural se caracteriza por seu caráter temporal, cujo desequilíbrio econômico momentâneo pode ser superado com o passar do tempo, porquanto a convivência conjugal não deixa sequelas tão profundas no projeto de vida dos consortes ou companheiros, de modo que o transcurso dos anos permite que recomponham suas vidas, sua autonomia e independência financeira.[244]

O momento para ponderar a existência do desequilíbrio econômico entre os cônjuges ou companheiros, como elemento necessário para o reconhecimento da prestação compensatória, é aquele em que se produz a ruptura da convivência, ou, em outro viés, os alimentos compensatórios são consequência da ruptura da convivência. Em consequência, não é possível utilizar a média do nível de vida experimentado ao largo do relacionamento, que pode ter sido alto em certa passagem do casamento e não o ser no momento do rompimento; tampouco pode ser lastreado na perspectiva de um sucesso futuro; também não pode conjecturar sobre possíveis eventos, como seria a perda de um emprego e da renda correspondente, servindo como parâmetro a fotografia econômica e financeira do exato momento do rompimento da relação afetiva. Isso implica, como assinala Marta Ordás Alonso, que o sucedido com posterioridade ao momento histórico da ruptura conjugal não pode, de modo algum, afetar a concessão da compensação econômica ou sugerir um aumento de seu montante apoiado em um previsível aumento de fortuna e de patrimônio da pessoa obrigada pelos alimentos compensatórios, ou, ao revés, em uma maior necessidade da pessoa beneficiária dos alimentos compensatórios.[245]

A compensação econômica só terá pertinência se constatado o efetivo desequilíbrio econômico no instante em que as núpcias ou a convivência se rompem, sem que seja possível pretender uma reserva futura em previsão de eventual infortúnio que possa afetar a vida do cônjuge que teme sofrer algum revés existencial que inexiste ao tempo de sua separação. Tampouco cabe a possibilidade de converter a pensão alimentícia percebida por ocasião da separação e depois pretender convertê-la em alimentos compensatórios *humanitários*, ainda que se trate da mesma pessoa a ser beneficiada, uma vez que são institutos jurídicos de distinta natureza jurídica, em que a primeira delas tem em mira a necessidade de subsistência e a segunda tem como foco o desequilíbrio patrimonial.

Enfim, o que conta para efeito de aferição do desequilíbrio econômico e para a quantificação dos alimentos compensatórios é o momento da ruptura conjugal, e não o da interposição do processo judicial, tanto que o artigo 233-14.2 do Código Civil da Catalunha ordena que "se perde o direito a reclamar a prestação compensatória se ela não for solicitada no primeiro processo matrimonial ou se não se estabelece no primeiro acordo de separação". Isso significa

---

[243] AZNAR, Laura Allueva. *Prestación compensatoria y autonomía privada familiar*. Valencia: Tirant lo Blanch, 2016. p. 59.

[244] AZNAR, Laura Allueva. *Prestación compensatoria y autonomía privada familiar*. Valencia: Tirant lo Blanch, 2016. p. 61.

[245] ALONSO, Marta Ordás. *La cuantificación de las prestaciones económicas en las rupturas de pareja*. Barcelona: Bosch/Wolters Kluwer, 2017. p. 352.

intuir ser impossível restaurar uma pensão compensatória já extinta, não avençada ou não reclamada ao tempo de estreia da separação, divórcio ou de dissolução da união estável.

3.5.3.3. Caducidade

Prescreve o parágrafo único do artigo 442 do Código Civil e Comercial da Argentina que a ação para reclamar a compensação econômica caduca nos seis meses depois de haver sido ditada a sentença de divórcio. Logo, se passados seis meses desde o decreto de divórcio, caduca o direito de reivindicar alimentos compensatórios no sistema jurídico argentino. Por sua vez, o parágrafo único do artigo 525 do Código Civil e Comercial argentino determina que, na união estável, a ação para reclamar a compensação econômica caduca seis meses depois de haver se produzido qualquer uma das hipóteses de extinção da união convivencial reportadas no artigo 523 do Código Civil e Comercial argentino, a saber: a) morte de um dos conviventes; b) sentença de ausência com presunção de falecimento de um dos conviventes; c) por matrimônio ou nova união de um dos seus membros; d) pelo casamento dos conviventes; e) por mútuo acordo; f) pela vontade unilateral de um dos conviventes notificada fidedignamente ao outro; g) pela cessação da convivência.

Ao tratar da prestação compensatória, o artigo 233-14.2 do Código Civil da Catalunha prescreve que "se perde o direito a reclamar a prestação compensatória se não se a solicita no primeiro processo matrimonial ou se não os se estabelecem no primeiro acordo de divórcio ou de separação". Trata-se de uma indenização que repara a desigualdade econômica resultante da instituição matrimonial, que independe do regime de bens, mas que repara o desequilíbrio financeiro que deve ser denunciado de plano. Essa caducidade tem coerência com a própria configuração do direito que surge do desequilíbrio produzido no momento de ruptura da convivência com relação à situação constante ao tempo do casamento, sem que seja possível estender-se para vicissitudes posteriores. Portanto, deixar de reivindicar os alimentos compensatórios em momento coincidente com a ruptura do casamento ou da união estável, que seria o momento processual oportuno, é ter presente que se trata de uma renúncia tácita com efeito extintivo do direito e que no direito argentino está articulado um prazo de seis meses contado do término das núpcias.

No sistema jurídico brasileiro, não existe qualquer regramento jurídico acerca da caducidade do pleito dos alimentos compensatórios, sejam eles os *humanitários* ou os *patrimoniais*. Contudo, precisa ser levado em consideração que os alimentos compensatórios *humanitários* buscam justamente compensar a brusca queda do padrão de vida experimentado na constância do matrimônio ou da união estável, enquanto os alimentos compensatórios *patrimoniais* compensam a retenção por um dos consortes ou conviventes das rendas produzidas pelos bens comuns e comunicáveis.

Ora, se a proposta dos alimentos compensatórios *humanitários* é a de elidir a brusca queda do padrão de vida vivenciado no curso do relacionamento afetivo, os prazos de caducidade previstos na legislação argentina servem como uma luva para idêntica aplicação no direito e na jurisprudência brasileiros, haja vista que não faria qualquer sentido se o consorte ou convivente que, separado de fato há mais de seis meses e nunca requereu alimentos compensatórios, mostra com esse seu silêncio processual que, provavelmente, adaptou-se, superou ou se habituou ao novo estilo de vida e não acusou qualquer sequela oriunda dessa possível queda vertiginosa do padrão de vida experimentado na constância das núpcias. Igualmente, deve ser apurada a situação econômica existente exatamente no momento da ruptura e demonstrado o significativo desequilíbrio econômico provocado pela ruptura do relacionamento.

Com efeito, não caberia outra conclusão, pois, se durante uma prolongada separação de fato não existiu qualquer vinculação financeira e nenhuma espécie de ajuda econômica de um esposo para o outro, tampouco foi requerida qualquer ajuda financeira, o pleito de compensação econômica se mostra deveras complicado, tendo em conta que, durante esse extenso período sem convivência, permite presumir que nesse casal não se verificou um desequilíbrio manifesto como exigem os alimentos compensatórios *humanitários*. Contudo, como adverte Mauricio Luis Mizrahi, não se trata de uma situação que permite rechaçar de plano o pleito da compensação econômica, mas significa, sim, que o pedido deve ser examinado com muito mais rigor, já que o êxito da ação faz com que o cônjuge, que se sente credor, deva destruir a presunção que joga contra a sua pretensão em decorrência de sua inércia. Entretanto, um elemento importante será a prova cabal de que durante esse período de separação de fato esse consorte teve a ajuda incondicional de parentes que lhe proporcionaram o auxílio que está requerendo, ou se esse auxílio veio de forma espontânea do consorte devedor, o que igualmente faz presumir que se verificou um desequilíbrio econômico manifesto no momento da ruptura da convivência.[246]

O mesmo raciocínio não se aplica aos alimentos compensatórios *patrimoniais*, pois estes têm cabimento enquanto não procedida a partilha dos bens comuns rentáveis e pertencentes aos cônjuges ou conviventes, uma vez que eles indenizam o enriquecimento injusto que certamente só cessa com a partilha definitiva dos bens comunicáveis, ou se as rendas geradas por esses bens comuns são desde logo divididas em partes iguais.

No entanto, estabelecidos os alimentos compensatórios em prestações periódicas ou pela formação de um capital ou pela entrega de bens para pagamento em uma prestação única, certamente poderá o credor se valer da prescrição dos dez anos prevista no artigo 205 do Código Civil, ao dispor que "a prescrição ocorre em dez anos, quando não lhe haja fixado prazo menor". Como a cobrança ou execução dos alimentos compensatórios *humanitários* não tem previsão legal no ordenamento jurídico brasileiro, tampouco eles se confundem com a pensão alimentícia cuja prescrição das prestações vencidas corre em dois anos (CC, art. 206, § 2.º), sua execução se afigura dentro do prazo prescricional máximo. Por fim, a cobrança dos alimentos compensatórios *patrimoniais* fixados em decorrência da retenção das rendas dos bens comuns (Lei 5.478/1968, art. 4.º, parágrafo único) prescreve em dois anos, consoante o artigo 206, § 2.º, do Código Civil.

3.5.3.4. Substituição

O artigo 99 do Código Civil espanhol previne a possibilidade de que, em qualquer momento, pode ser acordada ou ordenada a substituição dos alimentos compensatórios que foi fixada em concordância com o artigo 97 do Código Civil espanhol, pela constituição de uma renda vitalícia, pelo usufruto de determinados bens ou pela entrega de um capital de bens ou em dinheiro. Merece destaque o artigo 839, também do Código Civil espanhol, que prevê a possibilidade de os herdeiros do devedor de alimentos compensatórios satisfazerem o crédito dos alimentos compensatórios do ex-cônjuge sobrevivente com o pagamento de uma renda vitalícia, ou entregando o produto de determinados bens, ou um capital em dinheiro, assim procedendo por acordo comum ou em obediência de ordem judicial. Nesse sentido, a relevância está em que sempre a forma de garantia da compensação econômica ou de seu pagamento pode ser substituída por acordo das partes envolvidas ou por determinação judicial, como de igual permite o direito francês.

---

[246] MIZRAHI, Mauricio Luis. *Divorcio, alimentos y compensación económica*. Buenos Aires: Astrea, 2018. p. 156.

Dispõe o artigo 99 do Código Civil espanhol que a qualquer momento poderá ser conveniada a substituição da pensão fixada judicialmente, conforme o artigo 97 (compensação econômica), pela constituição de uma renda vitalícia, o usufruto de determinados bens ou a entrega de um capital em bens ou em dinheiro, tal qual pode ocorrer com relação aos herdeiros do devedor dos alimentos compensatórios.

A curiosidade do artigo 99 do Código Civil espanhol é de que a substituição da forma de pagamento da compensação econômica se dá por acordo das partes interessadas, pouco importando se os alimentos compensatórios foram originariamente arbitrados pelo juiz ou acordados pelas partes envolvidas.

São três as opções previstas de substituição dos alimentos compensatórios: a) renda vitalícia; b) usufruto de determinados bens; c) entrega de um capital em bens ou em dinheiro; assinala-se que a preferência do direito francês é sempre a da constituição de um capital.

Na renda vitalícia, o devedor se obriga a pagar uma pensão ou um crédito anual durante toda a vida de uma ou mais pessoas determinadas por um capital em bens móveis ou imóveis, cujo domínio se lhes transfere desde logo com a assunção da pensão. Nessa modalidade, o devedor da compensação econômica entrega a um terceiro uma quantidade de bens ou de dinheiro e esse terceiro assume o encargo de satisfazer periodicamente uma renda ao ex-cônjuge credor da pensão por desequilíbrio, durante toda a sua vida.[247]

Uma segunda possibilidade de substituição dos alimentos compensatórios é seu pagamento mediante a constituição por parte do esposo devedor de um direito real de usufruto sobre determinados bens de sua propriedade e a favor do credor; e a terceira possibilidade, a que tem sido acolhida na maior parte das legislações comparadas, é a entrega de um capital em bens ou em dinheiro.

Manuel Ángel Gómez Valenzuela defende a tese de que, diante do falecimento do obrigado aos alimentos compensatórios, se concorrer alguma alteração substancial das circunstâncias fáticas, as partes estão legitimadas a ajuizar um processo de modificação de medidas, a fim de que outra modalidade de pagamento seja implementada diferente daquela pactuada pelo devedor que faleceu.[248]

3.5.3.5. Depende de requerimento expresso

Nenhuma dessas modalidades será substituída de ofício pelo juiz, prevalecendo o princípio da *rogação*, qual seja, depende de expresso requerimento das partes, que, como diz Beatriz Saura Alberdi, seria uma medida acertada, uma vez que se trata de questão cujo aspecto econômico se limita unicamente ao interesse dos cônjuges.[249]

Para pôr em marcha a atividade jurisdicional do pleito de substituição da modalidade de pagamento dos alimentos compensatórios, há de ser integrado pedido expresso das partes, eis que o pleito não será concedido de ofício, sendo livres os interessados inclusive para renunciar

---

[247] TOMÉ, Herminia Campuzano. *La pensión por desequilibrio económico en los casos de separación y divorcio.* Barcelona: Bosch, 1994. p.159.

[248] VALENZUELA, Manuel Ángel Gómez. Modificación de la pensión compensatoria. *In:* VERDA Y BEAMONTE, José Ramón de (dir.); MATAMOROS, Pedro Chaparro; BIOT, Álvaro Bueno (coord.). *La compensación por desequilibrio en la separación y divorcio.* Tratado práctico interdisciplinar. Valencia: Tirant lo Blanch, 2021. p. 212.

[249] ALBERDI, Beatriz Saura. *La pensión compensatoria*: criterios delimitadores de su importe y extensión. Valencia: Tirant lo Blanch, 2004. p. 131.

Cap. 3 · DOS ALIMENTOS COMPENSATÓRIOS | 263

ao direito dos alimentos compensatórios, sendo certo que o juiz não poderá conceder nem mais nem menos daquilo que for requerido nos escritos das partes.

3.5.3.6. Revisão

Os efeitos de uma condenação ou de um acordo sobre alimentos compensatórios, diferentemente dos alimentos tradicionais da pensão alimentícia, os quais sempre comportam uma revisão posterior, sucedendo o que a doutrina convencionou chamar de *mudança de fortuna*, não obstante preveja, por exemplo, o artigo 100 do Código Civil espanhol, em realidade, na prática são, em regra, difíceis de ser judicialmente revistas.

Isso porque qualquer revisão judicial posterior iria de encontro com a filosofia dos alimentos compensatórios que intentam manter um padrão socioeconômico experimentado na constância do casamento, jamais depois do matrimônio ou depois de finda a relação de convivência, imaginando unicamente a revisão para majorar os alimentos compensatórios, podendo, sim, ser revista sua redução ou experimentada sua própria exoneração caso a pessoa credora dos alimentos compensatórios encontre meios próprios de subsistência que a coloquem em pé de igualdade com o *status* que tinha ao tempo da sua separação oficial, o que usualmente tem se dado pelo pedido ou consenso de um divórcio ou da dissolução de uma união estável. Não obstante a figura da separação judicial ou extrajudicial ainda não tenha sido oficialmente desterrada do ordenamento jurídico brasileiro, raras vezes alguém dela se utilize quando tem acesso direto ao divórcio.

Não existe nenhuma dificuldade em compreender ser pertinente a revisão dos alimentos compensatórios para reduzi-los quando, por exemplo, ocorrer um câmbio muito significativo, e ao largo do tempo, nos rendimentos do provedor de alimentos compensatórios. Serve essa alteração substancial nas condições financeiras do provedor em comparação com as circunstâncias anteriores em que os alimentos foram fixados, levando em conta os dois momentos distintos. Existe espaço processual para a redução ou para a exoneração, mas não há espaço doutrinário e justificativa minimamente defensável pretender o aumento dos alimentos compensatórios que seriam melhores do que a vida conjugal experimentada pela credora e às custas do crescimento profissional do devedor, cuja estratificação social cresceu completamente à margem da presença e do auxílio da alimentanda.

Quando ocorre a melhora na situação econômica e financeira do credor de alimentos, a pessoa obrigada ao pagamento da pensão poderá pedir que se modifiquem os originários alimentos compensatórios, porém deverá provar as causas que deram lugar ao nascimento desse fato novo e que deixaram de existir as condições primitivas de quando foram originariamente ordenados ou ajustados os alimentos compensatórios. Ainda que seja menos comum, eventuais alimentos compensatórios temporários ou transitórios não estão livres de sua revisão judicial em razão do enriquecimento do credor dos alimentos, desde que concorram os pressupostos de fato previstos para caracterização da mudança de fortuna do destinatário dos alimentos e que alteraram visível e incontestavelmente a primitiva queda do padrão de vida vivenciado pelo credor dos alimentos ao tempo de seu divórcio ou da dissolução de sua união estável.

Esses mesmos pressupostos, quando autorizam a revisão para redução dos alimentos compensatórios, diante do câmbio substancial das circunstâncias de desequilíbrio que motivaram seu reconhecimento, podem converter uma pensão vitalícia em temporária, tendo em vista que nenhuma pensão necessariamente tem um caráter indefinido caso sucedam as mudanças fáticas que autorizam sua revisão.

Nesse sentido, inclusive, o artigo 233-18 do Código Civil da Catalunha dispõe que cabe a possibilidade de diminuir a quantia da prestação dos alimentos compensatórios quando esta se acorda ou se ordena satisfazer em forma de pensão, se a situação econômica do receptor melhora ou se diminui a do pagador. Isso porque, em conformidade com o artigo 233.17 do mesmo Código Civil da Catalunha, "A prestação compensatória pode ser atribuída em forma de capital, seja em bens, em dinheiro, ou em forma de pensão...".

Embora, em princípio, os alimentos compensatórios, quando são acordados ou ordenados em forma de pensão, devam ser fixados em caráter temporário, nada impede que ela seja prorrogada no tempo e, inclusive, que sejam excepcionalmente fixados de forma indefinida, sendo admitido que as circunstâncias consideradas para ordenar seu estabelecimento se tenham alterado. Acontece que, para fixar o montante e a duração da prestação compensatória, devem ser valoradas algumas circunstâncias fáticas como: a) a posição econômica dos consortes, tendo em conta se procede a compensação econômica em razão de trabalho ou de atribuições pessoais derivadas do término do regime econômico matrimonial; b) a realização de tarefas familiares ou outras decisões tomadas no interesse da família durante a convivência, e se isso reduziu a capacidade de um dos cônjuges para obter seus próprios recursos; c) as perspectivas econômicas previsíveis dos cônjuges, considerando sua idade e estado de saúde, e a forma em que é atribuída a guarda dos filhos comuns; d) a duração da convivência ou casamento; e) os novos gastos familiares do devedor.

Como ao tempo do estabelecimento dos alimentos compensatórios são considerados todos os critérios fáticos previstos no artigo 233.15 do Código Civil da Catalunha, nada impede que esses fatos tenham se modificado, sendo certo que alguns deles não vão variar, porquanto atendem à situação existente durante o casamento, como a duração do matrimônio, a realização de tarefas durante o casamento e outras decisões de interesse da família enquanto unida. Contudo, existem outros critérios que realmente podem se modificar com o transcurso do tempo, como a posição econômica dos consortes, suas perspectivas financeiras e as novas despesas do devedor, e estas comportam a possibilidade de uma modificação da quantia dos alimentos compensatórios, admitindo o direito da Catalunha que a revisão alimentar tanto possa se dar em favor de quem recebe os alimentos como pelo empobrecimento de quem paga os alimentos compensatórios. Em qualquer caso, para o direito civil da Catalunha, essa alteração terá de ser substancial, para justificar a intervenção judicial, mas ressalva o direito catalão que essa revisão da quantificação alimentar compensatória, seja para majorar ou reduzir, só tem cabimento se se tratar de alimentos em forma de pensão, ou seja, em prestações mensais, usualmente por tempo certo, à semelhança de uma pensão alimentícia, lembrando que os alimentos compensatórios podem ser pagos, por seu caráter indenizatório, em uma prestação única ou mediante a entrega de bens.

E exatamente por conta desse caráter indenizatória e não alimentar dos alimentos compensatórios, ou da compensação econômica, cuja expressão melhor se identificaria com sua natureza jurídica, que não faz sentido qualquer revisão para majorar uma indenização que, em forma de pagamentos periódicos por tempo certo ou indeterminado, pudesse ser alvo de majoração quando justamente indeniza o padrão de vida vivenciado ao tempo do casamento ou da união estável. Se, porventura, o beneficiado logra alcançar esse mesmo padrão socioeconômico por outros meios ou circunstâncias, ou se o devedor empobrece com o passar do tempo, a toda evidência que só haveria espaço para a revisão com o propósito de reduzir ou de exonerar, mesmo porque o aumento da fortuna do devedor dos alimentos compensatórios não haverá de espelhar o nível de vida experimentado durante o casamento, e este é que está sendo indenizado, não outro superior ao existente na constância do relacionamento afetivo dos consortes ou companheiros.

Cap. 3 • DOS ALIMENTOS COMPENSATÓRIOS | 265

Essa conclusão vai ao encontro da própria natureza dos alimentos compensatórios *humanitários* que são incrementados quando concorriam circunstâncias de precariedade econômica de um dos cônjuges em decorrência da separação do casal, e naquele momento de ruptura foi valorado o desequilíbrio, pouco importando, do ponto de vista do credor, qualquer aumento da fortuna do devedor dos alimentos compensatórios, pois esse momento posterior não mais interfere no direito à pensão compensatória, arbitrada segundo as condições vividas quando do rompimento, pouco importando eventual incremento patrimonial do devedor, embora influencie na redução dos alimentos compensatórios a diminuição da capacidade patrimonial do ex-esposo. Como também o nascimento de outros filhos do provedor pode influenciar a redução dos alimentos compensatórios da ex-esposa, considerando que, entre o direito de alimentos de um filho e o direito ressarcitório de um antigo cônjuge, este haverá de ceder em atenção ao superior interesse do infante.[250]

Confirma Beatriz Saura Alberdi descaber aumentar o montante dos alimentos compensatórios em forma de pensão periódica, e indica em reforço de seu argumento o artigo 276-3 do Código Civil da França, que admite a revisão dos alimentos compensatórios, quando se produza uma mudança relevante nas circunstâncias das partes. Todavia, a revisão nunca poderá ter como objeto de alteração o aumento da prestação mensal inicialmente estabelecida pelo juiz.[251] E complementa a mesma festejada autora que, de outra parte, na Itália, a pensão compensatória do divórcio pode ser aumentada se o obrigado passou a obter maiores ingressos, porém unicamente se tal incremento é produto de algumas expectativas econômicas previstas no momento da vida conjugal, divergindo ela própria de qualquer alteração posterior dos alimentos compensatórios, uma vez que os alimentos compensatórios, reza o artigo 97 do Código Civil espanhol, tem a eles eventual direito se, em razão da separação ou do divórcio, produziu-se um desequilíbrio econômico que implique a piora de sua situação anterior ao matrimônio. Não há como pretender aumentar os alimentos compensatórios levando em consideração uma situação econômica, uma queda adicional ou uma piora de sua estratificação social depois da separação ou do divórcio.[252]

3.5.3.7. Extinção

Os artigos 100 e 101 do Código Civil espanhol permitem que a compensação econômica seja modificada e, inclusive, extinta em atenção a uma variedade de causas, importando a extinção dos alimentos compensatórios quando eles perderem sua razão de existência.

Em consonância com o artigo 101 do Código Civil espanhol, a extinção da compensação econômica ocorre quando cessa a causa que a motivou, por contrair o credor novo matrimônio ou por viver maritalmente com outra pessoa, mas não será necessariamente causa de extinção a morte do devedor, não obstante seus herdeiros possam solicitar ao juiz a redução ou a supressão dos alimentos compensatórios se o acervo hereditário não puder satisfazer as necessidades e a dívida afetar seus direitos de legítima. Deve ser salientado que a extinção circunstancial da compensação econômica só se opera se não existir precedente pacto antenupcial, contrato de convivência, determinação judicial ou cláusula consensual que ajustou a

---

[250] ALBERDI, Beatriz Saura. *La pensión compensatoria*: criterios delimitadores de su importe y extensión. Valencia: Tirant lo Blanch, 2004. p. 199.

[251] ALBERDI, Beatriz Saura. *La pensión compensatoria*: criterios delimitadores de su importe y extensión. Valencia: Tirant lo Blanch, 2004. p. 202.

[252] ALBERDI, Beatriz Saura. *La pensión compensatoria*: criterios delimitadores de su importe y extensión. Valencia: Tirant lo Blanch, 2004. p. 203-205.

compensação econômica e, ao mesmo tempo, tratou de prever seu tempo ou sua causa automática de extinção, quando, por meio de um pacto antenupcial ou de um contrato convivencial, as partes não tenham antecipadamente renunciado aos alimentos compensatórios em caso de ruptura da relação afetiva.

Segundo Manuel Ortiz Fernández, podem ser estudados quatro grupos de questões que geram a extinção dos alimentos compensatórios: em primeiro lugar, *o desaparecimento da causa* que motivou o nascimento da compensação econômica; em segundo lugar, a contração de um *novo casamento ou o estabelecimento de uma união estável*; em terceiro lugar, o *falecimento do devedor*; para, em quarto e último lugar, considerar os *pactos patrimoniais.*[253]

O desaparecimento da causa diz respeito, em realidade, ao desaparecimento do *desequilíbrio econômico* com a evolução das posições de cada um dos partícipes da relação e que o tempo termina alterando, para, por exemplo, suceder uma melhora na vida financeira ou patrimonial do credor dos alimentos compensatórios; ou, pelo caminho oposto, sucedendo um empobrecimento nas condições socioeconômicas do devedor dos alimentos compensatórios e sendo ponderadas as duas posições ou seus extremos fáticos para dirimir se efetivamente sucedeu o citado desequilíbrio.

Explica Manuel Ortiz Fernández não ser suficiente detectar de forma isolada se o cônjuge que recebe os alimentos compensatórios experimentou um progresso econômico por que, por exemplo, logrou um trabalho e uma renda laboral, mas que também será preciso verificar se o devedor mantém o nível de vida similar ao tempo do divórcio, ou se, pelo contrário, sua situação financeira se agravou ou se até em contrário prosperou Defende o citado autor que só se estará diante de uma efetiva causa de extinção da compensação econômica não se houver total equiparação entre os patrimônios de ambas as partes, mas sim se foi superada sua condição de desequilíbrio e que se encontre em um contexto financeiro mais favorável, pois a finalidade da compensação econômica não é a de equiparar ou igualar as riquezas dos cônjuges, mas simplesmente remediar um agravo material sofrido em decorrência da ruptura conjugal.[254]

Para tanto, concorrem posições econômicas do credor dos alimentos compensatórios que perpassam pela assunção de um vínculo de trabalho ou de uma renda antes inexistente de parte do credor, ou a aquisição de uma herança por parte do credor e que representou uma alteração substancial das condições iniciais experimentadas pelo credor dos alimentos compensatórios e, bem assim, a circunstancial partilha e liquidação dos bens conjugais naqueles regimes de comunidade de bens, que em regra são mais presentes nos alimentos compensatórios *patrimoniais* e menos frequentes nos regimes de separação de bens, ou quando os poucos bens existentes são apenas aqueles que geram despesas, e não rendimentos, como sucede com o domicílio conjugal que termina na titulação do credor de alimentos compensatórios.

Em sua puridade, o agravamento das condições financeiras e econômicas do devedor dos alimentos compensatórios não deveria ser causa de extinção porque, a rigor, não sucedeu a efetiva indenização do cônjuge desfavorecido. No entanto, se a manutenção dos alimentos compensatórios se mostrar excessivamente onerosa para o devedor e seus ingressos não mais são suficientes para levar a cabo as somas estabelecidas, não pode o direito pretender, por

---

[253] FERNÁNDEZ, Manuel Ortiz. A extinción de la pensión compensatoria. *In*: VERDA Y BEAMONTE, José Ramón de (dir.); MATAMOROS, Pedro Chaparro; BIOT, Álvaro Bueno (coord.). *La compensación por desequilibrio en la separación y divorcio*. Tratado práctico interdisciplinar. Valencia: Tirant lo Blanch, 2021. p. 216.

[254] FERNÁNDEZ, Manuel Ortiz. A extinción de la pensión compensatoria. *In*: VERDA Y BEAMONTE, José Ramón de (dir.); MATAMOROS, Pedro Chaparro; BIOT, Álvaro Bueno (coord.). *La compensación por desequilibrio en la separación y divorcio*. Tratado práctico interdisciplinar. Valencia: Tirant lo Blanch, 2021. p. 217-219.

Cap. 3 · DOS ALIMENTOS COMPENSATÓRIOS | **267**

razões de equidade, gravar o devedor com uma obrigação que afetará seu mínimo vital para manter o credor em uma posição confortável ou menos afogada.[255]

A figura do devedor pode ser alvo de motivos que o levam a piorar sua condição financeira, como a perda do emprego ou a falência de seus negócios, além de alguma tragédia pessoal que termine inviabilizando que siga alcançando valores de que tampouco ele próprio continua desfrutando.

A convivência marital ou informal do credor dos alimentos compensatórios contempla como causa de extinção dos alimentos compensatórios exclusivamente para o credor, pela óbvia razão de que a ativação de nova entidade familiar pelo devedor dos alimentos compensatórios em nada interfere na extinção da obrigação.

A morte do devedor não é causa isolada da extinção dos alimentos compensatórios no direito espanhol, contudo existem possíveis exceções que admitem sua extinção, como a insuficiência de bens da herança para atender as necessidades da dívida compensatória, assim como quando a obrigação acaba afetando a legítima dos herdeiros necessários, em cujo caso será imposta uma redução, ou se resultar imprescindível a extinção efetiva da compensação econômica.[256]

Causa natural de extinção dos alimentos compensatórios ocorre quando a compensação econômica é acordada ou judicialmente ordenada por tempo certo, previamente determinado, sucedendo sua automática extinção com o decurso do tempo previsto para sua validação, mesmo porque, a exemplo da pensão alimentícia, que cada vez mais tem sido fixada em caráter temporário, também os alimentos compensatórios guardam essa mesma característica de sua temporalidade, eis que são consideradas pelo artigo 97 do Código Civil espanhol circunstâncias como a idade e a saúde, duração do casamento, possibilidade de acesso a um emprego, as quais são avaliadas como critérios determinantes da limitação temporal da compensação econômica, sem prejuízo de que possa ser acordada por tempo indeterminado e que em algumas situações ela também possa ser ordenada por prazo indeterminado.[257]

Trata-se a compensação econômica de um direito condicional, como de regra também sucede com a pensão alimentícia, pois sempre que se alterem as circunstâncias estimadas para sua determinação podem dar lugar a modificação ou extinção.[258]

Entretanto, não há dúvida de que naquelas compensações de um pagamento único ela se extingue com o cumprimento integral do débito, seja com a entrega de bens ou de dinheiro, como também é possível que os alimentos compensatórios tenham sido ordenados ou acordados com uma condição resolutória, como usualmente é a hipótese dos alimentos compensatórios *patrimoniais*, que vigem até a efetiva partilha dos bens comuns e rentáveis, ou podem se tratar de alimentos compensatórios *humanitários* acordados até o recebimento de uma herança ou a assunção de um emprego e, nesse caso, sua extinção é automática, como se extingue de pleno direito quando os alimentos compensatórios foram estabelecidos por um prazo certo.

---

[255] FERNÁNDEZ, Manuel Ortiz. A extinción de la pensión compensatoria. *In*: VERDA Y BEAMONTE, José Ramón de (dir.); MATAMOROS, Pedro Chaparro; BIOT, Álvaro Bueno (coord.). *La compensación por desequilibrio en la separación y divorcio*. Tratado práctico interdisciplinar. Valencia: Tirant lo Blanch, 2021. p. 226.

[256] GONZÁLEZ, Maria Paz Sánchez. *La extinción del derecho a la pensión compensatoria*. Granada: Comares, 2005. p. 109.

[257] ALBERDI, Beatriz Saura. *La pensión compensatoria*: criterios delimitadores de su importe y extensión. Valencia: Tirant lo Blanch, 2004. p. 230-231.

[258] ALBERDI, Beatriz Saura. *La pensión compensatoria*: criterios delimitadores de su importe y extensión. Valencia: Tirant lo Blanch, 2004. p. 232.

Quando os alimentos compensatórios são fixados sem prazo, para sua extinção, que em realidade seria sua exoneração, para decidir sobre a procedência dessa exoneração, terá de ser aberto um processo específico de exoneração dos alimentos compensatórios e em cuja demanda será apurado se a compensação econômica de fato atingiu sua finalidade, ou seja, se foi superada a situação originária de desequilíbrio econômico. Essa superação do desequilíbrio pode se dar por diversas maneiras que implicam a melhora da situação econômica do credor dos alimentos compensatórios, podendo derivar do fato de o credor realizar uma atividade laboral remunerada e com ingressos suficientes para fazer frente a seu habitual nível de vida, ou de haver recebido bens e direitos suscetíveis de gerarem rendas que lhe permitam viver de maneira independente, ou o recebimento de uma herança. Existem precedentes jurisprudenciais do direito espanhol e argentino que já exoneraram o devedor dos alimentos compensatórios diante da completa inércia do credor em buscar por suas próprias forças superar o desequilíbrio, procurando um emprego, mas, muito ao contrário, omite-se dessa busca e se acomoda na condição de beneficiária de alimentos que são pagos pelo esforço de outra pessoa.[259]

Por fim, os alimentos compensatórios também se extinguem pela prescrição a que se sujeita toda e qualquer dívida, quer se trate de uma prestação única ou de trato sucessivo, observando que, diferente da pensão alimentícia, que é um direito familiar e de cunho assistencial, os alimentos compensatórios têm um conteúdo indenizatório e patrimonial. Considerando que o Código Civil brasileiro não tem previsão expressa para os alimentos compensatórios *humanitários* ou *patrimoniais*, algumas questões de ordem prática podem ser suscitadas, dado que, em primeiro lugar, como não se trata de pensão alimentícia, não se lhe pode ser aplicada a prescrição de dois anos prevista no § 2.º do artigo 206 do diploma civil nacional, embora possa ser cogitada a aplicação do prazo de três anos, do § 3.º, inciso IV, desse mesmo artigo 206 do Código Civil brasileiro, especificamente para os alimentos compensatórios *patrimoniais*, eis que intentam evitar o enriquecimento sem causa daquele consorte ou companheiro que se mantém na posse exclusiva e na administração dos bens comuns rentáveis, ou diante do inciso seguinte, o inciso V, nesse caso tendo em mira os alimentos compensatórios *humanitários*, haja vista sua índole indenizatória e de reparação civil.

Caso seja descartada qualquer uma dessas hipóteses específicas e distintas de aplicação da prescrição, que seria de três anos tanto para os alimentos compensatórios *patrimoniais* ou *humanitários*, divergindo unicamente em seus incisos, mas não no tempo, a prescrição ingressará então na hipótese genérica do artigo 205 do Código Civil brasileiro, que estabelece o prazo de dez anos, quando a lei não lhe haja fixado um prazo menor.

3.5.3.8. *Alimentos compensatórios e novo relacionamento afetivo*

Estreme de dúvidas que um novo relacionamento do cônjuge credor dos alimentos compensatórios gera sua exoneração judicial, e essa nova relação afetiva do credor da compensação econômica pode se dar de forma oficial, tendo ele contraído novas núpcias, ou pode decorrer do estabelecimento de uma união informal, estável, embora não tenha sido oficializada por meio de um contrato escrito particular ou por uma escritura pública de união estável.

O fundamento dessa exoneração obedece à existência de um novo dever de assistência que nasce dessa nova relação afetiva, mesmo que esse novo parceiro não possa proporcionar o mesmo nível de vida que o credor dos alimentos compensatórios ostentava enquanto recebia a

---

[259] JUAN, Mariel F. Molina de. *Compensación económica*. Teoría y práctica. Buenos Aires: Rubinzal-Culzoni, 2018. p. 299-300.

Cap. 3 · DOS ALIMENTOS COMPENSATÓRIOS | 269

compensação econômica. Informa Laura Allueva Aznar que essa exoneração se dá até mesmo por razões de equidade, pois não se pode obrigar o ex-cônjuge para que continue contribuindo com o sustento de um domicílio que não só é alheio, como muitas vezes pode se mostrar inclusive odioso.[260]

Portanto, são causas de exoneração dos alimentos compensatórios *humanitários* tanto o casamento como o estabelecimento de uma união estável, não devendo ser incentivados aqueles comportamentos oportunistas daquelas pessoas que não se casam, tampouco coabitam, embora mantenha longo e estável relacionamento afetivo e assim se comportam com a única finalidade de seguirem recebendo os alimentos compensatórios. Já decidiu o Tribunal Supremo da Espanha que nem sempre é exigido que a convivência se dê no mesmo domicílio, sendo suficiente que exista uma relação sentimental prolongada.[261]

Por fim, importante registrar que um novo relacionamento afetivo não gera qualquer efeito jurídico no caso dos alimentos compensatórios *patrimoniais*, pois estes são devidos em razão da posse exclusiva dos bens rentáveis comuns que se encontram nas mãos do devedor dos alimentos compensatórios e só se extinguem com a efetiva partilha dos bens comuns e rentáveis.[262]

3.5.4. *Mutação de pensão alimentícia em alimentos compensatórios*

Pode muito bem ocorrer de se fazerem presentes em determinada disputa judicial de alimentos ou de uma ação de divórcio ou de dissolução de união estável cumuladas com pedido de pensão alimentícia, em sua concepção clássica e atinente à efetiva necessidade de alimentos do cônjuge requerente que não tem emprego e, portanto, meios próprios de subsistência, cujo pleito alimentar foi acolhido durante a tramitação do respectivo processo de alimentos, divórcio ou dissolução de união estável, e o consorte alimentando não trabalhava, entrementes, neste meio--tempo, logrou arrumar um emprego que lhe garante os meios necessários para a sua sobrevivência, sem que, no entanto, consiga manter com seu novel salário o mesmo padrão de vida do qual desfrutava em razão da melhor situação econômica e financeira do marido. Sabido que, em regra, os alimentos também são estipulados atendendo ao binômio das necessidades de quem

---

[260] AZNAR, Laura Allueva. *Prestación compensatoria y autonomía privada familiar*. Valencia: Tirant lo Blanch, 2016. p. 130.

[261] JUAN, Mariel F. Molina de. *Compensación económica*. Teoría y práctica. Buenos Aires: Rubinzal-Culzoni, 2018. p. 301.

[262] "Dissolução de união estável. Alimentos com caráter indenizatório. Pedido de exoneração/redução. Descabimento. 1. Tendo em mira que os alimentos compensatórios foram fixados em favor da ré, pelo fato de a maior parte do vultoso patrimônio comum ter ficado sob a administração exclusiva do varão, gerando acentuada desigualdade econômica após o rompimento da relação, deve ser mantida a obrigação, pois os novos argumentos apresentados pelo autor não têm o condão de demonstrar o descabimento da manutenção da obrigação, ou mesmo a necessidade de redução da mesma. 2. Se o autor não trouxe aos autos documentos idôneos para a demonstração da redução de seus ganhos devido à pandemia de Covid-19, não há justificativa para a suspensão da obrigação alimentar ou para a adequação do *quantum*. 3. Os alimentos ditos compensatórios têm caráter indenizatório, não se confundindo com a verba alimentar decorrente do dever de mútua assistência entre os cônjuges/companheiros, motivo pelo qual não se aplica ao caso a disposição do art. 1.708 do CCB, mesmo que a ré tenha constituído união estável com outra pessoa. 4 Considerando que os alimentos foram fixados no ano de 2017, quando não havia pandemia, e o processo sequer havia sido suspenso em razão do incidente de desconsideração da personalidade jurídica, poderia o autor ter providenciado na celeridade do curso do processo, para ser liberado desse encargo, pois inequivocamente está administrando a maior parte do patrimônio e a empresa de onde provinha o sustento e o alto padrão de vida da família. 5. Tratando-se de uma decisão provisória, poderá ser revista a qualquer tempo, desde que venham aos autos elementos de convicção que justifiquem a revisão. Recurso desprovido" (TJRS, Agravo de Instrumento 70.084.825.710, 7.ª Câmara Cível, Rel. Des. Sérgio Fernando Silva de Vasconcellos Chaves, j. 29.09.2021).

os reclama em confronto com as possibilidades daquele que os presta (CC, art. 1.694, § 1.º), de sorte que o juiz poderia autorizar a exoneração da pensão alimentícia do cônjuge alimentando em razão de sua assunção de um trabalho remunerado, mas nada impedindo que o julgador transmude essa pensão alimentícia em alimentos compensatórios *humanitários*, mantendo ou não o mesmo valor originário da pensão alimentícia e que serão doravante devidos no intuito de servir como suplemento destinado a impedir que ocorra uma brusca queda no padrão de vida do alimentando, ou simplesmente para permitir que a pensão alimentícia, agora vertida em alimentos compensatórios, justamente mantenha o equilíbrio do padrão social vivenciado na constância do relacionamento. Considera-se que o salário ou os ingressos financeiros experimentados pelo consorte, antes credor de uma pensão alimentícia, não são suficientes para evitar um injusto desequilíbrio econômico, prejudicando o consorte que não se manteve ocioso vivendo unicamente da pensão alimentícia e que, mesmo no curso do processo de dissolução de sua relação afetiva, foi à luta e buscou um emprego ou um trabalho, dando os primeiros passos para a sua independência financeira, porém ainda não foram suficientes para evitar um enorme contraste em seu orçamento familiar. Como visto, nasce uma pensão que continua cumprindo as funções que antes desempenhava a extinta pensão alimentícia, mas que apresenta perfis próprios que intencionam impedir um abrupto e injusto desequilíbrio econômico, castigando com uma súbita indigência aquele consorte que não se manteve ocioso.

3.6. O desequilíbrio econômico

O desequilíbrio econômico não está conceituado no artigo 97 do Código Civil espanhol, que se limita a ponderar esse conceito com duas notas que muito se aproximam do binômio da pensão alimentícia exposto no § 1.º do artigo 1.694 do Código Civil brasileiro, ao expor que os alimentos devem ser fixados na proporção das necessidades do reclamante e dos recursos da pessoa obrigada. No campo da compensação econômica, esse binômio deve ser apurado: 1.º) a posição em que se encontra o cônjuge que sempre atuou como provedor conjugal; 2.º) que essa mesma separação tenha implicado o agravamento das condições financeiras que o outro consorte desfrutava durante o matrimônio.

Segundo Herminia Campuzano Tomé, o desequilíbrio econômico aparece como uma alteração patrimonial negativa experimentada por um dos cônjuges em suas condições materiais de vida como consequência da separação ou do divórcio. O direito aos alimentos compensatórios vem atribuído pela diminuição das expectativas de bem-estar econômico que a relação conjugal criou com relação ao consorte que reclama a compensação econômica. A pensão por desequilíbrio, tal qual conceituada pelo legislador espanhol, e mais uma vez deve ser registrado, tende a evitar que a crise nupcial coloque um dos esposos em uma situação desfavorável em relação à posição do outro em comparação com a que desfrutava durante o casamento, razão pela qual também deve ser requerida logo em que ocorre a separação do casal, não podendo suplantar os seis meses da separação de fato ou do divórcio.

A compensação econômica pretende manter os esposos no mesmo nível de vida do qual gozavam na constância do vínculo conjugal,[263] e mais uma vez deve ser consignado que se diferenciam, e muito, os alimentos compensatórios *humanitários* destinados, em regra, aos regimes de separação de bens ou em comunidade de bens que não geram renda ou a renda que geram é irrelevante, daqueles alimentos compensatórios *patrimoniais* do

---

[263] TOMÉ, Herminia Campuzano. *La pensión por desequilibrio económico en los casos de separación y divorcio.* Barcelona: Bosch, 1994. p. 66.

Cap. 3 · DOS ALIMENTOS COMPENSATÓRIOS | **271**

parágrafo único do artigo 4.º da Lei de Alimentos (Lei 5.478/1968), em que os alimentos são arbitrados para compensar a posse exclusiva por um dos consortes dos bens conjugais comuns e rentáveis.

Da leitura do artigo 97 do Código Civil espanhol é de evidente dedução que não basta o elemento objetivo da diminuição patrimonial experimentada com o divórcio, mas que com esse elemento concreto concorrem outras razões de ordem subjetiva e que também são fatores que precisam ser sopesados para que o juiz arbitre os alimentos compensatórios *humanitários* do direito estrangeiro. Essa interpretação subjetiva passa por fatores fáticos como a idade e o estado de saúde do credor; sua qualificação profissional e as probabilidades de acessos a um emprego; a dedicação passada e futura à família; a colaboração do credor com seu trabalho nas atividades profissionais do devedor; e a duração do casamento ou da convivência informal.

Por sua vez, de acordo com o artigo 271 do Código Civil francês, os elementos subjetivos a serem ponderados passam também pela duração do casamento; a idade e saúde dos cônjuges; sua qualificação e situação profissional; as escolhas feitas durante a vida em comum para a educação dos filhos; e o tempo que ainda precisarão para se dedicar aos rebentos e o sacrifício que isso representou na promoção pessoal de sua carreira profissional; os direitos existentes e previsíveis e os bens que cada um receberá após a liquidação do regime matrimonial.

O artigo 233-15 do Código Civil da Catalunha dispõe que devem ser valorados os seguintes elementos fáticos: a) a posição econômica dos cônjuges, tendo em conta se procede a compensação econômica em razão de trabalho ou de previsíveis direitos derivados da liquidação do regime matrimonial; b) a realização de tarefas familiares ou outras decisões tomadas no interesse da família durante a convivência conjugal, e se isso reduziu a capacidade de um dos consortes para conseguir seus próprios ingressos financeiros; c) as perspectivas econômicas previsíveis dos consortes, tendo em conta a idade e o estado de saúde e a forma como será atribuída a guarda dos filhos comuns; d) a duração da convivência; e) os novos gastos familiares do devedor. As circunstâncias contidas no artigo 233-15 do Código Civil da Catalunha não constituem uma lista *numerus clausus* e admitem outras razões de ordem subjetiva que não estão elencadas no dispositivo, tendo relevância adicional, por exemplo, o tempo de duração do relacionamento afetivo, como também precisam ser considerados os acordos ajustados pelo par conjugal na constância de seu casamento com menores ou maiores renúncias pessoais de um cônjuge em comparação com o outro, que se permite investir todo o seu tempo a sua atividade laboral na busca de seu crescimento profissional, inclusive os pactos que estabeleceram em previsão de ruptura do casamento que podem excluir, incluir, reduzir ou ampliar direitos.[264]

No direito argentino, o artigo 441 do Código Civil e Comercial menciona que será destinatário de uma compensação econômica o cônjuge a quem o divórcio produza um desequilíbrio manifesto que signifique um agravamento de sua situação em razão da ruptura do vínculo matrimonial. A procedência e o montante da compensação econômica depende do estado patrimonial de cada um dos cônjuges no início e na finalização da vida matrimonial; a dedicação que cada cônjuge brindou à família, e aos filhos, educação da prole durante a convivência e a que pode ainda ter de prestar depois do divórcio; a idade e o estado de saúde dos cônjuges e dos filhos; a capacidade laboral e a possibilidade de aceder a um emprego do cônjuge que solicita a compensação econômica; a colaboração prestada nas atividades mercantis, industriais ou profissionais do outro parceiro; a atribuição da moradia familiar, e se ela

---

[264] AZNAR, Laura Allueva. *Prestación compensatoria y autonomía privada familiar*. Valencia: Tirant lo Blanch, 2016. p. 72-73.

recai sobre bem comum ou próprio, ou se se trata de um imóvel alugado, e, nesse caso, quem paga os aluguéis.

Para Mariel F. Molina de Juan, entre outros parâmetros devem-se ter em conta, basicamente, a dedicação à família e a colaboração com as atividades do outro cônjuge, situação que obviamente não ocorre se a mulher, por exemplo, não sofreu nenhum prejuízo por haver casado, já que sua capacidade de trabalho se manteve intacta ao largo do matrimônio e a dedicação à família não a impediu de trabalhar quando assim ela considerou conveniente ou quando encontrou oportunidades laborais no mercado de trabalho, além de que o regime de bens adotado permitiu-lhe transferências econômicas equilibrantes, de tal maneira que os imóveis e bens que lhes são comuns estão divididos pela metade para cada consorte. Enfim, há que ser provado que o pretendente à compensação econômica sofreu uma significativa piora em sua situação econômica em comparação com a que desfrutava no casamento e em relação a que desfruta o outro cônjuge.[265]

3.6.1. O desequilíbrio perene

De acordo com Herminia Campuzano Tomé, o casamento, como instituição jurídica, caracteriza-se por um emaranhado de interesses pessoais, sociais e econômicos que se desenvolvem durante sua existência, projeta seus efeitos adiante do período de sua vigência e, no caso de ter se dissolvido, exige uma adequada ordenação do estado de coisas anterior. É óbvio que a situação posterior à dissolução do matrimônio está fortemente condicionada pelo que sucedeu durante a constância do casamento e, consequentemente, isso haverá de repercutir na situação posterior à sua dissolução. Partindo dessas premissas, a ideia que perseguem os alimentos compensatórios é a de assegurar a uma pessoa, pelo só fato de haver casado, o *status* social que adquiriu durante o matrimônio. Há autores que criticam essa interpretação, pela qual estaria sendo garantida uma ascensão na escala social em decorrência do casamento, ou uma espécie de direito adquirido de manter a posição econômica que a pessoa teve em consequência das núpcias, às custas do outro consorte, o que na prática representaria uma aposentadoria em plena idade produtiva, resolvendo o credor seus problemas econômicos em caráter permanente.[266]

Obviamente um país como o Brasil, que igualmente arrasta uma grande crise econômica e no qual, tal qual na Espanha, a maior parte dos brasileiros corresponde à classe média e, entre nós, a média para baixo, não tem sentido, como refere Herminia Campuzano Tomé com relação a Espanha, criar uma figura dirigida a manter por prazo indeterminado o direito à compensação econômica,[267] cuja finalidade é, em regra, a de promover a compensação econômica por prazo certo ou até mesmo quando possível, mediante o pagamento de uma prestação única em dinheiro ou mediante a entrega de bens. Como visto, o desequilíbrio econômico pode ser transitório ou por prazo indeterminado, contínuo, perpétuo ou perene, mas essa modalidade é uma exceção que só tem cabimento em determinadas situações em que longos relacionamentos e grandes sacrifícios pessoais tiraram o cônjuge credor da compensação econômica em definitivo do mercado de trabalho, ou quando a saúde e a idade desse credor não

---

[265] JUAN, Mariel F. Molina de. *Compensación económica*. Teoría y práctica. Buenos Aires: Rubinzal-Culzoni, 2018. p. 123-127.

[266] TOMÉ, Herminia Campuzano. *La pensión por desequilibrio económico en los casos de separación y divorcio*. Barcelona: Bosch, 1994. p. 69-70.

[267] TOMÉ, Herminia Campuzano. *La pensión por desequilibrio económico en los casos de separación y divorcio*. Barcelona: Bosch, 1994. p. 71.

Cap. 3 · DOS ALIMENTOS COMPENSATÓRIOS | 273

mais permitam que ele possa recuperar o tempo consumido com o passar dos anos e com o enfraquecimento da sua saúde, muito mais em um contexto social em que pessoas com alguma idade mais avantajada são naturalmente excluídas do mercado de trabalho.

Portanto, é o juiz que, num processo litigioso de alimentos compensatórios, deve perceber se o desequilíbrio econômico produzido pelo divórcio ou pela dissolução da entidade familiar de um casal, apresenta-se com uma inequívoca vocação de inalterabilidade, ou seja, de perpetuação no tempo, eis que o desequilíbrio é permanente quando as repercussões da convivência produzem, na posição pessoal de quem o experimenta, a aniquilação de qualquer expectativa de se abrir um caminho para que essa pessoa logre alcançar seus próprios recursos.[268] A avançada idade daquele que não recebeu nenhuma instrução, ou cujos conhecimentos com o passar dos anos se tornam obsoletos, ou daquele que tem sua saúde precária, agravada por muitos anos de trabalho, mesmo que envolvida nas atividades domésticas, ou mesmo aquele parceiro que precisará continuar se dedicando à família, porque tem filhos inválidos ou incapazes e parentes com mais idade e carentes de cuidados especiais, são fatores que encerram qualquer projeto de futura independência econômica e se apresentam como barreiras inevitáveis que se opõem à pretensão temporária da compensação econômica.[269]

Casos como esses pontuam as exceções cada vez maiores de alimentos compensatórios perpétuos, quem têm como nota distintiva um prazo indeterminado, salvo se alguma circunstância futura como o recebimento de uma herança, um ganho na loteria, ou até mesmo se alguma economia praticada pelo credor da compensação econômica permita-lhe desenvolver algum negócio ou alguma atividade comercial que a direcione para sua autonomia financeira.

Também pode ser fonte de estabelecimento de uma compensação econômica vitalícia aquela esposa que se dedicou exclusivamente às atividades profissionais do marido, trabalhando como sua secretária ou atuando a seu lado no comércio ou na indústria e em qualquer profissão ou atividade laboral e empresarial, permitindo concluir que seja totalmente ilusório imaginar que em certa quadra de sua vida ela consiga por si mesma se desenvolver e superar o desequilíbrio econômico em que se viu envolvida em razão de seu divórcio e do consequente afastamento das atividades exercidas como auxiliar da profissão de seu esposo.

Não se trata de adivinhar ou apostar que tudo possa dar certo e que a esposa conseguirá superar o desequilíbrio, mas é necessário apurar com precisão quase cirúrgica se, em realidade, ela guarda efetiva aptidão e tem razoáveis condições de retomar ou se inserir no mercado de trabalho e vencer as dificuldades que o tempo e a falta de investimento em sua própria estabilidade profissional e financeira autorizam-na a vencer as barreiras que a subjugaram. Tanto isso é verdade que os alimentos compensatórios devem ser fixados, em regra, por um prazo determinado que esteja em consonância com a previsão real de superação do desequilíbrio, para cuja mensuração o juiz haverá de atuar com prudência e ponderação, sem temor de aplicar prazos flexíveis ou generosos, ou adotar medidas que acautelem e impeçam a ocorrência dessa desproteção que a compensação econômica justamente pretende evitar.

Para poder fixar a compensação econômica com caráter vitalício ou temporário, deve o Judiciário atuar com prudência e ponderação, uma vez que, para legitimar seu caráter vitalício, devem ser respeitadas aquelas diretrizes provenientes da livre e ponderada valoração pelo juiz, dos fatores a que se refere o artigo 97 do Código Civil espanhol, os quais hão de servir

---

[268] BAREA, Margarita Castilla. *Tratado de derecho de la familia*. Las crisis matrimoniales. Directores Mariano Yzquierdo Tolsada e Matilde Cuena Casas. 2. ed. Navarra: Aranzadi, 2017. p. 571.

[269] BAREA, Margarita Castilla. *Tratado de derecho de la familia*. Las crisis matrimoniales. Directores Mariano Yzquierdo Tolsada e Matilde Cuena Casas. 2. ed. Navarra: Aranzadi, 2017. p. 572.

para justificar tanto sua limitação temporal quanto sua perenidade, sendo possível a revisão dos alimentos compensatórios inicialmente limitados no tempo, quando o juízo prospectivo sobre a viabilidade de superar o inicial desequilíbrio em função dos esperados fatores concorrentes se mostra ilógico e irracional, cuja revisão permite o artigo 100 do Código Civil da Espanha ao dispor que: "Fixadas a pensão e as bases de sua atualização na sentença de separação ou de divórcio, ela só poderá ser modificada por alterações na fortuna de um ou outro cônjuge que assim o aconselha".

A decisão que haverá de ordenar se a compensação econômica será temporária ou vitalícia passa pela avaliação dos seguintes fatores: a) o provável acesso a um emprego ou trabalho autônomo; b) a superação do desequilíbrio econômico pela efetiva liquidação do patrimônio conjugal comunicável; c) a idade e o estado de saúde do credor; d) a formação acadêmica e profissional do credor; e) o escasso tempo de duração do casamento; f) as circunstâncias do mercado de trabalho; g) a idade dos filhos; h) a dedicação futura à família; i) outros fatores não elencados em lei, por exemplo, o recebimento de uma herança.

Jorge A. Marfil Gómez, citado por Isabel Fernández-Gil Viega, realizou um estudo pelo qual apresenta uma tabela para a duração da pensão compensatória em atenção ao tempo de casamento ou da duração de uma união estável e no qual o cônjuge ou companheiro sofre um desequilíbrio econômico porque não trabalha nem tem bens rentáveis, cuja tabela propõe o seguinte:

Convivência de 0 a 04 anos	16%
Convivência de 05 a 09 anos	26%
Convivência de 10 a 14 anos	38%
Convivência de 15 a 19 anos	52%
Convivência de 20 a 24 anos	67%
Convivência de 25 a 29 anos	84%
Convivência de 30 a mais anos	100%

A porcentagem a aplicar para receber a pensão compensatória deve ser multiplicada pelos meses de duração do casamento ou da união estável. Por exemplo, 67 meses de convivência (cinco anos e sete meses) devem ser multiplicados por 26% e desse exemplo resultando 17,42, ou seja, 18 meses, no que implica que o cônjuge que sofreu um desequilíbrio econômico receberá a compensação econômica durante 18 meses.[270]

Portanto, para reconhecer alimentos compensatórios por tempo indeterminado a um dos esposos, deve ser constatada a absoluta impossibilidade de o credor conseguir alcançar sua autonomia econômica depois da ruptura de seu casamento ou de sua união estável, tornando irreversível essa brusca queda do padrão socioeconômico vivenciado na constância do relacionamento e pelas circunstâncias fáticas ponderadas a partir dos elementos elencados, e não de forma exaustiva, no artigo 97 do Código Civil espanhol.

---

[270] GÓMEZ, Jorge A. Marfil *apud* VIEGA, Isabel Fernández-Gil. Efectos comunes a los procesos de separación, divorcio y nulidad. *In*: GIMÉNEZ, Gema Díez-Picazo (coord.). *Derecho de familia*. Navarra: Thomson Reuters/Aranzadi, 2012. p. 1402.

3.6.2. O desequilíbrio transitório

Originariamente, os alimentos compensatórios não eram arbitrados em caráter temporário, tampouco na atualidade é arbitrada a pensão alimentícia que também guarda certa transitoriedade quando concedida e cada vez é menos concedida e, quando deferida, em regra o é por prazo certo, com as exceções plenamente justificáveis. Contudo, originariamente, sua fixação era estipulada *sine die* e só a concorrência de alguma das causas expostas no artigo 101 do Código Civil espanhol (recasamento ou nova convivência afetiva) autorizavam a exoneração dos alimentos compensatórios.

Explica Nieves Martínez Rodríguez que, a partir da década de 1990, começa uma clara evolução da jurisprudência espanhola em prol de posturas mais favoráveis à temporalização tanto da pensão alimentícia como dos alimentos compensatórios, surgindo diversos pronunciamentos fixando pensões com duração limitada, não obstante a ausência de previsão legal, até que progressivamente se abandona a ideia da pensão compensatória *vitalícia* em troca de alimentos compensatórios limitados no tempo, como por igual. Somente a partir das duas primeiras décadas do século XXI que os tribunais brasileiros se inclinam pela limitação do tempo para o pagamento tanto da pensão alimentícia quanto, ainda que sem nenhuma previsão legal, mas somente fragmentos doutrinários, quanto dos alimentos compensatórios importados do direito estrangeiro. Nessa linha, o STJ desenvolve o pensamento de que, entre cônjuges ou companheiros, desfeitos os laços afetivos e familiares, a obrigação de pagar alimentos é excepcional e de caráter transitório,[271] ao mesmo tempo que conclui pela mesma linha de comportamento dos alimentos compensatórios que, em regra, devem ser fixados por tempo certo.[272]

---

[271] "Processual civil e civil. Direito de família. Art. 535 do CPC. Violação não configurada. Alimentos transitórios devidos entre ex-companheiros. 1. Não se viabiliza o recurso especial pela indicada violação do artigo 535 do CPC. Isso porque, embora rejeitados os embargos de declaração, a matéria em exame foi devidamente enfrentada pelo Tribunal de origem, que emitiu pronunciamento de forma fundamentada, ainda que em sentido contrário à pretensão do recorrente. 2. Entre ex-cônjuges ou ex-companheiros, desfeitos os laços afetivos e familiares, a obrigação de pagar alimentos é excepcional, de modo que, quando devidos, ostentam, ordinariamente, caráter assistencial e transitório, persistindo apenas pelo prazo necessário e suficiente ao soerguimento do alimentado, com sua reinserção no mercado de trabalho ou, de outra forma, com seu autossustento e autonomia financeira. 3. As exceções a esse entendimento se verificam, por exemplo, nas hipóteses em que o ex-parceiro alimentado não dispõe de reais condições de reinserção no mercado de trabalho e, de reto, de readquirir sua autonomia financeira. É o caso de vínculo conjugal desfeito quando um dos cônjuges ou companheiros se encontra em idade já avançada e, na prática, não empregável, ou com problemas graves de saúde, situações não presentes nos autos. Precedentes de ambas as Turmas de Direito Privado desta Corte. 4. Os alimentos transitórios – que não se confundem com os alimentos provisórios – têm por objetivo estabelecer um marco final para que o alimentando não permaneça em eterno estado de dependência do ex-cônjuge ou ex-companheiro, isso quando lhe é possível assumir sua própria vida de modo autônomo. 5. Recurso especial provido em parte. Fixação de alimentos transitórios em quatro salários mínimos por dois anos a contar da publicação deste acórdão, ficando afastada a multa aplicada com base no art. 538 do CPC" (STJ, REsp 1.454.263/CE, 4.ª Turma, Rel. Min. Luis Felipe Salomão, j. 16.04.2015).

[272] "Processual civil. Direito civil. Família. Separação judicial. Pensão alimentícia. Binômio necessidade/possibilidade. Art. 1.694 do CC/2002. Termo final. Alimentos compensatórios (prestação compensatória). Possibilidade. Equilíbrio econômico-financeiro dos cônjuges. Julgamento *extra petita* não configurado. Violação do art. 535 do CPC não demonstrada [...] 5. Os chamados alimentos compensatórios, ou prestação compensatória, não têm por finalidade suprir as necessidades de subsistência do credor, tal como ocorre com a pensão alimentícia regulada pelo art. 1.694 do CC/2002, senão corrigir ou atenuar grave desequilíbrio econômico-financeiro ou abrupta alteração do padrão de vida do cônjuge desprovido de bens e de meação. 6. *Os alimentos devidos entre ex-cônjuges devem, em regra, ser fixados com termo certo, assegurando-se ao alimentando tempo hábil para sua inserção, recolocação ou progressão no mercado de trabalho, que lhe possibilite manter, pelas próprias forças, o status social similar ao período do relacionamento.* 7. O Tribunal estadual com fundamento em ampla cognição fático-probatória, assentou que a recorrida, nada obstante

O artigo 97 do Código Civil espanhol, modificado pela *Ley* 15/2005, de 8 de julho, passa desde então a prever exatamente a pensão compensatória com caráter temporário, e nisso igualmente se identifica com a pensão alimentícia do direito de família, que também, na atualidade, afasta-se daquela superada aposentadoria precoce do cônjuge mulher e visa, em sua natureza mista indenizatória ou de reparação, compensar o desequilíbrio patrimonial produzido pela ruptura da vida conjugal, usualmente deferido em uma relação cujo nível de vida se apresentava superior à média e em cujos relacionamentos os alimentos compensatórios não têm como escopo atender às necessidades de subsistência da esposa ou do esposo, mas que visa, sim, cobrir justamente esse nível de vida que durante o matrimônio era superior ao normal, compensando esse cônjuge ou convivente para que sua separação, seu divórcio ou a dissolução de sua união estável não o impeça de manter o anterior nível de vida.[273]

Portanto, diferente dos alimentos compensatórios *humanitários* que começaram sendo vitalícios, consoante o espírito prevalente da legislação estrangeira, desde 2005 passaram a ser limitados no tempo, impondo-se como regra geral, sendo os alimentos compensatórios sem prazo, a exceção e que somente naquelas circunstâncias que façam presumir que efetivamente não será possível a superação do desequilíbrio do credor da compensação econômica.

Nesse caso, os pressupostos a serem verificados pelo julgador e igualmente extraídos do artigo 97 do Código Civil espanhol, como mera referência legislativa, passam pela ponderação de fatores como os de verificar se o credor trabalhava antes ou durante certo tempo e até mesmo na constância do casamento, se ele tem possibilidades reais de aceder a um posto de trabalho, se tem pouca idade, se goza de boa saúde, se tem filhos ou não e a idade e saúde desses filhos. Dependendo desses fatores, poderá ter de se dedicar em maior ou menor tempo com os cuidados futuros da prole, devendo ser estabelecido um marco temporal que efetivamente seja suficiente e factível para que esse consorte ou companheiro possa de fato superar o desequilíbrio econômico padecido em um tempo concreto.

A compensação econômica de limitação temporal ou também chamada de conjuntural respeita àquele desequilíbrio econômico que se supera com o passar do tempo, em que as sequelas da convivência não chegam a ser tão profundas no projeto de vida de um dos esposos e que ele não possa se recuperar transcorrido algum tempo ou alguns anos, para retomar o caminho que abandonou ou que deveria ter empreendido, mas que o casamento o afastou de construir sua independência profissional e financeira.

Margarita Castilla Barea e Ana Laura Cabezuelo Arenas aduzem que a temporalidade não radica em uma imposição arbitrária de prazos aleatórios, mas, sim, em medir a projeção de um prejuízo para, em dado momento, dispensar o remédio que se mostrou imprescindível no início da ruptura afetiva, haja vista que a progressiva liberação a ser experimentada pela credora da compensação econômica, conforme, por exemplo, seu filho vai precisando de menos atenção materna e ganhando independência, é um fator a ser ponderado para limitar a pensão.[274] Outros fatores serão igualmente relevantes para a paulatina dispensa dos alimentos

---

ser pessoa jovem e com instrução de nível superior não possui plenas condições de imediata inserção no mercado de trabalho, além de o rompimento do vínculo conjugal ter-lhe ocasionado nítido desequilíbrio econômico-financeiro. 8. Recurso especial parcialmente conhecido e, nessa parte, parcialmente provido para fixar o termo final da obrigação alimentar" (STJ, REsp 1.290.313/AL, 4.ª Turma, Rel. Min. Antonio Carlos Ferreira, j. 12.11.2013, *DJe* 07.11.2014).

[273] CABELLO, Carlos Beltrá; ARENAS, Ana Laura Cabezuelo. Pensión compensatoria. *In*: FUENTE, María Linacero de La (dir.). *Tratado de derecho de familia*. Aspectos substantivos. Valencia: Tirant lo Blanch, 2016. p. 810.

[274] CABELLO, Carlos Beltrá; ARENAS, Ana Laura Cabezuelo. Pensión compensatoria. *In*: FUENTE, María Linacero de La (dir.). *Tratado de derecho de familia*. Aspectos substantivos. Valencia: Tirant lo Blanch, 2016. p. 573.

Cap. 3 • DOS ALIMENTOS COMPENSATÓRIOS | 277

compensatórios de tempo determinado, que vão sendo medidos como se estivesse sendo planilhada uma construção cujos pagamentos vão sendo liberados conforme o cronograma da respectiva obra, até sua conclusão final.

Explicam as mesmas autoras que tampouco a longa duração do matrimônio e a ausência de uma preparação específica para o enfrentamento da vida profissional são, de per si, obstáculos que não possam ser removidos se se espreita alguma esperança de que o destinatário dos alimentos compensatórios temporários pode vir a obter seus próprios recursos, ainda que esses ingressos decorram da realização de tarefas para as quais não se faz imprescindível alguma especialização.[275] Enfim, a decisão a favor da limitação no tempo do pagamento dos alimentos compensatórios deve ser justificada pelas circunstâncias fáticas que levem o julgador à convicção de que a função reequilibradora da compensação econômica se esgota com o transcurso do prazo estipulado, de maneira que a manutenção da pensão adiante desse limite faz-se desnecessária porque não mais responde à razão de sua existência.

Tanto a compensação econômica temporária quanto a por prazo indeterminado são opções legalmente postas à análise criteriosa do magistrado, que deverá, além de justificar sua decisão, tomá-la com a adequada e necessária ponderação, levando sempre em linha de consideração as especificidades de cada caso concreto e em particular e com a interpretação das circunstâncias não exaustivas do artigo 97 do Código Civil espanhol, pois, como já decidiu a jurisprudência espanhola: "A decisão favorável à temporalidade da pensão se mostra como resultado de um juízo prospectivo, razoável, lógico e prudente, pois não se compadece mal com a idade, com os recursos econômicos do casamento e com a possível dificuldade de refazer sua vida laboral a esposa, que recebe uma pensão em quantia que lhe vai permitir refazer sua vida sem sufocos econômicos durante um período de sete anos, em consonância com a previsão de superação do desequilíbrio; juízo prospectivo efetuado pelo órgão judicial com a devida prudência e ponderação, com critérios de certeza, a que se refere reiterada jurisprudência desta Sala" (STS 24.05.2018).[276]

Contudo, Luis Pérez Fernández faz uma curiosa observação a despeito do pretendido caráter vitalício da compensação econômica do artigo 97 do Código Civil espanhol, sem similar no direito brasileiro. Ele argumenta que, se a finalidade dos alimentos compensatórios é a de reequilibrar a condição econômica vivenciada pelo consorte credor ao tempo das núpcias, nenhuma compensação econômica pode ser vitalícia, porque sua própria natureza jurídica a impede, uma vez que, quando cessa a causa do desequilíbrio e o cônjuge recupera sua condição experimentada ao tempo do divórcio ou da separação, automaticamente desaparece o direito à compensação, como com todas as letras dispõe o artigo 101 do Código Civil da Espanha,[277] ao dispor que o "direito a pensão se extingue quando cessa a causa que a motivou, por contrair o credor novo matrimônio ou por viver maritalmente com outra pessoa". Deve ser, portanto, descartada a possibilidade de impedir sua extinção quando desaparecem as razões que justificaram sua implementação, não somente por conta de um novo relacionamento afetivo, mas também por qualquer fato que elimine o desequilíbrio financeiro, por exemplo, o recebimento de uma herança.

---

[275] CABELLO, Carlos Beltrá; ARENAS, Ana Laura Cabezuelo. Pensión compensatoria. *In*: FUENTE, María Linacero de La (dir.). *Tratado de derecho de familia*. Aspectos substantivos. Valencia: Tirant lo Blanch, 2016. p. 573.

[276] CUENCA, R. M. Andrés *et al*. *Código Civil con jurisprudencia sistematizada*. Coordinadora Purificación Martorell Zulueta. 3. ed. Valencia: Tirant lo Blanch, 2018. p. 364.

[277] FERNÁNDEZ, Luis Pérez. El pretendido carácter vitalicio de la compensación del artículo 97 del Código Civil. *In*: SIMARO, Clara Gago; CHACÓN, Ignacio Fernández (coord.). *Compensaciones e indemnizaciones en las relaciones familiares*. Navarra: Thomson Reuters/Aranzadi, 2021. p. 154.

278 | ALIMENTOS COMPENSATÓRIOS – *Rolf Madaleno*

O desequilíbrio econômico precisa ser verificado ao tempo do divórcio ou da separação, e não cabe ordenar a compensação econômica para o futuro, e se ela não pode ser estabelecida para o futuro, tampouco é possível manter uma pensão compensatória de forma vitalícia, dado que não é possível saber no presente se a situação financeira do credor será restabelecida e, se for restaurada, cessará o desequilíbrio econômico que deu lugar a seu nascimento, não obstante o Tribunal Supremo espanhol venha admitindo acordo que convencione alimentos compensatórios vitalícios, mesmo porque o artigo 97 do Código Civil espanhol não autoriza ilação diversa, embora o acordo da perpetuação da compensação econômica pudesse ser formalizado nos termos do artigo 1.255 do Código Civil espanhol e que assim se expressa: "Os contratantes podem estabelecer os pactos, cláusulas e condições que tenham por conveniente, sempre que não sejam contrários às leis, à moral e nem à ordem pública".[278]

3.6.3. *A posição econômica dos cônjuges ou companheiros*

Como observa Adriana Noemí Krasnow, o enquadramento dos alimentos compensatórios se dá a partir de uma relação de causa e de efeito, no sentido de que o desequilíbrio econômico tenha que encontrar sua origem no término de um projeto de vida em comum, e acorda que, diante do matrimônio ou ao iniciar uma união estável, ela posterga ou limita seu desenvolvimento profissional diante da boa situação profissional e econômica de seu marido, de modo que ela pode dedicar boa parte ou todo o seu tempo aos cuidados com o domicílio familiar e aos cuidados atinentes aos filhos desse casal. Sobrevindo o divórcio ou a dissolução da convivência estável, bem como uma etapa de idade avançada, com ela vem uma clara impossibilidade ou maior dificuldade de inserir-se em seu círculo profissional, perdendo, seguramente, o bem-estar que usufruía durante o casamento, e esse desnível das habituais condições de vida, e não a necessidade, é que reclama uma compensação econômica.[279]

Diante desse quadro fático, tem o pretendente à compensação econômica uma pauta a ser observada para o estabelecimento desta, caso os cônjuges ou companheiros não acordem diretamente sua fixação por mútuo consenso. Essa pauta verifica ao tempo da separação do casal: a) o estado patrimonial de cada um dos consortes ao início do relacionamento em comparação com a finalização da vida matrimonial; b) a dedicação de cada um deles à família; c) a idade deles e seu estado de saúde; d) a capacitação laboral e as chances de integrarem-se no mercado de trabalho; e) a colaboração prestada às atividades do outro cônjuge; f) a eventual atribuição da moradia familiar.

Todos os pressupostos a serem avaliados por ocasião do arbitramento da compensação econômica são meramente enunciativos, eis que outras circunstâncias fáticas podem contribuir para a decisão judicial deferindo ou indeferindo a compensação econômica. Sobreleva analisar o estado patrimonial de cada um dos cônjuges ou conviventes, porquanto o fundamento da compensação econômica radica em evitar um desequilíbrio material em decorrência da ruptura da relação afetiva, ou, sob outro enfoque, o estabelecimento dessa compensação econômica intenta alcançar um equilíbrio patrimonial entre os parceiros, obtendo uma *fotografia* desse estado patrimonial de cada um deles e ordenar o pagamento dos alimentos

---

[278] FERNÁNDEZ, Luis Pérez. El pretendido carácter vitalicio de la compensación del artículo 97 del Código Civil. *In*: SIMARO, Clara Gago; CHACÓN, Ignacio Fernández (coord.). *Compensaciones e indemnizaciones en las relaciones familiares*. Navarra: Thomson Reuters/Aranzadi, 2021. p. 154-156.

[279] KRASNOW, Adriana Noemí. *Tratado de derecho de las familias*. Un estudio doctrinario y jurisprudencial. Buenos Aires: Thomson Reuters/La Ley, 2017. t. II, p. 219-220.

Cap. 3 · DOS ALIMENTOS COMPENSATÓRIOS | **279**

compensatórios ante um eventual desequilíbrio, com a intenção de recompor de plano as condições usufruídas em razão do relacionamento conjugal.

Como mostra María Victoria Pellegrini, a interpretação integral de todas as pautas enunciativas, mas não exaustivas postas no artigo 97 do Código Civil espanhol, ou, por exemplo, no artigo 442 do Código Civil argentino, cuja análise intenta precisar o *estado patrimonial* dos consortes, não se refere somente aos ativos ou passivos que pudessem se apresentar no patrimônio de cada um deles, mas, sim, fundamentalmente, para avaliar a capacidade ou potencialidade de gerar recursos econômicos e, inclusive, conservar os ativos patrimoniais que possam existir,[280] obviamente naqueles regimes de comunicação de bens.

3.6.4. Os pressupostos dos alimentos compensatórios humanitários

Herminia Campuzano Tomé censura o artigo 97 do Código Civil espanhol ao fazer parecer que tecnicamente apenas a ocorrência do *desequilíbrio econômico* experimentado por algum dos esposos por ocasião da separação ou do divórcio seria pressuposto suficiente para o outorgamento dos alimentos compensatórios. Entrementes, ela anota que o próprio artigo 97 do Código Civil da Espanha elenca outros requisitos para sua concessão e que essa dúvida plantada da leitura do mencionado dispositivo legal induz a uma dupla interpretação da expressão *desequilíbrio econômico*:

1.ª *Objetiva.* Em virtude desta, por desequilíbrio econômico há que ser entendido o mero fator da diminuição patrimonial experimentada por um dos esposos em decorrência da separação ou do divórcio, sempre que essa diminuição seja comparada com a posição do outro consorte e verificada a situação usufruída durante o casamento.
Nesse caso, na prática, a função do juiz para ver se procede ou não a entrega de uma compensação econômica reduz-se à mera comparação do patrimônio de um e do outro cônjuge, de modo que, quando um deles for inferior ao do outro e inferior àquele que podia dispor na constância do casamento, o julgador entenderá que existe direito aos alimentos compensatórios em favor do consorte prejudicado, sem ter em conta qualquer outra circunstância.

2.ª *Subjetiva.* A teor dessa interpretação, segue Herminia Campuzano Tomé dizendo que o uso da expressão *desequilíbrio econômico* abarcaria um conceito mais amplo, englobando não somente o fato objetivo de o patrimônio de um dos cônjuges ser inferior ao do outro, mas também outra série de fatores subjetivos, personalíssimos dos consortes, conformadores da vida matrimonial, como a: dedicação à família, perda de expectativas futuras, estado de saúde, qualificação profissional, idade etc.

Essas circunstâncias unidas à desfavorável situação econômica em que pode se ver um dos cônjuges, são as causas que vão determinar o aparecimento de um desequilíbrio patrimonial capaz de originar um direito aos alimentos compensatórios. Por essa razão, boa parte da doutrina espanhola é defensora da ideia de que o artigo 97 do Código Civil espanhol tenha se dividido em duas partes bem diferenciadas. De uma parte, a primeira compreenderia o desequilíbrio econômico como pressuposto básico e determinante de atribuição dos alimentos compensatórios, e,

---

[280] PELLEGRINI, María Victoria. *Tratado de derecho de familia según el Código Civil y Comercial.* Directoras Aída Kemelmajer de Carlucci, Marisa Herrera e Nora Lloveras. Buenos Aires: Rubinzal-Culzoni, 2014. t. I, p. 468.

de outra parte, na segunda, englobar-se-iam as oito circunstâncias enumeradas no artigo 97, as quais cumpririam uma função de meros elementos de fixação de sua quantia.

Contrariamente, prossegue a autora citada, outro setor doutrinário sustenta que essa ideia não se mostra acertada, pois para a apreciação do próprio desequilíbrio econômico, decorrente do agravamento material do esposo demandante, diante de sua situação matrimonial anterior ao divórcio, ou seja, o fato objetivo de que o divórcio trouxe para um dos cônjuges uma diminuição patrimonial em sua posição social, comparada com a desfrutada pelo outro consorte, também se afigura necessário comprovar a existência de uma série de circunstâncias enumeradas pelo artigo 97 do Código Civil espanhol. Contudo, para a multicitada autora, a solução a ser adotada está estreitamente ligada com o caráter objetivo e subjetivo atribuído ao desequilíbrio econômico, em que, resolvendo uma das questões, a outra será solucionada.[281]

3.6.4.1. O acordo dos cônjuges ou conviventes

O comportamento dos cônjuges com relação ao cumprimento dos deveres conjugais não é nem poderia ser causa determinante dos alimentos compensatórios, muito menos quando deve ser considerado que a Emenda Constitucional 66, de 13 de julho de 2010, ao dar nova redação ao § 6.º do artigo 226 da Constituição Federal, eliminou total e qualquer discussão acerca da culpa pelo fracasso da conjugalidade em processo de separação judicial litigiosa, uma vez que o casamento poderia, doravante, ser dissolvido diretamente pelo divórcio. Portanto, a compensação econômica decorre de seu primeiro requisito objetivo, perquirir se houve um desequilíbrio econômico com relação a qualquer um dos cônjuges em razão do divórcio. Se assim sucedeu, e nisso em regra, o direito espanhol não diverge dos outros países que adotam a instituição da compensação econômica, deve o julgador passar à análise das circunstâncias previstas no artigo 97 do Código Civil espanhol, a começar pela eventual existência de algum acordo a que tivessem chegado os cônjuges.

São enunciados exemplificativos colacionados no artigo 97 do Código Civil da Espanha, aos quais o juiz não está adstrito, merecendo realce a compensação econômica regulada pelo direito romeno que só admite a compensação econômica se quem os reclama não foi culpado pela dissolução do matrimônio, embora permita seja requerida a compensação econômica se a culpa foi recíproca ou exclusivamente de autoria do devedor dos alimentos compensatórios.

Conforme esse primeiro enunciado extraído do direito espanhol, o juiz deve levar em conta a possível preexistência de algum acordo entabulado pelos cônjuges a despeito da compensação econômica, no qual podem ter ajustado a procedência ou a improcedência dessa pensão, por exemplo, ajustando em um pacto antenupcial a existência ou inexistência desse direito à compensação econômica em caso de uma crise e da dissolução do casamento, tal como poderiam ajustar em uma petição de divórcio consensual essas mesmas cláusulas de reconhecimento ou de renúncia do direito aos alimentos compensatórios, existindo sobre essa manifestação precedente um evidente caráter vinculante, haja vista que a compensação econômica não se confunde com a pensão alimentícia e, diante de seu caráter indenizatório, pode ser ajustado em contrato pré-nupcial. A respeito dessa renúncia, assevera Isabel Fernández-Gil Viega ser costumeiro casais acordarem em pactos matrimoniais, escrituras públicas ou em pactos privados a renúncia ou a determinação da pensão compensatória para a hipótese

---

[281] TOMÉ, Herminia Campuzano. La pensión por desequilibrio económico en los casos de separación y divorcio. Barcelona: Bosch, 1994. p. 28-30.

Cap. 3 · DOS ALIMENTOS COMPENSATÓRIOS | **281**

de ruptura matrimonial e que façam valer esses acordos ao tempo da dissolução de seus relacionamentos, acudindo ao auxílio judicial para dirimir suas controvérsias.[282]

Explica que a jurisprudência tem se debatido na Espanha acerca da validade e eficácia desses pactos pré-matrimoniais, dentro do marco da autonomia da vontade e da liberdade dos pactos, ou se não seria possível a renúncia antecipada de um direito futuro, que ainda não foi adquirido no momento da renúncia. Informa que o artigo 1.323 do Código Civil espanhol permite que os cônjuges celebrem entre si toda classe de atos e contratos e o artigo 1.325 também do Código Civil espanhol determina que os consortes poderão outorgar contratos pré-nupciais para estipular, modificar ou substituir o regime econômico matrimonial, isto é, podem implantar ou codificar o conjunto de normas que regerão suas relações econômicas sempre dentro do respeito às normas imperativas, aos bons costumes e à igualdade constitucional de direitos entre os cônjuges por império do artigo 1.328 do Código Civil espanhol. Portanto, não há razão alguma para impedir que pactuem as consequências econômicas derivadas da ruptura matrimonial e, em concreto, a renúncia ou não da pensão compensatória,[283] que notoriamente tem caráter patrimonial.

Entretanto, trazendo esse tema para a realidade brasileira, não haveria nenhuma dúvida de que, tratando-se de uma compensação econômica, tanto ela poderia ser ajustada por ocasião do pacto antenupcial ou de um contrato de convivência quanto poderia ser previamente renunciada, cometendo ao juiz do futuro e de eventual divórcio ratificar judicialmente o acordo entabulado antecipadamente pelos cônjuges ou conviventes, conquanto, como ordena o parágrafo único do artigo 1.574 do Código Civil brasileiro, o julgador se certifique de que o conteúdo do acordo não resulta prejudicial para um dos esposos, o que faz com que cada consorte advogue no momento da crise conjugal pela interpretação que seja mais favorável a seus interesses. A rigor dessa diretriz, na prática poderiam surgir em plena crise conjugal algumas diferentes discussões judiciais acerca do prévio pacto ajustado entre os contendores nupciais, como se a pensão acordada fosse desproporcional ou manifestamente prejudicial para um dos cônjuges; se o juiz fica, inexoravelmente, vinculado ao pacto e à quantia pactuada, ou à sua eventual renúncia, ou se pode decretar a anulação da cláusula acordada de uma indenização desproporcional, porque ínfima ou excessiva a quantia pactuada, ou considerar sem efeito o prévio afastamento dessa indenização. Nesse sentido, Mauricio Luis Mizrahi ensina que o valor da autonomia da vontade não pode ser depreciado, e é diante de tal virtude que a última parte do artigo 498 do Código Civil e Comercial argentino dispõe que, "se todos os interessados são plenamente capazes, se aplica o convênio livremente acordado". O referido autor encerra dizendo que esse critério não pode ser absoluto, porque haverá situações que merecerão um papel ativo do Poder Judiciário.[284] Sob esse argumento, basta pensar que jamais poderão os cônjuges ou conviventes pactuar previamente suas vontades, pois casando jovens e saudáveis, por exemplo, pode suceder que depois de anos de matrimônio eles se apresentem idosos e com a saúde debilitada, e este é um requisito a ser apreciado ao tempo do divórcio para efeito do estabelecimento judicial dos alimentos compensatórios, podendo o juiz mitigar os efeitos da cláusula de renúncia de futura compensação econômica. Tampouco serviria essa prévia renúncia se no fim do casamento fossem inalcançáveis quaisquer esforços de um cônjuge

---

[282] VIEGA, Isabel Fernández-Gil. Efectos comunes a los procesos de separación, divorcio y nulidad. *In*: GIMÉNEZ, Gema Díez-Picazo (coord.). *Derecho de familia*. Navarra: Thomson Reuters/Aranzadi, 2012. p. 1403.

[283] VIEGA, Isabel Fernández-Gil. Efectos comunes a los procesos de separación, divorcio y nulidad. *In*: GIMÉNEZ, Gema Díez-Picazo (coord.). *Derecho de familia*. Navarra: Thomson Reuters/Aranzadi, 2012. p. 1404.

[284] MIZRAHI, Mauricio Luis. *Divorcio, alimentos y compensación económica*. Buenos Aires: Astrea, 2018. p. 84.

conquistar algum emprego que ele não absorveu para se dedicar ao lar e à família, ou que pela mesma dedicação exclusiva ao casamento esse consorte não se qualificou profissionalmente.

Malogradas tais circunstâncias fáticas, considero que, por se tratar de um acordo econômico, de mero conteúdo patrimonial, ele é tão viável de ser pactuado prévia e definitivamente, seja para estabelecer a compensação econômica, seja para renunciá-la ou até acordar valor inferior ou superior ao montante necessário para evitar o desequilíbrio, haja vista que futuros cônjuges justamente pactuam regimes matrimoniais de separação ou de comunicação de bens e sobre cujas cláusulas não recai nenhuma proibição de serem pactuadas como típicas cláusulas econômicas, verdadeiros negócios jurídicos familiares, cuja validade desses pactos vem sendo reiteradamente confirmada pela jurisprudência do Tribunal Supremo da Espanha, ao firmar entendimento de que a pensão compensatória é um direito disponível que se rege pelo princípio da autonomia privada, tanto em seu reconhecimento, quantia ou renúncia. Podem os cônjuges pactuar o que consideram mais conveniente sobre a regulação das relações que surgem como consequência do divórcio ou da separação,[285] descabendo alegar sua posterior anulação, salvo consigne a efetiva ocorrência de algum inequívoco vício de vontade.

3.6.4.2. A idade e o estado de saúde

O critério da idade e do estado de saúde para a apuração do direito e do montante da compensação econômica vale para qualquer um dos cônjuges ou conviventes, tanto para quem vai receber como para aquele que deve pagar a indenização proveniente do desequilíbrio econômico provocado pelo divórcio ou pela dissolução de uma união estável, haja vista que idade avançada e saúde comprometida influenciam grande parte das pessoas e dificultam o acesso a emprego e a alocação de rendimentos que dependem do trabalho dessa pessoa, quer seja ela credora ou devedora dos alimentos compensatórios. Portanto, a idade e o estado de saúde devem ser avaliados com relação aos dois esposos ou conviventes, e não somente com relação ao credor da prestação econômica. Por sinal aponta nessa mesma direção o Código Civil francês, que menciona ambos os cônjuges, tanto que os alimentos compensatórios decorrem da comparação das posições dos dois consortes.[286]

Não há como ignorar que o avanço da idade e um deficiente estado de saúde constituem um dos maiores riscos de insegurança econômica, tanto que as pessoas mais previdentes e aquinhoadas costumam economizar para os tempos futuros e de incerteza financeira. São obstáculos pessoais muitas vezes, senão em definitivo, obstáculos insuperáveis para que um credor da compensação econômica logre superar o desequilíbrio financeiro sofrido em razão da ruptura do relacionamento afetivo, ao passo que esses fatores podem impactar o montante devido em prestação única ou a forma de parcelamento da compensação econômica em decorrência da redução dos ingressos do devedor da compensação econômica que sofreu uma redução de suas oportunidades de trabalho e de ingressos financeiros ao tempo da ruptura do relacionamento. Obviamente que, se o avanço da idade e alguma enfermidade com relação ao devedor sucedem depois do divórcio, o fato poderá ser objeto de discussão em eventual ação de redução dos alimentos compensatórios arbitrados ou convencionados sem prazo

---

[285] VALENZUELA, Manuel Ángel Gómez. Modificación de la pensión compensatoria. *In*: VERDA Y BEAMONTE, José Ramón de (dir.); MATAMOROS, Pedro Chaparro; BIOT, Álvaro Bueno (coord.). *La compensación por desequilibrio en la separación y divorcio*. Tratado práctico interdisciplinar. Valencia: Tirant lo Blanch, 2021. nota de rodapié 8, p. 92.

[286] TOMÉ, Herminia Campuzano. *La pensión por desequilibrio económico en los casos de separación y divorcio*. Barcelona: Bosch, 1994. p. 95.

determinado, ou mesmo quando ordenados por prazo determinado, sendo essa a hipótese desfavorável de uma compensação econômica paga em prestações periódicas, em vez de uma prestação única, porquanto estão sujeitas ao risco de uma futura redução do valor ou até mesmo da exoneração da obrigação do devedor por conta de fatos novos que repercutem em seu emprego e em seus emolumentos, perdendo capacidade aquisitiva e refletindo no montante mensal que deve a seu cônjuge ou podendo resultar na própria extinção da obrigação.

Agora, do ponto de vista do credor dos alimentos compensatórios *humanitários*, cujas relações afetivas foram regidas, em regra, por um regime de separação de bens, em que o credor se dedicou durante toda a vida comum aos filhos, ao marido, à casa e por vezes até mesmo auxiliando na profissão do devedor e agora, às vésperas de seu divórcio, vê-se em avançada idade e, se ainda enferma, certamente serão fatores determinantes para o estabelecimento dessa compensação econômica sem prazo determinado, dado que são fatores determinantes na configuração incontestável do desequilíbrio econômico que se estabeleceu com o divórcio desse casal, ou com a dissolução de sua união estável e foram as circunstâncias que configuraram a vida matrimonial. De outra parte, existindo bens e um regime igualitário de comunidade patrimonial, o seguro da velhice e da doença pode ser o patrimônio adquirido durante o casamento ou a união estável.

3.6.4.3. A qualificação profissional e a expectativa de trabalho

A qualificação profissional e a possibilidade de acesso a um emprego são circunstâncias inequivocamente vinculadas com a idade e o estado de saúde, como também guardam estreita relação com o requisito da colaboração prestada no trabalho do consorte. Comete ao juiz realizar um juízo prospectivo para avaliar quando poderá o cônjuge prejudicado superar o desequilíbrio econômico causado pelo divórcio, juízo que deverá fazer comparando a real potencialidade do credor de acesso a um trabalho, recusando qualquer tentação de uma mera adivinhação. Facilita essa conclusão do juiz quando o credor já é uma pessoa idosa e com pouca ou nenhuma chance de obter trabalho, quando então optará por alimentos compensatórios vitalícios e, ao revés, fará escolha pelos alimentos compensatórios temporários quando o credor detiver qualificação profissional e que se afastou do trabalho enquanto se dedicava aos filhos, ou se ainda precisará se ocupar com a prole, devendo o juiz mensurar e ponderar o tempo de duração da compensação econômica.[287]

Certamente facilitam o prognóstico judicial a menor idade do cônjuge credor, sua qualificação profissional e seu estado de saúde, e mais ainda se do relacionamento não resultaram filhos ou se estes já são maiores e capazes e não se mostra difícil o retorno do consorte credor ao mercado de trabalho.

Também nesse pressuposto objetivo deve o juiz analisar as posições de ambos os cônjuges ou companheiros, mas apenas para o efeito da quantificação dos alimentos compensatórios em decorrência da qualificação profissional e das probabilidades de acesso a um emprego do ponto de vista do devedor, e com relação ao credor, a avaliação judicial concerne ao tempo de duração da compensação econômica. Certamente a qualificação profissional tem um importante peso no arbitramento da compensação econômica e a duração desses alimentos compensatórios muito dependerá da absorção que o mercado de trabalho faz ao tempo do

---

[287] VALENZUELA, Manuel Ángel Gómez. Modificación de la pensión compensatoria. *In*: VERDA Y BEAMONTE, José Ramón de (dir.); MATAMOROS, Pedro Chaparro; BIOT, Álvaro Bueno (coord.). *La compensación por desequilibrio en la separación y divorcio*. Tratado práctico interdisciplinar. Valencia: Tirant lo Blanch, 2021. p. 96.

divórcio dessa área de atuação do credor desses alimentos compensatórios. Ademais, a mera posse de um título acadêmico ou profissional só têm relevância quando acompanhados de uma possibilidade real de exercício da atividade profissional para a qual o credor dos alimentos compensatórios está qualificado, decidindo de forma diversa na duração do crédito compensatório se as possibilidades de acesso e de desenvolvimento profissional são nulas ou escassas em decorrência da conjuntura econômica do país. No entanto, essa qualificação profissional, mesmo em tempos de crise econômica, não impede o juiz, no momento de avaliar essa circunstância, de considerar que dita qualificação vai proporcionar ao cônjuge que dela seja detentor maiores possibilidades de encontrar um empego em comparação com aqueles que não adquiriram nenhuma qualificação ou formação profissional, como também há diferenças cruciais na valoração da compensação econômica na realidade de um cônjuge que interrompeu suas atividades durante o casamento, dispondo de uma titulação e de um emprego ou de uma colocação no mercado de trabalho, em comparação com aquele que chegou ao casamento sem nenhuma formação e que, ao se divorciar, encontra-se incapacitado para desenvolver qualquer tipo de trabalho,[288] com maior razão ainda se esse cônjuge se achar próximo da velhice.

Por vezes, o cônjuge credor da compensação econômica, e que seja qualificado e tenha condições concretas de retornar ao mercado de trabalho, tudo o que necessita é que lhe seja dada a possibilidade de iniciar um período de reciclagem ou de readaptação, claro que somente nas hipóteses em que se fizer incontestavelmente presente o primeiro pressuposto da ocorrência do desequilíbrio econômico em razão do divórcio ou da dissolução de uma união estável.

3.6.4.4.   A dedicação passada e futura

Ao incluir essa circunstância no artigo 97 do Código Civil espanhol, o legislador pretendeu dar certo reconhecimento à atividade desenvolvida no domicílio conjugal por um dos cônjuges, buscando remediar, na medida do possível, a situação econômica em que se encontre esse consorte por haver se privado da possibilidade de desenvolver uma atividade profissional remunerada e, portanto, de acumular um capital próprio, ligando-se essa particularidade ao pressuposto anterior da qualificação profissional e o da probabilidade de acesso a um emprego.[289]

Não há como desconsiderar o enorme período pelo qual, amiúde, os cônjuges mulheres sacrificam seu crescimento profissional pessoal e no qual se dedicam exclusivamente ou em maior medida ao domicílio conjugal, ao marido e aos filhos, deixando de se ocupar de sua qualificação e de seu crescimento profissional, seja por se iniciar em uma atividade de trabalho ou para retomar a profissão interrompida.

Maior gravidade adquire o tema, diz Herminia Campuzano Tomé, quando os cônjuges regem o regime matrimonial da separação de bens, de modo que aquele que durante o período matrimonial consagrou seu tempo aos cuidados do domicílio conjugal e da família verá sua situação sensivelmente deteriorada com a extinção do vínculo, em virtude da falta de comunicação dos bens e das economias obtidas durante o casamento,[290] ocorrendo no sistema

---

[288] TOMÉ, Herminia Campuzano. *La pensión por desequilibrio económico en los casos de separación y divorcio*. Barcelona: Bosch, 1994. p. 104-105.

[289] TOMÉ, Herminia Campuzano. *La pensión por desequilibrio económico en los casos de separación y divorcio*. Barcelona: Bosch, 1994. p. 108.

[290] TOMÉ, Herminia Campuzano. *La pensión por desequilibrio económico en los casos de separación y divorcio*. Barcelona: Bosch, 1994. p. 108.

jurídico brasileiro que não regula os alimentos compensatórios *humanitários* enorme injustiça social, pois os tribunais brasileiros costumam lembrar o desequilíbrio econômico causado pelo divórcio, porém só o associam aos alimentos compensatórios *patrimoniais*, que são fixados em razão da posse e administração exclusiva de somente um dos cônjuges das rendas oriundas dos bens comuns comunicáveis, olvidando-se que talvez a maior parcela de situações de conveniência e aplicação dos alimentos compensatórios seja a de sua versão *humanitária*, justamente aplicável, em regra, mas não exclusivamente, para aqueles relacionamentos afetivos regidos pelo regime convencional ou obrigatório da separação de bens, e nos quais o consorte credor da compensação econômica não será destinatário de qualquer meação proveniente das aquisições patrimoniais realizadas em nome do parceiro durante o casamento, ou na versão em que não existam bens comuns, seja porque não foram adquiridos no regime de comunhão parcial de bens, ou porque os bens comuns amealhados durante o relacionamento são bens que somente geram despesas e nenhuma renda. Logo, sua partilha em nada haverá de compensar o desequilíbrio econômico instalado com a ocorrência do divórcio ou da dissolução da união estável. Por oportuno, nesse sentido, prevê o artigo 1.438 do Código Civil espanhol que o cônjuge que contribuiu com seu trabalho na atividade doméstica terá direito a uma compensação que o juiz determinará na falta de acordo, por ocasião da extinção do regime de separação de bens, cujo tema é objeto do segundo capítulo do presente livro. Contudo, por esse dispositivo contido no artigo 1.438 do Código Civil espanhol, o trabalho doméstico será computado como contribuição aos encargos familiares e dará direito a obter uma compensação a ser estipulada pelo juiz no divórcio em regime de separação de bens, considerando o legislador espanhol que o trabalho doméstico é uma das modalidades de satisfazer os encargos familiares, ao lado das outras formas conhecidas de contribuição para os custos familiares, como a contribuição em dinheiro e com a entrega de bens. Como medida de proteção, o Código Civil espanhol prevê nesse artigo 1.438 o direito, por parte do esposo dedicado às tarefas domésticas, a obter uma compensação no sistema separatista de bens, ao atribuir um conteúdo econômico à dedicação de um dos consortes à gestão doméstica, tratando-se a pensão compensatória do artigo 97 do Código Civil espanhol e a compensação econômica do artigo 1.438 do mesmo Código Civil espanhol de duas instituições diferentes, podendo ser ambas as compensações concedidas, ainda que a primeira possa afetar a quantificação da segunda, mas ambas têm como substrato comum o fato de que o cônjuge credor se dedicou à família e ao matrimônio.

Entrementes, não somente deve ser relevada a contribuição aos encargos domésticos realizados no passado, ou seja, na constância do relacionamento, como também devem ser considerados pelo juiz, para o efeito de apurar e mensurar, o tempo e o valor da compensação econômica com relação à dedicação familiar futura do cônjuge credor dos alimentos compensatórios, quando, por exemplo, os filhos, ainda pequenos e dependentes ou mesmo incapazes, seguirão exigindo a constante presença desse genitor. Outrossim, idêntico impacto na fixação da compensação econômica terá o tempo de duração do casamento ou da união estável, visto que revela um prolongado tempo de exclusão do mercado de trabalho a depender se tratar de uma longa relação afetiva, ao fato a que devem ser acrescentadas outras circunstâncias como as dificuldades que podem apresentar os filhos, quando são deficientes físicos ou mentais, situações que aumentam exponencialmente os cuidados e as atenções, refletindo tanto no montante da compensação econômica como em sua duração.[291] Entretanto, argutamente ad-

---

[291] VALENZUELA, Manuel Ángel Gómez. Modificación de la pensión compensatoria. *In*: VERDA Y BEAMONTE, José Ramón de (dir.); MATAMOROS, Pedro Chaparro; BIOT, Álvaro Bueno (coord.). *La compensación por desequilibrio en la separación y divorcio*. Tratado práctico interdisciplinar. Valencia: Tirant lo Blanch, 2021. p. 99.

verte Manuel Ángel Gómez Valenzuela que o conceito de dedicação à família pode ser mais extenso do que a família nuclear, essa forma pelo cônjuge e filhos comuns, uma vez que, sem embargo, ainda que constante o vínculo conjugal, é possível e até muito comum que a família extensa estivesse ou esteja igualmente presente na vida dos consortes, máximo quando o artigo 230 da Constituição Federal brasileira dispõe que a família, a sociedade e o Estado têm o dever de amparar as pessoas idosas. Muito mais quando de modo concreto e coerente dispõe o artigo 68 do Código Civil espanhol, cuja realidade em nada difere da experiência brasileira, em que, dentre os deveres conjugais se encontra o de os consortes "compartilharem as responsabilidades domésticas e o cuidado e atenção aos ascendentes e descendentes, e outras pessoas dependentes e ao seu encargo, que obviamente não se trata de um dever obrigatório de alimentos para com essa família extensa, mas de um dever moral que termina sendo usualmente prestado por aquele cônjuge que abdicou do seu crescimento pessoal e da sua profissão e que, ademais de lhe haver impossibilitado de ter uma vida financeira independente, gerando o direito à compensação econômica, acresce a usual crueza desta dedicação restar completamente esquecida ou desprezada pelo consorte devedor, muitas vezes argumentando que o credor cuidou de seus próprios familiares, o que em nada altera o presente raciocínio e direito aplicados à espécie".[292]

O Código Civil da Catalunha dispõe textualmente em seu artigo 233-15 que, para fixar o valor e a duração da prestação compensatória, serão especialmente valorizadas as perspectivas econômicas previsíveis dos cônjuges, tendo em conta sua idade, estado de saúde e a forma que será atribuída a guarda dos filhos comuns.

Alvarez Lasarte e Fernandez Valpuersta distinguem com relação à dedicação futura da família dois pressupostos:

1.º Que o esposo credor esteja dedicado exclusivamente à família, consoante imposto pelas próprias circunstâncias familiares, como o número de filhos e pela impossibilidade de ascender a um trabalho.

2.º Que o cônjuge credor da pensão conte com um posto de trabalho compatível com a dedicação futura à família.[293]

Arremata Herminia Campuzano Tomé ser evidente que, dependendo de um ou de outro pressuposto, o montante dos alimentos compensatórios variará, pois, conforme a primeira hipótese, o juiz, com escora no caráter exclusivo da dedicação prestada pelo cônjuge credor da compensação econômica à família, fixará uma quantia elevada, tendente a suprir, na medida do possível, a impossibilidade de esse consorte desempenhar uma atividade profissional que lhe gere ingressos próprios, e, de forma distinta, o montante da prestação econômica será inferior quando, não sendo absoluta a impossibilidade de desempenhar um trabalho remunerado, o cônjuge haverá de compatibilizar essa atividade profissional com a dedicação à família.[294]

---

[292] VALENZUELA, Manuel Ángel Gómez. Modificación de la pensión compensatoria. *In*: VERDA Y BEAMONTE, José Ramón de (dir.); MATAMOROS, Pedro Chaparro; BIOT, Álvaro Bueno (coord.). *La compensación por desequilibrio en la separación y divorcio*. Tratado práctico interdisciplinar. Valencia: Tirant lo Blanch, 2021. p. 101.

[293] LASARTE, Alvarez C.; VALPUESTA, Fernández. M. R. Comentarios a los arts. 97 a 101 del C.c. *In*: LACRUZ, Berdejo (coord.). *Comentarios al nuevo Título del Libro I del C.c.* Madrid: Civitas, 1982. p. 760.

[294] TOMÉ, Herminia Campuzano. *La pensión por desequilibrio económico en los casos de separación y divorcio*. Barcelona: Bosch, 1994. p. 114.

3.6.4.5. A colaboração do consorte no trabalho do parceiro

Trata-se da colaboração que o cônjuge credor dos alimentos compensatórios prestou à empresa de titularidade de um só dos esposos, em caráter gratuito e sem receber qualquer forma de retribuição por seu trabalho, em matéria de soldo ou salário. Como assevera Beatriz Saura Alberdi, a prestação dessa ajuda também se dá quando a mulher colabora na atividade profissional do marido, sendo sua secretária ou auxiliando em sua profissão liberal, quer atuando como advogado, médico, arquiteto ou em qualquer atividade autônoma, e toda essa ajuda despretensiosa e sem remuneração produz um irritante desequilíbrio ao fim da convivência matrimonial ou convivencial, com um patente enriquecimento ilícito.[295]

Essa mesma previsão legal é encontrada nos artigos 442 e 525 do Código Civil e Comercial argentino, cuidando o primeiro dispositivo do processo de divórcio e o segundo artigo tratando da dissolução da união de fato do direito alienígena, ou da relação de convivência, como também é tratada e conhecida no direito brasileiro. O direito argentino, ao prever como pressuposto da compensação econômica que leva ao desequilíbrio econômico apurado por ocasião do divórcio ou da dissolução da relação de convivência, considera os seguintes pressupostos:

1.º Quando o cônjuge ou convivente dedicou grande parte de seu tempo a trabalhar nos negócios do outro. Nessa hipótese, não obstante só seja viável se aquele cônjuge ou convivente nada recebeu como remuneração por seu trabalho, não existe qualquer contraprestação financeira ou, se esta existiu, que tenha sido exígua.

2.º Se o reclamante da compensação, ainda que não tenha trabalhado diretamente nos negócios do outro consorte, contribuiu de maneira eficaz para que se pudessem concretizar suas mencionadas atividades, postergando seu desenvolvimento e capacitação. Assim, um exemplo típico é o de uma mulher que tenha acompanhado seu esposo ou convivente em suas estâncias no exterior, como a esposa de um diplomata ou de um empresário que se estabeleceu no exterior, fato que impediu a esposa de desenvolver atividades em seu país, o que a beneficiária pessoal e diretamente.

3.º Outra situação possível é a de um cônjuge ou convivente ter se dedicado tempo substancial de sua vida a assistir o outro em seu aperfeiçoamento profissional, acadêmico ou laboral, ou prestando uma ajuda valiosa para que seu companheiro atinja prestígio e fama.[296]

É exatamente como obtempera Marta Ordás Alonso de pretender a doutrina enxergar nesse dispositivo um método para compensar o enriquecimento injusto como consequência de haver colaborado com seu trabalho nas atividades mercantis, industriais ou profissionais do outro cônjuge, ou seja, no âmbito dos negócios comuns, e, em decorrência, valorado por referência ao salário que o mercado de trabalho acolhe um desempenho de uma atividade semelhante.[297] É certo que esse empobrecimento ilícito precisa estar conectado com a preexistência do desequilíbrio econômico verificado ao tempo do divórcio ou da dissolução da união estável, pouco

---

[295] ALBERDI, Beatriz Saura. *La pensión compensatoria*: criterios delimitadores de su importe y extensión. Valencia: Tirant lo Blanch, 2004. p. 155.

[296] MIZARHI, Mauricio Luis. *Divorcio, alimentos y compensación económica*. Buenos Aires2018. p. 169.

[297] ALONSO, Marta Ordás. *La cuantificación de las prestaciones económicas en las rupturas de las parejas*. Barcelona: Wolters Kluwer/Bosch, 2017. p. 384-385.

importando se o beneficiário de uma colaboração não remunerada tenha sido retribuído ou não em razão desse auxílio de seu parceiro afetivo, regramento que obviamente tem pertinência apenas para o regime de separação de bens, como no sistema judicial brasileiro, enquanto ainda existem o regime obrigatório do artigo 1.641 do Código Civil, prestes a ingressar em repercussão geral no STF, e o regime convencional da separação de bens, ou se esse trabalho foi prestado dentro de pessoa jurídica constituída antes do casamento, cujo crescimento patrimonial da sociedade empresária, curiosamente, não se comunica no direito brasileiro. Contudo, se o regime for o de comunicação parcial de bens e os préstimos do cônjuge foram prestados em sociedade formada na constância do casamento, com efeito o consorte colaborativo está trabalhando para partilha eventual meação incidente sobre o patrimônio dessa sociedade empresária ou dessa sociedade simples, tratando-se de uma prestadora de serviços.

Vale novamente a advertência de que a compensação econômica pela colaboração do cônjuge com seu trabalho na atividade profissional do esposo, que causa um notório desequilíbrio econômico ao tempo do divórcio, em nada se confunde ou se escora na colaboração desse mesmo trabalho nas atividades mercantis, industriais ou profissionais do outro cônjuge. Posição que diverge da compensação material do artigo 1.438 do Código Civil espanhol, cuja base não é o desequilíbrio econômico, mas que, ao revés, atribui valor financeiro às atividades prestadas graciosamente por este consorte, e que se tivessem sido prestadas por uma terceira pessoa seriam remuneradas, de modo que uma mesma circunstância gera uma dupla destinação doutrinária, legal e jurisprudencial, sendo uma proveniente da brusca quebra do nível de vida, do artigo 97 do Código Civil espanhol, outorgando direito aos alimentos compensatórios, e a outra o efeito jurídico oriundo do artigo 1.438 do Código Civil espanhol, que atribui valor aos serviços prestados pelo consorte que colaborou na atividade profissional do esposo, gerando por isto, o direito a uma indenização material que evita o injustificado empobrecimento desse consorte que laborou graciosamente e colaborou para o crescimento unilateral do cônjuge comerciante, industrial, profissional liberal ou autônomo.

Conforme Herminia Campuzano Tomé, da redação desse dispositivo devem ser deduzidos dois requisitos marcados pelo próprio Código Civil espanhol em seu artigo 97:

1.º Há de se tratar de uma prestação de trabalho.
2.º Há de ser dirigida ao desenvolvimento de uma atividade mercantil, industrial ou profissional realizada por seu cônjuge.

O que afeta a primeira condição é que a colaboração se realize por meio de uma prestação de trabalho, ou se, por vezes, diante do grande tráfico de influência e de uma intensa vida social, esse cônjuge traz inúmeros clientes para a atividade mercantil industrial ou profissional de seu esposo, aumentando consideravelmente seus rendimentos, o que pode perfeitamente ser considerado uma ativa colaboração profissional, principalmente se o casal tratou justamente desse arranjo em que um gera clientes e o outro presta os serviços ou gera os negócios divulgados e propagados pelo consorte influenciador e de larga circulação social. Importa registrar a intenção deliberada de que esse tipo de atuação de uma esposa, por exemplo, empenhando-se na divulgação em seu meio social da profissão ou dos negócios do marido, de forma que ele aumente seus resultados financeiros, equipara-se, induvidosamente, a uma efetiva colaboração que deve ser compensada pelos alimentos compensatórios diante da súbita e brusca queda do padrão de vida advinda com o divórcio ou com a dissolução da união estável, tudo associado a duas outras notas de igual destaque, no sentido de que essa colaboração tenha sido igualmente prestada com periodicidade e com gratuidade. É condição incontestável que não tenha existido nenhuma contrapartida financeira para o cônjuge ou companheiro

Cap. 3 · DOS ALIMENTOS COMPENSATÓRIOS | **289**

colaborador, sob pena de se configurar um contrato de trabalho ou de prestação de serviços e para os quais não há espaço para uma compensação econômica do direito de família.[298] Nesse sentido, o direito do trabalho não tem concedido qualquer espaço para reclamatórias trabalhistas de casais que se divorciam ou que dissolvem suas uniões estáveis e pedem o reconhecimento de vínculo de emprego enquanto estavam casados ou unidos estavelmente, quando em realidade se beneficiam dos rendimentos da atividade empresarial, em típica ajuda mútua, pois, como integrante da família, o labor acaba por contribuir para o orçamento familiar e, quando o regime de bens igualmente permite por sua comunicação, também contribui para a constituição do patrimônio familiar.[299] A colaboração mútua entre marido e mulher, no desempenho das tarefas diárias, é ínsita à relação conjugal e não tem o condão de atrair por si só o reconhecimento de vínculo de emprego entre a autora e o esposo, prevalecendo o princípio jurídico da *primazia da realidade*,[300] salvo quando essa relação de trabalho entre marido e esposa se desenvolva nos estritos termos do artigo 3.º da Consolidação das Leis do Trabalho, que considera empregado "toda pessoa física que prestar serviços de natureza não eventual a empregador, sob a dependência deste e mediante salário".

Apenas como complemento, o requisito da periodicidade é decisivo para fixar o conceito de colaboração, eis que o simples exercício esporádico e isolado de determinadas atividades que em algum momento possam favorecer o outro esposo não pode alcançar o grau de colaboração suscetível de compensação econômica por meio de uma pensão única ou em parcelas previstas no artigo 97 do Código Civil espanhol, por exemplo, como o de uma esposa que presta seu auxílio como secretária de um consultório médico ou em escritório de advocacia, de contabilidade ou engenharia, ou como enfermeira ou estagiária do marido, podendo seu auxílio ser medido pelos salários percebidos por profissionais que realizam tais atividades dentro do mercado de trabalho. É a linha divisória aquela que demarca a diferença entre o que seria uma ajuda mútua, própria dos deveres pessoais conjugais e quando sai dessa esfera e passa a ser considerada uma colaboração suscetível de possível compensação por meio de uma pensão, servindo como fator diferenciador a figura jurídica do enriquecimento injusto que tratará de justificar o pagamento da compensação econômica.[301]

---

[298] TOMÉ, Herminia Campuzano. *La pensión por desequilibrio económico en los casos de separación y divorcio.* Barcelona: Bosch, 1994. p. 115.

[299] "Não é presumível a relação de emprego entre cônjuges. Mesmo que provada a prestação laboral, permanece com o autor o ônus de provar a existência de todos os elementos constitutivos do contrato de trabalho, principalmente o *animus contrahendi*. A presunção de existência de relação de emprego só opera se o réu admite a prestação laboral para si, isto é, se ele confessa ser tomador dos serviços prestados pelo autor, o que não acontece se o réu admite a prestação na forma de sociedade" (Processo TRT-RO 24.2017.5.18.0017, Rel. Des. Mário Sérgio Bottazzo, j. 15.07.2019).
"Recurso ordinário. Vínculo de emprego. Esposa de sócio. Não reconhecido. Correto o não reconhecimento da relação de emprego alegada pela reclamante, vez que, embora a reclamante tenha prestado serviços para a oficina mecânica, cujos sócios na época do alegado vínculo eram seu marido e o primeiro reclamado, seu interesse em participar das atividades dessa empresa estava estritamente vinculado aos interesses do casal, pois daí advinha a renda familiar. Recurso da reclamante a que se nega provimento" (TRT 6.ª Região, Processo RO 42.2017.5.06.0351, 2.ª Turma, Rel. Paulo Alcântara, j. 18.07.2018).

[300] "Vínculo de emprego. Ausência de subordinação e onerosidade. Negada a prestação de serviços, compete à reclamante demonstrar os pressupostos da relação de emprego, ônus do qual não se desincumbiu, uma vez que a prova oral, quando muito, indica apenas que ela, de forma espontânea e gratuita, colaborava com o marido, empregado do réu, na realização de afazeres domésticos, sem qualquer exigência do reclamado neste sentido" (TRT, 3.ª Região, Processo 27.2020.5.03.0090, Rel. Maria Cristina Diniz Caixeta, Sessão virtual de 28 a 30.07.2021).

[301] TOMÉ, Herminia Campuzano. *La pensión por desequilibrio económico en los casos de separación y divorcio.* Barcelona: Bosch, 1994. p. 116-117.

290 | ALIMENTOS COMPENSATÓRIOS – *Rolf Madaleno*

Com uma abordagem claramente equivocada, é comum se deparar com cônjuges que em processo de litígio de sua separação, dissolução de união estável ou divórcio terminam ajuizando reclamatórias trabalhistas nas quais buscam os efeitos materiais de uma relação que claramente não foi de empregado e empregador, e sim de marido e mulher, ou de esposos ou companheiros, e estes prestam colaboração que muito mais se concilia e aproxima do enriquecimento injusto, o qual, por sua vez, permite ao consorte, que seu viu em desvantagem econômica ao tempo da dissolução de seu relacionamento, que encontre justamente nesse instituto da compensação econômica o ressarcimento do estado de coisas que experimentou com o súbito fim de suas núpcias e com a brusca queda de seu padrão de vida experimentado durante o matrimônio ou na constância da união estável.

3.6.4.6. *A duração da convivência*

Essa é uma circunstância que não é de caráter econômico e, ainda que careça de conteúdo patrimonial, Herminia Campuzano Tomé entende que é pressuposto que deve estar presente na mente do juiz no momento de fixar a pensão compensatória, porquanto ela servirá para os limites temporais de arbitramento e dentro dos quais haverão de ser apreciadas as demais circunstâncias enumeradas no artigo 97 do Código Civil espanhol.[302]

Afigura-se pertinente o pressuposto do tempo de duração do relacionamento, haja vista que relações de pouca duração não se mostram adequadas e justas destinatárias de uma compensação econômica quando coabitaram por pouco tempo sem que pudesse ser detectado verdadeiro sacrifício pessoal para as coisas do domicílio conjugal em detrimento do crescimento pessoal e profissional. Não obstante, o fato de terem casais convivido muito tempo em matrimônio ou em relação de companheirismo leva ao natural reconhecimento de um direito à compensação econômica por abrupto desequilíbrio da estratificação social concedida em decorrência do estabelecimento de uma entidade familiar, seja porque existem bens comuns, comunicáveis e rentáveis, seja porque em regime de separação de bens o parceiro não se dedicou inteiramente ao domicílio conjugal, ao marido e aos filhos. Não reside somente na dilatação do tempo o direito à compensação econômica, sem que se façam associados aos demais elementos distribuídos no artigo 97 do Código Civil espanhol, tampouco a curta duração do relacionamento pode obrigatoriamente operar como causa automática de denegação dos alimentos compensatórios, embora a pouca convivência seja um fator negativo para a sua concessão.

Entretanto, largos relacionamentos colaboram para presumir e provar que a dedicação justifica o outorgamento da compensação econômica, como a existência de filhos, que presumem, salvo prova em contrário, a dedicação materna à prole, ao passo que na relação de curta duração, por vezes sem filhos e entre protagonistas jovens, qualificados profissionalmente, corresponderá ao potencialmente cônjuge credor dos alimentos compensatórios demonstrar que, não obstante tenham existido circunstâncias e situações tais, é de justiça a entrega de uma pensão compensatória, uma vez dissolvido o vínculo afetivo.[303]

No direito alemão, esse dado da duração do matrimônio é concludente no momento de entregar o crédito de alimentos compensatórios por decorrência do divórcio, uma vez que no artigo 1.579 do BGB está prevista a chamada *cláusula de equidade negativa*, em virtude da qual

---

[302] TOMÉ, Herminia Campuzano. *La pensión por desequilibrio económico en los casos de separación y divorcio.* Barcelona: Bosch, 1994. p. 122.

[303] TOMÉ, Herminia Campuzano. *La pensión por desequilibrio económico en los casos de separación y divorcio.* Barcelona: Bosch, 1994. p. 123.

será denegado o direito a obter alimentos compensatórios tendo em conta que, para evitar a excessiva arbitrariedade do julgador, o legislador alemão, no n.º 1 do artigo 1.579, não quis deixar vazia de conteúdo a expressão que define como *injustiça manifesta* e que, portanto, considera como causa de negativa da compensação econômica um tempo muito curto de matrimônio.[304]

Nas palavras de Henry Holzauer, "a existência de uma curta vida em comum, não deve ter o efeito da pesada carga que constitui manter o outro cônjuge toda a vida, e para apreciar justamente esta circunstância, se recomenda deduzir o tempo de casamento da duração do processo, assim como o período em que os cônjuges tenham estado separados, devendo também ser apurado o período exato de vida em comum durante o qual o credor se tenha visto privado do exercício de uma atividade profissional".[305]

Também não pode ser confundido o tempo de casamento com o tempo de convivência, eis que o matrimônio pode ter durado legalmente muitos anos, não obstante o casal estivesse desde muito cedo e informalmente separado de fato, por vezes até vivendo novos e estáveis relacionamentos. Logo, o fator que deve ser considerado é o efetivo tempo de convivência, até porque os alimentos compensatórios devem ser requeridos ao tempo do divórcio e em completa coincidência com a efetiva convivência conjugal, pois não será credor de alimentos compensatórios aquele cônjuge ou companheiro que estava separado de fato fazia seis meses, dois ou três anos, como dados meramente aleatórios, e ao cabo desse tempo fosse reivindicar a compensação econômica *humanitária* por ter sofrido brusca queda em seu padrão de vida quando justamente já havia se acostumado pelo decurso do tempo nesse novo padrão social.

3.6.4.7. A perda eventual de pensão alimentícia

Com a separação dos cônjuges, pode um deles pedir ao outro alimentos que assegurem sua subsistência, diante da falta de meios próprios para manter suas necessidades mais básicas, de modo que o dever de mútua assistência conjugal (CC, art. 1.566, inc. III) dá lugar ao dever de alimentos (CC, art. 1.694). No direito espanhol, em particular o artigo 233-14.2 do Código Civil da Catalunha dispõe que "se perde o direito de reclamar a pensão compensatória se não se a solicita no primeiro processo matrimonial ou se não a estabelece no acordo da separação ou do divórcio". Considera que o direito espanhol ainda mantém o sistema dual da separação e do divórcio. Disso resulta, e não deveria ser diferente no Brasil, que, ao que tudo indica, mantém, embora tenha caído em um imenso vazio por falta absoluta de interesse, o mesmo sistema dual, sendo praticado no Brasil exclusivamente o processo de divórcio. Assim, o fato é que, no momento da ruptura conjugal, quer suceda na separação judicial ou no divórcio, em um desses dois momentos deve ser determinado se ocorreu ou não o desequilíbrio econômico que sustenta o direito aos alimentos compensatórios, podendo essa pessoa ter perdido eventual pensão alimentícia de casamento precedente, ou da viuvez de um casamento extinto, ponderando o julgador o pagamento dos alimentos compensatórios se seu credor desistiu de uma precedente pensão alimentícia ao contrair essas novas núpcias que agora igualmente se desfazem.

A perda do direito aos alimentos anteriormente fixados e exonerados em razão de um novo relacionamento, sobre o qual agora estão sendo cobrados alimentos compensatórios,

---

[304] TOMÉ, Herminia Campuzano. *La pensión por desequilibrio económico en los casos de separación y divorcio.* Barcelona: Bosch, 1994. p.125.

[305] HOLZAUER, Henry. *Le divorce et ses consequences. Mariage et famille en question apud* TOMÉ, Herminia Campuzano. *La pensión por desequilibrio económico en los casos de separación y divorcio.* Barcelona: Bosch, 1994. p. 125.

não é determinante por si só para o juiz ordenar o pagamento da compensação econômica, haja vista que o direito reclamado deve estar em harmonia com os demais elementos objetivos e subjetivos do artigo 97 do Código Civil espanhol, a começar pela efetiva ocorrência de um desequilíbrio econômico, para depois serem pontuados os demais pressupostos informados no mencionado artigo 97 do Código Civil da Espanha, até mesmo porque a pensão alimentícia perdida em razão do segundo relacionamento nem possa servir de parâmetro para o estabelecimento da compensação econômica do segundo matrimônio desfeito, pois pode ser que as condições existentes no momento da ruptura do segundo casamento fossem infinitamente inferiores aos do primeiro relacionamento e jamais serviriam como compensação ao efetivo padrão de vida experimentado durante as núpcias iniciais. Logo, comete ao juiz examinar se existiu desequilíbrio econômico, o qual pode reaparecer, em toda a sua extensão, quando se extingue a primitiva pensão alimentícia.

De qualquer sorte, a pensão compensatória não tem como objetivo subsidiar qualquer necessidade alimentar, de forma que, a rigor, uma compensação econômica precisa substituir outra compensação econômica, não podendo ter natureza e finalidade distintas, haja vista que uma segunda compensação econômica para cobrir a perda de um direito alimentar não deve nem pode passar pela simples perda de uma pensão alimentícia para em nome dela reivindicar, com sua perda diante do segundo casamento, uma compensação econômica decorrente da ruptura das segundas núpcias, eis que o pleito precisa estar conectado com os demais pressupostos do artigo 97 do ora examinado Código Civil espanhol, cujos requisitos objetivos e subjetivos passam primeiro pela ocorrência de um desequilíbrio econômico em razão e no momento do divórcio, para depois ver se essa brusca queda do padrão de vida pelo súbito divórcio conecta-se com os demais pressupostos subjetivos do artigo 97 do Código Civil espanhol, entre estes a perda de uma precedente pensão compensatória, e não de qualquer pensão alimentícia que somente cobre necessidades, e não a perda de um nível social conjugal.

Em outros e talvez esclarecedores termos, as duas pensões compensatórias devem ser compatíveis entre elas, e não de distintas origens. No entanto, esse não é o pensamento ditado por Marta Ordás Alonso ao escrever que o apartado n.º 7.º do artigo 97 do Código Civil espanhol tem em conta eventual perda de um direito de pensão e que por pensão se entende toda prestação periódica regulada tanto pelo direito público como privado, sobretudo se incluíram pensões contratuais, tais como aquelas procedentes de seguros de vida cujo beneficiário foi o cônjuge, ou decorrente da perda de uma sucessão legítima, assim como a revogação por terceiros de doações em razão do matrimônio e que o donatário perde por ter casado.[306]

3.6.4.8.   Qualquer outra questão relevante

Foi a *Ley* 15/2005, de 8 de julho, que incorporou este preceito de *qualquere outra questão reelevante*, como 9ª circunstância do artigo 97 do Código Civil espanhol, que decorre da possibilidade de existência de qualquer outra situação relevante. Embora seja a última cláusula elencada no artigo 97 do Código Civil espanhol, não tem caráter *numerus apertus*, o que possibilita ao juiz livremente ponderar quais outras circunstâncias ele considera relevantes e que tragam reflexos jurídicos que se estimem suficientes para que seja determinado o *quantum* da pensão compensatória, como pode ser o caso de atribuição do uso da moradia familiar

---

[306]   ALONSO, Marta Ordás. *La cuantificación de las prestaciones económicas en las rupturas de las parejas*. Barcelona: Wolters Kluwer/Bosch, 2017. p. 390.

ao cônjuge credor e outros gastos familiares. Não cabe nenhum indício de dúvida de que a atribuição do uso da residência familiar ao consorte credor provoca uma perda de sua capacidade aquisitiva, ao ter de desembolsar uma quantidade de dinheiro para cobrir suas próprias necessidades de habitação. Portanto, deve essa circunstância ser incluída na cláusula aberta do artigo 97, tanto que o artigo 233-20 do Código Civil da Catalunha dispõe que "a atribuição do uso da vivenda, se esta pertence em todo ou em parte ao cônjuge que não é beneficiário, deve ser ponderada como contribuição em espécie para a fixação dos alimentos dos filhos e da prestação compensatória que eventualmente seja devido ao outro cônjuge". Se assim não o fosse, de certo modo terminaria correspondendo a um enriquecimento injusto em prol do credor beneficiário da moradia, que não terá de fazer frente a um aluguel ou a compra de um imóvel próprio, em contraponto a um empobrecimento do devedor, sobretudo que se trata do titular do imóvel e que terá de encarar a aquisição de outra habitação, em que pese tivesse a possibilidade de ocupar sua própria morada.[307]

Esse é o caráter aberto das circunstâncias determinantes da pensão compensatória, porque outros questionamentos podem influenciar a quantificação da compensação econômica, menos o exame dos motivos do divórcio.[308]

3.7. O caráter indenizatório dos alimentos compensatórios

Basicamente, os alimentos compensatórios representam um ganho econômico que recebe o cônjuge ou convivente a quem a ruptura da convivência produza um desequilíbrio material em relação à posição do outro parceiro e que implique um agravamento da situação anterior ao relacionamento. De acordo com Aurora López Azcona, ao comentar a jurisprudência e o direito civil aragonês, estar-se-ia diante de uma prestação de conteúdo patrimonial, não necessariamente pecuniária nem periódica, mas dirigida a compensar a desigualdade que a ruptura da convivência matrimonial ou informal gerou na situação econômica dos cônjuges ou conviventes, correspondendo especificamente àquele que está em notória situação de agravamento em comparação com a conjuntura econômica detida pelo outro parceiro. Conclui a citada autora pela natureza indenizatória da prestação econômica que justamente trata de compensar um dos cônjuges ou conviventes por um fato objetivo, como é o prejuízo econômico gerado pela ruptura, este compreendido pelo agravamento referente à sua posição econômica em comparação com a de seu parceiro afetivo e vivenciada durante a convivência, para, desse modo, reequilibrar ou nivelar, mas não igualar a posição econômica de ambos.[309]

Merece registro a bem elaborada lição de Herminia Campuzano Tomé ao expor que a pensão encontra sua gênese no princípio da solidariedade pós-conjugal, que supre um verdadeiro e próprio estado de necessidade e que, em contraprestação a essa tese, a obrigação de entregar uma pensão depois em conexão com o divórcio encontra seu fundamento na obrigação tendente a reparar eventual desequilíbrio econômico verificado entre as partes por ocasião de seu divórcio, cujo direito não tem caráter alimentar nem função de

---

[307] VALENZUELA, Manuel Ángel Gómez. Modificación de la pensión compensatoria. *In*: VERDA Y BEAMONTE, José Ramón de (dir.); MATAMOROS, Pedro Chaparro; BIOT, Álvaro Bueno (coord.). *La compensación por desequilibrio en la separación y divorcio*. Tratado práctico interdisciplinar. Valencia: Tirant lo Blanch, 2021. p. 119-120.

[308] MADALENO, Rolf. *Direito de família*. 12. ed. Rio de Janeiro: GEN/Forense, 2022. p. 1152.

[309] AZCONA, Aurora López. La asignación compensatoria del derecho civil aragonés. *In*: VERDA Y BEAMONTE, José Ramón de (dir.); MATAMOROS, Pedro Chaparro; BIOT, Álvaro Bueno (coord.). *La compensación por desequilibrio en la separación y divorcio*. Tratado práctico interdisciplinar. Valencia: Tirant lo Blanch, 2021. p. 289-291.

manutenção, senão uma natureza claramente indenizatória, a qual está dirigida a reequilibrar a situação daquele cônjuge, culpado ou inocente (a tese foi discutida no longínquo ano de 1974, tendo surgido na lei francesa em 1975 e na lei italiana em 1970), o qual, por efeito da cessação do vínculo matrimonial, vê debilitada, de maneira apreciável, a própria posição econômica em comparação com a que gozava na constância do matrimônio, podendo ser solicitada somente depois de ditada a sentença de divórcio.

A pensão alimentícia nasce do casamento, ao passo que os alimentos compensatórios advêm do desequilíbrio econômico causado pela ruptura do casamento e só terão pertinência se se fizer de fato presente o desequilíbrio econômico. Assim, o esposo que pretenda se fazer credor de uma compensação econômica deverá provar que a separação ou o divórcio o deixou em uma posição econômica desvantajosa em relação a do outro cônjuge e à que desfrutava durante o casamento. Contudo, faltando esse pressuposto, não será credor dos alimentos compensatórios, e essa figura judicial não poderá ser transmitida em sua posição ativa para o credor de uma pensão alimentícia, mas somente poderá ser proposta pelo cônjuge que tenha sofrido o desequilíbrio econômico. Essa pensão por desequilíbrio econômico, regulada pelo artigo 97 e seguintes do Código Civil espanhol, pode ser definida como aquela prestação satisfeita normalmente em forma de renda periódica, que a lei atribui, à margem de toda ou qualquer culpabilidade, ao cônjuge com posterioridade à sentença de separação ou de divórcio e que se encontre, em razão de determinadas circunstâncias, sejam elas pessoais ou configuradoras da vida matrimonial, em uma situação econômica desfavorável em relação àquela mantida pelo outro esposo e à desfrutada durante o casamento e dirigida fundamentalmente a restabelecer o equilíbrio entre as condições materiais dos esposos, uma vez rota com a cessação da vida conjugal.[310]

Segundo José Ramón de Vereda y Beamonte, a finalidade essencial dos alimentos compensatórios é a de compensar o desequilíbrio econômico causado a um cônjuge como consequência da separação ou do divórcio (lembrando que a Espanha mantém o sistema dual da separação e do divórcio). Assim, o fato de receber um salário, por si mesmo, não impede a obtenção de uma compensação, havendo clara e reiterada jurisprudência de que a pensão compensatória, diferente da de alimentos, é independente da noção de necessidade de quem a solicita. Logo, o consorte que sofre o desequilíbrio pode ser credor da prestação compensatória, ainda que tenha meios próprios de subsistência, de tal forma que, ao ser desvinculada a compensação econômica da noção de *necessidade*, para centrá-la na reparação pela perda de oportunidades, ela terá um caráter indenizatório, ou misto, se dela não for integralmente desvinculada uma correlata obrigação de assistência e socorro mútuo, pois afinal de contas, sempre que alguém segue em situação de inferioridade material, é porque estaria igualmente necessitada de um socorro.[311]

Sob a ótica da doutrina do direito catalão, ensina Laura Allueva Aznar que a ruptura da convivência matrimonial comporta em geral uma série de efeitos econômicos negativos aos integrantes de uma relação conjugal, em razão do incremento de gastos derivados do fato de terem de manter dois lares ou abonarem outros pagamentos associados à ruptura, assim como a perda de economias de escala próprias de uma vida em comum. Essas consequências

---

[310] TOMÉ, Herminia Campuzano. *La pensión por desequilibrio económico en los casos de separación y divorcio.* Barcelona: Bosch, 1994. p. 21-26.

[311] VERDA Y BEAMONTE, José Ramón de. Presupuestos de la compensación (la noción de desequilibrio económico). *In*: VERDA Y BEAMONTE, José Ramón de (dir.); MATAMOROS, Pedro Chaparro; BIOT, Álvaro Bueno (coord.). *La compensación por desequilibrio en la separación y divorcio.* Tratado práctico interdisciplinar. Valencia: Tirant lo Blanch, 2021. p. 31-35.

Cap. 3 • DOS ALIMENTOS COMPENSATÓRIOS | **295**

negativas podem afetar de forma substancialmente desigual um dos membros do casal, se existe uma disparidade importante nos recursos econômicos de um e do outro para afrontarem a vida separada ou na perspectiva de obterem esses recursos.

Essa saída do casamento, diz a autora em sequência, com caráter desigual, configura-se claramente injusta quando isso se deve, basicamente, a decisões tomadas por ambos ao longo do matrimônio no interesse da família, tendo estas decisões implicado sacrifícios para um dos cônjuges no âmbito pessoal, de formação e profissional. Nesse sentido, os distintos ordenamentos jurídicos reagem ante a eventual desigualdade na saída do casamento mediante a previsão de prestações econômicas a favor do cônjuge que esteja em pior situação financeira.

O fundamento dessas prestações econômicas e seu regime jurídico são muito variados nas distintas jurisdições europeias, pois dependem da concepção do matrimônio em cada país em matéria de igualdade de gênero, proteção social, direitos laborais e atenção à infância. Sem embargos, parece que todas elas compartem um ideal de justiça que há de guiar a regulação das consequências econômicas da ruptura da convivência, que distingue entre o dever de partilhar os bens obtidos ao longo da convivência (*sharing*) e o dever de compensar as perdas derivadas do modo que tenham convivido (*compensation*) e o dever de assistência mútua ou cobertura de necessidades básicas (*needs*).

Os distintos ordenamentos jurídicos não outorgam a esses três fundamentos o mesmo valor, nem contam respectivamente com três tipos de pretensões específicas, senão que estas costumam veicular com técnicas muito variadas, por exemplo, os regimes econômicos matrimoniais, a atribuição do domicílio conjugal, ou as prestações compensatórias, que podem coexistir com os alimentos aos filhos comuns. Em termos gerais, a regulação sobre regimes matrimoniais de bens se ocupa do primeiro fundamento, isto é, do estabelecimento de regras para partilhar os aquestos e as perdas patrimoniais que emanam do casamento. Pode ocorrer, não obstante, que os cônjuges não vejam plenamente compensados seus investimentos efetuados durante a convivência, Daí resta, todavia, diante da partilha do excedente, a possibilidade de solicitar prestações econômicas a favor do cônjuge que esteja em situação pior, que obedeça aos fundamentos restantes, isto é, a compensação das perdas derivadas do modo como que tenham convivido e a cobertura das necessidades básicas, segundo os operadores jurídicos dos distintos ordenamentos que os abordem. Na Catalunha, prossegue a citada autora, a prestação compensatória configura-se como um direito pessoal reconhecido ao cônjuge ao qual a separação, o divórcio, ou nulidade matrimonial tenham gerado um agravamento da situação econômica de que gozava no casamento, cuja regulação carrega tanto uma razão de natureza compensatória como assistencial, apesar de sua denominação compensatória. Nesse sentido, os dois fundamentos que tradicionalmente vêm sendo apontados acerca da prestação compensatória têm sido a natureza *assistencial* e a *compensatória*, dando lugar a uma instituição de natureza mista ou híbrida.[312]

Prosseguindo, Laura Allueva Aznar diz que a principal finalidade da prestação compensatória se associava com a assistência pós-matrimonial entre ex-cônjuges, mas que na atualidade sua finalidade se relaciona com seus objetivos reequilibradores ou reparadores, assim como reabilitadores, que ganharam terreno com o passar do tempo. Ademais, são as finalidades que dão sentido à prestação compensatória, no propósito de compensar razoavelmente o desequilíbrio que a nulidade, a separação ou o divórcio produzem em um dos cônjuges em razão da ruptura do casamento, dado que coloca o consorte prejudicado pela ruptura da

---

[312] AZNAR, Laura Allueva. *Prestación compensatoria y autonomía privada familiar*. Valencia: Tirant lo Blanch, 2016. p. 34-37.

convivência em uma situação de potencial igualdade de oportunidades laborais e econômicas, as quais teria obtido caso não tivesse contraído núpcias. Deve-se levar em consideração que a prestação compensatória não é outorgada a um dos cônjuges por haver contraído matrimônio, senão pela constatação de um prejuízo econômico superior em um consorte a respeito do outro ao tempo da ruptura do relacionamento. Com efeito, os alimentos de origem familiar não têm como finalidade reequilibrar ou compensar o desequilíbrio que se produz como consequência da ruptura da convivência, senão como principal objetivo cobrir as necessidades básicas vitais, isto é, quando forem indispensáveis para a manutenção, moradia, vestuário e assistência médica da pessoa alimentanda, assim como os gastos para a formação, se for menor, e para a continuação da formação, uma vez alcançada a maioridade.[313]

3.7.1. O enriquecimento sem causa

A essencial distinção da compensação econômica *humanitária* regulamentada pelo direito estrangeiro, e que em nada se assemelha aos alimentos compensatórios *patrimoniais* do direito brasileiro, em especial do parágrafo único do artigo 4.º da Lei 5.478/1968 (Lei de Alimentos), ressuscitado pela jurisprudência brasileira a partir da discussão doutrinária surgida em território nacional a respeito da aplicação da compensação econômica, particularmente em regimes de separação de bens, ou em regimes de comunicação de bens que não são geradores de renda, mas que, em verdade, quase sempre produzem despesas, como sucede com imóveis de uso familiar, como o do domicílio conjugal e de lazer, com casa situada em área litorânea ou de um sítio, mesmo quando de uso habitacional e não necessariamente de mero lazer. O fato inconteste é que nos alimentos compensatórios *humanitários* não incide a teoria do enriquecimento sem causa, dos artigos 884 a 886 do Código Civil brasileiro, isso porque não se trata de compensar a retenção dos rendimentos conjugais ou convivenciais comuns e rentáveis, que são retidos ou embolsados por um só dos consortes ou companheiros que se encontra na posse exclusiva e na administração isolada dos bens comuns.

Dispõe o artigo 884 do Código Civil que: "Aquele que, sem justa causa, se enriquecer à custa de outrem, será obrigado a restituir o indevidamente auferido, feita a atualização dos valores monetários". Ora, nos alimentos compensatórios *patrimoniais* o consorte varão, por exemplo, posterga o processo de partilha de bens porque embolsa a totalidade dos rendimentos gerados pelos bens comuns e, com esse agir, a toda evidência, enriquece injustamente em detrimento de sua esposa que, não tendo acesso às rendas dos bens comunicáveis, termina dependente da fixação de uma pensão alimentícia até que logre em demorado processo judicial realizar a liquidação e partilha dos seus bens, feito que pode demandar muitos anos de interminável e estéril discussão judicial. Para minimizar esses efeitos deletérios de uma demorada partilha com o embolso unilateral das rendas advindas de bens rentáveis e comunicáveis, a Lei de Alimentos estatuiu no parágrafo único do artigo 4.º, no início previsto apenas para o regime da comunhão universal de bens, a possibilidade de, sem prejuízo da pensão alimentícia, esse consorte meeiro reivindicar parcela dessas rendas comuns. De pouca utilização na efervescência das décadas de 1960 em diante, é fato que a temática só foi ressuscitada pelos tribunais brasileiros a partir da discussão travada doutrinariamente a respeito da introdução na prática jurisprudencial nacional dos alimentos compensatórios *humanitários*, que terminou, como pôde ser visto no curso desta obra, integralmente confundida em seus reais conceitos doutrinários e em suas finalidades processuais.

---

[313] AZNAR, Laura Allueva. *Prestación compensatoria y autonomía privada familiar*. Valencia: Tirant lo Blanch, 2016. p. 47-53.

Para essa modalidade de alimentos compensatórios *patrimoniais*, idealizados para regimes de comunidade de bens, mas especialmente de bens comuns rentáveis, tem toda cabida a noção do enriquecimento injusto de um dos cônjuges ou conviventes em detrimento do outro que não se encontra na posse e administração dos bens comunicáveis, servindo sua fixação judicial como incentivo para que, em regra, a ordem judicial e liminar de arbitramento dos alimentos compensatórios *humanitários* se prestem como um verdadeiro desestímulo que sempre aconteceu de que o consorte empobrecido pela demora e não assunção imediata dos recursos comuns possa, dessa forma, agilizar a liquidação e a partilha dos bens comuns, o que só acontecerá se os alimentos compensatórios liminares *patrimoniais* forem arbitrados em valores próximos ou idênticos ao que realmente representam relativamente a créditos atinentes à efetiva meação do credor dos alimentos compensatórios, pois, caso contrário, continuará sendo plenamente vantajoso ao devedor usar pequena parcela da meação creditícia de seu consorte e embolsar, inclusive dispensado de prestação de contas, eis que paga alimentos compensatórios judicialmente fixados, valor inferior ao da renda mensal da meação de seu cônjuge ou companheiro.

Portanto, no caso dos alimentos compensatórios *humanitários* não existem bens comuns ou pelo menos não existem bens comuns rentáveis e a compensação econômica que se realiza não é a do enriquecimento injusto, ou seja, esta não se aplica em regime de separação de bens ou em regime em que os bens não consignam ganhos, pois nada o devedor percebe ou retém de lucros comuns. Nesse caso, ele apenas indeniza ou compensa a ocorrência objetiva de um desequilíbrio econômico ocorrido em razão da dedicação do credor às atividades domésticas em detrimento de sua ascensão profissional, não tendo como parâmetro determinante aquele que governa sob o império do enriquecimento injusto, haja vista que não se enriquece da retenção de lucros e de bens, e sim do maior sacrifício pessoal de seu consorte que se dedicou em maior tempo ou em tempo integral a cuidar da família e dos filhos comuns.

3.7.2. *Tratamento tributário da pensão compensatória*

A pensão alimentícia originária do direito de família deixou de ser tributada no Brasil a partir do julgamento pelo STF da ADI 5.422, em votação relatada pelo Ministro Dias Toffoli, concluindo que os valores recebidos de pensão alimentícia não são mais tributados pelo importo de renda, cujo julgamento foi publicado em 23 de agosto de 2022, permitindo-se a restituição dos valores indevidamente cobrados dos últimos cinco anos, de 2018 a 2022.

Até julho de 2022, no Brasil, a pensão alimentícia proveniente do direito de família era tributada como se fosse uma nova renda familiar, variando as alíquotas conforme o montante dos alimentos, cuja prática tributária sempre me pareceu muito injusta pelo fato de sobrecarregar aqueles que restavam com o mínimo valor existencial, uma vez que a renda familiar era única e o provedor era, em regra, o homem que mantinha mulher e filhos com o produto de seu trabalho ou com ingressos seus de qualquer natureza.

Diante dessa situação, escrevi em 2014 um artigo mostrando a inconstitucionalidade da tributação da pensão alimentícia, cuja tese foi encampada pelo IBDFAM, que ingressou no STF com uma ação direta de inconstitucionalidade, valendo-se dos argumentos desenvolvidos no citado artigo, que diziam que a pensão alimentícia da esposa e filhos não se tratava de uma nova renda, senão que da mesma renda familiar que sempre sustentou a família quando coabitava e que nada havia cambiado apenas pelo fato de que o casal tivesse separado suas moradias.

Dessarte, a mera troca de domicílios não importa em reconhecer a existência de um novo ingresso, uma vez que os alimentos devidos para a esposa e filhos representavam simples sobrevivência, tal qual como toda a família sobrevivia unicamente com os ingressos do provedor, e que o dever de mútua assistência se transformava em dever de subsistência.

Como pode o Estado outorgar real proteção à família, se tributa a pensão alimentícia que normalmente é calculada sobre porcentuais mínimos dos ingressos do alimentante, e cujos alimentos intentam, única e exclusivamente, garantir o mínimo de sobrevivência digna daqueles que não têm ingressos próprios e que necessitam assegurar sua sobrevivência, bastando ter em conta que os alimentos são estabelecidos sobre a renda de quem sempre exerceu na constância do matrimônio o papel de provedor?

Em palavras simples, a ideia central do mínimo existencial está assentada no fato de que, estando junta a família, todos se beneficiavam de cem por cento dos ingressos do provedor, e com a separação, mulher e filhos passavam a viver com um máximo de 33% da mesma renda familiar, não se figurando justo tributar sobre esse mínimo existencial. A Constituição brasileira, quando trata do mínimo existencial em seu artigo 3.º, inciso III, intenta erradicar a pobreza e reduzir as desigualdades sociais, de modo a garantir a todos um estandarte aceitável de subsistência. Portanto, tudo o que integra o mínimo vital não constitui renda nem ingressos, posto que esse mínimo essencial não é suscetível de ser tributado e deve atender às necessidades básicas do credor de alimentos.

Alimentos ou pensão alimentícia oriundos do direito de família não se configuram como renda nem como ingressos de qualquer natureza do credor, porém representam somente o valor retirado dos acréscimos patrimoniais recebidos pelo alimentante, que são dados ao alimentado. A percepção desses valores pelo alimentado não representa uma riqueza nova, sendo excluída, portanto, da hipótese de incidência do imposto. Em realidade, existe somente uma riqueza originária que já foi tributada quando foi recebida pelo provedor da família, proveniente de seu salário ou de seus ingressos de qualquer natureza, e com esses ingressos o provedor mantém seus dependentes, mulher e filhos, convivam ou não sob o mesmo teto. Ainda que os cônjuges estejam separados de fato, o pagamento da pensão alimentícia não representa nova renda, tampouco os alimentos representam nova riqueza para a mulher e os filhos, uma vez que os ingressos seguem sendo os mesmos provenientes dos ingressos originários do usual provedor que simplesmente faz um repasse de sua fortuna já tributada. Tributar uma segunda vez as mesmas entradas financeiras representaria um *bis in idem*, uma dupla tributação de um único importe recebido pelo provedor.

Em face desse cenário, em 2015, o IBDFAM ingressou com uma ADI 5.422 no STF do Brasil, tomando como fundamento minha tese da injusta tributação da pensão alimentícia, escrita em outubro de 2014, e publicada no número seis da *Revista IBDFAM Famílias e Sucessões*, de novembro e dezembro de 2015. Essa ação começou a ser julgada no final do ano de 2021 no STF e os últimos votos foram proferidos em 6 de junho de 2022, sendo julgada vitoriosa a tese pela maioria de oito dos onze ministros da Corte Suprema.

O voto condutor da maioria dos ministros do STF disse que: "alimentos ou pensão alimentícia oriundas do direito de família não são renda nem ingressos de qualquer natureza do credor dos alimentos, senão, simplesmente importes retirados dos rendimentos (acréscimos patrimoniais) recebidos pelo alimentante para que sejam dados ao alimentado. Neste sentido, para o último, o recebimento de valores a título de alimentos ou de pensão alimentícia representa somente um ingresso de valores".

Agrega o Ministro Relator Dias Toffoli que "é certo que a legislação impugnada provoca a ocorrência de um *bis in idem* camuflado e sem justificação legítima, violando, portanto, o texto constitucional. [...] o que muda com a separação é a forma pelo meio da qual o provedor

Cap. 3 · DOS ALIMENTOS COMPENSATÓRIOS | 299

passa a suprir as necessidades de sua esposa e filhos: que passam somente a perceber alimentos por uma mera decisão judicial, sendo inexistente uma nova riqueza".

Recordando que se tem por nova riqueza o que sejam novas entradas que traduzam acréscimos patrimoniais diferentes dos ingressos do provedor habitual, cuja renda já foi devidamente tributada em sua origem, entende o STF pelo provimento da ação direta de inconstitucionalidade da incidência do imposto de renda sobre as pensões alimentícias e assim ocasionando a perda de uma arrecadação anual de um bilhão de dólares.

Perante esse quadro, a Advocacia-Geral da União ingressou com um recurso de *embargos de declaração* pretendendo a modulação dos efeitos do julgamento para que o STF impedisse a cobrança ressarcitória dos últimos cinco anos daqueles que pagaram esse imposto, o que representaria em valores atuais uma devolução por parte da União de cinco bilhões de dólares, cujos embargos foram negados sob a seguinte argumentação: "um dos fundamentos da pensão alimentícia é a dignidade da pessoa humana e um dos pressupostos é a necessidade do sujeito que a pede [...] se nota que normalmente neste grupo de pessoas se encontram as que necessitam tutela especial, como são as crianças e adolescentes, os jovens, os anciãos, as pessoas incapazes etc.".

Prossegue o relator dos embargos de declaração dizendo que, com fundamento na dignidade humana, encontram-se pessoas que não têm sustento próprio para atender suas necessidades mais elementares e que, no tocante aos menores, o próprio texto constitucional predisse a observação dos melhores interesses e da inteira proteção destes, sendo dever do Poder Público assegurar, com absoluta prioridade, a efetividade dos direitos à vida, à saúde, à alimentação, à educação, ao ócio, à profissionalização, à cultura, à dignidade, ao respeito, à liberdade e à convivência familiar e comunitária.

Permitir a devolução dos valores indevidamente pagos nos últimos cinco anos representa atender com maior efetividade os melhores interesses dos menores, ao passo que, com relação às pessoas maiores, os valores a eles devidos a título da ação de *repetição de valores indevidos* serão de extrema importância. Não se olvida que a velhice traz, usualmente, acréscimos de gastos com a própria saúde, o que inclui o pagamento de tratamentos médicos e de remédios, e no tocante às pessoas com deficiência, que tanto são os menores, os jovens, as pessoas adultas ou maiores, a estes a necessidade dos valores se mostra ainda mais acentuada.

Entretanto, temendo um grande volume de processos judiciais de *repetição de valores indevidos*, sobrecarregando a justiça federal e esvaziando os cofres da Nação, somando-se a todos os valores que deverão ser restituídos, também o custo dos honorários dos advogados em ações líquidas e certas, entendeu a Receita Federal de facilitar a devolução dos valores indevidamente cobrados mediante uma simples retificação das declarações de rendas feitas nos últimos cinco anos (2018 a 2022).

Sem embargo, a Receita Federal tomou a iniciativa de devolver, administrativamente, somente os últimos cinco anos (2018 a 2022), mediante uma declaração de retificação nos moldes do artigo 168, inciso I, do Código Tributário Nacional, desconsiderando o artigo 198, inciso I, do Código Civil brasileiro que estabelece que não corre a prescrição contra os menores de 16 anos, como tampouco contra as pessoas judicialmente curateladas, uma vez que estas podem cobrar a restituição de todo o período de menoridade ou de incapacidade.

Contudo, todo esse histórico não se aplica aos alimentos compensatórios, eis que estes têm o viés indenizatório da compensação e nessa seara nunca antes foram objeto de tributação, uma vez que valores provenientes de indenizações não sofrem qualquer forma de tributação. A pensão compensatória é prestada por um cônjuge ou companheiro em favor do outro na ocasião de o divórcio ou da dissolução da união estável, em que se produziu um desequilíbrio econômico em comparação com o estilo de vida experimentado durante a convivência matrimonial, compensando desse modo a disparidade social e econômica com a qual se depara o alimentando em função da dissolução de seu matrimônio, comprometendo o divórcio suas obrigações materiais, seu estilo de vida e sua subsistência pessoal. O propósito da pensão compensatória é de indenizar o desequilíbrio econômico causado pela redução do padrão socioeconômico do cônjuge desprovido de bens e de meação e, sem pretender a igualdade econômica do casal, procura reduzir os efeitos deletérios surgidos com a separação do casal.

A finalidade da pensão compensatória não é a de cobrir as necessidades de subsistência do credor, como acontece com a pensão alimentícia, e sim corrigir a desproporção existente no momento do divórcio. A pensão compensatória inclusive não depende da prova da necessidade, porque o consorte pode ser credor dos alimentos compensatórios, mesmo tendo meios suficientes para sua manutenção pessoal. É seu escopo reparar o passado cuidando para que ela não falte no futuro, tendo o propósito tipicamente indenizatório e, para aqueles que entendem sua natureza jurídica mista de caráter assistencial e compensatório, na atualidade, qualquer uma dessas naturezas é passível de tributação.

E, sabidamente, no campo das indenizações, não existe, sob forma alguma, qualquer acréscimo patrimonial, tampouco a indenização se constitui em renda ou vantagem econômica. Nas indenizações apenas transparece a vocação meramente compensatória ou de reparação por perdas sofridas por uma pessoa em decorrência do divórcio e da brusca queda do padrão socioeconômico e faz nascer em favor do cônjuge desguarnecido o direito de ser indenizado e de receber o equivalente pecuniário ao dano sofrido.

O credor de alimentos compensatórios, mesmo que trabalhe e gere renda própria, porém insuficiente para a mantença de seu padrão econômico conjugal, perdido em decorrência do divórcio, principalmente se foi casado pelo regime da separação convencional de bens, e com mais razão ainda se permaneceu ocupado com as tarefas caseiras, perdendo a chance de investir em seu próprio capital humano, cobrirá seus prejuízos com a periódica prestação pecuniária dos alimentos de caráter compensatório, como dívida moral que em nada aumentará sua riqueza econômica, mas tratará somente de substituir a perda sofrida. E, se porventura o credor dos alimentos compensatórios tem renda própria, sobre esta incide o competente imposto de renda, pois é sobre essa renda que incide a capacidade colaborativa, na proporção de seu inegável enriquecimento, nunca sobre a indenização alimentar, e todo o direito alimentar carrega em seu âmago essa natureza indenizatória. Assim, tributar por meio de imposto de renda a pensão recebida termina por desfalcá-la injustamente, cortando sensivelmente sua função alimentar, configurando o imposto incidente sobre a pensão alimentícia um inquestionável e inconstitucional *confisco*.

Ensina Roque Antonio Carrazza quando mostra que tributar uma indenização que meramente compensa uma injusta perda de direito acaba por lhe diminuir o montante, levando ao empobrecimento sem causa do contribuinte,[314] não podendo o imposto de renda incidir sobre o mínimo imprescindível à sobrevivência do declarante, e a pensão alimentícia, efetivamente, só atende ao mínimo existencial.[315]

A *Ley* do IRPF (imposto de renda da pessoa física) espanhola estabelece em seu artigo 17.2 (*Ley* 35/2006, de 28 de novembro) que a pensão compensatória recolhe uma série de rendimentos, que são classificados como rendimentos do trabalho pessoal, incluindo em sua

---

[314] CARRAZZA, Roque Antonio. *Imposto sobre a renda* (perfil constitucional e temas específicos). 3. ed. São Paulo: Malheiros, 2009. p. 196.

[315] MADALENO, Rolf. *Direito de família.* 12. ed. Rio de Janeiro: GEN/Forense, 2022. p. 1210-1211.

letra *f* as pensões compensatórias recebidas do cônjuge, consoante ordenado no artigo 97 do Código Civil da Espanha e as anuidades por alimentos previstas no artigo 143 do Código Civil espanhol, e que não tenham sido estabelecidas para os filhos do alimentante, os quais estão isentos de tributação por alimentos recebidos de seus pais (*Ley* 35/2006 do IRPF). A lei tributária espanhola qualifica a pensão compensatória como um rendimento do trabalho, em clara ficção científica, diz Fernando Hernández Guijarro. Entretanto, o legislador decidiu incluí-la nesse conceito, ainda que dela estejam isentas as rendas até 14.000 euros anuais, e, em contrapartida, aquele cônjuge que deve abonar a pensão compensatória terá direito a uma redução em sua base tributária como consequência do pagamento, vale dizer, sofrerá redução de sua dívida tributária, uma vez que a intenção do legislador é levar a carga tributária pela compensação econômica a quem recebe, e não a quem a paga, parecendo ao legislador tributarista espanhol uma correta distribuição da obrigação de contribuir e que a sua repartição entre os cônjuges cumpre com o mandato constitucional de que todos devem contribuir com a sustentação dos gastos públicos de acordo com a sua capacidade econômica, evitando assim, um sistema progressivo e amenizando a cota daquele que está obrigado a pagar a pensão alimentícia.[316]

3.7.3. Sua cumulação com a pensão alimentícia

Conforme lição empreendida por María Dolores Hernández Díaz-Ambrona, o conceito de desequilíbrio é mais amplo que o de necessidade, já que não apenas abarca as necessidades vitais, mas também se dirige a restabelecer o prejuízo econômico derivado da crise do casamento como consequência do desequilíbrio patrimonial que se produz no momento da ruptura da convivência conjugal, e, de outra banda, a pensão alimentícia pode ser fonte de renda ou um meio de obter patrimônio para o credor da pensão alimentícia. A finalidade da pensão compensatória é alcançar o equilíbrio entre ambos os cônjuges, não no sentido de equiparar plenamente patrimônios que podem ser desiguais por razões alheias à convivência.[317]

A pensão por desequilíbrio econômico e a obrigação de alimentos são instituições distintas que respondem a pressupostos e fundamentos diferentes, em que a última obedece a critérios de necessidade e nasce com o fim de prover o indispensável para atender às exigências vitais. De forma distinta, os alimentos compensatórios encontram sua razão de ser no desequilíbrio econômico experimentado por algum dos esposos como consequência da separação ou do divórcio, e tal desequilíbrio constitui um pressuposto mais amplo que a necessidade, porquanto destinado a cobrir não somente as necessidades vitais, como também e fundamentalmente tem a função de restabelecer ou reparar o prejuízo econômico derivado da ruptura da vida conjugal.

Prescreve o artigo 434, inciso *b*, segunda parte, do Código Civil e Comercial argentino que não procede o direito à pensão alimentícia a favor daquele que recebe a compensação econômica do artigo 441 do mesmo diploma civil portenho, porém não é como interpreta sua legislação o jurista argentino Mauricio Luis Mizrahi, quando obtempera que a sobreposição de alimentos e compensação econômica pode ser disposta sem inconvenientes a respeito dos alimentos que se concedem a quem padece de uma enfermidade grave preexistente ao divórcio

---

[316] GUIJARRO, Fernando Hernández. La fiscalidad de la compensación. *In*: VERDA Y BEAMONTE, José Ramón de (dir.); MATAMOROS, Pedro Chaparro; BIOT, Álvaro Bueno (coord.). *La compensación por desequilibrio en la separación y divorcio*. Tratado práctico interdisciplinar. Valencia: Tirant lo Blanch, 2021. p. 466-468.

[317] DÍAZ-AMBRONA, María Dolores Hernández. *Estudio crítico de la pensión compensatoria*. Madrid: Reus, 2017. p. 98-99.

e que a impede de se autossustentar, vedando a lei argentina unicamente a procedência de ambos os institutos no tocante ao suprimento da necessidade que não se coadunaria com os alimentos do desequilíbrio econômico, cuja cumulação representaria uma sobreposição. Arremata dizendo que a proibição imposta pelo artigo 434, inciso *b*, *in fine*, é cobrar alimentos e, simultaneamente, perceber a compensação econômica. Portanto, se se verifica um estado de necessidade, nada impedirá reclamar a compensação econômica e, enquanto tramita a ação, solicitar a fixação de alimentos, pois o ordenamento não proíbe a possibilidade de que uma e outra figura se apliquem em ordem sucessiva, como também é válida a situação inversa, de que o ex-cônjuge perceba uma compensação econômica e, com o passar do tempo, caia em um estado de necessidade, o que não o impedirá de reclamar uma cota alimentar.[318]

No direito brasileiro, não existe qualquer impedimento na cumulação da pensão alimentícia que decorre do estado de indigência com os alimentos compensatórios que têm natureza indenizatória, e não de subsistência e que, por isso mesmo, eles podem ser requeridos simultaneamente.

3.7.4. Atualização monetária da pensão compensatória

Prescreve o artigo 1.710 do Código Civil brasileiro que as prestações alimentícias, de qualquer natureza, serão atualizadas segundo o índice oficial regularmente estabelecido, atribuindo ao direito alimentar, de qualquer natureza, quer se trate de pensão alimentícia própria do direito de família, quer se cuide de alimentos compensatórios de natureza indenizatória, de típica e indissociável dívida de valor, que deve ser naturalmente atualizada para assegurar seu poder de compra. O artigo 22 da Lei do Divórcio (Lei 6.515/1977) já previa os índices das ORTNs para a atualização da dívida alimentar, eis que, tratando-se de dívida de valor, sua correção independe de prévia ordem judicial, eis que antecipadamente assinalada pela legislação civil com o intuito de evitar o enriquecimento ilícito. Por sinal, uma das formas muito frequentes de assegurar a atualização monetária da pensão alimentícia estava em arbitrá-la em salários mínimos. Esse problema evidentemente não ocorre quando os alimentos, mesmo os compensatórios, são fixados segundo uma porcentagem dos ingressos do cônjuge devedor. Nesse sentido, reza a parte final do artigo 97 do Código Civil espanhol que, em resolução judicial, fixar-se-ão as bases para atualizar a pensão e as garantias para sua efetividade, ao mesmo tempo que o artigo 237-17 do Código Civil da Catalunha expressa que nas prestações compensatórias periódicas e em dinheiro, "a pedido da parte, podem se estabelecer garantias e fixar os critérios objetivos e automáticos de atualização da quantia".

A atualização monetária protege o esposo credor dos alimentos compensatórios dos efeitos da inflação monetária e que vão permitir sua capacidade aquisitiva, devendo ser acordada sua correção monetária quando proveniente de acordo das partes, ou, na sua falta, pelo juiz, dentro das previsões legais de atualização monetária, sendo mais utilizado no sistema jurídico brasileiro o IGPM ou o INPC. Com efeito, a falta de atualização monetária, em regra, procedida uma vez por ano, terminaria corroendo o poder de compra do destinatário dos alimentos, rompendo o equilíbrio financeiro alcançado com o reconhecimento e deferimento judicial da compensação econômica. Entretanto, a possibilidade de atualização está eliminada nos casos em que a compensação econômica é substituída por um capital único de bens ou de dinheiro, em cujas hipóteses as relações entre os cônjuges estão definitivamente extintas e, portanto, não mais cabe falar em atualização do capital, não obstante nada impeça que outras

---

[318] MIZRAHI, Mauricio Luis. *Divorcio, alimentos y compensación económica*. Buenos Aires: Astrea, 2018. p. 110.

Cap. 3 · DOS ALIMENTOS COMPENSATÓRIOS | 303

modalidades de alimentos compensatórios, como a renda vitalícia e o usufruto de bens, possam ser objeto de revisão periódica, tratando as partes de acordarem as bases de atualização do contrato de renda vitalícia, enquanto no usufruto a própria revalorização dos bens sobre os quais foi constituído o usufruto cuidará da atualização automática.[319]

3.7.5. A transmissão dos alimentos compensatórios

Prescreve o artigo 101 do Código Civil espanhol que o direito à pensão não se extingue pelo só fato da morte do devedor, não obstante seus herdeiros possam solicitar ao juiz a redução ou supressão dos alimentos se o espólio não puder satisfazer as necessidades da dívida ou se afetará os direitos das legítimas. Menos clareza decorre do artigo 1.700 do Código Civil brasileiro quando estabelece que a obrigação de alimentos se transmite aos herdeiros do devedor, na forma do artigo 1.694.

Os dois preceitos jurídicos dizem respeito à pensão alimentícia, sem nenhuma referência expressa aos alimentos compensatórios, mesmo porque o direito brasileiro não tem previsão legal acerca dos alimentos compensatórios *humanitários*, embora o parágrafo único do artigo 4.º da Lei de Alimentos (Lei 5.478/1968) regulamente os alimentos compensatórios *patrimoniais*, contudo sem nenhuma previsão relacionada à transmissão sucessória dos alimentos compensatórios patrimoniais, mesmo porque, ao tempo da Lei 5.478/1968, o artigo 402 do Código Civil de 1916 dispunha expressamente que a obrigação alimentar não seria transmissível. Portanto, o sistema jurídico brasileiro não reconhecia a transmissão sucessória da pensão alimentícia, muito menos dos alimentos compensatórios, cujo direito só surgiu em 1977, a partir do artigo 23 da Lei do Divórcio, e posteriormente repristinado com o artigo 1.700 do Código Civil de 2002.

Enquanto o direito espanhol é claro que a transmissão da obrigação alimentar pode ser revista ou suprimida consoante as forças da herança, o direito brasileiro suscita distintas interpretações que variam entre aqueles que, em minoria, sustentam que os herdeiros respondem integralmente pelas dívidas vencidas do alimentante cuja sucessão foi aberta, a maioria doutrinária defende que a transmissão da obrigação deve atentar para as forças da herança, como dessume do Enunciado 343 do Conselho da Justiça Federal, aprovado na IV Jornada de Direito Civil, segundo o qual "a transmissibilidade da obrigação alimentar é limitada às forças da herança".

A periódica pensão alimentícia vencida e não paga ingressa na transmissão sucessória e deve ser paga pelos herdeiros até os limites das forças da herança (CC, art. 1.792), não havendo transmissão aos herdeiros da obrigação alimentar vencida depois de aberta a sucessão do alimentante que se extingue em razão da morte do devedor. Agora, sem embargo, os alimentos compensatórios podem ser transmitidos aos herdeiros do devedor diante de sua finalidade ressarcitória, quer se trate dos alimentos compensatórios *patrimoniais* e que ressarcem a posse e a administração exclusiva dos bens comuns rentáveis, os quais são devidos pelos herdeiros somente em relação aos alimentos compensatórios vencidos durante a vida do alimentante e por ele inadimplidos, haja vista que depois do falecimento do devedor seus bens se transmitem a seus herdeiros e a meação deve ser teoricamente paga ao cônjuge ou ex-consorte, ou, se continuar a posse dos bens comuns rentáveis nas mãos dos herdeiros do sucedido, estes podem ser compelidos a entregarem a renda líquida dos frutos incidentes sobre a meação da(o) viúva(o), uma vez que não há transmissão dos alimentos vincendos, quer se trate da tradicional pensão

---

[319] TOMÉ, Herminia Campuzano. *La pensión por desequilibrio económico en los casos de separación y divorcio.* Barcelona: Bosch, 1994. p. 170.

alimentícia, que decorra dos alimentos compensatórios *patrimoniais* previstos no artigo 4.º, parágrafo único, da Lei 5.478/1968, mas somente na hipótese de os frutos dos bens ficarem sob a administração exclusiva dos herdeiros que se recusam, postergam ou legalmente permanecem na posse dos bens rentáveis enquanto não terminado o inventário e procedida a entrega dos bens aos herdeiros e ao meeiro.

No referente aos alimentos compensatórios *humanitários* vencidos antes da morte do alimentante, a cobrança desse passivo alimentar vencido depende das forças da herança e, de acordo com o direito espanhol, sua revisão ou extinção judicial procede se o espólio não comporta seu pagamento. O direito alemão no artigo 1.586 (b) do BGB estabelece que "a morte do obrigado pelos alimentos entre cônjuges divorciados se transmite aos herdeiros como obrigação do espólio", em que os herdeiros não respondem além da quantia correspondente à legítima do cônjuge se o divórcio não tivesse sido decretado.

Nada impede contratem os cônjuges ou conviventes em pacto antenupcial ou pós-nupcial, ou em contrato de união estável a continuação da obrigação alimentar compensatória para depois do decesso do alimentante, porquanto se trata de alimentos indenizatórios, sem o caráter personalíssimo da tradicional pensão alimentícia do artigo 1.694 do Código Civil brasileiro, que se extingue com a morte do devedor. Cabe aos herdeiros honrar a dívida acordada pelo autor da herança e que, obviamente, está igualmente condicionada às forças da herança em conformidade com o artigo 1.792 do Código Civil. Ademais, se o espólio comporta seu pagamento, as prestações deverão se amoldar ao potencial dos recursos percebidos pelo espólio e eventual ação de cobrança deve ser dirigida aos herdeiros legais ou testamentários do sucedido, observando María Dolores Hernández Díaz-Ambrona não se tratar de uma obrigação personalíssima dos herdeiros, senão de uma dívida da herança, que antes era dívida do sucedido e em nenhuma hipótese pode comprometer o patrimônio particular dos herdeiros, haja vista que não concerne a uma obrigação *mortis causa*, que surge como consequência da abertura da sucessão, mas, sim, uma dívida já existente que se mantém apesar do falecimento do devedor, mas sem caráter personalíssimo.[320]

O direito argentino inclina-se pela extinção dos alimentos compensatórios com a morte do devedor, como também sucede com o usufruto, o uso, a renda vitalícia e o direito de habitação. Acresce Mariel Molina de Juan que se trata de direitos inerentes à pessoa, vale dizer, personalíssimos, porquanto estão destinados a satisfazer as necessidades diretas de seus titulares, tendo igualmente presente que também seriam definitivos os alimentos compensatórios pagos em uma prestação única mediante a entrega de uma soma em dinheiro ou por meio da entrega de bens. Segue a autora com a mesma conclusão extraída do direito espanhol, do fato de ser dívida do sucedido, e não dos herdeiros que podem ser prejudicados em suas legítimas. Ela argumenta que, sendo os herdeiros pessoas vulneráveis, que dependiam economicamente do sucedido, a solução seria desastrosa e esses sucessores se veriam diretamente prejudicados com o pagamento pelo espólio da compensação econômica, quando, logo depois de sua morte, eles têm menos recursos para fazer frente à sua sobrevivência.[321]

Conforme María Paz Sánchez González, a insuficiência de bens do falecido para seguir atendendo os alimentos compensatórios, assim como a possível lesão à legítima dos herdeiros necessários, permitem a redução ou extinção da compensação econômica, ainda que o artigo

---

[320] DÍAZ-AMBRONA, María Dolores Hernández. *Estudio crítico de la pensión compensatoria.* Madrid: Reus, 2017. p. 138-139.

[321] JUAN, Mariel F. Molina de. *Compensación económica.* Teoría y práctica. Buenos Aires: Rubinzal-Culzoni, 2018. p. 317.

101 do Código Civil espanhol disponha que o direito à pensão compensatória não se extingue pelo só fato da morte do devedor, não obstante seus herdeiros possam solicitar ao juiz a redução ou supressão dos alimentos compensatórios se o monte mor não puder satisfazer as necessidades da dívida ou afetar seus direitos à legítima.[322]

Questão distinta é se o cônjuge credor recebe uma herança, cujo fato pode ser motivo sim de extinção dos alimentos compensatórios, dado que a capacidade econômica desse consorte credor dos alimentos compensatórios pode ser notavelmente incrementada em função dos bens e direitos adquiridos em sua condição de herdeiro uma vez liquidada a herança.[323]

3.8. Revisão e extinção dos alimentos compensatórios

A rápida e imprevisível evolução da situação dos ex-cônjuges provoca, em determinadas ocasiões, ensina Herminia Campuzano Tomé, uma alteração importante entre as medidas decretadas pelo juiz na sentença de divórcio e na situação prática, real, na qual as partes podem se encontrar com o decurso dos anos. As legislações costumam autorizar a revisão ou modificação dos alimentos para o caso de sobrevirem novas circunstâncias inexistentes no momento da dissolução do vínculo afetivo, tendo a doutrina elaborado uma enumeração exemplificativa que pode servir como orientação para motivar a revisão dos alimentos, nas seguintes hipóteses:

a) Desvalorização monetária.
b) Novas rendas de trabalho do beneficiário.
c) Cessação do estado de necessidade por haver o credor criado uma nova família.
d) Novas núpcias do beneficiário.
e) Superveniência de novos encargos do devedor dos alimentos.
f) Empobrecimento do patrimônio do obrigado.
g) Falência (insolvência) do obrigado.
h) Revogação da sentença.[324]
i) Morte do credor.
j) Morte do devedor.

As modificações ou alterações da situação patrimonial que podem dar lugar a uma revisão dos alimentos compensatórios pagos em prestações periódicas atribuídas ao cônjuge divorciado ou ao companheiro separado são aquelas que, pelo transcurso do tempo ou por acontecimentos verificados posteriormente à dissolução do relacionamento, levam a uma melhora das condições econômicas do credor da compensação econômica, ou ao agravamento das condições econômicas da pessoa obrigada, tendo em vista que para efeitos de redução do montante da compensação econômica é preciso que o devedor tenha sofrido uma piora em seus rendimentos, ou que o credor tenha sofrido alguma alteração para melhor em suas condições financeiras, porquanto nos alimentos compensatórios *humanitários* não existe a

---

[322] GONZÁLEZ, María Paz Sánchez. *La extinción del derecho a la pensión compensatoria.* Granada: Comares, 2005. p. 109.
[323] DÍAZ-AMBRONA, María Dolores Hernández. *Estudio crítico de la pensión compensatoria.* Madrid: Reus, 2017. p. 147.
[324] TOMÉ, Herminia Campuzano. *La pensión por desequilibrio económico en los casos de separación y divorcio.* Barcelona: Bosch, 1994. p. 171.

hipótese de majoração dos valores, uma vez que eles compensam a posição financeira ou o padrão de vida vivenciado ao tempo do divórcio ou da dissolução da união estável.

Diferentemente é o que acontece com os alimentos compensatórios *patrimoniais*, eis que estes não compensam o desequilíbrio econômico resultante do divórcio ou da dissolução da união estável, mas evitam, sim, o injusto enriquecimento do cônjuge ou companheiro devedor que se encontra na posse e administração exclusiva dos bens comuns rentáveis. É evidente que, se as rendas conjugais produzidas pelos bens comuns e rentáveis aumentam, consequente e naturalmente devem aumentar as prestações mensais desses alimentos que devem ser entregues ao credor excluído da posse de seus bens, ao menos enquanto não forem procedidas a liquidação e a efetiva partilha dos bens comunicáveis, quando então cessa a obrigação alimentar compensatória.

Portanto, uma vez decidido ou acordado o montante da compensação econômica, a regra é sua imutabilidade, pouco importando tenha sido ordenado seu pagamento em uma cota única ou em prestações periódicas por meio de uma renda mensal por meses ou por anos, pressupõe a sentença ou o acordo que foram avaliadas as condições de desequilíbrio e o tempo necessário para que a dificuldade seja superada.[325]

Tampouco a lei chilena contempla a possibilidade de revisão, de modo que não faz a mínima diferença se o devedor quebra, ou se o credor casa ou constitui união estável, ou se reintegra em um trabalho exitoso que lhe devolve uma vida laboral. Aos olhos do direito chileno o credor seguirá tendo direito de cobrar a compensação econômica fixada com viés claramente indenizatório. Contudo, esclarece Mariel Molina de Juan que na Argentina a regra não é assim tão absoluta, e, se foram ajustadas prestações mensais a curto ou largo prazo, podem algumas seguir até a morte do devedor; ao longo deste tempo podem surgir circunstâncias que justificam a revisão, mas usualmente em favor do devedor, pela mudança de suas condições pessoais financeiras ou pela melhoria das condições materiais do credor, ao passo que a Espanha se mostra muito mais flexível diante da possibilidade de revisar e modificar os alimentos compensatórios.[326]

Tem cabida, sim, a revisão dos alimentos apenas diante da desvalorização monetária, cujo decurso do tempo autoriza unicamente a atualização financeira dos valores arbitrados, de modo a evitar que a inflação corroa o poder de aquisição da compensação econômica, ao passo que novas rendas surgidas do trabalho do beneficiário dos alimentos compensatórios podem ser motivo de exoneração do devedor da primitiva obrigação alimentar que lhe foi judicialmente imposta, ou dos eventuais alimentos compensatórios *humanitários* que acordou pagar de forma espontânea em acordo de divórcio ou de dissolução de sua união estável.

O fim do estado de necessidade não tem qualquer relação com os alimentos compensatórios, haja vista que somente é causa de exoneração da pensão alimentícia originária do direito de família, tendo em conta que a compensação econômica busca unicamente evitar o desequilíbrio econômico causado pelo divórcio ou pela dissolução de uma união estável, usualmente em relacionamentos cujo regime de bens é o da completa separação, convencional ou obrigatória (CC, art. 1.641), ou se presente um regime de comunhão de bens, não existam bens rentáveis ou suas rendas são insípidas.

A constituição de uma nova família por parte do credor dos alimentos compensatórios *humanitários* é causa de exoneração, contudo esse mesmo fato não exerce nenhuma influência

---

[325] JUAN, Mariel F. Molina de. *Compensación económica*. Teoría y práctica. Buenos Aires: Rubinzal-Culzoni, 2018. p. 294.

[326] JUAN, Mariel F. Molina de. *Compensación económica*. Teoría y práctica. Buenos Aires: Rubinzal-Culzoni, 2018. p. 295.

no direito aos alimentos compensatórios *patrimoniais* e estes seguem sendo devidos ao ex-cônjuge ou ex-companheiro credor, uma vez que ele é mero destinatário de uma compensação proveniente da sua meação sobre os bens comuns e rentáveis que ainda se encontram sob a posse e livre administração do devedor, e assim seguirão sendo devidos enquanto não realizada a efetiva partilha dos bens comuns, pouco importando como causa exoneratória a formação pelo credor de uma nova família.

Sobrevindo contra o devedor dos alimentos compensatórios novas obrigações alimentares, como seu recasamento ou a constituição de uma nova entidade familiar, ou mesmo o nascimento de filhos antes inexistentes, não necessariamente podem ser revistos os alimentos compensatórios, cuja revisão dependerá, e sempre, das particularidades de cada caso em concreto, até porque a pessoa que assume novos compromissos de ordem pessoal ou gera filhos que antes não os tinha está ciente de que terá de atender a novas necessidades financeiras que se acumulam com as obrigações preexistentes.

O empobrecimento ou a insolvência, ou falência do devedor dos alimentos compensatórios, e, nessa hipótese, podem ser incluídos os alimentos compensatórios *patrimoniais*, o que pode representar a redução ou a exoneração da primitiva obrigação, obviamente se não se tratar de uma simulação do devedor. A morte do credor dos alimentos compensatórios extingue automaticamente a obrigação alimentar, como igualmente ela é extinta pela morte do devedor no caso dos alimentos compensatórios *humanitários* que não se transmitem a seus herdeiros, salvo os valores vencidos ainda em vida do autor da herança e que não haviam sido pagos. No caso dos alimentos compensatórios *patrimoniais*, a morte do devedor em nada afeta o crédito do sobrevivente que segue sendo devido pelos herdeiros do falecido que, pelo princípio da *saisine*, assumem a posse e a administração dos bens comuns que ainda não foram legalmente partilhados e entregues em pagamento da meação do ex-consorte beneficiário dos alimentos compensatórios *patrimoniais*, que só deixará de receber seu crédito quando se adjudicar na posse de sua respectiva meação. Por fim, a morte do devedor extingue seu crédito compensatório.

O desejo do legislador é de que, uma vez satisfeita a prestação compensatória que buscou evitar o desequilíbrio econômico causado pelo divórcio ou pela dissolução de uma união estável, mesmo quando seus valores são pagos em forma de subsídios mensais, tirante a natural correção monetária anual que combate a espiral inflacionária, ela não seja modificada, salvo se alguma causa imprevista altere com excepcional gravidade as condições e necessidades do credor, como um deficiente estado de saúde, desviando-se assim do princípio da *irreversibilidade* dos alimentos compensatórios *humanitários* que, em regra, só podem ser revistos a partir do ponto de vista das condições do devedor.

Conforme Herminia Campuzano Tomé, o princípio da *irreversibilidade* dos alimentos compensatórios, consagrado pelo artigo 273 do Código Civil francês, quebra-se somente em duas hipóteses:

1.ª Naqueles casos em que a prestação tenha sido fixada judicialmente por não ter havido acordo dos cônjuges, quando a ausência de revisão cause em algum dos esposos consequências de excepcional gravidade.
2.ª Quando a demanda de divórcio tenha sido elaborada de comum acordo pelos cônjuges, por meio de cláusulas facultadas pelo artigo 279, em que ajustam as hipóteses para alterações decorrentes de mudanças imprevistas de seus recursos ou de suas necessidades.[327]

---

[327] TOMÉ, Herminia Campuzano. *La pensión por desequilibrio económico en los casos de separación y divorcio*. Barcelona: Bosch, 1994. p. 175.

3.8.1. Revisão judicial

A via judicial é a tônica das demandas revisionais de alimentos, quer se trate de pensão alimentícia originária do direito de família, como estabelece o artigo 1.699 do Código Civil,[328] quer se trate dos alimentos compensatórios ou da compensação econômica de conteúdo indenizatório.

A modificação da pensão compensatória temporal pode se dar pela redução da quantia fixada porque diminuiu o desequilíbrio, porém ainda não foi superado, por exemplo, pelo incremento da fortuna do beneficiário. Também pode se constituir em uma redução do tempo estabelecido inicialmente, porque os patrimônios se reequilibraram antes do previsto. Contudo, não pode ser modificada para ampliar o tempo adiante daquele estabelecido por acordo ou por sentença, pois esse prazo foi calculado em consonância com a previsão de superação do desequilíbrio produzido pela ruptura da convivência, sendo esse desequilíbrio levantado no momento da ruptura, e não depois dela, tanto que o posterior sucesso do devedor não permite nova fixação dos alimentos compensatórios, tampouco podem servir para aumentar a quantia e se prolongar o tempo de duração inicialmente previsto.

Se os alimentos compensatórios foram estabelecidos por tempo indeterminado, uma mudança nas circunstâncias pode provocar sua posterior modificação, por exemplo, substituindo o tempo incerto por tempo determinado, pelo desaparecimento do desequilíbrio, podendo provocar sua automática extinção. A inércia propositada do credor que visa sanar seu estado de desequilíbrio, mantendo-se infinitamente como credor dos alimentos compensatórios, pode representar uma exoneração judicial, cobrando especial importância para a procedência da exoneração da compensação econômica uma atitude passiva do credor na busca de trabalho como uma forma de valorar a imitação da pensão compensatória, constituindo-se em jurisprudência assentada, igualmente no Brasil, de que o desinteresse e a desídia em acessar a algum emprego da pessoa beneficiada com os alimentos compensatórios podem ser determinantes para a extinção de seu direito.[329]

3.8.2. Revisão retroativa

Tema bastante comum diz com os efeitos retroativos de circunstancial redução dos alimentos, em especial dos alimentos compensatórios, tendo em vista ser muito frequente que a redução dos rendimentos do devedor provoca a necessária revisão liminar do valor alimentar mensalmente devido. Essa emergente redução precisa ser conquistada mediante provimento de tutela judicial a ser antecipada pelo juiz, mas nem sempre o pedido de liminar é concedido, fazendo com que o devedor siga responsável pelo mesmo valor mensal e originários dos alimentos acordados ou judicialmente fixados, mas que representam nesse momento factual uma excessiva onerosidade para o alimentante.

Há sempre um grande descompasso entre as execuções dos alimentos que se vencem no curso de uma ação ordinária de revisão dos alimentos, dado que sua redução liminar é muito rara de ser concedida pelos juízes que preferem, em regra, realizar toda a instrução processual

---

[328] Código Civil, artigo 1.699. "Se, fixados os alimentos, sobrevier mudança na situação financeira de quem os supre, ou na de quem os recebe, poderá o interessado reclamar ao juiz, conforme as circunstâncias, exoneração, redução ou majoração do encargo."

[329] MARTÍNEZ RODRÍGUEZ, Nieves. Pensión compensatoria temporal o indefinida. El juicio prospectivo o el arte de adivinar el futuro. In: ASURMENDI, Camino Sanciñena (dir.). Compensaciones e indemnizaciones en las relaciones familiares. Navarra: Thomson Reuters/Aranzadi, 2021. p. 175-177.

até a total coleta da prova judicial e, só então, se for o caso, julgar em sentença pela procedência ou não do pleito reducional, mas cuja prática põe em risco a efetividade do direito, uma vez que os processos executivos de alimentos costumam tramitar com maior celeridade que as demandas revisionais, especialmente quando o título executivo permite a pena de prisão que é descabida no âmbito dos alimentos compensatórios.

Diante da natural e exauriente instrução de um processo, por vezes não é nada infrequente, e se faz imprescindível para o reequilíbrio das armas com as quais se digladiam judicialmente as partes em litígio, especialmente com suporte na urgência e na busca da efetividade, que exista, sempre que possível, a imediata satisfação do efeito fático de mérito que necessita ser antecipado pelo juiz. São tutelas de urgência que precisam ser tomadas antes do desfecho definitivo do processo, eis que prejuízos podem decorrer da inevitável demora da ação, cujos danos ameaçam se consumar antes da prestação jurisdicional definitiva. De acordo com Jean Carlos Dias, as tutelas de urgência têm a finalidade específica de garantir que a decisão final seja efetivamente capaz de gerar efeitos práticos na vida das partes envolvidas,[330] valendo-se o juiz da faculdade que se dispõe a fazer um exame preliminar do mérito acerca da possibilidade de deferir de imediato os efeitos de uma decisão definitiva que só seria proferida ao fim do processo, ponderando a hipotética probabilidade de que exista um direito que precisa ser antecipadamente amparado, assentado em uma expectativa razoável de existência e pertinência do direito invocado. O atual Código de Processo Civil prevê as *tutelas provisórias* (arts. 294 e ss.) que se bifurcam em *tutelas de urgência* (CPC, arts. 300 a 310) e as *tutelas de evidência* (CPC, art. 311). Por seu turno, as tutelas de urgência se dividem em *tutela antecipada*, em caráter antecedente ou incidental e a *tutela cautelar*, que também pode ser concedida em caráter antecedente ou incidental. A tutela de urgência decorre do poder geral de cautela do juiz e a tutela antecipatória tem um viés satisfativo.[331] A tutela de evidência antecipa o provimento judicial em caso de abuso de direito de defesa ou manifesto propósito protelatório do réu, sendo a hipótese apropriada para aquelas ações em que o credor de alimentos compensatórios simplesmente posterga o processo para estender no tempo uma vantagem financeira sobre a qual não mais faz jus, seja porque recasou ou estabilizou sua condição financeira, fazendo com que desaparecesse o inicial desequilíbrio econômico surgido com a primitiva separação, existindo prova contundente ou documental do direito postulado.

Quanto às tutelas provisórias de urgência, devem ser demonstrados os pressupostos do *periculum in mora* e do *fumus boni juris*, eis que sabido que os conflitos familiares evidenciam abalos financeiros que, no campo dos alimentos, precisam ser prontamente reequilibrados à luz da realidade socioeconômica.

Malograda alguma tutela antecipada, é fato inconteste que o devedor dos alimentos está sujeito a ter de pagar valores compensatórios que não mais seriam devidos, contudo seu insucesso na busca de um provimento liminar termina por sujeitá-lo a ter de procurar efeito retroativo ao resultado final de redução ou de exoneração dos alimentos compensatórios, lembrando que, como eles não se trata de pensão alimentícia originária do direito de família, dos quais uma de suas características mais peculiares é que os alimentos do direito de família são *irrepetíveis* e *incompensáveis*, vale dizer, não podem ser devolvidos ou compensados se já foram pagos, ainda que possam retroagir à data da citação. Consoante disposto na Súmula 621

---

[330] DIAS, Jean Carlos. *Tutelas provisórias no novo CPC*. Tutelas de urgência. Tutela de evidência. Salvador: JusPodivm, 2017. p. 52.

[331] ASPERTI, Maria Cecília de Araujo. Processo e conflito: os desafios da efetivação das tutelas provisórias. *In:* DIDIER JR., Fredie (coord.). *Repercussões do novo CPC*. Famílias e sucessões. Salvador: JusPodivm, 2016. v. 15, p. 255.

do STJ,[332] a grande realidade é que os alimentos compensatórios com natureza indenizatória podem sim ser buscados em ação de restituição, com efeito de cobrança retroativa, sob o risco de autorizar o abjeto enriquecimento injusto.

Desse modo, embora para a pensão alimentícia seja vedada a restituição ou a compensação dos alimentos eventualmente quitados, assim não acontece no âmbito da compensação econômica, em que a restituição ou a compensação são absolutamente pertinentes, dada à natureza indenizatória da compensação econômica que autoriza o ingresso de uma ação de restituição pelo direito violado a partir do empobrecimento do devedor que pagou alimentos não mais devidos e que devem ser devolvidos diante da configuração de um enriquecimento sem causa. É evidente que, para restabelecer o equilíbrio patrimonial conforme com as normas de justiça e equidade, deve existir a ação de restituição correspondente,[333] consubstanciada na autêntica cláusula do dever de restituir emanada do artigo 884 do Código Civil, cuja obrigação de ressarcir é associada à denominada eficácia *retroativa* da resolução.[334]

3.8.3. *Exoneração e extinção dos alimentos compensatórios*

Não restam dúvidas de que a compensação econômica se extingue pelo pagamento ou integral cumprimento das obrigações acordadas ou judicialmente fixadas, seja pela entrega de bens, do pagamento de uma cota única ou da modalidade de prestações mensais, anotando Mariel Molina de Juan ser possível que as partes tenham acordado alguma condição resolutiva, como o recebimento de uma herança, ou a obtenção de um posto de trabalho para o credor, a aposentadoria do credor ou do devedor. Podendo o fato ser documentalmente comprovado, a obrigação se extingue automaticamente, não sucedendo o mesmo se o fato depende de comprovação judicial, como a contração de alguma enfermidade ou de alguma causa de exoneração em razão de alguma modificação nas circunstâncias de vida do credor, como a constituição de uma união estável.

Também é causa de extinção automática a morte do credor ou do devedor dos alimentos compensatórios, salvo subsistam prestações inadimplidas que são devidas pelo espólio ao credor. Também se extinguem os alimentos compensatórios transitórios para os quais foi estabelecido um prazo determinado, ao passo que nas compensações por prazo indeterminado sempre haverá de ser proposta a prévia ação de exoneração da compensação econômica para que o credor logre provar que por algum motivo concreto cessou o desequilíbrio econômico. Nesse particular, Mariel Molina de Juan realça duas questões que merecem especial atenção, sendo uma delas a eventual passividade do credor, que não mostra interesse e empenho ou qualquer esforço pessoal na obtenção de algum emprego, sendo esse comportamento determinante no momento de examinar e julgar ação de exoneração dos alimentos compensatórios; e a segunda é o recebimento de uma herança positiva por parte do credor dos alimentos compensatórios, fato que é igualmente determinante para a extinção ou exoneração dos alimentos.[335]

---

[332] Súmula 621 do STJ: "Os efeitos da sentença que reduz, majora ou exonera o alimentante do pagamento retroagem à data da citação, vedadas a compensação e a repetibilidade".

[333] GROSS, Alfonso Oramas. *El enriquecimiento sin causa como fuente de obligaciones*. Colômbia: Nomos, 1988. p. 91.

[334] SILVA, Rodrigo da Guia. *Enriquecimento sem causa*. As obrigações restitutórias no direito civil. São Paulo: RT, 2018. p. 278.

[335] JUAN, Mariel F. Molina de. *Compensación económica*. Teoría y práctica. Buenos Aires: Rubinzal-Culzoni, 2018. p. 300-301.

3.8.4. Recasamento do credor

O recasamento ou a constituição de uma união estável de parte do credor da compensação econômica é causa automática de extinção da dívida, caso o fato possa ser comprovado documentalmente ou até mesmo pela confissão ou reconhecimento do credor. Entrementes, existem situações bastante comuns, nas quais o credor da compensação econômica age de notória má-fé e omite ou esconde seu novo relacionamento, muitas vezes inclusive não coabitando diretamente com seu companheiro para tentar dissimular a existência de sua nova relação afetiva. Para impedir o abuso do direito que teria lugar se o credor inicia uma relação afetiva, porém evita conviver e coabitar com seu parceiro, no propósito de não incorrer na extinção de seu crédito alimentar compensatório e conservar esse direito que deixou de lhe pertencer, lembra Mariel Molina de Juan que o Tribunal Supremo espanhol esclareceu que nem sempre é exigida a convivência no mesmo domicílio, exatamente como ocorre no direito brasileiro, sendo suficiente que exista uma relação sentimental prolongada e estável.[336] Nem sempre a distância física ou a falta de coabitação dos cônjuges retrata a falta de convivência e a ausência de uma relação afetiva, existindo uma sutil barreira entre a convivência e a coexistência de duas pessoas que podem ocupar o mesmo espaço, mas não desejam formalizar uma união, e que podem simplesmente estar compartilhando o mesmo domicílio, mesmo que em um passado já tivessem mantido uma entidade familiar.

3.8.5. Enriquecimento do credor

O Tribunal Supremo da Espanha vem reconhecendo o direito de receber uma quantidade de dinheiro pela ruptura da união com base na doutrina do enriquecimento injusto e o princípio geral de equidade e proteção ao companheiro prejudicado pela situação de fato em que se encontra em brusca queda de seu padrão de vida em decorrência do divórcio ou da dissolução de sua união estável. O princípio do enriquecimento imotivado encontra total eco nos alimentos compensatórios *patrimoniais*, como visto, para que o cônjuge que usufrui isoladamente dos rendimentos provenientes dos bens comuns não enriqueça à custa do empobrecimento do consorte que não está na posse e na administração dos bens comuns rentáveis. Entretanto, a aplicação dessa teoria nas hipóteses de existência de bens comuns rentáveis termina por colocar os casais e conviventes que adotaram um regime de comunicação de bens, e que têm bens comuns rentáveis, em uma posição jurídica mais favorável que a dos cônjuges que não possuem bens comunicáveis, os quais, pelo contrário, convivem em um regime de separação convencional ou obrigatório de bens.

Existem mostras que permitem declarar a existência de um enriquecimento injusto quando: a) ocorre o aumento do patrimônio do enriquecido; b) o correlato empobrecimento do outro; c) falta de causa que justifique o enriquecimento; e d) inexistência de um preceito legal que exclua a aplicação de tal princípio. Ainda em consonância com a doutrina de Eduardo Estrada Alonso, tem sido declarado o enriquecimento ilícito quando ocorrem ganhos, vantagens patrimoniais ou benefícios sem um direito que os apoie ou advirta, sendo derivado do empobrecimento ou diminuição patrimonial ou de ganhos da outra parte afetada.[337]

---

[336] JUAN, Mariel F. Molina de. *Compensación económica*. Teoría y práctica. Buenos Aires: Rubinzal-Culzoni, 2018. p. 301.

[337] ALONSO, Eduardo Estrada. Compensación económica al cese de la convivencia more uxorio. *In*: ASURMENDI, Camino Sanciñena (dir.). *Compensaciones e indemnizaciones en las relaciones familiares*. Navarra: Thomson Reuters/Aranzadi, 2021. p. 351, nota de rodapé 34.

3.8.6. Morte do devedor

O Código Civil espanhol dispõe em seu artigo 101 as causas que regem com caráter taxativo a extinção da compensação econômica, mas ressalva que o direito à pensão não se extingue pelo só decesso do devedor, não obstante seus herdeiros possam solicitar ao juiz a redução ou supressão dos alimentos se a herança não puder satisfazer as necessidades da dívida ou afetar os direitos das legítimas. Portanto, em princípio, o falecimento do devedor da prestação compensatória não produz por si só a extinção dos alimentos compensatórios, dando a entender que apenas mudaria o sujeito passivo, que passariam a ser os herdeiros do falecido, o que faz sentido se for considerado que a compensação econômica não tem caráter personalíssimo e que sua existência forma apenas parte de um conjunto de bens, direitos e obrigações nascidos de uma indenização por decorrência de um desequilíbrio econômico apurado ao tempo do divórcio; logo, será esse conjunto de bens a massa que assegura o direito do credor aos alimentos compensatórios.[338]

Obviamente, também se extinguem os alimentos compensatórios se os cônjuges ou companheiros se reconciliam e voltam a conviver, tendo esse segundo período de convivência relevância para extinguir a existência do desequilíbrio fundado na precedente crise conjugal que em outro momento fático pôs fim ao casamento.[339] A dívida é do espólio e os bens que compõem a herança respondem pelas dívidas hereditárias, sem que possam violar as legítimas. Caso o patrimônio hereditário seja insuficiente para saldar a dívida oriunda da compensação econômica, tampouco esses bens do espólio produzam renda capaz de atender as prestações compensatórias, podem os herdeiros requerer a redução da dívida e até mesmo sua eventual exoneração, não sendo obrigação dos herdeiros atenderem obrigações que superem as forças da herança (CC, art. 1.792).

3.8.7. Morte do credor

De modo diverso do que acontece com a morte do devedor dos alimentos compensatórios, cuja obrigação se transmite a seus herdeiros e, portanto, não extingue a dívida, o falecimento do cônjuge beneficiário, o credor dos alimentos compensatórios, tendo em conta que a finalidade da compensação econômica é a de restabelecer sua posição econômica e somente a sua, e não a de seus eventuais herdeiros, originará a extinção definitiva da compensação econômica, evitando seu ingresso na herança do credor e que esta se transmita ativamente para os seus herdeiros,[340] salvo se trate de valores vencidos em vida e inadimplentes.

Na Argentina, procede-se no mesmo sentido, de que a morte do credor extingue a compensação fixada, como também acontece com outras figuras jurídicas, como o usufruto, o uso, a habitação e a renda vitalícia, quer tenha sido acordado pelas partes ou fixado pelo juiz, tratando-se de direitos inerentes à pessoa e destinados a satisfazer necessidades diretas do credor. Existindo um crédito insaldado, informa Mariel Molina de Juan, concerne unicamente

---

[338] GONZÁLEZ, María Paz Sánchez. *La extinción del derecho a la pensión compensatoria*. Granada: Comares, 2005. p. 110.

[339] BAREA, Margarita Castilla; ARENAS, Ana Laura Cabezuelo. Disposiciones comunes a la nulidad, separación y divorcio. *In*: TOLSADA, Mariano Yzquierdo; CASAS, Matilde Cuena (dir.). *Tratado de derecho de la familia*. Las crisis matrimoniales. 2. ed. Navarra: Aranzadi/Thomson Reuters, 2017. v. II, p. 601.

[340] TOMÉ, Herminia Campuzano. *La pensión por desequilibrio económico en los casos de separación y divorcio*. Barcelona: Bosch, 1994. p. 213.

à transmissão sucessória de um crédito pertencente agora aos herdeiros pela *saisine*, sendo propósito da compensação econômica corrigir um menoscabo patrimonial injustamente sofrido pelo credor ora falecido, que visava favorecer o desenvolvimento autônomo da pessoa que foi prejudicada pela vida familiar, e não para proteger seus herdeiros.[341] A obrigação do devedor não se funda em uma ideia de culpa, nem tem uma finalidade sancionatória, e ordenar a transmissão da dívida compensatória aos herdeiros do credor, defende Mariel Molina de Juan, poderia acarretar uma perigosa confusão a respeito das características essenciais do direito à compensação econômica.[342]

Como argumento complementar, sustenta Mariel Molina de Juan que, não obstante o direito comparado ampare a finalidade indenizatória dos alimentos compensatórios, vinculando-a à responsabilidade objetiva, cujos créditos nesse caso são transmitidos aos herdeiros, assim não são tratados, contudo, os alimentos compensatórios no direito argentino.[343]

3.9. Execução dos alimentos compensatórios

Como qualquer dívida que se torna líquida e certa, em suas mais distintas versões legais, quer se trate do cumprimento de uma decisão judicial ou da execução de um acordo extrajudicial, existem os meios coercitivos previstos em lei processual para a satisfação do débito. Há inúmeras espécies de títulos executivos, sendo eles classificados como títulos executivos judiciais ou extrajudiciais, e sua execução só é possível quando o título contiver os requisitos essenciais de liquidez, certeza e exigibilidade, isto é, quando houver certeza do valor devido, a quantidade de bens ou da obrigação de fazer. O requisito da certeza indica a correspondência do título executivo com determinada obrigação, assim como sua existência, e, quanto ao requisito da exigibilidade, é a indicação de que só está apto para execução o título vencido e que não esteja sujeito à prévia condição.[344]

Deixando o devedor dos alimentos de pagar sua obrigação fundamental, quer se trate da pensão alimentícia essencial à sobrevivência do credor, quer se trate dos alimentos compensatórios *humanitários* ou *patrimoniais*, decorra a obrigação de acordo ou por decisão judicial, o credor terá de recorrer a uma ação executiva que, no caso da pensão alimentícia, é do período em débito, que não ultrapasse os três últimos meses vencidos[345] e abarque as pensões que se vencerem no curso da execução; terá o credor a seu favor o rito processual da coação prisional, caso não prefira se valer da via da execução sob pena de penhora.

Merece registro o julgamento proferido pela Quarta Turma do STJ, que entendeu cabível a cumulação das medidas de coerção pessoal (prisão) e de expropriação patrimonial (penhora) no âmbito do mesmo procedimento executivo, desde que não haja prejuízo ao devedor, a ser comprovado por ele, nem ocorra tumulto processual, cujas situações devem ser avaliadas pelo magistrado em cada caso. A relatoria foi do Ministro Luis Felipe Salomão, que concluiu pela possibilidade do processamento conjunto dos requerimentos de prisão e de

---

[341] JUAN, Mariel F. Molina de. *Compensación económica*. Teoría y práctica. Buenos Aires: Rubinzal-Culzoni, 2018. p. 316.

[342] JUAN, Mariel F. Molina de. *Compensación económica*. Teoría y práctica. Buenos Aires: Rubinzal-Culzoni, 2018. p. 317.

[343] JUAN, Mariel F. Molina de. *Compensación económica*. Teoría y práctica. Buenos Aires: Rubinzal-Culzoni, 2018. p. 317.

[344] LIVRAMENTO, Geraldo Aparecido do. *Execução no novo CPC*. Leme: JHMizuno, 2016. p. 25.

[345] Súmula 309 do STJ: "O débito alimentar que autoriza a prisão civil do alimentante é o que compreende as três prestações anteriores ao ajuizamento da execução e as que se vencerem no curso do processo".

expropriação,[346] obviamente separados os períodos permitidos pela Súmula 309 do STJ e pelos artigos 528, § 7.º, para o cumprimento de sentença, e 911, parágrafo único, para a execução alimentar de título extrajudicial, ambos do Código de Processo Civil, devendo os respectivos mandados citatórios ou intimatórios se adequar a cada pleito executivo.

Entrementes, os alimentos compensatórios não guardam a mesma natureza jurídica da pensão alimentícia, havendo discussões acerca de sua natureza exclusivamente indenizatória ou híbrida, para muitas legislações, em que os alimentos compensatórios guardam um misto de função assistencial e indenizatória, tendo transcendência jurídica conhecer sua natureza jurídica não somente para fins acadêmicos, mas também para conhecer seus limites institucionais e as normas que sobre eles podem ser aplicadas.[347]

No direito chileno, a doutrina e jurisprudência se dividem e atribuem uma natureza mista aos alimentos compensatórios, com uma função assistencial que os assimila à instituição da pensão alimentícia, de cuja interpretação pessoalmente discordo, tendo em vista que a compensação econômica está radicada no fato de o cônjuge credor haver se dedicado aos cuidados dos filhos e dos labores domésticos e, por essa razão, reclama os alimentos compensatórios *humanitários*, ou simplesmente se compensa da posse exclusiva pelo outro consorte dos bens comuns e rentáveis e, em nome de sua meação, reclama os alimentos compensatórios *patrimoniais*, enquanto a pensão alimentícia está centrada no estado de necessidade do parceiro afetivo. O fundamento da prestação econômica se refere ao restabelecimento das relações de paridade ou de equidade vivenciadas ao tempo do divórcio, por haver causado uma brusca queda no modo de vida do cônjuge mais débil e que, em regra, casado em regime de separação de bens, ou em regime de comunicação patrimonial em que o acervo não gera receita, mas somente despesas, e que se vê em posição de menoscabo social e financeiro diante da crise e término de sua sociedade conjugal.

---

[346] "Processo civil. Recurso especial. Execução de alimentos. Cumulação de técnicas executivas: Coerção pessoal (prisão) e coerção patrimonial (penhora). Possibilidade, desde que não haja prejuízo ao devedor nem ocorra nenhum tumulto processual *in concreto*. 1. Diante da flexibilidade normativa adotada pelo CPC/2015 e do tratamento multifacetado e privilegiado dos alimentos, disponibilizou o legislador diversas medidas executivas em prol da efetividade da tutela desse direito fundamental. 2. Cabe ao credor, em sua execução, optar pelo rito que melhor atenda à sua pretensão. A escolha de um ou de outro rito é opção que o sistema lhe confere numa densificação do princípio dispositivo e do princípio da disponibilidade, os quais regem a execução civil. 3. É cabível a cumulação das técnicas executivas da coerção pessoal (prisão) e da coerção patrimonial (penhora) no âmbito do mesmo processo executivo de alimentos, desde que não haja prejuízo ao devedor (a ser devidamente comprovado) nem ocorra nenhum tumulto processual no caso em concreto (a ser avaliado pelo magistrado). 4. Traz-se, assim, adequação e efetividade à tutela jurisdicional, tendo sempre como norte a dignidade da pessoa do credor necessitado. No entanto, é recomendável que o credor especifique, em tópico próprio, a sua pretensão ritual em relação aos pedidos, devendo o mandado de citação/intimação prever as diferentes consequências de acordo com as diferentes prestações. A defesa do requerido, por sua vez, poderá ser ofertada em tópicos ou separadamente, com a justificação em relação às prestações atuais e com a impugnação ou os embargos a serem opostos às prestações pretéritas. 5. Na hipótese, o credor de alimentos estabeleceu expressamente a sua 'escolha' acerca da cumulação de meios executivos, tendo delimitado de forma adequada os seus requerimentos. Por conseguinte, em princípio, é possível o processamento em conjunto dos requerimentos de prisão e de expropriação, devendo os respectivos mandados citatórios/intimatórios se adequar a cada pleito executório. 6. Recurso especial provido" (STJ, REsp 1.930.593/MG, 4.ª Turma, Rel. Min. Luis Felipe Salomão, j. 09.08.2022).

[347] MOLINA, Cristián Lepin. Naturaleza jurídica de la compensación económica. *In*: MOLINA, Cristián Lepin. *Compensación económica*. Doctrinas esenciales. Santiago: Thomson Reuters, 2013. p. 482.

3.9.1. Coação pessoal

Não carregando esse viés assistencial na prática brasileira, os alimentos compensatórios vislumbram unicamente sua execução pela constrição patrimonial, já tendo a jurisprudência nacional se pronunciado diversas vezes contra a execução pela coação pessoal,[348] eis que afrontaria o artigo 7.º do Pacto de São José da Costa Rica, do qual o Brasil é signatário, e que proíbe a prisão por dívidas, ressalvada apenas no direito brasileiro a prisão pela dívida alimentícia de natureza eminentemente assistencial.

Merece registro a lei chilena (*Ley* 19.947/2004) que introduziu naquele país a 'nova' *Ley de Matrimonio Civil*, que não somente ensartou o divórcio vincular no Chile, um dos últimos países continentais a admitir a dissolução do vínculo conjugal, como tratou de regulamentar a compensação econômica decorrente do divórcio ou da nulidade do casamento.

Do texto da *Ley* 19.947/2004 chamam especial atenção os artigos 65 e 66 da Lei do Matrimônio Civil, eis que ambos outorgam ao juiz de família a faculdade de ordenar o pagamento da compensação econômica em parcelas mensais reajustáveis, com a diferença de que o artigo 65 é endereçado ao devedor solvente de alimentos compensatórios, que possui bens e que, portanto, tem como garantir a eventual execução das parcelas porventura inadimplidas, inclusive prestando garantias judiciais, por exemplo, uma hipoteca. Diferente é o artigo 66 que só tem aplicação excepcional, em que o devedor dos alimentos compensatórios não possui bens nem tem como pagar em uma prestação única a compensação econômica que lhe foi imposta ou que por ele foi acordada em seu divórcio. Dispõe o artigo 66 da Lei do Matrimônio Civil do Chile que: "se o devedor não tem bens suficientes para solucionar o montante da compensação econômica mediante as modalidades a que se refere o artigo anterior, o juiz poderá dividi-lo em quantas cotas forem necessárias".

Vale dizer, o artigo 65 se aplica ao devedor que possui uma capacidade econômica suficiente para cumprir com o pagamento da compensação econômica em uma única cota, ou, pelo contrário, tendo capacidade econômica, outorga-se-lhe a possibilidade de pagá-las em cotas, porém com garantias relativas ao cumprimento mediante as alternativas contempladas no artigo 65 da Lei do Matrimônio Civil do Chile.[349]

Por outro lado, o artigo 66 da *Ley* 19.947/2004 (Lei do Matrimônio Civil) se refere a uma figura totalmente distinta, cujo dispositivo o juiz de família somente pode aplicar quando o devedor não tenha bens suficientes para garantir o pagamento da compensação econômica em uma única

---

[348] "Constitucional, processual civil e civil. *Habeas corpus*. Execução de alimentos. Prestação alimentícia em favor de ex-cônjuge. Natureza indenizatória. Débito pretérito. Rito da prisão civil. Descabimento. Ordem concedida. 1. O inadimplemento de alimentos compensatórios, destinados à manutenção do padrão de vida de ex-cônjuge em razão da ruptura da sociedade conjugal, não justifica a execução pelo rito da prisão, dada a natureza indenizatória e não propriamente alimentar de tal pensionamento (RHC 117.996/RS, 3.ª Turma, Rel. Min. Marco Aurélio Bellizze, j. 02.06.2020, DJe 08.06.2020). 2. Ainda esta Corte entende que, 'quando o credor de débito alimentar for maior e capaz, e a dívida se prolongar no tempo, atingindo altos valores, exigir o pagamento de todo o montante, sob pena de prisão civil, é excesso gravoso que refoge aos estreitos e justificados objetivos da prisão civil por dívida alimentar, para desbordar e se transmudar em sanção por inadimplemento' (HC 392.521/SP, 3.ª Turma, Rel. Min. Nancy Andrighi, j. 27.06.2017, DJe 1.º.08.2017). 3. Na hipótese, a sentença na ação de dissolução de sociedade de fato fixara a obrigação alimentícia em cinco salários mínimos e, anos depois, no julgamento da apelação, veio a ser majorada para quinze salários mínimos, a fim de manter o padrão de vida ao qual estava acostumada a alimentanda durante a união. Não se caracteriza, assim, a natureza alimentar nem o caráter inescusável da dívida, revelando-se ilegal a prisão do alimentante. 4. Ordem de *habeas corpus* concedida. Liminar confirmada" (STJ, *Habeas Corpus* 744.673/SP, 4.ª Turma. Rel. Min. Raul Araújo, j. 13.09.2022).

[349] BARRA, Christian Alberto Varela. *Procedimiento de cumplimiento de la compensación económica*. Chile: Hammurabi, 2018. p. 52.

parcela. Pode o juiz autorizar seu pagamento parcelado, mediante cotas,[350] criando, contudo, diante dessa particularidade do estado insolvente do devedor, uma verdadeira ficção jurídica, pela qual às referidas cotas é reputada a natureza jurídica de *alimentos* para os efeitos de seu cumprimento, ou seja, ao se transmudarem essas cotas de sua natureza compensatória ou indenizatória para a de alimentos, a garantia patrimonial que não existia transforma-se em garantia pessoal, pois o devedor inadimplente se sujeita à prisão de pernoite.

Em síntese, o artigo 66 da Lei do Matrimônio Civil do Chile só terá aplicação quando:

1. O juiz determinou a existência do direito à compensação econômica e ordenou sua quantia em favor do cônjuge mais débil.
2. O juiz tenha constatado que o devedor não possui bens suficientes para fazer frente ao pagamento da compensação econômica, ou seja, não existe nenhuma condição de serem aplicadas as garantias previstas no artigo 65 da LMC.
3. O juiz não pode aplicar nenhuma garantia de pagamento da compensação econômica, salvo se valendo da ficção do artigo 66 da LMC, para reputar ao crédito e suas respectivas cotas a natureza jurídica de alimentos para o efeito de seu cumprimento, trocando a ausente garantia patrimonial pela ficcional garantia corporal.

Não obstante a jurisprudência e doutrina brasileiras sejam avessas à possibilidade de prisão pela inadimplência injustificada de alimentos compensatórios, particularmente dos *humanitários*, haja vista que os alimentos compensatórios *patrimoniais* têm nítida natureza compensatória ou de reparação pelo embolso unilateral das rendas comuns que se acha sob a posse e administração do outro cônjuge ou companheiro, não encontrando qualquer resquício ou vestígio de uma função assistencial, mesmo assim, em sua pureza, esses alimentos compensatórios *humanitários* não encontram, igualmente, uma conexão com o dever material de assistência que se faz presente entre cônjuges e companheiros no âmbito da pensão alimentícia oriunda do direito de família. O direito chileno criou uma ficção legal ao reputar um caráter de alimentos às cotas de devedor sem bens e garantias, ou com bens insuficientes para garantir o pagamento integral e direto da compensação econômica, o que fez com a clara intenção legislativa de dar proteção ao cônjuge credor da compensação econômica devida por parceiro sem garantias, servindo como fiança a liberdade pessoal do devedor.

Em suma, o efeito prático dessa ficção criada pelo legislador chileno para assegurar o cumprimento da compensação econômica ordenada em cotas mensais para facilitar o cumprimento de parte do devedor sem lastro patrimonial, autorizando sua prisão de pernoite para que trabalhe durante o dia, caso descumpra com sua obrigação, é medida judicial que igualmente pode ser acrescida de outras formas executivas atípicas que têm a função de enraizar o devedor em seu território residencial, como a suspensão de sua licença para dirigir veículos, ou o recolhimento do seu passaporte com proibição de saída do país.[351]

Aludindo acerca da prática processual dos juízes chilenos de família, informa Christian Alberto Varela Barra que a maior parte deles resolveu não aplicar o artigo 66 da *Ley de Matrimonio Civil*, que autoriza a prisão do devedor inadimplente de prestações compensatórias, porque elas não detêm uma natureza jurídica alimentícia e que desatender o artigo 7.º do

---

[350] BARRA, Christian Alberto Varela. *Procedimiento de cumplimiento de la compensación económica*. Chile: Hammurabi, 2018. p. 52-53.

[351] BARRA, Christian Alberto Varela. *Procedimiento de cumplimiento de la compensación económica*. Chile: Hammurabi, 2018. p. 56.

Cap. 3 · DOS ALIMENTOS COMPENSATÓRIOS | 317

Pacto de San José de Costa Rica implicaria estabelecer uma exceção ao princípio de que no Chile não existe prisão por dívida.

3.9.2. *Teses contrárias à prisão civil por alimentos compensatórios*

O inadimplemento de uma pensão alimentícia da qual o credor necessita o pontual adimplemento para garantir sua integral subsistência, diante da gravidade que resulta de uma inadimplência injustificada, termina por ser a única dívida que a Convenção Americana sobre Direitos Humanos, conhecida como o Pacto de São José da Costa Rica,[352] admite a perda da liberdade. Entretanto, os alimentos compensatórios não têm um caráter alimentício, e sim indenizatório, de forma que sua inadimplência injustificada carece de império para viabilizar sua execução sob a coação pessoal do devedor.

Portanto, no direito brasileiro, descabe pretender a prisão pela inadimplência voluntária, muito menos justificada do devedor de alimentos compensatórios, eis que destituídos de sua natureza estritamente alimentar,[353] uma vez que eles compensam eventual queda brusca do padrão de vida, no caso dos alimentos compensatórios *humanitários,* ou compensam a posse e fruição exclusiva por um dos consortes dos bens comuns rentáveis, na hipótese dos alimentos compensatórios *patrimoniais.*

Por sua vez, o direito chileno prevê no artigo 65 da *Nueva Ley de Matrimonio Civil* que o juiz determinará a forma de pagamento da pensão compensatória, que pode ser pela entrega de uma soma única de dinheiro, a qual pode ser inteirada em várias cotas reajustáveis, a respeito das quais o juiz deve fixar as garantias para seu pagamento. Nesse caso, em garantia do recebimento das prestações dos alimentos compensatórios, o juiz de direito chileno pode ordenar a constituição de direitos de usufruto, uso ou habitação, sobre bens que sejam de propriedade do cônjuge devedor. Curiosa, contudo, a redação do artigo 66 da citada *Ley*, pois expõe o dispositivo referido que, se o devedor não tiver bens suficientes para solucionar o montante da compensação econômica mediante as modalidades previstas no artigo 65 (usufruto, uso ou habitação), o juiz poderá dividir o montante devido em quantas cotas forem necessárias, mas, para isso, tomará em consideração a capacidade econômica do consorte devedor e expressará o valor de cada cota em alguma unidade reajustável. Essa cota respectiva será considerada e equiparada a uma dívida de alimentos para o efeito de seu cumprimento, por expressa previsão do referido artigo 66 da Ley 19.947 ("a cota respectiva será considerada alimentos para o efeito de cumprimento, a menos que se houvessem oferecido outras garantias

---

[352] Explica VANNUCCI, Rodolpho. *Execução de alimentos no direito de família.* Um estudo atualizado e sistematizado em vista das recentes reformas legislativas. Sapucaia do Sul: Notadez, 2011. p. 70, que: "Muito se discutiu acerca da inconstitucionalidade da prisão civil do depositário infiel, por conta da recepção, no Brasil do Pacto de San José da Costa Rica – Convenção Internacional sobre Direitos Humanos (Decreto 678/2002). Isso, todavia, não alterou a possibilidade da prisão civil para o crédito alimentar, já que o art. 7.º, § 7.º, do Pacto apenas suprimiu a expressão 'depositário infiel' do proibitivo da prisão civil, mantendo expressamente a possibilidade para a dívida alimentar".

[353] "Agravo de instrumento. Cumprimento de sentença. Pedido de reforma da decisão que determinou a prisão civil do executado. Possibilidade. Com efeito, considerando que o débito alimentar que fundamentou o decreto prisional também se constitui em valores decorrentes de alimentos compensatórios estabelecidos em favor da recorrida, cabível o afastamento da medida, tendo em vista que não possuem caráter alimentar, mas natureza indenizatória, devendo ser atualizado o débito para constar apenas aqueles que sirvam à subsistência da parte exequente" (TJRS, Agravo de Instrumento 5172247-23.2022.8.21.7000, Rel. Des. Jose Antonio Daltoé Cezar, j. 14.12.2022).

para o seu efetivo e oportuno pagamento, o que será declarado na sentença"). Deixando de ser pagas essas cotas, têm procedência o pedido e decreto de prisão do devedor.

Contudo, nem o direito chileno é unânime em aceitar essa tese de prisão pelo inadimplemento voluntário das cotas de parcelamento da compensação econômica, existindo posições contrárias que enxergam e não desvirtuam da percepção de que os alimentos compensatórios têm natureza indenizatória e não assistencial, até porque, tal como no direito argentino, no direito chileno descabe a fixação de alimentos depois do divórcio e que as cotas de parcelamento da compensação econômica se equiparam a um direito posterior ao divórcio que não pode ser considerado alimentos inexistentes entre pessoas divorciadas. Os alimentos compensatórios têm um caráter patrimonial cujo objetivo é entregar ferramentas ao consorte mais débil para que possa reiniciar sua nova vida separada, e esse caráter patrimonial descarta a natureza alimentícia.

Conforme Ricardo Pérez de Arce Molina, os alimentos compensatórios se ressentem do estado de necessidade como fundamento do direito alimentar, dando-se o parcelamento unicamente em razão da insolvência material do devedor da compensação econômica que tem natureza indenizatória, sendo inconstitucional o dispositivo do direito chileno que equipara as cotas do parcelamento a uma pensão alimentícia e que por isso autoriza a prisão como se fosse dívida alimentar e que a inadimplência dos alimentos compensatórios, por mais injusta que se apresente, porque afeta o cônjuge mais frágil econômica e financeiramente, deve ser enfrentada com toda a força do direito, porém não a qualquer custo, pois mais grave ainda pode ser sacrificar a principal base do Estado de Direito, como é o respeito aos direitos essenciais que emanam da pessoa humana.[354]

Na jurisprudência brasileira, e já de longa data,[355] as decisões têm sido unânimes em considerar os alimentos compensatórios de conteúdo claramente *indenizatório* ou, como diz o nome,

---

[354] MOLINA, Ricardo Pérez Arce. *El arresto por incumplimiento de la compensación económica*. Estudio crítico. Buenos Aires: Hammurabi, 2019. p. 51 e 82.

[355] "Recurso ordinário em face de decisão denegatória de *habeas corpus*. Preliminar. Exequente que não elege o rito do artigo 733 do CPC/1973 para o processamento da execução. Impossibilidade de o magistrado instar a parte sobre o rito a ser adotado. Concessão de ordem *ex officio*. Possibilidade. Mérito. Execução (apenas) de verba correspondente aos frutos do patrimônio comum do casal a que a autora (exequente) faz jus, enquanto aquele se encontra na posse exclusiva do ex-marido. Verba sem conteúdo alimentar (em sentido estrito). Viés compensatório/indenizatório pelo prejuízo presumido consistente na não imissão imediata nos bens afetos ao quinhão a que faz jus. Recurso ordinário provido. I – A execução de sentença condenatória de prestação alimentícia, em princípio, rege-se pelo procedimento da execução por quantia certa, ressaltando-se, contudo, que, a considerar o relevo das prestações de natureza alimentar, que possuem nobres e urgentes desideratos, a lei adjetiva civil confere ao exequente a possibilidade de requerer a adoção de mecanismos que propiciem a célere satisfação do débito alimentar, seja pelo meio coercitivo da prisão civil do devedor, seja pelo desconto em folha de pagamento da importância devida. Não se concebe, contudo, que o magistrado, no silêncio da exequente, provoque a parte autora a se manifestar sobre a possibilidade de o processo seguir pelo rito mais gravoso para o executado, situação que, além de não se coadunar com a posição equidistante que o magistrado deve se manter em relação às partes, não observa os limites gizados pela própria inicial. II – No caso dos autos, executa-se a verba correspondente aos frutos do patrimônio comum do casal a que a autora faz jus, enquanto aquele se encontra na posse exclusiva do ex-marido. Tal verba, nestes termos reconhecida, não decorre do dever de solidariedade entre os cônjuges ou da mútua assistência, mas sim do direito de meação, evitando-se, enquanto não efetivada a partilha, o enriquecimento indevido por parte daquele que detém a posse dos bens comuns. III – A definição, assim, de um valor ou percentual correspondente aos frutos do patrimônio comum do casal a que a autora faz jus, enquanto aquele se encontra na posse exclusiva do ex-marido, tem, na verdade, o condão de ressarci-la ou de compensá-la pelo prejuízo presumido consistente na não imissão imediata nos bens afetos ao quinhão a que faz jus. Não há, assim, quando de seu reconhecimento, qualquer exame sobre o binômio 'necessidade-possibilidade', na medida em que esta verba não se destina, ao menos imediatamente, à subsistência da autora, consistindo, na prática, numa antecipação da futura partilha. IV – Levando-se em conta o caráter

de natureza *compensatória*, sendo, portanto, descabida a ordem de prisão, uma vez que os alimentos compensatórios não se confundem com os alimentos da pensão alimentícia que tem por escopo preservar a vida e a subsistência de uma vida digna, afigurando-se cabível a prisão civil do devedor inadimplente que, inescusável e voluntariamente, deixa de pagar a pensão alimentícia, sendo inviável a prisão civil por dívida que não tem origem verdadeiramente alimentar, como sucede com os alimentos compensatórios de proposição compensatória.[356]

Nesse sentido se pronunciou o Ministro Marco Aurélio Bellizze no recurso de *Habeas Corpus* 117.996/RS, datado de 2 de junho de 2020, na Terceira Turma do STJ, ao prescrever que "o inadimplemento dos alimentos compensatórios (destinados à manutenção do padrão de vida do ex-cônjuge que sofreu drástica redução em razão da ruptura da sociedade conjugal) e dos alimentos que possuem por escopo a remuneração mensal do ex-cônjuge credor pelos frutos oriundos do patrimônio comum do casal administrado pelo ex-consorte devedor, não enseja a execução mediante o rito da prisão positivado no art. 528, § 3.º, do Código de Processo Civil de 2015, dada a natureza indenizatória e reparatória dessas verbas, e não propriamente alimentar".[357]

Em julgamento emblemático perante o STJ, nos idos de 2011, a Ministra Nancy Andrighi enxergava, equivocadamente, um cunho alimentar nos alimentos provenientes da renda líquida dos bens comuns administrados pelo devedor, pois serviriam para prover o sustento do cônjuge ou companheiro que se visse privado do patrimônio comum ante a dissolução do

---

compensatório e/ou ressarcitório da verba correspondente à parte dos frutos dos bens comuns, não se afigura possível que a respectiva execução se processe pelo meio coercitivo da prisão, restrita, é certo, à hipótese de inadimplemento de verba alimentar, destinada, efetivamente, à subsistência do alimentando. V – Recurso ordinário provido, concedendo-se, em definitivo, a ordem em favor do paciente" (STJ, Recurso em *Habeas Corpus* 28.853/RS, 3.ª Turma, Rel. Min. Massami Uyeda, j. 1.º.12.2011).

[356] Vale a transcrição de trecho do voto do Agravo de Instrumento 2224030-18.2022.8.26.0000, cujo julgamento é datado de 16 de dezembro de 2022, sendo relator o desembargador Vitor Frederico Kümpel: "Entretanto, importa ressaltar que, por se tratar de alimentos compensatórios, sua natureza não autoriza o rito de coerção pessoal. Além disso, a prisão é medida coercitiva que não convém ser aplicada ao presente caso por tratar de um idoso de 72 anos, com sérios problemas de saúde. Mostra-se também completamente inefetiva, uma vez que impedirá que o agravante continue trabalhando para arcar com suas responsabilidades econômicas. O rito de prisão é uma medida extrema, e admitida apenas para os casos de alimentos que sirvam à subsistência do alimentado, não abarcando aqueles fixados como mera compensação pelo desequilíbrio financeiro ou patrimonial resultante de separação".

[357] "Recurso em *habeas corpus*. Prisão civil. Prestação alimentícia fixada em favor de ex-cônjuge. Natureza indenizatória e/ou compensatória dessa verba. Inadimplemento. Execução pelo rito da prisão civil. Descabimento. Concessão da ordem que se impõe. Recurso provido. 1. O propósito recursal consiste em definir se o inadimplemento de obrigação alimentícia devida a ex-cônjuge, de natureza indenizatória e/ou compensatória, justifica a execução sob o rito da prisão civil preconizado no art. 528, § 3.º, do CPC/2015. 2. A prisão por dívida de alimentos, por se revelar medida drástica e excepcional, só se admite quando imprescindível à subsistência do alimentando, sobretudo no tocante às verbas arbitradas com base no binômio necessidade-possibilidade, a evidenciar o caráter estritamente alimentar do débito exequendo. 3. O inadimplemento dos alimentos compensatórios (destinados à manutenção do padrão de vida do ex-cônjuge que sofreu drástica redução em razão da ruptura da sociedade conjugal) e dos alimentos que possuem por escopo a remuneração mensal do ex-cônjuge credor pelos frutos oriundos do patrimônio comum do casal administrado pelo ex-consorte devedor não enseja a execução mediante o rito da prisão positivado no art. 528, § 3.º, do CPC/2015, dada a natureza indenizatória e reparatória dessas verbas, e não propriamente alimentar. 4. Na hipótese dos autos, a obrigação alimentícia foi fixada, visando indenizar a ex-esposa do recorrente pelos frutos advindos do patrimônio comum do casal, que se encontra sob a administração do ora recorrente, bem como a fim de manter o padrão de vida da alimentanda, revelando-se ilegal a prisão do recorrente/alimentante, a demandar a suspensão do decreto prisional, enquanto perdurar essa crise proveniente da pandemia causada por Covid-19, sem prejuízo de nova análise da ordem de prisão, de forma definitiva, oportunamente, após restaurada a situação de normalidade. 5. Recurso ordinário de *habeas corpus* provido".

vínculo conjugal ou convivencial, sendo, então, aos olhos da Ministra Nancy Andrighi passíveis de execução pelo decreto prisional, mas vencendo a divergência encabeçada pelo Ministro Massami Uyeda que se pronunciou neste *Habeas Corpus* 28.853/RS e julgado na Terceira Turma do STJ, dizendo que: "[...] levando-se em conta o caráter compensatório e/ou ressarcitório da verba correspondente à parte dos frutos dos bens comuns, não se afigura possível que a respectiva execução se processe por meio coercitivo da prisão, restrita, é certo, à hipótese de inadimplemento de verba, destinada, efetivamente, à subsistência do alimentando".[358]

Como já mencionado no título precedente, em julgamento da Quarta Turma do STJ, datado de 13 de setembro de 2022, o Ministro Raul Araújo concedeu a ordem de *habeas corpus* contra a determinação da prisão ordenada em razão da execução das diferenças surgidas entre a pensão alimentícia originária de cinco salários mínimos que, cinco anos depois foi majorada, com efeitos retroativos para quinze salários mínimos, a fim de manter o padrão de vida ao qual a alimentanda estava acostumada.

Tem sido frequente essa confusão que os julgadores fazem dos alimentos compensatórios destinados à manutenção do padrão de vida com a pensão alimentícia, sendo certo que a compensação econômica que busca evitar a súbita quebra e queda do padrão de vida levado pelos cônjuges na constância do casamento tem notório caráter indenizatório ou de compensação, e em nada se confunde com a pensão alimentícia que se destina a assegurar a subsistência do alimentando. Embora no mérito este *Habeas Corpus* 744.673/SP, da relatoria do Ministro Raul Araújo, tenha atuado com precisão da lei evitando a prisão por compensação econômica que em tudo se diferencia da clássica pensão alimentícia, o equívoco se encontra na origem do julgado, cujo tribunal estadual mesclou a primitiva pensão alimentícia de cinco salários mínimos para majorá-la cinco anos depois para quinze salários mínimos, olvidando-se da primitiva função alimentar da pensão alimentar para transmutá-la em alimentos compensatórios que garantissem cinco anos depois a mesma padronagem ou *status* social, sem maiores considerações doutrinárias e jurisprudenciais, em nítida confusão dos institutos e, pior, decretando a prisão do devedor pela inadimplência dos valores executados.[359]

---

[358] "Recurso ordinário em face de decisão denegatória de *habeas corpus*. Preliminar. Exequente que não elege o rito do artigo 733 do CPC para o processamento da execução. Impossibilidade de o magistrado instar a parte sobre o rito a ser adotado. Concessão de ordem *ex officio*. Possibilidade. Mérito. Execução (apenas) de verba correspondente aos frutos do patrimônio comum do casal a que a autora (exequente) faz jus, enquanto aquele se encontra na posse exclusiva do ex-marido. Verba sem conteúdo alimentar (em sentido estrito). Viés compensatório/indenizatório pelo prejuízo presumido consistente na não imissão imediata nos bens afetos ao quinhão a que faz jus. Recurso ordinário provido. [...] II. No caso dos autos, executa-se a verba correspondente aos frutos do patrimônio comum do casal a que a autora faz jus, enquanto aquele se encontra na posse exclusiva do ex-marido. Tal verba, nestes termos reconhecida, não decorre do dever de solidariedade entre os cônjuges ou da mútua assistência, mas sim do direito de meação, evitando-se, enquanto não efetivada a partilha, o enriquecimento indevido por parte daquele que detém a posse dos bens comuns."

[359] "Constitucional, processual civil e civil. *Habeas corpus*. Execução de alimentos. Prestação alimentícia em favor de ex-cônjuge. Natureza indenizatória. Débito pretérito. Rito da prisão civil. Descabimento. Ordem concedida. 1. O inadimplemento de alimentos compensatórios, destinados à manutenção do padrão de vida de ex-cônjuge em razão da ruptura da sociedade conjugal, não justifica a execução pelo rito da prisão, dada a natureza indenizatória e não propriamente alimentar de tal pensionamento (RHC 117.996/RS, 3.ª Turma, Rel. Min. Marco Aurélio Bellizze, j. 02.06.2020, *DJe* 08.06.2020) 2. Ainda, esta Corte entende que, 'quando o credor de débito alimentar for maior e capaz, e a dívida se prolongar no tempo, atingindo altos valores, exigir o pagamento de todo o montante, sob pena de prisão civil, é excesso gravoso que refoge aos estreitos e justificados objetivos da prisão civil por dívida alimentar, para desbordar e se transmudar em sanção por inadimplemento' (HC 392.521/SP, 3.ª Turma, Rel. Min. Nancy Andrighi, j. 27.06.2017, *DJe* 1.º.08.2017). Na hipótese, a sentença na ação de dissolução de sociedade de fato fixara a obrigação alimentícia em cinco

Dentro desse mar de confusão que se estabeleceu na doutrina e na jurisprudência brasileiras ao interpretar o que representa pensão alimentícia em contraponto com o conceito de alimentos compensatórios, tendo a primeira a função assistencial de subsistência e a segunda, o propósito indenizatório, de assegurar a manutenção do mesmo nível social, tampouco se confundindo com os alimentos compensatórios *patrimoniais*, estes arbitrados em razão da posse exclusiva por um dos cônjuges dos bens rentáveis comuns, no *Habeas Corpus* Cível 216972-05.2022.8.26.0000, da 2.ª Vara de Família e Sucessões de São José do Rio Preto, o respectivo magistrado titular decretou a prisão do executado alimentar considerando que os alimentos fixados para enquanto não se desse a partilha dos bens comuns foram concedidos para garantir a sobrevivência da alimentanda, tendo evidente caráter alimentar, o que autoriza sua cobrança sob pena de prisão. Por sua vez, a Quarta Turma Cível do Tribunal de Justiça do Distrito Federal reconheceu no Agravo de Instrumento 20.150.020.320.719, relatado pelo Desembargador Cruz Macedo, em voto datado de 2 de junho de 2016, a natureza indenizatória dos alimentos compensatórios fixados em prol do cônjuge que não se encontrava na administração dos bens do casal, de modo a assegurar a *continuidade de sua vida no padrão até então desfrutado*, até que seja realizada a partilha do patrimônio comum.[360]

Fica mais uma vez patente a notória confusão dos alimentos compensatórios destinados a evitar a quebra do padrão de vida e estes nada guardam com a existência de bens comuns rentáveis e que são administrados pelo outro consorte, com os alimentos que justamente ressarcem a posse isolada dos bens rentáveis comuns, cuja renda é devida pela simples administração e fruição isolada dos recursos ou rendas que são comuns, nada tendo a ver com a manutenção do padrão socioeconômico, cujos alimentos aqui são denominados *humanitários*, os quais geralmente são arbitrados em regimes de separação de bens, em contraponto aos alimentos compensatórios *patrimoniais*, cujo valor é arbitrado exatamente porque existem bens comuns, e nas duas distintas hipóteses descabe o decreto de prisão pela voluntária inadimplência, haja vista que ambos guardam um vínculo reparador ou indenizatório e não alimentar, que é específico da pensão alimentícia de subsistência.

Igualmente arestos do Tribunal de Justiça do Rio Grande do Sul direcionam-se nessa mesma linha de conhecimento, distinguindo os alimentos compensatórios da pensão alimentícia e afirmando que somente esta última é passível de gerar a prisão civil pela injustificada inadimplência, embora o julgado peque em afirmar que os alimentos compensatórios da posse exclusiva de bens comuns rentáveis visam, equivocadamente, restabelecer o padrão de vida

---

salários mínimos e, anos depois, no julgamento da apelação, veio a ser majorada para quinze salários mínimos, a fim de manter o padrão de vida ao qual estava acostumada a alimentanda durante a união. Não se caracteriza, assim, a natureza alimentar nem o caráter inescusável da dívida, revelando-se ilegal a prisão do alimentante. 4. Ordem de *habeas corpus* concedida. Liminar confirmada" (STJ, *Habeas Corpus* 744.673/SP, 4.ª Turma, Rel. Min. Raul Araújo, j. 13.09.2022).

[360] "Civil. Agravo de instrumento. Execução de alimentos. Dissolução da sociedade conjugal. Cônjuge virago como credor. Verba sem natureza alimentar (em sentido estrito). Natureza compensatória/indenizatória. Prisão civil. Impossibilidade. 1. Os alimentos compensatórios, assim denominados pela doutrina, são fixados com a finalidade de evitar-se um desequilíbrio econômico-financeiro decorrente da dissolução nupcial, possibilitando-se ao ex-cônjuge, que não se encontra na administração dos bens do casal, a continuidade de sua vida no padrão até então desfrutado, até que seja realizada a partilha do patrimônio comum. Não se destinam, portanto, a satisfazer as necessidades básicas da alimentanda, ou seja, não se destinam à sua sobrevivência, possuindo nítido caráter indenizatório. 2. Tendo em vista o caráter indenizatório dos alimentos compensatórios não se afigura possível que a correspondente execução se processe pelo meio coercitivo da prisão, que fica restrita à hipótese de inadimplemento da verba alimentar propriamente dita, destinada à subsistência do alimentando. 3. Agravo de instrumento não provido" (TJDF, AGI 20150020320719, 4.ª Turma Cível, Rel. Cruz Macedo, j. 02.06.2016).

322 | ALIMENTOS COMPENSATÓRIOS – *Rolf Madaleno*

vivenciado na constância do matrimônio, haja vista que essa função é restrita dos alimentos compensatórios *humanitários*, que na maioria das vezes são fixados em compensação de um sacrifício pessoal do cônjuge mulher que se dedicou em maior dimensão às atividades domésticas em detrimento de sua evolução profissional, além de haver adotado um regime de separação de bens no comum das vezes. Por seu turno, os alimentos compensatórios *patrimoniais* levam em consideração apenas a existência objetiva de bens comuns rentáveis que são então repassados ao cônjuge destituído da posse dos bens, a título de compensação econômica e apenas para evitar o enriquecimento indevido, sem qualquer conotação com o padrão de vida experimentado durante o casamento.[361]

3.9.3. *Teses favoráveis à prisão civil por alimentos compensatórios*

A compreensão da lição externada por Pablo Omar Venegas Ortiz e Andrés Alfonso Venegas Alfaro faz-se imprescindível, quando os juízes chilenos, ao discorrerem sobre as *garantias* para o pagamento de uma compensação econômica que talvez seja o único sustento do cônjuge mais débil, que dedicou grande parte de sua vida aos cuidados dos filhos e aos labores domésticos, cuja inserção no mercado de trabalho, cada vez mais esquivo, seja-lhe enormemente difícil, aos autores parece que nesses casos devem ser preferencialmente deferidas as medidas de coação pessoal, fiança e eventualmente cauções reais, principalmente hipotecas prestadas por terceiros, mas admitindo a coação pessoal, exatamente diante do disposto no artigo 65 da *Nueva Ley de Matrimonio Civil*, que, em razão do parcelamento dos alimentos

---

[361] "Apelação cível e recurso adesivo. Direito de família e direito processual civil. Ação de divórcio cumulada com alimentos e regulamentação de visitas. Revelia. Efeitos mitigados. Alimentos. Filha menor de idade. Redução. Descabimento. Alimentos compensatórios à ex-mulher. Minoração. Viabilidade. Regulamentação de visitas mantidas. Preservação dos interesses da menor. Condenação às penas de litigância de má-fé mantida. Honorários sucumbenciais fixados em observância ao art. 85, § 2.º, do CPC. 1. Em se tratando de alimentos, os efeitos da revelia são mitigados, recaindo apenas sobre o direito em si, visto que indisponíveis, mas não em relação ao valor. 2. Os alimentos devem ser fixados em observância ao binômio necessidade-possibilidade, de forma a atender às necessidades básicas de quem os pleiteia e conforme as possibilidades de quem os alcança. Não logrando êxito o alimentante em comprovar a aventada impossibilidade de arcar com os alimentos no valor fixado, inviável a redução postulada. 3. Considerando a natureza dos alimentos compensatórios, cuja finalidade é o restabelecimento do equilíbrio financeiro rompido com o término do casamento/união estável, em que um dos cônjuges/companheiros usufrui com exclusividade o patrimônio comum, que produz renda, frutos, caso em comento, pertinente a fixação em prol da viragO, contudo, em menor extensão que fixada na origem. 4. Nenhum reparo merece o arranjo de visitas determinado na sentença, porquanto, além de resguardar os interesses da menor, propicia o fortalecimento dos vínculos paterno-filiais, indispensáveis para o seu desenvolvimento emocional saudável. 5. Comprovado que o varão alterou a verdade dos fatos no curso do processo, pertinente a condenação às penas de litigância de má-fé. 6. Por fim, tendo em vista o decaimento mínimo da parte autora, incumbe ao demandado a integralidade dos ônus sucumbenciais, devendo os honorários observar o disposto no art. 85, § 2.º, do CPC. Recursos parcialmente providos" (TJRS, Apelação Cível 70084065218, 7.ª Câmara Cível, Des. Sandra Brisolara Medeiros, j. 30.09.2020).
"Agravo de instrumento. Ação de execução de alimentos. Alimentos compensatórios. Decretação de prisão civil do agravante. Descabimento. Decisão reformada. O presente recurso tem por objetivo a reforma da decisão que, nos autos da ação de execução de alimentos, decretou a prisão civil do agravante. Para tanto, o recorrente sustentou a impossibilidade da execução pelo rito previsto no art. 528, do CPC, pois a verba não possui natureza alimentar, vez que fixada apenas como um 'aluguel' ou uma 'ajuda de custo' enquanto as partes não partilham o patrimônio comum do casal. Com efeito, tais verbas trata-se de espécie de alimentos compensatórios, que não comportam o rito da prisão civil, por não terem caráter alimentar, mas natureza indenizatória. Assim, sua eventual inadimplência não sujeita o devedor à coerção pessoal, devendo, nestes casos, ser aplicado o rito da constrição patrimonial. Recurso provido" (TJRS, Agravo de Instrumento 70078720984, 8.ª Câmara Cível, Rel. Des. José Antônio Daltoé Cezar, j. 18.10.2018).

Cap. 3 · DOS ALIMENTOS COMPENSATÓRIOS | 323

compensatórios em prestações mensais, converte essas cotas mensais em *alimentos*, e, como alimentos que se tornam por ficção do artigo 65 citado, seriam passíveis de requerimento de prisão civil por dívida alimentar.[362] Evidentemente, essa transmutação ficcional de alimentos compensatórios em pensão alimentícia é unicamente para permitir que o juiz tome como garantia executiva a viabilidade de uma execução pela coação pessoal da liberdade de um devedor de alimentos compensatórios, que, em realidade, não deve pensão alimentícia, e sim, em sua essência, unicamente alimentos indenizativos denominados alimentos compensatórios ou de compensação econômica e representam a toda evidência uma dívida civil qualquer, distinta de um crédito de alimentos que é o único instituto jurídico que admite como exceção a prisão civil.

Contudo, com relação à legislação chilena, explica Ricardo Pérez de Arce Molina que a majoritária doutrina entende ser viável a prisão pela inadimplência de alimentos compensatórios, não obstante seja reconhecido que os alimentos compensatórios não se equiparem a uma clássica pensão alimentícia, não obstante reconheçam que não se pode aplicar uma sanção restritiva da liberdade por analogia. No entanto, defende a doutrina majoritária chilena ser factível a prisão pelo inadimplemento das cotas com cobrança periódica em que se transformaram os alimentos compensatórios que, em princípio, deveriam ser pagos em uma parcela única, justamente porque existe texto expresso de lei (art. 66 da *Ley* 19.947), que indica a legalidade dessa prisão, cujo dispositivo deve ser combinado com o artigo 15 da *Ley* 14.908/1962, ao estabelecer que: "Se decretados os alimentos por resolução que autorize a execução, em favor do cônjuge, dos pais, dos filhos ou do adotado, o alimentante que não cumpriu sua obrigação na forma ordenada ou deixou de efetuar o pagamento de uma ou mais cotas, o tribunal que ditou a resolução ou o juiz competente, segundo o artigo 3.º, deverá, a requerimento da parte ou de ofício e sem forma de juízo, poderá requerer a prisão do devedor na forma estabelecida no inciso primeiro do artigo 543.º do Código de Procedimento Civil, podendo o juiz, em caso de novas inadimplências, ampliar a prisão até 30 dias".[363]

O fundamento da permissão de prisão do devedor de alimentos compensatórios, que, sendo insolvente e sem ter garantias para prestar, precisou converter sua dívida em cotas para o pagamento parcelado, intuindo o direito chileno, que, nesse ato de parcelamento, criou-se uma espécie de *natureza assistencial* da compensação econômica, e que assim permite reconhecer uma semelhança suficiente para com as obrigações alimentícias e essa analogia é capaz de invocar a exceção ao que estabelece o Pacto de São José a respeito da proibição de prisão por dívidas.

É a exceção aberta pelo artigo 66 da *Ley de Matrimonio Civil* do Chile, ao estabelecer que a respectiva cota ou parcelamento do pagamento da compensação econômica será considera como alimentos para efeito de seu cumprimento, cuja equiparação abre uma série de mecanismos para sua execução, sendo um deles a prisão noturna a ser cumprida entre as 22 horas de cada dia até as 6 horas do dia seguinte e regulada pelo artigo 14 da *Ley* 14.908/2011, que trata do Abandono da Família e do Pagamento da Pensão Alimentícia.[364]

---

[362] ORTIZ, Pablo Omar Venegas; ALFARO, Andrés Alfonso Venegas. *La compensación económica en la nueva Ley de Matrimonio Civil*. Santiago de Chile: Editorial Jurídica de Chile, 2007. p. 91.

[363] MOLINA, Ricardo Pérez Arce. *El arresto por incumplimiento de la compensación económica*. Estudio crítico. Buenos Aires: Hammurabi, 2019. p. 29.

[364] MOLINA, Ricardo Pérez Arce. *El arresto por incumplimiento de la compensación económica*. Estudio crítico. Buenos Aires: Hammurabi, 2019. p. 38 e 46.

3.9.4. Coação patrimonial

Tratando-se de compensação econômica, e ante a falta de um procedimento especial, tal qual ausente a coação pessoal, devem ser aplicadas as regras gerais relativas ao cumprimento de sentença ou de execução de título extrajudicial relativo aos alimentos do direito de família. O Código de Processo Civil brasileiro regula todas as medidas típicas e atípicas relativas ao cumprimento das resoluções judiciais ou dos acordos extrajudiciais, em especial no campo da execução da pensão alimentícia ou da compensação econômica, cuidando a legislação processual de desenvolver a execução por meio de atividades que promovam a invasão ao patrimônio do devedor ou que influenciem o comportamento dele, com o objetivo de satisfazer o direito do credor que esteja reconhecido em título executivo judicial ou extrajudicial.[365]

Na intelecção de Luís Eduardo Simardi Fernandes, a coação patrimonial se caracteriza pela imposição de medidas sobre o executado que tenham a capacidade de *convencê-lo* a cumprir sua obrigação e que, na expropriação, incidirão sobre o patrimônio do devedor, porém cuidando o juiz de evitar medidas altamente gravosas se perceber que outra, menos prejudicial ao executado, será suficiente para levar ao adimplemento da obrigação.[366] Em regra, a execução patrimonial se realiza por meio da aplicação de medidas típicas, corriqueiras, que são expressamente previstas no Código de Processo Civil, conferindo notória previsibilidade e segurança à demanda executiva, sem que o executado seja surpreendido e consiga acompanhar os passos dados na execução. Conclui Simardi Fernandes que as medidas atípicas devem ficar reservadas para situações em que as típicas se mostrarem inadequadas e ineficientes. Na obrigação pecuniária em processo de execução, o devedor é intimado para pagar sua dívida, em 15 dias, sob pena de penhora e avaliação de seus bens, que serão depois adjudicados ou alienados, incidindo multa e honorários advocatícios, além de assistir ao exequente o direito de levar a sentença a protesto, após transcorrido o prazo de 15 dias sem que o executado tivesse efetuado o pagamento de sua dívida. Por sua vez, na execução do título extrajudicial, o executado é citado para pagar o valor devido no prazo de três dias, sob pena de realização de penhora e avaliação de bens que integram seu patrimônio, dispondo o executado de 15 dias para opor embargos à execução, ou reconhecer o débito em cobrança, depositar 30% do valor atualizado e requerer o pagamento do restante da dívida em até seis parcelas mensais, sustando o processo executivo.[367]

O sucesso da execução depende da localização de bens do executado passíveis de penhora, uma vez que o patrimônio do devedor é a garantia de suas dívidas.[368] Nada sendo encontrado, fica suspensa a execução, frustrando o processo executivo, razão pela qual, sem desprezar e exaurir as medidas executivas típicas, a legislação processual (CPC/2015, art. 139, inc. IV) também admite a adoção de medidas executivas atípicas.

3.9.5. Cumprimento provisório e caução

Regula o artigo 520 do Código de Processo Civil o cumprimento provisório da sentença, que, em realidade, trata-se de um despacho que fixou liminarmente a pensão alimentícia,

---

[365] FERNANDES, Luís Eduardo Simardi. *Poderes do juiz e efetividade da execução civil*. Curitiba: EDC, 2022. p. 111.

[366] FERNANDES, Luís Eduardo Simardi. *Poderes do juiz e efetividade da execução civil*. Curitiba: EDC, 2022. p. 138.

[367] FERNANDES, Luís Eduardo Simardi. *Poderes do juiz e efetividade da execução civil*. Curitiba: EDC, 2022. p. 144-145.

[368] RODRIGUES, Marcelo Abelha. *Responsabilidade patrimonial pelo inadimplemento das obrigações*. Introdução ao estudo sistemático da responsabilização patrimonial. Indaiatuba: Foco, 2023. p. 99.

Cap. 3 · DOS ALIMENTOS COMPENSATÓRIOS | 325

como pode ter arbitrado ainda em sede provisória ou cautelar os alimentos compensatórios *humanitários* ou *patrimoniais*, cuja execução será realizada da mesma forma que o cumprimento definitivo, sujeitando-se o exequente ao seguinte regime:

I – corre por iniciativa e responsabilidade do exequente, que se obriga, se a sentença for reformada, a reparar os danos que o executado haja sofrido;

II – fica sem efeito, sobrevindo decisão que modifique ou anule a sentença objeto da execução, restituindo-se as partes ao estado anterior e liquidando eventuais prejuízos nos mesmos autos;

III – se a sentença objeto de cumprimento provisório for modificada ou anulada apenas em parte, somente nesta ficará sem efeito a execução;

IV – o levantamento de depósito em dinheiro e a prática de atos que importem transferência de posse ou alienação de propriedade ou de outro direito real, ou dos quais possa resultar grave dano ao executado, dependem de caução suficiente e idônea, arbitrada de plano pelo juiz e prestada nos próprios autos.

Por sua vez, o artigo 521 do Código de Processo Civil dispõe que a caução prevista no inciso IV do art. 520 poderá ser dispensada nos casos em que: "I – o crédito for de natureza alimentar, independentemente de sua origem; [...]".

Logo, os atos expropriatórios do cumprimento provisório de uma sentença ainda não transitada em julgado e, portanto, de conteúdo temporário sujeitam o exequente aos riscos de uma precipitada execução, estando sujeito a reparar os danos sofridos pelo executado. Devem ser as partes restituídas ao estado anterior, e qualquer levantamento de depósito em dinheiro e a prática de atos que importem em transferência de posse ou alienação de propriedade ou de outro direito real, dos quais possam resultar grave dano ao executado, dependem de caução.[369] Por fim, se o crédito for de natureza alimentar, poderá ser dispensada a caução prevista no inciso IV do artigo 520, independentemente de sua origem, o que significa compreender que alimentos porventura pagos não são repetíveis, tirando qualquer conotação da execução provisória das verbas de efetivo cunho alimentar que nesse aspecto se tornam definitivas.

Merece registro, contudo, que a dispensa da caução não é automática sempre que se tratar de pensão alimentícia, sendo pressuposto da liberação da caução que o credor se encontre em estado de necessidade e que seja reduzida a chance de o executado ter direito de perseguir indenização, mas o Código de Processo Civil deixa claro que deve ser mantida a exigência de caução quando de sua dispensa puder resultar risco de grave dano de difícil ou incerta reparação para o executado.[370]

Entretanto, os alimentos compensatórios não decorrem do estado de necessidade do credor, mas de uma compensação pelo desequilíbrio econômico verificado no momento do

---

[369] "Cumprimento provisório de sentença. Prosseguimento. Adjudicação de bens penhorados. Necessidade de prestação de caução idônea pela exequente. 1. Tendo em mira que os alimentos compensatórios fixados em favor da ex-companheira foram mantidos, e que o alimentante está inadimplente, correta a decisão que deu prosseguimento ao cumprimento provisório de sentença. Inteligência do art. 520 do CPC. 2. Tendo em mira que pende de análise o Recurso Especial interposto pelo varão contra a decisão que indeferiu o seu pedido de substituição dos bens inicialmente constritos pelo imóvel da praia, é necessária a prestação de caução idônea e suficiente pela exequente, caso pretenda adjudicar os bens penhorados, incumbindo ao juízo de origem arbitrá-la. Recurso provido em parte" (TJRS, Agravo de Instrumento 70.084.863.331, 7.ª Câmara Cível, Rel. Des. Sérgio Fernando Silva de Vasconcellos Chaves, j. 20.10.2021).

[370] FERNANDES, Luís Eduardo Simardi. *Comentários ao Código de Processo Civil*. São Paulo: Saraiva. Organizadores Lenio Luiz Streck e Leonardo Carneiro da Cunha. Coordenador executivo Alexandre Freire, 2016. p. 755.

divórcio para os alimentos compensatórios *humanitários*, ou em compensação pela retenção pelo outro cônjuge dos bens comuns rentáveis, tratando-se de uma compensação econômica de natureza indenizatória. Dessarte, não se enquadra na hipótese prevista no inciso I do artigo 521 do Código de Processo Civil, o que representa dizer que inexiste a dispensa da caução no cumprimento de sentença provisória de alimentos compensatórios, não podendo ocorrer, sob qualquer modo ou pensamento, a expropriação de bens do devedor sem a devida prestação da caução ordenada no inciso IV do artigo 520 do Código de Processo Civil.

Grande risco de ocorrer a prematura execução de alimentos compensatórios, fato que por si só deve acautelar o juiz da exigência da caução do inciso IV do artigo 520 do CPC, é quando os alimentos compensatórios *patrimoniais* são judicialmente arbitrados sobre atividade profissional exercida através de uma pessoa jurídica, imaginando, equivocadamente o juiz, que se trataria de uma sociedade empresária comum e que, por isto, as rendas auferidas por essa atividade intelectual deveriam ser adiantadas ao consorte ou companheiro que não se encontrasse na posse e na administração desta sociedade. Acontece que a profissão intelectual é vista como sinônimo de profissão liberal, profissões consideradas dignas do homem livre e para algumas das quais são inclusive exigidos registros especiais, diferenciando-se das outras empreitadas por seu valor social decorrente da natureza intelectual do serviço prestado. São atividades inspiradas na premissa do decoro da profissão, incompatíveis com os sistemas de concorrência próprios da atividade empresarial, em que ocorre a produção em massa e a obra não é explorada diretamente pelo artista ou intelectual. Assim, para bem conhecer a extensão e o alcance da regra contida no parágrafo único do artigo 966 do Código Civil, a profissão intelectual deve ser entendida como toda aquela atividade realizada por uma pessoa humana, que decorra de sua capacidade criadora na produção de serviços inerentes às profissões regulamentadas e, de modo geral, de obras literárias, artísticas, inventivas e científicas.

Ainda que, por exemplo, as clínicas médicas e os escritórios profissionais guardem semelhança com a estrutura empresarial e atuem com um espírito empreendedor típico de uma empresa, valendo-se de conceitos de clientela e aviamento, não se trata de uma sociedade empresária, tampouco elas se encaixam no antigo conceito de contrato de locação de serviços do Código Civil de 1916, como também não integram o nome de *prestação de serviços* do artigo 593 do Código Civil de 2002. Não obstante se amoldem na autoridade de uma sociedade simples, é sabido que os profissionais liberais estão cada vez mais distantes de uma atividade laboral isolada e, em verdade, nem mais exercem um ofício eminentemente artesanal, sendo até mesmo incontroverso que a sociedade simples testemunhe importantes transformações no exercício das atividades intelectuais e de prestação de serviços dos profissionais liberais.[371]

O profissional que se emoldura no elenco do parágrafo único do artigo 966 do Código Civil, ainda que exerça sua atividade de forma organizada e com o concurso de auxiliares ou colaboradores, não será empresário e, consequentemente, não estará sujeito ao respectivo regime jurídico empresarial, pouco importando o volume de negócios que realize ou a quantidade de colaboradores ou auxiliares de que se utilize.[372] Isso porque determinadas profissões não têm o condão de se caracterizar como atividades de natureza empresarial, embora possam consistir em uma atividade de cunho econômico, como disso são alguns exemplos as profissões dos médicos, advogados, arquitetos, engenheiros, químicos, farmacêuticos,

---

[371] MADALENO, Rolf. O fundo de comércio do profissional liberal na meação conjugal. *In*: MADALENO, Rolf. *Novos horizontes no direito de família*. Rio de Janeiro: Forense, 2010. p. 9.

[372] GONÇALVES NETO, Alfredo de Assis. Sociedade para o exercício de trabalho intelectual. *In*: ADAMEK, Marcelo Vieira von (coord.). *Temas de direito societário e empresarial contemporâneos*. São Paulo: Malheiros, 2011. p. 43-44.

Cap. 3 · DOS ALIMENTOS COMPENSATÓRIOS | 327

escritores, músicos, profissionais dedicados ao desenho artístico ou de modas e fotógrafos, inclusive quando organizados sob a forma de sociedades elas são consideradas sociedades simples.[373]

Os profissionais liberais estão cada vez mais se despersonalizando nas grandes metrópoles com a socialização de seus serviços, migrando para sociedades prestadoras de serviços, atendendo a uma tendência e exigência cada vez maior de os profissionais liberais precisarem se associar a outros colegas de profissão. E essa sociedade prestadora de serviços vai construindo, com o tempo, trabalho personalizado e o talento de seus sócios vai gerando uma *carteira de clientes* que trará fama e correspondentes benefícios financeiros, agregando valor patrimonial à sociedade.[374]

Explica Sérgio Campinho que, por exemplo, as sociedades de advogados serão sempre sociedades simples, sendo registrados na Ordem dos Advogados do Brasil seus atos constitutivos, tendo como seu objeto social a prestação de serviços de advocacia por seus membros, sendo as procurações outorgadas individualmente aos advogados, e não à sociedade, que apenas será indicada na procuração.[375] Também a sociedade dos médicos será simples, cujo objeto social se limita ao exercício da atividade da profissão intelectual de cada sócio, ainda que se acerquem de inúmeros auxiliares, embora seja completamente oposta a situação das casas de saúde e dos hospitais, em que a execução da profissão intelectual se apresenta como um dos elementos do exercício da empresa.[376]

Conforme Alfredo de Assis Gonçalves Neto, todas as sociedades de exercício de profissão liberal têm a peculiaridade de não exercerem a atividade para a qual é exigida a habilitação; são sociedades de meios constituídas para facilitar o exercício profissional dos sócios ou das pessoas a tanto habilitadas e que a ela se vinculam na consecução do objeto social. A rigor, caracterizam-se pela finalidade precípua de apoiar e facilitar o exercício de determinada profissão intelectual por pessoas naturais a tanto devidamente credenciadas. Na obtenção dos resultados econômicos para sua atuação, assume relevo o patrimônio intelectual dos profissionais que as integram (sócios ou não), ficando em segundo plano os investimentos em recursos materiais. Nessas sociedades, o trabalho é que sobressai em confronto com o capital, pois os sócios participam mais com seus *esforços* pessoais do que com *recursos* materiais, em que a figura do sócio de trabalho ou de indústria, prestador de serviços, encontra agasalho adequado para exercê-los.[377]

Nos termos do artigo 966 do Código Civil, considera-se empresário quem exerce profissionalmente atividade econômica organizada para a produção ou a circulação de bens ou de serviços, abstraído desse conceito, como antes visto, aquele que exerce profissão intelectual (CC, parágrafo único, do art. 966), sendo empresário a pessoa física ou jurídica que exerce

---

[373] CAMPINHO, Sérgio. *O direito de empresa à luz do novo Código Civil*. 3. ed. Rio de Janeiro: Renovar, 2003. p. 14 e 41.

[374] MADALENO, Rolf. O fundo de comércio do profissional liberal na meação conjugal. *In*: MADALENO, Rolf. *Novos horizontes no direito de família*. Rio de Janeiro: Forense, 2010. p. 9.

[375] MADALENO, Rolf. O fundo de comércio do profissional liberal na meação conjugal. *In*: MADALENO, Rolf. *Novos horizontes no direito de família*. Rio de Janeiro: Forense, 2010. p. 42.

[376] MADALENO, Rolf. O fundo de comércio do profissional liberal na meação conjugal. *In*: MADALENO, Rolf. *Novos horizontes no direito de família*. Rio de Janeiro: Forense, 2010. p. 42.

[377] GONÇALVES NETO, Alfredo de Assis. Sociedade para o exercício de trabalho intelectual. *In*: ADAMEK, Marcelo Vieira von (coord.). *Temas de direito societário e empresarial contemporâneos*. São Paulo: Malheiros, 2011. p. 47-48.

com habitualidade e escopo de lucro atividade econômica organizada para a produção ou a circulação de bens ou de serviços no mercado.[378]

Portanto, a sociedade pode ser simples ou empresária, de acordo com a natureza da atividade que explore, e, a partir de sua formação, ela se torna titular de direitos e deveres, não devendo ser confundida com o estabelecimento, nem com a empresa, nem com a *firma*, nem com os sócios.[379]

Sociedade empresária será, portanto, toda aquela atividade econômica voltada para a produção ou a circulação de bens ou de serviços, com exceção da atividade econômica intelectual (científica, literária, artística ou cultural), pois esta é uma sociedade simples, correspondente à anterior *sociedade civil*, desde que essa atividade científica, literária, artística ou cultural seja predominante, e não apenas um elemento da empresa. Como esclarece Haroldo Verçosa, na medida em que uma atividade econômica intelectual cede seu lugar de evidência dentro de outra atividade voltada para a produção ou a circulação de bens ou de serviços, ela fica integrada a uma empresa que, por seu turno, tutela esta atividade que perde sua proeminência.[380]

Portanto, se por ser uma prestadora de serviços a sociedade for simples, e não empresária, com certeza não existem lucros comunicáveis, em conformidade com o artigo 1.659, inciso VI, do Código Civil, tornando claramente impertinente sua cobrança judicial sob o título de alimentos compensatórios.

Não há qualquer dúvida de que os alimentos compensatórios podem implicar um *enriquecimento sem causa*, tanto do devedor deles quanto da parte dos destinatários dos alimentos compensatórios, quando deles não é claramente merecedor, mas mesmo assim se vale da ação judicial para obter um ganho alimentar mensal que pensa ser irrestituível e incompensável em virtude do caráter de ordem pública imposto pelo artigo 1.694 do Código Civil unicamente aos alimentos do direito de família.

Não sendo destinatário dos alimentos compensatórios incidentes sobre uma atividade intelectual, há evidente enriquecimento indevido do credor e acerca do enriquecimento injustificado prescreve o artigo 884 do Código Civil brasileiro que, "aquele que, sem justa causa, se enriquecer à custa de outrem, será obrigado a restituir o indevidamente auferido, feita a atualização dos valores monetários"; acrescentando o artigo 885 e seguinte que "a restituição é devida, não só quando não tenha havido causa que justifique o enriquecimento, mas também se esta deixou de existir"; e complementa o artigo 886 do Código Civil que "não caberá a restituição por enriquecimento, se a lei conferir ao lesado outros meios para se ressarcir do prejuízo sofrido".

A título exemplificativo, tenha-se em conta uma demanda de alimentos compensatórios *patrimoniais* que, fixados provisoriamente pelo juiz à razão de vinte mil reais mensais, porque o devedor se encontra na suposta posse e administração de bens comuns rentáveis, mas, em realidade, se trata de uma sociedade simples, tipificada no parágrafo único do artigo 966 do Código Civil, segundo o qual "não se considera empresário quem exerce profissão intelectual, de natureza científica, literária ou artística, ainda com o concurso de auxiliares ou colaboradores, salvo se o exercício da profissão constituir elemento de empresa". O trabalho intelectual é pessoal, individual, como o do advogado liberal que presta serviços diretos ao seu cliente; do médico e do dentista que atendem a seus pacientes. No entanto, esses serviços também podem

---

[378] CAMPINHO, Sérgio. *O direito de empresa à luz do novo Código Civil*. 3. ed. Rio de Janeiro: Renovar, 2003. p. 14.
[379] CAMPINHO, Sérgio. *O direito de empresa à luz do novo Código Civil*. 3. ed. Rio de Janeiro: Renovar, 2003. p. 14.
[380] VERÇOSA, Haroldo Malheiros Duclerc. *Curso de direito comercial*. São Paulo: Malheiros, 2006. v. 2, p. 61-62.

Cap. 3 · DOS ALIMENTOS COMPENSATÓRIOS | **329**

ser prestados coletivamente por exercentes de trabalho intelectual, servindo-se também de auxiliares e colaboradores e continuando a ser trabalho intelectual.[381]

Trata-se, no presente exemplo, de uma empresa prestadora de serviços de cunho personalíssimo e que, por conta dessa característica de pessoalidade, seus ganhos não se comunicam. Encerrada a instrução depois de anos de tramitação processual, em cujo período o executado não pagou os alimentos compensatórios *patrimoniais* erradamente arbitrados, uma vez que o trabalho intelectual do sócio prestador de serviços não é elemento da sociedade e só a ele pertencem os rendimentos de seu trabalho intelectual. Diante dessa inadimplência, foi promovida pela suposta credora a execução provisória dos alimentos compensatórios e sem que ela prestasse caução, por erro crasso do magistrado que a dispensou imaginando se tratar de pensão alimentícia atrelada à necessidade da exequente, tendo sido expropriados bens do executado que não mais podem ser devolvidos porque alienados e consumido o produto da alienação judicial pela beneficiária da compensação econômica, causando a confusão judicialmente criada um dano irreparável para o alimentante que nada em realidade devia a seu ex-consorte em matéria de alimentos compensatórios, restando patente o risco de uma açodada execução que, de provisória, terminou sendo definitiva pela desídia ou desatenção judicial.

3.9.6. *Alternativas executivas*

Não seria demasia dizer que os conflitos familiares reclamam instâncias e jurisdições adequadas para chegar às soluções efetivas que atendam à natureza do conflito familiar com a maior eficácia e eficiência possível. Tratando-se da compensação econômica e ante a falta de um procedimento especial, sendo igualmente afastada a pena de prisão pelo involuntário pagamento dos alimentos compensatórios por sua natureza indenizatória, são aplicadas as regras gerais relativas à execução das resoluções judiciais ou extrajudiciais consagradas no Código de Processo Civil. Todas as normas processuais típicas relacionadas à coação patrimonial, o protesto do título executivo, as *astreintes* que igualmente se tornaram medidas típicas executivas atuam no cumprimento da compensação econômica.

A competência para o estabelecimento e o cumprimento dos alimentos compensatórios *humanitários* ou *patrimoniais* é do juízo especializado das famílias, onde houver, e a cobrança da dívida não saldada seguirá o rito provisório ou definitivo do cumprimento de título judicial ou da execução do título extrajudicial e suas respectivas impugnações ou embargos. O procedimento da execução vai variar dependendo do tipo de obrigação, como a de transferência de domínio de determinados bens, ou se a obrigação for o pagamento em espécie de uma única prestação, ou de várias prestações por prazo determinado ou indeterminado, deve o credor se valer dos mecanismos e normas destinados a obter o cumprimento forçado de uma obrigação líquida, certa e exigível e cujo título não esteja prescrito.

Dispõe o artigo 139, inciso IV, do Código de Processo Civil acerca das medidas executivas atípicas que sejam aptas, adequadas e suficientes para promoverem a satisfação do direito reconhecido no título executivo, quando as típicas não se mostrarem eficientes, terminando com aquele decepcionante estado de imobilidade diante da ausência de bens penhoráveis e que levavam à inevitável suspensão da execução a caminho da futura extinção e impunidade do devedor, merecendo essa via uma atenção maior dos juízes que, na maioria das vezes, preocupam-se em demasia com a onerosidade excessiva do devedor e se descuidam da onerosidade abusiva que ele causa ao credor que não encontra meios de receber seu crédito que,

---

[381] SEBASTIÃO, José Roque. *Da sociedade simples*. São Paulo: Ícone, 2011. p. 51.

para muitos, tem inclusive um viés assistencial, podendo ser feita uma reflexiva comparação com o direito chileno que criou, por ficção legal, um viés alimentar da compensação econômica, chegando seu Tribunal Constitucional a aduzir em trecho de julgamento reportado em texto de Cristián Lepin Molina, assim vazado em livre tradução: "2.º O fracionamento do pagamento em cotas nos termos do que dispõe o artigo 66 da Lei n.º 19.947, ordena considerar a obrigação, como alimentos para efeitos de seu cumprimento, de maneira que tudo o que seja atinente à sua solução fica sujeito às prescrições do artigo 14 da Lei n.º 14.908, que contempla a medida de prisão em caso de descumprimento. 3.º Concluir ao contrário, na forma como têm feito os juízes da Corte de Apelações de Santiago, significaria deixar somente ao arbítrio do devedor a solução de uma pensão de alimentos, uma vez que favorecido com o pagamento de cotas, reclama agora da troca da natureza jurídica de sua obrigação, consequência de seu próprio inadimplemento".[382]

Como explica Daniel Baggio Maciel, o inciso IV do artigo 139 do Código de Processo Civil encerra uma cláusula geral que defere ao juiz o poder-dever para determinar medidas de apoio tendentes a assegurar o cumprimento de ordem judicial, independentemente do objeto da ação processual. Portanto, não só nas ações que pretendam a tutela específica das obrigações de fazer e naquelas que almejam a entrega de coisa, mas também nas demandas que tenham por objeto prestação pecuniária, o juiz pode e deve se valer de um conjunto de providências, nominadas ou não, voltadas a atribuir concretude às ordens que emitir em decorrência de pronunciamentos provisórios ou definitivos.[383]

As medidas atípicas podem ser cumuladas com as medidas típicas e, como lembra Luís Eduardo Simardi Fernandes, em certos casos, o próprio Código de Processo Civil autoriza expressamente a cumulação no cumprimento de obrigação de pagar alimentos, com o protesto do pronunciamento judicial e a prisão de devedor (CPC, art. 528, §§ 1.º e 3.º), como o protesto também tem acolhida no artigo 517 do Código de Processo Civil, sem prejuízo da penhora de bens, devendo, porém, ser afastada a cumulação desmedida e desnecessária,[384] que gera prejuízos ao executado além dos que seriam devidos para conduzir à satisfação do direito do exequente.[385]

No julgamento do REsp 1.864.190, a Terceira Turma estabeleceu que os meios de execução indireta previstos no artigo 139, inciso IV, do Código de Processo Civil têm caráter subsidiário em relação aos meios típicos e, por isso, o juízo deve observar alguns pressupostos para

---

[382] MOLINA, Cristián Lepin. ¿Es procedente el arresto por incumplimiento del pago de compensación económica? *In*: MOLINA, Cristián Lepin (dir.). *Compensación económica*. Doctrinas esenciales. 2. ed. Santiago: Thomson Reuters, 2016. p. 533.

[383] MACIEL, Daniel Baggio. *Comentários ao Código de Processo Civil*. Coordenadores Angélica Arruda Alvim, Araken de Assis, Eduardo Arruda Alvim e George Salomão Leite. São Paulo: Saraiva, 2016. p. 214.

[384] "Agravo de instrumento. Execução. Adoção de medidas coercitivas atípicas. Impossibilidade no caso concreto. Não obstante o art. 139, inciso IV, do CPC/2015 autorize o juiz a determinar todas as medidas indutivas, coercitivas, mandamentais ou sub-rogatórias necessárias para assegurar o cumprimento de ordem judicial, inclusive nas ações que tenham por objeto a prestação pecuniária, como aqui ocorre, tal deferimento não prescinde de análise de necessidade e adequação, bem assim deve ser observada a preservação de outros princípios nos quais o processo de execução também se pauta, como o da menor onerosidade ao devedor, da proporcionalidade e da boa-fé processual. No caso específico destes autos, não há qualquer indicativo de que as medidas atípicas requeridas na origem contribuirão para o êxito do processo, estagnado em decorrência da inexistência de bens penhoráveis suficientes à satisfação do crédito. Assim, não demonstrada a necessidade, adequação e proporcionalidade da medida requerida, a manutenção da decisão agravada é medida que se impõe" (TJRS, 16.ª Câmara Cível, Rel. Des. Deborah Coleto A. de Moraes, j. 15.12.2022).

[385] FERNANDES, Luís Eduardo Simardi. *Poderes do juiz e efetividade da execução civil*. Curitiba: EDC, 2022. p. 165-167.

Cap. 3 • DOS ALIMENTOS COMPENSATÓRIOS | **331**

autorizá-los, por exemplo, indícios de que o devedor tem recursos[386] para cumprir a obrigação e a comprovação de que foram esgotados os meios típicos para a satisfação do crédito.[387]

Usualmente têm sido deferidas medidas atípicas como a suspensão do passaporte do executado, a suspensão da carteira nacional de habilitação,[388] a proibição de contratar com o Poder

---

[386] Os meios atípicos de execução: hipóteses, requisitos e limites, segundo o STJ. Disponível em: https://www.stj.jus.br/sites/portalp/Paginas/Comunicacao/Noticias/14112021-Os-meios-atipicos-de-execucao-hipoteses--requisitos-e-limites--segundo-o-STJ.aspx. Acesso em: 22 dez. 2022.

[387] "Recurso especial. Rescisão de contrato de franquia. Condenação ao pagamento de multa contratual. Cumprimento de sentença. Art. 536, parágrafo único, do CPC/2015. Prequestionamento. Ausência. Medidas executivas atípicas. Art. 139, IV, do CPC/2015. Cabimento, em tese. Delineamento de diretrizes a serem observadas para sua aplicação. 1. Cumprimento de sentença iniciado em 15.02.2018. Recurso especial interposto em 14.10.2019. Autos conclusos à Relatora em 07.05.2020. 2. O propósito recursal é definir se as medidas executivas atípicas postuladas pelo exequente são passíveis de adoção pelo juiz condutor do processo. 3. O acórdão recorrido não se manifestou acerca do conteúdo normativo do art. 536, parágrafo único, do CPC/2015, circunstância que impede a apreciação da insurgência quanto ao ponto. 4. O Código de Processo Civil de 2015, a fim de garantir maior celeridade e efetividade ao processo, positivou regra segundo a qual incumbe ao juiz determinar todas as medidas indutivas, coercitivas, mandamentais ou sub-rogatórias necessárias para assegurar o cumprimento de ordem judicial, inclusive nas ações que tenham por objeto prestação pecuniária (art. 139, IV). 5 A interpretação sistemática do ordenamento jurídico revela, todavia, que tal previsão legal não autoriza a adoção indiscriminada de qualquer medida executiva, independentemente de balizas ou meios de controle efetivos. 6. De acordo com o entendimento do STJ, as modernas regras de processo ainda respaldadas pela busca da efetividade jurisdicional, em nenhuma circunstância poderão se distanciar dos ditames constitucionais, apenas sendo possível a implementação de comandos não discricionários ou que restrinjam direitos individuais de forma razoável. Precedente específico. 7. A adoção dos meios executivos atípicos é cabível desde que, verificando-se a existência de indícios de que o devedor possua patrimônio expropriável, tais medidas sejam adotadas de modo subsidiário, por meio de decisão que contenha fundamentação adequada às especificidades da hipótese concreta, com observância do contraditório substancial e do postulado da proporcionalidade. 8. Situação concreta em que as circunstâncias definidas neste julgamento não foram devidamente sopesadas pelos juízos de origem, sendo de rigor – à vista da impossibilidade de serem resolvidas questões fático-probatórias em recurso especial – o retorno dos autos ao juízo de primeiro grau para que se proceda a novo exame da matéria. Recurso especial provido" (STJ, REsp 1.864.190/SP, 3.ª Turma, Rel. Min. Nancy Andrighi, j. 16.06.2020).

[388] "Recurso ordinário em *habeas corpus*. Execução de título extrajudicial. Medidas coercitivas atípicas. CPC/12015. Interpretação consentânea com o ordenamento constitucional. Subsidiariedade, necessidade, adequação e proporcionalidade. Retenção de passaporte. Coação ilegal. Concessão da ordem. Suspensão da CNH. Não conhecimento. 1. O *habeas corpus* é instrumento de previsão constitucional vocacionado à tutela da liberdade de locomoção, de utilização excepcional, orientado para o enfrentamento das hipóteses em que que se vislumbra manifesta ilegalidade ou abuso nas decisões judiciais. 2. Nos termos da jurisprudência do STJ, o acautelamento de passaporte é medida que limita a liberdade de locomoção, que pode, no caso concreto, significar constrangimento ilegal e arbitrário, sendo o *habeas corpus* via processual adequada para essa análise. 3. O CPC de 2015, em homenagem ao princípio do resultado na execução, inovou o ordenamento jurídico com a previsão, em seu art. 139, IV, de medidas executivas atípicas, tendentes à satisfação da obrigação exequenda, inclusive as de pagar quantia certa. 4. As modernas regras de processo, no entanto, ainda respaldadas pela busca da efetividade jurisdicional, em nenhuma circunstância, poderão se distanciar dos ditames constitucionais, apenas sendo possível a implementação de comandos não discricionários ou que restrinjam direitos individuais de forma razoável. 5. Assim, no caso concreto, após esgotados todos os meios típicos de satisfação da dívida, para assegurar o cumprimento de ordem judicial, deve o magistrado eleger medida que seja necessária, ainda que sob o escudo da busca pela efetivação das decisões judiciais, será contrária à ordem jurídica. 6. Nesse sentido, para que o julgador se utilize de meios executivos atípicos, a decisão deve ser fundamentada e sujeita ao contraditório, demonstrando-se a excepcionalidade da medida adotada em razão da ineficácia dos meios executivos típicos, sob pena de configurar-se como sanção processual. 7. A adoção de medidas de incursão na esfera de direitos do executado, notadamente direitos fundamentais, carecerá de legitimidade e configurar-se-á reprovável, sempre que vazia de respaldo constitucional ou previsão legal e à medida em que não se justificar em defesa de outro direito fundamental. 8. A liberdade de locomoção é a primeira de todas as liberdades, sendo condição de quase todas as demais, ou permanecer cá ou lá, segundo lhe convenha ou bem lhe pareça, compreendendo todas as possíveis manifestações da liberdade de ir e vir. 9. Revela-se ilegal e arbitrária a medida coercitiva de suspensão do passaporte proferida no bojo de execução por título extrajudicial (duplicata de prestação de

Público e a suspensão dos cartões de crédito, entre outras medidas que serão do livre-arbítrio do juiz no propósito de minimizar esse verdadeiro calvário que sempre representou a execução dos alimentos em qualquer uma de suas versões judiciais, servindo como bom exemplo o *registro nacional de devedores de alimentos*, como adotam países como a Argentina e o Chile, do qual constam os nomes daqueles alimentantes que estejam devendo mais de duas prestações alimentícias, ordenando que todas as pessoas físicas ou jurídicas que contratem os serviços de outra tenham que consultar esse registro para verificar se ela tem dívida de alimentos, para, nesse caso, comunicar o novo emprego ao juiz que impôs a obrigação alimentícia. Do mesmo modo, bancos e instituições financeiras que abrissem contas-correntes e recebessem depósitos, ou que concedessem cartões de crédito a um devedor de alimentos, promovessem igual comunicação ao juiz alimentar. Ademais, enquanto constar do cadastro nacional de devedores de alimentos, a pessoa fica impossibilitada de constituir alguma sociedade empresária ou de atuar como diretor ou administrar em qualquer pessoa jurídica. Está por demais evidenciado que a proposição de aplicação desse elenco de medidas indiretas e atípicas de coerção busca criar alguma forma de embaraço ou de constrangimento ao devedor de alimentos, inclusive compensatórios, e procura, em sua essência, um instrumento complementar ou alternativo de pronta e eficiente cobrança, e de imediato recebimento do crédito alimentar.[389]

3.9.7. *Prescrição dos alimentos compensatórios*

O tema da prescrição já foi antes tratado sob o título *caducidade*, importando acrescer neste espaço apenas o prazo prescricional dos alimentos compensatórios, os quais não se confundem com a pensão alimentícia e, portanto, não ingressa na prescrição dos dois anos do artigo 206, § 2.º, do Código Civil, eis que, uma vez estabelecidos os alimentos compensatórios em prestações periódicas ou pela formação de um capital ou pela entrega de bens para o pagamento em uma prestação única, certamente poderá o credor se valer da prescrição dos dez anos prevista no artigo 205 do Código Civil ao dispor que: "a prescrição ocorre em dez anos, quando não lhe haja fixado prazo menor". Como o cumprimento de sentença ou a execução dos alimentos compensatórios *humanitários* não tem previsão legal no ordenamento jurídico brasileiro, tampouco eles se embaraçam com a pensão alimentícia, cuja prescrição das prestações vencidas ocorre em dois anos (CC, art. 206, § 2.º), sua execução se afigura dentro do prazo prescricional máximo. Por fim, a cobrança dos alimentos compensatórios *patrimoniais* fixados em decorrência da retenção das rendas dos bens comuns (Lei 5.478/1968, art. 4.º, parágrafo único) prescreve em dois anos, consoante o artigo 206, § 2.º, do Código Civil.

---

serviço), por restringir direito fundamental de ir e vir de forma desproporcional e não razoável. Não tendo sido demonstrado o esgotamento dos meios tradicionais de satisfação, a medida não se comprova necessária. 10. O reconhecimento da ilegalidade da medida consistente na apreensão do passaporte do paciente, na hipótese em apreço, não tem qualquer pretensão em afirmar a impossibilidade dessa providência coercitiva em outros casos e de maneira genérica. A medida poderá eventualmente ser utilizada, desde que obedecido o contraditório e fundamentada e adequada a decisão, verificada também a proporcionalidade da providência. 11. A jurisprudência desta Corte Superior é no sentido de que a suspensão da Carteira Nacional de Habilitação não configura ameaça ao direito de ir e vir do titular, sendo, assim, inadequada a utilização do *habeas corpus*, impedindo seu conhecimento. É fato que a retenção desse documento tem potencial para causar embaraços consideráveis a qualquer pessoa e, a alguns determinados grupos, ainda de forma mais drástica, caso de profissionais, que têm na condução de veículos, a fonte de sustento. É fato também que, se detectada esta condição particular, no entanto, a possibilidade de impugnação da decisão é certa, todavia por via diversa do *habeas corpus*, porque sua razão não será a coação ilegal ou arbitrária ao direito de locomoção, mas inadequação de outra natureza. 12. Recurso ordinário parcialmente conhecido" (STJ, Recurso em *Habeas Corpus* 97.876/SP, 4.ª Turma, Rel. Min. Luis Felipe Salomão, j. 05.06.2018).

[389] MADALENO, Rolf. *Novas perspectivas no direito de família*. Porto Alegre: Livraria do Advogado, 2000. p. 74-75.

REFERÊNCIAS BIBLIOGRÁFICAS

ALARCÓN, Christian Hernández. *Código Civil comentado*. Coord. Manuel Muro Rojo e Manuel Alberto Torres Carrasco. Lima: Gazeta Jurídica, 2020. t. III.

ALBERDI, Beatriz Saura. *La pensión compensatoria*: criterios delimitadores de su importe y extensión. Valencia: Tirant lo Blanch, 2004.

ALMEIDA, Felipe Cunha de. *Poderes do juiz, obrigação alimentar e medidas atípicas à luz da proporcionalidade*. Londrina: Thoth, 2021.

ALMEIDA, Renata Barbosa de; RODRIGUES JÚNIOR, Walsir Edson. *Direito civil*: famílias. Rio de Janeiro: Lumen Juris, 2010.

ALONSO, Eduardo Estrada. Compensación económica al cese de la convivencia more uxorio. *In*: ASURMENDI, Camino Sanciñena (dir.). *Compensaciones e indemnizaciones en las relaciones familiares*. Navarra: Thomson Reuters/Aranzadi, 2021.

ALONSO, Marta Ordás. *La atribución del uso de la vivienda familiar y la ponderación de las circunstancias concurrentes*. Madrid: Wolters Kluwer/Bosch, 2018.

ALONSO, Marta Ordás. *La cuantificación de las prestaciones económicas en las rupturas de pareja*. Barcelona: Wolters Kluwer, 2017.

ALVAREZ CAPEROCHIPI, Jose Antonio. *Curso de derecho hereditario*. Madrid: Civitas, 1990.

ALVES, Vilson Rodrigues. *Da prescrição e da decadência no novo Código Civil*. Campinas: Servanda, 2006.

AMARAL, Guilherme Rizzo. *As astreintes e o processo civil brasileiro*: multa do artigo 461 do CPC e outras. Porto Alegre: Livraria do Advogado, 2004.

ARENAS, Ana Laura Cabezuela. *La limitación temporal de la pensión compensatoria en el Código Civil*. Navarra: Aranzadi, 2002.

ARENAS, Ana Laura Cabezuelo. Pactos preventivos sobre la pensión compensatoria. *In*: ARENAS, Ana Laura Cabezuelo. *Autonomía privada, familia y herencia en el siglo XXI*. Cuestiones actuales y soluciones de futuro. Navarra: Thomson Reuters/Aranzadi, 2014. n. 33.

ASPERTI, Maria Cecília de Araujo. Processo e conflito: os desafios da efetivação das tutelas provisórias. *In*: DIDIER JR., Fredie (coord.). *Repercussões do novo CPC*. Famílias e sucessões. Salvador: JusPodivm, 2016. v. 15.

ASSIS, Araken de. *Da execução de alimentos e prisão do devedor*. 4. ed. São Paulo: RT, 1998.

AURELLI, Arlete Inês. Comentário ao artigo 911. *In*: BUENO, Cassio Scarpinella (coord.). *Comentários ao Código de Processo Civil*. São Paulo: Saraiva, 2017. v. 3.

AZCONA, Aurora López. La asignación compensatoria del derecho civil aragonés. *In*: VERDA Y BEAMONTE, José Ramón de (dir.); MATAMOROS, Pedro Chaparro; BIOT, Álvaro Bueno (coord.). *La compensación por desequilibrio en la separación y divorcio*. Tratado práctico interdisciplinar. Valencia: Tirant lo Blanch, 2021.

AZEVEDO, Álvaro Villaça. *Estatuto da família de fato*. De acordo com o novo Código Civil. Lei n.º 10.406, de 10.01.2002. 2. ed. São Paulo: Atlas, 2002.

AZNAR, Laura Allueva. *Prestación compensatoria y autonomía privada familiar*. Valencia: Tirant lo Blanch, 2016.

AZPIRI, Jorge O. *Régimen de bienes en el matrimonio*. Buenos Aires: Hammurabi, 2002.

BAREA, Margarita Castilla. *Tratado de derecho de la familia*. Las crisis matrimoniales. Directores Mariano Yzquierdo Tolsada e Matilde Cuena Casas. 2. ed. Navarra: Aranzadi, 2017.

BAREA, Margarita Castilla; ARENAS, Ana Laura Cabezuelo. Disposiciones comunes a la nulidad, separación y divorcio. *In*: TOLSADA, Mariano Yzquierdo; CASAS, Matilde Cuena (dir.). *Tratado de derecho de la familia*. Las crisis matrimoniales. 2. ed. Navarra: Aranzadi/Thomson Reuters, 2017. v. II.

BARIONI, Rodrigo. *Comentários ao Código de Processo Civil*. São Paulo: Saraiva. Coord. GOUVÊA, José Roberto E.; BONDIOLI, Luis Guilherme A.; FONSECA, João Francisco N. da. 2020. v. XI.

BARRA, Christian Alberto Varela. *Procedimiento de cumplimiento de la compensación económica*. Chile: Hammurabi, 2018.

BAS, Ignacio Zabalza. *La prestación compensatoria en el derecho matrimonial alemán*. Barcelona: PPU, 1987.

BASSET, Lidia N. Makianich de. Fraude entre cónyuges. *Revista Interdisciplinaria de Derecho de Familia*, Buenos Aires n. 8, 1992.

BELLUSCIO, Augusto Cesar. *Derecho de familia*. Buenos Aires: Depalma, 1981. t. III.

BELLUSCIO, Claudio. *Prestación alimentaria*. Buenos Aires: Editorial Universidad, 2006.

BELLUSCIO, Claudio A. *Alimentos debidos por los abuelos*. Buenos Aires: García Alonso, 2011.

BERALDO, Leonardo de Faria. *Alimentos no Código Civil*. Belo Horizonte: Fórum, 2012.

BITTENCOURT, Edgard de Moura. *Alimentos*. 5. ed. São Paulo: Edição Universitária de Direito, 1986.

BITTENCOURT, Edgard de Moura. *Concubinato*. 3. ed. São Paulo: EUD, 1985.

BLANCO, Adrián Arrébola. *La compensación del trabajo doméstico en el régimen de separación de bienes*. Madrid: Reus, 2019.

BLANES, Francisco de Paula Puig; NAVAS, Francisco José Sospedra. *Comentarios al Código Civil de Cataluña*. 3. ed. Navarra: Civitas/Thomson Reuters, 2019. t. I.

BOMFIM, Edson Rocha. *A ação de alimentos no Supremo Tribunal Federal*. São Paulo: RT, 1982.

REFERÊNCIAS BIBLIOGRÁFICAS | 335

BORDA, Guillermo J. *Código Civil y Comercial de la Nación comentado*. Director José María Curá. 2. ed. Buenos Aires: La Ley, 2016. t. II.

BORDA, Guillermo A. *Manual de derecho de familia*. 11. ed. Buenos Aires: Abeledo-Perrot, 1993.

BORDA, Guillermo A. *Manual de sucesiones*. Buenos Aires: Abeledo-Perrot, 1994.

BOSSERT, Gustavo A. *Régimen jurídico de los alimentos*. Buenos Aires: Astrea, 1993.

BRUM, Jander Maurício. *Comentários à Lei de Alimentos*. Rio de Janeiro: Aide, 1997.

BUENO, Cassio Scarpinella. *Comentários ao Código de Processo Civil*. Da liquidação e do cumprimento de sentença. Coordenação José Roberto Gouvêa, Luis Guilherme A. Bondioli e João Francisco N. da Fonseca. São Paulo: Saraiva, 2018. t. X.

BUNAZAR, Maurício. *A invalidade do negócio jurídico*. 2. ed. São Paulo: RT, 2022.

BUZZI, Marco Aurélio Gastaldi. *Alimentos transitórios*. Uma obrigação por tempo certo. Curitiba: Juruá, 2003.

CABELLO, Carlos Beltrá; ARENAS, Ana Laura Cabezuelo. Pensión compensatoria. *In*: FUENTE, María Linacero de La (dir.). *Tratado de derecho de familia*. Aspectos substantivos. Valencia: Tirant lo Blanch, 2016.

CAHALI, Yussef Said. *Dos alimentos*. 3. ed. São Paulo: Revista dos Tribunais, 1998.

CAHALI, Yussef Said. *Dos alimentos*. 4. ed. São Paulo: Revista dos Tribunais, 2002.

CAHALI, Yussef Said. *Dos alimentos*. 6. ed. São Paulo: Revista dos Tribunais, 2009.

CALMON, Rafael. *Direito das famílias e processo civil*. Interação, técnicas e procedimentos sob o enfoque do novo CPC. São Paulo: Saraiva, 2017.

CALMON, Rafael. *Manual de direito processual das famílias*. 2. ed. São Paulo: Saraiva, 2021.

CAMPELO, Esther Gómez. *Los regímenes matrimoniales en Europa y su armonización*. Madrid: Reus, 2008.

CAMPINHO, Sérgio. *O direito de empresa à luz do novo Código Civil*. 3. ed. Rio de Janeiro: Renovar, 2003.

CAMPINHO, Sérgio. *O direito de empresa à luz do novo Código Civil*. 4. ed. Rio de Janeiro: Renovar, 2004.

CAMPOS, Roberto. *Alimentos entre cónyuges y para los hijos menores*. Buenos Aires: Hammurabi, 2009.

CARRAZZA, Roque Antonio. *Imposto sobre a renda* (perfil constitucional e temas específicos). 3. ed. São Paulo: Malheiros, 2009.

CARRIL, Julio J. López del. *Derecho y obligación alimentaria*. Buenos Aires: Abeledo-Perrot, 1981.

CATALAN, Marcos. A proporcionalidade na fixação da verba alimentar: Desconstruindo o trinômio. Disponível em: www.cidp.pt/revistas/ridb/2012/06/2021-06-3265-3285.pdf. Acesso em: 13 set. 2022.

CAVALIERI FILHO, Sérgio. *Programa de responsabilidade civil*. São Paulo: Malheiros, 1996.

CHACANA, Carlos Garrido. *Compensación económica en término de matrimonio y acuerdo de unión civil.* Santiago de Chile: Metropolitana, 2017.

CHACÓN, Ignacio Fernández. Validez de la renuncia anticipada a la pensión compensatoria. *In*: CHACÓN, Ignacio Fernández. *Compensaciones e indemnizaciones en las relaciones familiares.* Navarra: Thomson Reuters/Aranzadi, 2021.

CHAVES, Antonio. *Tratado de direito civil.* São Paulo: Revista dos Tribunais, 1991. v. 5, t. 1.

CHINELATO, Silmara Juny. *Comentários ao Código Civil.* Parte especial. Direito de família. São Paulo: Saraiva, 2004. v. 18.

CORIA, Diego; VISSAGI, Javier C. Ejecución de alimentos. *In*: CALLEGARI, Mariana G.; SIDERIO, Alejandro J. (dir.). *Alimentos.* Buenos Aires: La Ley, 2017.

COSTA, Carlos Celso Orcesi da. *Código Civil na visão do advogado, responsabilidade civil.* São Paulo: Revista dos Tribunais, 2005. v. 3.

COSTA, María Josefa Méndez. *Las deudas de los cónyuges.* Buenos Aires: Astrea, 1979.

COUTO, Edenildo Souza. *Astreintes*: teoria e prática. Rio de Janeiro: Lumen Juris, 2016.

CRUZ, João Claudino de Oliveira e. *A nova ação de alimentos.* 5. ed. Rio de Janeiro: Forense, 1981.

CUENCA, R. M. Andrés *et al. Código Civil con jurisprudencia sistematizada.* Coordinadora Purificación Martorell Zulueta. 3. ed. Valencia: Tirant lo Blanch, 2018.

DANTAS, Ana Florinda. A divisibilidade dos frutos no regime de bens do casamento e na união estável: O que são frutos? *In*: X Congresso Brasileiro de Direito de Família. *Anais...* Belo Horizonte: IBDFAM, 2016.

DANTAS, Ana Florinda. Alimentos com efeitos reparatórios. *In*: ALBUQUERQUE, Fabíola Santos; EHRHARDT JR., Marcos; OLIVEIRA, Catarina Almeida de (coord.). *Famílias no direito contemporâneo.* Estudos em homenagem a Paulo Luiz Netto Lôbo. Salvador: JusPodivm, 2010. p. 447-462.

DANTAS, San Tiago. *Direito de família e sucessões.* 2. ed. Rio de Janeiro: Forense, 1991.

DELGADO, Mário Luiz *et al. Código civil comentado.* Doutrina e jurisprudência. Rio de Janeiro: GEN/Forense, 2019.

DIAS, Adahyl Lourenço. *A concubina e o direito brasileiro.* 2. ed. São Paulo: Saraiva, 1975.

DIAS, Adahyl Lourenço. *O desquite no direito brasileiro.* São Paulo: Max Limonad, 1974.

DIAS, Jean Carlos. *Tutelas provisórias no novo CPC.* Tutelas de urgência. Tutela de evidência. Salvador: JusPodivm, 2017.

DIAS, Maria Berenice. *Alimentos aos bocados.* São Paulo: Thomson Reuters/Revista dos Tribunais, 2013.

DIAS, Maria Berenice. *Manual das sucessões.* São Paulo: Revista dos Tribunais, 2008.

DIAS, Maria Berenice. *Manual de direito das famílias.* 10. ed. São Paulo: Revista dos Tribunais, 2015.

DIAS, Maria Berenice. *Manual de direito das famílias.* 14. ed. Salvador: JusPodivm, 2021.

DIAS, Maria Berenice; RECHDEN, Ana Paula Neu; OPPERMANN, Marta Cauduro. A presunção do esforço comum na separação obrigatória e a modulação de efeitos dos EREsp. 1.623.858/MG. *In*: PORTANOVA, Rui; CALMON, Rafael; D'ALESSANDRO, Gustavo (coord.). *Direito de família conforme interpretação do STJ*. Regimes de separação de bens. Indaiatuba: Foco, 2023.

DIAS, Maria Berenice; RUSSOMANNO, Felipe Matte. Alimentos compensatórios e divisão dos frutos e rendimentos dos bens comuns: não dá para confundir! *In*: ANAIS DO IX CONGRESSO DE DIREITO DE FAMÍLIA. *Famílias*: pluralidade e felicidade. Belo Horizonte: IBDFAM, 2014.

DÍAZ-AMBRONA, María Dolores Hernández. *Estudio crítico de la pensión compensatoria*. Madrid: Reus, 2017.

DINIZ, Maria Helena. *Curso de direito civil brasileiro*. Direito de família. 17. ed. São Paulo: Saraiva, 2002. v. 5.

DORIA, Rogéria Dotti. *A tutela antecipada em relação à parte incontroversa da demanda*. São Paulo: Revista dos Tribunais, 2000.

DOWER, Nelson Godoy Bassil. *Curso moderno de direito civil*: sucessões. São Paulo: Nelpa, 2004.

DUPRAT, Carolina. *Tratado de derecho de familia según el Código Civil y Comercial de 2014*. Directoras Aída Kemelmajer de Carlucci, Marisa Herrera e Nora Lloveras. Buenos Aires: Rubinzal-Culzoni, 2014. t. I.

DUTRA, Elder Gomes. *Premissas para um direito sucessório mínimo*. Londrina: Thoth, 2021.

ELLMAN, Ira Mark. The theory of alimony. *Law Review*, California, v. 77, n. 1, p. 43-44, 1989.

ESPINOLA, Eduardo. *A família no direito civil brasileiro*. Rio de Janeiro: Gazeta Judiciária, 1954.

FABRÍCIO, Adroaldo Furtado. *A coisa julgada nas ações de alimentos*. Porto Alegre: Ajuris, 1991. v. 52.

FANZOLATO, Eduardo Ignacio. *Derecho de familia*. Córdoba: Advocatus, 2007. t. I.

FARIAS, Cristiano Chaves de; ROSENVALD. Nelson. *Curso de direito civil*. Famílias. 8. ed. Salvador: JusPodivm, 2016. v. 6.

FERNANDES, Luís Eduardo Simardi. *Comentários ao Código de Processo Civil*. São Paulo: Saraiva. Organizadores Lenio Luiz Streck e Leonardo Carneiro da Cunha. Coordenador executivo Alexandre Freire, 2016.

FERNANDES, Luís Eduardo Simardi. *Poderes do juiz e efetividade da execução civil*. Curitiba: EDC, 2022.

FERNÁNDEZ, Luis Pérez. El pretendido carácter vitalicio de la compensación del artículo 97 del Código Civil. *In*: SIMARO, Clara Gago; CHACÓN, Ignacio Fernández (coord.). *Compensaciones e indemnizaciones en las relaciones familiares*. Navarra: Thomson Reuters/ Aranzadi, 2021.

FERNÁNDEZ, Manuel Ortiz. A extinción de la pensión compensatoria. *In*: VERDA Y BEAMONTE, José Ramón de (dir.); MATAMOROS, Pedro Chaparro; BIOT, Álvaro Bueno (coord.). *La compensación por desequilibrio en la separación y divorcio*. Tratado práctico interdisciplinar. Valencia: Tirant lo Blanch, 2021.

FERRER, Francisco A. M. *El régimen patrimonial del matrimonio*. Buenos Aires: Rubinzal--Culzoni, 2017.

FERRERO, María Jesús Monfort. *La responsabilidad de los cónyuges ante las necesidades ordinarias de la familia*. Navarra: Thomson Reuters/Aranzadi, 2004.

FERRI, Luigi. *La autonomía privada*. Santiago de Chile: Ediciones Olejnik, 2018.

FISCHER, Hayley; LOW, Hamish. Who wins, who loses and who recovers from divorce? *In*: MILES, Jo; PROBERT, Rebecca (coord.). *Sharing lives, dividing assets*. An inter-disciplinary study. Oxford: Hart Publishing, 2009. p. 227-256.

FORSTER, Nestor José. Alimentos e rendas de bens comuns. *Revista Ajuris*, Porto Alegre, n. 20,1980.

GAGLIANO, Pablo Stolze; PAMPLONA FILHO, Rodolfo. *Novo curso de direito civil*. Direito de família. São Paulo: Saraiva, 2011. v. VI.

GALLARDO, Aurelio Barrio. *Autonomía privada y matrimonio*. Madrid: Reus, 2016.

GAMA, Guilherme Calmon Nogueira da. *Comentários ao Código Civil*: direito privado contemporâneo. Coordenador Giovanni Ettore Nanni. São Paulo: Saraiva, 2019.

GAMA, Guilherme Calmon Nogueira da. *O companheirismo*. Uma espécie de família. São Paulo: Revista dos Tribunais, 1998.

GARCÍA, Elizabeth Marlene López. *Nuevo comentario del Código Civil peruano*. Directores Marco Andrei Torres Maldonado y Enrique Varsi Rospigliosi. Lima: Instituto Pacífico, 2021. t. III.

GARRIDO, Amalia Blandino. La compensación por la contribución en la actividad profesional del otro cónyuge. *In*: ZULUETA, Purificación Martorell (coord.). *Código Civil con jurisprudencia sistematizada*. 3. ed. Valencia: Tirant lo Blanch, 2018.

GARRIDO, María Dolores Azaustre. ¿Es siempre justo el derecho de reembolso? *In*: ASURMENDI, Camino Sanciñena (dir.). *Compensaciones e indemnizaciones en las relaciones familiares*. Navarra: Thomson Reuters Aranzadi, 2021.

GIANNICO, Maurício. *Comentários ao Código de Processo Civil*. Da expropriação de bens até da extinção do processo de execução. Coordenação José Roberto Gouvêa, Luis Guilherme A. Bondioli e João Francisco N. da Fonseca. São Paulo: Saraiva, 2018.

GOMES, José Jairo. *Direito civil*: introdução e parte geral. Belo Horizonte: Del Rey, 2006.

GOMES, Renata Raupp. A (in)transmissibilidade da obrigação alimentar. *In*: LEITE, Eduardo de Oliveira (coord.). *Alimentos no novo Código Civil*. Aspectos polêmicos. Rio de Janeiro: Forense, 2006. v. 5. (Grandes temas da atualidade.)

GOMEZ, Eduardo Oliva. *Derecho de familias*. México: Tirant Lo Blanch, 2022.

GONÇALVES, Carlos Roberto. *Direito civil brasileiro*: direito de família. São Paulo: Saraiva, 2005. v. VI.

GONÇALVES NETO, Alfredo de Assis. Sociedade para o exercício de trabalho intelectual. *In*: ADAMEK, Marcelo Vieira von (coord.). *Temas de direito societário e empresarial contemporâneos*. São Paulo: Malheiros, 2011.

GONÇALVES NETO, Alfredo de Assis. *Direito de empresa*. 11. ed. São Paulo: Revista dos Tribunais, 2023.

GONZÁLEZ, Clara Isabel Asua. El régimen de separación de bienes. *In*: TOLSADA, Mariano Yzquierdo; CASAS, Matilde Cuena (dir.). *Tratado de derecho de la familia*. 2. ed. Navarra: Thomson Reuters/Aranzadi, 2017. v. IV.

GONZÁLEZ, Maria Paz Sánchez. *La extinción del derecho a la pensión compensatoria*. Granada: Comares, 2005.

GROSMAN, Cecilia P. La responsabilidad del Estado. *In*: GROSMAN, Cecilia P. *Alimentos a los hijos y derechos humanos*. Buenos Aires: Editorial Universidad, 2004.

GROSS, Alfonso Oramas. *El enriquecimiento sin causa como fuente de obligaciones*. Colómbia: Nomos, 1988.

GUIJARRO, Fernando Hernández. La fiscalidad de la compensación. *In*: VERDA Y BEAMONTE, José Ramón de (dir.); MATAMOROS, Pedro Chaparro; BIOT, Álvaro Bueno (coord.). *La compensación por desequilibrio en la separación y divorcio*. Tratado práctico interdisciplinar. Valencia: Tirant lo Blanch, 2021.

GUTIÉRREZ, Vicente Guilarte; MARTÍN-CALERO, Cristina Guilarte; ESCRIBANO, Celia Martínez; SASTRE, Nuria Raga. Las capitulaciones matrimoniales. Las donaciones por razón de matrimonio. *In*: TOLSADA, Mariano Yzquierdo; CASAS, Matilde (coord.). *Tratado de derecho de la familia*. Los regímenes económicos matrimoniales. Navarra: Aranzadi/ Thomson Reuters, 2011.

HERRERA, Marisa. *Código Civil y Comercial de la Nación comentado*. Director Ricardo Luis Lorenzetti. Buenos Aires: Rubinzal-Culzoni, 2015. t. II e III.

IZQUIERDO, Alexia Oliva; RODRÍGUEZ, Antonio Manuel Oliva; IZQUIERDO, Antonio Manuel Oliva. *Los regímenes económico matrimoniales del mundo*. Madrid: Fundación Registral, 2017.

JUAN, Mariel F. Molina de. *Compensación económica*. Teoría y práctica. Buenos Aires: Rubinzal-Culzoni, 2018.

JUAN, Mariel F. Molina de. *Tratado de derecho de familia según el Código Civil y Comercial*. Directoras Aída Kemelmajer de Carlucci, Marisa Herrera e Nora Lloveras. Buenos Aires: Rubinzal-Culzoni, 2014. t. I.

KRASNOW, Adriana Noemí. *Régimen patrimonial del matrimonio*. Buenos Aires: Erreius, 2019.

KRASNOW, Adriana Noemí. *Tratado de derecho de las familias*. Un estudio doctrinario y jurisprudencial. Buenos Aires: Thomson Reuters/La Ley, 2017. t. II.

LANDOLFI, Lorena; PONS, Maite; MARELLI, Sandra. Alimentos derivados del matrimonio. *In*: CALLEGARI, Mariana G.; SIDERIO, Alejandro J. (directores). *Alimentos*. Buenos Aires: Thomson Reuters/La Ley, 2017.

LASALA, José Luis Pérez. *Liquidación de la sociedad conyugal por muerte y partición hereditaria*. Buenos Aires: Depalma, 1993.

LASARTE, Alvarez C.; VALPUESTA, Fernández. M. R. Comentarios a los arts. 97 a 101 del C.c. *In*: LACRUZ, Berdejo (coord.). *Comentarios al nuevo Título del Libro I del C.c*. Madrid: Civitas, 1982.

LEONARDO, Teresa Marín García de. *Comentarios a las reformas de derecho de familia de 2005*. Coord. José Ramón de Verda y Beamonte. Navarra: Thomson/Aranzadi, 2006.

LEYTON, Jorgelina Fernández. *Alimentos*. Buenos Aires: Rubinzal-Culzoni, 2014.

LIMA, Pires de; VARELA, Antunes. *Código Civil anotado*. 2. ed. Coimbra: Coimbra Editora, 2011. v. IV.

LIVRAMENTO, Geraldo Aparecido do. *Execução no novo CPC*. Leme: JHMizuno, 2016.

LÔBO, Paulo. *Famílias*. 4. ed. São Paulo: Saraiva, 2011.

LÔBO, Paulo. *Direito civil*. Famílias. 7. ed. São Paulo: Saraiva, 2017.

LÔBO, Paulo. *Direito civil. Famílias*. São Paulo: Saraiva, 2008.

MACIEL, Daniel Baggio. *Comentários ao Código de Processo Civil*. Coordenadores Angélica Arruda Alvim, Araken de Assis, Eduardo Arruda Alvim e George Salomão Leite. São Paulo: Saraiva, 2016.

MADALENO, Rolf. Alimentos e sua configuração atual. *In*: PEREIRA, Rodrigo da Cunha (coord.). *Tratado de direito das famílias*. 3. ed. Belo Horizonte: IBDFAM, 2019.

MADALENO, Rolf. Alimentos processuais. *Revista Brasileira Direito das Famílias e Sucessões*, Porto Alegre, v. 5, p. 47, ago./set. 2008.

MADALENO, Rolf. *Direito de família*. 11. ed. Rio de Janeiro: GEN/Forense, 2021.

MADALENO, Rolf. *Direito de família*. 12. ed. Rio de Janeiro: GEN/Forense, 2022.

MADALENO, Rolf. *Direito de família em pauta*. Porto Alegre: Livraria do Advogado, 2004.

MADALENO, Rolf. Legados e direito de acrescer entre herdeiros e legatários. *In*: HIRONAKA, Giselda Maria Fernandes Novaes; PEREIRA, Rodrigo da Cunha (coord.). *Direito das sucessões e o novo Código Civil*. Belo Horizonte: Del Rey/IBDFAM, 2004.

MADALENO, Rolf. *Novas perspectivas no direito de família*. Porto Alegre: Livraria do Advogado, 2000.

MADALENO, Rolf. *Novos horizontes no direito de família*. Rio de Janeiro: GEN/Forense, 2010.

MADALENO, Rolf. O fundo de comércio do profissional liberal na meação conjugal. *In*: MADALENO, Rolf. *Novos horizontes no direito de família*. Rio de Janeiro: Forense, 2010.

MADALENO, Rolf. Renúncia a alimentos. *In*: MADALENO, Rolf. *Repensando o direito de família*. Porto Alegre: Livraria do Advogado, 2007.

MADALENO, Rolf. Revisão dos alimentos liminares. *In*: MADALENO, Rolf. *Direito de família em pauta*. Porto Alegre: Livraria do Advogado, 2004.

MADALENO, Rolf; MADALENO, Ana Carolina Carpes; MADALENO, Rafael. *Fraude no direito de família e sucessões*. 2. ed. Rio de Janeiro: GEN/Forense, 2022.

MAIA, Roberto Serra da Silva. *Prisão civil de alimentos*. Abolição. São Paulo: LTr, 2013.

MARMITT, Arnaldo. *Pensão alimentícia*. Rio de Janeiro: Aide, 1993.

MARMITT, Arnaldo. *Perdas e danos*. Rio de Janeiro: Aide, 1987.

MARTÍN, Antonio Javier Pérez. *Aspectos procesuales de la liquidación de la sociedad de gananciales*. Córdoba: Lexfamily, 2019. v. 10.

MARTÍN, Antonio Javier Pérez. *La liquidación del régimen de separación de bienes*. Córdoba: Lexfamily, 2020. v. 14.

MARTÍN, Antonio Javier Pérez. *Pensiones alimenticias*. Fijación de la pensión. Los libros azules de derecho de familia. Córdoba: Lexfamily, 2020. t. 5, v. 1.

MARTÍN, Antonio Javier Pérez. *Pensiones alimenticias*. Fijación de la pensión. Los libros azules de derecho de familia. Córdoba: Lexfamily, 2022. t. 5, v. 2.

MARTÍNEZ RODRÍGUEZ, Nieves. *La obligación legal de alimentos entre parientes*. Madrid: La Ley, 2002.

MARTÍNEZ RODRÍGUEZ, Nieves. Pensión compensatoria temporal o indefinida. El juicio prospectivo o el arte de adivinar el futuro. *In*: ASURMENDI, Camino Sanciñena (dir.). *Compensaciones e indemnizaciones en las relaciones familiares*. Navarra: Thomson Reuters/ Aranzadi, 2021.

MAYO, Manuel García. Pactos prematrimoniales y compensación. *In*: VERDA Y BEAMONTE, José Ramón de (dir.); MATAMOROS, Pedro Chaparro; BIOT, Álvaro Bueno (coord.). *La compensación por desequilibrio en la separación y divorcio*. Tratado práctico interdisciplinar. Valencia: Tirant lo Blanch, 2021.

MAZEUD, Henri L.; MAZEUD, Jean. *Lecciones de derecho civil*. Parte primera. Buenos Aires: Ediciones Jurídicas Europa-América, 1976. v. IV.

MELLO, Cleyson de Moraes. *Direito civil*. Famílias. Rio de Janeiro: Freitas Bastos, 2017.

MELLO, Cleyson de Moraes. *Famílias*. Alimentos. Rio de Janeiro: Processo, 2021.

MILANI, Imaculada Abenante. *Alimentos*. O direito de exigir e o dever de prestar. São Paulo: Juarez de Oliveira, 2005.

MIZRAHI, Mauricio Luis. *Divorcio, alimentos y compensación económica*. Buenos Aires: Astrea, 2018.

MOLINA, Cristián Lepin. ¿Es procedente el arresto por incumplimiento del pago de compensación económica? *In*: MOLINA, Cristián Lepin (dir.). *Compensación económica*. Doctrinas esenciales. 2. ed. Santiago: Thomson Reuters, 2016.

MOLINA, Cristián Lepin. Naturaleza jurídica de la compensación económica. *In*: MOLINA, Cristián Lepin. *Compensación económica*. Doctrinas esenciales. Santiago: Thomson Reuters, 2013.

MOLINA, Cristián Lepin. Naturaleza jurídica de la compensación económica en la nueva Ley de Matrimonio Civil Chilena. *In*: MOLINA, Cristián Lepin. *Compensación económica*. Doctrinas esenciales. 2. ed. Santiago de Chile: Thomson Reuters, 2016.

MOLINA, Ricardo Pérez Arce. *El arresto por incumplimiento de la compensación económica*. Estudio crítico. Buenos Aires: Hammurabi, 2019.

MOLOMAN, Bogdan Dumitru; URECHE, Lazar-Ciprian. *Codul civil*. Cartea a II-a. Despre família. Art. 258-534. Comentarii, explicatii si jurisprudenta. 2. ed. rev. e ampl. por Bogdan Dumitru Moloman. Bucaresti: Universul Juridic, 2022.

MOREDA, Pilar Benavente. Algunas consideraciones en torno al valor del capital humano en el régimen económico matrimonial. *In*: MOREDA, Pilar Benavente. *Estudios jurídicos en homenaje al Profesor Luis Diéz-Picazo*. Madrid: Civitas, 2003. t. III.

MORILLO, Andrea Macía. Los efectos personales del matrimonio. *In*: GIMÉNEZ, Gema Diez-Picazo (coord.). *Derecho de familia*. Navarra: Thomson Reuters/Aranzadi/Civitas, 2012.

MOURA, Mário Aguiar. *Tratado prático da filiação*. Porto Alegre: Síntese, 1981. t. 2.

MOZO, Fernando Moreno. *Cargas del matrimonio y alimentos*. Granada: Comares, 2008.

MOZOS, Jose Luis De Los. *Comentarios al Código Civil y compilaciones forales*. Dirigido por Manuel Albadejo. Madrid: Editoriales Revista de Derecho Privado/Editoriales de Derecho Reunidas, 1985. t. XVIII, v. 3.

MULTEDO, Renata Vilela. *Liberdade e família*. Limites para a intervenção do Estado nas relações conjugais e parentais. Rio de Janeiro: Processo, 2017.

NAHAS, Luciana Faísca. Pacto antenupcial – O que pode e o que não pode constar? Reflexões sobre cláusulas patrimoniais e não patrimoniais. *In*: PEREIRA, Rodrigo da Cunha; DIAS, Maria Berenice (coord.). *Famílias e sucessões*. Polêmicas, tendências e inovações. Belo Horizonte: IBDFAM, 2018.

NASCIMENTO, Tupinambá Miguel Castro do. *Posse e propriedade*. 2. ed. Porto Alegre: Livraria do Advogado, 2000.

NEVARES, Ana Luíza Maia. O regime de separação obrigatória de bens diante do verbete 377 do Supremo Tribunal Federal: Texto revisitado oito anos depois. *Revista IBDFAM Família e Sucessões*, Belo Horizonte, n. 53, 2022.

NOGUEIRA. Paulo Lúcio. *Alimentos, divórcio, separação*. Doutrina e jurisprudência. 3. ed. São Paulo: Saraiva, 1987.

NOGUEIRA, Paulo Lúcio. *Lei de alimentos comentada*. Doutrina e jurisprudência. 4. ed. São Paulo: Saraiva, 1994.

NOVAIS, Patrícia. *Terças em família*. Evento da ESA/RS, 31 out. 2022. Disponível em: https//youtu.be/ZVfiOX7Pc7U.

OLIVEIRA, Carlos Alberto Alvaro de. *A tutela de urgência e o direito de família*. São Paulo: Saraiva, 1998.

OLIVEIRA FILHO, Bertoldo Mateus de. *Alimentos e investigação de paternidade*. 3. ed. Belo Horizonte: Del Rey, 1999.

OLIVEIRA FILHO, Bertoldo Mateus de. *Alimentos e investigação de paternidade*. 4. ed. Belo Horizonte: Del Rey, 2007.

OLIVEIRA, Flávio Luís de. *A antecipação da tutela dos alimentos provisórios e provisionais cumulados à ação de investigação de paternidade*. São Paulo: Malheiros, 1999.

OLIVEIRA, Luís Fernando Lopes de. *Direito de família e princípio da solidariedade*. Curitiba: Juruá, 2014.

OLIVEIRA, Márcio Berto Alexandrino de. *A prisão dos avós por dívida alimentar e a dignidade humana*. 2. ed. Rio de Janeiro: Lumen Juris, 2022.

ORTIZ, Pablo Omar Venegas; ALFARO, Andrés Alfonso Venegas. *La compensación económica en la nueva Ley de Matrimonio Civil*. Santiago de Chile: Editorial Jurídica de Chile, 2007.

PEDRO, Rute Teixeira. *Convenções matrimoniais*. A autonomia na conformação dos efeitos patrimoniais do casamento. Coimbra: Almedina, 2018.

REFERÊNCIAS BIBLIOGRÁFICAS | **343**

PELLEGRINI, María Victoria. *Tratado de derecho de familia según el Código Civil y Comercial*. Directoras Aída Kemelmajer de Carlucci, Marisa Herrera e Nora Lloveras. Buenos Aires: Rubinzal-Culzoni, 2014. t. I.

PERCIO, Enrique Del. *Ineludible fraternidad*. Conflicto, poder y deseo. Madrid: Ciccus, 2014.

PEREDA GÁMEZ, Francisco Javier. *Las cargas familiares*. El régimen económico de las familias en crisis. Madrid: La Ley, 2007.

PEREIRA, Rafael Caselli. *A multa judicial* (astreinte) *e o CPC/2015*. 2. ed. Porto Alegre: Livraria do Advogado, 2018.

PEREIRA, Rodrigo da Cunha. A mudança de regime de bens da separação obrigatória para comunhão parcial sob o enfoque das nuances das restrições ao direito de amar. *In*: PORTANOVA, Rui; CALMON, Rafael; D'ALESSANDRO, Gustavo (coord.). *Direito de família conforme interpretação do STJ*. Regimes de separação de bens. Indaiatuba: Foco, 2023.

PEREIRA, Rodrigo da Cunha. *Direito das famílias*. Rio de Janeiro: GEN/Forense, 2020.

PEREIRA, Sérgio Gischkow. *Ação de alimentos*. Porto Alegre: Síntese, 1979.

PEREIRA, Sérgio Gischkow. *Ação de alimentos*. 4. ed. Porto Alegre: Livraria do Advogado, 2007.

PEREIRA, Sérgio Gischkow. *Estudos de direito de família*. Porto Alegre: Livraria do Advogado, 2004.

PEREIRA, Sérgio Gischkow. Regime de bens. *In*: CAHALI, Yussef Said; CAHALI, Francisco José (coord.). *Doutrinas essenciais*. Edições especiais. 100 anos. São Paulo: RT, 2011. v. V, p. 467-474.

PONTES DE MIRANDA, Francisco Cavalcanti. *Tratado de direito privado*. Rio de Janeiro: Borsoi, 1955. t. VIII.

PORTELA, Paulo Henrique Gonçalves. *Direito internacional público e privado*. 4. ed. Salvador: JusPodivm, 2012.

PORTO, Sérgio Gilberto. *Doutrina e prática dos alimentos*. 3. ed. São Paulo: Revista dos Tribunais, 2003.

PRUNES, Lourenço Mario. *Ações de alimentos*. 2. ed. São Paulo: Sugestões Literárias, 1978.

RESINA, Judith Solé. La prestación compensatoria en el derecho catalán. *In*: VERDA Y BEAMONTE, José Ramón de (dir.). *La compensación por desequilibrio en la separación y divorcio*. Tratado práctico interdisciplinar. Valencia: Tirant lo Blanch, 2021.

RESINA, Judith Solé. Ni contigo ni sin ti: la difícil relación entre la pensión de viudedad y la pensión compensatoria. *In*: LASARTE, Carlos; CERVILLA, María Dolores (dir.). *Ordenación económica del matrimonio y de la crisis de pareja*. Valencia: Tirant lo Blanch, 2018.

RIBEIRO, Julio Cesar Garcia. *Manual de direito da família*. Florianópolis: Habitus, 2021.

RIZZARDO, Arnaldo. *Direito das coisas*. Rio de Janeiro: Forense, 2004.

RIZZARDO, Arnaldo. *Direito de família*. Rio de Janeiro: Aide, 1994. v. II.

RIZZARDO, Arnaldo. *Direito de família*. 8. ed. Rio de Janeiro: Forense, 2011.

ROCA TRIAS, Encarna. *Comentarios a las reformas del derecho de familia*. Madrid: Tecnos, 1984. v. I.

RODRIGUES, Marcelo Abelha. *Responsabilidade patrimonial pelo inadimplemento das obrigações*. Introdução ao estudo sistemático da responsabilização patrimonial. Indaiatuba: Foco, 2023.

RODRIGUES, Silvio. *Direito civil*. Direito de família. 12. ed. São Paulo: Saraiva, 1985. v. 6.

RODRIGUES, Silvio. *Direito civil*. Direito de família. 16. ed. São Paulo: Saraiva, 1989. v. 6.

ROSA, Conrado Paulino da. *Direito de família contemporâneo*. 8. ed. Salvador: JusPodivm, 2021.

ROSA, Conrado Paulino da. *Direito de família contemporâneo*. 9. ed. Salvador: JusPodivm, 2022.

ROSPIGLIOSI, Enrique Varsi. *Tratado de derecho de familia*. Derecho familiar patrimonial. Relaciones económicas e instituciones supletorias y de amparo familiar. Lima: Gaceta Jurídica, 2012. t. III.

RÚA, Ana Belén. Compensación económica por razón de trabajo. *In*: BLANES, Francisco de Paula Puig; NAVAS, Francisco José Sospedra (coord.). *Comentarios al Código Civil de Cataluña*. 3. ed. Navarra: Thomson Reuters/Civita, 2020. t. I.

SAMBRIZZI, Eduardo A. *Régimen de bienes en el matrimonio*. Buenos Aires: La Ley, 2007. t. II.

SÁNCHEZ, Antonio Cabanillas. Las capitulaciones matrimoniales. *In*: GIMÉNEZ, Gema Díez-Picazo (coord.). *Derecho de familia*. Navarra: Aranzadi/Thomson Reuters, 2012.

SÁNCHEZ, Luis Felipe Ragel. *El régimen de gananciales*. Navarra: Thomson Reuters/Aranzadi, 2017.

SANCHIZ, José Ángel Martínez. *Régimen económico matrimonial y comunicación de bienes*. Madrid: Colegios Notariales de España, 2003.

SANTOS, Francisco Cláudio de Almeida. O pacto antenupcial e a autonomia privada. *In*: BASTOS, Eliene Ferreira; SOUSA, Asiel Henrique de (coord.). *Família e jurisdição*. Belo Horizonte: Del Rey, 2006.

SCOTTI, Luciana B. *Manual de derecho internacional privado*. 2. ed. Buenos Aires: Thomson Reuters/La Ley, 2019.

SEBASTIÃO, José Roque. *Da sociedade simples*. São Paulo: Ícone, 2011.

SERPA LOPES, Miguel Maria de. *Curso de direito civil*. 2. ed. Rio de Janeiro: Livraria Freitas Bastos, 1957. v. I.

SIDERIO, Alejandro J. Obligaciones del Estado. *In*: CALLEGARI, Mariana G.; SIDERIO, Alejandro J. (coord.). *Alimentos*. Buenos Aires: La Ley, 2017.

SILVA, Rodrigo da Guia. *Enriquecimento sem causa*. As obrigações restitutórias no direito civil. São Paulo: Revista dos Tribunais, 2018.

SIMÃO, José Fernando. *Código Civil comentado*. Rio de Janeiro: GEN/Forense, 2019.

TARTUCE, Flávio *et al*. *Código Civil comentado*. Doutrina e jurisprudência. Rio de Janeiro: GEN/Forense, 2019.

TARTUCE, Flávio. *Direito civil*. Direito de família. 16. ed. Rio de Janeiro: GEN/Forense, 2021. v. 5.

TARTUCE, Flávio. *Manual de responsabilidade civil.* São Paulo: GEN/Método, 2018.

TARTUCE, Flávio. *O novo CPC e o direito civil.* Impactos, diálogos e interações. São Paulo: GEN/Método, 2015.

TEPEDINO, Gustavo; BARBOZA, Heloísa Helena; MORAES, Maria Celina Bodin de. *Código Civil interpretado.* Rio de Janeiro: Renovar, 2004. v. I.

TEPEDINO, Gustavo; TEIXEIRA, Ana Carolina Brochado. *Fundamentos do direito civil.* Direito de família. Rio de Janeiro: GEN/Forense. 2020. v. 6.

THEODORO JÚNIOR, Humberto; FIGUEIREDO, Helena Lanna. *Negócios jurídicos.* Rio de Janeiro: GEN/Forense, 2021.

TOMÉ, Herminia Campuzano. *La pensión por desequilibrio económico en los casos de separación y divorcio.* Barcelona: Bosch, 1994.

VALENZUELA, Manuel Ángel Gómez. Modificación de la pensión compensatoria. *In:* VERDA Y BEAMONTE, José Ramón de (dir.); MATAMOROS, Pedro Chaparro; BIOT, Álvaro Bueno (coord.). *La compensación por desequilibrio en la separación y divorcio.* Tratado práctico interdisciplinar. Valencia: Tirant lo Blanch, 2021.

VANNUCCI, Rodolpho. *Execução de alimentos no direito de família.* Um estudo atualizado e sistematizado em vista das recentes reformas legislativas. Sapucaia do Sul: Notadez, 2011.

VARELA, Angel Luis Rebolledo. *Separación de bienes en el matrimonio.* Madrid: Editorial Montecorvo, 1985.

VELOSO, Zeno. Separação obrigatória de bens. Controvérsias. Doação entre cônjuges. *In:* VELOSO, Zeno. *Direito Civil.* Temas. Belém: Anoreg, 2018.

VENOSA, Sílvio de Salvo. *Direito civil.* Família. 17. ed. São Paulo: Atlas, 2017.

VERÇOSA, Haroldo Malheiros Duclerc. *Curso de direito comercial.* São Paulo: Malheiros, 2004. v. 1.

VERÇOSA, Haroldo Malheiros Duclerc. *Curso de direito comercial.* São Paulo: Malheiros, 2006. v. 2.

VERDA Y BEAMONTE, José Ramón de. Presupuestos de la compensación (la noción de desequilibrio económico). *In:* VERDA Y BEAMONTE, José Ramón de (dir.); MATAMOROS, Pedro Chaparro; BIOT, Álvaro Bueno (coord.). *La compensación por desequilibrio en la separación y divorcio.* Tratado práctico interdisciplinar. Valencia: Tirant lo Blanch, 2021.

VICENZI, Claudia Cecilia Morán de. *Código Civil comentado.* Coord. Manuel Muro Rojo e Manuel Alberto Torres Carrasco. Lima: Gazeta Jurídica, 2020. t. III.

VIDE, Carlos Rogel. *Alimentos y auxilios necesarios para la vida.* Madrid: Reus, 2012.

VIEGA, Isabel Fernández-Gil. Efectos comunes a los procesos de separación, divorcio y nulidad. *In:* GIMÉNEZ, Gema Díez-Picazo (coord.). *Derecho de familia.* Navarra: Thomson Reuters/Aranzadi, 2012.

WALD, Arnoldo. *Curso de direito civil brasileiro.* Direito de família. 4. ed. São Paulo: Revista dos Tribunais, 1981.

WELTER, Belmiro Pedro. *Alimentos no Código Civil.* Porto Alegre: Síntese, 2003.

ZANNONI, Eduardo A. *Derecho civil.* Derecho de familia. 2. ed. Buenos Aires: Astrea, 1989. v. 2.

ZAVASCKI, Teori Albino. *Antecipação da tutela.* São Paulo: Saraiva, 1997.

ZULIANI, Ênio Santarelli. *Revista de Direito de Família*, São Paulo: IBDFAM, p. 109, dez./jan. 2011.

ÍNDICE ALFABÉTICO-REMISSIVO

(Os números referem-se às páginas.)

A

A compensação econômica do direito brasileiro – 252

Alimentos – 1
  alternatividade – 60
  avoengos – 30
  binômio ou trinômio – 9
  características – 52
  conceito – 1
  condicionalidade – 58
  consanguíneos – 25
  direito personalíssimo – 52
  divisibilidade – 57
  espécies – 5
  exoneração – 95
  extinção – 94
  gravídicos – 29
  impenhorabilidade – 65
  imprescritibilidade – 61
  incompensabilidade – 63
  irrenunciabilidade – 64
  irrepetibilidade – 66
  majoração – 91
  prisão civil – 68
  provisórios – 13
  reciprocidade – 60
  redução – 93
  regulares ou definitivos – 14
  renúncia – 97
  revisão – 90
  transmissibilidade – 53

Alimentos avoengos – 30

alimentos compensatórios
  patrimoniais e humanitários – 139

Alimentos compensatórios – 44, 139
  atualização monetária – 302
  características – 254
  caráter indenizatório – 293
  conceito – 148
  cumulação com pensão alimentícia – 301
  desequilíbrio econômico – 270
  enriquecimento do credor – 311
  enriquecimento sem causa – 296
  execução – 313
  exoneração e extinção – 310
  morte do devedor – 312
  mutação de pensão alimentícia – 269
  natureza jurídica – 151, 235
  prescrição – 332
  recasamento do credor – 311
  restituição – 160
  revisão e extinção – 305
  revisão judicial – 308
  revisão retroativa – 308
  transmissão – 303
  tratamento tributário – 297

Alimentos compensatórios e novo relacionamento afetivo – 268

Alimentos compensatórios humanitários – 210
  acordo dos cônjuges ou conviventes – 280
  capital – 225

colaboração do consorte no trabalho do parceiro – 287

critérios de fixação – 224

dedicação passada e futura – 284

duração da convivência – 290

idade e estado de saúde – 282

limitação temporal – 218

momento de verificação do desequilíbrio econômico – 215

perda eventual de pensão alimentícia – 291

pressupostos – 279

prestações periódicas – 227

qualificação profissional e expectativa de trabalho – 283

regime de bens – 228

tributação – 230

Alimentos compensatórios patrimoniais – 163

autonomia privada – 178

bens conjugais rentáveis – 193

dívidas conjugais – 200

entrega da renda líquida de bens comuns – 192

entrega judicial antecipada da renda líquida de bens conjugais – 204

frutos dos bens comuns – 176

natureza jurídica dos lucros e dividendos e sua compensação na partilha – 209

pacto antenupcial – 183

pagamento de alimentos a cargo da massa comum de bens – 198

posse exclusiva dos bens comuns rentáveis – 173

sobre rendas de sociedades simples – 206

tutela provisória – 203

Alimentos compensatórios patrimoniais

Fraude pelo falso débito – 201

Alimentos compesatórios patrimoniais

antecipação de tutela – 203

Alimentos consanguíneos – 25

Alimentos da responsabilidade civil – 21

Alimentos do direito das sucessões – 23

Alimentos do direito de família – 19

Alimentos em espécie – 16

Alimentos entre colaterais – 47

Alimentos entre cônjuges e conviventes – 34

Alimentos gravídicos – 29

Alimentos indenizatórios – 21

Alimentos *in natura* – 17

Alimentos provisórios

morte do credor – 312

Alimentos transitórios – 42

Astreintes – 76

C

Características da obrigação alimentar – 52

alternatividade – 60

condicionalidade – 58

direito personalíssimo – 52

divisibilidade – 57

impenhorabilidade – 65

imprescritibilidade – 61

incompensabilidade – 63

irrenunciabilidade – 64

irrepetibilidade – 66

reciprocidade – 60

transmissibilidade – 53

Características dos alimentos compensatórios – 254

caducidade – 260

extinção – 265

novo relacionamento afetivo – 268

renunciabilidade – 255

renúncia em pacto antenupcial – 255

revisão – 263

substituição – 261

Caráter indenizatório dos alimentos compensatórios – 293

Compensação econômica patrimonial – 107

a doutrina da sociedade de fato – 111

a jurisprudência do STJ – 112

jurisprudência argentina – 135

jurisprudência brasileira – 136

novos câmbios sociais, novos direitos matrimoniais – 122

o esforço comum da Súmula 377 do STF – 110

princípios que sustentam a comunidade de bens – 121

quantificação – 131

regime da separação de bens – 108

ÍNDICE ALFABÉTICO-REMISSIVO | 349

D

desequilíbrio econômico
desequilíbrio perene – 272

Desequilíbrio econômico – 270
desequilíbrio transitório – 275

Dever genérico de sustento – 31

Direito das sucessões – 23

Direito de família – 19

E

Execução dos alimentos compensatórios – 313
coação pessoal – 315
execuções alternativas – 329
prescrição – 332

G

Gestão de negócios – 26

I

Igualdade
efetiva – 7

L

lucros
divisão periódica – 197

M

Meios coercitivos – 72

Mutação de pensão alimentícia em alimentos compensatórios – 269

N

Natureza jurídica dos alimentos compensatórios – 235
assistencial – 237
direito alemão – 241
direito brasileiro – 252

direito catalão – 245
direito chileno – 247
direito cubano – 246
direito francês – 240
direito italiano – 246
direito peruano – 249
direito português – 252
direito romeno – 251

Necessidades ordinárias e extraordinárias – 39

O

Obrigação alimentar
características – 52

P

Pensão alimentícia – 38
cumulação com alimentos compensatórios – 301
mutação em alimentos compensatórios – 269
tributação – 85

Prestação de contas – 79
alimentos compensatórios – 82

Prisão civil – 68
teses contrárias – 317
teses favoráveis – 322

Protesto por inadimplemento – 70

R

Reembolso de alimentos – 26

renda líquida dos bens comuns como alimentos compensatórios – 195

Renúncia dos alimentos – 97

Responsabilidade alimentar do Estado – 48

Responsabilidade civil – 21

Revisão de alimentos – 90
exoneração – 95
extinção – 94
majoração – 91
redução – 93
renúncia – 97
Súmula 621 do STJ – 102